于漪全集

于漪全集（修订版）

第十卷

教师成长

上海教育出版社

在上海市人民代表大会期间，与左淑东（左一）、
高润华（左二）、毛蓓蕾（右一）三位老师交流

21 世纪初，倾听名师基地学员交流

首期语文名师基地学员课间小憩

2009 年，在上海市杨浦高级中学与学生交流

学员相约为 80 岁生日祝寿

从教 60 周年，师生同乐，师徒同乐，师师同乐

2014 年，语文德育实训基地学员瞻仰国歌诞生地

2015 年 8 月，在家中工作

出版说明

《于漪全集》是基础教育领域首部特级教师的全集，也是上海教育出版社为特级教师出版的第一部全集。自 2018 年 8 月第一版出版以来，在传承、弘扬和建设新时代社会主义文化、以教育自信创建自信的教育等方面发挥了重要作用，深受广大读者特别是第一线教育工作者的好评。

《于漪全集》收录了于漪在不同时期出版的专著以及发表于全国各类报刊的论文、讲话、序跋等作品。编辑过程中，虽尽力搜集，仍难免挂一漏万。部分文章的写作时间和出处未予注明，留待日后修订逐步完善。在此，也对原发报刊编辑部、图书出版单位一并致谢。

《于漪全集》第一版由上海市教师学研究会组织有关教师、专家编辑。于漪的教育思想植根于教学实践，是理论与实践有机融合的生动阐述。有时一材多用，是为了从不同角度阐释相关问题，为读者呈现丰富的不同历史阶段的思考成果。

《于漪全集》第一版以“一辈子学做教师”为线索，根据文章内容，分为二十一卷，从基础教育、语文教育、课堂教学、阅读教学、写作教学、教师成长、序言书信、教育人生八个方面多维度展现于漪来自教育第一线的理论研究成果，基本体现了当代教育家的典型形象。

于漪自 2019 年 9 月被中共中央授予“人民教

育家”国家荣誉称号以来，担当新的历史使命，坚持思想创新，特别是在中国特色教育学、教师学等重大理论建设上奋力探索，笔耕不辍，不断形成新的思想成果。鉴于此，上海市教师学研究会及时组织学术力量，对《于漪全集》第一版作了全面修订：一是补充了于漪教育新论述；二是增加了于漪教育活动年表；三是在版式、装帧上作了调整，从第一版的较小开本八类二十一卷改为较大开本的八类十二卷；四是对文字和内容错漏加以改正。

我们希望，《于漪全集》修订版能够继续为广大教育工作者学习于漪教育教学思想，探索中国特色教育学、教师学，为国育才，为党育才，发挥应有的作用。

目录

这就是我，一名极其普通的教师 1

感情的锤炼 6

怎样做一个班主任 12

平凡的岗位，神圣的职责 38

在学生心中播下理想的种子 43

改革天地十分广阔 48

为人师表要德才兼备 51

育人与做人 54

怎样调动学生学习语文的积极性 58

在教学实践中提高青年教师素质 86

宣传尊师一定要实事求是 90

教师节随感 92

做到日有长进 94

我时时记着 96

神圣的召唤 98

不懈地追求 100

抚今思昔，不忘育人 103

怎样做一个中学语文教师 105

老师，我永远记着您 133

可贵的是红烛精神 139

拨动学生心弦 141

难在自我塑造 144

奉献，教师的天职 147
灿烂阳光下的一次倾心交谈 154
对未来的同行说几句知心话 166
昭苏万物春风里 172
老教师指导下的青年教师培训
——中国教师师徒帮带事例 180
做知识的富有者 195
在浪潮中搏击 198
爱国主义铸师魂 201
要真心与阅读为伴 205
随笔三则 208
追求卓越，让青春在教坛上闪闪发光 212
怎样提高语文课堂教学效果 216
追求完美人格 222
增长真才实学 224
培养真知灼见 226
提高综合能力 228
论中学语文教师 230
中、英、美师带徒职初培训模式比较研究 260
信念·感情·功底 271
教师发展：教育振兴的希望
——我为什么关注现代教育学研究 281
学习做教师的真本领 291
新世纪寄语 296
年轻的语文老师，要发展，要创新！ 300
与青年教师恳谈 309
深入其境　登高望远 315
善教与会写 317

要有一支灵动的笔 319
一身正气　为人师表
——谈教师的精神支柱 322
走进学生世界 336
语文课程标准与语文教师 343
把自我教育作为终身任务 357
教师素质与城市精神 373
以“心”教“心”
——谈青年教师人格与未成年人成长 379
怎样学做人师 383
挑起振兴语文的重任 390
钟情·倾心·精神家园 395
了解，研究，走进学生世界 404
好词典会让教师心有所托 413
撒播知识与做人的种子 416
为有源头活水来 422
在上海市中青年语文教师论坛上的讲话 427
挫折也是一种财富 433
最粗浅的话 437
学会追求，学会拒绝 440
阅读：一种高尚的精神生活 447
“八荣八耻”：师德建设的强劲推动力 450
现代教师要坚守阵地、坚决抗争 453
自胜者强 455
师德·责任·与时俱进 460
关键在教师的自我提升
——谈“两纲”教育的实施 469
树立教师之魂 478

教师的困惑和无奈 489
教师的文化底蕴 501
教师要拥有一颗哲学的头脑 507
志存高远，守护教育者的尊严 525
名师培养之我见 528
教师的使命 532
身处繁华闹市，心中田野芬芳 544
新课改与语文教师素质 551
为“强师”做新贡献 556
弘扬“包容”的维度 559
高端教师的引领作用 562
主人·情人·高人 565
对《师者本色》报道的部分优秀教师点评 572
让青春闪发光辉 576
铸师魂，增师能 578
用精神的成长创造使命的精彩 581
让所有的学生都做课堂学习的主人 587
在学科教学中对学生进行高质量的素质教育 593
自我修炼，塑造完美的人格 599
《中国哲学简史》
——教师须学一点哲学，从此书入门 602
读书，塑造人的高尚灵魂 607
21 世纪如何做基础教育的教师 610
寄语新教师 613
教师成长的新起点 615
语文教师应当读点“磨脑子”的书 617
新时代，我们怎样做教师 621
求教两个问题 635

用《上海教师》讲好中国故事 639
不忘初心　牢记育人使命 641
一些根本问题的根本性思考 649
成为新时代的大先生需要思想自信、实践自觉 658
教师发展的若干现实问题及其破解之道——专访人民教育家于漪先生 661

这就是我，一名极其普通的教师

我出生于历史名城江苏镇江。

儿时记忆中，长江水川流不息奔涌向前，金山焦山美景如画，给我以无限的遐想。父辈讲述名人逸事，或慷慨激昂，或柔情似水，启迪我对生活的好奇，要努力学习，做对国家民族有用的人。

日寇侵华，铁蹄蹂躏我大好河山，粉碎了我童年的幸福。颠沛流离中断断续续完成了中小学的学业。所幸碰到了好些位好老师，给我以深刻的教育。高中语文赵继武老师对中华优秀经典诗文的讲读，深厚的功底，爱国的激情，给我以深深的感染。高中数学毛振璿老师讲课概念之清晰，推理之严密，训练了我逻辑思维的能力。我暗下决心，要做一名像他们那样受学生尊敬和欢迎的好老师。

读大学时，有四位老师给我以很深的影响。

一位是曹孚教授。我是从读他的散文认识他的，他的散文清新，有情致。高年级时我选修了他的世界教育综论。他视野开阔，语言极富幽默感。讲起来头头是道，时时发人深省，若能信笔记录，定能斐然成章。因此，我听课总坐在第一排，详细记笔记，唯恐遗漏。学期结束，先生查看我们学生笔记，并把我的笔记拿去，略加点窜改动，增饰成书，交出版社出版。书出版后先生送我一本，特意题上名字以奖掖后进。我欣喜不已，珍藏家中。“文化大革命”时被抄家，这本珍贵的书连同其他的书被抢劫一空，虽痛惜而无奈。书虽被抄走，但先生才气横溢的讲课，和蔼可亲的形象却永远留在我的记忆中。

本文为作者 20 世纪 80 年代初应媒体关于个人成长经历之问作简单述说。

一位是周予同教授，他教我们文学院学生的中国通史，学生有200个左右。每次上课我都抢位置坐在前排。先生是当代经学名家，关于经学著作有《经今古文学》《群经概论》《孔子》《朱熹》等。当时论经学，无出其右者。他教通史，主要讲先秦两汉一段，内容主要讲经学。经学本来是深奥，枯燥，难懂的，而先生讲得深入浅出，文人掌故很多，增加了课的趣味性，很能吸引学生。这个课单靠讲述，学生不易全懂，先生佐以板书，随讲随写，字字端正，从上而下，从左而右，行行井然有序。一堂课下来往往写两三黑板，如果抄录下来，就能成为出色的笔记。对周先生来说，这虽是次要的，但多年以后自己做教师时一想到先生洋洋洒洒的板书就惊叹不已。自此，教学也就十分重视板书。先生扎实深厚的学问功底使我十分敬佩。课认真听，认真记，考试认真背诵，获得了少有的80分好成绩。可惜以后没有往这方面努力，没有形成这方面文化积淀，愧对老师。

一位是方令儒教授。她教我们大一国文，是有名的作家。她课教得一清如水，委婉动听，经常与我们讲述新文学中的人和事，使我们感到十分新鲜。我对文学作品很有兴趣，与她的宣传、指点有关系。她教课认真负责，对我们的写作也不放松。作文篇篇圈点删改，加上批语。记得我写过一篇《李老妪传》，也许因为文笔也力求“一清如水”吧，她很赏识，给了难得的80分，同学们羡慕不已。写，在学语文中的重要地位，从此我更加认识了。

一位是刘佛年教授。他教我们教育学。他思想进步，给我们介绍了许多苏联教育理论和情况，开阔我们视野。他常说：做教师教育人，自身要做榜样。教师的“德”是灵魂。他是一位忠厚长者，对我们学生循循善诱。从他的身上，我们看到了教师的风范。自己做教师以后，每想到先生的言行，就更加严格要求自己，去除思想上的污染，做一个纯真的人，高尚的人。

我最仰慕的人是开国总理周总理，他心中只有祖国和人民，为建设祖国、抵御侵略日夜操劳，鞠躬尽瘁，死而后已。总理胸怀坦荡，光明磊落，品德高尚，体贴别人，爱护人民，保护同志。他的天性是忘掉自己，从不寻求名声和崇拜。每读到他的“浮舟沧海，立马昆仑”“愿相会于中华腾飞世界时”“面壁十年图破壁”等诗句时，心中就会充盈爱国热情。总理和其他老一辈无产阶级革命家的精神财富是我做人的精神支柱。教师，作为一名中国教师，要有民族的志气，民族的自尊，要有教育学生成才的高度历史使命感，要有无坚不摧的勇气和锐气，要有经受得住种种挫折的韧劲。一切为了学生，一切为了祖国的今天和明天，这是我奉行的信条。

杜甫的诗，辛稼轩的词给我以心灵的震动。诗人颠沛流离，忧国忧民的思想；收复失地，铁马金戈的豪气在我心中埋下爱国主义的种子。随着年岁的增长，阅历的增添，这颗种子生根，开花。读书人要明理，明做人之理，爱国之理，文天祥的诗文、《文天祥传》给我极其深刻的启迪。这些人品高尚，以国家、人民利益为重的文人构成中国知识分子的脊梁。当一名教师应以爱国主义为精神支柱，民族气节为师魂，继承和发扬知识分子的优秀传统。要做有脊梁骨的中国人，绝不能唯利是图，趴下做小人。

我爱读俄国的小说，尤其是列夫·托尔斯泰的，《战争与和平》的恢宏澎湃，《安娜·卡列尼娜》对社会对人生鞭辟入里的剖析，《复活》的令人揪心，均使我惊叹不已。文学的钻探人生给我以认识生活、剖析生活的能力。从中我吸取了不少养料。爱读抗日战争、解放战争及苏联卫国战争的小说，书中英雄人物舍生忘死、智勇双全的思想言行常使我十分激动。读小说，我喜欢联系自己比较，越比越看到自己的不足，越能增添前进的动力。

主席的《实践论》《矛盾论》我反复学过许多遍，并认真作笔记，这使我打下了比较扎实的辩证唯物主义观点的基础。对语文教学领域中诸多关系的认识，教议论文观点的驾驭，很得益于学主席的著作。读了一些马列主义的书，如《共产党宣言》，列宁的《论马克思》《青年团的任务》等，使自己懂得一点历史唯物主义，懂得一点革命道理。我深深体会到：当一名语文教师，必须有一定的理论基础，否则认识提不高，很难有见解。

喜欢泰戈尔的诗，他的诗充满人生的哲理，耐人咀嚼。崇拜钱钟书，他的学问为大海，读他的书，能啃读一点，就愉快无比。

1964年全国学大庆，学王铁人，学大庆精神。从此，艰苦奋斗、三老四严的精神在我心中生了根。教育和工业战线一样，要创造成绩，把学生培养成人，非艰苦奋斗不可，非说老实话、做老实事、做老实人不可。教育来不得半点浮躁和虚假，当时可能会掩盖，但误人子弟，危害极大。于是认真备课，病榻苦读，夜以继日，培养自己一丝不苟的精神。而这种精神来源于对语文教育事业的执着追求，对学生的满腔热情满腔爱。

广泛学习，择善而从之；听取同行、学生的意见，不断反思自己的言行与教学，长善而救失。自己学识浅薄，因此，敢于自以为例，不断看到自己教学上的不足，做班主任、教研组长的不足，鼓足勇气努力跨越，以求进取。

“文化大革命”中我受到了冲击，主要几条“罪状”，一是卖力执行“修正主义”教育路线，二是腐蚀学生。前者的“证据”是知识越多越反动，为什么上那么多的公开课，把学生教得下笔千言；二是为什么给学生订报刊，给学生配眼镜，买护膝，购药等，是腐蚀拉拢。还有一条是叫我揭发学校领导，我不揭发，因为我揭发不出。与学校领导除了工作上关系外，没有任何私人来往。于是说我顽固地站在反动立场上，问题不大，态度极坏，死不改悔。

受到的“待遇”是三个月的“劳改”，在学校劳动。罚跪，剪头发，挨打。自己教了三年的高三班级没有一人动手，都是不认识的，其他年级的，尤其是低年级的。那时我腹部刚开大刀出医院不久，跪得手肿，倒了下去，颈上挂牌子“反动学术权威”，剪头发，要我跳楼，侮辱我，腿被踢被打，两年才完全好。“劳改”期间常发高烧，39.8℃，40℃，总算熬了过来。尽管受种种折磨，我心里却很踏实，因为我问心无愧，全心全意教学生；关心学生、爱护学生是教师的天职，自己节衣缩食帮助学生克服困难是无可非议的事。自己对学生无所求，只求学生成为国家有用之才。

我引以为豪的是没有揭发任何人，人不能为自己贪生而置别人于不顾，叛徒是极其可耻的。任何罪名、处罚我都承受了，是信念支持了我，是国家前途、教育前途支持了我。我深深懂得社会没有教育不能进步，孩子不可能自然成才，要靠教育，靠培养。我坚信乌云总是遮不住太阳的，是非自存公论，自会受实践检验。因此，我十分坦然乐观。

“劳改”队出来以后，我被安排教“乱”班，带“乱”年级。我仍然全心全意，夜以继日，仍然对学生关心备至。“乱”班带好了，当然有的学生家庭家访上百次；“乱”年级为 77 届，十多个班带好了，成为市先进集体。恢复高考，自己任教的班级中的学生 100% 考取大学。

教师就是辛勤耕耘，排除种种干扰，心底无私天地宽，只要是学生能健康成长，再大的委屈、挫折都能忍受。“十年动乱”期间，我仍然坚持在学生心中撒播知识的种子，撒播做人的良种。这就是我，一名极其普通的教师。

感情的锤炼

批判反动的“两个估计”的大会在愤怒的讨伐声中结束，我心情激动地走出会场。突然，身后挤上来一个青年同志，跑到面前紧握着我的手说：“老师，你还认识我吗？我就是你教过的调皮鬼啊！”

“小周！”我怎么忘得了！我仔细端详他，还是那模样，瘦高个儿，浓眉毛下一双忽闪忽闪的大眼睛，只是脸上少了点稚气。他陪伴我走了好几条马路，话匣子一打开就没个完。当他说到自己过去那“大花脸”的作业本和逃避做值日生的情景时，笑得前俯后仰。临别时他特别郑重其事地对我说：“老师，你为我们操心，我们都记得。不管‘四人帮’怎么污蔑、挑拨，我心里一直是尊敬老师的。”我胸中一阵热，想起自己处境最困难时他曾两次托人捎信问好，我一时找不出合适的话回答，只感激地看了看他。

学生心中有老师，老师心中装的也是学生啊。进中学时，小周确实够淘气，从头到脚都得给他上“规矩”。帽子戴得别致，帽舌不是歪在耳朵边，就是耷拉在颈子后。我一次一次地说，他总算戴正了。可有时背着我，帽子又歪了。特别是他性子毛或十分得意的时候，帽子歪得就更厉害。上起课来，一双长腿总伸得远远的，常和前座的同学发生纠纷，弄得桌子、椅子嘎吱嘎吱地响。最使我伤脑筋的是他那练习本。他在本子上乱涂乱画，一页上就歪歪扭扭地写几个字。找他谈，他还挺有“理由”，说：“本子是用的，涂涂画画也是用，用完再买。”说得多轻巧，他哪儿体会到物力维艰的道理。针对他的思想，我给他分析了节约的意义，进而讲述养成良好学习习惯的重要，并教他怎么横平竖直，把字写端正。他舌头一伸，给我做了个鬼脸，俏皮地说：“道理还不少呢！我看我的字蛮好，倒着看更好。”他虽这么说，可还是改了不少，伸胳膊甩长腿的字少了，团团杠杠也少了。我很高兴，表扬了他。

谁知没过几天，他又出“毛病”了，不仅字写得蚕豆那么大，而且交上来的本子都是卷了页的。发本子时我有意观察，只见他拿到手翻一翻就一卷往裤子口袋里塞。我走到他旁边轻轻地说：“这样会把本子弄坏的。”“没关系。”他回答得又快又响。不多久，本子的封面脱开了，边上也裂开了“嘴”。灯下，我把本子一页一页地贴好，剪齐，装上封面。第二天上课，我装作不在意，和往常一样请同学把本子传递下去。本子传到他的座位，见他一怔，低下了头。课后，他主动来找我，红着脸说：“谢谢老师。”我问他为什么要把本子揣进裤袋，他直率地回答：“方便，放书包麻烦。”原来如此。“战士非常爱护自己的武器，总把枪擦得亮亮的。为什么呢？因为要随时准备对付敌人。学生呢，要努力学好文化，就应该爱护书籍、簿本。”他似乎听懂了我的意思，眼睛睁得大大的，高兴地说：“老师，回去我把书都包好。”我赞许地点点头。

不知什么时候他爱起画画来了，作业本上出现了新花样：花儿、鸟儿，车啊、船啊，最多的可算是人头像了，高鼻子的、长胡子的，中国的、外国的，进步还蛮快，线条也有点儿美。怎么办呢？画画是好事，但不能什么本子上都画啊。跟他谈，又不听。他说看到本子就手痒，想画。消极禁止是不行的，一定要积极引导。我告诉他我也喜欢画，开始他有点儿吃惊，说：“你又不是美术老师！”我笑着问：“你呢？”他害羞地笑了。“喜爱画是好事，可以开阔眼界，丰富知识，陶冶性情，锻炼观察能力，提高审美能力，好处多得很，我也说不全。”他听得很有兴味。我请他到家里看画册，向他介绍好的画，请美术老师辅导。共同的语言多了，谈起来很热火。就在不断地评论画、分析画的过程中，他领悟到画画要讲究“像”，讲究“美”，作业本也要“像”个作业本，也要讲究“美”，菜是菜，饭是饭，不能总“一锅煮”。心窍终于打开了，从那以后，除了封面封底点缀些花饰外，本子像个本子，里里外外都整齐了。记得有一次他疑惑不解地问我：“老师，这些细小的事，本子、帽子、扫帚、抹布……你都管，不嫌烦吗？”

“烦”是“烦”，问题在如何对待它。教育工作具体、烦琐，一件件，一桩桩，看来事小，但件件都穿在培养接班人的线上。培养下一代的工作十分精细，细琢细磨，才见成效。没有那股不怕烦的劲儿，不可能精细地按照党的教育方针把学生塑造成合格的人才。

如今，小周已是美术教师。看到他，勾起我对往事的回忆，加深了对“烦”的理解和认识。

“我怎么如此无能呢？连这么几个小小的标点符号都教不会小边。”“究竟是他的脑袋不行，还是我没有尽到责任？”我思前想后，焦躁不安。

第一次批改小边的作文，我忍不住笑出声来。办公室里的老师问我为什么笑，我回答：“一个学生写的是古文。”他们把本子拿去看，也禁不住大笑起来，因为这篇作文从头到尾居然没用一个标点符号。我虽觉得好笑，心里却很着急。第二天课后，我请小边到办公室来，问他过去写作文用不用标点符号，他摇摇头。我把标点符号的名称、用法挨个给他作了辅导，并嘱咐他以后写作文或做其他练习都要注意运用，他点点头。

我以为这样教很细致，以后他运用时最多出现些小差错，补补课就能解决问题。事实否定了我的想法。他的作文是用了标点符号，但乱点一通，该点不点，不该点乱点，弄得文章支离破碎，不成句，不成篇。学生学习上的问题反映了教师教学中的缺陷。我意识到自己对小边的个别辅导不符合传授知识的规律。既然他不掌握这方面的知识，我倾盆大雨地给他灌注，岂不是造成他脑子里糨糊一盆？于是，我内疚地再次请他到办公室来，先着重教逗号和句号。他听得很认真。最后，我问他：“懂了吗？”他又点点头。此后，我在教课文时，针对小边以及其他学生的情况，加强了标点符号的教学，特别强调正确使用标点符号在表情达意方面的作用。

可是，小边这次作文又使我傻了眼。前几次作业中标点符号的使用虽不完全恰当，但还是用了。这次作业又回到第一次的老样子，所不同的只是在最后用了一个句号。

原因究竟何在？我努力排除焦躁不安的情绪。作文讲评我先把他写的文章读给大家听，我一口气不停顿地读，读得上气不接下气，脸憋得通红。有同学开口了："老师，停一停再读吧。""不能停啊，我要忠实于作者的原意，作者没有断句，我怎么能停顿？"我的话逗得他笑了，课后他才向我吐露了心里话。他说："会不会用标点符号又不代表水平，看报看小说，人家是看内容好不好，句子美不美，谁去看标点符号？你总是说重要重要，举了好些例子教我，我也觉得用和不用是不一样的。做作业时我想用，但总是别扭，手发抖，不知用哪个好，索性不用。"我问他为什么文章末尾又用呢，他说："文章完了，用句号没有错。"我又问他为什么前几次也用。他乐了，告诉我："我是先把文章写好，然后再加标点，猜猜差不多，就给点一个。"谜底原来在这儿，怪不得他总是不把标点符号点在格子里，也怪不得我总捉摸不透他用错的规律，他不是把标点符号作为文章的有机部分，而是作为外加的东西。

一席话让我恍然大悟。我太糊涂啦！他不重视标点符号的具体思想，我不了解；他长期缺少严格训练，养成不用标点符号的习惯，我没有充分地重视；他学习中遇到具体困难，我又未及时进行有效的帮助。粗粗糙糙，没尽到心，也没尽到力。不了解，不细心，不知心，教时怎么可能有的放矢？怎么可能取得良好的效果？

知识的传授，教过不等于教会。教过容易，教会是很难的，思想、感情、能力、方法的培养，都要下一番苦功夫。教师一定要教会学生，绝不能走过场。

周记本上，好几个同学向我提出了批评，特别是小曾，意见尖锐锋利。我看了，脸上一阵火辣辣。

事情是这样的：课间操时，班级队伍排得整整齐齐，唯独小许嘻嘻哈哈，东歪西晃。我提醒她几次，她仍无所谓，弄得同学都盯着她，影响做操的正常进行。我很火，脱口而出："你又不是'十三点'。"（"十三点"意思即傻瓜）这一说，她倒安静下来了。我明知这样说不对，不尊重同学，但觉得已收到"效果"，也就不放在心上了。可是，学生却没有放过我，小曾在周记本上就是这样写的："我们班上只有姐妹，没有'十三点'。你说学生是'十三点'，你的感情到哪里去了？老师要给学生做榜样，今天你给我们做的不是好榜样。”批评得如此直率、干脆，一点儿也不拐弯。

“感情”“榜样”，“榜样”“感情”，这几个字反复不断地在我的脑海里闪现。我对小许真的没有感情吗？不，我不承认。为了处理她和同学之间的一次次小纠纷，我不知找她谈了多少次话，打比方，讲道理，好言相劝，启发她和同学搞好团结；为了帮助她克服脾气不好的缺点，我不厌其烦地进行家庭访问，甚至当她父亲感到束手无策，告诉我“她是马蜂窝，不捅也要蜇人”时，我仍坚持发展的观点，一分为二的观点，坚信她能克服缺点，健康成长；为了调动她内在的积极性，我特别注意发现她的优点和长处，她胆子大，声音响亮，就请她朗诵、领读；她肯动脑筋，喜欢提问题，就及时表扬鼓励；她喉咙痛，给她送药；她生病，我上门探望……凡此种种，没有感情能做到吗？我从心底希望她把身上的“虫”捉掉，早日成才啊！

然而，学生是最公正、最好的评论员和鉴定员。教师的一言一行、细枝末节都逃不出他们敏锐的目光。尽管自己平时也教育学生不要歧视后进的或缺点较多的同学，要亲近他们，热情帮助他们，看到并学习他们的长处。可一遇到事情，火一来，就把这些都忘了。言为心声，脱口而出的话正是真情的流露，反映了自己对小许的感情确实存在问题。为什么会这样呢？感情的杂质在哪儿呢？细想起来，“杂”就“杂”在一个“厌”字。进行教育顺利时还好，不顺利，“厌”字就“蹦”出来了。扪心自问，自己思想深处觉得这个同学不好办，事情多，反复多，批评容易“跳”，表扬马上“飘”。有了“厌”字作祟，当然磨破嘴、跑酸腿也无济于事，教育效果必然微乎其微。

教育学生，教师的感情要纯真，不能有半点儿掺假。我不仅要以向小许公开道歉的实际行动来改正自己的坏“榜样”，更要牢记此事，引以为戒。

热爱学生是教师的天职，是做好教育工作的基础与前提。没有这个基础，师生就缺少共同语言，感情就不能融洽，教育就难有成效。教师对学生的感情要纯真、要深厚，切不可有“烦、难、厌”的情绪，一定要丹心一片，与学生心心相印。

纯真的、深厚的师生感情来自对党的事业的无限热爱，靠的是在实践中的自觉锤炼。老一辈无产阶级革命家对革命事业情深如海，对革命接班人以火热的阶级感情进行传、帮、带，是我学习的光辉榜样。

怎样做一个班主任

老师们、同志们：

我们语文教师和班主任有不解之缘，长期以来，语文教师总是担负班主任工作。事实上，班主任工作跟语文教学是可以互相促进的，怎样做一个班主任跟怎样做一个语文教师，这两者之间有密切关系。下面就谈谈我在这方面的粗浅体会。

一、我是怎么爱上教师这个平凡而又十分有意义的工作的

话得从30多年前讲起。那是我在初中二年级的时候，当时，我这个学生不太老实，比较调皮，不太知道读书的重要，在课堂上专爱看小说。我的语文教师是个很好的老师，对我的教育和影响是很大的。他是个年轻的男老师，戴着眼镜，文质彬彬，讲起课来引人入胜。我记忆特别深的就是他讲鲁迅先生的《故乡》这一课，讲得有情有景，非常生动。他是这样讲的："少年闰土，这个十一二岁的小英雄，是怎么出场的呢？天上是蓝色的夜空、金黄的圆月，地上是碧绿的瓜地，一望无际的沙滩。在这个蓝天、圆月、碧绿的瓜地的美景当中，出现了一个十一二岁的少年英雄。而这个少年英雄的出场是动

本文是1980年12月11日作者在四川省中小学语文教师研究会成立大会暨首届年会上的发言。作者以语文教师的视角谈班主任工作的实践与心得，对理解教师专业发展的完整性颇有启示。

态的，因为他手握钢叉，向偷瓜的敌人——猹，奋力刺去。在月光的照耀下，钢叉闪闪发光，与少年英雄脖子上的银项圈的光，交相辉映。”他用生动的语言，给我们这些少年学生描绘了一幅夏夜的美景，听着听着，我自己也好像融入了画中。可是，当他讲到中年闰土的时候，声音低沉下来了，他说：“就是这样一个生气勃勃的少年英雄，如今却变得像石刻的人一样。他的脸上全无表情，额头上有了很深的几条皱纹，本来红活圆实的手，现在皴裂得像松树皮一样了。”接着他又给我们分析了：为什么少年闰土跟中年闰土判若两人？是什么使得他有如此巨大的变化？他的眼里噙着泪水，他的声音是那么感伤，听课的同学都非常激动。

就在此时此刻，我对教师崇敬的感情油然而生，心想：教师是多么了不起呀，能够使学生从无知到有知。过去我有个习惯，恐怕现在我们的学生也是这样的吧。新学期来到的时候，教科书发下来，最感兴趣的就是语文，因为别的书看不懂，就爱看语文教材里有哪些好看的小说、散文。比如《故乡》这一课，我自己也看过，但体会不多，不懂得其中的奥妙，老师却不同，他看得很深，讲解得那么生动，把我们都深深地感染了。从那个时候开始，我就有了一个愿望：长大后想当教师，做一个教师多好啊！受这位语文老师的影响，我高中毕业以后，就考了教育系。报考时，家里没有人指导我，父亲早逝，母亲是文盲，我以为做教师就应读教育系，因为我不懂。我之所以做教师，应该说是那位语文教师在我心田撒播的种子。

果真，毕业以后，我就当了教师，回想起这段经历，感到自己的想法真是太天真、太幼稚了。早在唐朝的时候，文起八代之衰的韩愈就讲过：“师者，所以传道受业解惑也。”而我当时只晓得当老师就是授业，当然这个理解非常片面。由于党的教育，老教师的言教身教，同志们的帮助，我逐步认识到教师这个工作是十分光荣的。当我把教师平凡的工作和我们伟大的无产阶级革命事业联系起来的时候，我觉得自己的思想升华了，立足点也高了，认识到在太阳底下还有如此光荣的事业。我曾经这样想：社会是要发展的、进步的，如果没有教育，没有教师，人类宝贵的精神财富，谁来传给下一代？社会怎么发展？有时候在工作当中碰到困难，我想到老一代的革命家、无数革命先烈茹苦含辛、舍生忘死，给我们打下了红色江山。他们以自己的生命点燃的革命火焰，必然越烧越旺。革命的事业就好像操场上的接力赛跑一样，要一个接一个把接力棒传下去，我们人民教师就担负着传递革命接力棒的重任。要我们的事业兴旺发达，要我们的红色江山万古长青，要我们的国家永远摆脱剥削压迫，真正实现我们的伟大理想，就需要我们教师来传递这个革命的接力棒。这是关系到千秋万代的工作，难道还不光荣，还不高尚吗？

再从一个学生成长的角度来讲，我觉得小学阶段当然很重要，因为这是人生的开始；到大学，世界观已经形成；而中学这个阶段，学生正介于似懂事未懂事之间，是一个人的世界观形成的非常关键的时期。对一个人来讲，青少年时代记忆力最强，求知欲最旺盛，是学习知识、吸取精神营养的黄金时期。在学生的这样一个黄金时期里，祖国和人民把他们的教育重任委托给我们，把祖国的希望交给了我们，这是对我们最大的信任、最高的奖赏。有时候我看到学生，就觉得肩上的担子很重。刚上中学的学生，还是比较幼稚的，我个子比较高，有的学生比我矮一个头还多一点，这时，我跟他们讲话是低着头的；可是在不知不觉当中，我跟他们讲话就不用低头，已经可以“平起平坐”了；又在不知不觉当中，他们的腿长了几寸，裤脚管接了一次又一次，这时，我再跟他们讲话，就要抬头仰视了。我满怀喜悦的心情把他们接到中学里来，又怀着依依惜别的深情把他们送出我们的学校。我领悟到中学阶段非常重要，是学生长知识、长觉悟、长身体的关键时期。在人生的道路上，五六年的时间短暂得很，我们教师做学生的工作只算是一阵子，可是，这一阵子确实影响学生一辈子。学生的理想、志愿，他们的意志、作风、能力都是在中学阶段形成的，这一点已为无数的事实所证明。很多人获得成就，都跟中学教师的辛勤培育分不开，陈景润之所以成为摘取数学皇冠上明珠的勇士，是因为中学老师给他撒下的科学种子。中学阶段思想政治工作做得怎样，文化教育进行得怎样，确实影响一个人的一辈子，这在“文化大革命”中看得很清楚。如果思想政治工作很强，在风浪中学生的脚就站得稳。如我校高中有个班级，没有一个学生胡搞，没有一个搞打砸抢的；而有的班级，学生就胡搞，就搞打砸抢。这说明中学阶段思想政治工作是十分重要的。中学阶段既然对人的成长起着如此重大的作用，我们教师的工作当然就很有意义了。

在“四人帮”统治时期，确实是豺狼当道，可是我在那风风雨雨当中，对教师工作意义的认识又深了一层。原来我们学校的教学秩序很好，校园里真是书声琅琅，但在“十年动乱”期间，近百年工人运动当中形形色色的非无产阶级思潮，都登上我们的政治舞台表演了一番，我们的学生受这些思潮的影响危害是很深的。也就在此时此刻，我更加意识到我们作为教师的责任，把学生培养成为无产阶级的接班人的重要。要用无产阶级的世界观来武装、塑造学生可不简单，因为我们面对着各种封建思想、法西斯思想、利己主义等形形色色的资产阶级思想的侵蚀。有一次，我看了电影《闪闪的红星》之后想得很多：为什么胡汉三要处心积虑地杀害小冬子？就是因为他要扼杀革命的后代，没有了革命的后代，也就没有了我们的革命事业。我又联想到帝国主义分子杜勒斯临死的时候，把他复辟的希望寄托在我们的第三代、第四代人的身上，如果我们的下一代都像张铁生、朱克家那样，那么，杜勒斯之流的梦想岂不要实现，我们革命先烈的鲜血岂不是付之东流了吗？也就是在此时此刻，我意识到我们做教师的一定要在各种各样的封建法西斯思想、资产阶级思想的包围中，坚定不移地把我们的学生培养成为革命的后代。这个任务是非常艰巨的。

粉碎“四人帮”之后，我们急切地希望国家能够很快治愈创伤、兴旺发达起来，也认识到国家要兴旺发达，科技是关键，而科技要进步，教育是基础。我觉得我们教师的工作，就像盖楼房，砌的是埋在土中的基石，虽然它不像科学成果那么显眼，但如果没有埋在土中的基石，就没有高入云天的大厦。我们的工作确实是非常平凡的，一节一节的课，一次一次的班会，和一个一个同学的谈话，如此而已，没有什么惊人之处。然而，如果我们要盖 10 层、18 层楼房，基础不打牢固是盖不起来的。我们就是从事人的基础建设，根子扎得正不正、深不深，影响到一个学生能不能成才，能不能成大才。任何一个科学家、文学家、各条战线的先进人物，他们都有广博、深厚的基础，我们就是要为学生打下这样的基础。所以，尽管我在“十年动乱”当中，受到很大的冲击，戴了无数的“桂冠”，我却始终没有动摇过做教师的信念。因为我觉得教师是塑造人的灵魂的工程师，我们所献身的教育事业关系到祖国的现在和未来；我们现在教得好不好，关系到我们学生的思想水平、文化水平、健康水平，关系到10年、20年以后我国各条战线是否有合格的建设人才。我们今天把工作做好了，10年、20年以后我们的社会主义建设事业就大有希望。我们的工作与社会，与“四化”建设是呼吸相通、休戚与共的。正因为我们的工作是平凡的，又是很有价值的，所以我就深深地爱上了它。如果要我再次选择职业的话，我仍然是坚定不移地选择做一名中学教师，因为我的最高的理想就是做一个合格的中学教师。

二、忠诚党的教育事业，力争做一个名副其实的人民教师

我们国家的教师与资本主义国家的教书匠是不一样的。我到日本去访问了二十几天，走了十几个城市。日本教师的经济待遇比我们高，可是他们没有摆脱像我们旧社会的教书匠那样的处境。我们“教师”的前面冠以“人民”二字，同他们就大不一样，因为“人民”二字，寄予了人民的深情厚谊和殷切期望。日本的中学教师跟校长的关系，是雇佣与被雇佣的关系。他们一所中学只有一个校长，一个教头（即教务主任），其余都是教师，没有我们那么多官。他们的老师，一星期要上二十三到二十四节课，见到校长都是毕恭毕敬的。我碰到很多日本朋友，他们都跟我讲：“我们的教师当然也好，可是他们就不像你们这样，把心都贴在学生身上。”所以要真正符合人民教师的称号，做人类灵魂的工程师，那是很不简单的。由于党的多年教育，我体会到教育者要先受教育。要把学生培养成才，就得严

格要求自己做一个名副其实的人民教师。希腊神话里，普罗米修斯的故事对我很有启发。普罗米修斯把火种从天上偷到人间，因为他心中渴望着光明，宁可自己受天帝的惩罚，也要把光明送到人间。教育工作是非常艰苦的，要把学生培养成才，教师心中也要揣着一团火。法国文学家罗曼·罗兰在《约翰·克利斯朵夫》中说："要撒播阳光到别人心里，先得自己心里有阳光。"教师要把学生培养成才，对自己就得严格要求。在党的长期培养教育下，我不断地要求、锤炼自己，我觉得要做好一个班主任，做好一个教师，有八个字很重要。这八个字是"方向、感情、干劲、方法"。

(一)
方向

只有方向正、方向明，我们才不会走到歧途上去，言教身教才能够对学生起潜移默化的作用。我们是社会主义时代的教育工作者，培养的学生是社会主义的建设者和捍卫者，与资本主义国家不同，绝对不能够培养出那种有奶便是娘的人。因此，我们就要对我们的国家、民族和社会主义建设采取高度负责的态度。

由于"十年动乱"，人们的心灵创伤很重。现在的学生对我们的社会是不太信任的，小学生好一些，中学生比较突出。他们对什么问题都不容易相信，要思考。要思考，不轻信这也是好的。但是不轻信不等于不要信真理，如果连科学的共产主义的真理都不相信了，连对我们祖国的前途、民族的命运都没有信心了，那真是悲哀！我觉得做一个班主任，一定要让我们的学生心中充满光明，充满美好的希望。如果一个青年对前途丧失希望，那是成不了才的，臧克家《有的人》诗里，有一句富有哲理的诗句："有的人活着/他已经死了；//有的人死了/他还活着。"我觉得如果我们的青少年感觉到没有希望，那我们的教育就失败了。我们一定要让学生在纷繁复杂的社会现象中，感到我们祖国有前途、我们的"四化"建设大有希望；否则，这个学生就会非常苦闷，就不可能德智体全面发展。要学生对我们祖国的前途充满希望，教师自己就得对祖国前途感到有信心、有希望。我们的学生生在新社会，长在“十年动乱”中，他既不懂得资本主义，也不懂得社会主义。加上宣传的片面，就误认为资本主义什么都是好的。只看到资本主义国家科学技术发达，而没有看到他们的阴暗面。学生缺乏生活经验、社会经验，加上宣传教育中的问题，因此他们的思想又活又乱，是是非非弄不清楚。

我自己在粉碎“四人帮”以后，也有一段时间是很糊涂的。“四人帮”被粉碎了，我跟广大教师一样心情舒畅，这下好了，高兴得很。我们非常向往“文革”前 17 年的学校教育，当时教学秩序好，学生听话，教师教起来也很带劲。我们的国家现在要百废俱兴了，很快就可以改变面貌。其实，这是不懂得辩证法。我们国家经过“四人帮”长时间的破坏，在经济上处于崩溃的边缘，在政治上受到严重的损害，在思想上创伤深重，怎么可能在短时间内就改变面貌呢？好像一个垂危的病人，要他恢复健康，一定要有相当一段时间的调理。我自己看待粉碎“四人帮”之后的建设事业，正像鲁迅先生在 30 年代所批评的那样，是带着小资产阶级的浪漫色彩的，幻想在一个早上，百花盛开，鸟语花香。建设跟革命一样，是伴随着艰苦，伴随着奋斗的。鲁迅先生不是讲了吗？不是革命成功了以后，请你诗人、文学家来吃牛油面包，而是自己要艰苦奋斗。

我们现在的学生，思想很活跃，很能当评论员。我那些学生写起文章来是非常尖锐的，比如，一个学生写了一篇文章《让座》，他写道：“我乘公共汽车，一上去就三脚并两步，抢个位子坐下来。不一会儿，一个妇女抱着孩子上车了，售票员就讲：‘哪个同志让一让座。’车上没人吭声。我想，我应该让，但是又想一想，坐着舒坦，站着吃力，所以我也就不让了。车到站我就下车了。可事后我想到这件事情，感到我这个思想不大好，接着又马上否定了自己。我想我思想不好，那么车上坐座位的人思想都不好吗？在这些坐座位的人里，说不定还有当官的呢，那么他们为什么不让座呢？他们的思想也不好吗？其实这一类的事情，我已经碰到不止一次了，我不能解释这个问题。”他作文的最后一句话是：“于老师，请您解答。”这是考考我呀。学生的这类文章是很多的，比如有一篇讽刺开后门的，题目是《菜场一角》，就塑造了一个黄鱼西施的形象。他写得很妙，文章说："柜台外面排了好多人，大家急得不得了，对售货员说：'你快点开秤，我们要上班，来不及了。'那个售货员黄鱼西施在柜台里头慢条斯理地一条一条地分鱼，大的、小的分得很清楚，对人们的呼声根本不搭理。外面的人就讲：'你快一点呀！'她骂道：'你眼瞎掉啦，你没看见这里还在整理嘛？'"然后文章又写道："那边挂着一个牌子，写的是服务公约，买鱼的人就讲：'你这个服务公约上是怎么讲的？'黄鱼西施说：'那个跟我无关。'一会儿，有一个妇女挎了个篮子根本不到外面排队就直接进去了，黄鱼西施笑脸相迎，把大个儿的黄鱼拣给她了。又听她们嘁嘁喳喳讲：'你晚上到我家里来拿衣服。'买卖就在柜台里边成交了。"这个学生目光的敏锐，大大超过五六十年代的学生。

我们的住房不是很紧张吗？有个学生就塑造了一个工厂里管房子的科长，对他的语言和抽烟卷的神态写得惟妙惟肖。甚至对老师，有时学生也有评论。我们有一个班级，因为教师生病，临时找了一个中学未毕业的老师来代课。学了《聪明人和傻子和奴才》一课之后，我要求学生写一段对话，一个学生写得很精彩。他说："一个老师来了，年纪很轻，发髻梳得很高，油光可鉴，非常标致。她开口了：'同学们，今天我们上《活板》，作者是沈括同志。'同学们哈哈大笑。老师一愣，她过长的脖子扭了几扭，就说：'你们笑什么？'同学讲：'沈括同志，那么还有李时珍同志啰！'于是这个老师感觉到了，说：'哦，我说错了。'此时老师稍微谦虚了一点。接着她就在黑板上写，大概一个什么字写错了，下面又是哈……哈……笑得课堂上不可收拾。老师就讲了：'你们都在笑什么呀？有什么好笑的？你们怎么样……'老师骂了一句粗话。"学生接着写道："想不到如此粗话，会出自打扮得这样标致的年轻教师之口，我们愕然了。"现在的孩子是很不好教的，他们的目光非常敏锐，我们要教这样的孩子树立信心，让他们对前途充满希望，那么自己确实心中要布满阳光。孩子因为目光尖锐，很容易做评论员。我们上海的学生胆子也非常大，他们的评论可多了。比如有一次，我给他们上《反对自由主义》，我就讲：“我们应该开展批评与自我批评。”有的同学就讲了：“你们老师开展批评与自我批评吗?”我当然真人面前不说假话，我说：“我们现在确实是很少批评，包括共青团内和党内。为什么呢?因为我们的光荣传统、我们的优良作风被破坏了。所以在咱们这一代身上要重新恢复和发扬。”他说：“你们老师还开展批评呀?其实，老师在课堂上讲的是一套，回去也不一定就是这一套。”学生是很厉害的。他说：“我们隔壁就是两个老师，他们跟人家吵架，嗓子特别响，因为他在课堂上练出来了。”这样的孩子确实很不好教。因此，怎么样把这样的评论员变成战斗员，这点很重要，当然我不是说不允许他们评论。在评论中培养他们辨别是非的能力，这是好的。但是，还得让他们懂得，自己有重任在肩，要除旧布新，而不能老是去评论这个也不好，那个也不好，还得看到好的。从整个形势来看，短短的三四年时间，就能够破除现代迷信，这就是了不起的大事呀！比如说，有些课文我现在就不教，在过去，我根本就不知道有问题，也不敢不教。比如初五册《什么是知识》这一课怎么教?老人家讲：世界上的知识只有两门，就是生产斗争知识与阶级斗争知识，而社会科学和自然科学则是阶级斗争知识和生产斗争知识的结晶。就是说，社会科学就是阶级斗争。但是阶级斗争的概念应比社会科学的概念还要小，这怎么教?因此，我就不教。我们教《坚持和发扬毛主席倡导的学风》一课，一个孩子读到一半他不读了，我问他为什么，他说：“这个句子不通。”在过去我当然不敢再问了，现在我就说：“请你讲讲看，有什么不通。”他说：“这个句子怎么通呢?‘这样就出现这样动人的情景’，一个句子里用两个‘这样’，怎么行呢?”我就跟他说：“那么你改改看。”这个学生就改为“于是就出现这样动人的情景。”我就再引导一下：如果前面“这样”不改，改掉后面的“这样”呢?学生又改为“这样，就出现如此动人的情景”。经过推敲，改得不是很好吗?所以，怎么样把学生教得坚持真理，坚信前途，自己就要思想解放，不能束缚在现代迷信的圈子里。既要鼓励学生当评论员，更要鼓励他们当战斗员，立志除旧布新；既看到问题，更要看到形势在向好的方面发展。我们国家受了很重的创伤，儿不嫌娘穷，我们总不能老是当评论员，在母亲的伤口上撒盐，应该想到要给母亲医治创伤。这就要从积极的方面着手，下决心立志成才来建设我们的国家。

要教学生成为有一定文化知识的人，自己也得有较多的文化知识。要让学生在知识的汪洋大海中扬帆远航，自己就得在知识方面不断充实。做班主任，自己的课一定要上得好，否则，班主任的工作就要七折八扣。只有课上好了，学生才会对你尊敬、信任、有感情，你这个班主任做思想政治工作就有了非常有利的条件。我开始做班主任时，也不明了这一点。有的班级很乱，老是带不好，往往是班主任的课压不住阵脚，因而班主任的工作也很难奏效。为了上好课，开始我就在“熟”字上下功夫。我是打着辫子出来做老师的，很年轻，上第一节课时心慌得很，两条腿都发抖，也不敢看学生，讲稿写了许多张，一会儿就讲完了。新教师的课往往时间会多出来，老教师的课总是讲不完，这好像是一个规律。为了把课上熟，我长年累月地下功夫。我把每天要教的课，每一句话都在脑子里像过电影一样过一遍，开头讲什么，当中讲什么，最后讲什么，板书哪些，我都是背得很熟的。为了纠正自己的语病，我就训练自己的语言，一句就是一句，不能有多余的口头禅。教师的语言不能有语病，特别是语文教师的语言，要很精练，很完整，要成为学生的模范。为了上好一堂课，自己就要做好充分准备。比如，我到学校有半小时路程，每天走十几分钟，然后再坐车。我坐车是经常坐过站的，因为我在车上想问题，过了站，再往回跑。年轻的时候，为了把课上好，我就是这样来做的，逐步逐步地就具备了教课的起码条件。所以，我觉得做一个教师，要给学生传授知识，要为建设祖国服务，为人民服务，这绝不是一句空洞的口号，而是具体的行动，是实实在在的真本领。只有平时在长年累月的教学工作中不断提高自己的真本领，才能够做好学生的工作，才能够教好业务课。“锲而不舍，金石可镂”，只要功夫深，总是可以做到的。

（二）
感情

师生之间一定要心心相印，“心有灵犀一点通”，如果是这样，工作的效果就大不一样。我觉得教师的工作和别的职业不一样，教师的世界观每天都要在学生面前亮相，你的觉悟、你的作风、你的思想、你的知识，都是要在学生面前亮相的，来不得半点虚假。我们每天教学，站在课堂上，都要受到五十几双小眼睛的监督，是在众目睽睽下进行工作的。学生的观察非常细微，如果你上课有点打愣了，他就感觉到，大概你的课备得不够熟；如果有点不高兴，他就会想：可能老师家里发生了什么事情。所以，做教师就有个锤炼感情的问题。我自己做了很多年班主任，我觉得做班主任有三个关不好过。

第一关：烦。班主任工作是非常繁杂的，繁杂的工作很容易使人烦躁。在“文化大革命”以前做高中的班主任还好一些，因为学生的组织能力比较强，团支部、班委会就差不多能把工作挑起来，老师只需指导指导，出出点子就行了，现在就很不一样了。“四人帮”统治时期，我们中小学的班主任，岂止是老师，还要兼任派出所所长、粮管所办事员等工作，简直是无所不包。我有时候讲笑话：我们班主任的部下，不仅是几十个学生，连课堂的桌子、板凳、扫帚、畚箕、黑板擦，全是我们的部下，都要管，都得管好，因为要通过管好这些事来培养学生的良好习惯。我这个人性子很急，火气很大，家里人常笑我，性子急不适合做老师，做老师就要耐心、细心。确实，我看到许多烦琐的事情，心里就急得慌。其实，学生的事情有千件万件，都把它穿在培养接班人这根线上，再烦也觉得快乐，烦得有意义。比如，我们要培养学生的卫生习惯、文明习惯，班主任要管打扫卫生。开始，我真觉得烦，连扫地都要管。后来我发现扫地也是很有学问的。我仔细观察了一下孩子们扫地。现在一些孩子，特别是独子，娇生惯养，到了初中还没有洗过一块手帕，没有为他人服务的习惯，不愿扫地，拿着扫帚，几下就完了，地没扫干净，灰尘到处弥漫，他是扬着扫的。这就得教他怎么扫，告诉他要把扫帚压在地上，由前往后，或由后往前，要怎么样才扫得最干净。这里有一个培养学生的好习惯、好思想的问题。这样一想，那就很有意思了。再如扫完地之后排桌子，有的孩子老是排不齐、排不好，要求他排得整齐划一，就培养了他做事认真的习惯、兢兢业业的态度。所以把这些事都穿在教育人这根线上，那就很有趣。我们上海，在东海之滨，天亮比这儿早，学生早上 6 点多就到学校，12 点才放学，这么长的时间，学生们很饿。粉碎“四人帮”以后，有时候上午课间我就给学生代买面包或馒头充饥，仔细观察，这里也很有趣。比如，班上的同学要登记买面包或馒头，有几个孩子就不登记。有一次，我发现一个没有登记的孩子拿着七分钱，一下课就赶紧奔到伙房里去买。因为学生太多，五十几个班的学生一下子都到伙房去买怎么得了。后来我专门去了解，问他为什么不登记，他说：“我不饿。”不饿为什么又要拿几分钱自己去买呢？很显然不饿是假的。再一了解，才知道这个孩子的妈妈不了解儿子的心情，说早上泡饭吃多一点，吃两大碗，半上午不要再吃了。十三四岁、十四五岁的娃娃，怎么会不饿，铁都吃得下，看见人家吃，他不饿吗？做班主任的心就是要很细，我跟他家长联系，说明了道理，家长把一块几毛钱交来了。那个孩子吃到面包，喜笑颜开；我这个做老师的心，好像吃了蜜糖一样甜。这样解决了问题，不仅那个学生不会老是看着别人吃，而且对学生的身体健康也有好处。

以上这些，看起来都是琐碎事，很繁杂，但却很有意义，认识到这一点，便可以克服烦躁情绪。

第二关：难。要让学生掌握知识是很难的，要对学生进行思想教育的难度就更大了。由于时间关系我就不讲了，在后面与其他问题结合起来举些例子谈谈。

第三关：厌。烦和难这两点还比较容易过，最难过的就是“厌弃”这一关。有些孩子爱调皮捣蛋，实在难以教育，很容易厌弃他们，有一件事情，我可以说是终生难忘。“文化大革命”中我带过许多“乱”班，一面说我是“修正主义”教育路线的吹鼓手，一面又要我带班；那边贴批判我的“大字报”，这边又叫我去带“乱”班。

69 届我带过一个班，一个学期不到，班主任换了九个，乱得一塌糊涂，我就是这个班的第九任班主任。过去我们这个学校，纪律是比较好的。我第一次到这个班去，把我吓了一跳，只有四个学生，另外的人都没有了，看到的第一个节目是女孩子打架，打耳光，这个我是见所未见，闻所未闻的。后来又带 70 届、75 届，我带的 75 届一个班，有 11 个独子，这样的班级是很难教的。特别是生了三个女孩子，最后是个男孩子的独子就更难教。我国几千年的封建思想，男尊女卑，独子家长非常宠，这些孩子往往都不大听话，好打架，姐姐都要让着点。

我带的“乱”班，学生一天到晚打架，打到什么程度呢？男孩子打，女孩子也打，真叫我疲于奔命啊。有一次，我上完语文课，还没有回到办公室，数学老师刚去上课，有人又打起来了，几个学生把我喊去，进教室一看，桌子椅子都推倒了，灰尘弥漫，扫帚飞舞，男女混合双打，我和数学老师拼命拉架，简直不得了。一个学期，几乎每天不到晚上九十点没办法回家。一天到晚家访，经过一个多学期下来，班级才逐渐好起来。班里有个女孩子特别厉害，我简直没有办法。这个女孩也有优点，讲话很响亮，对语文也蛮重视，可是不能表扬，一表扬马上就闯祸，比男孩子还厉害。你批评她，她不理睬你，眼睛斜着，用那种鄙视的眼光来看你，使你很难受。批评也不是，表扬也不是，怎么办呢？我跟家长联系，一次又一次地家访，她父亲讲：“我没有办法，这个孩子像马蜂窝一样，不碰她还要来蜇你呢。”“老师，你看着办吧，不行的话，你就送她去教养。”实际上他是在摊牌，就是说，没办法了。

为了教育这个女孩子，我到居委会去联系过，这家在里弄里很有名，可说是一门三“杰”，她妈妈就很厉害。居委会主任讲：“没办法，她的妈妈来联系什么事情，说声不行，马上就躺在地上打滚。她姐姐也是这样，非常泼辣，姐妹两个睡一张床，两人吵着吵着就打起来，从床上打到床下，可以打上一个小时，很有恒心。”我感到真是没有办法，我讲：“我这个做老师的是‘黔驴技穷’啦！”有一次做操，大家都站得很好，她却像个旋转的陀螺，一会儿在这里捅一捅，一会儿到那里捅一捅，我提醒了她很多次，她也不睬我。这时我就很火，我说：“你又不是‘十三点’。”“十三点”是上海人骂人的话。同学们都骂她“十三点”，我还叫同学们不要骂，我讲出这个话，很后悔，我想当老师的怎么可以骂学生呢？但是这一骂，很有效果，她不乱动了，老老实实地把操做完了，于是我想压服还有点道理。结果，下文就多了。因为我主张教学民主，学生每周都要写周记，可以谈自己的进步，也可以给老师提意见。这样一来，就有好些学生给我提意见了，别的我都不大记得，其中有一个学生提得非常尖锐，现在还留在我的记忆之中。她说：“我们班只有阶级姐妹，没有‘十三点’，你骂学生为‘十三点’，你的阶级感情到哪里去了？你自己想想看，你还像个老师吗？”啊哟，好厉害呀！很尖锐，也很中肯，所以我就在班上读了她的周记，又作了检讨。我说：“我为什么会脱口而出骂她呢？脱口而出往往是自己的心里话，言为心声嘛。因为我讨厌她。我一再要学生对缺点多的同学不要歧视，不应该骂人，可是我这个老师，上梁不正，没有做好，你们要吸取教训。”我从这件事想起小时候老人给我讲的一个故事：古时候有个当官的，他的侄儿和儿子都生病了，他为了表示自己没有私心，晚上不睡觉，一夜要到他侄子房间里去看几次，以表示对侄子的关心。又为了表示对儿子不偏爱，就不去看他的儿子，回到房间以后，倒头便睡了。由于他的心是挂在儿子身上的，他尽管没有去看，却老是睡不着。这个封建文人、封建官僚，他也有自我修养、自我解剖，他觉得自己的感情，对子、侄还是有区别的。由此我就想到自己，对学生的感情是不能掺假的，一定要锤炼自己纯真的感情，一掺假就会暴露出来。所以对好的学生和缺点多的学生，都要一视同仁，感情纯真。

另外还得处理好自己对待孩子和学生的关系。我有一个独生子。工作二三十年来，我长期繁忙、劳累，究竟怎样处理好 1 与 50、1 与 100 的关系，这对我们做班主任的来说，也是一个考验。别的不说，比如我自己的孩子两次病危。一次是暴发性的痢疾，接到医生通知，我思想开始斗争了，我也是人嘛。但我想到我还有几十个学生和两个班的课，因此没有请假，还是教完了课到晚上才去看孩子。还有一次是儿子得了败血症，很危险，医生半夜找我和他父亲谈话。医生说："这个孩子看来是没有希望了，你们要做好准备，我们把最好的药都用上了，现在唯一的办法，就是输健康男子的血。"他又问："你们有几个孩子?"我说："就一个。"他讲："无论如何你们要做好准备。"就是在这样的情况下，我也没有缺过一节课。所以做了几十年的教师，除了自己生病住院以外，我是从不请假的。我觉得儿子是我的后代，学生是我们祖国的下一代，他们都是祖国的未来，对他们都应该全心全意。有的时候真是劳累得不得了，晚上在医院里，我和孩子的父亲轮流照看，如果我照看下半夜，第二天一清早根本不回家，就直接到学校去。学生能体会老师感情，班主任工作就能够做好。所以我觉得锻炼自己的纯真感情，处理好 1 与 50、1 与 100 的关系，是很重要的。能不能做好一个人民教师，不是凭口说，而是靠行动。

（三）
干劲

我究竟是做一个开拓者、建设者，还是做一个坐享其成的人？我们许多革命先烈，为了下一代，愿意把牢底坐穿。今天，我们国家不再是过去那样了，还要不要继续艰苦奋斗？如果今日不艰苦奋斗，哪里有来日的兴旺发达？因此，决不能做一个坐享其成的人，而要做开拓者、建设者。育树苗，要精心才行，天天耕耘，天天浇灌；育人才，更是要尽心尽力，不尽心不尽力，那是没办法把人才培养出来的。所以长期以来，我觉得做班主任一定要三勤、三到。三勤就是口勤、脚勤、手勤。做班主任就得有张婆婆嘴，经常提醒，找学生谈话，一个学期不下百次。我们不仅要管理，还要教。要经常家访，了解学生周围的情况，要把班上的工作都做好，黑板报要出好，卫生工作要做好，小评论要搞好。所以口要勤，脚要勤，手要勤。还得三到，就是眼到、口到、心到。班主任的目光要非常敏锐，心要非常精细，要能够透过学生的心灵窗户看到他心里想些什么。比如上课的时候，你提出个问题，有的孩子估计自己回答有点把握，你的目光要敏锐，要能发现他，并把他喊起来请他回答出来，这样他就很高兴，就有了信心。这就要靠心到、眼到。心到才能够了解学生是怎么想的，这就需要察言观色，所以也要眼到。对我来说，工作发挥干劲有两个最大的困难，一个是身体，一个是时间。我的身体很坏，长期以来病很多，胃溃疡，吐过很多次血，我的血管里流着很多同志的血，包括解放军同志的血。有时上课，上着上着就吐血，昏倒。我患了肝炎，差点死了，因为我平时不爱看病，以为是胃痛，没管它，结果拖得很重了，只得躺下来，滴水不进，又动手术。前年我也差点死了，因为血供不到脑子里，我的眼睛突然完全看不见了。我以为再不能做老师了，心里很难过。住了一段时间医院，虽说现在治好了，可是头一直都是很晕的，脑子经常处在缺氧状态，没办法，主要靠意志在工作。"十年动乱"中，我挨整，小黑板用细铅丝吊着，挂在我脖子上，罚跑，跑得脚肿得像萝卜一样。因此，身体受到很大的影响。尽管身体状况如此，我觉得还是应该向革命前辈学习，要以献身精神来做好我们的教育教学工作。一个人的生命是有限的，能够为祖国、为培养人才贡献一份力量，是我的愿望，是我的义务，也是我的光荣。比如1969年，上海很多人都下乡了。在那种动乱的情况下，我前面讲了，我是69届一个班的第九任班主任，我要把学生带下乡，真不容易，那是靠拼命呀。一次夜里，一个女孩生病了，发高烧腿不能动，由于我们上海郊区那时也很落后，赤脚医生都很少，所以就只好把学生从住地背到镇上去看病，要背近十公里路。那个学生个子又是蛮大的，跟我差不多，我和另一个女生两个人轮流背。在北风呼呼的冷天，把她背到镇上，我身上的棉毛衫、毛线衣都湿透了，两眼直冒金星，但孩子及时得到治疗了，我觉得这是自己应尽的义务。因为那么多家长把孩子交给我，孩子生病了，我得负责任。学生呕吐，我不怕脏，不怕累，给他打扫，洗衣服。像这类的事是很多的。

有干劲，还要能持久。我开始出来工作的时候，是满腔热情，可是要持久却很不容易，这个问题关乎意志。长期以来，由于自己的基础差，总觉得不懂的东西很多，上课要做到左右逢源很难，因此工作、学习总是坚持一日早、中、晚三班，连花时间去看电影也舍不得。其实，语文教师应该思想开阔，多看些电影，但是时间很紧，总觉得有做不完的事情，星期天也是一清早起来就干活。我觉得只有这样，全身心地扑在教育工作上，生活才是充实的，有意义的。如果说我一辈子做教师，能在社会主义的大道上真正起到一颗铺路石的作用，就算是不虚度此生。奥斯特洛夫斯基的名言，对我教育是很深刻的，让我懂得了什么是生命的意义，我要以献身的精神，干劲十足地去工作。

（四）
方法

教育人要讲方法。我当班主任最早只知道“管”，实际上做班主任工作不仅是“管”，还得“教”。管理是个组织工作，要组织得细，组织得周密才管理得好。当班主任既要管又要教，这里就有很多学问。我在做班主任工作当中，有很多教训，唯心主义、形而上学是不少的，吃了苦头以后就逐步琢磨到这样做是不对的，那样做才是好的，特别是对现在的学生，我觉得有几点更为重要。

1. 要滴灌，不能猛浇

我们现在的学生是有创伤的，“四人帮”给我们的国家、民族造成的灾难，物质上还能够估价，它可以用数字计算，听说有人作了初步统计，损失是 5 000 多亿元，但我认为“四人帮”最毒的一点，就是摧残我们的心灵，包括老年、中年、青少年，而对青少年尤其严重。一个青年最宝贵的是青春之火，可是“四人帮”就是把一盆又一盆的冷水泼在我们青少年的青春之火上。五六十年代我教的学生，听领导、先进模范人物的报告，他们是很感动的，经过团支部讨论、班级讨论后，马上就有行动。我记得焦裕禄的事迹在《人民日报》发表后，在早读课上，我就给学生读，读到感人的地方，如焦裕禄为了改变兰考的面貌，忍住肝癌剧疼的情况，很多男孩子都流泪了。可是现在要学生激动，那简直是难得不得了，好像看破红尘一样，激动不起来。没有青春之火，哪里来的希望？怎么能够奋发有为呢？这个问题非常重要，革命理想教育是非进行不可的，但这个教育比五六十年代要难得多、复杂得多。所以，我们现在的教师，特别是中学语文教师和班主任的工作是高难度的，比如跟学生讲道理，你就不能够泛泛而谈，要具体，见解要精辟，要超过他。这就要求我们懂很多，科学技术在飞速发展，你的知识就要跟上去，难度确实很大。现在对学生作一次、两次报告是不解决问题的。过去的学生看电影非常激动；现在有的学生看电影却不激动，他有他的看法。比如看《今天我休息》，他不去学主人公全心全意为人民服务的精神，他还说："没有的呀，这都是戆大呀！"上海话"戆大"就是四川话"傻瓜""呆娃子"的意思。我觉得我们语文教师做班主任是最有利的，因为我们可以利用文学作品的巨大感染力，让它点点滴滴地对学生的思想进行渗透，就是点灌，这很起作用。比如讲古诗词、古代散文和现代优美的散文，就可以让学生通过作品，饱览祖国壮丽的风光，让学生懂得祖国的山山水水、草草木木，都是浸透了我们中华民族的智慧和心血。滴灌是很重要的，比如过去我们组织学生给烈士扫墓，比较简单，扫完墓回来，要求学生写一篇文章就完了，但现在要求就细致得多才有可能取得好的效果。上学期清明节，我们组织学生去龙华扫墓，我想：怎么才能让学生有收获呢？我先组织他们学了一篇文章，是《文汇报》上登的一篇散文诗《赠你一束山茶花》，写得很好。其中有一段是"燃烧"，写道："当我从烈士纪念馆走过的时候，当我从生气勃勃的生命面前走过的时候……"我就抓住那个"生气勃勃"启发学生，烈士已经牺牲了，怎么还是生气勃勃的呢？作者说烈士就像一块煤，投入了革命的熔炉里，烈士的生命就是这样在燃烧。作者还有一句发人深省的话："你的生命，是燃烧，是冒烟，还是发臭？"我先用这个作品打动学生的心弦，临行之前，又布置了以下几个题目请他们思考：当你走进龙华墓地，看到墓地景物的时候，你想些什么？当你听到国际歌奏起了"这是最后的斗争"时，你又想些什么？当你瞻仰这一块又一块的墓碑，一个又一个的烈士遗容的时候，你的心潮又是如何的呢？学生带着这些问题去瞻仰，回来后把看到的、听到的、想到的互相交流之后，再写一篇文章《在烈士墓前》。这样就比原来简单组织一下效果要好，有的文章写得很有感情。有一个孩子，在烈士墓前，想到了刘少奇主席被迫害致死。他说：他本来不敢讲，现在敢讲了。小学三年级的时候，一天，他的一个同学突然慌里慌张地奔到他家里来，问他什么事情，这个同学就从口袋里拿出一张撕开了的照片，这是报上登的一张刘少奇的像，他们两人吓坏了，说刘少奇是叛徒、内奸、工贼，要打倒的，怎么手里有这个像，要是被人知道了，不仅要株连九族，自己还要被打成小反革命的呀！“四人帮”的迫害有多深哪！结果两个孩子偷偷地把这张照片分两个地方埋在新村的地里。这个学生写道：“这以后，我放学在新村玩，只要看见有孩子在埋着照片的地方玩，我都要把他们赶走，那时候我也不知道刘少奇是好人坏人，总归这里埋着东西，不许孩子在那儿玩。后来党中央宣布给刘少奇同志平反，我高兴得不得了，我一清早爬起来，掘开土，把照片拿出来粘在一起，用个小镜框框上，把这作一个永恒的纪念，一个人家里轮流摆一星期。”写得还是很感人的。但是就这样做也还有问题。有一个孩子写得也还好，可是有几段是抄作文选上的，我看了以后很生气，因此我在作文讲评时用了这两篇文章，讲了“真情与假意”。后来我又找他个别谈，给他写了很多的评语。我说：“你想想看，你又不是不能写，为什么去抄别人的，你就是不肯动脑筋吧。我们的目的，并不是要写一篇什么样的文章，而是要做一个什么样的人。一篇文章如果没有真情的话，文字写得再好也是假的，也是没有价值的。”后来很多学生讲：“我们没有看到过于老师这样激动。”所以，我觉得现在的教育工作确实是高难度的，对教师的要求很高，要滴灌，不能猛浇，因为学生是受过伤的，就像严霜打过的幼苗，要点点滴滴地灌，猛灌要浇死的。

2. 要引导，不要压抑

学生确实是既幼稚又无知，有时候不遵守纪律，调皮，做错事，并不一定是有意的。对他们的那些不良习惯，就是批评十遍，也往往不解决问题。在这里，更重要的是启发诱导，告诉他们应该怎么做才是对的。我们学校原来是师范学校，校舍很好，可容上千学生住读，所以过去这个学校高中全部住读。我曾教过这样一个学生，非常调皮，很不守规矩，天天给我添麻烦。他调皮到什么程度呢？他把一盆水倒在别的同学被子里，然后把被子盖上，人家晚上睡觉才发现床铺是湿的。他经常捣蛋，觉得好玩，十六七岁了，坐没个坐相，老是和坐在他前面的同学发生矛盾，前推后搡的，因为他的两只脚老是爱伸到前面同学的座位底下，去敲人家的凳子。我找他谈话，我说："每个人都有自己的座位呀。"他说："你不看看吗？我个子高，腿长啊，我的脚就要伸到人家位子上去，这有什么稀奇呀！"我说："对，我这个做老师的还没有发现你的腿很长，我给你量一量有多长呀！"然后我说："这样吧，你的腿比别人长一点，我们把位子排得宽一点，你就可以不侵犯人家的空间了。"这个同学的基础比较差，所有的老师都向我告状，说他的作业潦草，作业本一塌糊涂，画着花、人头，有时还画个警察、卓别林，真是中外古今，无所不有，本本作业本如此。于是我又跟他讲，这是作业本，不是美术本，你把每个作业本子都变成美术本是不行的。但是讲了没有用，我想还是自己不得法，老是批评他这不对那不对怎么行呢？有一次，我对他说："这个星期六你跟我回家去。"他说："干什么？"我说："你很喜欢画画，爱画画就是有艺术才能，我也很喜欢画画，我家里美术册子很多，你跟我一道到家里去看看吧。"他说："你还会画画？你是教语文的嘛。"看得出他很高兴，就跟我一道去家里看画册，看了以后我说："你看，这些画都是专门画在美术册子上的。我送你一个本子，你专门用来画画。"我又说："你原来那样子画，把自己的精力都分散了，现在把它画在一个本子上，前后还可以比较嘛。"这样，他很得意，从此就改掉了在练习本上乱涂乱画的坏习惯。"文化大革命"中，他曾一再托别的同志带信给我说"于老师，你要保重身体"，使我很受感动。现在他已经是美术老师了。粉碎"四人帮"以后，一次在一个大礼堂里，我批"两个估计"的时候，他到台上来找我，他说："于老师，你还认识我吗？我就是那个最调皮的，你不知道跟我谈了多少次话的学生。"我说："怎么会不认识呢？我这个做班主任的，隔几十年都记得，学生的事情就是我的心上事呀！”我做老师一个很大的本事就是记得学生的名字。我认为对学生要引导，不要压抑，不要随便挫伤学生的积极性，压抑是解决不了问题的。

3. 要全面，不能片面

一定要全面地看待学生。我开始做老师，看到好的同学，简直就觉得是朵花，什么都好；看到缺点多的学生就觉得这里有毛病，那里也有毛病。其实做老师是很忌这一条的。好的同学基础好，那就更应该在他的基础上严格要求，才能不断提高；对差的同学，就特别要注意他身上的优点，所谓差，就是他优点少，缺点多吧。因此他那一点优点就是非常宝贵的，要十分爱护学生心中追求上进的积极性。教师绝对不能代替学生成才，只能引导学生成才。师傅领进门，修行在个人嘛。要把功夫花在学生的优点上，让他发扬自身的优点来克服缺点。所以这就要讲辩证法。

我曾经教过 75 届一班，我是老教师，自告奋勇带了这个没有干部的班。当时六班有个小同学，他的小学老师的评语讲他一贯骄傲，那个班的老师说他应付不了，把这个学生给了我。我说好吧。还没有入学我就去家访，我一看，是一个很好玩的小男孩，戴了一顶毛线帽子，那时候是春季入学。我对他讲：“你分配在我们学校，在我们班里。你在小学里学了好几年了，你那个小学怎么样？”他跟我讲的第一句话，用上海话讲的：“阿拉小学老师没水平啦。”用普通话来说就是“我们小学老师没水平的”。我一听就哈哈大笑起来，笑这个孩子非常天真、幼稚，他怎么想就怎么讲，同时也觉得他骄傲的毛病确实很重。我就说：“你刚刚离开小学就讲小学老师没有水平，你以后一离开中学，一定讲我们中学老师是没有水平的。”他发现自己说漏嘴了，马上讲：“不是，不是，中学老师是有水平的。”真是天真得可爱。这个孩子，通过小学老师的辛勤劳动，摸准了他这个缺点，但没教育过来。对这个孩子的教育，真是难得不得了。在班级大乱的时候，他听课是很认真的，学习成绩也比较好，但我很少表扬他，因为他容易骄傲。我每次发成绩单，都要找他谈话。就是这样不失时机地做工作，他的毛病仍然要“发作”。我那个时候照样还要求德智体全面发展，我想我反正是“修正主义教育路线”的吹鼓手，就吹吧。所以每个星期六，教师开会的时候，班里就补课，培养小干部给同学补课。那天是补数学，班主席是个数学课代表，由他来讲，七道数学题讲了六道都太平无事，讲到第七道，这个同学讲不出来了，吊黑板了。于是那个小家伙就站起来说：“不懂嘛就不要讲。装什么懂呀！”这一下课堂就乱起来了。刚一结束同学就来找我告状了，当时我想，晚上去家访吧，又一想，现在就找他谈还不行，一定要让他想一想。我对找我的同学说：“这样，你们给我带张条子回去，要他明天早上7点以前到办公室来回答三个问题：一是解释‘骄傲使人落后，虚心使人进步’是什么意思？二是什么叫与人为善，今天你是不是采取了与人为善的态度？三是今天数学的补课被耽误了，怎么补偿？”第二天一早，7点不到，我正在拖地板，小家伙来了，在门口喊“报告老师”，因为我要求他们讲礼貌，进老师办公室一定要报告。他已经知道闯祸了，要挨批评了，并向我作解释。我说：“你不要跟我兜圈子，我只要你讲一条，你当时这样讲是怎么想的？怎么想就怎么讲。”他说：“我跟他小学同学，我是个干部，他还不过是个小组长，现在他倒是班主席了。本来他语文也不好，现在好了，你当老师的表扬他，我就不服气。他怎么可以超过我呀？”我说：“哟，他怎么可以超过你！你这个小骄傲，我们要大家都好，人家有优点你要学习呀，你怎么能够看到人家的优点就不服气呢？你就这么骄傲，这么看不起人！是不行的。”我又跟他讲：“我们党在历史上吃骄傲的亏是太大了，一骄傲就脱离实际，白区党的力量几乎是百分之百的损失。你脑子里这条虫不捉掉，怎么成才呀？”后来他写了一篇很好的周记，挖得很深，写了很多，从国际国内写到自己的成长道路。我说：“现在你能认识到错误就很好，不要跟我作检讨，我这个老师是不要学生作检讨的。你在哪儿闯的祸，你就到哪儿去讲，到了班上不要兜圈子，老老实实给同学讲。”于是，他就在班上讲了自己当时是怎么想的，要大家不要学他这个坏样子。接着他又说：“因为我捣乱，骄傲的毛病发作，使同学们第七道数学题没有学好，我现在给大家补课。”这是好多同学都做不到的。我教了这个同学两年后，我就去带别的“乱”班了。到现在他还经常来看我，还跟我们学校团委书记讲：“于老师对我很严格，我很感谢她，她真正是培养了我。”

对差的同学也不能鄙视，“十年动乱”中我就教了很多差班，跟很多“小流氓”打交道，经常担惊受怕。我带的 77 届，500 多人，这批学生在小学就不安分，进中学时传达的第一个“文件”就是马振扶事件，课堂乱得不得了，第一堂课就把脑袋打开花了。有二分之一的班主任都哭过，男的女的都哭。比如上体育课，体育老师是个高中毕业生，上山下乡，又经过半年培训来教课的。他是上海郊区崇明人，“什么”说成“哈（hà）”，学生就给他取绰号，他喊立正，那些调皮学生就讲“崇明哈（hà）”，课简直没办法上下去，我得去压阵。我找学生谈话，有个学生讲：“你找我谈话，我就跳楼。我跳楼你就成了马振扶事件第二。”真是担惊受怕。学生告我的状，先到《文汇报》，后到过去的区革委会，就是还没有打我。有一次这个学生真的跳楼了，我当时想，这一下可完了，真的成了马振扶事件第二了，谁知道跳下去还平安无恙。原来我们学校校舍很好，全是红漆地板，“文化大革命”中破坏得很厉害，把地板撬掉了，后来铺的水泥板。办公室在二楼。拆下来的地板堆在办公楼外面，他早就观察好了地形，男孩子像孙悟空一样，灵活得很，地板堆起来有弹性，像弹簧一样，所以跳下去安然无恙。但是我被吓坏了，出了一身冷汗，担惊受怕了很多年。

我还教过一个小偷，是 74 届的学生，上学两年了，老师也不认识他，他经常旷课。他偷的技术高明到什么程度呢？一个同学跟他从家里一道到学校交学费，同学的六块钱学费早已到了他的身上了。家长没办法管，他一天到晚就拿着一根铁棒打群架，涂改粮票，五两可以改成五斤，后来他转变了还告诉我，他是怎么干的，到公共汽车上是怎样摸人家的皮夹子的，怎么望风，等等。好好一个小青年被腐蚀成这样子。开始我们这个班的学生不要他，说：“于老师，不要接他，我们这个班好不容易由乱班变成了先进班。你无论如何要顶住。”我说：“我是教师，没办法。如果说我们班级经不起这样一个人来，这说明我们的工作做得差。”后来这个学生终于来我们这个班，可又见不到他。我们像霸王请客一样，连拖带拽把他拉到教室里来。我们跟家长讲好，每天6点我们去接他，我们不接，家里就不许他出来，晚上我们专门送，真是陪太子读书。这个学生读到中学了，书包没有，书没有，书发下来就卖掉抽香烟，一天两包香烟，手都熏黄了。我这个做老师的，好像多了一个儿子一样，给他买书，买铅笔盒子，好不容易使他在教室里坐了两个月，有点进步了。

被资产阶级思想腐蚀的孩子，看到真是令人心酸、心痛。这个学生初到班上站无站相，坐无坐相，九扭十八弯，人像铜丝扭的，脊梁骨都不直；跟他讲话，你眼睛盯着他，他不敢看你，他的眼睛一直是恍恍惚惚的，腐蚀的心灵是多么可怕啊！有一天，他跟家里发生矛盾，吃早饭的时候，他的父亲问三角尺怎么不见了，并且骂了他。他说：“我们于老师讲的，不可以骂人。”他的父亲就火了，说：“我不可以骂你呀？我是老子，你是儿子，我还要打你呢！”说着啪啪两个耳光，这一下他又跑掉了。他原来就是这样，只要家里一管就跑到防空洞里去躲起来。上海挖了防空洞，没有人管，成了小流氓蹲的地方。他一跑，家长就去找，找回来后对他又百依百顺，下次就更坏。我了解到这种情况就跟家长讲：“你们这样管教，实在不大得法，如果今天找到了，我要把他带回我家去。”当时我的思想斗争也是很激烈的，心想：把他带回家去，不就是把一个小偷带到家里吗？我家只有三口人，我跟我爱人都有工作，我爱人不在家，到干校几年了，家里只有一个还没有长大的孩子。这下好了，熟门熟路，要给偷光了怎么办？他有一帮子人啦。但又一想，教育人要真心实意，如果我不能使他转变，那是我工作的失败，家里偷光了活该。于是我下定决心，还是把他带回家了。当天晚上下着雨，这个学生从头到脚都湿透了，几个同学跟我一道，拖啦拽啦上了公共汽车，到了我的家里，跟他谈了以后又去做饭吃，一直折腾到晚上九十点，我的胃痛死了。在谈话中我发现了，我的很多话他不懂，他的很多话我也不懂。比如我说：“你这个人，意志太薄弱了。”他说：“你讲的什么东西，我根本不懂。”他是不懂，我讲得太文绉绉了。我只好打比方，我说：“你抵抗力差，就像我的身体不好一样，办公室有个老师患感冒，我马上就被传染了。”他说：“哦，这个嘛，我就懂了。”他又说：“我什么都不好，老师呀，你也不要在我身上花心思了，我这个人反正也好不了。”我说：“你了不起呀，你有个了不起的优点，就是承认自己不好，有这一点就说明你有进步的可能。”我也就根据他这样一个优点，逐步地去做转化工作，现在这个孩子已经在工厂工作了。前年我生病，他听到了，急得要命，到医院来看我，他说：“于老师你可不能死，你还要教学生哪！”我说：“还早呢，我还不会死。”所以就是这样差的学生，只要看到他的优点，以他的优点来克服他的缺点，也还是可以逐步进步的，总不会做社会的渣滓。当然，差生的反复是很多的，要做好工作也不容易。

三、
要言教更要身教

最后讲一讲，要言教更要身教，前头讲了很多都是言教，可是身教更重要。行动就是命令，要学生做到的，老师一定要做到，自己做不到，言教是无力的。比如，组织学生大扫除，自己不扫的话，学生有的时候就马虎了事。我带“乱”班，没有别的本领，就是身教。比如扫地，有个学生就看我扫，扫完后他讲：“嗯，还不错，这个老师还跟我们一块扫地。”他是老气横秋地评论的。我带的 75 届一班，学生体质很差，班里秩序又乱，我就进行训练，早上排队训练纪律，不到一刻钟有的学生就晕倒了；组织全班去扫墓，也有人走着走着就躺倒了。我想这些学生年纪这么轻，就像我这样的一个身体，将来怎么担负“四化”建设重任呢？我下决心带学生锻炼。我每天早上 6 点到学校，陪学生一起长跑，我跑不动，就跑跑走走。这样把学生组织起来，一年半的时间，这个班就练出了一支长跑队伍。原来晕倒的那个学生，还在学校和区的长跑竞赛中名列前茅，学生的体质普遍增强了。所以身教是很重要的，行动到哪里，工作效果就到哪里。

我做班主任工作，跟搞教学一样，教训很多，碰了很多壁，吸取了一些教训，离当好班主任、做好语文教师还差得很远。但是，我有这样一个决心，就像探索语文教学道路一样，“路漫漫其修远兮，吾将上下而求索”。今天把这些粗浅的体会向同志们汇报，浪费了大家许多时间，讲错了，请同志们批评。

平凡的岗位，神圣的职责

我开始教师生涯至今，已近 30 年，除最近两年之外，一直担任班主任工作。每当我看到一群群来自祖国各地的历届毕业生回到母校来探望的时候，我的心中就会涌起一股暖流，更感到自己岗位的重要，职责的神圣，浑身增添了无穷的力量。

我总有这样一种感觉：在学校里工作，只有当了班主任，才能真正体会到当教师的幸福。学生来到学校，受到许多教师的关心、培育。但是，班主任担负着对学生全面的教育工作，和学生接触最多，能够全面关心、照顾学生的思想、学习、身体和生活，所以一般来说，学生对班主任的感情，以及班主任对学生的影响，都要远远超过一般任课教师。我有不少学生，每当他们回到母校的时候，总要怀着感激的心情回忆中学时代所受的教育。对于当年的班主任老师，他们更是终生难忘。有些 50 年代的毕业生，直到今天，他们自己在工作中碰到了困难，或在家庭中发生了纠葛，还要找我商量，要我给他们出点子、想办法，希望得到我的鼓励和帮助。有些毕业生，甚至在恋爱婚姻问题上，也来找我当参谋……

有人说："班主任老师是造就新一代的雕塑师。"我很赞成这一说法。特别是经过"十年浩劫"，我的体会就更深了。我经历过这样一个严酷的场面：1966 年深秋的一个下午，我被几个"红卫兵"带到教学大楼三楼的一个窗口。他们挥舞着"小红书"对我说："你这个黑旗手，妄图用封资修来毒害我们小将，还活着干什么！死吧，跳下去！"当时，我对批斗、挂牌、游街、罚跪等，都已习惯了。可是，我万万没想到还会发生这样的事，我感到不可思议。但晚上我仔细一想，发现那些起劲地批我、斗我的学生，几乎都是刚进中学，稚气未脱，他们年幼无知，对各种思潮还缺乏辨别能力，而那些受过我多年教育的学生就不同了，他们不是在我挨批斗的时候，送来同情、鼓励的目光，就是过后暗暗给我倒上一杯水，或写来一张纸条，叫我要“多保重身体”。想到这些，我心中既充满了信心和希望，又感到自己还未尽到教育的责任，不禁在心里默念着：“即使为了有一天能把这些迷途的羔羊召唤回来，我也不能死!”就这样，我终于以一个共产党员的信念和一个人民教师对自己事业的责任感，顽强地活下来了。当然，这中间少不了受各种侮辱、折磨，但当我一走出“牛棚”，回到讲台上，我还像从前一样尽心竭力。

有人对我说：“你还没有被斗够呀!”

我说：“宁可以后再挨斗，也决不放弃教师的责任!”

不久，学校安排我去带一个全校闻名的乱班。这个班级已经换了八个班主任，我是第九个了。我第一天踏进这个班级时，学生就用敌视的目光注视着我。这些孩子无论对哪一个教师，都如同对待仇敌。我想，再不把这些孩子引上正道，也许还会有人被他们逼着去跳楼。我暗暗下了决心，一定要当好这第九个班主任，用党的温暖，用正确思想去把他们“挽救”过来！于是，我整天泡在孩子们中间，谈心、家访、补课，参加他们的游戏、娱乐，努力去接近他们，寻找他们身上闪光的东西，扶植先进，帮助后进……师生经过三个多月的共同努力，“乱班”的帽子终于摘掉了。现在，这些学生都早已走上工作岗位，不少人还被评为先进工作者。有时候他们回母校探望，总怀着内疚的心情对我说：“于老师，我们过去是太幼稚了，要不是您及时教育引导，我们真不知要变成什么样的人了。”我从这些过去的学生身上体会到，班主任不仅是学生“灵魂的雕塑师”，而且在这些学生离开学校踏上社会之后，还能成为他们的思想伴侣，在无形中影响和鼓舞他们走上正确的人生道路，并为祖国和人民做出贡献。我想，我们班主任老师的最大幸福也莫过于此了。

班主任的岗位是崇高的，职责是神圣的，但要做好工作也不是一件容易的事情，这里面大有学问。根据我自己多年的实践，我感到应该注意以下几点：

一是要真心实意爱学生。有人说："爱是教育的润滑剂。"在党的长期教育下，我深切体会到，热爱学生是人民教师的天职，我们要把热爱事业、热爱未来的强烈感情倾注到教育对象身上，对他们满腔热情满腔爱。没有爱，可以说也就谈不上教育。培养人的工作，细致复杂，没有深厚的感情，就不可能做到尽心尽力。我以前班上有个女孩子，平时坐没有坐相，站没有站相，还经常在外面打架，家长也"驯服"不了她。一天做早操，我一看到她那摇摇晃晃的样子，就打心眼里生气，便冲着她说："你又不是'十三点'！"这一"骂"，她站好了。但我对那个女孩子的"讨厌"情绪，马上被好些学生看出来了。他们向我提出了尖锐、中肯的批评："我们班上没有'十三点'，老师，你的感情到哪里去了？"孩子们的批评，使我醒悟了。我在全班作了认真的检讨。那个女学生十分感动。这样师生之间的对立情绪也就消除了。这件事使我真正懂得了对全班同学要一样看待，一样热爱，这是做好班主任工作的前提。

二是要加强自身的理论、思想和道德修养。法国文学家罗曼·罗兰曾这样说过："要撒播阳光到别人心里，先得自己心里有阳光。"班主任老师几乎每天都在接受学生严格的监督，他们的一言一行都会对学生起潜移默化的作用。因此，我们自己首先要具有高度的社会主义觉悟和一定的政治理论修养。只有这样，我们的教育工作才会有鲜明的思想性，才会给学生以真正的感染力。否则，就很难从根本上教育好学生。长期以来，我一直在这方面下功夫，努力使自己的行动有一个正确的指向。同时，我也处处注意以身作则，严格要求自己，凡要学生做到的，自己带头先做，真正做到"为人师表"。

此外，钻研业务，上好课，也是做好班主任工作的基础。课上不好，在学生面前就不会有威信，教育效果也会打折扣。我虽是大学毕业，但学的不是中文专业，开始在语文教学上有不少困难。我就边教边学，紧扣教学任务，在掌握语文基础知识和基本能力方面下功夫，不偷懒，不走捷径。我学习哲学、文学、史学，尽量把知识面拓宽，做一个真正称职的人民教师。

三是要把班主任工作作为一门科学来研究。教育工作既有很强的思想性，又具有高度的科学性。一个班级四五十个学生，各有各的思想、性格、气质、爱好等，要使他们每个人都能健康地成长，班主任老师就要学点心理学、教育学，针对各个学生的特点，研究教育方法，做好教育工作。

在这方面，我曾犯过两种毛病。第一种是看问题片面，把“好”与“差”绝对化；第二种是不懂得审时度势，拿五六十年代的教育方法来套七八十年代的学生。从教育学生的许多事例中，我体会到“好”与“差”不是绝对的。只要细心观察，细加研究，就会发现有些好学生尽管学习努力，尊师守纪，但思想深处常常隐藏着疵点。班主任同样需要对他们提出严格的要求，因势利导。对表现差的同学，则特别要注意发现他们的优点，因为他们身上缺点多，优点就显得更加可贵。对他们的教育要讲究分寸、火候：轻了，他们常常无动于衷；重了，有时会走向反面。因此需要做些“分解动作”。比如，有些学习困难的学生喜欢抄人家的作业，可先要求他们抄后弄懂，再请同学、老师帮助他们做，最后要求他们自己做。这样逐步提出要求，促使他们从量变到质变，逐步巩固提高。

另外，值得注意的是，我们现在的教育对象与过去的学生不同，思想活而乱，见识广而杂，不轻信，不盲从，不满足现状等。开始，我对这些特点视而不见，采取的传统教育方法老对不上号，效果甚微。在事实面前碰了壁，我才领悟到教育不能再搞“我讲你听”了，要引导学生自己去思考、议论、比较、辨别，分析事物，探索真理。比如，有一次在教完鲁迅先生的《一件小事》之后，我布置学生记一件自己耳闻目睹或亲身经历的小事。有个学生在题为《让座》的作文中，写了这样一段话：“我不让座，那别人呢？车上说不定还有什么当官的呢，难道他们的思想觉悟也和我一样？再说，这种事我碰到不止一次，已经好几次了。对于这个问题，我自己不能回答。于老师，请您解答。”确实，在“十年动乱”期间，我们党的优良传统和良好的社会风尚给破坏了。学生作文中反映出不满情绪是很自然的。怎样帮助他们解决呢？我就和学生一起分析、议论，讲清道理，找出产生这些问题的历史根源和社会根源，进而指出青年学生所肩负的改造社会的重任，使学生受到深刻的教育。

总之，要做好班主任工作是不容易的，但只要我们忠诚党的教育事业，热爱这平凡而又崇高的工作，真正把它作为一门科学来研究，是大有可为的，也是一定能做好的。

在学生心中播下理想的种子

春节，一些历届毕业生来看望我。他们在回忆中学时代所受的教育时，颇有感触地对我说："老师，以后你还应多教《文天祥传》，让现在的青年学生懂得什么叫中华民族的浩然正气。文天祥富贵不能淫，贫贱不能移，威武不能屈，多么令人敬佩！现在我们学习、借鉴外国的先进科学技术，我们的脚跟要牢牢站在社会主义的土地上！……"这些学生离开中学虽已十多年，但对当年学校对他们进行的理想教育，至今不能忘怀。这使我深刻认识到，要把学生造就成"四化"建设的合格人才，教师必须在他们心里精心播下革命理想的种子，教育他们把正人生的方向盘，向着建设具有高度物质文明与精神文明的社会主义现代化强国的伟大目标奋进。

俗话说："人无志不立。""志"——志向，也就是理想。事实表明，一个青年学生只有立下了为祖国、为人民奋斗终生的雄心大志，才会有强烈的事业心和持续前进的动力，才会在将来对国家和人民做出贡献。但是，人们的理想不是生来就有的，它是人们在社会实践中，在各种客观因素作用下，逐步确立起来的。而教育就是其中具有重要意义的一种因素。青年学生敏感、好奇，富于幻想，憧憬未来，易于接受外界事物和各种思想的影响，正处于世界观形成的重要时期。在这一时期，对他们加强革命理想教育，将会对他们一生的发展产生积极的影响。

我们可以想一下："十年动乱"毁灭教育，给青少年造成的最大创伤是什么？不就是抹去了他们心灵中理想的光辉吗？什么"实惠"啦，"及时行乐"啦，这类低级庸俗的思想、趣味，使一部分人变得目光短浅，苦闷彷徨，甚至有人走上犯罪道路。我们班主任有责任用革命的理想拂去青少年心灵上的灰尘，帮助他们逐步树立理想信念。然而，有的同志说，现在学生纪律差，搞理想教育是“远水”救不了“近火”。我在实践中体会到，像纪律这类具体问题固然要抓，但头痛医头，脚痛医脚，只是在“治标”上下功夫，其结果往往事倍功半。“治标”还须“治本”。只有教育学生懂得人生的意义，树立理想、信念，思想上有了主心骨，他们的自觉性才会加强，自制力才会提高，这样学校的其他各项教育才容易收到效果。

那么，怎样进行理想教育呢？我认为可以从以下几个方面着手抓起。

（一）
进行英雄形象教育

仰慕英雄，喜爱听英雄的故事，容易受英雄形象感染，这是青少年的一种心理特点。而英雄的一生就是树立崇高理想并为之奋斗的一生。因此，用英雄的榜样来教育学生，便容易使学生从英雄身上实实在在地体会到什么叫革命理想，什么是生命的价值，怎样才能使青春放出光辉。

开展学英雄活动，我很注意事先的周密计划，努力做到一环扣一环，逐步深入，使英雄的榜样牢牢地扎根在学生心中。比如，我给学生讲周总理的光辉一生，讲他的无私的品格、谦逊的美德、非凡的才能、盖世的功勋，以此来感化、教育学生。在周总理逝世和诞生的纪念日，我常和学生一起满怀深情地悼念总理，学习总理。我们的纪念活动有这样一些内容：播放《周总理，你在哪里》的歌曲，用激越的歌词、感人的音乐旋律扣人心弦，让学生懂得人民深切缅怀总理，是因为总理与人民血肉相连；组织学生观看《敬爱的周恩来总理永垂不朽》的纪录片，忆总理为中华民族崛起而奋斗的一生，使学生意识到自己肩负的使命，并以总理为榜样，干工作像吐丝的春蚕，兢兢业业，到死方休，做人像点燃的蜡烛，从头亮起，一生光明；师生一起吟诵《天安门诗抄》和赵朴初同志的《金缕曲》……经过这一系列的教育活动，学生的眼睛明亮起来了，青春的火焰点燃了。有的学生写下了这样的感受：“我深深感动了，这不是普通的教育课，这是揭示人生真谛的课，我将永志不忘!”“人的生命是短暂的，但要在这短暂的时间里活得有意义，有作为，就要为‘四化’做贡献。”

又比如，在开展向秦鸿钧烈士学习的活动中，先让学生观看影片《永不消逝的电波》，评论主人公李侠崇高的革命气节、可歌可泣的献身精神，然后请秦鸿钧烈士的夫人韩慧如讲述烈士的生平事迹，对革命后代提出殷切的期望。之后，又开展了扫烈士墓活动，举行了学习座谈会。这样，秦鸿钧烈士的崇高精神品质和顽强斗志留给学生的印象非常深。

英雄人物的豪言壮语、名诗、警句，是他们发自肺腑的心声，往往言简意赅，有巨大的感染力，教师可对学生作有感情的朗读，或要求他们背诵、学习和讨论。这对丰富学生的精神生活，提高他们的思想境界，都是很有益的。

(二)
加强“四个坚持”的教育，引导学生学一点社会科学理论，使他们认识人类历史发展的必然规律，树立起无产阶级革命事业必胜的信念，这是理想教育的又一个重要途径

崇高的理想总是以对社会和人生的正确认识为基础的，认识越深刻，树立的理想就越牢固。记得“十年动乱”前，我们对学生进行过系统的马列主义基本原理教育，使学生的革命理想建立在科学理论的基础上。但是，后来由于林彪、江青反革命集团阉割、歪曲、篡改

马列主义、毛泽东思想，破坏社会主义，弄得马列主义面目全非，社会主义真假莫辨，导致今天一部分青年丧失信仰和理想。再加上国家长期的“闭关自守”，现在一开放，国外的东西大量进来，学生的思想难免发生一点混乱。因此，指导学生有计划地学习马列主义基本原理，掌握思想武器，澄清认识，这对于他们确立远大的理想，具有十分迫切而重要的现实意义。

中学生具有一定的阅读能力和理解能力，可以指导他们自学一点马列主义原著，如《共产党宣言》《社会主义从空想到科学的发展》《关于正确处理人民内部矛盾的问题》等，这有助于学生了解和领会马列主义的基本原理。另外，还可以指导学生学一点历史知识，特别是近百年的中国革命斗争史，这也有助于学生领会“只有社会主义能够救中国”这个真理，从而帮助他们树立共产主义信念。理论学习还应该联系社会实际。我常抓住学生比较关心的关于科学技术、生活水平、民主自由等问题，采取摆事实、讲道理的方法，拿社会主义与资本主义进行比较，耐心诱导、鼓励学生开展讨论、畅所欲言，使他们分清现象和本质、主流与支流，克服思想认识上的片面性和表面性。我感到这样做，比用简单的“是即是，非即非”来压制不同意见，或回避学生的思想问题，要有益得多。

（三）
培养学生的求实精神，
引导他们“从我做起，
从现在做起，从点滴做起”，
一步一个脚印，
向着四个现代化的目标，
向着伟大的共产主义目标
前进

这里，让学生弄明白理想与现实的关系是很重要的。今天，在我们伟大祖国，有着优越的社会主义制度、巨大的经济建设成就，中国

人在世界上已能挺直腰杆，扬眉吐气……这一切都是我们的前人梦寐以求的理想。而前人的理想转化为今天的现实，正是历代志士仁人不怕牺牲、前仆后继、英勇奋斗的结果。同样，要实现四个现代化，我们就得进行比我们的前人更加艰苦的斗争。因为我们要最终消灭生活中一切不合理的现象，极大地提高社会生产力和人们的思想觉悟、道德品质。要实现这样宏伟的理想，对我们每个人来说，就得有渊博的知识、高度的才能和强健的体魄。而这些条件必须从学生时代起，靠认真刻苦的学习、锻炼来创造。这些道理要让学生有足够的认识。但更为重要的是，班主任老师还要善于引导学生将这些道理自觉地贯彻到日常的学习、工作与体育锻炼中去，使他们经常想到自己肩负的历史使命，始终保持旺盛的热情和斗志。总之，我们要持之以恒地对学生进行革命理想教育，用我们的汗水、心血把他们培养成为人民所需要的有理想、有道德、有知识、有体力的一代新人。

当然，要塑造学生的灵魂，教师就得塑造好自己的灵魂。孩子们的目光是极其敏锐的，他们会观察你的言行，会掂你的分量，会窥测你的内心深处。班主任几乎每天都在教育对象面前进行世界观的“亮相”。血管里流出来的是血，水管里流出来的是水。要使理想教育取得良好效果，班主任老师自己必须树立革命理想，脱离低级趣味，对革命事业一往情深，坚韧不拔；对工作勤恳认真、一丝不苟；对学习孜孜以求，不断进取……这就是我们通常说的教育者必须先受教育。

改革天地十分广阔

一般地说，语文教改试点的学校条件比较好，由这些学校先行摸索和总结出一些教改经验来，有利于推动面上学校语文教改的开展，这一工作也是很有意义的。但是，语文教学改革不能只局限在少数学校、少数教师身上，要开阔眼界，看到面上的一般学校。那里有为数众多的教师，数量庞大的学生，那里蕴藏着极大的教与学的积极性。如若充分重视，认真调动师生内在的积极性，切实研究一些亟待解决的问题，不仅从整体上可以加快教改的步伐，而且能实实在在地逐步改变目前学生语文水平低的严重情况。因此，一般学校如何改进语文教学是值得研究探讨的。

一般学校有没有条件进行改革呢？回答是肯定的。每个学校有自己的特点，每个语文教师有自己的长处，有的教师几十年从事语文教学实践，深知底细，备尝甘苦。只要解放思想，增强信心，努力进取，扬自己之长，充分运用本校本人的有利条件，改革是很有可为的。鸡窝里能够飞出金凤凰，一般学校可以，也必然会出教改的好经验。在这方面，有些客观条件差但主观上立志改革并着手改革的城乡学校已提供了明显的例证。当然，改，不是脱离学校与学生的实际，而是采取唯物主义的态度，摸清情况，实事求是，在现有的基础上进行。根据已经具备的条件，可就教学中某些具体问题进行点点滴滴的“小改”，也可围绕某一方面的问题进行较有计划、较有系统的“中改”，条件如许可，也可在教材体系、教学方法、师资队伍等方面进行总体性的“大改”。无论怎样改，都必须从师生实际出发，以提高教学效率、提高教学质量为依归。

一般学校急不急需进行改革？急需，十分急需。目前学生语文水平低下，一般学校尤为突出。造成这种情况的原因是多方面的，有

"四人帮"长期破坏遗留的影响，有社会上重理轻文思潮的冲击，再加上经过重点学校的择优，学生程度差就可想而知了。尽管如此，我们不能否认我们教学中确实存在问题。学生对学好语文的重要性缺乏应有的认识，对学习语文不感兴趣或兴趣甚微。一句话，我们的教学还缺乏"吸引力"，学生上课常常思想分散，恹恹欲睡。能不能在"吸引"上多做些研究，多下些功夫呢？

语文课很容易上"糊"。一个一个词，一个一个句子，讲解时似乎很清楚，可是一堂课下来，一篇课文下来，和在一起就"糊"了。好似一碗甜羹，胡桃、西米、蜜饯与淀粉和在一块儿，堂堂课如此，篇篇文章如此，学生吃得发腻，觉得老一套，老样子，差不多，学习的积极性受到压抑。能不能"分而食之"，努力改变"糊"的情况呢？深入钻研教材，洞悉来龙去脉，研究学生实际，做到每堂课目的单一，每篇课文重点突出，钉子一个一个敲，稳扎稳打，循序渐进，使学生课课有所"得"，从根本上调动学生学习语文的积极性，彻底改变语文课上与不上一个样的状况。

语文课很容易上"干"。比如，划分段落、概括大意、归纳主题思想等，常常就知识讲知识，不能显现语文学科固有的有血有肉的特点。"干"，讲几条筋，学生就感到索然寡味，体会不到语言文字表达思想感情的妙用。统编的语文教材 50% 以上是文学作品，应该说这些作品是有情有趣的。在运用这些教材传授知识、培养能力的时候，是否可以讲究一些情趣，作一番相应的课堂设计，来吸引学生的注意力，培养学生学习的兴趣呢？教师的教学用语也颇值得研究。鲁迅先生讲课妙趣横生，具有极大的吸引力，岂不是我们学习的榜样？国外对青少年的教育进行研究，很重视启发学生的学习兴趣，创造种种条件激发学生的兴趣爱好。本来知识不一定板着面孔教，也不一定板着面孔接受，学生有了兴趣，思维进入积极状态，可以在愉快的气氛中理解、吸取，印在自己的心上。

语文课很容易"灌"。学生程度愈差，教师愈容易"灌"；愈"灌"，学生水平就愈难以提高。"灌"，往往是由于对学生的知识与能力缺乏足够的估计；"灌"，往往出于良好的愿望，想多讲一些，多教一些，结果越俎代庖，学生处于被动状态，能力得不到及时的必要的训练。学生是有知识储备的，即使在语文能力方面有这样那样的不足与缺陷，也不能误认为是“零”，是“空白”。是否应充分认识学生已经具备的知识？是否应充分估计他们接受新知识的潜在能力？如果教学过程中着力于让学生“动”起来，动眼、动脑、动口、动手，课堂成为师生共同活动的场所，学生就可以学得专心，学得巩固，知识就会由少而多，听、读、说、写能力就会由弱而强。

以上仅就课堂教学的某些情况而言，即使如此，改革的天地已十分广阔，可研究探索的课题门类众多，有志于语文教改的同志大有用武之地。

一般学校教师与学生两方面的积极性都调动起来，一定会展现出十分美好广阔的前景。面上改，点上改，点面结合，相得益彰。广大教师都动脑筋，想办法，致力于改革，教学质量就会提高，师资队伍就会很快成长。大家齐心协力，共同探索语文教学规律，涓涓细流，汇成大河，建立语文教学科学体系指日可待。

为人师表要德才兼备

我们教育工作者在建设精神文明中担负着特别重要的责任。我们的责任是培养新的一代成为德才兼备的人才。这就要求学生在学校学习期间，在思想境界、道德品质和文化素养上都打下良好的基础，牢牢树立起革命的理想，立志为社会主义事业献身。

要求学生做到的，教师自己先要努力做到。教师必须对社会主义事业有坚定的信念，不断学习，加强修养，使自己逐步具有崇高的思想境界、高尚的道德品质，并认真研究教育科学，探索教育教学规律，满腔热情地担当起培养年轻一代的光荣任务。教师要为人师表，就要具备种种为人师表的条件。

为人师表的问题，在一部教育史上讲了几千年，许多教育家为此提出许多具体要求。尽管提法不一，但归结起来，最基本的不外是思想品德和学识才能两个方面。就是说，教师的“德”与“才”都要能够做学生的榜样，既要有高尚的品格，又要有真才实学。

学生与教师接触中，是以教师的一言一行来衡量教师的，他们很看重教师的表率作用。教师若事事以身作则，说到做到，在学生心目中就是诚实可敬的榜样；若讲的是一套，做起来另一套，在学生心目中的“表”就树不起来，难以尊敬。因此，教师能真正为人师表，首先在人格上要“表里俱澄澈”，做到在学生看来是个里里外外通透的、可尊敬的、高尚的人。古人也很讲究这种修养。北宋司马光曾经自言：“吾无过人者，但平生所为，未尝有不可对人言者耳。”

当然，我们今天讲的品德修养与司马光时不一样，因为时代大不相同了。人的思想行为有其社会性、时代性（在阶级社会里还有其阶级性)，社会不同，时代不同，人们言行的指导思想也不同。以司马光而言，他“居处有法，动作有礼”，他的一言一行都遵循儒家的礼法，在儒家的思想和道德的规范之中，因而他认为自己的一生是光明磊落的。当时的人也正是以儒家的礼法标准去衡量他，才认为司马温公是可以为人师表的。

今天讲为人师表必须具有我们时代的内容。其核心则是高举社会主义旗帜，以社会主义道德品质、爱国主义准则为指导思想。我们教师的思想言行都要遵循这个规范，做到表里俱澄澈。

教师在文化素养上也要做学生的表率。教师要有真才实学，精通业务。要做到这一点，关键在于有锲而不舍的学习精神。

在我争取做一个称职的语文教师的过程中，深深体会到学习的重要。我大学读的是教育系，毕业后一度在中学做历史教师，后因工作的需要才改教语文。在教学工作中，我每前进一步都很艰辛。我有许多不足的地方，其中包括自己的学识肤浅，修养不够。

刚担任语文教师时，我最着急的是如何把课上下来，在课堂里站住脚。我听其他教师的课，学习他们的好经验，备课时也借助有经验教师的教案和课堂实录。教案和课堂实录使我上课有所依归，亦步亦趋向有经验的教师学习，学到不少马上用得上的东西。就这样，我依葫芦画瓢，居然在语文课上站住了脚。

可是，每当静下心来扪心自问，我总感到不踏实、不满意。语文学科的“门”究竟在哪儿，心中无数；教与学中的一连串问题常在脑中纠缠，“剪不断，理还乱”，说不出个道道儿；课上经不起学生问，一问就“昏”，多问就“倒”。自己深切地感到课虽上了下来，但脚下是飘的，心里是虚的；自己越来越认识到离真正上好课、有效地提高学生的学习质量，路途还很遥远。学习别人的好经验，博采众长是重要的。但自己必须有相应的基础；自己无扎实的基础，浮在面上学一点程式，最多只能“治表”，心中不亮堂，不通透。弄得不好，有时会变成轻重倒置，舍本逐末。

记得小时候有人评述木华写《海赋》的事。晋代人木华，写了一篇《海赋》，很有气势，其中用了许多“氵”的字。有人就评论说：

《海赋》可贵处就在于作者在没有今天运用辞书方便的情形下，能用上许多“氵”的字，写了如此广阔、壮丽、气势宏伟的文章。这说法无疑是似是而非的，但当时我很相信。后来我不相信了，因为我手头经常有一本辞典可翻查，但永远写不出那种好文章来。其实，木华之所以能写出《海赋》，是与其思想情操、广阔胸怀、学识修养、文字能力分不开的。于是我认识到提高教学能力不能只顾表面，只顾治标，还得认认真真地“治本”，认认真真抓学识方面、教学能力方面的基本建设。所谓治本，就是有计划有目的地学习，使自己具备一点真才实学。

懂得这个道理，工作再忙，我总是千方百计挤出时间学。“学然后知不足”，学起来就不能自已。深入进去，其乐无穷。许多似识非识的字，似懂非懂的问题，通过学习，拨开迷雾，心中亮堂起来。有计划地读一些书，广泛地涉猎，注意知识的积累，经历较长的时间，再钻研教材时，目光要敏锐得多，分析综合能力增强。此时此刻上课，心里踏实了，捉襟见肘的情况减少，得心应手的情况开始出现。这也就是人们常说的“一桶水”与“一勺水”的关系吧。一个学识干瘪、枯竭的教师不可能带领学生在智慧的海洋里扬帆远航。

教师的学习、教师的智力生活一刻也不能停滞。我在苏霍姆林斯基《给教师的建议》一书中读到以下一段话：“如果教师的智力生活就是停滞的、贫乏的，在他身上会明显地在教学教育工作中反映出来……教师不尊重‘思想’，学生也就不尊重教师。然而更加危险的是，学生也像教师一样不愿意思考。”这段话经常提醒我：我的智力生活是不是停滞的、贫乏的？我是不是不愿意思考，以致影响到学生也不愿意思考？

时代在不停地前进，停滞就是落后。近几十年来，新的知识不断涌现，学校各门课程不仅不断增添新知识，而且课程的结构也在逐步变更。这一切都要求教师抓紧学习，使自己的知识不断增进与更新，才能不断增长。

今天，我们党发出了努力建设高度的社会主义精神文明的号召，赋予了教育工作者新的任重而道远的职责，在为人师表上提出了更高的要求。我们要加倍努力，在品德和学养上都达到“表里俱澄澈”的境界，无愧于为人师表的光荣称号。

育人与做人

在上海的某中学发生过这样一桩事：一位班主任老师看到报上登载的关于一位老工人把万元存款上缴国家的报道后，心情很激动，她认为这是一则教育学生的好材料，于是就在班上组织了“假如这位老工人是我的父亲……”的学习讨论。有一位学生忽然问老师：“假如这位老工人是你的父亲，你会怎么想?”老师毫无思想准备，只好实事求是地作了回答：“我也会想不通的……”老师一言未了，学生哗然。这场讨论只得草草收场，非但没有起到教育作用，反而引起了学生的思想混乱。

这位老师在学生面前说了实话，这当然比言不由衷要好。然而这句实话及其引起的后果，确实也说明了一个问题：提高教师的思想政治素养是一件刻不容缓的事。

教师的思想政治素养是构成师资质量的一个重要内容。我们现在常用一句通俗的话来概括教师的职能，叫“教书育人”。“教”与“育”，最后都落实到“人”字上，即培养什么样的人。这里就不能不包含有思想政治方向问题。上海一所重点小学有一位成绩优秀的女学生，有人问她为什么用功读书，她说：“成绩好，小学毕业可考上重点中学，重点中学毕业就能进大学，大学毕业好出国。”再问她为什么要出国，她的回答是“外国吃得好，穿得好，玩得开心”。孩子是幼稚的，但如果对孩子的思想、对他们憧憬什么样的人生道路的问题无知无觉，不闻不问，甚至有意无意地助长他们的错误念头，那我们教师不就是犯了一个极大的错误吗?

培养人，有一个思想政治方向问题。而这个思想政治方向，又很大程度上由教师自身的思想政治方向来决定。正如列宁在谈到学校课程的思想政治方向问题时所指出的：“在任何学校里，最重要的是课程的思想政治方向。这个方向由什么来决定呢？完全只能由教学人员来决定。”我们知道，教师与学生朝夕相处，他们的世界观，他们的思想意识，他们对生活和社会的态度，他们的理想、信仰和追求，总要通过他们的言行表现出来，影响全体学生。这点往往是觉察不出来的，也不是任何“监督”、“领导”、规章制度所能制约的。育人只能由做人来决定。正因如此，提高教师自身的思想政治素养尤为重要。

教师的思想政治素养，细分起来可以包括许多方面。但我们不妨概括为这样两点来说一说：一是正确的政治信仰；二是政治理论素养。

正确的政治信仰，就是爱国爱民，拥护社会主义制度，拥护中国共产党的领导。人总是有信仰的，而不同的信仰会给人生涂上不同的色彩。陶行知先生虽然是美国资产阶级教育家杜威的门生，但他一生追求真理，赞同中国共产党的政治主张，为大众的幸福而献身，被誉为“伟大的人民教育家”“一个无保留追随党的党外布尔什维克”。山东省实验中学有一位化学教师，1952 年大学毕业后当了 3 年教师，由于有“海外关系”，被作为“肃反对象”，1958 年“整风补课”中被打成“右派分子”，进了劳动教养所。在以后的整整 20 年中，接二连三的沉重打击、长期的非人折磨，他是怎么熬过来的？用他自己的话说，就是靠正确的政治信仰。他认为，他的一些亲人都在国外，中华人民共和国成立前自己之所以不随亲人出走，是为了留下来报效祖国。现在，祖国把自己培养成了大学生，毕业后才为人民工作了几年，不要说壮志未酬，就连人民的养育之恩都还未报答呢！他“坚信党，坚信自己的问题迟早会得到公正的解决，总有一天会重返教育岗位”。他“挺直腰杆做人，坚信未来是光明的”。虽然身处逆境，但他每天晚上仍然看书，查资料，他的心不时飞向讲台，只要看到、听到一点学校的负面信息，心里就像刀扎似的难过。因此，当彻底平反之后，他一恢复教学工作就感到很顺手。可见，在这位老师的心目中，信仰是实实在在的东西：它好像一团火，照亮了他人生的路程。从前辈教育家陶行知到今天的一位普通的人民教师，他们不同的生活道路向我们揭示了一条共同的真理：作为学生的引路人，作为知识、真理和信仰的传播者，教师先得用坚定正确的政治信仰来为自己的生命增添光和热。

那么，坚定正确的政治信仰从哪里来？记得拉法格说过，马克思坚定不移的共产主义信仰并不是从对工人阶级的同情中来的，而是他深刻地研究了全部人类历史的结果。我们的政治信仰，只有同马克思主义的真理结合在一起，才能变得坚定而充实。因此，学一点马克思主义的理论，是提高教师的思想政治素养的必由之路。

中小学教师所教的学科，一般可以分成两大类，一类是社会科学，一类是自然科学。而这两类科学知识，都离不开一定的哲学思想的支配。社会科学自不待言，就说自然科学吧，正如恩格斯所指出的："不管自然科学家采取什么样的态度，他们还是得受哲学的支配。问题只在于：他们是愿意受某种坏的时髦哲学的支配，还是愿意受一种建立在通晓思维的历史和成就的基础上的理论思维的支配。"我们如果真想高屋建瓴地掌握自己所教学科的知识，就应当用辩证唯物主义与历史唯物主义的科学理论来武装自己的世界观。

我们的教师还有一个学习教育理论，进行教学改革的任务。而这同样离不开一定的哲学思想的支配。我们知道，无论哪一种教育理论，都是以一定的哲学思想为基础的。教学改革，也不是随意出点子、想花样。重要的在于坚持唯物观点，从学生的实际出发，在于尊重辩证法，妥善处理教改中所涉及的种种关系。比如语文学科教学的改革，它涉及学科内部种种关系的处理，如知识与能力、智力的关系，读与写的关系，听说与读写的关系，现代文与文言文的关系，现代文中各文体之间的关系，教材与教法的关系，等等；还涉及外部种种关系的处理，如与数学、物理、化学学科的关系，与政治、历史、地理学科的关系，与音乐、美术学科的关系，与课外阅读和课外活动的关系，等等。学科教学改革是如此复杂的多面体，只有以唯物辩证法为指导，才能全面地辩证地分析问题与处理问题，取得教学改革的成功，在教学上有所建树。

从前有人提出过这样的口号：人民教师应当成为马克思主义者。

初听起来，这要求似乎是高了。但如果从教师自身的进步与工作的需要两方面来仔细想想，是有深刻道理的。但愿我们都立志去做个马克思主义者吧，这样才能跟上现代化的步伐，洞察世界，走向未来，在时代的挑战中立于不败之地。

怎样调动学生学习语文的积极性

在“重理轻文”思潮的影响下，当中学语文教师是十分不容易的。要教学生学语文，爱语文，学有所得，学有兴趣，非得研究一点教学艺术不可。我自己改行教语文以后，经常有一种苦恼。什么苦恼呢？就是自己非常重视语文，而学生却不能理解教师的心情。好像有这么一种情况，就是教者十分有意，而听者似乎无情。如果教者有意，听者无情，教和学就不能很好沟通，教者和听者就不能心心相印，就会影响教学质量的提高。过去，我曾有这样一种情况，就是自己站在讲台上，滔滔不绝，口若悬河，可是学生并未完全吸收。学生听着老师的讲述，有的人思想在天空遨游，有的则昏昏欲睡。看起来，自己确实重视了教，而对学生的学，却是忽视了。教师不仅要教在课堂上，更重要的是要教在学生的心上。“教”的效果，要在学生的知识、能力和智力的发展上反映出来。早先，自己往往埋怨学生不重视语文，不好好听讲；后来反躬自省，才感觉到自己是对教和学之间的关系缺乏认识，才领悟到教一定要教得学生学有兴趣，学有所得，才算教好了，否则就是无效劳动。

做教师就是要学生学。要学生学，一定要教到学生自己要学，要把教师要他学跟他自己要学结合起来。只有这样，才能把无效劳动变为有效劳动，才能使教和学有机地结合，提高教学质量。也只有这

20 世纪 80 年代，“重理轻文”思潮严重，作者作为长期耕耘在中学语文教育园地的优秀代表，从时代发展的特点出发，对关注学生语文学习的动力提出了富有实践意义的策略与建议。

样，课才能上得生动活泼，学生的语文能力才能得到培养。粉碎“四人帮”以后，我为了调动学生学习语文的积极性，在以下几个方面初步做了一些探索。

一、要认识和研究八十年代学生的新情况、新特点

我们的教学要取得成果，一定要坚持唯物主义，坚持从学生的实际出发。我们现在教育的对象究竟是怎么样的呢？开始我并不清楚，现在也还是若明若暗。粉碎“四人帮”以后，特别是批判“两个估计”以后，我有一个非常天真的想法。我想，“十年动乱”期间，学校被弄得乌烟瘴气，现在好了，又可以回到“文化大革命”前 17 年那个书声琅琅的境地了。我对这 17 年间正常的教学秩序、亲密的师生关系，非常怀念。我认为那时候的教育质量是好的，教师的心情是愉快的。总而言之，“文革”前 17 年的教学经验都是行之有效的。事实并不然，因为时代在前进，社会在发展，硬套五六十年代的那一套教育方法，不加改进地来教现在七八十年代的学生，越套问题就越多，越套自己的心情就越不舒畅，越感到教起来不顺手。党的“三中全会”召开之后，领会了“三中全会”的精神，我发现自己脑子里形而上学的东西很多，思想很僵化。我没有看到时代的特点，而是照搬过去的方法，来教现在的学生，那当然要碰壁了。

有几件事情给我的教训很深。我接了新的初一班级以后，教到一篇课文，就是《赵劳柱说家史》，课文后面有一道练习题，要求学生写一篇作文，题目是《和赵劳柱比童年》。看了这个练习题目，觉得初一学生的记叙能力不强，议论就更难了，而写《和赵劳柱比童年》这样的文章，里面得有议论，一下子要让学生议论，是议不好的。所以，我跟同年级的老师商量以后就改了一个题目，叫作《我的幸福的童年》。谁知这个题目一出，有个孩子就问我：“老师，我的童年又幸福，又不幸福，该怎么写？”我问他：“为什么你的童年又幸福，

又不幸福呢？”他告诉我：“我有气喘病，几乎有三分之二的时间是在气喘病中度过的，所以我是又幸福，又不幸福。”当时我还以为是个别现象，就对这个孩子说：“那就照你自己的情况写吧。”可是没有想到，下课以后，好些同学围在我身边讲：“老师，这个题目我们不会写。你想，我们是1966年生的，一生下来就是‘文化大革命’，一生下来就是‘造反有理’，还幸福吗？我们的童年已经被林彪、‘四人帮’糟蹋了，这一点你考虑过没有？”听了孩子们这番话，我很心酸。按理讲，生在新社会的孩子是有幸福的童年的。可是，他们的幸福的童年确实被断送了。而我却是在按老规矩办事。我只是想：既然是生在新社会，长在红旗下，就应该有幸福的童年。我把林彪、“四人帮”在“十年动乱”期间，在青少年身上造成了创伤这样一个历史事实忽略掉了。自己出的题目不符合实际，学生就要叫苦，就写不出来。国庆时，我又出了一个题目叫作《歌颂祖国》让学生作文，随便他们从哪个角度来歌颂，学生都叫不会写。要是“文化大革命”以前，六十年代的高中学生来写，会是洋洋洒洒，很有感情，很有文采。可是现在的孩子讲：“我们写什么呢？我们不懂得国家的历史，不懂得国家的地理，究竟写什么，我们不知道。”这些实际情况给我的教训很深刻，使自己逐渐认识到，我们现在的教育对象，跟“文化大革命”以前是很不同的。我们不能够采取刻舟求剑的办法来教现在的学生。一定要认识新情况，研究新问题，这样才能做到有的放矢地进行教学。现在八十年代的学生，他们的思想是“活而乱”，思维非常活跃，超过五六十年代的学生。胆子很大，不像过去的学生那么循规蹈矩。他们经常对现在的情况问题、老师讲的话采取怀疑的态度、不相信的态度。他们不随便地轻信，遇到问题总要打破砂锅问到底。有的学生看起来是孩子的面孔，孩子的身体，可是讲起话来，很有点“看破红尘”，甚至愤世嫉俗，这是过去教学所没有碰到过的。这个“活”和“乱”又搞在一起，不大分得清楚哪些是正确的，哪些是错误的。比如我们最近让学生写论文，有一个题目是《人都自私吗？》有个学生写道：“人都自私吗？人都是自私的，没有一个人是不自私的。为什么？因为每个人要吃饭，要穿衣，每个人首先要考虑自己的温饱，所以每个人都是自私的。”很显然，这里他把每个人生活的必要条件跟人的思想状态混为一谈了，如果不掌握学生的这个特点，教师上课讲的许多话，学生是不愿听的，因为他觉得你讲的那一套是空的。学生的话，如果有错，要给他细细地分析过滤，哪些是对的，哪些是错误的，要把它分析清楚。

现在的学生的另一个特点是见识广而杂。这些孩子跟五六十年代的孩子比，见识广得多。五十年代的学生认为半导体技术是了不起的了，在世界上也是很先进的。现在却连小学生也知道电视机，不仅知道，还会使用。至于现在的中学生知道的东西就更多了，什么电脑、宇宙飞船、洗衣机、电子计算器等，有的还会装电视机。个人文化水平的提高，知识的广博，是跟科学技术的发展相适应的。从这一点讲起来，现在的孩子聪明得多，见识也广得多。但是，他们的见识很杂，并不都是正确的东西。比如他们还在读小学的时候就被带偏，批《三字经》，连垃圾箱里的东西都搞来了，什么封建的、法西斯的、资本主义的，各种各样的东西都呈现在他们面前，真是纷繁芜杂，光怪陆离啊！学生的见识很广，而我们中学语文课的内容又是古今中外，无所不包，其中涉及科学技术知识方面又有一定的比重，这就要求我们教师懂得的东西要多，否则就不能适应学生的需要。加之学生学习语文的情况和过去又有不同，因为“十年浩劫”，小学、中学都受到很严重的破坏，学生语文知识和语文能力都差，没有受过系统的、循序渐进的培养教育。这同今天的要求相比，差距很大。一个班级里学生语文水平高低悬殊，几乎是高的可以当低的的老师，而无知的又无知到了极点；有的学生书看得相当多，有的却少得可怜。学生之间这种极大的差距，给我们的教学带来了很大的困难。

现在的学生还有这样一种情况，就是他们该懂的东西没有很好地学。比如“五爱”教育本来在小学就应该接受，可是“十年动乱”期间，“四人帮”把这些都取消了，使学生缺少了“人之初”的基本教育。对于不该懂得的东西，他们又懂得太多了。现在十三四岁的学生，在生活方面比有些老师懂得还多。上海不是讲家具有多少条腿吗？我们讲不清楚，可有些学生却讲得非常清楚。现在的学生虽是孩子的面孔、青少年的身体，却往往有成人的思想。而这成人的思想里，往往又打上“四人帮”流毒的烙印，什么“看破红尘”“实惠思想”，等等。这就造成特定历史时期的特定的教育对象。学生生活上过早成熟，而应该具备的又没有具备，这是一些很特别的情况，这是由特定的历史条件造成的。学生不轻信、不随意地接受老师的教育，往往采取怀疑的态度，这就更加大了我们教育的难度。所以我们现在进行的语文教学，是高难度的工作，这是由我们教育对象的种种特点决定的。

既然我们的教育对象特点是如此，我们在教学过程中，就要清醒地认识他们，掌握他们的特点，扬其长，避其短。比如，他们的思维活而乱，那就应发扬他们思维活跃的长处，对他们“乱”的部分进行梳理，让他们走上正确的轨道。只有扬其长，避其短，才能有的放矢地进行教学，而不是闭起眼睛捉麻雀。学生是有求知欲的，对语文也是如此。从主观上讲，学生还是希望自己把语文学好，能够读得好一点，写得好一点，多学一点东西。他们爱思索，能思索，善思索，这是八十年代学生一个最大特点，而这一点又是很可贵的。我们只有充分认识到这一点，对学生有一个正确的基本估计，才能够在这个基础上循循善诱。绝不能因为现在的学生情况不一样，特点不一样，就说现在的学生不如五六十年代的学生。尽管他们有些方面该具备的没有具备，在这些方面不如五六十年代的学生，但是他们的思维，他们的见解，却远远超过了五六十年代的学生。我们在进行教育和教学时，就要把工作建立在这样一个基点上。要调动学生学习的积极性，首先必须认清这一点。

二、上课要精心设计，在吸引上下功夫

对学生的上述特点，我们怎么样去抓住它并加以引导呢？我认为上课要精心设计，在吸引上下功夫。要调动学生学习语文的积极性，

一定要培养他们爱好语文、学习语文的兴趣。因为兴趣是学习的先导。学习有了兴趣，就会去学、去读、去写。兴趣的培养，不是凭教师空喊道理，架空地讲学习语文的重要性，那样做，学生是反对的，他们不喜欢。为了培养学生学语文的兴趣，教师必须把课上得有吸引力。现在不是存在“重理轻文”的现象吗？怎么样让学生摆脱“重理轻文”的束缚，而能够文理齐重，互相促进呢？这就要求我们语文教师花更多的气力，花更大的功夫把学生吸引过来，把课上得有吸引力，抓住学生的心，像磁石吸住铁一样。要如此，教师上课前就要做好充分准备，要精心设计，巧作安排。我在这方面是从以下几个角度去摸索的。

（一）
抓住导入课文的环节吸引
学生的注意力

“导入课文”是课的起始阶段，要很好地设计，以便吸引学生的注意力。这一点，我是受了很多启发才意识到的。世界上有一些很有名的小提琴家，他们拉提琴，弓一上弦，第一个音就拉得非常准确，非常悦耳，非常动听，能抓住观众的心。功夫是很深的啊！高尔基也讲过，写文章，开头是很难的，就像一首乐曲的定调。我们上课也是这样，一堂课头开得好，那就可以抓住学生的注意力，把他的思维引入积极状态。比如同是鲁迅先生的文章，讲课时开头就完全可以不一样。讲《孔乙己》这一课，我就设计了这样一个开头。我说：“凡是读过鲁迅小说的人，几乎没有不知道孔乙己的；凡是读过短篇小说《孔乙己》的人，几乎都在心底留下了这个旧社会苦人儿的形象。据鲁迅先生的学生孙伏园回忆，鲁迅先生在他所写的小说中最喜欢《孔乙己》。他为什么那样喜欢《孔乙己》呢？孔乙己是怎样一个艺术形象？鲁迅先生运用了怎样的鬼斧神工之笔塑造的？仔细学了，可得到回答。有人说，古希腊的悲剧是命运的悲剧；莎士比亚的悲剧，是主人公性格的悲剧；易卜生的悲剧，是社会问题的悲剧。而鲁迅先生写的这个孔乙己的一生，是悲惨的一生，是悲剧的一生。一般说来，我们看了悲剧以后，会难过地流下眼泪，可是读了《孔乙己》以后，会使你感到眼泪流不出来，是往肚里流，你会感到心里阵阵伤痛。孔乙己悲惨的一生究竟是怎样一种悲剧呢？是命运的悲剧？是社会的悲剧？还是性格的悲剧？学了这篇文章以后，可以找到正确的答案。”我设计的这个开头，能造成两个悬念。这两个悬念能使学生全神贯注地进入学习的状态，跟着老师理解课文内容。

《藤野先生》一课，是另外一种形式的课文。我在教授这课时，设计了这样一个开头：“《藤野先生》选自《朝花夕拾》，先请同学们试讲一下什么叫‘朝花夕拾’。”有的同学回答说：“早上开的花，晚上来采或是拾起来，就是朝花夕拾。”于是我又问了：“××老师教你们的时候，曾教过一篇文章，也是从《朝花夕拾》散文集里选来的，同学们记得是哪一篇吗？”大家回答说：“是《从百草园到三味书屋》。”我又接着讲：“《从百草园到三味书屋》是回忆鲁迅先生童年时代的事。这篇呢，也是回忆性散文。它是写鲁迅先生青年时代东渡日本留学时候的事，是鲁迅先生从记忆中抄出的。”这时，我出示了几张照片。第一张是1926年鲁迅在北京时照的。由于北洋军阀的迫害，鲁迅先生离开北京到了厦门。我又出示第二张照片，这是鲁迅先生在厦门大学执教时的照片。接着我讲了《藤野先生》一文记叙的是鲁迅先生二十几岁时东渡日本留学时候的事。这时我出示了一张1904年鲁迅先生学生时代的照片。这张照片一拿出来，学生一下子都全神贯注了。因为他们看过的是鲁迅先生四五十岁时的照片，还没有看到过他学生时代的照片。紧接着我向同学们介绍了当年鲁迅先生东渡日本留学，寻求救国救民真理的时候是怎样的，这篇文章又如何记录了他在日本求学时弃医从文的思想经历。虽然同样是鲁迅先生的文章，可是由于文章的特点不一样，设计也就不一样。

有的开头可以造成悬念，让学生思索，看究竟是怎么回事。有的呢，可以创造一种意境。如教朱自清先生的《春》，就要创造一种意境，让学生很好地体会。我是这样说的：一提到“春”，人们眼前就会展现阳光明媚、万象更新、生机勃勃的景象。关于春天的描绘，文人笔下很多。诗人杜甫在《绝句》中是怎样描绘的？同学们背诵："两个黄鹂鸣翠柳，一行白鹭上青天。窗含西岭千秋雪，门泊东吴万里船。"王安石在《泊船瓜洲》里又是怎样描绘的？同学们齐背："京口瓜洲一水间，钟山只隔数重山。春风又绿江南岸，明月何时照我还？"接着我又引导学生背诵苏舜钦的《淮中晚泊犊头》，体会关于春雨春潮的描写。这样学生初步进入春的意境。我教这篇文章时正好是阳春三月，于是我让学生想一想阳春三月是什么样的大好春光；你每天背着书包上学的时候看到了哪些春景？鸟儿是怎么叫的？花儿是怎么开的？杨柳怎么吐絮？所有这些，你们注意了没有？观察得仔细不？为了引入课文，我对学生说："现在我们来看看朱自清先生在他的《春》中是怎么写的，他写得可细致了。"这样一来，学生的学习兴趣和积极性就调动起来了。

教闻一多先生的《最后一次讲演》，在导入课文时，我着眼于激发感情。一上课，我就在黑板上写了闻一多先生《红烛·序诗》里面的四句，这四句诗是很感人的："请将你的脂膏，不息地流向人间，培出慰藉的花儿，结成快乐的果子。"我向学生介绍了这首诗。我说："为了反对国民党的独裁，争取国家的民主、和平、自由，闻一多先生将自己的脂膏无私地流向人间，他最后成为一个民主战士。"紧接着我出示了一本《闻一多传》。这本书的封面设计得很好：大理石花纹的底色，面上印有一支红烛，然后是烫金的字——"闻一多传"。因为他将他的脂膏无私地流向人间，他犹如这红烛一样，把自己最后的一滴鲜血，也洒向了人间。因此后人纪念他，为他作传，给他树一座碑，永远纪念他，而我们今天要学的这一课就是他最后的一次讲演。他拍案而起，大义凛然，怒对国民党特务的手枪。毛主席在《别了，司徒雷登》一文中给予很高的评价。这时，学生情感上受到感染，注意力一下子就集中到学习上来了。

运用学生学习成果导入新课，也是吸引学生注意力的一种方法。比如教《西里西亚的纺织工人》一文时，我采用了请学生介绍作者海涅的方法来导入课文。学生在初二年级一开学学了《在马克思恩格斯纪念碑揭幕典礼上的讲话》一文后，曾写了有关介绍一个人的伟大成就或卓越贡献的作文，其中有一个同学写的是《用诗歌作武器的人——海涅》，我把它保存起来，留到教海涅诗歌时用。上课时，我说到《西里西亚的纺织工人》的作者是德国大诗人海涅，海涅是怎样的人呢？请某某同学介绍。学生用惊异的眼光看着她。这位同学甚为得意地读了自己的习作，其他同学全神贯注地听。然后，我再补充说明这个诗人怎样从写夜莺之歌到写西里西亚纺织工人政治诗的主要历程，师生共同活动，导入新课。

导入新课的方法很多，只要课前精心设计，有时三言两语就能把学生吸引住。比如教《第比利斯的地下印刷所》时，一上课就问同学："谁知道我们的语文教科书在什么印刷厂印的？"学生立刻翻看封底，因为平时不注意这些。学生注意力集中后，我立刻转问："一般印刷厂是在地面的，可是第比利斯的印刷所是在地下的。为什么在地下呢？'地下'又该怎样理解呢？"学生思维处于兴奋状态，积极地进入课文的学习。

调动学生学习语文的积极性，不是靠卖噱头、庸俗低级，而是要善于抓住学生的心理，利用知识本身的威力。正如苏联教育家赞可夫所说：要以知识本身吸引学生学习，使学生感到认识新事物的乐趣，体验到克服学习中困难的喜悦。

（二）
要根据课文本身的起伏节奏
和学生情绪的千变万化，
环环紧扣，不断吸引学生的注意力

上课本身要有节奏感，一张一弛，波浪式前进。课的起始阶段学生注意力集中，不等于课就能完全上好。课的进程中不能松弦，弦一松就会散板，学生注意力涣散。因此，一定要一环扣一环，环环紧扣。

任何一篇好的课文都有它内在的逻辑性，教师要精心钻研教材，

准确地把握其逻辑性，再根据学生学习中的情况，组织有节奏感的课堂教学，拨动学生的心弦。论说文的逻辑证明、逻辑推理有明显的起伏节奏，或层层深入地阐述，或正反论证，或剥笋式地作犀利的解剖，或对准靶子万箭齐发……把握每篇课文的特点，选择恰当的波峰，组织与指导学生读、思、议，再用适当的教学用语在波峰与波峰之间进行过渡，这样有峰有谷，在晓之以理的过程中，学生吸收知识，逻辑思维能力获得培养。记叙文同样有内在的节奏，时间的推移，地点的转换，事件的前因后果，人物思想言行的变化，教起来要层次分明，有起有伏地向前推进。比如教游记，就可根据游览者足迹转换的特点进行教学，引导学生脑中展现一幅幅美景，使他们有身临其境之感。《雨中登泰山》是剧作家李健吾同志的游记，我采用了激发学生感情，跟随作者足迹冒雨前行的方法一环扣一环地进行教学，教学用语改用导游的语言，增加学生的兴味。起程后要攀登了，我问："你们看到的雨中泰山是怎样一番景色？过岱宗坊后首先映入眼帘的是怎样一幅奇景？"学生读课文，用生动的语言绘声绘色地描述一番以后，我往前推进说："尽管黄锦、白纱的美景引人入胜，但'雨大起来了，不得不拐进王母庙后的七真祠'。为什么叫七真祠呢？祠中最传神之作是什么？怎样传神？"学生简要地介绍后，教师又立即过渡："雕塑的传神之作虽然使我们感受到了艺术美，然而，登绝顶领略无限风光毕竟是主题。让我们继续来到雨地，走上登山的'正路'。一路行来，从一天门到二天门，沿途见到哪些奇景？介绍时要展现意境，分析时要简明扼要。"学生有重点地介绍所观美景后，我再用过渡句向前推："我们跟随作者过岱宗坊、观黄锦美景，欣赏七真祠塑像，遥望南天门，看经石峪，进柏树林，已是上山的一半路程，下一半路程呢？山势陡峭，山路奇险，我们要奋力登攀，把十八盘踩在脚下，走上天街。"学生兴趣盎然继续攀登时，要求他们有顺序地介绍爬盘道时目睹的奇景，谈攀登的感受。正当学生饱尝登山的苦趣与乐趣时，教师又推进一步，进行过渡："'会当凌绝顶，一览众山小'，绝顶又是怎样的风光呢？让我们带着胜利的喜悦，来欣赏仙境般的美景。请同学抓住特征介绍二三美景。"这样，根据课文的起伏节奏，教师引，学生读，学生讲，学生兴趣浓厚，全神贯注。

散文同样有内在的逻辑性，节奏分明。散文贵“散”，洋洋洒洒；又贵“不散”，有凝练的主题。散中有起伏，散中藏节奏。比如茅盾同志的《雷雨前》，节奏是多么分明。为了表现“让大雷雨冲洗出个干净清凉的世界”的主旨，作者细笔细绘了“肮脏闷热”世界的一幅幅画面；而这一幅幅闷热、龌龊的图景又是层层推进，步步进逼，笔笔加浓的。顺着文章的势，组织课堂教学，学生既能感受到“闷热”“更闷热”“加倍闷热”“苍蝇、蚊子横行”等，压得透不过气、压到了绝处之苦，又能理解到人们为什么从心灵深处爆发出“冲洗出个干净清凉的世界”的呐喊，还能体会到只有把黑暗层层加深，写到最浓重的地步，变更旧世界的最强音才更为突出，才能如号角，催人上阵，如战鼓，振奋斗志。

学生的学习情绪要十分注意。如果教学设计与学生学习的情况吻合，学生兴致很高，不妨多讲一点，多活动一点；如果兴致不浓，就要舍得割爱，赶快鸣金收兵。

（三）
课的结尾部分要增添浓郁的色彩，使学生感到课虽尽而意无尽，留下难忘的印象

课的结尾部分处理得好，不仅加强本节课的教学效果，而且进一步启发了学生的求知欲，为下一课文的学习做了很好的铺垫。为了寻求好的教学效果，在课的结尾阶段我常采用以下一些方法。

用点睛之笔，把文章的精髓鲜明地凸显在学生眼前。如教《荔枝蜜》一文，尽管初中学生初次学杨朔同志的文章，但在课的起始阶段我没有介绍作者。在学生理解词句、领会主题的基础上，我抓住了文章的眼睛“蜜”加以阐发，点出蜜蜂是辛勤酿就百花蜜，留得芬芳在人间；劳动人民是辛勤创造生活的蜜，奉献芬芳飘人间；作者

生前用艺术的笔描绘新生活，歌颂新生活，真是辛勤酿就百花蜜，尽管他被“四人帮”迫害离开了人间，可是他酿造的蜜永留人间，滋润人的心灵。我们品尝蜜味，更要加深对新生活的热爱与珍惜。运用点睛之笔，或使学生加深对正确观点、精辟见解的理解，或激荡学生的感情，使之深受感染。

用朗读或背诵的方法让学生咀嚼回味，加深对课文的理解。如教《海燕》一文，在剖析三个画面的基础上请朗读能力强的同学有表情地朗读，读出气势，读出感情，完整地展现海燕不畏强暴、勇敢战斗的形象。朗读的方法可因文而异。教《聪明人和傻子和奴才》，结尾就采用了分角色朗读的办法，要求学生读出三种典型的性格和语气。由于绘声绘色，有意识地把学生的视觉和听觉结合起来，课堂十分活跃。朗朗上口的诗词，短小精悍，可采用齐背的方式调动积极性，加强记忆。

让学生带着问题下课堂，启发课外阅读的兴趣，开拓求知的新天地。如《雨中登泰山》是写雨趣，晴天观日出呢？泰山日出奇景在文人笔下又是怎样描绘的呢？请同学课外阅读清人姚鼐的《登泰山记》，启发他们阅读、比较、赏析。如果是长篇小说、报告文学的节选，在课堂结束时便紧扣课文中故事情节或人物描绘启发学生阅读的兴趣，引导他们主动地在课外涉猎。有些课文内容较深，对某些词句解释不一，教师不必强求一律，课终了时可再点一点，启发他们日后阅读到有关作品时多加思考辨别，寻求合适的解答。如《藤野先生》中“但他也偶有使我很为难的时候……”，大家对“使我很为难”的原因理解有分歧，我不下结论，而是要学生把这个问题放在心中，自己去深思，探索，从而进一步激发求知欲。

总之，课要教得有兴味。学生学有兴趣，就能改变昏昏欲睡的情况，思维处于兴奋状态，就可弥补教的不足。当然，课的趣味性离不开思想性、科学性，离不开丰富的知识，如果离开了这些，就是华而不实，走向反面。在教课的艺术方面，鲁迅先生是我们的榜样。他教课语言生动，妙趣横生，给人以知识，给人以力量，给人以智慧，给人以享受。

三、选用适当的钥匙，不断地开启学生思维的门扉

选用恰当的钥匙，不断开启学生思维的门扉。古人在教学实践中讲了很多有道理的话。比如学和思的关系，孔子就讲过“学而不思则罔”，单是学，不去思考，那就等于白学了。因此在进行语文教学的时候，一定要启发学生积极地思考。不会思考的人一定是不会学习的人。我们经常碰到这样一种情况，就是遇到学得很不好的同学，你问他懂不懂，他回答不出来，或者说懂了；你问他有什么问题，他摇摇头，提不出什么问题。这种学生实际上并没有学进去，他没有思考，或者他只是死记硬背。既然他觉得没有问题，那么教师就应设法让他生疑，然后再引导他去质疑，再通过师生的活动来解疑。可以说教学的过程就是教师精心地、有计划有目的地让学生生疑，质疑，解疑的过程。生疑，质疑，解疑；再生疑，再质疑，再解疑，如此往复，学生的水平就会螺旋式地上升，也就会逐步地获取知识；教师也正是在这个过程中来培养学生的学习兴趣，培养学生求知的欲望，传授知识，培养他们的能力。在整个教学过程中，伴随着我的亲密伙伴是“为什么?”“怎么样?”“何以见得?”“有何根据?”。我提这些问题的目的是要让学生思考，启发他们，步步引导他们进入知识宝库。这样，学生的思维就可以处在兴奋的状态、积极的状态。在这方面我做了以下的探索。

（一）有计划、有目的地激起学生思想上的浪花

开始我当语文教师的时候，以为备课就是备知识，就是备教材。其实不然，备课除了要深入备教材、备学生实际外，还要备怎样把教

材中要传授的知识教给学生的方法。这里有很重要的一环就是要备启发学生思考的问题。备课的时候要精心设计启发学生思考的问题，看究竟提什么问题可使学生的脑子动起来。这些问题就好像是钥匙一样，能对准学生的脑袋，使这个脑袋能开动起来，积极思考。一堂课要上得好就得让学生动口，动手，动脑，动耳朵，就得调动学生的感觉器官和思维器官，尤其是要调动他们的思维器官，让他们的脑子开动起来才学得好。

那么怎样才能使学生在思想上激起浪花呢？那就得靠我们在备课时很好地去考虑。比如有些文章很浅显，像初一的《正月十八吃元宵》，有多少可讲的呢？学生自己也看得懂。但是学生学语文同学数、理、化有些不同的情况。数、理、化没有教的定理他们就不懂，而语文他们则是处于半懂不懂、似懂非懂的状况。因此，我们就是要使他们由半懂不懂、似懂非懂变成真正的懂，把懂得浅的，教得懂得深。《正月十八吃元宵》这篇浅文章很难教，怎么样让学生把脑子开动起来呢？我设计了一个问题，把矛盾带到课堂上，挑起矛盾，迫使学生去思考。我说："韩铁匠的手头究竟有准没有准？请认真读课文，回答这个问题。"这一问，学生的脑子动起来了。有的学生说："韩铁匠的手头没有准，因为他分元宵时，分到自己家里没有了。"这是最差的回答。另外一些学生读了课文后是这样回答的："韩铁匠的手头是有准的。因为他心头有一杆共产党员的秤。他是先人后己，把元宵都分给了群众，所以分到自己家里却没有了。这就说明他分的时候是有准的。"这是中等的回答。我们要培养学生思维健全。思维健全往往是学生不容易做到的，这就需要教师点拨。这里应该这样回答：韩铁匠分元宵有准，又没有准。看起来他手头是无准的，可是心头是有准的。正是这样貌似无准，实际有准，韩铁匠这种共产党员的先人后已的高贵品质才突出地表现了出来。因此只要把设计的思考问题、把矛盾带到课堂上，让学生很好地去思考分析，学生就会有收获，就会感到读书不能马虎，不能浮光掠影。有些问题看起来好像是废话，其实是有道理的。这就叫作于无疑处生疑，迫使学生思考、学习。比如教《孔乙己》，进入课文学习后我问了两个问题：第一个问题:“作品的主人公姓甚名谁?”我为什么设计这样一个问题呢?我是要学生思考,检查他们预习是不是深入了,看他们脑子动了没有。不动脑子的孩子就会讲“姓孔名乙己”;动了脑子的孩子就会马上回答:“姓名不知,孔乙己是他的绰号。”这个回答说明他读书比较仔细,开始入门了。然后我再讲为什么叫孔乙己,那是从描红本子上“上大人孔乙己”中摘取下来的。这个名字本身就揭示了他迂腐的性格。我设计这样一个问题让学生动脑子,而没有一段段地平推过去。接着我再问第二个问题:“文章的哪一句话形象而概括地刻画了作品主人公的特殊身份,这是怎样的一种特殊身份?”提这个问题就是要看学生读书会不会抓关键,抓关键词句,抓重点。需要回答的这一句话恰恰是最能揭示孔乙己思想性格的。学生通过阅读思考找到了“站着喝酒而穿长衫的唯一的人”这句话。我于是接着就讲:“站着喝酒是写他的经济地位非常差,没有钱,不能踱进店堂里坐着喝,而穿长衫呢,是写他的死要面子,舍不得脱下那件长衫,以表示他的迂腐。他虽然连半个秀才也没有捞到,可是不能脱掉那件长衫,以保持与短衣帮的区别。孔乙己这样的特殊身份,鲁迅先生只用一句话就把他入木三分地表现出来了。”然后我让学生好好领会鲁迅先生以一墨尽传精神的写法,明白以一墨画龙点睛,点了睛龙就破壁飞上天了。刚才那一句话正起到画龙点睛的作用,它点明了孔乙己的特殊身份,点明了他的性格,以一墨传了精神。

(二)
不断地把学生
引入求知的新境界

如果我们不考虑教法,不加分析地只是一堂课一堂课地把有关知识一股脑儿都教给学生,学生就会觉得没有味道。好像你每天讲的都是那些段落大意、中心思想、作者生平介绍、时代背景等。要让学生觉得有东西可学,有知识可获得,就须把他们引入求知的新境界。比如《果树园》这一课,学生是不太喜欢的,课文长,与学生生活的距离比较大。怎样使学生学习这一课后，既获得知识又获得能力呢？关键问题是必须让他们觉得有东西可学。因而我就进行了这样的设计：让学生讲这篇文章着重刻画了哪几个人物。有的学生认为“刻画了两个，一个是李宝堂，一个是李子俊的女人”；有的学生认为“黑妮也是”；还有的学生认为“主要人物是李宝堂和李子俊的女人”。我肯定了“两个”后，再请学生思考分析。我说：“根据这两个主要人物出场的先后次序，请你们把文章划分成两个部分，看应该在哪儿划分。”分段，学生百分之百可以分得出来。然后我再请他们把两个部分的内容各用一个单音词来概括。有的学生很快就概括出来了，说第一部分是“乐”，第二部分是“恨”。于是我再请他们把单音词变成双音词，要求他们用形容词来概括。学生便把“乐”“恨”变成了“快乐”“仇恨”。我再请学生浏览课文，把第一部分的“快乐”、第二部分的“仇恨”变成偏正词组。同学们很快就将其变成“翻身的快乐”“农民的快乐”“地主的仇恨”。我再稍微点拨一下，让学生用人物名称来作词组的附加语，那么“农民的快乐”“地主的仇恨”也就概括出来了。然后我再让学生将偏正词组变成动宾结构：“表现农民的欢乐”“刻画地主的仇恨”，最后再把它们变成完整的句子。实际上，在这里把思维能力、概括能力的训练和复习语法知识都拧在一起了。看起来只是教了分段的知识，概括了段落大意，实际上却复习了语法的有关知识，让学生动了脑筋，使他们进入了一个求知的新境界：“段落大意也可以这样来概括呀！可以用小标题的形式，逐步逐步地把它延展开来变成句子。”再比如，对这篇课文开始写收获时人们欢笑的情景，学生阅读一晃而过，不知道作者写这个“笑”的作用。于是我就先不讲景物描写，而是抓住文中所写的李宝堂的欢乐，让学生以浏览的速度把描述李宝堂高兴的句子找出来，学生便找出了“大笑”，其他农民的“哄笑”，甚至“玩笑”。有的学生又讲：“玩笑不是笑，玩笑也可能是挖苦的。”有的学生不赞成，说：“即使是玩笑，旁观的人总会笑的。”我将这些概括起来说：“是树上笑，树下笑，此起彼伏，笑声洋溢。那么这一连串的笑声是从哪儿引出来的呢？是从景物描写里的一个‘笑’字引出来的，正是这一个

‘笑’引出了一连串的笑。”“啊!”学生惊叹了，他们才知道写文章还有这样的妙法。回过头来再看景物描写，学生就能把景物描写和人物描写联系起来，明确这里的景物描写起到了烘托人物的欢乐心情的作用。

要于普通处见不普通，激发学生深入思考。比如教《二六七号牢房》，在引导学生读有些看起来很普通的句子的时候，一定要让他们认真去领会句子的深刻含义。有这样两个句子：“从门到窗子是七步，从窗子到门是七步，这个，我很熟悉。”“走过去是七步，走过来是七步，是的，这一切我很熟悉。”学生读了体会不到其中的奥妙。而我们教者，就要通过词句的推敲，把学生步步引入求知的新境界，让他们晓得其中的奥妙。四个“七步”，两个“熟悉”，这里是很有文章的。要让他们领会到为什么要写这四个“七步”，为什么用来回往复的句式——走过来，走过去；从门到窗户，从窗户到门。学生最初只能看出是写房屋的狭小，这是只知其一。经过引导，他们明白了四个“七步”描写牢房的狭小，是控诉法西斯囚禁革命者的罪恶。两个“熟悉”呢，我引导学生明确：“伏契克当时是被德国法西斯关押的，过去他也被关过，是被捷克资产阶级反动派关过。他之所以要写‘这个，我很熟悉’‘是的，这一切我很熟悉’，是为了把捷克资产阶级反动派跟德国法西斯紧密地联系在一起，使读者明白所有的反动派都是残害革命者的。”这样，学生的理解就深了一层。最后我再让学生理解反复写四个“七步”的用意：“的确，牢房是很狭小的，可是关在这七步之内囚房里的人心中想的却是捷克整个的国土，想的是捷克的人民，因此这来回往复的四个‘七步’，正表现了被囚者伏契克这个反法西斯战士热爱自由，向往自由，并且为了追求自由宁可粉身碎骨这样一种高尚的思想感情。”这样讲解使得学生对课文的理解又深了一层。由此可见，有些句子看起来是很普通的，然而那丰富的深厚的感情正寓于这普通、平凡的语言当中。我们就要通过教学揭开这普通平凡的语言的奥妙，让学生品尝到其中的甘甜，咀嚼出其中醇厚的味道。只有教到学生不知的地方，把浅的地方教深了，使学生觉得你教的是他自己没有想到的、没有看到的、没有领悟到的，他才会产生强烈的求知欲望。因此针对不同的课文，我们要选用不同的钥匙去开启学生思维的门扉。我们上课不是去培养机器人，而是去培养造机器人的人，所以就得不断地引导学生开动脑筋，启发他们爱思、会思、勤思。我们要让学生在课堂上的思维一直处在积极状态、兴奋状态，让学生在这种状态下获取知识，提高能力，学会区别正误，辨别真伪，领会世界上的真善美，批判世界上的假恶丑。而这一切都是通过语言文字的因素来进行教学的。只有这样，才能极大地调动学生学习语文的积极性。

四、要努力捕捉学生思想上的火花，创造条件，让学生发挥聪明才智

（一）对学生的知识储存要有充分的认识

有时自己在教学时就忘记了这一点，往往只看到学生知识差、能力低的一面，而把学生的知识储存看作零。实际上学生是有知识储存的，包括语文知识、其他学科的知识以及生活方面的知识……他们的知识储存不是零，我们不是对着零来教学的，而是对着有一定的知识基础和一定的思维能力、分析能力、观察能力的对象来进行教学的。所以在教学的时候，就要注意引导他们挖掘旧的知识，使他们能在旧有知识的基础上获得新的知识，在原有能力的基础上提高一步，获得新的能力。我在教了初中生以后，感觉到这一点尤其重要。青少年的自尊心很强，好奇心也很强，如果你认为他们不好的话，他们会很生气，因为有时他们觉得自己是满腹经纶了。所以，如果你能设计一些问题，在讲到词句篇章时，调动他们的积极性，启发他们到自己的知识仓库里去挖掘一下，去寻求答案，他们会十分乐意的。比如，教《藤野先生》这篇文章，鲁迅先生在这篇文章里一开始就描写了在日

本东京的清国留学生丑态百出的情景：这些清国留学生的头发是“油光可鉴”，有的呢，还要“将脖子扭几扭”，实在标致极了。当讲到这些地方的时候，我就启发他们去挖掘自己的知识储存。我请学生思考“标致”是什么意思，让他们找一找这个词的同义词、近义词。学生很快就回答出来了。有的学生讲：“标致就是美丽，好看。”有的学生讲：“同义词、近义词多呢，俊俏，妩媚，婀娜都是。”“反义词呢？难看，丑陋。”有的学生讲简直是“恶心”，因为清国留学生的头发油光可鉴，脖子还扭几扭，这简直恶心！这个理解就深刻一点了。然后我再引导学生去体会这个“标致”在文中用的是本义，还是反义。学生很清楚，用的是反义，用反语来讽刺。反语已经够讽刺了，前边还要加个“实在”，后边还要加一个副词“极”，成为“实在标致极了”。鲁迅先生对这些醉生梦死的清国留学生的厌恶感情表露得多么充分。这样，通过启发学生的思考，学生自己就比较深刻地理解了这个词的含义。

开始我改行教语文的时候，认为字词教学就是教生字难词，其实不然。生字难词的教学只是语文教学的一个任务，有一些文章的关键词语和句子，要让学生很好地去推敲、咀嚼。因为这往往是传神之笔。如果推敲得好，咀嚼得好，以后就会在学生的写作中反映出效果来。有些词不一定用诠释的办法、查字典的办法来解释，而可以用同义词、反义词、近义词促使学生思考辨别；有时甚至可以用词序变换的方法。因为我们的教学对象是人，很活，不愚笨。比如讲“大地回春”这个词，我们就让学生考虑一下“大地回春”——啊，冬天过去了，春天来了！在不变意思的基础上把这个词的字序颠倒一下看如何变。学生就变出了“春回大地”，再变一下就成了“大地春回”。这样一下子学生就了解掌握了三个词。实际上还是这四个字，只是顺序不同罢了。这样一训练，学生还懂得了汉语中一些词的构成特点，即有的只需将词的字序变换一下，组成新词就可以表达同样的意思。有的也可以用一连串的同义词、近义词去变换。比如“万紫千红”，你让学生去用同义词、近义词解释，他们可以马上考虑到“繁花似锦”“姹紫嫣红”。在字词教学中由于我用了这样一些方法，即用一词带很多个词，学生的词汇就比较明显地丰富起来了。有的时候，特别是教有些只能意会难以言传的词时（不是不能言传，而是难以用精确的语言来表达），就可以让学生先回味一下自己已学过的知识，帮助理解。比如教朱自清先生的《春》，文中有这么一句：“小草青得逼你的眼。”这个“逼”字怎么讲呢？我采取了由学生到“仓库”里去找储存的办法来处理。我说：“你们到脑子里去搜寻学过的一首诗，这诗里有一句就是讲‘青’逼到了你的眼前。你们去找，看谁找得快。”学生开动脑筋去找了，可想了好几句都不大恰当。后来有一个学生想起来了，他说：“王安石的《书湖阴先生壁》里有一句是‘两山排闼送青来’，就是那个‘逼’的意思。两座山好像把门推开把青送到你的面前来。”我赞扬他积极思考，解答了问题。他很得意。可见学生是有知识储存的，不是等于零。

（二）
要鼓励学生谈看法，摆见解，教师再因势利导

我上课的时候，学生经常提出一些不同的意见，包括对我的教学用语，也是要批评的。我觉得这很好，教学相长嘛。比如这学期我们教茅盾先生的《白杨礼赞》。《白杨礼赞》是写作者对白杨树表示赞扬和崇敬的心情的。教学进行到一半时，一个女孩子提出问题来了。她说：“白杨树并没有茅盾先生写的那样美，白杨树的质地不好，哪里有楠木好呢？当然是楠木好。”她还引经据典地讲：“屠格涅夫的《猎人笔记》里写白杨树的叶子硬得像金属，枝条也不美，只在夕阳西下的时候才给人一点美感。”对于学生摆出的带有片面性的看法，我就因势利导地讲：“你能大胆发表意见，这是很好的。但要懂得：文章写物的目的主要是托物言志，而写景往往又是景随情易或情随景移，哪里会孤零零地去写景呢？茅盾先生写白杨树的目的，是要赞扬它的平凡而伟大，实际上是在赞扬北方的农民，抗日前线的健儿。”有的学生想得很多，比如他说：“白杨树不是树中的好女子，

是树中的伟丈夫，当然这样说也可以。但说白杨树严肃、挺拔，也不缺乏温和。严肃、温和用在一段文章里不好。因为严肃的人往往不温和，温和的人不严肃。”他这么一讲，我也愣了一下。是呀！一般说来是这个样子！后来我很快就想到，他的理解有不足的地方。有人问孔子是怎样的，回答是“子温而厉，威而不猛，恭而安”。因此，要引导他再理解深入一些。有些东西，像品格、作风，好像在一个人身上是矛盾的，可是有些时候是可以成为一个统一体的。我经常鼓励学生谈自己的见解。一个人对某一个问题有自己的见解，是学习的一个很好的起点，就怕学生没有自己的见解，只知人云亦云。

再如上《说“疑”》一课时就讲到“如果不怀疑电磁波穿过空气层就会一去不复返的结论，马可尼就不可能用导线把信号送过大西洋，开创无线电事业”。我备课的时候，对这个知识没有注意，结果课上到一半，一个学生提问了，他说：“这个地方摆的论据、材料不可信。”什么材料不可信呢？他说：“电磁波发射出去又回来。作者说是通过一根导线，导线穿过了大西洋海底。导线穿过大西洋海底，怎么会是无线电呢？”可见学生是有知识储存的。虽然在物理课还没有学到电学，但是他看了一些科学杂志懂得了一些电学知识，知道无线电不是通过导线来传送信号的。下课后，我就去问物理老师，书上这样讲究竟恰当不恰当。几个物理老师商量后，得出了一个结论，说这样讲是不大恰当的，如果把这个导线改成是装置就好了，改成装置就比这个恰当。所以学生的思想火花是很可贵的。他们对事物的整体讲不出来，可是就某一点来讲，却有他们的见解。于是我就抓住这一点对学生进行教育。我联想到雷达。雷达是把电磁波发射出去，又接收反射回来的电磁波。我就在学生质疑的基础上，深入一步，把它敲一敲，指出原来的电磁波发出去不回来的结论是错误的。由于否定了这个结论，才有无线电的创造。我就讲了英语中雷达这个词的缩略写法：radar，从左边读过去是 radar，发射出去；反射回来，从右边读过来还是 radar。这个词的创造很确切地反映了雷达的特性。一个学生马上就插嘴讲“这是第二次世界大战时才开始有的”，以表示他非常有学问。所以鼓励学生发表自己的看法和见解，他们的聪明才智就能发挥出来。

有的时候要创造一些条件，让学生发挥聪明才智。比如，我教《周总理，你在哪里》时，课的末尾阶段，我要求学生用言简意赅、满怀深情的语言阐述我们的好总理的“好”。学生积极思考，有的脸都涨得绯红，他们寻找最美的语言来歌颂总理。有的学生说：“总理好，一辈子横眉冷对千夫指，俯首甘为孺子牛。”有的说：“总理品德如高山，胸怀如大海，功业垂青史。”有的说：“总理是万古云霄一羽毛。”有的说：“总理好，文能治国，武能安邦，功高盖世，万古流芳。”创造条件让学生发挥聪明才智，他们就有很多精彩词句说出来，教师课前并不一定都想到。又如《珍珠赋》中引用了“六亿神州尽舜尧”的句子，一个学生问“舜尧”是谁，另一个回答说：“是古代的圣贤之王。”谁知一个女学生立刻反对，她说：“古代圣贤之王，那就是实有其人。应该说古代传说中的圣贤之王。”这个学生的思维比较缜密，议论一番很有收益。

为了培养学生的思维能力，我也欢迎学生对我的教学用语进行评论。我教巴甫洛夫《给青年的一封信》，讲到这是一位从事科学的 80 多岁的老人语重心长地对青年科学家讲的话。我说：“这位老科学家多次获得诺贝尔奖奖金……”学生马上就反对：“错了。一次！一次不是多次。一次怎么能说多呢？三次以上才是多。”久而久之，学生就养成了咬文嚼字的习惯，提高了运用语言的能力。当然我不是提倡老师用语不当。

学生有些好的作文，我根据不同的目的要求引导学生去评讲。评了以后，在其他学生的作文里就会有反映。我非常反对上课时老师批评学生，因为在这方面我自己吃了很多苦头。我记得过去在高中上作文评讲课，课堂上笑声此起彼伏，嘻嘻哈哈。错别字啦，用词不当啦，或者是句子不通啦，问题不少。可是老师如果只是讲学生写得不好，结果不仅不能使学生写得好，反而会使学生的积极性受到挫伤，这是缺乏教育观念的表现。有一次作文课，我批评一个学生乱用比喻。他写一个老头儿年纪很大，说“这个老头子的胡子，就像牡丹花一样漂亮”。我大讲这乱用比喻的错误，学生当然是哈哈大笑了，而习作者呢，整堂课抬不起头来，这样就挫伤了他的积极性。我很快就感觉到这样讲是不行的，课后我去向他道歉。所以一定要以正面教育为主，要让学生多读好的东西。佳词、美句、好文，学生吸收得多了，作文就会好起来。相反，教师讲十遍百遍不对、不好，学生也不会好起来。唯有积极加以引导，让学生体会什么好，怎么才是好，学生才能有明显的提高。我们经常把学生的一些好的作文印出来加以讲评。学生写的时候是不自觉的，经过讲评，就会明确找到作文中写得好的和不足的地方，给以后作文提供借鉴。

总之，要努力发现学生思想上的火花，创造条件，让学生发挥聪明才智。只有爱护学生思想上的火花，培养他们旺盛的求知欲，他们才能聚精会神地去学习语文。我们不能束缚他们，而是要让他们从禁锢中解放出来，因为有的学生自己也不相信自己可以学好。其实每个学生都是可以学好的，只要功夫下到他的身上，就能够学好。我体会到，课不能只上到课堂上，要上到学生的心上，上到学生的思想上。这样学生的积极性就调动起来了。如果课只是停留在课堂上，那么学生离开课堂就忘记了；反之，真正上到他的心上了，他就经久不会忘记。有的时候，我们的教学效果不一定在课堂上反映出来，也不一定在考试当中都反映出来，而是一二十年以后才充分反映。所以我们看问题不能形而上学。

五、
抓好课外阅读、课外生活，
努力开阔学生的视野

就课堂教学来抓课堂教学，还不能最终提高语文教学质量，还得以课内带课外，以课外来促课内。

先说以课内带课外。我从电影和说书中受到了很大启发，一个说书人，他讲章回小说老是卖关子。他讲到精彩关键的地方，把惊堂木一拍，就说“且听下回分解”。于是第二天你心里发痒还要来听。教

语文当然不是卖关子，可是我们要用课堂教学这个阵地，带动学生课外的广泛阅读，开阔学生的视野。古人讲“读万卷书，行万里路”，思路的开阔，视野的开阔，对学好语文是很有帮助的。孤陋寡闻的人，老是关在教室里，做几个语文、数理化题目，语文怎么能提高呢？没有知识，生活很枯燥，他就没有办法。所以我在教学的时候就有意识地以课内带课外。课内不可能所有的东西都讲。比如教郭沫若的《科学的春天》，在介绍作者的时候，我就有意识地讲些文章。我说，人家讲郭沫若是才子，写作的速度很快，十几天就能创作一个历史剧剧本。于是我就介绍了一些历史剧剧本，让他们课后去看。一下课同学们就都跑来借书，问我“《屈原》这本书怎么样？《高渐离》又怎么样？《棠棣之花》又怎么样？”，他们都很着急地要借书。这就是以课内带课外。比如教伏契克的《二六七号牢房》，我就讲伏契克不仅是一个用文字作武器的反法西斯战士，而且是用自己的生命在写文章。马上我就拿伏契克的《绞刑架下的报告》让学生看。这样以课内带课外，效果很好。再如我讲了闻一多《最后一次讲演》，出示了《闻一多传》，一下课大家就抢着借这本书。这样学生的阅读就比较广泛了。我在初二上学期作了一个小统计，一个班级的学生看的报纸杂志，品种多达六十几种，每个人半个学期就读了五本课外书，有一个学生读了 47 本。也有的学生读了托尔斯泰的《战争与和平》。我在图书馆里借了大量的书给学生看。这样，有的家长就有了意见，跟班主任讲：“学生看闲书怎么得了啊！”当然我是要加强指导的，比如叫学生少看侦探小说，指导他们去读好的散文和短篇小说。这样收获大，能真正提高语文水平。学生一被书迷上，是很有办法对付家长的。我对他们讲，你们看杂志，看小说，看别的文章，一定要在功课做好了以后再去看。他们就跟我讲：“老师，不行啊，我一定要先看小说，或者是杂志。”他们告诉我一个窍门：“爸爸妈妈只准我做数学题，怎么办呢？我一回家在桌子上就把数学作业本打开，然后拿一本小说出来看，家里大人还没有回来，我就津津有味地读。等他们一回来，我就把小说往抽屉里一塞，复习数学。所以家里大人长期以来不干扰我。我既做了作业，又看了小说，两全其美。”可见吸引是了不得的。吸引了以后，教学效果岂止一比一？有的时候不是一比一，而是一比二，或者一比三。学生现在读的东西很多，范围也很广泛，科学技术、航空航海，甚至《中国妇女》杂志等。有一次，我发现一个学生读《西厢记》，我问他读得懂吗，他说大致上能读得懂。学生阅读的兴趣是靠培养的。在课内，有的时候，我讲到一定分寸就不讲了，让学生自己去看。有时我给他们介绍读物。比如每星期一、三、五早上讲诗，我就讲些有名诗人的有名诗句，然后推荐，让学生自己去读。这样就使得学生阅读的兴趣非常广泛，甚至连画册学生看了也很有劲。《幽默与讽刺》很多同学都订了。比如有一幅画，它画的是一个“公”字，“公”字里面有个“一”画，这个“一”画在里面，公字就活像一座仓库，这一画再慢慢伸开来以后，这个化“公”为私就成了自己的住房了。我说你们自己看看每幅画里头的一画一画的发展，都是有道理的。学生一听也就很仔细地去看画了。想要语文学得好，相关的知识一定要丰富，要以课内带课外。课内就好像是团线一样，老师要善于把这个线头抓出来，然后就让学生去拉长线，去不断地拉。这是一种办法。

二是及时地推荐好的小说、好的文章。这也是调动学生学习语文积极性的一个很好的方法。比如《乔厂长上任记》一出来，我们马上就给学生作了乔厂长这个人物形象的分析。乔厂长怎么样，石敢怎么样？学生的作文里面立刻就反映出来了。比如一个学生，他的外公也是一个老干部，他说他的外公在打倒“四人帮”以后不如这个乔光朴，但是却跟那个老石有点像。再比如《报春花》这个剧一出来，在观众当中有强烈的反响。舞台上的角色每讲到一些话的时候，在台下观众当中都引起了强烈的共鸣。因为它有些语言很深刻，正好是讲出了观众想讲而讲不出，或者不敢讲的话。如“30 年来我们困难成堆，问题成堆啊”这些话。因此，我就及时地加以推荐指导。为什么《报春花》会有这样强烈的艺术效果呢？因为它是把人物放在错综复杂的矛盾斗争中来表现刻画的，不是单一的、平面的。这样学生就很有兴趣了，经常要求老师给他们推荐和分析好的文章。比如徐迟的《哥德巴赫猜想》一发表，我们就马上组织课外讲座，一百多人的教室座无虚席，老师，包括数学老师也来听了。我们就跟数学教研组长合作，“哥德巴赫猜想”由他作介绍，下面的语文分析，由我们作。这样开设讲座，学生的印象很深刻。因此，我觉得语文老师及时地推荐精神食粮，是提高学生学习语文兴趣的必不可少的一环。

三是定期交流。学生读文章，读到一定时候我就组织交流。进行交流，也是开阔学生眼界的好办法。我们现在把练口与交流结合起来，因为练口就是以讲带读。他要讲，他就一定要去读，五十几个人看的书不一样，讲的也就不一样，不会重复。组织交流，实际上等于每人推荐新书。他们无论从哪个杂志上看来的都讲。有的同学说，我讲得不好，你们有兴趣的话可以去看××杂志第几期。这实际上就是推荐。这样也就把练口跟阅读联系起来了。

四是提供条件。为了开展课外阅读，确实学校要提供一定的条件。跟图书馆打交道，把成批成批的书借来供给学生阅读。我借的书是有选择的。根据学生的知识水平，由浅入深，逐步地推荐，定期地交换。另外，也鼓励学生自己订购书报杂志，定期互相交换着看。我也给他们订些杂志。学生积极性调动起来以后，课外酷爱读书，如有的同学知道《中国青年》第几期出来了，中午就赶紧奔到附近的邮局去买，买不到很着急，又跑到另外一个邮局去买，跑回学校上课时已是满头大汗。至于我订的书报杂志，被学生借去看得简直是体无完肤，破烂不堪了。

所以我觉得要调动学生学习语文的积极性，方法是很多的，课内、课外，读写、听说，都可以。

六、
教师要一心扑到教学上

归根结底，我认为，要调动学生学习语文的积极性，搞好语文教学，教师一定要一心扑在中学语文教学事业上，只有一心扑在语文教学事业上，尽力又尽心，才能千方百计去想办法搞好教学。要学生学好语文，教师自己就得热爱语文，就得学好语文。法国文学家罗曼·

罗兰有句名言："要撒播阳光到别人心里，先得自己心里有阳光。"这句话讲得很好。只要非常热爱语文教学工作，非常热爱学生，教师自己就会聪明起来，就能根据学生学习的千变万化的情况找出相应的办法。我有时候想，每个学生就好像是一件艺术品一样，他不同于象牙、黄杨木。雕刻家雕刻的对象是死的，而我们的学生是生气勃勃的。因此要善于察言观色，善于懂得学生心灵深处所想的东西，善于透过学生心灵窗户去了解学生的思维活动。总而言之，作为一个中学语文教师，心中要揣着一团火，要不怕千难万险。语文教学工作是很困难的，30 多年来，还没有找到一条规律，还得靠我们群策群力，发挥我们的聪明才智，去探索这条规律。我们今后还会走很多弯路，碰很多壁，但是我们一定要拿出普罗米修斯宁可自己受天帝的惩罚也要把火种偷到人间的那样一种精神，为了祖国的下一代，为了祖国的未来，去进行教学。

我觉得中学语文教师跟其他学科的教师比起来，前者的任务更繁重、更光荣。为什么呢？因为语文水平的高低，牵涉中华民族的整体文化水平。一个人有没有文化的素养，有没有道德的修养，在很大的程度上是靠中学语文教师的精心教育的。一个学生语文学得如何，不单纯是一个考分，80 分、90 分、100 分的问题，还牵涉到 10 年、20 年、30 年以后整个中华民族的文化水平的问题。所以，语文教师任重而道远。前年我有机会到北京瞻仰周总理故居，瞻仰以后，心情十分激动，热泪盈眶。周总理无论从学问才略，道德品质，以及任何一个方面来讲，都是我们学习的楷模、崇高的榜样。我看了他生前所用的一些实物的展览，泣不成声。这样一位大国的总理，从青年时代起就为中华腾飞、中华崛起，几十年如一日地操劳。可是他穿的，用的，是那样简朴。他穿的拖鞋非常普通，黄色的，鞋的膛底布都掉下来了，鞋头都磨白了；他穿的衬衣是蓝条子的，条子已被洗得模糊；他用的毛巾，跟我们普通人用的一样，是蓝条子的，所不同的是打了好几个补丁；他穿的一件睡衣，都可以透过去看见人了。这样一位大国的总理，为国家、为我们党、为我们下一代，确实是鞠躬尽瘁。这样一位总理，我们老百姓不是不要他吃得好一些，穿得好一些，可是他就是如此的俭朴。为了我们的国家，为了中华的崛起，为了我们的国家永远不受人欺侮，为了我们国家的繁荣、昌盛，最后连骨灰也撒在了祖国的江河里，要跟我们祖国的大好河山永存，让我们的子孙后代永远不要忘记祖国。想到总理的一生，我觉得我们的工作再困难，再受责怪，也没什么了不起。

党理解我们，党中央一再讲，教育工作重要，教师工作辛苦。我们许多懂得教育重要意义的志士仁人，也是非常重视我们的教育工作的。旧社会有些人懂得教育救国，现在我们建设国家难道不需要教育？我们教育的重要性已经逐步地为社会所重视。我们的前途是光明的，我们要有信心，要百折不回。总理做工作如春蚕吐丝，兢兢业业，到死方休。他做人如点燃的蜡烛，从头燃到脚，一生光明。我们教师是育人的人，要塑造好学生，首先要把我们自己塑造好，要全身心地扑在教学工作上。我们是能够把语文教学的规律摸索到的，是能够极大地提高我们语文教学的质量的，是能够为国家、为中华民族、为我们的人民培养出英才的。

自己才疏学浅，懂得的实在是太少了，但是我有一颗对党的教育事业赤诚的心。尽管语文教学困难，但有决心像屈原的诗里讲的那样："路漫漫其修远兮，吾将上下而求索。"我愿贡献毕生精力给中学语文教学工作，为祖国培养一代英才。

在教学实践中提高青年教师素质

热情培养青年教师，迅速提高青年教师的教学能力，是教研组的一项基本建设工作。

就原有的情况看，我组师资的结构特点是本科生少，进修生多；中老年教师少，青年教师多。因此，迅速提高青年教师的业务水平是刻不容缓的事，应尽快采取有效措施。

什么有效措施呢？我们除了鼓励青年教师坚持参加市教育学院组织的业务进修外，主要是在具体教学实践中，采取以老带新的方法，有计划地培养青年教师。这样做，收效大：缩短了青年教师成熟的过程，青年教师在教学实践中边教边学，边学边教，教学相长，提高快；促进了教研组工作，强化了组内教研气氛，集体进步快。上学期，我组每个教师都开了教学研究课，都对学生开了专题讲座，并能积极听课。据统计，我组教师上学期共听课474节，有位青年女教师每周上12节课，教学任务重，仍能挤时间坚持听课，她特别注意听老教师的课，一学期听了89节课。经常开课，经常听课，经常评课，经常说课，相互促进，相互学习的生动局面已初步形成，青年教师的教学水平有了明显的提高。上学期，我组有两位青年教师参加杨浦区的青年教师上课比赛，分别获得了一、二等奖。

成绩的取得与认识的统一是分不开的。鉴于我组原来的情况，我们首先抓了认识上的统一，组织大家学习《实践论》，还鼓励青年教师学习苏联教育家苏霍姆林斯基写的《给教师的建议》一书，通过

本文是1985年作者在上海市师资培训工作会议上的发言。

学习，大家把认识统一在教师的责任心和社会主义教育事业上。为了培养新的一代，为了社会主义教育事业，大家不耻相师，切磋琢磨。上公开课时，大家相帮，把每一节公开课都当作集体的课，打破了一人上课别人看戏，事不关己高高挂起的局面；同志们认识到要置个人于集体之中，与集体同步前进，进步才快。青年教师认识到虚心向老教师学习的意义，尝到了向老教师学习的甜头，老教师认识到培养青年教师的重要性，一个想学，一个愿教，为了共同的事业，老、中、青紧密团结在一起，保证了工作的顺利开展。

（一）
老教师以身作则上公开课

对虚心求教的人来说，榜样会产生巨大的力量，发挥巨大的作用。要迅速提高青年教师的教学水平，增强其教学能力，丰富其教学艺术，示范课要走在前头，为青年教师提供范例。特级教师教研组长校内外职务很多，工作繁忙，但为了迅速提高青年教师的业务能力，她热情地挑起了为青年教师上公开课的重担。她认真备课，精心设计，每学年两个学期，课课公开，堂堂示范。青年教师从这位老教师的示范课上汲取了大量营养，学到了本领。同志们都把这位老教师的课看作精神食粮，有位青年女教师说，“早饭可以不吃，示范课不能不听”。

（二）
广泛开展听课、评课、
说课活动

为了促进教学，共同提高，我组上学期开展了听课、评课、说课活动。我组老教师在认识统一的基础上，都能热情地开研究课，并主动邀请青年教师听课。我们组织同年级同教材的老师互相听课，也组织老师跨年级听不同教材的课，并重点组织向全区公开的教学研究

课。我们组织青年教师向全区先后开过《爱的一课》《序曲》《死海不死》《从甲骨文到口袋图书馆》等公开课，得到了听课者的好评。一人上，大家帮，每一节课都反映出集体的智慧。青年教师上一次公开课，我们就评一次课。教材分析、教学手段的采用、板书、教态……大家都能认真评论，不捧不吹；不讥讽，不挖苦，实事求是地进行评议。

评课固不可少，而说课更重要。评课还只是停留在对一节课本身的评议上，说课就带有教学艺术上的指导性，可以超出就课论课的狭隘性，说课要说出应该怎样上，不应该怎样上；为什么要这样上，为什么不能那样上。老教师说课时，指导青年教师讲课要抓住关键词句重锤敲打，她说："讲解关键的地方要声声入耳，使所有听讲的人都听得进去，都有所得。"一篇好的课文总有一些言简意赅、言简意深、言简意丰的词句，教学时，把握它们，指导学生重锤敲打，使其中饱含的思想情感闪现耀眼的火花，照亮学生的心灵，激起他们的共鸣。通过说课，老教师还告诉青年教师注意驾驭课堂，搞好提问设计，创造意境，带领学生置身于意境之中，要增添感情浓度，形成余音缭绕的气氛……我们不仅请老教师说课，还请青年教师说课，请他们述说自己的设想，然后由老教师评论、指导。

（三）
指导青年教师深入钻研教材，认真写好教案

深入钻研教材，认真写好教案是上好一堂课的关键。这一点，教师都明白。但，我组有的青年教师备课时却寄希望于教学参考书，视教学参考书为金科玉律。这阻碍了他们的进步，影响了他们的提高。发现了这种情况，老教师就及时向他们指出，"离不开教学参考书的教师不是好教师"。为了培养青年教师独立钻研教材的能力，为了指导青年教师写好教案，备好课，老教师总是先认真备好课，备课时和青年教师一起讨论教材重点、难点，指导青年教师深入钻研教材。一

次，一个青年教师参考其他资料，把《松树的风格》最后一部分中的联想手法说成了象征手法，一位老教师听后，不是简单地指出错误，而是指导该青年教师分辨象征手法与联想手法的不同。老教师画龙点睛地指出“象征”是“托义于物”，通过某一特定的具体的形象来表现某种意义；“联想”则是由某事物引起与其有相关点的另一事物的思维活动。这样，就提高了青年教师的分辨能力。老教师说：“一篇好的课文必然是作者情动于中而言溢于表的产物。钻研教材时，要从语言文字入手，仔细琢磨，反复推敲，真正理解作者的写作意图，体会文中所蕴含的思想的高度、深度、广度，把思想精华所在牢牢抓住，揭示阐发，启发学生深思。”有个青年教师分析《爱的一课》只停留在叙述事情上，没有挖出《爱的一课》的深刻的思想内涵，老教师就指出：“教《爱的一课》，要把爱的种子播在孩子的心田上，要培养孩子纯真的感情。”

为了提高青年教师的教学理论水平，老教师还特地为青年教师开设专题讲座，如：

（1）在学生心田撒播做人的良种——谈语文教学中的文道关系。

（2）兴趣是学习的推动力——谈激发学生学习课文的兴趣。

（3）引导学生打开认识的窗户——谈语文教学中的观察训练。

（4）启发学生神思飞跃——谈想象力与创造力的培养。

青年教师在实际工作中向老教师学习，不仅提高了教学能力，而且培养了正确的教育观点。有一位青年教师为了维护教师尊严，上课时常常对学生板面孔，学生难以接近。她以为，这样一来学生就会老老实实听讲，不说话，不做小动作，不敢调皮了。谁知事实与她想的恰恰相反。老教师对她说：“教师对学生要温而厉。态度生硬，即使有理，也难以让学生接受，教师对学生一定要丹心一片。”这些话深深地震动了那位教师的心，使她认识到一味靠压服的方法来赢得学生的尊敬是不行的。从那以后，她改变了态度，常找学生促膝谈心，常热情地给学生辅导功课，关心学生生活，赢得了学生的尊敬。

宣传尊师一定要实事求是

现在报刊都在大力宣传尊师，发动学生写尊师的文章，这些都是好的。我自己被评为上海市特级教师，又被选为市人大常委会委员，但我总认为，自己的价值并不在于那些头衔，而在于培养出了为国家做贡献的人。我总是说自己是一名教师。去年，上海电视台邀我在电视讲座里讲一个专题，派车接我去录像。同车的一位专家问我，你是哪个单位的。我答道，我是杨浦中学的老师。他马上表现出一种颇不以为然，似乎是很瞧不起的样子。坐在一旁的电视台同志向他介绍，说我是市人大常委会委员，那个人一听脸马上就变了，变得那么谦和，那么恭敬，一分钟里竟判若两人。我真说不出个味。可想而知，一个普通教师在社会上的地位如何。还有一次，市里通知我出席一个会议，我提早几分钟到了。门卫挡驾，问我是哪里的，我说是杨浦中学的。他一听是教师，马上就神情冷漠，爱理不理了。我从自己的切身体会中感到，社会对教师实在太不尊重了，尤其是对中小学教师。我早就提出，不要让教师靠什么剥蚕豆、干零活来增加收入。国家一定要改善教师的待遇，真正提高教师的地位。

其实，知识是有层次的。那些专家学者、有发明创造的人，哪一个不是从小学、中学读书读上去的？即使是登云梯上云端，也是要一步步脚踏实地爬上去的。现在一提尊重教师、尊重知识，就捧出那些大学，而大学里又只是那几个名人。市人大常委会、政协视察组的同志要到我家来看看。我说，来不来都没关系，你们去给教师办几件实

本文发表于《云南教育》1985年第6期。

实在在的好事，这才是尊师的具体行动。我现在是不愁什么了，但那么多的中小学教师呢？四口之家住十一二个平方米，孩子又是一男一女，人都大了，却住在一起。这样的情况多着呢！为他们真正做一点好事吧！

我觉得，目前不尊重教师确实是很严重的问题。有的干部缺乏对社会的高度责任感。任何一个文明社会都是重视文化教育，尊重教师的。教育上不去，会对未来造成不利。今天会影响明天。有人说，现在的教师还有不合格的。我说，教师队伍中是有人不合要求，这是历史造成的，而现在还在继续造成。为什么优秀的中学生不愿考师范，不愿当教师？教师地位提高了，就会吸引优秀学生，也会吸引别的行业的人才来当教师。我们区一个工读学校的校长对我说："于老师，我真想不通。有的小姑娘唱了几首流行歌曲，就被捧到天上去了。而长年累月、勤勤恳恳教书育人的教师呢？有谁表扬宣传？"

我年轻时，一心地扑在工作上，只养了一个儿子，家也不顾，热情高啊！现在有多少青年教师像我们以前那样？以前我们总是强调思想教育，我自己也总是从思想上要求自己努力工作。可是现在想想，只强调思想教育，实际的问题长期不解决，能行吗？听说有些区教育局同下面教师的关系处不好。他们不大懂教育工作，不大知道教师之心。我和毛蓓蕾、吴佩芳在市人大提了多少次提案：要求建一个教育会堂。有文艺会堂、体育会堂，为什么就不能建一个教育会堂、教工之家？议案提了一个又一个，结果转来转去，又踢回教育工会。这次总算有点眉目，市总工会打算集资100万元建一个教育会堂。

我发现，无论什么地方，学生怎么不好，他们都还是尊重教师的。不尊重教师的是一些干部，是有些家长，是社会。宣传尊师，要实事求是，要抓住主攻方向，要使全社会都来尊师。

教师节随感

在教师节即将来临的日子里，我情不自禁地想起往昔，想起我敬爱的老师，特别是给我以人生启蒙教育的中小学老师。

旧社会的教师不被人尊重，尤其是中小学教师甚至是受人贱视，教师生涯是“两袖清风，一肚子粉笔灰”，生活十分清苦。可是，他们中不少人热爱祖国，热爱教育事业，情操高尚，堪为师表，很值得尊敬。涓涓细流，铭心刻骨，他们给我的教育我至今不能忘怀。我还清楚地记得中学国文老师教辛弃疾《南乡子·登京口北固亭有怀》时的情景。这首词写到我故乡胜地北固山上北固楼，特别亲切。辛弃疾曾在此向北眺望烽烟遍地的扬州一带，忧心如焚。在这首词里作者望着滚滚长江，回顾千古多少兴亡事，对南宋小朝廷的不抵抗感慨万端。老师讲读这首词时满怀激情，朗诵时声泪俱下，我被深深感动了，那眼神，那手势，至今还常在脑际萦绕。历史老师怀着无比的崇敬讴歌岳飞、文天祥等民族英雄的光辉业绩，悲愤地痛斥帝国主义入侵和列强处心积虑瓜分中国的野心。他们不空洞说教，而是伴随着知识的浇灌在我们心田撒播了爱国主义的良种。

而今，我已是从事教育工作几十年的教师了，尽管时代不同，但老师教的做人的基本道理仍在身上起作用，只不过是在新的历史条件下蕴含着崭新的内容。

人是要有所追求的。作为一名人民教师，更要有毕生致力于理想的追求。这种追求，不在于名位的高低，而在于精神上的富有，在于创造祖国美好的未来。要按党的要求扎扎实实把青少年学生培养成为有理想、有道德、有文化、有纪律的社会主义事业接班人。自己作为一名人民教师，生命必须燃烧。

燃烧着对教育事业、对祖国未来的满腔热情满腔爱，像我的老师那样悉心培养学生。

燃烧着对知识的尊重、渴望与钻研，像树木把根须伸展到泥土中一样，锲而不舍地吸取营养，着力于知识的不断增进与更新，以自己充实的知识激发学生强烈的求知欲。

使陈旧的教育思想、教学方法在燃烧中不断化为灰烬，让适合时代要求的新思想、新方法在燃烧中诞生。

要育人，先做人，在培育学生过程中加强自身的理论修养、道德修养和教学业务的修养，大踏步地兼程前进，奔赴毕生追求的目标——做一名称职的教师，不辜负人民的嘱托。

今天，迎接教师节，我写下了自己的心愿。

做到日有长进

我经常提醒自己，作为一名人民教师应时刻想到我们的事业在不断前进。我一再告诫自己一定要坚持自我教育，做到日有长进，月有长进，年有长进。

我想，对自己来说最可悲甚或最可怕的是思想停滞、贫乏。教师思想停滞，思想贫乏，就会视而不见，听而不闻，对事业无兴趣，对新鲜事物不敏感，对学生少感情，工作当然无质量，更谈不上有什么新意。因此，我不断提醒自己：是不是从事教育工作多年就可以懒惰起来？懒惰不得！思想一懒惰，思维就失灵，再也难长进了。要使教师的生命之树常绿，思想活泼如汩汩清泉，只有永不停步地去认真学习、实践。

我们教师有个最有利条件，那就是与青年学生在一起。青年学生活泼、开朗，富于生机。和他们在一起，清新之风时时扑面而来，使你年轻。青年是祖国的未来。和他们在一起，我们会时刻不忘向前看，展望未来，创造未来。对我来说，为学生服务有无穷的乐趣，看到他们成长感到莫大的幸福。近年来，我教初中语文，对作文教学做了较为系统的研究，对实践中的得失做了总结，写了一本《作文讲评五十例》，书中举了一系列学生的作文。从这些习作中我清晰地感受到学生进步的脉搏，无论在思想情操方面，还是在学识才艺方面，都有所进展，我喜悦的心情难以用语言描述。更使我引为自豪的是学生对我“教”的促进。“教”作用于“学”，“学”又反作用于“教”。思维敏捷、求知心切的可爱的学生，脑中常常有许许多多奇异的幻想，有许许多多千奇百怪的问题，他们的追求促使我思考，他们的难题促使我解答。教学相长的境界令人欢欣，思想活泼常新。

教师应该有丰富的智力生活。智力生活停滞贫乏，势必导致思想的停滞贫乏。因此，我常勉励自己不管工作多忙，都要挤出时间来学习。别的且不说，单说文学修养，语文教师就应具备，否则，很难把课文教得血肉丰满，给学生以熏陶感染。为此，我常常读点文学作品以加深自己的修养。我特别爱读描写改革的作品，从中受到思想情操的锻炼和开拓创新精神的鼓舞。作品中先进人物值得学习，而“不贤”人物身上的一些毛病又何尝不可对照一番？孔子说：“见贤思齐焉，见不贤而内自省也。”常常在内心作“自省”，非常有助于自己思想品德的完善。时刻想到我们的事业在前进，身上就会有使不完的劲。这就是我在教师节里的一点感言。

我时时记着

叶老（叶圣陶）仙逝，教育界一位巨人永远地离开了我们，心中的悲痛难以言表。

哲人已萎，典范永存。叶老为人，德尊一代，为文则翰墨千秋，他一生在道德文章方面创造了极其丰富的精神财富，将恩泽于一代又一代的教师。

叶老对中学语文教学独到的见解和重大的贡献，是我们语文教师取之不尽、用之不竭的源泉，至于为师之道的教诲，使我终身受益，时时铭记胸怀。

叶老在《如果我当教师》一文中说道："无论当小学、中学或大学的教师，我要时时记着，在我面前的学生都是准备参加建国事业的人。"尽管这篇文章写于1941年，但这句话的深刻含义却伴随着时代的变化而日益增辉。

学生是祖国的希望，事业的未来，教师心中如果没有活泼泼的学生，当教师的意义也就"抹杀"了，当然，更谈不上强烈的事业心和历史的责任感。叶老说，他如果当中学教师，决不将自己的行业叫作"教书"；说了"教书"，好像与从前书房里的老先生没有什么分别，其实，做老师的，要使学生"能做人，能做事，成为健全的公民"。叶老的教导我时时记着，当教师的首要的任务是"育人"，教文须为育人服务。各门学科有个总目标，那就是把学生培养成为德智体美全面发展的"四化"建设者。每门学科犹如车轮上的一根"辐"，许多根辐必须集中在总目标这个轴上，才能成为"推进国家民族的整个轮子"。站在育人的高度思考问题，我逐步认清了语文教学的地位和作用，与其他学科之间的有机联系，逐步懂得了要全面关心学生成长，竭尽心力了解学生，研究学生，千方百计使基础不同、智力水平不一的学生获得培养。

学生要能参加建国事业，须帮助他们为学；要能切实助他们为学，教师自己就得不懈地追求，虚心为学。叶老说：“我开一门课程，对于那门课程的整个系统和研究方法，至少要有一点儿是我自己的东西，依通常说法就是所谓‘心得’，我才敢于跑进教室去，向学生口讲手画。”叶老的教诲我时时记住，为了在教学上能做到日有长进，月有长进，年有长进，我注意抓自身思想文化、业务的建设，把自我教育作为终身的任务。若不独立钻研，不精心设计，没有一点儿对教材、教法的真切体会，总觉得寝食不安，愧对学生。

敬爱的叶老，您的教诲彪炳教坛，我们永远怀念您。

神圣的召唤

人是要有所追求的，对青少年学生来说，尤为重要。应奋力追求生活的理想，使自己的生命融汇在伟大的社会主义事业中，焕发出耀眼的光彩。

生活的理想多种多样，在初中毕业生的脑海里，生活的图景更是五光十色，充满新奇，充满憧憬，充满尝试。在选择生活道路时，亲爱的同学们，千万不要忘记把教师这个崇高而神圣的职业放在应有的重要位置上来考虑。只要有爱国心的人都热切地期望中华民族的振兴，我们的建设事业兴旺发达。怎样才能使这种美好的期望实现呢？要做的事，要考虑的问题很多，然而，从战略意义上来说，办好教育尤为重要。振兴民族的希望在教育，振兴教育的希望在教师。

人不能自然成才，总要靠培养。教师在培养儿童，培养青少年成长、成才的过程中起着至关重要的作用。少年儿童对教师有着纯真的依恋，魏巍同志《我的老师》一文大家都读过，作者对蔡老师连梦中都依恋的真情使人感动不已。学生需要教师，在少年儿童的心目中，老师是神圣的，是带领他们探索知识宝库、步入五彩世界的引路人。教师教育儿童，犹如进入彩色天地，天天与活泼可爱的儿童相伴，心灵丰富，乐趣无穷。事情是那么清楚明白：没有良好的教育，尤其是良好的基础教育，人的素质的提高就没有保证；没有素质优良、数量足够的师资队伍，学校教育的质量就难以提高，学生就难以得到很好的培养。因此，重视教育，积极报考师范学校，应是不言而喻的事。奇怪的是有些偏见常在一些人的脑子里作怪：那就是希望自

本文是作者作为上海市第二师范学校校长对前来参加招生咨询活动的初中毕业生所致的欢迎辞。

己幸运地碰上好教师教，但自己却不愿做教师；希望自己孩子碰上好教师教，却不鼓励甚或阻挠自己的子女报考师范。究其原因，恐怕是对教师工作的价值、意义、乐趣缺乏起码的认识与了解。其实，只要站在家家户户期待好教师的高度，站在各行各业需要素质良好的人员的高度去思考，怀着与经济、科技发达国家竞争的志气去思考，偏见就会冰消雪融，我们就会下定决心为教育事业做奉献。

上海小学教师队伍更需要加强，更需有新鲜血液补充。从 90 年代开始，小学教育面临两个高峰的挑战：一是小学生每年净增五六万人；二是老教师的退休人数激增。据初步测算，1989 年小学教师退休仅 500 余人，而 1999 年退休最高峰时要达 2 300 余人。两个高峰的出现直接影响小学教育质量的提高。为了上海的振兴，为了成千上万可爱的儿童，同学们应勇于接受挑战，响应教育事业的召唤，投入师范学校的怀抱，立志在教育园地耕耘，奉献智慧，施展才华。

亲爱的初中毕业班同学，教育事业是神圣而伟大的，没有教育，就没有社会的进步，没有教师，人只能在黑暗中摸索，相信你们能明大义，识大体，立下争当塑造儿童心灵工程师的志向。

要从深层去理解：教育事业的召唤是神圣的召唤！

不懈地追求

我时常接到青年人的信。他们在信中问我：于老师，一个人要在事业上取得成功，他最需要做的是什么？

我的回答是：当你的理想和事业确定以后，你最需要做的就是追求，不懈地追求！

这里，我愿意借《江西日报》“理想·知识·事业”专版的一角，作一篇“命题作文”，向青年朋友们简单介绍一下我所走过的路。

我的事业是教育，我的理想是做一名合格的、名副其实的人民教师。三十多年来，我始终如一地追求着我的理想。

我在大学里学习的是教育专业，毕业后开始从事的是成人教育，后来进行历史课的教学。1959 年，正是我过了“而立之年”的时候，因工作需要，领导要我改行去教语文。我二话未说，走出了历史课的课堂，去叩语文教学的大门。但是，语文教学之门对我来说敲开是不易的，不说别的，光是过一个教学用语关，就使我付出了很多心力。

学生对语文教师的课堂语言十分注意。我自己也认为：一个语文教师的语言应该是最纯洁、最规范的语言。我既然已经成为语文教师，就应当下苦功掌握规范的语言。只有这样，才能使学生时时看到一个规范语言的榜样，经常受到正确语言的濡染。也只有这样，才能使语文课的课堂教学有良好的效果。

尽快提高口语水平，成了我当语文教师后的第一个追求目标。为了达到这个目标，我采用的是一些旁人看来很死的办法：在上每一堂课前，我都要认真想好我该在课堂上讲些什么，然后用书面语言写下来，一字一句地推敲、修改，删去其中不规范的词语，再把它从头至尾背熟，并口语化。从我家到学校，路上大约要走一刻来钟。每天上班时，我就利用这一刻钟时间，将背好的教案在头脑中放一遍“电影”，再走进教室。每节课完了，我再细细对照教案，寻找自己在课堂“即兴发挥”中出过什么问题，教案中什么地方的语言效果有待改进，等等。渐渐地，我的教学语言得到了根本的改造，形成了比较合格的语文教学用语。

“口语关”这样走过来了，接着就是“知识关”。作为一门基础课，语文课往往是和各种社会学科、自然学科的知识密切联系的。我在教学实践中发现，由于对这些知识还缺乏足够的了解，我的语文教学内容总还不够生动、扎实，常常有一种空虚感。为了克服这种空虚感，我开始有计划地涉猎其他学科的知识。起先是与课文有关的学科，如文艺理论、小说创作、党史、哲学等，范围逐渐扩大。后来，连那些自然科学方面的最新知识，也成了我感兴趣的对象。久而久之，我的知识面拓宽了，头脑里积存的知识量也丰富了。这时，当我走上语文教坛，面对着学生们渴望求知的目光，就不再感到空虚，而是有了足够的自信。我的课堂教学不再那么刻板，授课效果也比过去好得多了。

“口语关”“知识关”都走过来了，但不能就此满足。我一次又一次地给自己出新的题目，提新的要求，譬如：怎样提高讲课技巧，才能使学生更易于理解教材并接受其中有用的东西；怎样启发学生的“求异思维”，促使他们举一反三，在有限的课堂中学习无限的知识；怎样把语文教学引出课堂，提高学生的语文应用能力，等等。由于不断发掘新的问题，不断树立新的目标，不断进行艰苦的探索，我终于在语文教学中获得了一定的自由。而我的学生的迅速成长，则部分地表明了我的不断追求所取得的成果。

30 多年的路，就是这么走过来的。回忆过去，看看现在，有时我也会感到某种快慰，偶尔也会为自己这些年来做出的努力（在某些方面，不妨也可说是“牺牲”吧）发出一两声“甘苦寸心知”的感叹。然而，我清醒地知道，决不能陶醉在以往的那些成绩上，因为我已经感受到了新时期现代语文教学的压力。今天，是“知识爆炸”的时代。进入我的课堂的学生，是一些全新的学生。他们具有与五六十年代学生完全不同的气质和个性特点，他们不仅能找出课文中的一些名词注释与词典中的不同，会发现课文中的某些知识与客观实际存在的距离，或者已经过时，而且敢于对传统的课文提出自己的不同意见，甚至公开在课堂内外和教师争辩。处在这样的时代，面对这样的学生，语文教学应该怎么办？当然不能全盘搬用过去那种程式，把生龙活虎般的学生硬拉回过去的时代！只有努力跟上时代，张开双臂去接受伴随着新时代潮水般涌来的现代知识，求得自己的知识更新和思维方式及观念的改变，才能和学生们有共同语言，赢得学生的信任，然后再运用尽可能新的方式方法，向学生讲授新知识、新观念，使得他们乐于接受，易于接受。概言之，如果说，过去我一直把“入”传统的语文教学之门作为自己努力方向的话，那么，在新形势下，我应该把“出”传统之门，探索什么是现代化的有社会主义特色的中国语文教学体系，作为自己新的追求方向。只有靠不断扬弃陈旧的教育思想、教学方法，不断地向他人（包括我的学生）学习，才能有所创造。因而，势必要付出更艰苦的劳动。而我，由于年纪等原因，为了达到这个目标，必然要做出比以往、比旁人更大的努力。我已经做好准备，在有生之年倾全力向这个目标奋进。

有这样一句名言：“幸福永远存在于人类不安的追求中，而不存在于和谐与稳定之中。”过去，我追求了，我得到了幸福；现在，我仍在追求，我希望得到更大的幸福。凡不懈追求崇高目标的人，总能得到应得的幸福——这就是我在这篇“命题作文”中要告诉年轻朋友们的。

抚今思昔，不忘育人

我们伟大的社会主义祖国已经成立40年了。这也是我一生中最值得回味的40年。中华人民共和国成立的头两年，我在读大学，大学毕业后走上教育工作岗位，一直到今天。40年来风风雨雨，自己历经锻炼，成长了起来。历史与现实不断给我以深刻的教育，使得我热爱社会主义教育事业的赤诚与日俱增。我常想，假如人会有第二次生命，我定毫不犹豫地还选择教育工作。回顾过去40年，虽说党不时强调学校教育要着眼于培养社会主义事业的接班人，但在实践中一直是曲曲折折。抚今思昔，一个强烈的感触油然而生——在学校教育中很有必要认真提倡教书不忘育人。

“教书育人”自来谈得很多，似乎人人都懂得。事实则不然。悠悠而谈容易，真正切实做到却难，而能否真正做到恰恰说明是否真正懂得。为此，我多年来一直策励并警惕自己：要把对学生的思想教育放在首位。进行思想教育不能空洞说教，而应寓教育于学科教学之中；作为语文教师要善于通过语言文字教学，培养学生正确的思想观点、远大的理想和高尚的道德情操。

近四五年来，我一直为一种忽视德育、轻视社会主义思想教育的现象忧心。学科教学中进行德育教育竟会被人看成保守，更有甚者，出于一种逆反心理，似乎思想教育不值得一顾。久而久之，社会主义思想教育很少谈了，连爱国主义也受到了歧视。回想一下，1949年前自己最主要的精神支柱是爱国主义，而爱国主义教育主要是得自可

本文写于1989年。作者职业生涯起步于中华人民共和国成立之初，回顾近40年的教育生涯，她深感“在学校教育中很有必要认真提倡教书不忘育人”。

敬的中小学教师。往事历历在目，语文老师诵读岳飞的《满江红》是那样慷慨激昂，历史老师讲到帝国主义列强瓜分中国，“是时俄据旅顺大连湾，德据胶州湾，英据威海卫，法据广州湾……”，简直是声泪俱下。老师就这样在学生灵魂深处点燃热爱祖国的火焰，激发学生深深的爱国主义情怀。正因为学生时代所受的爱国主义思想融进了自己的血液，中华人民共和国成立后我就更加热爱社会主义祖国。

今天，人们慨叹前几年思想教育成了真空。其实哪可能成为真空？那几年社会上刮起“一切向钱看”的歪风，伴随着喧嚣的美风欧雨，崇洋媚外、“全盘西化”的沉渣又泛滥而起，毒害了不少青少年。社会主义思想少了，资产阶级思想乘虚而入，所造成的后果能不令人触目惊心？学校不可能是世外桃源，如果教书而忘育人，忘记思想教育，又从何谈得上培养一代社会主义新人？

人们常把从事教育工作说成“教书”，这是很片面而不贴切的，最贴切的字眼应该是“培育”。“培育”一词的原义被释为“耕耘土地以期收成”。可见它用于教育上也如“琢玉成器”“春风化雨”一样，是比喻的手法。教师不应只教书，要教书育人，要像农民和园林工人满腔热情培植五谷、养育花树那样去培育人才。而我们社会主义国家的教育工作者，更应时刻不忘以社会主义思想来培育年轻的一代。

怎样做一个中学语文教师

怎样做一个中学语文教师呢？由于党的教育，老教师的培养，同志们的帮助，在长期的教学实践过程中，我经常从以下四个方面要求自己。

一、做一个语文教师，要有明确的目的

（一）对语文课的目的任务要明确

目的明确，方向才清楚，决心才大。我从50年代末改行教语文以后，很长一个时期，对语文课的目的任务是不十分明确的。语文教学风浪大，一会儿风这么刮，一会儿风那么刮，我这个半路改行的人就更感到困难了。关于语文教学的目的任务，摇来晃去，争论不休。“十年动乱”期间，在我们上海，语文课专门强调搞大批判，什么语文知识、语文能力都不要了。事实上这是对我们语文课非常野蛮的摧残。

粉碎“四人帮”之后，我觉得又有一股风挺大，就是把中学语文课变成了纯“工具课”。中学语文课的目的任务成了为学好数理化服务。这股风刮得很厉害。在这股风面前，我想，中学语文是作为一门独立的学科开设的，难道教学的目的任务只是为了让学生学好数理

化？作为一种倾向，它是滚滚而来的，势头猛，风浪大。在这样的风浪面前，该怎么办？我觉得语文教学应该教会学生正确地理解和运用祖国的语言文字，为学好数理化提供必要的条件。但是，作为中学的一门独立的学科，它应该有自己的特定任务，不能把中学语文课降低到只是为学好数理化服务这一点上，否则就会出现以局部代整体、以片面代全面的问题。为什么这样讲呢？在《中学语文教学大纲》上讲得非常清楚：语文课在进行读写训练的过程中，还必须进行思想政治教育；要通过语言文字的教学，培养学生正确的思想观点和高尚的道德情操。这就是我们中学语文课的目的任务。与此同时，我们还要注意发展学生的智力，培养学生的思维能力、观察能力、想象能力。因此中学语文教学应该担负起它特定的任务，而绝对不能把一个总的目的任务变为它的一部分的任务。我们中学语文教师担负着双重任务，既要教文，又要教人，给学生打好语言文字的基础和思想基础。教文是天经地义的，我们是语文教师，当然要教会学生正确地理解和掌握祖国的语言文字，但在传授语文知识、培养语文能力的同时，还得对学生进行思想教育。语文是人们从事学习和工作的基础工具，但它不同于锄头、铁锹、榔头，因为语言文字是交流思想的工具。语言是思想的物质外壳，如果离开了思想，我们语言文字的生命力何在呢？如果说，我们离开了文章的思想内容，只是去讲字、词、句、篇，那怎么能够正确地、生动地、形象地把作者的写作意图阐述出来呢？一篇好的文章，总是思想内容与语言文字的辩证的统一。我们说这篇文章好，总不外乎是思想内容好，见解精辟，文字优美，如果只是某一个方面好，那怎么能够成为一篇好的文章呢？作为一个语文教师，对语文教学的目的任务一定要非常明确，只有把文道两者辩证地统一起来进行教学，缘文释道，因道解文，才能够使学生在弄懂语言文字的基础上，深刻地理解文章的思想内容，被形象所感染。教师教学要注意发现和把握课文中能爆发火花的关键词句，讲深刻，讲生动，把字、词、句、篇中固有的，作者倾注的写作意图以及思想感情发掘出来。这样，无声的文字就可以变成有声的语言，就可以变成优美的画卷，就可以把课文教得有立体感，使得学生如见其人、如闻其声、如临其境。60 年代初，我们在落实“双基”的同时注意进行思想教育，学生的语文能力有明显的提高。有些毕业生来看我的时候，他们都讲到这个问题，讲到课文中饱含的民族气节、爱国主义感情、崇高的理想和献身的精神给他们的教育与感染。他们讲得那么激动，不仅把自己上课时所学的讲给我听，而且很多课的板书都背得出来，《记念刘和珍君》一课的板书是怎么写的，《论“费厄泼赖”应该缓行》一课的板书是怎么写的，郭老的《长江大桥》又是怎么教的。我听了非常激动，几乎彻夜不眠。那时候我还年轻，30 岁出头，没有想到，我这样一个中学教师上的课，在学生的心里印象是如此深刻。我想到我们做语文教师的，对塑造人的心灵起多么大的作用啊！看起来学生在初中、高中学习，不过是短短的几年，在人的一生中不过是一阵子，可是我们教他们这一阵子往往会影响学生一辈子的生活道路。这一阵子与一辈子的关系得认真地看清楚。青少年时期正是长知识、长觉悟、长身体的黄金时期，求知的欲望是非常强的。尽管我讲的道理很简单，可是这些简单的道理在学生心里起作用。因此，作为一个中学语文教师，确实是既要教文，又要教人。今年暑假，我有机会去北戴河开会，当时对中学语文教学的目的任务有争论。我们住在天津市委招待所，隔壁房间正好住的是两位老干部，有位是天津市委党校的校长。他看我们开会开得很晚，就问我们争什么，我对他说：“对语文课的目的任务看法不一致。”他问：“你怎么看呢？”我说：“我认为作为中学语文教师，既要教文，又要教人。”他说：“对了，我就是中学语文教师出身的，当年我就是利用教语文课来传播革命真理。今天我们建设‘四化’，也有一个传播革命真理的问题。我支持你的观点，你的脚跟要站稳。”老一辈革命者对自己的鼓舞，使我更觉得这个看法是对的。这样说，是不是只强调了思想教育而不重视字、词、句、篇的教学，不重视听、说、读、写能力的培养呢？完全不是这个意思。我讲的思想教育，并不是在语文课里讲空洞的概念，进行口号式的所谓的思想教育，也不是盖浇饭，上一篇课文，讲一些语文知识，然后加一点思想教育。如果是外加的，就没有生命力，那就变成了赘疣，毫无价值。我讲的思想教育是忠实于课文本身的，如果是古代作品或者是外国作品，那还有个批判继承、用历史唯物主义观点来对待的问题。我讲的思想教育，是渗透在语言文字的教学当中，就如我刚才举的例子。就是在教字、词、句、篇的同时，在培养学生听、说、读、写能力的同时，把文章寄寓的思想感情有目的有意识地渗透其中，对学生的思想起“润”的作用，“随风潜入夜，润物细无声”。

八十年代的学生跟过去不大一样。过去五六十年代的学生，我们的领导或先进人物给他们作一个报告，他们的青春之火一下子就点燃了，现在的学生不那么容易激动。“四人帮”一条很大的罪恶就是扼杀了青少年心中的青春之火，把是非曲直都弄混了。我们的语文课50%以上是文学作品，读一本好书，就是和许多高尚的人谈话。语文教师有责任也有义务引导学生与高尚的人谈话，让他们受到作品中人物的高尚情操的感染，所以一定要在渗透上下功夫。事实上也只有把文章的思想内容讲清楚、讲准确，学生对语言文字的奥妙才体会得到。因为语言文字是表情达意的工具，离开了情和意就谈不上词和句的佳妙、精辟。只有把思想内容阐发得非常精当，非常深刻，字、词、句、篇才能充分发挥它的作用。

（二）
语文教学的阶段性要明确

语文学科是一门科学，科学就应该有科学性、系统性，应该有阶段性。可是长期以来，语文教学的阶段性是很不明确的。语文作为一门学科，它应该有个序，应该是由浅入深，由易到难，由简到繁。这个序是很难定的，仔细分析一下，原因很多。一是学生程度参差不齐。二是30年来，对语文教学在理论上缺乏系统的科学的研究。我请教了很多老教师，我说一个中学生究竟应该掌握多少常用词、多少常用句，哪些是常用句式，几乎没有一个能准确地回答出来，而我自己也经常处在一种若明若暗的情况当中，这就给教学带来了很大困难。三是“四人帮”干扰破坏十年之久，整个社会的文化水平下降了，语言环境很差；学生的语文水平下降，语言不规范，不纯洁，说话很不干净。

“十年动乱”期间，废除了留级制度，学生从小学到高中不管够不够毕业水平，一律开绿灯升上去。因此高中学生语文程度低到惊人的程度。78 届有个学生，还是个好学生，有一次问我：“老师，司马迁和司马光是不是兄弟？哪个是哥哥？”他是一本正经地问的，完全不是开玩笑。这能责怪学生吗？不能！因为“十年动乱”期间历史课被废除了，小学中学都没有历史课，那当然会闹这样的笑话。历史知识没有，怎么学得好语文呢？语文这个学科古今中外都涉及，它包括字、词、句、篇，语、修、逻、文，听、说、读、写，观察、思维、分析、想象，非常复杂。语文课的“家庭关系”很复杂，它的“社会关系”也很复杂，它牵涉哲学、历史、地理、文学很多方面。有个初一的学生问我：“成都跟四川哪个大？”四川的学生不会问这个问题，可是在东海之滨的学生，因为没有开设地理课就会问出这个问题。升级一律开绿灯，这是不行的。我们中学语文教师不仅肩挑教文教人这样的双重任务，在教学过程中还既要传授新知识，又要还旧账，因为旧债未清，在初中要补授小学的知识。譬如小学生应该掌握 2 500 个常用字，结果是没有把常用字记全。粉碎“四人帮”之后，小学起点还比较好。现在的中学生，他们的小学阶段是在“四人帮”的统治下度过的，小学应具备的语文知识和能力没有具备，有的孩子连吃饭的“吃”都不会写，他硬要在口字旁边写一个“气”，把一根鱼骨头卡在喉咙里。我们中学老师又不能专门去补小学的课，因为这不符合我们本身的任务，如果再去补小学的课，学生也没有兴趣学。这样我们中学老师就有一个很难的任务，这就是在传授新知识的同时逐步地还旧债，而且要把还旧债和完成新任务艺术地有机地统一起来，让学生觉得老师都是在传授新知识，其实也是在补他们的知识缺漏。

在教学中，我们心中要有个序，而且这个序一定要清楚。比如现在中学学制是五年，以后要延长到六年。现在这个五年，每个年级有年级要求，每个年级有两个学期的要求，每个学期还有分阶段要求。

阶段的目的任务要明确。如果目的任务不明确的话，教的东西就是一锅大杂烩，就容易事倍功半。我觉得，每个学期、每个阶段、每个单元要达到怎样的目的任务，教师的心中要有数，才能成竹在胸，让一篇篇课文的教学都围绕一定的目的任务来进行。

前年我接了初一下学期一个班。这是个数学班，一进校就按数学成绩编班的。当时重理轻文厉害。这个班学生的语文程度很差，期终考试作了一篇作文，题目是《爱护小树》，看图作文。学生写的文章只有 200 来字，而且都是三段论，没有中心，像流水账一样。我在了解情况的基础上，用了半个学期来解决作文的中心和材料的问题。学生写文章没有中心，读课文也抓不住要领。于是，我在教学中，读围绕中心，写也围绕中心，每一次作文和教每一篇文章都从不同的角度围绕中心和材料来教学。半个学期下来，学生对一篇篇课文基本上都能抓住中心了，写作也有了中心。于是在下半学期就进一步讲立意。文章有了中心还不行，还要讲究“意”。“意”是文章的灵魂。“意”者帅也，无帅之兵是乌合之众。下半个学期专门讲文章的“意”，读和写都是围绕这个内容进行。然后，再把中心和材料之间的辩证关系通过一篇篇课文的教学，一篇篇文章的写作来逐步解决。教了一个学期，学生对中心和材料就比较清楚了。传授知识是如此，听、说、读、写能力的培养也是这样。学生“说”的能力差，下课的时候男孩子声音很响，一上课回答问题，声音就微弱了，甚至没有了。有的学生讲话，破句，不通，口头禅很多，有的还金口难开。要培养学生“说”的能力，也是要一个一个阶段培养：第一步，让学生开口；第二步，要求声音响亮；第三步，要求说话完整、通顺；第四步，要求讲小故事。训练到这一步，我再要求学生推荐书报，配以讲评，逐步提高要求。听、说、读、写能力的培养跟知识的传授都应该分阶段、有步骤地循序渐进，饭要一口一口吃，总不能一顿吃 10 碗 20 碗。每一个阶段要有明确的目的，就好像打仗一样，每个战役都有自己的主攻目标。在某个阶段教学要达到什么目的，那么听、读、说、写能力的培养，都围绕着这个目的来进行，这样就会成竹在胸，容易取得效果。

(三)
每篇课文的目的任务要明确

语文教学很大程度是通过一篇一篇课文的教学来实现它的目的任务的。我在很长时间里，却不知道怎样去使用教材、驾驭教材，而是被教材牵着鼻子走。事实上，教材是向学生传授知识、培养能力的依据和范例，是驶向目的地的舟楫。我们教学的目的是要达到语文教学大纲上规定的培养学生听、说、读、写能力的要求，在传授知识、培养能力的同时进行思想教育。语文课的目的任务绝对不只是让学生读那么几十篇文章，或者是背几十篇文章。如果那样，学生就不可能具备较强的听、说、读、写能力。我走过一段弯路以后，才逐步地领悟到作为一个教师必须会使用教材，驾驭教材。怎么使用，怎么驾驭呢?那就是要在语文教学大纲分年级的目的、任务、要求的指导下，明确地掌握一篇篇课文的目的任务。因为一篇好的课文从内容到语言的表达形式可教授的是很多的，特别是一些好的文章，如恩格斯《在马克思墓前的讲话》，语言如高山流水一样流畅，思想博大精深，把马克思对革命事业的贡献从理论到实践都极其概括地写出来了，而且里面饱含着对战友的无限深情。像这样一篇文章，可以教的东西太多了，如果我们在教学中巨细不分，一股脑儿都教给学生，那么用 8 课时、10 课时也不一定教得很清楚。所以要根据各年级、各学期的要求订出每篇课文的教学目的要求，否则，学生就会认为，你这个老师天天讲的都是一个味，天天讲时代背景、作者介绍、景物描写、人物描写、论点论据，好像炒冷饭，讲来讲去都是这一些。我们把语文教学目的任务中要求学生掌握的知识，分到不同的课文里教，抓住中心，重点突出，效果就会好些。在初二上学期的课文里，景物描写是记叙文的一个重要部分，如果每篇记叙文都讲大段的景物描写知识，学生就不愿学了；如果把一学期应该教给学生的景物描写知识，根据课文本身的写作特点，分散到不同的课文里进行教学，那么，每篇课文的景物描写教起来就有特色了。比如，《记金华的两个岩洞》，就着重抓两个岩洞的特征，《罗盛教》就着重抓静物描写，《在烈日和暴雨下》就可以抓多种角度的描写，《故乡》就教白描手法。诸如此类，学生就不会感觉到老师讲的景物描写老是那一套。在初二时这些景物描写都涉及了，到了初三，就应在这个基础上，再深入一些。比如丁玲同志的《果树园》，一开始就有一大段景物描写，如果只是给学生讲写得怎么细，学生在学《春》的时候，已经学过，会感到乏味。而这篇文章的景物描写除了细致外，在光感上下了功夫。请看：在薄明的晨曦中，金色的彩霞透过茂密的绿叶的缝隙，在林子中回映出一缕一缕的透明的淡紫色的、淡黄色的薄光。因此这个果园的景象不同于淡淡的中国水墨画，而是一幅色彩绚丽的油画，这课景物描写的重点就要抓光感。总而言之，课文的教学目的任务要根据教材的特点和学生的实际来确定，要教学生还不熟悉、没有掌握的知识，避免每篇课文教学雷同的毛病。

总之，作为一个中学语文教师，有三个目的一定要明确，即：语文教学目的任务要明确，阶段目的要明确，课文目的要明确。教学要有一盘棋的思想，就是在中学阶段一定要达到《语文教学大纲》所规定的目的要求，而这个目的要求又是通过一篇篇课文、一个个练习、一篇篇作文来实现的。这一篇篇课文、一个个练习、一篇篇作文都像是一个点，这些点要把它放入相关的线上。比如教记叙文，就要把和记叙文有关的课文、一个一个的知识都纳入在记叙文这条线上；教论说文，也是通过一篇篇课文的教学和作文来进行的，就要把这些都纳入论说文这条线上。然后无数条线又汇成一个面，最终实现教学大纲所提出的目的要求。因此既要有面，又要有点；既要有全局，又要有很细致的分析，把这些点、线、面穿起来，目的任务就明确了，就不会打无准备的仗，就可以逐步改变事倍功半的状况。

二、做一个语文教师，要有炽热的感情

一个语文教师，对所教的学科和所教的学生要满腔热情，十分热

爱。由于党多年的教育和培养，自己逐步明确了人生的真谛，认识到作为一个教师，要一心扑在党的教育事业上，把对党对社会主义的热爱倾注在所教的学科和学生的身上。我开始教语文时很困难，但是不因困难而退却。有的青年教师说，教语文实在太难了，想改行，而许多老教师却不想改行。原因何在呢？关键在于有没有一个“爱”字。作为一个语文教师，必须对祖国语言文字有深切的爱，如果不爱，就钻不进去。有些人爱一样东西爱到入迷的程度，如球迷、棋迷，入了迷就会废寝忘食。我觉得作为一个中学语文教师，对语文也要有入迷的精神，要一往情深，才钻得进去。如果钻不进去，就不能体会其中的奥妙，就不可能获得真知。我怎么会热爱这项工作的呢？除了党的教育外，还受了很多名人言行的启发。科学家爱因斯坦曾经讲过：“热爱是最好的老师。”当初领导要我改行时，我说很困难。领导说：“干一行爱一行，干一行钻一行。”我想，是呀，干一行就要热爱一行，热爱就是最好的老师。要做好工作没有什么捷径，就是要满腔热情满腔爱，要付出艰苦的劳动。

自古以来，我们祖国的文学作品浩如烟海，语言文字宝库中有无数瑰丽璀璨的名著。我国语言的优美，词汇的丰富，同义词、近义词的细微差别，在世界上是罕见的。随便举一个例子来说，“美丽”的同义词就很多，如漂亮、俊俏、妩媚、婀娜等。在不同的地方还有不同的说法，比如，在我们上海就讲“嗲呢”（diǎ ne）。我有机会到日本去访问，日本的语言受中国影响很大，但他们的词汇没法和我们比。陪同我们参观的日本朋友说：“我们的语言哪有你们的丰富啊！你们的文化多深厚！我们的语言简单得多，词汇也贫乏得多。”听了这些话，我心里的民族自豪感不仅是油然而生，简直是充盈胸际！我觉得我们中华民族真是了不起，文化底子真深厚啊！马克思很推崇德国诗人、文学家歌德，歌德对统一德意志民族语言，使得德国的文学能够进入世界文学之林，做了很大的贡献。可那时已是 18 世纪末 19 世纪初了。而我们在公元前文学作品就很多，一直到现在，我们中学语文教材里还有《左传》《楚辞》《史记》的作品；到了唐代，李白、杜甫、白居易等的诗歌多如天上璀璨的星星，在世界上也是很有声誉的；到了清代，曹雪芹的《红楼梦》是一部世界名著。作为一个中学语文教师，能有机会学习祖国丰富、优美的语言，那是非常幸福的。有时候，我备课备到李白的诗、屈原的辞赋，备着备着，人就进入了作品的境界，作品的思想、言辞拨动着我的心弦。不仅能很好地学习、理解祖国的语言文字，而且简直是美的享受，我乐在其中！

对祖国的语言文字要满腔热情满腔爱，对学生也要满腔热情满腔爱。对学生只有丹心一片，才能心心相印。要把幼苗培育成材，不花费心血，不花费劳动，是不可能的。在长期的教学实践中，自己深深体会到，“教过”不等于“教会”，“教过”还是比较容易做到，每天总要上课下课，45 分钟时间是不会停留的。一天一月，五年十年，就这样“教过”了。然而，要“教会”就非常难。一两个班级，要教会几个人、一二十个人是容易的，要大面积提高，大面积丰收，不花一番心血是不可能的。因为学生的基础不一样，智力、性格、思想、兴趣爱好，以至家庭情况、语言环境都不一样，每一个学生都是一个生动活泼的“艺术品”，要把他们都教会，得精心雕塑，不能怕烦怕难。哪怕是一个标点符号也不那么容易教会。标点符号在中学语文教学中应该说不是很重要的任务，这在小学已基本教过，可是现在的学生使用标点符号还是很乱的。使用标点符号跟学生对问题的理解、分析，对事物理解的深度有密切的关系。我曾经教过这样一个学生，他使我懂得教过不等于教会，我很感谢他。那是 1975 年，这个学生写了一篇作文，从头到尾没有一个标点符号。于是我就在班上讲，应该重视标点符号。然后又给那个学生个别辅导，我给他讲句号、逗号、顿号、分号等该怎么用，讲了一大堆。他好像很恭敬地坐在旁边听。讲完后，我问他：“你懂了吗?”他笑了笑，没有回答。我以为他这个“笑”是会心的微笑，表示他懂了。可是下次作业交上来，仍然没有标点符号。我很奇怪，再请他到办公室来，我说：“你怎么还不用标点符号?”他这次没有笑，很认真地对我说：“你讲了那么一大堆，我怎么记得?”他一句话就把我原来的劳动全部否定了。我想，他讲得有道理，我多不讲究方法呀！一下子讲那么多，倾盆大雨，好心做笨事。我还以为我是蛮负责的，既有面上的教育，又有个别辅导呢。于是我就向他检讨说："我自己没有注意，一下子讲那么多，当然你不能接受了。现在我们只讲两种：句号，逗号。你在作文里，只要把句号、逗号用上就行了。"看起来这个应该是基本的要求了，可是后来他在作业上用标点符号始终有问题。而且，他的标点符号不肯点在格子里，我多次对他讲，标点符号要点在格子里，我又拿书和报纸给他看，告诉他"点在格子里眉目清晰"。后来我看他的作文，又是一大段不用标点符号，我着急了。我想，怎么才能使他重视起来呢？在讲评作文的时候，我就讲评他的作文，把他的作文一口气读下去，读得上气不接下气。有的学生说："于老师，你稍微停一停，这样累死了。"我说："我不能停呀，我要忠实于作者的原意呀！他没有标点符号，没有停顿，不能停！"结果全班哈哈大笑。此时此刻学生才领悟了标点符号同样是表情达意的，作文要句读分明。如果一个人写文章不用标点符号，读的人一口气读下去，哪有那么大的肺活量啊，而且读起来是胡子眉毛分不清的。于是我再找他谈，我说："你懂得了标点符号的重要了吗？"他说："还有这么一点道理。"我又问："你为什么把标点符号点在格子外呢？为什么有时候一篇文章最后用一个逗号呢？"他笑了笑说："我以为文章写得好就有水平，标点符号不代表水平，所以，我是写好了文章再加标点符号的。"听了这番话，我才明白他原来还有看法哩！他认为标点符号不重要，不代表文章水平。小小标点符号的问题为什么不易解决？对这个同学来说，有思想认识问题，也有习惯问题，还有我这个做教师的教学方法问题，其中有如此多的学问。这使我领悟到，教过不等于教会，教会是很难的。有的时候简直是手把手地教，恨不得把心掏出来，可有的同学还是不会，这就是说自己还没有对准钥匙口，还不能开锁。我觉得作为一个老师，不能怕烦，不能怕难。因为语文是很细致的，一而再、再而三地教，有的孩子领悟到了，有的孩子就不大能领悟，确实很难。但我想，要是不难的话，要我们老师干什么？学生从无知到有知，从知之较少到知之较多，从不具备听、说、读、写能力到具备一定的听、说、读、写能力，确实是要精心塑造，当然难啊。语文教师就应该在克服困难中来提高教学质量。

对待学生不能有偏心，更不能讨厌他们。刚开始教书的时候，我对两种学生特别喜欢：一种是长相逗人爱的，我一看就喜欢，一看就高兴，就想跟他们多讲几句话；还有一种就是很聪明的，我一讲，他马上就心领神会了，或者是我讲上半句，下半句他就知道了。可是我们的学生不是工厂的机器造的呀，他们不是一个模子里出来的。他们的智力，他们的基础，他们的长相，都有差异。而学生对老师是摸得很清楚的，学生对家长讲得最多的就是老师最喜欢哪些学生，最喜欢哪个学生。如果你对某些学生偏爱，另外的学生就离你远三分，感情上就有距离，师生就缺少共同的语言，教学效果就大为降低。我在实践当中碰了很多次壁以后，意识到千万不要对学生有讨厌情绪，所有的学生都是我们的下一代，都是祖国的未来，都要尽心尽力地教。有时候孩子很调皮，不遵守纪律，或者习惯很坏，那就要更加耐心地教。有时我上课还会碰到学生将我的军，或者课后碰到他们的家长来告状，也不能因此就对他们讨厌。我教过一个班级，学生的组织纪律性很差，集体主义观念也很缺乏。有个小胡最调皮，他有时给老师开个不大不小的玩笑，如门上挂一把扫帚，你把门一推，扫帚“砰”地掉到头上。你上课上得很起劲，讲着讲着，要擦一擦黑板，黑板擦不见了，是他藏起来了。真是不好教啊！这个学生成绩很不好，作业经常拖拉，甚至不交，还不能批评他，一批评他就冒火，发脾气不睬你。后来我就主动接近他，和他谈心，了解到他不交作业的原因是家里没人管，母亲又有精神病，他十三四岁就承担了做饭、买菜的任务。父亲因为工作忙也不大管家，缺乏应有的家庭教育。了解到这些情况之后，我就从学习、生活等各个方面关心他，帮助他。逐步逐步地他也遵守纪律了。开始他不写作文，我问他是怎样考进来的，原来他那一届考试，别的知识都不考，只考一篇作文，事先小学老师进行了指导，背熟了五六篇作文，是“押宝”押中了进来的。我经常提醒他，辅导他，面批作文，做了许多工作，后来这个孩子很有进步，语文能力明显提高。

我教了这个班级以后，给学生布置课外作业，要求他们每天读报纸。我有两个目的：一个是作为一个中学生必须关心国家大事；另一个是让他们养成读报的习惯，使读写能力得到提高。两个星期以后，有个家长到班主任那里去告状，他说："于老师教我们孩子这班，我们很欢迎。但是孩子看报的时间太多了，每天看两份报纸，要花一个半小时。我这个孩子将来是读理工科的，不读文科，现在这个孩子看报花的时间太多了。"其实这个孩子的语文很差，错别字连篇，句子也不通，上课又不遵守纪律。班主任向我讲了这个情况后，我就跟家长联系，我对家长说："你的孩子现在只是在初一读书，将来他读理工科，我们非常支持，但是学理工没有好的语文底子学不好。现在很多大科学家，语文的底子都是很深的，写诗作文都是很好的。他中学语文的底子打不好，将来理科也难学好，思维能力、想象能力都受影响。各科知识之间本是互相联系的，何况初中、高中是打基础的时候。"家长思想通了，也不再阻挡孩子看课外书了。所以，对家长来告了状的学生，也要热心指导，更要满腔热情对待。最近这个学生写了一篇作文《三一三教室》，是学了《二六七号牢房》以后写的。能从教室这个静物写到人，从室内到室外，放开去又收回来，选择材料、组织材料上有特点，作文很有进步。所以说对那些调皮的学习差的学生，要重在引导，学生的可塑性是很大的。初中的孩子是很有趣的。高中的学生思想已逐渐趋于成熟，初中的孩子往往装成很有学问、满腹经纶的样子，认为自己很了不起，常常爱挑别人的毛病。如果扬其长弃其短，善于引导，他们进步就会很快。所以，我觉得作为一个中学语文教师，对所教的学科，对祖国的语言文字，对所教的对象，确实是要一往情深，丹心一片。

三、
做一个语文教师，
要有水磨的功夫

艺术品之所以珍贵，所以吸引人，是老艺人精雕细刻的缘故。要把学生培养成为建设"四化"有用的人才，要使学生具有一定的语文知识和语文能力，做教师的要拿出铁杵磨成针的功夫，细琢细磨。

教育是靠细水长流的，知识是靠日积月累的，突击不起来。我们平时说学生语文水平不高，一定是小学的基础打得不过硬，现在各年级的语文教师教课都很吃力。这是社会语言环境和家庭语言环境有问题。小学基础没打好，初中就困难，到高中就更累死人，因为前面欠的债，统统要在这时集中还。语文要靠积累，要靠锲而不舍的精神。如果不认识到这一点，就容易犯急躁的毛病。我自己就犯过这种急躁的毛病，恨不得教一篇课文，马上就见效，这是不可能的。教学效果有的时候在课堂里体现出来，有的时候到考试中才体现出来，有的甚至到一二十年之后才体现出来。所以语文教学的效果单是凭考试评价恐怕是很不全面的。

语文教师要特别耐心细致，锲而不舍，有水磨的功夫。这要舍得花时间、花精力教学生，要在启发引导上下功夫。要启发他们学语文的自觉性和积极性，要细致地千方百计地引导他们进入语文知识的宝库。在这里有三点很重要。

（一）
指导要细

指导学生读书、作文、说话、听话都要细。我自己做了好多年的语文教师，说了许多废话，无用的话，笼统的话，空洞的话。比如，讲一些语法的术语，讲什么中心思想等。又如写作文要审题，讲来讲去要审题。怎样审呢？自己不周密地具体地考虑，没有教他们怎样审题，他们审题能力就受影响。培养学生的阅读能力，当然应该抓住文章的中心，体会文章的中心思想。可是，要培养学生能够准确地掌握中心思想，绝对不是简单地评判一下，对的还是不对的，大概对的还是有点错的。我们看学生作业，很容易打叉，或者是钩上打一点，可是钩上打一点，它错在哪里呢？不明确。至于中心思想更不能只写在黑板上让学生照抄。实际上，学生的积极性调动起来，他们开动脑筋，有时概括的中心思想比老师还高明。当然教师要作具体指导。比如指导学生概括一篇记叙文的中心思想，就该有几步工作要做。第一步首先要让学生读懂课文，知道记叙的是何人何事。记叙文不外乎是叙事记人写景状物，因此一是要让学生先弄清楚记叙的是什么事情，弄清楚何时、何地、何人、何事，要学生用准确的语言把它表达出来。避免空洞、笼统，避免大概，避免帽子太大或者是以偏代全。这是首先要让学生准确地掌握的。第二步，要扣紧主要的人和事，关键的词句段落，反复体会咀嚼，去理解作者写作意图，体会文章从具体的人和事当中所表现出来的普遍意义。这就有一个启发引导学生思维的过程，第一步一定要具体，要扣准文章的个性，此文非彼文，此事非彼事。也就是说，一定要具体，要有个性，不空泛。概括文章表现的普遍意义要确切，不能帽子太大。从第一步到第二步要经过积极思维，由具体到抽象进行概括。有的文章写作意图并不只表现一个方面，思想内容很丰富，特别像鲁迅的文章，写作意图不是单一的，那就要学生弄清楚，是哪几个方面，要吃准，不能丢这忘那，顾此失彼。概括中心思想也要给钥匙、教方法，培养学生的思维能力以及运用语言文字来表达自己的思想感情的能力。因而指导学生思考问题，一定要细，要进行具体指导。比如作文讲评，不能空泛地讲好与不好，一定要细，现在讲究培养观察能力，要学生学会观察生活。第一次作文教学生注意观察，可能学生感到新鲜，如果老是讲要注意观察，讲十遍观察的概念，不等于学生就会观察了，因此就要指导他们怎样观察。出的作文题要让学生在《作文选》上抄不到。如出《我们学校的树》，他只好写我们学校的树，不观察就没法写。我们学校附近有个虹口公园在展览菊花，下雨了，我就出个《雨中观菊》的作文题，学生就得去看，看了之后才能写。并告诉他们从什么角度去看，正面看、反面看，看静态、看动态，看整体、看局部，还要带着感情去看，因为不同的感情有不同的看法。同样，看图写文怎样指导，也很有讲究。如要学生看《乌鸦喝水》图片作文时，就要指导他们观察，问他们看到什么，这个图的主人公是谁，除了乌鸦之外还有哪些东西；再指导观察瓶子里的水是怎样的，三幅图有什么变化，在三幅图之间应该想象些什么来补充等。这样一一加以具体指导，最后用七个动词把它概括起来，乌鸦喝水的故事就完整了。作了细致的指导后，学生对什么叫观察细致，什么叫开展想象，就有了初步的印象。这就比笼统地抽象地用术语来讲，效果好得多。

（二）
要求要严

严师出高徒。不严是不能出高徒的。习惯的培养，关系到一个人做人的态度。在语文方面要培养学生书写端正、卷面整洁等良好的习惯。有时候要学生书写端正，真是难得不得了，里头有大量的思想工作要做，还要精心指导。我刚接的这个班，不少学生书写一塌糊涂，自己创造了很多字。在写完作业、作文后，连他们自己都认不得了。我和他们开玩笑说："仓颉造字，你们也造了很多字，造得大家不认识。"要培养好的习惯必须严格要求。比如考试，卷面算 5 分，每次考试要看卷面，从而培养他们书写整齐的好习惯。作业做得不合规格的，要推倒重做。前不久期中考试，考完了讲评，将卷子发给大家看，好的向大家推荐，字写得很潦草的要求推倒重做。通过这些活动，逐步培养学生一丝不苟的精神。

开始我对学生的学习态度、良好的学习习惯的培养也不大重视。粉碎"四人帮"后，听一位领导同志讲：作为一个科学家，治学的态度是非常严谨的。童第周是我国生物学方面的权威，在受"四人帮"迫害时，被打成牛鬼蛇神。他扫地都扫得特别干净，如果发现科学院这一天的地扫得特别干净，肯定是童第周扫的。我听了很受启发，不管是科学家、文学家，或其他方面的人才，对事业都必须有严谨的态度。"十年动乱"期间，很多老教师、老教育家仍然在兢兢业业地工作，他们就有那么一种认真的态度，学生的作业有一个错别字未改，心里就难过得睡不着觉，非爬起来改了才睡得着。要培养学生具有这种严肃认真的态度和良好的习惯，就要用水磨的功夫，一点一滴，寸步不让。有个学生是个小男孩，他写作文常写到一半就写不下去了。我问他为什么，他说："我实在想不出来了。"我说："这不行呀，文章总要有始有终！做事情怎么能虎头蛇尾呢！"在这个时候就要帮他一把，给他讲，从哪些方面来考虑，怎样把结尾写得好一点，一点一滴地教他，帮他改四五次，使他逐步养成了好习惯。到后来他写的文章就不再虎头蛇尾了。

（三）
帮助学生要热情

要让学生敢于提问题，敢于讲不同的意见。学生怕老师，这个课就上不好。学生尊敬老师，又能够向老师提出不同意见，感到老师关心他们，学起来才有劲。“文化大革命”前的高三学生，课外看的书刊很多，有时在课堂上就和我辩论起来了。有一次上课教《过秦论》，对这节课的一道练习题我谈了自己的一些看法，要大家探讨秦亡的原因是不是仁义不施。有个学生站起来说“我就不同意你的观点”，并说某月某日《人民日报》发表的郭老的文章是怎么说的，就跟我辩论起来。当然，谁的理由正确就听谁的。现在也是这样。前不久我教吴伯箫同志的《记一辆纺车》，广西有些同志来随堂听课，我提问：“同学们预习了吧，这篇文章你们喜欢不喜欢？”当时五十几个同学异口同声地说：“我们不喜欢。”因为我没有思想准备，吓了一跳，我还以为学生很喜欢这篇散文呢！听课的同志也愣了一下。后来广西的同志说你们的学生胆子真大。我毕竟是上了几十年的课，就赶紧把它扭过来，我说：“你们不喜欢，那么请你们说说不喜欢的原因。”有的同学说，这篇文章的文体不清楚，到底是说明文还是记叙文？有的同学说，如果是散文的话，应该有文采，这篇文章没有文采，所以我们不喜欢。有的同学讲：“老师，你说说看。”我讲：“你们过去学的是抒情散文，这一篇是叙事散文，你们还没有和它们见过面，对它的佳妙之处还没有体会。这种散文是托物叙事见精神的，学了以后你们就会喜欢。”这样，课堂气氛才扭过来。我们不能因为学生将了自己的军，就不耐心了。总的来讲，教师的知识是超过学生的，但是一个人的脑袋毕竟是比不上几十个或上百个人的脑袋。教师即使是被学生将了军，对学生还是要热情帮助，热情指导。

在我们上海，有的学生习惯不好，站没站相、坐没坐相，站起来九扭十八弯，一只脚还抖呀抖的，连站都得教！所以，我说教语文还要教做人。这里很有讲究，不能总是说这个不行，那个不行，尽说不好，怎么会好呢？要教他怎么好，教他怎么做。比如，我就不说九扭十八弯不好。我说古时候有两个比喻很好，叫“坐如钟”“立如松”，大家想想看，“坐如钟”是什么意思，坐得很直很稳，有益于身体健康，“立如松”呢？像青松挺立，多么有气概，这两个比喻打得多好。这样，既教知识又教人，学生就逐步改过来了。要帮助学生，一定要找学生的优点和长处，然后指出他不足的地方。不会的地方就一句一句地教。对学生只要耐心地精心地教育，他们是会提高的。每一个学生都是有希望的。

以上是对学生。对自己呢？水磨的功夫表现在要分秒必争地钻研业务，充实自己。宋儒朱熹讲得好：“半亩方塘一鉴开，天光云影共徘徊。问渠那得清如许？为有源头活水来。”对我来说，学习特别重要。开始教语文的时候，拿到一篇文章不会分析（因我没有读过中文系，没有受过严格的训练），感到很困难，只好学，不学就没有办法。我拜所有的人为师，不怕难为情。语文组的老师都是我的老师，哪怕一个字、一个句子不懂都去请教。有时站在窗外去看人家是怎么上课的。这样，我才晓得，教语文课要讲中心思想、段落大意、时代背景、作者生平，要教生字难词。后来我发现自己教学中有一个问题一定要解决，就是如何才能提高教课的分析能力，是借拐棍走路呢，还是自力更生？那时上海也有教学参考书，可是参考书是其他同志钻研教材的心得体会，别人的经验对自己来说又隔了一层，要把别人的经验变成自己的经验，还是要通过自己去实践。于是我给自己定了个规矩，“吃别人嚼过的馍，没有滋味”，一定要自己下苦功。我就发愤，绝不依葫芦画瓢，不抄参考资料。如果上课老是把教学参考资料搬到自己的教案上来，然后去贩卖，那是懒惰的办法，依赖别人的办法，越走路越窄，越不会自己走。只有下苦功夫阅读，钻研，查作者，查词句，查时代背景，到图书馆去查，一字一句地推敲，扎扎实实提高自己的阅读能力、分析能力。经过对三篇、五篇、十篇、几十篇、上百篇教材的学习揣摩，终于尝到了甜头。拿到一篇文章，就能看出来龙去脉，哪些是关键、难点，作者的意图何在，等等。功夫是不负有心人的。比如冰心的《我们把春天吵醒了》是一篇很优美的散文，里面讲春天像一个孩子一样，举着“春幡”在空中遨游。“幡”，我了解是一根竹竿挑起一面长方形的旗子，古时候酒店里往往有酒幡，死了人有“白幡”。什么是“春幡”呢？为什么她在这里不用“春旗”而用“春幡”呢？老作家写东西是很讲究的，知识渊博底子厚呀！查《辞海》《辞源》查不到，后来查了许多书，在《帝京景物略》里才找到了。原来古时候祭春神——青帝时是着青衣举春幡的，因此“春幡”本身就表示“春”的意思。

有时为查资料，要查很多地方，比如鲁迅先生的《药》，一开头就写景，当中有这么一句“除了夜游的东西什么都睡着”，这到底是“睡着（zhe）”，还是“睡着（zháo）”？如果“着（zhe）”作词尾的话，是轻声，跟鲁迅先生描绘景色的意图好像不合；如果是“睡着（zháo）”，跟现在的语言习惯又不合，现在往往要在“睡着（zháo）”后加个“了”。我查了很多书，最后查到英译本，心里才踏实。英译本中不是 sleep，是 asleep，是“睡着了”的意思。这时我才断定它是“睡着（zháo）”，从而也就更体会到鲁迅先生写文章时候的白话跟今天的白话是有区别的。查到了这一点，教起来心里就踏实了。

开始我教语文时，语法的术语一个都不知道，改作文，对思想混乱、语句不通能看出，但是很难下批语，特别是思路紊乱的，有时改着改着就好像进了迷魂阵一样，走不出来了。改一篇作文有时要花一两个小时。怎么办？只有学，在实践中学，提高自己分析评判的能力。总之，我从两方面下功夫：一是一篇一篇课文自己下功夫学，每教一篇课文先做学生后做老师，从思想内容到语言的表达形式，很好地去理解；二是有系统地学习一门一门学科。晚上 9 点以前工作，9 点以后学习，天天搞到 12 点。一个学期、两个学期，两三年，把中学语文教师该具备的语法、修辞、逻辑、文学这些知识摸了一遍。勤能补拙，没有别的办法。我是笨鸟先飞，把休息的时间也用上，才勉强在课堂上把课教下来。80 年代学生知识很丰富，思维很活跃，我要很好地向学生传授知识，培养能力，还得继续用水磨的功夫学下去，做到终生学而不厌、诲人不倦。

四、
做一个语文教师，
要讲科学的态度

语文教学当中问题很多，各家意见分歧，众说纷纭。语文本身有很强的工具性、社会性、综合性，要培养学生掌握字、词、句、篇、语、修、逻、文知识，提高听、说、读、写能力，许多问题值得探讨研究。有些问题究竟该怎么看？我觉得要讲点辩证法，少一点形而上学。不会思考的人，只能人云亦云，跟着人家亦步亦趋，难以做出成绩。作为一个语文教师，要学会思考，要善于思考。要在纷繁的现象当中，抓住本质和主流，区别正确与错误，尽量对问题认识得全面一点，正确一点，克服片面性，力求在探索中有所前进。以科学的态度从事教育、教学工作，分析好，大有益，经常分析，经常思考，对提高教学质量，改进课堂教学是有帮助的。我经常碰到的是以下一些问题。

（一）
教材与教法的问题

有的同志认为教材编好了就万事大吉，因此只需从事教法这个方面的改革就行了；有的同志认为随便什么教材都没有关系，主要是教法。我觉得这些看法都比较片面。语文教学要改革，必须进行总体改革，因为教育经过十年的摧残，伤痕累累。语文教学受到的创伤更为严重。“四人帮”宣传了十年“文盲加流氓”，要改变这种状况，要使得我们整个民族有文化、有道德、有教养，谈何容易。所以要进行总体的改革，教材要改革，教法要改革，师资水平要提高。不进行总体改革，很难使语文教学质量迅速提高。现在的改革是在总体改革前的一个前奏，一步一步地在摸索。目前有的学校有条件，自己编教材，像我们学校就没有条件，除了补充一点阅读教材，主要用统编教材，怎样把这个教材用好，是我们要解决的问题。

教材是教学的依据，教学要达到目的要求，就离不开教材，我觉得吃透教材是教学的根本。离开教材去妄谈教法是不行的。我钻研一篇教材，从思想内容到语言表达形式，从语言表达形式到思想内容，都要反反复复地推敲，在推敲当中有三个问题一定要把握住。第一，一篇课文写的是什么，一定要准确地把握，做到心中有数。不论它是2 000 字、3 000 字、4 000 字，自己总要提纲挈领地用一两句话准确地把它表达出来。这个抓准确了，下面的文章才做得出来。第二，作者是怎样写的，如何遣词造句、布局谋篇，怎么开头、怎么结尾等。第三，为什么要这样写。为什么这样写而不那样写呢？这里就很有讲究，要把作者思路的来龙去脉搞得清清楚楚。也就是说，拿到一篇课文，要吃透它的个性。比如同样是鲁迅先生的作品，每篇的写法却是不一样的。意图看起来一样，可是又有区别，有奥妙，这都要吃准。我觉得难就难在运用语言文字的分寸，而语言文字的妙也妙在这里。离开了思想内容，离开了具体文章，说这个词是优美的，那个词、那个句是好的，都是空的；语言文字的好就好在用得恰当，这就必须联系内容来看。我开始教语文的时候，认为字词教学只是生字难词，实际上这样理解太肤浅、太片面了。生字难词只是字词教学的一个方面，而不是所有的方面。字词教学还包括字词用得非常精当的地方，非常深刻的地方。离开了教材的钻研，只从教法上兜圈子，那是舍本逐末。对教材一知半解，浮光掠影，而单纯去追求教法，也是舍本逐末。方法是要研究的，要改进的，但方法是为目的服务的，不能离开目的去追求方法。只要吃透教材、吃透学生的实际，方法就出来了。所以，我在教学过程中，总是把功夫下在钻研教材上面，努力掌握教材的特点，再根据学生的实际，考虑恰当的方法，使得学生学有所得，学有兴趣，获得听、说、读、写的能力。

比如，我们这学期教《聪明人和傻子和奴才》，这是选自鲁迅

《野草》的一篇散文诗。根据学生在写作当中忽略对话对人物性格塑造的作用和教材本身的特点，我就选定它来教对话。我设计了这样一个开头，我说："京戏是很讲究脸谱的，脸谱的颜色、线条都很讲究。比如红脸表示赤胆忠心，如关公；黑脸表示戆直无私，如包公；白脸表示内心奸诈。由此可见，肖像描写对揭示人物的思想性格是很有作用的。"紧接着，我就巩固学生的旧知识，谈了《孔乙己》的肖像描写对刻画人物性格的作用。然后说："艺术的高手不用肖像描写，只用人物对话，也同样可以起到揭示人物思想性格的作用。鲁迅先生的《聪明人和傻子和奴才》就是如此。它没有一笔肖像描写，那些人是高的、矮的、胖的、瘦的、男的、女的都不知道，可是就是通过对话描写，我们对奴才毕竟是奴才，傻子的可爱和他的不足，聪明人的可憎，完全都知道了。"接着就要学生看一看这篇课文的三场对话，看看什么是个性化的语言，咀嚼体会，从中受到启发。

有些课文高中学生很容易理解，教师一定要高出一着，如果提不高，他们就没有兴趣。如《深山雪夜》是写陈老总的。怎样教好这篇课文，让陈老总的高大形象印在学生心中呢？这篇课文，高一的学生能看懂，但看得不仔细、不深入。如果再去教什么分段、段落大意、景物描写，学生听起来会味同嚼蜡。我就采取这样一个办法：我说这是一篇非常好的回忆录，回忆陈老总在深山雪夜如何为革命操劳的情况，如果把《深山雪夜》这篇文章搬上舞台，你们看看是个什么场景？这个舞台上有哪些道具？位置应该摆在哪里？主人公在什么地方？情和景是怎样表达的？这样，学生看起来就很仔细了。

我认为教是有"法"的，但无定法，无论如何要破程式化。老是段落大意、作者介绍、中心思想、写作特点是不行的。要根据不同的对象、不同的教材、不同的年级、教师的不同特点，采取不同的教法。教是有法的，有几个法则一定要遵循。一是从实际出发，不管考虑用什么教法，一定要从学生的实际和教材的实际出发，这是不能够违背的。二是提高教学质量，达到教学目的。不管用什么方法，都是为了实现教学目的，提高教学效率。三是在整个教学过程中，自始至终都要启发引导，不能越俎代庖。我们不是演员，演员是学生，我们是要教会学生，教在学生心上，自始至终要启发引导。每个老师有自己的长处，自己的经验，在别人看来有效的，到我这儿不一定有效，所以绝不能生搬硬套。学要学实质，不要学形式，开始我是看到别人好的经验就搬，越搬越不像。西施捧心本来是很美的，我去学一学呢，就变成了东施效颦，不美了。吃了许多苦头后，才逐步体会到，自己应该狠下苦功夫。哪怕是教具的应用也很有讲究，不是随随便便的。如欧阳修的《卖油翁》，陈尧咨善射，十中八九，很骄傲，可卖油的老头子说："无他，但手熟尔。"陈尧咨不以为然，于是卖油翁就表演给他看，把葫芦放在地上，"以钱覆其口"，油自钱孔沥入而钱孔不湿。在揭示文章中心时，关键的一个词是"沥"，讲这个词的时候，我使用的教具就是一个铜钱，一经出示，男学生就说："呀，这么小呀！"钱小，其中的方孔就更小了，还要盖在葫芦孔上面，油还要沥进去！于是我就讲这个"沥"字用得怎样精当。由无数的点正好形成一条线的时候就叫"沥"，如果换成"倒"和"灌"都不行。又如教杨朔的《茶花赋》，这篇文章思想感情的高潮在文章末尾。作者说最好看的是含露乍开的童子面茶花，他用鲜艳的花为象征，歌颂新生的生命力很旺盛的社会主义祖国。在教这一课的时候，我请同学中的丹青能手，画了一幅很鲜艳的童子面茶花，揭示主题时，我出示这个教具，想达到这样一个效果：就是让含露乍开的茶花在学生心上留下鲜明的印象，做到"课已尽而意无穷"。一想到《茶花赋》，就想到这朵鲜艳的茶花，想到它所象征的我们年轻的人民共和国，爱护她，浇灌她，使她日益繁荣壮大。所以，教具的应用是很有讲究的。

（二）
读与写的关系

有的同志说读很重要，要以读为中心。有的同志讲写重要，要以写为中心。我总觉得中学语文教学，不能随便提以什么为中心，我认为读跟写都很重要，应该是读写并重，读写结合。实际上不仅是读写，随着四个现代化进程的发展，科学的发达，听跟说也是很重要的，所以听、说、读、写都很重要。有的同志讲写作为中心能够提高教学效率，我觉得并不一定，为什么这样说呢？如果说中学语文教学是以写作为中心的话，我们现在用的这套教材就应该废除。中学语文教学是打基础的，它不是大学中文系的写作课，大学中文系的写作课，才是专门教写作的。如果中学也以写作为中心，那么教材就不能采用这样的体例，就不能这样编，就要变。听、说、读、写的能力要全面培养，而且读十分重要。古人讲，读万卷书，行万里路，获取间接知识与直接知识。学生的生活经验很少，离开了读他写什么？读有读的任务，写有写的任务，读与写结合得好，就能互相促进，全面提高。读有精读、博览、朗读、欣赏，这不是写作能代替的。读是吸收，写是表达，吸收得好，储存得多，写就有把握。就写作抓写作，往往捉襟见肘。以读促写，天地开阔。我这样讲是不是说写作就不重要了呢？不是的。写作训练在语文教学中的地位很重要。我是这样理解的，一个人的语文水平高不高，恐怕不能靠背成语词典，背成语词典要把学生教死的，我们是要把学生教活，要培养学生的能力。填空改错，不是说不可以做，但它绝对不是语文课的全部。我认为一个学生的语文能力高不高，最终是看他能否出口成章，下笔成文。读的能力很强，拿到文章能够抓住要点，能体会到作者的写作意图，能够对文章的精神实质吃得透；口头表达能出口成章；书面表达能下笔成文。这才是真正的语文水平。

写作训练很重要，因为它的综合性很强，学生的思想认识、观察能力、分析能力、运用语言文字的能力，都能在写作上体现出来，所以写作训练非认真抓不可。过去“四人帮”破坏时，一个学期写两篇作文，当然写不好。现在我们一学期一般要写十几篇作文，当然不是篇篇精批细改。每次有重点地批改一部分，加强讲评。讲评的过程就是教学生怎么写。其余的看一看，还可以采取一些其他方法。总而言之，功夫是练出来的。我看了打乒乓球很受启发，教练指导了以后是叫运动员自己去练的。我教语文多少年了，过去在课堂上老是自己讲，口若悬河，就怕丢掉一些什么。学生老是坐在那里听，当观众，不练，效果不好。写也是这样，不让学生写一定数量的文章是不行的。拳不离手，曲不离口，哪怕是一个作家，他经常不写的话，笔也是千斤重的。语文教学就是要让学生这支笔从千斤重逐步逐步变轻，这就要练，练多了他就不怕了。为了证明我这个观点，以读促写，我举一篇作文为例。我们的学生读了一些诗词。早读课 10 分钟教读，10 分钟背诵。一个多学期下来，学生的脑子里大概有 70 首古诗了，这时我就出了一个题目，叫《读诗有感》，叫他们自己去练，反正读了这么多古诗，背了以后总会有些体会吧，果然许多同学写得有血有肉。这里我读一篇，是个程度较差的男孩子写的："我爱诗歌，它的音乐般的旋律和精练的语言，表达了诗人敏锐的观察力和丰富的想象力，给我们展示了一幅幅动人的画面。它有时气势磅礴，雄伟壮观；有时则鸟语花香，风光明丽；有时欢快豪放；有时悲哀缠绵。经常吟咏优秀的诗篇，读诗的人也会感到身临其境，意味无穷。就拿杜甫的绝句来说吧，'两个黄鹂鸣翠柳，一行白鹭上青天。窗含西岭千秋雪，门泊东吴万里船'。它一开头就给我们展示了大地回春的景象，雨后初晴，春风送暖，天空飘浮着朵朵白云，在刚刚冒出翠绿色嫩芽的柳枝上有两个黄鹂在婉转地歌唱。一行排列整齐的白鹭，箭似的向空中飞去。透过窗子可以看见西岭峰巅上终年不化的积雪。门外大河里停泊着来自万里外东吴的船只。诗人看到了春意盎然的景色，不禁诗情大作，以对仗工整的 28 个字传神地画下了这幅生气勃勃的图景。雪光山影，鸟语花香，诗人给我们留下了不朽画卷。不管是谁吟咏起来，眼前都会出现动人的景象，都会禁不住地连声称赞这是一首多么美妙的诗呀！古往今来，我国无数伟大的诗人，经过反复推敲，写下了许许多多动人的诗篇。这是人类文化宝贵的遗产，然而这宝贵的遗产，还有待我们去继承。我们应该很好地学习它，用它来讴歌我们这一伟大的时代，使诗歌在人类文化宝库中放射出更加瑰丽夺目的光彩。"这个学生如果不读诗，怎么写得出来？是生造不出来的，他没有材料呀。读了，吸收以后，写作就有材料了，词汇就丰富了。所以读跟写要并重，不能偏废，以读促写可以使学生写作内容比较丰富，语言材料也积累得比较多。我们一学期，课内要读四五十篇课文，写

18 篇作文，课外也是读得比较多的，尽管有的家长来告状，学生还是在课外很有兴趣地进行读写练习。因为有吸引力呀！吸引他们来学，学入了迷，那就好了。前面谈到的那个文章结尾写不好的小男孩，他就有点入迷了，什么书都要看，《中国青年》杂志来了，饭后一点点时间，他可以跑到很远的地方去买。他说我要看呀！一天到晚拽着我要书，“老师，我渴呀”。有的学生看托尔斯泰、雨果、屠格涅夫的书，上课就爱和我辩。学生读得广泛，笔下就活，水涨了，船才高。因此，我体会到读写要并重，不能偏废，要全面培养，不能单纯在某一方面去追求。

（三）
知识与能力的关系

社会在发展，时代在前进。现在的时代是“知识爆炸”的时代，据国外统计，知识的总量大概七年就要翻一番，有人讲到 2000 年，知识的总量要多几十倍，这对教育提出了很高的要求。我们对青少年的教育不可能无限期地延长，学生要在一定的时间、一定的年龄完成一定的学习任务，不能像古时的十年寒窗，只学语文只读经，这是不行的。这就要求做教师的不能信奉死记硬背，而要着力于能力的培养。既要传授知识，又要培养能力。能力的培养是多方面的，包括思维能力、想象能力、观察能力以及自学能力等，而自学能力又是非常重要的。我想我之所以能做一个语文教师，那是我中学的语文老师以及大学的老师培养了我的自学能力，否则，根本没办法来教课。我曾这样想，我作为一名教师，就是把自己所学的知识全部教给学生，也只能培养出一个庸才。如果我能在能力方面很好地培养他，他就可以远远超过我，就可以在“四化”建设中贡献力量。我觉得在培养能力当中，思维能力是十分重要的，因为思维是智力的核心，学生是否善于思维，所表现出的能力是不一样的。思维本身实际上是运用概念和形成概念的过程。运用已经掌握的概念和形成新概念，是对客观现实作出概括的反映，这个能力是很重要的。当然这个能力是建筑在感性材料的基础上的。所以上课一定要启发学生思考，让他们积极思维，一上课就让学生处于积极思维状态中。我经常这样想，我们不是培养机器人，机器人、电脑再高明也抵不过人的脑袋，因为它是人制造的。我们培养的是造机器人的人，那就要有广博的知识，要有很强的能力。开始我不大认识这个问题，实际上若重视培养学生的能力，学生智力的发展会远远超过自己的想象。比如教杜甫的《石壕吏》，过去我就是叫学生背背讲讲，体会怎么怎么好。这次我改变了做法，一节课教完，学生就能背出来了，就请他们把这首诗改写成散文，只有一个要求，把《石壕吏》中虚写部分全部改成实写，这就要他们认真思考了。需要对词句理解，对全文理解，哪些是虚写哪些是实写要吃准，然后组织材料，处理详略。学生写出来的情况不一样，我就拿了两篇文章到全班评改。有的学生考虑得很好，我自己都没有想到。有个学生写了这样的句子："石壕吏很残酷，抓兵是甚嚣尘上。"有的学生不同意，说："这句话写错了，不符合客观实际，是缺乏生活知识的表现。"为什么呢？他说："应该说是'抓丁'，抓人当兵，而不是抓'兵'。"这就是学生思维能力的表现，不是讲讲就能达到的。要改写，虚写改成实写，就要看写得符不符合生活的逻辑，合不合情理。有的合情理，有的不符合情理。如有的学生写老妇被拐走了，老头儿回家放声号啕大哭，其他的学生不同意，说妇女悲伤的时候才会号啕大哭，男子是不会轻易掉泪的，特别是一个老头儿怎么会号啕大哭呢？这是不可能的。你看，这就培养了学生对生活的理解和观察的能力。有的还说，老太婆被拐走了，老头儿马上就回到家里来了，这里缺乏必要的交代，他怎样进来的？破墙而入吗？本来是老翁逾墙走，回来不交代就不合情理。所以，用钥匙打开学生思维的门扉，发展了思维，教学的效果就不仅是一分耕耘一分收获了。有时候是一分耕耘，会意外地有三分收获，超过了老师的预料。当然，我这样讲能力，不是说知识不重要。能力强的人知识也往往比较丰富。能力是以知识为基础的，知识与能力不能对立起来，好像讲了知识就不重视能力，培养了能力就不讲知识，这是不对的。知识与能力要很好地统一在一起，要以知识为基础，着眼于能力的培养。

总而言之，语文教学中问题很多，众说纷纭，莫衷一是。我们在教学第一线实践的人，总得有个主心骨，平时多多学习，多多思考，择善而从，努力改革，积极创造，才能提高语文教学质量。

老师，
我永远记着您

读大学时，我尽管有幸受到好几位名教授的指点，在成长的道路上得到雨露的滋润，但是让我永志不忘的还是那些中小学教师。十多年的出自肺腑的教诲，给我几十年的“为学”“为人”打下了坚实的基础，有时我会强烈地感到这些好老师的气质仍在我身上发挥作用，鞭策我积极进取，奋发向前。

记得第一次拿到描红本时，我兴奋万分，觉得一个个红色的字好像是一幅幅小画，长的、方的、瘦的、胖的，有翅膀会飞的，有两只脚会站的，有四只脚会走的。于是，拿起笔来就想描。老师笑着制止了我们，她耐心地温和地一遍一遍教我们，磨墨要轻轻地，不要把墨溅到桌子上和衣服上，又告诉我们手上沾了墨洗干净以后才可以写。然后走到一个个学生书桌前，手把手教大家用空心的长方形的铜“镇纸”压住纸，再走到黑板前教我们怎样用毛笔一笔一笔认真描。老师一句句慢条斯理的话不仅使我的心定了下来，而且使我懂得了写字也要遵守规矩，不能乱来。老师既温和，又严格，只要有一点不按规矩做，她就一次一次比画给我们看。就这样，在不知不觉中我养成了写字的好习惯，对描红也产生了浓厚的兴趣。有时我描好以后对着阳光一照，黑字里透出一丝丝红色，有的字还镶上细细的红边，美极了。

小时候，国文老师一再教育我们读书要入神，并说读书入了神，就会乐在其中，就能很快提高理解和运用语言文字的能力。为了训练

本文写于 1990 年教师节前夕。

读书入神，我按老师要求做，课内认真读，努力做到聚精会神，课外也有意识地锻炼眼睛、锻炼脑子。我住的小屋里挂着一幅普通的山水画，这幅画清早看到，晚上看到，少说一天也要看到三四回，可是百看不厌。有时我会对它凝视很久，自己也仿佛进入画中，“徜徉于山水之间”，甚得其乐，可说是入了神。家里有一部《评注图像水浒传》，尽管本子很差，是油光纸印的，但对我却有很大的吸引力。书一打开，每一回前面的插图就吸引了我。梁山泊烟波浩渺，梁山雄伟险峻，水面上有无边无际的芦苇，山上有一排排大房子……这一切，在我幼小心灵里好像就是家乡长江边焦山一带。我那时读《水浒传》，不觉以焦山一带风景作为梁山泊背景。我好像目睹何涛、黄安率领官军在茫茫荡荡的水泊中走投无路，就像在焦山下芦苇水港中吃了大败仗。读来犹如身临其境，真是津津有味。后来人大一点重读《水浒传》，懂得的当然比小时候多，但形象却不如小时候那么逼真，不如以往入神了。从中我认识到：读书一定要入神，生动的形象可以形成深刻的记忆。后来，我自己教语文，对自己有一个要求，就是讲课必须力求形象生动，激发学生学习兴趣。

1937 年日本侵略战火烧到我家乡，小学被迫停办。最后一天上课消失了往日儿童的雀跃与欢乐，笼罩课堂的是一片悲凉的气氛。令我终生难忘的是那堂唱歌课，老师教的是《苏武牧羊》。应该说，这首歌的曲调是低沉的、缓慢的，没有多少动人之处。然而，老师却教得那么感人，他眼睛盯着我们，深情地反复唱着：“苏武留胡节不辱，雪地又冰天，苦忍十九年……”老师没对我们这些不满十岁的孩子说一句爱国的大道理，他是用心在歌唱，在吐露内心的赤诚。我们似乎懂了，似乎一下子长大了许多。那颗赤诚的心，那首乐曲的旋律，伴随着苏武矢志不渝的民族气节、民族傲骨，深深埋进了我们幼小的心田。每当国家、民族危难之际，老师唱这首歌的情景就会浮现在眼前，那旋律就会在耳畔回荡，热血就会往上涌。

我们的老师爱祖国的感情是异常炽热的，这种感情往往倾注到作品的教学之中，出神入化，万分感人。我永远忘不了高中的赵老师在课堂上大声朗诵岳飞的《满江红》、辛弃疾的《南乡子·登京口北固亭有怀》等诗词的情景，朗诵时头与肩膀左右摇摆着，情绪激昂，慷慨悲歌，一室寂静无声，我们全班同学都深深感动了。以后我每次登上满眼风光的北固楼，望着滚滚长江，回顾千古多少兴亡事，总是感慨万端。不用说，这首词至今背得滚瓜烂熟，并自此爱读稼轩词。后来，我自己也总带着深情教这些诗词，激发学生的爱国主义情怀，在他们心灵深处点燃热爱祖国的火焰。

教我初中国文的黄老师是位颇有文学才华的年轻老师，我们都喜欢上他的课，听他课后给我们讲作家逸事，介绍国内外著名文学作品。他常对我们说：没有知识的人是最可悲的，因为他们不知道活着就要学习，就好像每天要吃饭一样；不好好学习，没有修养、学问，就难以脱离动物状态。当时我才十四五岁，对他的话的深意我并不理解，但活着，尤其是年轻人，必须勤奋学习的想法却扎下了根。黄老师的课声情并茂，几乎是沉醉在课文的情境之中，讲到得意时简直是乐不可支。有一次，他教田汉《南归》中的诗："模糊的村庄迎在面前，礼拜堂的塔尖高耸昂然。依稀还辨得出五年前的园柳，屋顶上寂寞地飘着炊烟。"他读着读着，进入了角色，那双戴着金丝边眼镜的眼睛里贮满十分丰富的感情。我们被打动了，如今稍一回忆，我还能看到那一对深沉的眼睛。课后，我没花多少时间就把诗背了出来。虽是几十年再未接触，但至今还能信口背出如上几句。我们喜欢上黄老师的课更由于他懂得多，有学问，我们佩服他。因为他的启发引导，我们很多同学读书入了迷，对那些充斥市场的言情小说、武侠小说不屑一顾，认为格调低下，有辱学生身份。在学生中广为传阅的是中外文学名著。莎士比亚悲剧与喜剧的剧本、列夫·托尔斯泰的三部名著、屠格涅夫的田园作品、巴尔扎克的《人间喜剧》、歌德的抒情诗等，绝大多数都是在中学学习时阅读欣赏的。如果碰不上这几位好语文老师，我就不可能在青春年少之时如饥似渴地从这些名著中吸取精神养料，提高认识生活的能力和审美的能力；如果不是老师指导我在课内外打下扎实的基础，我走上工作岗位从事语文教学必然寸步难行。

思维的清晰与条理化很大程度靠中学时代的锻炼与培养。在这方面我深深受益于高中数学老师毛老师的教导。他对数学教材熟极了，尤其是范氏大代数，简直到了滚瓜烂熟的地步。每堂课他总是教一两个定理，举两三个精选的典型例子演示。他的教学用语非常严谨，似乎都经过仔细推敲，没有多余的字词，没有废话。尤其是推导的环节，步步推进，环环紧扣，无懈可击，令人信服。他教的课不是飘在课堂上，不是随着声波的消逝而销声匿迹，而是刻在我们脑子里，经久不忘。他的课犹如一泓清水，清澈见底。他的话抑扬顿挫，一句一句，刻在我们心中。他很严肃，我们既敬重他，又有点怕他。他的脸上不大有笑容，只有当大家心领神会他的讲解，或考试成绩相当好时，他嘴角边才露出笑意。这时，我们的心感到特别轻松，和老师的心离得特别近。有一次，我吓坏了，要不是拼命咬嘴唇，我在课堂上就会哭出声来。那是一次期中测验，考卷发下来，右上角一个鲜红的“0”，我感到委屈，但又有苦说不出。课后，毛老师找我谈话，口气很为严厉，他说：“考试是检验自己学得怎样，不行就要补。你让旁边同学抄答案，不是帮助她，而是害了她。高中生了，应该处处严格要求，给你打零分就是要你一辈子记住。”我惭愧地低下了头，自此，“严格”二字镌刻在我脑海里。每当我十分疲惫想稍有懈怠时，碍于情面想说违心的话或做违心的事时，老师严厉的谈话就在耳边响起，鞭策我严格要求自己，认认真真地做事做人。

老师很爱我们学生，对学生的学习生活关怀备至。我是住读生，那时住读的条件很差。没有电灯，晚上在教室里自修靠点煤油灯，两个人一盏。尽管灯亮度很低，但大家专心致志，除了笔尖碰纸的声音外，静极了。老师反复教育我们：学习要靠自己，别人代替不了；只有自己要，知识才会向你奉献。那时，点蜡烛是奢侈的，只有到期末考试时，大家才舍得点几支。凡到这个时候，管宿舍的严老师总特别关照大家小心火烛，而且一次一次查房，等大家把火全灭了才放心地走开。那时一个房间睡十个人，没有床，是通铺“榻榻米”，五个人一排，分两排睡。尽管如此，房间里仍然非常整洁，大家相互照顾，友好和谐。有天晚上下自修后，我走在前面，第一个跑进宿舍，脱下鞋子踏到铺上，突然，我的脚被什么东西狠狠蜇了一下，痛得钻心，我情不自禁地大叫一声。严老师听到，立刻掌灯过来，大家沿墙把被褥翻起来查看，原来蜇我的是一条呈红色的大蜈蚣，同学们都吓慌了，而严老师却十分镇定地奋力扑打，终于打死了这只害人虫。我那只被蜈蚣蜇了的脚立刻肿胀起来，疼痛难熬。严老师一边安慰我，一边想法找药。远在郊野的学校半夜到哪里去找止痛的药呢？突然，她想到了伙房，想到了有一个炊事员家养了只公鸡。于是，她摸着黑敲开了炊事员家的门，把鸡提到宿舍里，用公鸡口里的唾涎涂到我被蜇的地方。果真，疼痛逐渐减轻。为了这事，她折腾了半夜，第二天天刚蒙蒙亮，她又出现在宿舍走廊上忙这忙那了。

班主任花老师对学生，尤其对女学生十分和蔼。你英语读不准，他不厌其烦地一遍一遍教，而且注意纠正你发音的部位，帮你树立学好英语的信心。作业批改特别认真，不用说错的改正，就是字写歪一点，标点不清晰也都一一纠正。为此，我们做作业也特别认真，总希望老师高兴一点，为我们少花一点心血。可是有一天上课，他一反常态，大发脾气，拿起一个男同学的书从教室后面扔到教室前面，然后又跑到前面将书拾起，使劲地把书撕开，那样子真是怒发冲冠，两眼冒火。我们怕极了，低下了头不敢看他，只听他吼道："不要看坏书，不知说了多少次，不要自己毁自己，让鸦片毒害自己，你就是不听，居然上课也看起来了，你还算学生吗？"暴风骤雨总算过去了，但我们的心情却难以平静下来，老师为了我们学生学好，真正成为思想健康的人才发这样大的火啊！师者父母心，这是真挚的爱啊！80年代初，八十高龄的花老师写信嘱我无论如何回母校一次，要看看我。我趁赴京开会返沪之际，中途下车，叩拜老师。数十年师生未见面，再加上身经十年"文革"的动乱，劫后重逢，老师情不能自已，老眼噙着泪花，我心里也是阵阵痛楚。老师真老了，发秃齿落，教学生时那旺盛的精力几乎消失殆尽。但一谈到往事，谈到师生之间的趣事，他又沉浸在甜蜜之中。当我说起撕书那件事时，老师笑了，他说："我是恨铁不成钢啊，不过火气太大了，缺少修养。"老师这么大年纪还如此自责，我再次受到身教的恩泽。老师前年仙逝，噩耗传来，我悲痛不已。因工作所累未能奔丧，只得致电写信以寄托深深的哀思。

人不可能自然成才，总要靠培养。老师花尽心血把知识、把做人的道理融进每个学生的生命之中，引导学生编织伟大理想的花环，锻炼学生为国家为人民做贡献的本领。老师，神圣的称号，光荣的象征！老师的生命之树常青，老师的生命在一代一代学生身上延续。

教育过我的尊敬的中小学老师，我感谢你们，对你们的恩泽，我永志不忘。

可贵的是红烛精神

青年语文教师是语文教育事业的未来，语文教育事业的希望。其中不少同志钻研业务，认真教学，工作上进展很快，受到同学们的欢迎和同行们的好评。这一点有目共睹，凡有事业心的人无不感到喜悦。

我觉得中老年教师与青年教师之间的关系从总体上说是好的，比较协调的，不存在一代压一代的情况。长江后浪推前浪，青年教师总要接中老年教师的班，这是不以人的意志为转移的。作为在语文教学园地耕耘了数十个春秋的老教师，会从心底爱他们，真心实意地爱，站在事业高度来思考，爱青年教师就是爱事业，爱未来。对青年教师要多多理解，人总是从不成熟逐步走向成熟的。青年同志尽管大多是中文系本科毕业，学历水平合格，但学历水平不等于岗位水平，岗位水平的高度是在岗位上精心而持久地锻炼才能达到的。我们都是从青年时期走过来的人，那时涉世很浅，教学生缺少经验，工作上毛糙、幼稚。老一辈关心我们，培养我们，我们也就逐步克服不足，成长起来。中老年教师要重视与青年教师感情上沟通，要设身处地想想他们身上几个“变”：从受教育的大学生变为教育学生的教师，身份不一样了；从比较“放任”的大学生变为须自我约束的教师，反差很大；从只讲或偏重书本知识变为须具备教育教学实际能力，一下子不完全适应在所难免。理解了，就会百倍爱护，热诚帮助。

青年教师对中老年教师也要多多尊重，多多理解。每一代教师所遇到的问题不一样或不尽相同，有些问题不放到历史大背景上认识，是难以得到正确结论的。例如职称评定，对中学教师来说，是大好的事。从议论这件事到付诸实现，达七年之久，可见难度之大。在实施时，由于是初次评聘，“几代同堂”挤在一起的情况不可避免。由于历史的曲折和其他种种原因，中老年教师，尤其是老年教师在教育学生、传授文化业务知识中所付出的艰辛，年轻的同志是难以体会到的。他们风华正茂、年富力强的时候，把精力、心血奉献给祖国的教育事业，他们数十年的辛勤劳动理应受到尊重，职称评定给予考虑，符合我国教育的实际，符合中学师资队伍的现状。也许有同志说："你这是向后看，是保守。"我觉得看问题既要横向比较，又要纵向分析，缺掉哪一方面，都不易有正确的判断。何况在评审的过程中，领导和不少有识之士一直重视青年教师的作用，择优秀者破格评聘，激励青年教师奋发向上。

老教师有老教师的长处，正好像青年教师有青年教师的长处一样，多看别人的长处就会谦虚起来，就会心平气和，就会心情舒畅。记得我刚做教师时，很得益于老教师的熏陶，他们钻研教材的认真，批改作业的精细，教育学生的执着，确实是我学习的榜样。从他们身上，我真正懂得了做教师的"规矩"，做工作的"规格"。由于从心底尊敬他们，每天我都很早到学校，扫地、擦桌子、拖地板、倒痰盂，做好办公室的清洁工作，如果有一天去得晚了，老教师打扫卫生，我心里总像欠了债。学校领导从不布置这样做，纯粹是自觉自愿，学习做人的道理。

青年教师思维活跃，接受新事物敏锐，成才的愿望强烈，这些都是十分可贵的。要充分珍视这些条件，充分运用这些条件，严格要求自己，力求使自己健康成长，早日成为教书育人的合格教师、优秀教师。教育领地是神圣的领地，它从事的是未来的事业，它应该集人类精神文明的精华，集社会上高尚、先进的思想来哺育青少年学生。教育者先受教育，要识别和抵制市侩习气对教师肌体的腐蚀，做一个堂堂正正，醉心于教育学生的奉献者。千古文章未尽才的闻一多先生在《红烛·序诗》中这样说："请将你的脂膏，不息地流向人间，培出慰藉的花儿，结成快乐的果子！"教师，可贵的是红烛精神，愿以此与青年语文教师共勉。

拨动学生心弦

常有年轻的语文教师向我“诉苦”，说语文不好教，难见功效。有时满腔热忱进课堂，但学生听课时却提不起精神，甚至有厌倦感；有时花大气力备课、教课，效果却不理想。应该说，种瓜能得瓜，种豆能得豆，为什么播种辛劳，却不能获得预期的效果呢？其中原因甚多，但最为重要的大概是所教的内容、所采用的方法，没有能够和学生心中的弦对准音调，没有能在学生心中弹奏。

教师是学生心灵的耕耘者，教课就要教到学生的心上。如果不研究学生对语文知识的需求，对语文能力训练的需求，课往往只教在课堂上，在学生心中留不下深深的痕迹。效果不佳，应是意料之中的事。要提高语文教学的实效，须在拨动学生心弦上下功夫。

教师要明确教什么，达到怎样的目的。语文教学大纲是语文教学的准绳，大纲中关于读、写、听、说能力训练的要求要落实到各册教材、各个单元及各篇课文之中，语文知识方面的要求也是如此。每篇课文要教给学生什么，须认真仔细地推敲。任何体裁的课文都是思想内容和语言形式的统一体，从语文知识的传授到语文能力的培养，可教的东西很多。教师千万不能把自己的钻研所得应有尽有地教给学生。应有尽有，西瓜芝麻一起抓，课必然是模糊一片，重点消失，学生难以掌握。

每篇课文的教学，每堂课的教学，必须有明确的目的。教学内容应根据教学目的作一番认真的剪裁，要确定重点，突出重点，把握难点，分解疏导。如鲁迅的《记念刘和珍君》一文，可教的内容、写法、语言十分丰富，但放在高一年级上学期教，重点在理清作者的思路，找出文章的线索，对一些关键句子的深意能理解和领悟。至于怎样选材、怎样剪裁、语言的风格等，就不作探讨了。有所不为，才能有所为。饭要一口一口吃，每篇课文落实一两个教学目的，由一个个知识点串联成知识链，通过有计划的训练，形成语文能力。

一个单元、一篇课文取什么，舍什么，不是凭教师的主观臆断，而是根据教材特点和学生实际来作决断。教材特点不是一般性地说说，而是要深入钻研，掌握它不同于类似文体、类似题材的个性。学生已经掌握哪些语文基础知识，语文能力具备得如何，教师心中要有“底”，在同一水平上重复教学，学生是绝对不欢迎的。比如景物描写，从小学讲到初中，再讲到高中，如果只是一般化地教，说要抓住特征，要仔细观察，学生就觉得味同嚼蜡。如果深入钻研，教出景物描写的个性——如有的是勾勒，气氛悲凉；有的是工笔细描，细腻入微；有的是油画，光感、质感清晰，等等，学生就会兴奋，感到求知的愉快。

教师千万不能被教材牵着鼻子走，要努力驾驭教材，实现教学目的。选入教材的每篇文章，由于社会背景、个人经历、写作意图等的不同，有各自的写作思路、各自遣词造句的特点。钻研教材时当然应该弄清它们的来龙去脉，深究底里。准确而深入地掌握教材，目的不在于教学时循着文章的写作思路走，亦步亦趋，而是要根据所制订的教学目的进行创造性的设计。须明白：教材要拿来为我所用，从学生实际出发，选择恰当的方法，启发、引导、组织学生开展读、写、听、说的训练。

教有法而无定法，选择什么方法教最有效，教师完全可以充分发挥自己的聪明才智，完全可以匠心独运。然而，无论选择怎样的方法，都要建立在把握教材个性和熟悉学生情况的基础上，而不是凭主观想象，违背语文教学规律；都要把实际效果放在第一位，而不是搞形式或异想天开。

训练学生语文能力行之有效的方法不胜枚举，可以因教材特点而异，因教师特长而异。如音色浑厚或甜润、普通话极好的教师，可根据教材特点，采用多种多样的朗读方法，给学生示范，组织学生开展朗读训练，以悦耳之声拨动学生心弦。无论选用什么方法，有几点须努力做到。

一是让学生做学习的主人。课堂是学生在教师指导下进行语文能力训练的场所，要放手让学生读，让学生说，让学生写，引导他们积极主动地求知。上课最忌讳的是教师喋喋不休地讲，学生无事可做，无须动脑筋，处于被动状态，学生学习潜力受抑制，不可能精神振奋地学。

二是重情。语言不是无情物，教师要善于把课文中无声的文字通过有声的语言传递到学生的心中。诗与文都是情铸成，教师备课深味文中情意，受熏陶感染，有真切体会，教课时情注其中，文字就不是无生命的符号，而是有血有肉，能给人以启示，以鼓舞，以力量。感人心者，莫先乎情。教师把课文中深邃的思想、精辟的见解、高尚的情操、精彩的语言带着感情教，带领学生阅读、思考、咀爵、体会，学生心田就会得到滋润，主动学语文的劲头就会倍增。

三是激趣。学习是十分艰苦的事，尤其是学语文，不可能立竿见影，靠的是持之以恒地日积月累。因此，不断激发学生学习语文的兴趣就十分必要。青少年学生好奇、好胜，对新异的刺激物特别有兴趣。教学时要充分考虑他们的心理特点，千方百计激发他们的求知欲。教课总是一个模式，只有有限的几种教学方法，学生就会感到单调、呆板、无活力，低年级缺乏自控力的学生尤其会有这种感觉。要有效地激发学生学习的兴趣：须精心安排整堂课的总体布局，每个教学环节的内容，讲和练的方式方法；须精心设计导入课文的语言，以知识吸引学生，寻找探讨问题的切入口，启发学生积极思维，训练语文能力。同样一个内容，怎么组织，怎么设计，效果会大相径庭。心中有学生，处处从学生的学考虑，就不会信奉平铺直叙地讲，而会发挥主观能动性，创造出指导学生学习语文的好教法。

对准学生心弦弹奏，悦耳动听的教文育人的乐曲就会萦绕在课堂，就会在学生胸际激荡。

难在自我塑造

把青少年学生培养成国家有用之材，是一门艰难的学问。它是科学，也是艺术。只有深入其中，艰苦备尝，方能领略一二。然而，从教四十年，我深深体会到，更艰难的还是教师的自我塑造。把自己塑造成一个合格的人民教师，需要相当的勇气、坚强的毅力和经久不衰的内驱力。

难，首先难在有勇气认识到自己的不足，勇于"胜己"。

学校的教育质量，说到底是教师的质量。而教育的特点之一是细水长流，耳濡目染。教师的一言一行，不管有意识还是无意识，都会对学生起潜移默化的作用。为了学生的健康成长，教师首先必须严于律己，认识自己的不足。教师在塑造学生优美心灵的同时，自己也要消除庸俗，道德情操高尚起来；在使学生增进文化科学知识的同时，自己也得努力学习，克服无知，成为知识的富有者。在这些方面，教师往往会对自己认识不足；要有足够的认识，需要勇气。

教师不是完人，不可能事事处处做学生的榜样。因此，清醒地认识自己，洞悉不足，不断弥补、提高，就显得十分必要。原先我喜欢基础好、智力发达的学生，他们一点就懂，一拨就会，省力又省心。后来，随着教育实践深入，以党的教育方针来衡量，以社会主义建设需要来对照，我惶恐了。面对学生一张张稚嫩的脸庞，家长一双双期待的眼睛，我内疚了。我深感自己狭隘，只图方便，心中没有装下所有学生，教育思想上有问题。教师不是企业家，无任意挑选"原料"的权利。教师应该是教育家，应倾注爱心教好每个学生。一个班级教好几个尖子不难，难的是要使每个学生都有明显提高，兴趣爱好、聪明才智都得到良好发展。我认识到不着眼于我们事业的未来，不着眼于全民族素质的提高，就很难跳出"自我"的狭隘圈子。自此，我特别注意对学习困难、调皮捣蛋、缺点较多的学生的教育。诚然，学生与学生有差异，但不是一成不变。学生在成长过程中不断发展变化，后来居上屡见不鲜。每个学生身上都有积极向上的因素，教师要有一双慧眼去发现，然后予以因势利导，千万不可抱形而上学观点把学生看死。

思想观点有缺陷应努力克服，教学业务上又何尝不是如此？我经常告诫自己，一定要“知之为知之，不知为不知”，切不可强不知以为知。审视自己的教学业务，无论在功底、视野、驾驭教材、驾驭课堂等方面，都存在这样那样的不足，必须时时刻苦学习，以求得长进。

难，还难在要有韧劲，有毅力，百折不回。

培养学生不像百米冲刺，一冲而过，而如万米赛跑，要有长时间坚持不懈的劲儿。每个教育、教学活动，说说似乎容易，做起来往往难。有时遇到某次活动，虽事先花了一番准备功夫，好像设计得很周详，可是一经实践，效果不理想，甚或很不理想，于是气馁焦躁，感到育人工作实在太难。我也曾犯过这样的急躁病。其实，学生思想品德的塑造、良好习惯的养成、学业的长进、体质的增强，都非一蹴而就，需要滴水穿石的艰苦努力。我深切体会到做教师必须朝朝暮暮、暮暮朝朝、百折不回地几十年如一日辛勤耕耘。

上好每一堂课也要有毅力，要坚持百折不回地努力。众所周知，花点力气上好一两堂课不难，难的是上好每堂课，堂堂课使学生学有兴趣，学有收获。这须艰苦实践才能做到。俗话说：台上一分钟，台下十年功。演戏如此，教课同样道理。再如教师的进修，没有坚强的毅力和百折不回的精神也难奏效。当今时代，新知识、新信息大量涌现，教师只有学而不厌，拼命吸取，知识才能不断增进与更新，才能适应教育教学的需要。教师工作繁忙，不可能有整段学习时间，这就更需要锲而不舍地把握每一时机进行学习。有人曾问我：“在学习中你最喜欢什么？”我回答“锲而不舍”四个字。一日不多，十日许多，天长日久也就可观。我这样工作与学习，感到意志得到了锻炼，精神生活很充实。

难，更难在要一往情深奋勇向前，有经久不衰的内驱力。

教师有经久不衰的内驱力，才能始终精神振奋，诲人不倦，乐育英才。这种内在的动力来自对社会主义坚定的信念。有了坚定的信念，就有了主心骨，风风雨雨不迷航，办学，就会坚持社会主义方向，教学生，就会自觉地把德育放在首位。有了坚定的信念，就会对教育事业执着追求，就会对学生满腔热情满腔爱，把整个身心扑上去，用心血浇灌学生成长。我总这样想，学生没有第二次青春，党和人民把青春年少的学生交给我们培养，这意味着对教师委以重任，对教师的极大信任，对教师寄予无限的期望。教师肩挑着社会的未来，肩挑着千家万户的未来，自己只有始终不渝地振奋精神做好工作，才无愧于肩负的神圣使命。

回顾四十年的教育实践，我深深体会到教育的路是一条艰辛的路，上面布满了自己的不足乃至创伤。法国文学家罗曼·罗兰曾经这样说："累累的创伤，就是生命给你最好的东西，因为每个创伤上面都标志着前进的一步。"确实如此，我感受到了一步一步前进，感受到了在前进中克服艰难、自我塑造的快乐，感受到了生命的价值。

奉献，教师的天职

红烛啊！
流吧！你怎能不流呢？
请将你的脂膏，
不息地流向人间，
培出慰藉的花儿，
结成快乐的果子！

这是闻一多先生《红烛·序诗》中的诗句，我不仅十分喜爱，更经常以此激励自己的思想言行。因为这些诗句深刻地道出了人生的意义和价值，道出了红烛精神的精髓在于始终不渝地为他人的成长与欢乐做奉献。由此，我，一名从事基础教育的普通教师，深深领悟到教师应该具有通体透亮的红烛精神，教师的天职在于对学生做无私的奉献。

40 年来，我梦寐以求的就是把这美好的理想通过艰辛的劳动变为现实。在漫长的教学生涯中，由于党的教育和同志们的帮助，我不断克服无知，勇战困难，振奋精神，锤炼感情，努力使自己成为合格的人民教师，不辜负人民的嘱托和祖国的期望。

教师，须激情似火

有人说激情是文学家、艺术家头上的光环。英国著名诗人拜伦称

本文是 1991 年 12 月 7 日作者在自己从教 40 周年纪念活动上的演讲。作者时任上海市第二师范学校（后转制更名为“上海市杨浦高级中学”）校长，现为杨浦高级中学名誉校长。

激情是“诗的粮食，诗的薪火”。难道激情只是和文学家、艺术家有缘？不，我不这样认为，激情也是教师必不可少的素质。不热爱我们这多情的土地，没有工作的激情，就不能完成世界上的伟业。教育青少年成为社会主义事业接班人是极其伟大的事业，教师只有倾注满腔热忱，才能完成肩负的神圣使命。

生活在改革开放的伟大时代，社会主义建设的每一个成就都使我激动不已。目睹高耸入云的南浦大桥，我抑制不住充盈于胸际的民族自豪感，逢人就说桥上一根最重的拉索就有 20 吨重，那根根拉索浸透了中国人民的志气，显示了中国人民的力量。我深深体会到教师胸中要有一团火，在任何情况下都要朝气蓬勃，对学生有感染力、辐射力，只有燃烧自己，才能在学生心中点燃理想之火，塑造优美的心灵。这种激情来自对社会主义忠贞不贰的信念，来自对为国为民的无数先烈、无数英雄人物的由衷爱戴与崇敬。有了这种激情，就会鼓足生命的风帆，孜孜不倦地追求，顺境不自傲，受挫更刚强，有使不完的劲。我深深体会到，一个语文教师当自己对课文中思想内容的深刻理解和育人的崇高职责紧密相连的时候，感情就会发生“井喷”，势不可当，课堂上就会闪烁火花，产生能量，使学生思想感情产生共鸣。我清晰地记得带领学生学习《周总理，你在哪里》一文的情景。出于对周总理的无限爱戴和怀念，课结束时要求学生就课文内容和平日对总理的了解，谈自己对“周总理，我们的好总理”的“好”的新感受新体会，要求言简意赅，可引用名言。学生经过思索，有的激动地说：“我们的好总理，‘好’在横眉冷对千夫指，俯首甘为孺子牛。”有的引用杜甫咏怀诸葛亮的诗句说：“自古丞相擎天柱，而周总理是‘万古云霄一羽毛’。”有的学生情不自禁地赞叹说：“总理文能治国，武能安邦，功高盖世，万古流芳。”从“好”这个词生发开去，学生不仅进一步理解了这个十分普通的词所包含的极其丰富的内容，而且沉浸在赞颂总理伟大人格、高尚情操和不朽功绩的氛围之中，师生互受教育，思想升华，感情净化。

教师，须师爱荡漾

教育的事业是爱的事业，师爱超越亲子之爱、友人之爱，因为它蕴含了崇高的使命感和责任感。学生进中学、进师范学习虽则短短几年，在人生的长河中仅仅是一阵子，但这短短一阵子往往影响他们一辈子的生活道路。万丈高楼平地起，楼能不能盖高，关键在基础打得牢不牢，基础工作做得好，根子扎得正，扎得牢固，学生就会一辈子受用不尽。再说，一个人没有第二个青春，国家把青春年少、风华正茂的学生交给我们教师培养，这意味着对教师极大的信任，我们如果不尽心不尽力，岂不是浪费学生的青春，对国家、对人民的大不敬？为此，我经常警诫自己，鞭策自己兢兢业业，考虑任何工作都不能忘记培养学生的大目标。

我体会到教师生涯中最大的事就是一心为学生。要做到这一点，确实有一个艰苦的感情锤炼的过程。记得 70 年代初期带学生下农村劳动，半夜里一位女同学突然发高烧，腿抽筋不能动，当时医疗条件差，交通极不便。为了使这位同学及时得到治疗，我和另一位女同学顶着初冬的寒风，背着生病的同学步行近 10 公里到镇上医院治病。当时，我刚腹部动大手术不久，背了个人走那么多夜路，十分困难，刀疤疼痛，棉毛衫都湿透了。但是，学生得到了及时治疗，我打心底高兴。从这件事我领悟到：人有很大的忍受力，也有很大的潜力，只要真正把学生放在心上，就会有毅力，就会超越自我。做教师要能不断地勉励自己，改掉坏习惯。我非常爱清洁，怕脏。爱清洁是好事，怕脏就不行了，不清除脏，哪来的清洁？在教育学生的过程中，自己也得到锻炼，别说工农业劳动中不怕脏了，就是学生突然呕吐的脏物，也能心甘情愿地及时料理。我想，学生身上的事都是我教师的心上事，我乐此不疲，感到生命十分充实。

对学生的爱不是说在嘴上，写在纸上，而是要身体力行，用行动检验。我只有一个独生子，由于我先后患胃溃疡、肝炎等重病，孩子身体极坏，多次病危。我夜里陪夜，白天照常上班。谁没有亲子之爱？看到孩子被病魔折磨得痛苦万分，我多次想请假，但我教的学生面临高三毕业，怎能耽误他们呢？我不是医生，不会治病，我的岗位在学校。于是，我咬咬牙，坚持上班，不动声色。几十年来，我没有为家庭私事（包括母亲病故，婆母逝世）脱过一节课，请过一天假。这样做，我觉得心里很踏实，对得起学生。

爱学生，就是要为每个学生着想，教好每个学生。学生都是我们的后代，都要千方百计把他们培育成才。

我曾经教过不少调皮捣蛋的学生，其中有一个曾天真地对我说："我妈妈说，我这个捣蛋鬼能考取你们学校，是额头戳到天花板，说我是学不好的，要被老师赶出来的。"说真的，这名学生文化基础确实差，习惯也不好。可是，就是这样的学生身上同样有很多优点。教师不可能代替学生成长，但必须有敏锐的眼光，善于发现学生身上闪光的东西，长善而救失。果然，后来他考取了大学。他来看我，说起成长中的一件件往事，师生同乐的情景难以言表。无数事实教育了我，使我深深懂得做教师的千万不能用一成不变的眼光来看待学生，每个学生都是"变数"，在发展，在变化，教师对他们情深似海，加温到一定程度，他们会开窍，会飞快进步，茁壮成长。

当然，爱不是姑息，不是迁就，爱是严的孪生兄妹。没有规矩，不成方圆。办学校，培养人，都要有严格的要求，严格的管理。这个规矩就是党的教育方针，办学、育人，都要以此为准绳，而不是凭主观臆造。爱是严的基础。爱是对事业的忠诚，是对莘莘学子的无限期望，有了爱满天下的胸怀，严才会有效果。

教师的工作是平凡的，琐细的，年年月月，千件万件，但是把它们穿在"育人"这根线上，就心里明，手脚勤，忙得愉快，忙得其所。甘为红烛燃自身，甘为泥土育春花，这是我当教师的信条。

教师，须功底厚实

教育往往是滞后效益，分数难以衡量学生德智体发展的全部情况。为此，教师不能为分数所困扰，要着力培养学生的真本领。俗话说得好：打铁还需自身硬。要培养学生良好的思想道德素质和科学文化素质，教师就须具备真才实学。大学毕业文凭只说明学历水平，是否具备教师的资格，要看肯不肯下功夫在岗位上锻炼。“半亩方塘一鉴开，天光云影共徘徊。问渠那得清如许，为有源头活水来。”人的学习不可能一次完成，要做到“清如许”，就须坚持不懈地学。教师只有孜孜不倦地汲取知识，以涓涓清泉滋润心田，在教学中才能像流水一般进行灌溉。如果知识贫乏，孤陋寡闻，那就难以引导学生在知识的海洋中扬帆远航。

我是改行教语文的，功底不厚。教学时常感知识不成串，驾驭课堂常捉襟见肘，力不从心。教师主要耕耘的园地是课堂，课上得不理想，怎可能期望获得好收成？面对这种情况，我不断审视自己的教学业务，清醒地认识自己的缺陷与不足，在两个方面持续不断地努力。一是打业务底子。由于先天不足，我不得不用比别人双倍乃至数倍的功夫学习。从语法、修辞、逻辑到中外文学史，到阅读一定数量的中外文学名著，挤时间学，天天明灯伴我过午夜。二是认真备课，一丝不苟。教材吃不透，学生情况若明若暗，其结果只能是“以其昏昏，使人昭昭”。为此，我给自己立了个规矩，绝不做教学参考资料照搬照抄的人，要独立思考，刻苦钻研，力求自己真懂。当然，“胸中有书，目中有人”确实不易，有时备一篇课文，推敲词句，查清时代背景，理清作者思路需花费很多时间。为了备好一堂课，我常常花10个小时、20个小时，乃至更多，经过上百篇教材的钻研，我尝到了庖丁解牛的滋味。我总觉得别人分析教材写的资料，是别人潜心钻研所得，对我来说，总隔了一层，只有经过自己独立钻研，所得体会才是真切的。犹如不知名的小花，虽不名贵，但植根于土壤，有活泼的生命力。拿自己的真切体会指导学生学习，课堂上就能得心应手，左右逢源。

打功底要有股韧劲，以死求活。比如我原本教学用语不规范，一是有“呶”的口头禅，二是乱用“但是”。学生的俏皮话使我震动，我下决心要提高教学用语的质量。我把在课上要说的话写成详细的教案，然后自己修改，把可有可无的字、词、句删去，不合逻辑的地方改掉，用比较规范的书面语言改造不规范的口头语言。然后背出来，再口语化。教课以后，详写教后心得，对自己的课评头论足，找缺点，找不足，以激励自己不断改进。语文教师要带领学生学习规范的书面语言，如果自己的口头语言生动、活泼、优美，就能给学生以熏陶，大大提高学习的效果。为此，我一直以“出口成章，下笔成文”作为自己语文功底的奋斗目标，以学生上语文课“如坐春风”、知识有所积累、能力获得锻炼、智力得到发展、思想情操受到熏陶的综合效益为长期追求的境界，因为我是一名肩负育人重任的语文教师。

教师，须开拓创新

教育的事业是着眼于未来的事业，教育工作的性质与特点要求教师应具有相当程度的职业敏感，应跟随着时代奋力前进。我们正从事社会主义现代化建设，伟大的建设任务对教育提出新的要求。我作为一名教师，要学会认识时代的特征，关心国内外大事，善于接收来自各方面（尤其是教育、科学技术方面）的信息，使自己思考问题、从事教育实践具有时代气息。

我体会到更新教育观念，对培养目标有正确而深刻的认识最为重要。教师做久了，常犯三多三少的毛病：眼前学生看得多，将来建设者的形象考虑得少；知识要求看得多，能力训练考虑得少；分数看得多，实际才干考虑得少。这种育人的观念与当今培养目标的要求相距甚远。许多活生生的事实给我深刻的教育，使我懂得了：“育人”，不能一般地理解为培养学生，而是应把它放置在特定的历史条件和社会环境中认识。要教在今天，想到明天，以明日建设者的素质要求、德才要求指导今日的教育教学工作。世界是复杂的，对外开放后，先进的科学技术进来了，这是好事，但随之也带来形形色色资产阶级思想，如何增强学生的识别能力，增强抵制精神污染的能力，提高反“和平演变”的警觉性，教师就要深入思考，寻求教育的有效途径与方法。我们学校以“一身正气，为人师表”为座右铭，狠抓校风建设，坚持社会主义办学方向，就是基于这种认识。

教师要加强改革的意识。就拿教学方法来说，传统的做法对工作多年的教师来说，无疑是驾轻就熟，即使对年轻教师来说，也有相当的影响。传统教法中合理的精华不可丢，但重知识轻能力、烦琐的讲解、灌输各种各样现成的结论等做法显然不适应时代潮流，不能有效地对学生进行培养。因此，我花大气力进行变革。变革的核心是让学生真正做学习的主人，使课堂真正成为学生在教师指导下获取知识、训练能力、发展智力以及思想情操受到良好熏陶的场所，优化课堂结构，提高课堂教学效率。

改革创新要具有中国特色，走我们自己的路。既要博采众长，吸取精神养料，又要有主心骨，独立思考，不人云亦云。在教育这块沃土上，千万教师在耕耘，亿万学生在成长，好思想好经验十分丰富，为了提高教学质量，为了使学校工作上台阶，我经常以其他教师为师，以兄弟学校为师，从他们成功的经验中得到启发，受到教育。他山之石，可以攻玉。借鉴一定要“以我为主”。学习外国，开阔视野，十分有益，但要着力在洋为中用。吃牛肉、喝牛奶目的在滋养身体，健壮体魄，而不在变成牛。即使是好学说、好经验，也不可照搬照抄，要拿来为我所用，要和我们自己的实际结合起来，创中国特色的东西，这样，才有生命力，才能有效地提高质量。因此，这些年来，我特别在“化”上下功夫，融百家之长，借鉴国外先进的教育教学理论，试着创自己教学的特色，在改革开放条件下探索办学的新路子。

一个人的生命是有限的，而我们的事业是常青的。作为一名真正的教师，是用生命在歌唱，用生命在实践，为了我们辉煌的社会主义事业，为了我们可爱的学生，“请将你的脂膏，不息地流向人间，培出慰藉的花儿，结成快乐的果子”。假如我有第二次生命，我仍然毫不犹豫地选择教师这崇高而又神圣的职业，因为“给”永远比“拿”愉快。

灿烂阳光下的一次倾心交谈

闻达

祝贺“于漪从教40周年教育思想研讨会”圆满成功。记得在1990年，上海中语界的朋友已在筹划这一研讨活动。那时，我曾有机会访问您，谈及研讨活动，您说：“举行个人庆贺活动，即便再热闹隆重，意义也是不大的。如果借此机会，中语界的同志聚在一起，搞教学研讨，扎扎实实讨论几个专题，我赞成。”时隔一年，以您名字命名的研讨活动如期举行。请问，您是出于怎样的考虑，怀着怎样的心情，接受了大家的盛情并在会上作了热情洋溢的演讲？

于漪

岂止是去年，前年就有热心的朋友酝酿了。我没有同意。我认为，我国中小学教师成千上万，是一支庞大的队伍，每个教师都在辛勤耕耘，都在为培养下一代呕心沥血，但能够出名的并不多，而出名的教师也不都名实相符。后来同志们要举行研讨活动的热情越来越高，上海以及外地的朋友一次次催促，市、区教育局领导也一次次过问，拗不过同志们的劝说，我同意了。但我不改初衷，仍然坚持研讨活动的重心放在扎扎实实讨论一两个专题上。我在大会上说的“感

本文是1991年12月9日作者在其从教40周年庆祝活动后接受《语文学习》记者闻达采访时的访谈。正如之后为其举办的从教50周年和60周年庆祝活动一样，作者反复强调把此类庆祝活动办成“为了教师”的教育研讨活动。

谢大家对党的教育事业的忠诚，感谢大家对二师全体师生的支持”这两句话，是我的心声。总之，举行研讨活动，是为教师，为宣传教师这一崇高的职业，而不是为我自己。

闻达

“为了教师”——能否讲得具体些？

于漪

好的。现在教师队伍不很稳定，青年教师的专业思想也不很稳固。众所周知，前几年中学教师跳槽的很多，近年来，跳槽风又在小学露头。怎么办呢？本来报考师范的学生就不多，进了师范院校以后，党和国家在经济还不宽裕的情况下竭尽全力精心培养，可是到了学校才几年，又纷纷离去，这样下去教育事业后继乏人呀！我们是一所培养小学教师的师范学校，我之所以强调这次研讨活动安排在学校内举行，基于两个目的：一是为了弘扬“尊师重教”的社会风尚，二是同时也把它当作对学生进行专业思想教育的一次活动。我多次在文章中写道，也多次与青年教师说过：“如果逝去的岁月可以重新归来，青春的年华可以再次度过，那么，我将依然选择教师这个太阳底下最光辉的职业。”出于我的真诚愿望，希望青年教师不辜负党和人民的重托：教育兴旺，科技才能兴旺；科技兴旺，国家才能兴旺。

闻达

作为师范学校校长，您被誉为“老师的老师”。对教师队伍的现状，以及如何提高青年教师的业务修养，您一定有着更为深刻的想法。

于漪

对这个问题，我想从“学生厌学”谈起。中学生何以“厌学”？原因是多方面的。然而，教师水平在总体上不能适应学生的水平，是原因之一。我接触过许多中学生，他们在课堂上无精打采，为什么？

课堂上的知识容量呈现着质差量少的状况，学生普遍感到“吃不饱”或“不爱吃”。一个关键的原因是，课堂激不起学生对知识的渴望，教师并没有点燃学生的智慧的火花，所以厌学。

闻达

学生对课堂教学普遍感到“吃不饱”或“不爱吃”，我有同感。青少年“挑食”现象已经引起社会性的关注。饮食方面的“挑食”需要营养学家做宣传工作，然而，学生对课堂教学的“挑食”，我们非但没有责备的理由，而且是对教师知识功底、业务修养和教学能力的一种检测。是否可以这么说，学生在课堂上越“挑食”，就越说明教师还没能满足学生的知识渴求？

于漪

一定程度上可以这么说。现在的中学生知识面之广是五六十年代的中学生远不可比的。就拿我的小孙女说吧，才四五岁，是个小不点儿，可词汇量却惊人的丰富！有一次，小孙女在家里吵闹，爷爷嫌她烦，便抱起她，把她高高举起。“爷爷，你真有神勇之力！”悬在半空中的小孙女非但不害怕，反而说出了令爷爷大吃一惊的话！这“神勇”一词从哪儿来的？前天晚上，家里来了客人，我冲了两杯柠檬茶。等客人走后，小孙女缠住我说：“奶奶，我口渴。”我知道，她并非口渴，而是想喝柠檬茶。于是我冲了一杯给她。“真香！”她捧起杯子，又来一句：“香浓可口，意犹未尽。”那语调的委婉，吐字的清晰，简直叫人惊讶！

闻达

您的孙女也许是个特例吧。

于漪

不，不是特例。我的孙女也不是所谓的“神童”。你只要留意生长在80年代的小孩，哪个不伶牙俐齿，哪个没有从电视、电影以及众多文化媒体中汲取了丰富的知识养料？我要强调的是，社会在大踏步地前进，人类的文明、科技的发展，日新月异。要适应这一代孩子的知识渴求，唯有更加努力地提高教师的素质，包括政治的、思想的、文化的、教育方法的……各种素质。否则，当小孙女这一代娃娃进入小学、中学，教师怎么教呀？直到现在，我还常常产生这样的感觉：面对高中学生，我真害怕在课堂上会招架不住。

闻达

说起高中学生，有一个问题想问您：许多教师一直以为您是擅长教初中语文的。在人们的心目中，于漪老师的成名，公开教学，以及您的教学录像资料，大都是初中语文。

于漪

这要谈到我的教学经历了，也就是所谓我的“40 年从教之路”。我 1951 年毕业于复旦大学教育系，踏上工作岗位，我教的是历史。1959 年改行教语文，此后我一直教高中。如果追溯我的语文教学的起点，带有标志性的一课，是在 60 年代初，公开执教毛主席的《民族的科学的大众的文化》一文，从此便在上海有了一定影响。其实，我是以教高中议论文见长的。

直到 70 年代末，被评为特级教师，为了培养青年教师，我才从初一教起，几位青年教师随堂听课。这期间，上海的、外省的也不断有教师来听课……初中生的有意注意比较弱，上课容易分散注意力，于是我比较注重研究教学方法。

闻达

我有一个印象，您在语文教学中是非常重视读和写的。拜访您之前，我又翻阅了您的两部专著，一部是《作文讲评五十例》，可以看成是您指导学生写作的经验荟萃；一部是《学海探珠》，可以看成是您个人纵贯古今的读书札记。我在想，做您的学生是幸运的，因为在您的指导下，能够形成扎实的读写功底。不过，诚如您刚才所说，社会在进步，宣传媒体在迅猛发展。世界的不断变小，人际交往的不断增加，对语文教学提出了新的要求，即在加强学生读写能力训练的同时，更要加强学生的听说能力训练。现在，已有不少学校和知名教师，在他们的教改实践中纷纷开设中学生说话训练课，制订中学生听说结构的训练计划，等等。对此，您是怎么看的？

于漪

我很重视对学生的听说训练，但是我不赞成把听说读写放在同一个层面上，也就是说，在中学语文教学中，听说与读写不能平分秋色。

我的观点是，母语教学不同于外语教学。学习母语，已经有了语言环境，应该以读写为主。中学语文教学，应该是学生的文化素养教育。中国语言是中国数千年文化的载体，让学生通过这一载体，去吮吸数千年优秀文化，打下坚实的根底。有人惊呼，现在的中学生不会说，课堂上不爱说不肯说，那是假象。我看他们在课外都很能说。只要深入学生世界之中，你就会发现，他们对爱说的话题，都能说得头头是道，滔滔不绝。

有人问我：“你怎么那么能说？”是的，我面对成百上千听众，不用讲稿，不列提纲，能说上三四小时。可是，我从中学到大学，老师一天也没有教过我如何说。为什么我能说？因为我有东西说，我对语文教学熟悉。如果要我说导弹，说宇宙飞船，我就说不上来。又为什么？因为我不懂导弹，不懂宇宙飞船。所以，肚子里要有东西是最重要的。大量阅读就是往肚子里装东西，为的是让学生以后能有东西可说。至于如何说得有条理，如何说得得体、漂亮等，教学中需要关注的是给予不断的调理。

闻达

很钦佩您见解的独到。我们能否换个话题？

于漪

可以。

闻达

就中学语文教学而言，叶圣陶语文教育思想无疑是当代语文教学理论的集大成。叶老学贯古今，又由于积累了从事教育和教材编纂的丰富经验，他对语文教学有着许多精辟论述。作为当代语文教学的一笔精神财富，叶老的教育思想越来越被人们所珍视。然而，如今诠释搬用叶老语录的人多，真正研究叶老思想的人少；在文章中言必称叶老的人多，继承并发展叶老思想的人少。

于漪

叶老是语文界的一代宗师。叶老的学识人品是我一直景仰的。我也曾有机会多次聆听叶老的教诲，获益匪浅。但是，叶老的有些话也须作具体分析。比如，叶老有一句很出名的话："教材无非是个例子。"我想叶老在说这句话的时候，也许有一个特定的对象、特定的时间和场合。然而现在被到处引用，就很容易产生误解。我的看法是，教材不仅仅是个例子。报纸杂志上的文章多得很，如果是"例子"的话，为什么不能做教材呢？选入教材的文章是有严格标准的，它应该是思想性、艺术性、语言规范性的杰出典范，是数千年（包括当代）文化宝库中的精品。我强调学生要积累一些东西，首先要积累的就是选入教材的名家名篇。范仲淹的《岳阳楼记》为什么流传千年而不衰？就因为作者能超越同时代文人墨客的思想境界，"不以物喜，不以己悲"，才能有"先天下之忧而忧，后天下之乐而乐"的千古绝唱。读了《捕蛇者说》，学生才能知道"苛政猛于虎"。同样，读了《项链》，学生才懂得资产阶级虚荣心是多么坑害人。语文教材不同于数理化教材，数学中的一些习题倒的确是个"例子"，教师通过对习题的示范演算，让学生掌握其中的规律，然后运用规律去解其他习题。语文教材则呈现众多的功能，有教育功能、认识功能、审美功能……因而也就有了积累功能。

闻达

您的话使我想起了"吾爱吾师，吾更爱真理"的箴言。于老师，您经常去各地讲学吗？

于漪

去过一些地方。主要讲一些教语文的体会以及我当教师的体会。

闻达

在外地讲学时，有人请您上示范课吗？

于漪

常常有人提出。可是我不能把全班同学也带到外地呀！

闻达

那为什么不借班上课呢？

于漪

我自己不借班上课。教学首先要胸中有书，目中有人，不能违背它的规律。人家天天在上课，我只是偶尔去了一次，就借班上课，那是客串，是票友。任教老师或者班主任会对学生说："××是特级教师，明天他要给你们上课，你们可要积极举手发言啊！"所以，借班上课即使成功，我看也是有水分的。再说，你的课很成功，人家以后怎么办？怎么教？如果不成功，你一走了之，人家还要为你补课。

在这件事上，我有过教训。刚才说了，60年代初，我才30岁出头，公开执教《民族的科学的大众的文化》一文。一次次上公开课，每教一次就借一个班级。高三年级教完，只好借高二的一个班级。这不是给人家添麻烦吗？从此以后，我绝不借班上课。顺便说一句，我也绝不做"歌星"。

闻达

若干年前，有人曾试图概括几位著名语文教师各具特色的教学风格，也曾撰文予以介绍。因为，正如您说的"对语文教学满腔热情满腔爱”，您在教学中的激情洋溢和对学生充满师爱，给人们留下了深刻印象，所以很自然地，人们把您的教学风格概括为“情感派”。您接受这种评价吗？

于漪

任何一个概念不可能概括任何一位教师。语文学科是综合性很强的一门学科，语文教学熔思想教育、知识传授、能力培养、智力发展、情感陶冶于一炉，它不是平面的，而是立体的。同样，教学风格也不是平面的，而是立体的。

闻达

我同意您的观点，用一个概念来概括一个教师的教学风格，的确容易以偏概全。不过，我想借用一句格言：世界上没有两片相同的树叶。同样也没有两位教学风格完全一致的教师。像您这样一位著名教师，您的丰富的教学实践融入了您的学识、您的个性之后，早就形成了有特色的教学风格，这也是事实。如果用一个概念不行，那么用几句话或一段话加以描述，总还是可以的吧。

于漪

我感到我的教学风格，既有继承发展传统教学中精华的东西，也有吸收当代教学理论中先进的成分。我要求自己能博采众长，如同杨朔笔下的小蜜蜂，辛勤酿造百花蜜，留得芬芳在人间。如果一定要说什么是我的教学风格的话，那么我比较赞同的是辽宁教育出版社1989年出版的《中学语文教坛风格流派录》一书中编者对我的评价——

闻达

“在教学中，于漪讲究‘声情并茂，熏陶感染’，你不能因此就说她就是‘情感派’；于漪曾提倡‘兴趣是学习的推动力’，你也不能就此而认定她是‘兴趣教学’……你看到于漪教学中讲思维训练，有‘引进’的教法，便认为于漪教学是完全抛弃了传统教学的‘现代派’，也不全面！事实上，于漪在她的教学中，没有排斥传统的精华。于漪的教学，可以称得上是多风格教学，她继承了传统教学中有生命的东西，也吸收改革中的新经验……在教学实践上，她是多面手，有讲有练，善诱导，会指点；既注重教书，又注重育人；既强调感情教育，又不忽视思维训练。”

于漪

谢谢你的引证。多年来，我追求的就是语文教学的立体性、整体观和它的综合效应。

闻达

这使我记起张拗之教授的一句话。他说：“于漪老师是一位没有固定模式的特级教师。”

于漪

我接受张教授的评价。

记得我刚刚改行教语文的时候，一位老教师听了我一堂课。课后他对我说：“你的板书很好，语言清晰，可是语文教学的门在哪里，你还没摸到呢！”听了这番话，回家后我大哭了一场。但就是这句话，对我以后产生了很大影响，于是我破门而入，追求教学风格的多样性，不因袭一种教学模式。模式一定，教学就没有活力了。

闻达

近10年来，语文教学研究出现过高潮，也有过低谷，总的来看，研究气氛很浓。除了全国中语会、各省市中语会之外，“苏浙沪百校语文教学研究会”“历史文化名城语文教学研究会”等纷纷成立，活动频繁，足以说明热情之高涨。每一次年会，收到的论文不下数十篇，再加上十余种语文教学期刊每月刊登的多达百万字的论文，就篇数和字数而言，恐怕在世界上首屈一指。然而我有一个直觉：当前的语文教学研究，虽然热闹，却不精彩。登台的演员不少，却远不是一台交响乐，连主旋律还没有出来。不少教师都很想通过自己的实践总结出一套语文教学的理论体系，于是就有了“三步骤教学法”“五阶段教学法”等，但都像飘落河面的树叶，掀不起一点涟漪。这是为什么？

于漪

研究气氛的确比过去浓了。“文革”前，语文教学的理论研究是少数专家的事，现在理论研究紧紧伴随教学实践，这是一大进步。但我以为，语文教学理论体系的真正建立，或者说，语文教育学的真正诞生，恐怕还要走一段漫长的艰难的路程。目前仍然是探索阶段。

我的看法是，在有限的实践中匆忙抽出理论体系，那不是严谨的治学态度。一人一校一地的实践往往是不全面的。一个教师哪怕有非常出色的教学实践，或许会有一些规律性的东西，但也难以形成理论体系。绝大多数的教学实践呈现出多姿多态的现象，现象能够反映本质，但现象有时也会背离本质。只有规律是长盛不衰的。

闻达

您的意思是不是说，目前，我们仍然处在为后人建立真正的理论体系而实践的时代。

于漪

是的。多做一点理论探索工作是需要的，但急于求成，体系欲太强就要不得。我读过一些教学论文，真正以教育学、心理学为指导的不多。用理论指导实践是要的，但不等于用这个理论的术语。我看，现在有不少把饼干称之为“克力架”式的论文。

教师与作家不同。一个作家二十几岁就能拿出成名作，而建立体系则需要大量的长时间的积累，非几个“十年寒窗”不可，有时候需要几代人的共同努力。我总以为，做学问就要有一点学者气。

闻达

现在匠气多了一点。

于漪

不是匠气，是市侩气、商人气，唯独缺少学者气。真正的能工巧匠也是很刻苦的，他对本职工作总是孜孜以求、刻苦磨炼的。

闻达

已经打搅很长时间了，还有一个问题想问。这是一个假设：如果您还有 10 年，或 20 年时间，您打算做哪些事？如果您还有一年的时间——我是说，您认为最重要最紧迫的事情有哪些？

于漪

最紧迫的事情是搞好学校的课堂教学改革。师范学校的目标是培养合格的小学教师，我们要在改革中力求把"合格"具体化。

闻达

我读过您的四部专著，除了上面提到的两部，还有《语文教苑耕耘录》和《语文园地拾穗集》也是我爱读的。加上您主编的好几套丛书以及散见于报刊上的大量论文，总计不下七八百万字！

于漪

大概有吧。

闻达

那么，能否透露您的新的写作计划？

于漪

正在着手写两部书。一部是应新蕾出版社之约，撰写《辛弃疾》，另一部是应香港朗文出版社之约，撰写《教你写作文》。

闻达

您做家务吗？

于漪

怎么不做？大家大家，家是属于家庭每个成员的嘛。每个星期天，总是我去买菜，我就多买一些，花上四五十元，可以吃几天。今天我路过农贸市场，还买了一些赤豆和芝麻呢。

闻达

非常感谢您接受我的采访。

对未来的同行说几句知心话

现在在师范院校学习的学生是未来的教师，将担负培养人的重任，党和国家对他们寄予深厚的期望。我是一个从事教育工作 30 多年的老教师，想对我们未来的同行说几句心里话。

要以教师工作为乐

古人说过“得天下英才而教育之”乃是乐事。的确，教育儿童、青少年成为国家有用人才是十分快乐的事。一个人凡对所从事的工作感到有无穷的乐趣，那就会出智慧，出成绩。乐，就不感到疲劳；乐，就会积极主动；乐，就能千方百计。从事教育工作，“乐”字当头，就能坚韧不拔地克服困难，尽心尽力地改进教育教学，不断创造优异的成绩。做教师的见到自己培育的学生长知识、长身体、长觉悟，成为对人民有贡献的人才时，心里比吃蜜糖还要甜。

现在我已有许多学生在不同的工作岗位上，对祖国做出种种贡献。他们一直怀念我这个老师，常常从四面八方来我家看望我。我早年从事的是成人教育，学生年龄多与自己相仿，有些还比我大。他们比我早参加革命，我从他们那儿学到不少革命道理。但因为我教过他们，他们尊重我这个老师，常来看望我。最早来看我时他们还是只身

作者时任上海市第二师范学校校长，这是她对师范院校学生的寄语，其中谈到的“一身正气，为人师表”正是作者为上海市第二师范学校制定的校训。

一人，后来则带着恋人来，成家几年后还带着他们的子女来。在我还没有在自己的家庭里做奶奶时，我已经是许多可爱的孩子的“奶奶”了。

节假日家里学生不断。特别是春节，拜年的学生一批又一批。一届一届学生来校，年年有新学生来我家里，青少年的欢声笑语常在耳畔，青春气息频频送来，我自己也觉得生命之火越燃越旺盛，自己永远是年轻的，充满活力。

学生来我这里就如同到自己家里一样，一点也不拘束。他们喜欢相约在我家里聚会。有一年春节，相约而来的有 40 多人，只好举行“冷餐会”。每个角落都挤满人，没有那么多座椅，就挤在床沿上坐，小椅子、小板凳全都派了用场。久别重逢的同学三三两两成群，坐着、站着畅谈，一日欢聚还觉得未尽兴。这真是：“桃李春风一杯酒，江湖夜雨十年灯。”

“乐”来自以教师工作为荣

教师工作之“乐”来自以教师工作为荣。教师工作是太阳底下最光辉的事业。人类生生不息，代代相继，社会向前发展靠的是人去推动。各行各业都需要人去做，而造就各种人才的重要途径是教育。教师担负的正是造就人才的工作，关系到千家万户，联系着社会主义的千秋大业。挑起这副千钧重担，意义非常重大。试想，孩子如果没有老师教，怎能成为有理想、有道德、有文化、有纪律的建设人才？没有大量的建设人才，社会怎能进步？事业如何发展？深刻地理解这些道理，心中就明亮起来，就会热爱教育工作，立志做一名好教师，不断追求，永远向上，一步一个脚印地前进，乐在其中。师范学校同学所选择的正是意义重大的光辉事业。一个人要在社会上做一番事业，首先要立定志向。立志，心中就有准绳，就有标杆。立志做一名教师，燃起红烛，照亮未来，是最光荣不过的。

我教过历史，又改教语文，当过任课老师，也做过多年的班主任，每一项工作我都觉得有无穷的乐趣。当我向学生讲述中华民族文明史、讲述中华儿女浴血奋战的英雄事迹时，我深深感到在学生心田撒播爱国主义种子的欣慰；当我紧扣语言文字以课文中高尚的思想情操熏陶感染学生时，我深深感到塑造学生心灵使命的崇高。“乐”，来自对教育学生崇高使命的深入理解和直接体验。

做教师的千万不能忘掉“师”字

做教师，要为人师表，一身正气，事事做学生的表率。只有时时记住这一点，才能认识到加强修养的重要性，经常注意自身的修养。

教师必须有坚定正确的政治方向，如果方向不明确，不立志为祖国的繁荣富强、为社会主义的兴旺发达而奋斗、而献身，不仅自己有时会迷路，更为严重的是可能把学生引入歧途。初等数学的图解给我以启发，有正坐标、负坐标，循着正坐标往前是正一、正二、正三……循着负坐标向前是负一、负二、负三……方向对头，不断努力定能步步向上；方向错了，走下去，往往是每况愈下，道理十分简单。

“读书做人”“教书育人”，自来就是这样讲的。但是否有人会把其中“做人”“育人”给忘了，我看是常常有的。当然，今天要求“做什么人”与“育什么人”和旧社会的截然不同。比如，封建社会把读书中举、光宗耀祖看得最光荣；今天我们则以培养有益于祖国、有益于人民的种种人才为光荣。但不管如何，以个人而言，“做人”最重要；以教育而言，“育人”最根本。“德”与“才”的问题，自古以来谈得很多，总是要求德才兼备。当然，今天的德、才条件与旧社会有所不同，不可一概而论。但人们都知道“无才”做不成事，而“无德”常要坏事。这就提醒我们为人师的更应牢牢记住，应该着重注意对学生进行德育教育，加强自身的修养。

教师的威信、尊严不是硬做、硬树起来的，不能在学生面前把自己看得“神圣不可侵犯”。如果这样，学生当面虽说不敢“犯”你，但心里不服气，还是要“犯”你的。教师一定要讲道理，即使自己不慎稍有失检点的地方，也要勇于自我批评，注意改正，以取得学生的谅解和信任。“十年动乱”期间，有这么一个女学生，常跟同学吵架，甚至跟男同学打架，几乎周周闯祸。我多次找她谈心，一再进行家庭访问。在当时的风气下，当然收效甚微，弄得我实在无法可想。一天上早操，她又东一拳西一脚，骚扰得别人无法把操做下去。我一再提醒，她却当耳边风，我心中直冒火，不禁脱口训斥：“你又不是十三点！”话一出口，我觉得言有所失，很后悔。隔了两天，有个学生在周记中对我提意见，说我讲这种话不像个老师。意见虽十分尖锐，但很有道理，击中要害。后来我在这个班级里就这件事作了自我批评。同学对我这种做法很满意，感到师生之间真正平等，是是非非不含糊。

“身教重于言教”，讲讲容易，真正做到不容易。教师要真正做到一言一行以身作则，得在思想行为上下苦功。教师要有高尚的道德品质和丰富的精神世界，否则就会低格调，低趣味，思想枯涩，语言干瘪，生活没有光彩。若是如此，怎么可能处处做学生的表率？教育重在潜移默化，点点滴滴入心头。教师要善于把自身的修养与培养学生成长有机地统一起来。

不忘“师”字，
但不能“好为人师”

事事自满，处处自以为是，好为人师，就不容易长进，也做不好教师。“学然后知不足”，一点也不错。在学习中，我有这样的体会：开头自己学得少，知之少，往往自以为都懂了；久而久之，反而觉得不太清楚；加深学习和加深实践后，进一步有所认识，就觉得领会加深，知道得多了一点。比如识字，原以为不难，自己总不见得不识字吧！但随着语言实践的增多与深入，越来越深切感到自己识得不周全，识得浅，须重新认真学一番。又如小时识英文生字，往往把此字第一次接触到的含义看成是全部意义。其实不然。后来在不同的文句中多次从不同侧面理解，就对这个字的认识全面些。好比认识人，只见一面印象不深，在不同场合多次与他打交道，才能真正认识他。我体会到我们学习须反复加深，不能浅尝辄止，不能一开头就自以为都懂得了。

在一定的年龄一定的学习阶段应很好地完成这一阶段的学习任务，过后补学，往往事倍功半。比如写作文，中学阶段一定要力求写清楚写通顺，如果把这个训练拖延到大学去完成，效果就很不理想了。青年学生的思想到大学发展比较快，若是在中学阶段写作训练扎实，学习任务完成得好，到大学写文章，“文”与“思”就会相互促进，相得益彰。如若没有很好地完成学习任务，文笔不能驾驭成长的思想，写起文章来往往捉襟见肘。举这一例子，无非希望我们未来的教师把握学习的大好时光，孜孜矻矻，积极进取，切莫让美好时光付诸东流。

一个人的学历并不代表他的岗位水平。教育学生的水平与才干靠虚心学习，勤奋锻炼。因此，教师要知不足，勤学习，有丰富的智力生活。要勤学理论，勤学业务，勤学新知识、新经验，充实自己的教育教学工作，使新鲜的时代活水源源不断流入课堂，生机盎然。

要学会谦虚

我们有时不谦虚而不自知，故谦虚要学。学就要思，如果学而不思，满足于浅尝，仍然会不谦虚。这方面我也有体会。有时所学的东西，不管是书本上的，还是别人的实际经验，尽可以讲得头头是道，似乎懂了，哪知一做，毛病不少，原来不是真懂。有时做了一点，但又往往做不像样，做不周全，此时才知自己懂得实在有限，实践出真知，实践能检验自己懂得的多与少、深与浅。了解这一点，常加反省，行为上不自以为是，才能真正学会谦虚。

有一个并非完全虚构的故事。有人从书本上学习游泳知识（书本上学习一定知识无可非议），能讲得头头是道。一天与友人同去游泳池游泳，朋友到了深水区招呼他游来，他站在池边逡巡不前，只得很风趣地说：“我不能如你由浅入深，更不能如你深入浅出。”以由浅入深、深入浅出比之学习与实践实在太好了。唯其循序渐进，学习才能逐步深入；唯其学得深，在实践中才能深入浅出。

满招损，谦受益。活到老，学到老。曾经有人问我：“你在学习上、生活中有没有行动的座右铭?”我回答说：“锲而不舍。”凡事锲而不舍，不论在学习上、修养上总会有长进。我希望未来的教师也能做到这一点。

一年之计在于春，未来的教师，你们正是生命的春天，要趁青春年少，加倍努力，兼程前进!

昭苏万物春风里

教学的质量说到底是教师的质量。中学教育是基础教育，重在培养学生良好的思想道德素质和科学文化素质。各学科教师是塑造学生素质的工程师。要塑造好学生的素质，教师就须加强自身的修养，努力提高自身的素质。作为一名语文教师，素质修养离不开三个字，那就是：爱，钻，学。

爱

教师的事业是爱的事业，只有真心实意地爱学生，才能收到春风化雨、昭苏万物的实效。

“爱生”，尽管在口头上可毫不费力地说百遍千遍，但真正做到，绝非易事。回顾自己的教学历程，对学生的感情就经历了三个阶段的变化。开始教语文时，我心中装的就是语文课本，只想把课上好，学生的观念淡薄得很。也就是说，胸中有书，目中不大有人。后来，在教学实践中，师生接触越来越多，感情日益加深，目中学生多起来，但装的往往是爱好语文、成绩拔尖的少数学生。教师的职责不是教几个拔尖的，应该是教好每一个学生。当我领悟到这一点时，脑子似乎豁然亮堂、胸怀似乎宽广起来。也就是说，心中不仅装书，还装下所有的教学对象，他们中每个人的语文基础、学习难处、心理特点、兴趣爱好都牵动着自己的心。也就在这个时候，我才真正体会到什么叫教师，真正体会到肩上的担子千钧重。

教师对学生有没有爱心，是满腔热情满腔爱，还是半心半意、敷衍了事，教育效果迥然不同。把心贴在学生身上，就会慧眼独具，发现学生哪怕是语文能力低下的学生身上潜在的积极因素，点燃他们智慧的火花，促使他们积极进取；把心贴在学生身上，就能理解和体会他们学习语文的难处，发现各种类型、不同层次学生的特点，千方百计寻找培养他们的有效方法；把心贴在学生身上，总觉得自己这个当老师的学识不够，水平不高，要执着追求，毫不懈怠。

爱学生，就要精心上好每一堂课。语文教学是高难度的教学，综合性强，实践性强，不花费心血难以收到实效。每个语文教师都在特定的空间和一定的时间内授课，但由于种种原因，教学效果有时却大相径庭。因为“教过”不等于“教会”。“教过”，对每个语文教师来说，都能轻而易举地做到。上课，下课，时间流逝，不会停滞不前。学生要求教师的是启发、引导，“教会”他们。显然，课不能上得太“飘”，不能只追求热闹，要把传授知识、培养语文能力、发展学生智力落到实处。课要教到学生身上，教到学生心中。一个班级有几十名学生，“教会”几个、十几个，不是很难，难的是教会每一个学生。学生有个性，知识基础、心理素质、智力能力各不相同。教师要了解他们，研究他们，洞悉他们的内心世界，把握他们在成长过程中的发展与变化，把自己的教学工作建立在科学的基础之上，使每个学生在原有的基础上获得充分的发展，语文能力有明显的提高。如果不倾注心血倾注爱，不魂系教坛，怎么能收到如此的效果？

举件小趣事来说，有位男学生成绩时好时差，有时答题准确无误，且颇有见地，有时又几乎是茫然无知，回答问题驴唇不对马嘴。下去深入了解，才知这位同学上课时十分注意“自我调节”。有时竖起耳朵听，开动脑筋；有时眼睛虽然看着书，脑子却半睡眠状态，虽不闭目，却“塞听”。课堂上学习呈动脑、动感觉器官，休止，动脑、动感觉器官，休止，又动脑、动感觉器官，休止……的态势，断断续续，形成了知识和能力上的明显缺陷。这种学习上的障碍，既要引导学生加以克服，更要严以责己，改进教学，使课堂上的“调节”机制有利于促进学生学习的积极性。教师有了爱心，学生的一些细微变化都能尽收眼底，从而因材辨势，因材施教。

钻

俗话说：台上一分钟，台下十年功。这话一点不错。在台上有一分钟扣人心弦的精湛表演，台下须有十年苦练的基本功。教学不是表演，教师不是演员，但道理是相通的。果真要把课上好，功夫在课外。

首先要有钻研教材不明底里不罢休的那股劲儿。语文教学属母语教学的范畴，中学生已有相当多的机会进行听、说、读、写的实践，尤其是听、说、读的实践，有一定的理解和使用祖国语言文字的经历与能力。与数理化学习情况明显不同。某一条定理、定律没有接触学习前可能全然不知，经教师教授，“茅塞顿开”，由不懂到懂，“教”起了关键的作用。语文教师在教学中要起到如此的作用，非在钻研教材方面下苦功不可。学生学语文经常处于似懂非懂的状态，课文似乎看得懂，若追问，又说不准、说不清其中的奥妙。教师要把学生的“似懂”教成“真懂”，把“非懂”教成“懂”，就要在钻研时求准、求深、求有自己独特的发现。

求准。语言文字表达情意贵在准确，钻研教材时须仔细琢磨作者遣词造句、谋篇布局的匠心。文质兼美的课文总是以最精当的字句表达丰富的思想感情，钻研时须反复推敲“精当”在哪儿，须反复体会“思想感情”的个性特点，站在语言形式和思想内容结合的高度缘文释道、因道解文，准确掌握作者的写作意图。例如法国大文豪雨果谴责英法联军焚毁圆明园的信中有这样的句子：“我们欧洲人是文明人，中国人在我们眼中是野蛮人。这就是文明对野蛮所干的事情。”粗看，这句话的意思是谴责“文明人”干洗劫、放火的强盗行径，“文明人”实为野蛮人，而“野蛮人”却是创造世界奇迹、创造东方艺术典范的文明人。所谓“野蛮人”，不过是“在我们眼中”的歪曲。三个判断句语意很重，倾注了对侵略者罪行的愤怒。但是，仅这样理解，准确性还不够，不能笼统地认为欧洲人都是干野蛮行径的。因为“治人者的罪行不是治于人者的过错”，笼统地肯定“文明”，或肯定“野蛮”，都与作者的本意有距离。钻研教材要通体把握，上下贯通，才能求得准确。

求深。教师的教与学生的学不能在一个平面上移动，要提高学生阅读分析能力，教师钻研教材须认真深究。不仅要理解字面，而且要懂得字的背后，探索可能有的潜在语。深究，不是穿凿附会、不分巨细乱推敲，而是要真正读懂，尤其是重点、难点之处更是不容疏忽。例如《白杨礼赞》一文中描绘白杨树形象、赞美白杨树精神时曾用了这样的句子：“但是它伟岸，正直，朴质，严肃，也不缺乏温和。”乍看，没有难以理解的地方，作者以点睛之笔刻画出白杨树不是树中好女子而是树中伟丈夫的特色。但稍加深究，就可发现句子虽无生字难词，但有的连在一起用，就须斟酌一番。既然“严肃”，怎么又“温和”？二者显然有矛盾，又怎样统一在一个形象身上？有无什么根据？经查考有关资料，懂得了：一般说来，在某个形象身上“严肃”“温和”并存是不易的，但在有些形象身上可得到统一。如《论语·述而》中说到：“子何人也？”“子温而厉，威而不猛，恭而安。”孔子温和而严厉，二者统一在一个形象身上，使所描绘的形象更为丰满。再说，作者描绘白杨树笔墨轻重极有分寸，“伟岸，正直，朴质，严肃”，字字铿锵，一气呵成，然后捎带一笔——“也不缺乏温和”，既突现了树的阳刚之气，又从另一角度刻画出树的内在气质丰满。从总体上说，作者对白杨树的赞美不仅仅限于此文，1943 年他在白杨图上题诗，同样表达了自己的心志。诗云：“北方有佳树，挺立如长矛。叶叶皆团结，枝枝争上游。羞与楠枋伍，甘居榆枣俦。丹青标风骨，愿与子同仇。”深究教材的目的不是难倒学生，而是多懂得一点，教时可收居高临下之效。

求有自己独特的发现。钻研教材要深入教材之中，有感受、有发现，不能人云亦云，跟着教学参考书转。教参是别人脑力劳动的产物，不独立钻研教材，不对别人写的东西咀嚼消化，照搬照抄，很难锻炼出阅读分析的真本领。钻研教材须以我为主，借鉴他人。开始会碰到困难，但三篇、五篇、八篇、十篇、几十篇、上百篇，一个劲儿地钻研、分析，不厌其烦地查资料、寻根由，就能洞悉文章的来龙去脉，尝到“庖丁解牛”的滋味。就以《一件小事》中这样一个段落来说：“我这时突然感到一种异样的感觉，觉得他满身灰尘的后影，刹时高大了，而且愈走愈大，须仰视才见。而且他对于我，渐渐的又几乎变成一种威压，甚而至于要榨出皮袍下面藏着的‘小’来。”粗读，可领悟到这是表达文章主题的重要段落。再读，领悟到作品中“我”的“异样的感觉”非同一般，而是灵魂的震动、内心的觉醒和对自我的否定。作者是怎样把这种思想感情入木三分地刻画出来的呢？进一步钻研，就可发现作者勾勒形象有独特之处。按照观察事物的常规，近大远小，而此处却一反常规，愈远愈大，大得“须仰视才见”。这就好像是运用连续转动的特写镜头，使心中的形象越来越强化，分量越来越沉重，心灵的震动也就随着“威压”的形成与增添而显现。一个“榨”字极言外力之大。车夫高尚灵魂是极大的外力，促使“我”自惭形秽，自我觉醒。钻研教材时不断积累点滴体会，有助于阅读分析能力的提高。

其次是要花一定的功夫研究教法。备课不仅要备教材，还要备学生，备怎样教学生才能掌握的方法。“备学生”就是研究自己的教学对象。要做有心人，通过各种渠道，运用各种方法，了解、熟悉自己的教学对象。知之准，识之深，才能教到点子上。了解，不能只站在学生世界的外面观察，要走进学生世界之中眼看耳听，摸准他们的脉搏。学生学语文处在变化之中，有的是顺着原来的方向发展、进步，有的会变化很大，或成拐弯之势，或呈飞跃之姿。教学不研究学生，就如盲人瞎马，往往事倍而功半。

方法要研究。教语文有法而无定法。方法可以因教材而异，因教学对象而异，因教师特长而异。每个教师都可创造许多行之有效的方法。但是，不管采用和创造怎样的方法，有几点是必须遵循的：（1）必须从教材实际和学生实际出发；（2）必须在加强语文基础、培养语文能力、发展智力等方面收到实效；（3）必须着力调动学生学习语文的主动性和积极性，充分发挥他们的聪明才智。课既要“实”，又要“活”，在“活”与“实”有机结合的情况下，教学方法可百花齐放。

学

语文教师要有拼命吸取知识营养的素质与本领，犹如树木，把根须伸展到泥土中，吸取氮、磷、钾，直到微量元素。只有自己知识富有，言传身教，才能不断激发学生求知的欲望。学习能使人心明眼亮。《颜氏家训·勉学》说：“夫所以读书学问，本欲开心明目，利于行耳。”学得扎实，学得深入，学得宽广，就为不断改进教学、提高教学质量准备了重要的条件。

在实践中学习，从书本里学习，都很重要。对教师来说，读书更不易，更难坚持。语文教师工作繁重，要想有大块时间学习难以做到。为此，锲而不舍的精神尤为重要。出于对知识的渴求，要坚持把零星的宝贵时间有计划地用上，每天坚持半小时、一小时，一日不多，十日许多，天长日久，也是可观的。根据我的体会，这条学习路是光荣的荆棘路，能不能坚持走，是对意志和毅力的考验，是对事业心、责任感强不强的检验。

读书要会读，要学思结合；如果读而不思，只是“对书”而已，就很难从中吸取到养料。记得冯至给茅盾的《杂诗》第十二首中有这么两句：“愧我半生劳倦眼，为人为己两蹉跎。”“劳倦眼”意思是劳累眼睛，结果如何呢？“两蹉跎”，对别人对自己都无所收获。冯至先生是自谦之词，他在学问上很有成就，但从这两句诗中我们仍可得到启发。学必须思，阅读精思，学一点懂一点，既立足于积累，又注意运用，长此以往，就可收到效果。

理论学习应放在相当的位置。理论上的模糊必然导致实践中的盲目。教学中的无效劳动往往是理论上认识不清、理解上偏颇所致。语文教学方面多，内容繁杂，比如语文教学目的中知识、能力、智力、思想情操之间的关系，语文能力中听、说、读、写之间的关系，教学过程中教师、学生、教材之间的关系，语文训练中单项训练与综合训练之间的关系，等等，都需要有正确的理论指导，才能妥善处理。其中最为重要的是学习辩证唯物主义观点，要学会全面地辩证地分析问题，孤立地、割裂地看问题，往往会违背教学的基本规律、语文的基本规律。又如语文学科中德育教育的问题，要见诸实践，教师需具备德育的基本功。要对学生进行马列主义基本观点教育，教师自己就得具备观察社会、认识世界的辩证唯物主义和历史唯物主义观点；要以理服学生，教师首先得以理服自己。不知德育为何物，当然就看不见也找不准结合点，也就无从谈德育教育。

理论学习最忌语录式。任何一个教学观点的提出，都有一定的文化背景和教育背景。为了阐述某一观点，有针对性地强调一些问题，是允许的，也是可以理解的。如果寻章摘句，强调到不恰当的程度，就走向事物的反面。因为真理跨越一步就会是谬误。在我们这块土地上，由于文盲、半文盲的绝对数相当可观，长期以来，语录式、口号式的教学容易流行。其实，语文教学既是科学，又是艺术，其中的规律难以用几句话囊括。学理论就是要下功夫掌握一些基本观点，力求融会贯通，指导语文教学实践。

借鉴外国的经验也很重要，他山之石，可以攻玉，但学习时自己须有主心骨。我们从事的是有中国特色的伟大的教育工程，从事的是母语教学，与国外的教学目的不同，条件有异，因而不能照搬照抄。学习外国科学的教育理论，借鉴语言、文学教学的方法，目的在于丰富自己。忘了自己语文教学的个性与特色，就容易迷失自己。更何况由于语言的隔阂与障碍，翻译的文章有的已失去时效，有的已在实践中修改或扬弃。因此，阅读时要注意鉴别，从我国语文教学实际出发，取其精华。

业务学习要毫不懈怠。“吾生也有涯，而知也无涯”，对语文教师来说，“知”的“无涯”更为贴切，更为现实。语文教材的内容可说是古今中外，无所不包，要能把握教材，对学生进行有效的教育与训练，确实要博览群书，懂得越多越好。我觉得紧扣教材深入学，不失为一种好方法。

例如教《木兰诗》中“愿为市鞍马，从此替爷征。东市买骏马，西市买鞍鞯，南市买辔头，北市买长鞭”诗句时，作者用多方铺排的方法渲染从军准备工作的忙碌气氛，但为什么“市”要分“东西南北”，难道买东西还限制“东西南北”吗？带着这个问题读一读有关的史书，就可发现我国宋代以前，城市中一般是商业区和居民区分开，市区开市闭市有一定的时间。唐代首都长安，就有专门商业区东市、西市。古时市制，课上不必讲，但教师自己可以懂一点。

学知识如汲深泉之水，越学越能品尝到其中的甘甜。深入学有益，广泛学也不可少。自然科学、社会科学的读物要经常翻阅，以开阔视野，增长见识。

做一名语文教师，在学生心中应该是既“师风可学”，又“学风可师”，言传身教，不断进取。教师爱得深，钻得精，学得勤，德、识、能、绩必能全面长进。

老教师指导下的青年教师培训
——中国教师师徒帮带事例

写本文的目的有二。

第一，把中国在职教师岗位培训方法介绍给西方。目前，中国许多中小学都有自己一套新教师岗位培训的方法。这些方法不同于师范院校的正规培训，而是由各学校自己制订、执行，并进行总结和修改、完善的。新教师虽然都毕业于师范院校，学历上符合要求，但在实际工作中教学任务还不能胜任，须经过锻炼才能适应。在这些学校里，教师岗位培训既是新教师的任务，也是老教师的职责，二者协作共同完成。通过岗位培训，新教师得到提高，其他教师也有所收获。因为几乎所有教师都或多或少地参与了这一工作，这就给整个学校造成了一种教学学习的气氛。

第二，向教育研究界介绍一位有成就的教师的教育观点。中国与美国一样，很多时候，教育实践和教育研究是完全分割开来的两个领域。在研究领域里，往往把教师的观点、看法只是作为研究的基本数据资料，而没有提高到作为学术研究的论点。不少教育杂志上的文章

本文为作者与马立平同志合著，是美国密歇根州立大学国际教师学习研究中心国际合作研究项目的论文，1992 年 3 月在美国教育研究会年会上宣读，引起重视。其后作者陆续收到美国伊利诺伊大学、阿巴拉契州立大学、加州大学海沃德分校、加拿大多伦多大学、西班牙格拉纳达大学、澳大利亚昆士兰大学、以色列海法大学等教授专家来信，要求拜读此文。可见青年教师培养是各国教育界普遍重视的问题。相关内容亦可参阅《中、英、美师带徒职初培训模式比较研究》。

只由教育学家、研究人员提供，文章的风格、语言和课题往往拒教师的智慧、经验于门外。

为了更好地把教师的观点介绍给教育学界，本文不采用研究报告形式，而是以对话来展示。于漪是位具有 40 年教龄的优秀中文教师，现任一所师范学校校长，她在谈话中阐述了她所在学校里新教师岗位培训的方法与过程；同时，我作为她与教育研究界的一个中介人物，以问答方式，请她谈谈对美国一些教育学观点的看法。这篇论文不是普通对话的实录，它显示的是关于教育研究与教育实践两个方面的一位优秀教师的观点，也是中国文化与美国文化的比较。

学历符合要求不等于岗位上符合要求

马立平

听说贵校有一个新教师五年岗位培训制度。所有分配到学校的新教师都受过师范教育，理应符合教师工作要求，为何还要接受职业岗位培训？这种培训是怎样进行的？又为何要持续五年？

于漪

建立岗位培训的初衷是为了缓和新教师入校工作后带来的紧张气氛。多年来，每当新教师来校，总有一种紧张、杂乱的气氛，原因是新教师对工作的不适应不仅影响自己的工作，也影响教同一班级的其他教师。如果让新教师自己解决所遇到的问题，需较长时间，这就给学生和学校带来不必要的损失。为此，我们采取一些措施帮助他们解决问题，克服不必要的紧张气氛。随着新教师岗位培训的实施与完善，效果好于我们的预料，整个学校的教学水平有了一定程度的提高。该制度的实施过程成了所有教师自我完善的过程。

马立平

你能简单谈谈你们是怎样完善这个制度的吗？

于漪

开始，我们通过教研组的形式来帮助，后来发现，大家虽教同一课程，但由于年级不同，帮助的针对性不强，实效也就不显著。于是，我们尝试选择一些富有经验的老教师作为指导，与新教师配对，形成师徒关系。与此同时，教研组仍担负培养新教师的责任。此外，每年还开展新教师评优活动，要求他们开公开课，写关于教学改革的论文，交流读书笔记。评优活动的评委，由具有实践经验的骨干教师组成，最后评出一、二、三等奖获奖人员。岗位培训这三个步骤，使新教师与其他教师能进行多方位的交流。

马立平

确实，三个步骤代表了三种不同范围的交流。一是新教师与他们的师傅学习交流，二是与整个教研组成员学习交流，三是在评优活动中，新教师之间，新教师与其他有经验的教师之间，广泛地学习交流。通过这三种不同范围的交流学习，新老教师教学质量都得到了提高，是吗？

于漪

是的。五年岗位培训后，我们发现有些徒弟在某些方面甚至超过了师傅。新教师在教学上不断完善，培训才告一段落。

马立平

你的意思是说，完成了高等师范的学习任务并不能算真正完成了教师的培训工作？

于漪

是不是可以这样理解：学校不应只是“使用”接受过高等师范教育的教师，而不担负继续培养的责任。事实上，完成了正规的高师教育，只是完成了成为合格教师的一半工作，另一半需在他们工作的学校里完成。尤其在中国，教师是一种终身制的职业，科技迅猛发展，新知识层出不穷，教师的培训和自我完善没有止境，而这种培训和自我完善只有在学校里进行。

马立平

为什么你认为在正规的高师中所接受的师范教育只是完成了教师培养的一半？在岗位上的教师培训的宗旨又是什么？

于漪

正规的高等师范教育并不能提供完全合乎实际工作需要的教师，这一点不是什么秘密。新教师初上工作岗位，常感教学内容、教学进程、课堂纪律难以把握，大学里学到的理论一时用不上。

马立平

新教师在哪些方面有欠缺呢？

于漪

对此我未作过专门的研究。我的基本印象是：新教师有不少优点，但不足之处不少，他们不善于组织课堂教学，由于教学环节松散，难以积极调动学生的智力活动，尤其不善于处理一些意想不到的事，这是一。第二，新教师安排教材缺乏经验，专业知识也许并不差，但不大知道怎样剪裁，怎样组织，怎样表述讲解，有时不明白一节课究竟可以教多少内容，哪些要重点强调，哪些仅简单带过。第三，与学生交往中容易缺乏持重，应变能力不强。第四，批改作业时往往从自己想法出发，不知怎样根据学生原有的思想和思路来完善答案。当然，还有责任心、良好的职业道德、职业习惯等。所有这些都说明刚毕业的高师生，并不完全合乎教师这一岗位要求，需要继续学习。

标本兼治，重在治本

马立平

在你们的岗位培训中，能不能纠正这些新教师的“通病”呢？

于漪

能。但我们并不是立即直接地纠正。

马立平

这是什么意思？难道你们不希望尽快纠正这些毛病，使新教师更快地符合工作的要求吗？

于漪

培养一名合格的成熟的教师需要时间。刚才我列举的新教师不足之处只是一些“症状”，性急的病人和庸医往往只知道急着治标，而高明的医生更注重治本，须知“欲速则不达”。

人们通常认为新教师所遇到的问题只是不知道“怎样”去做，怎样去安排课程，怎样维持课堂秩序，怎样组织和表达教学内容，等等。而事实上他们不知道怎样做的根本原因在于他们不知道要“做什么”和“为什么这样做”。一般地说，他们还不能真正理解“什么样”的课才算好课，“为什么”是好课。当人们对目标不明确或不甚明确时，又怎么知道“怎样”去做呢？因此，可以这么说，“不知道怎样做”是病症，而“不知道做什么”和“为什么这样做”是本质。

马立平

刚才你强调“真正理解”，有什么特别的含义吗？

于漪

在高等师范他们应接受这样的教育，从理论上、道理上知道一名好的教师应该做什么以及怎样去做，但在实际工作中、在情感上他们并不真正懂得。事实上，任何一个人只有当他从理论到实践，从道理到情感上都了解了某件事，我们才能说他理解了这件事，教学也是如此。

马立平

在你刚才的谈话中，提出了一些在研究领域中我未曾听过的被定义的词，如“实际上”“情感上”理解，但我能体会你话中的含义。你们是怎样帮助新教师从“实际上”“情感上”理解他们应该“做什么”和“为什么这样做”的呢？

于漪

有些时候，能用言辞表达对事情的理解，有些时候，难以用言辞准确地表述，这时就须借助一些实际与某一范围的人进行交流。这就是我刚才说的“实际上”的理解。当原理在理论知识中占重要地位时，人的情感、激情在“实际理解”中就起着很大的作用；当理论知识是抽象的，不能用言辞准确表述时，实际的理解就很重要，人们可以意会。为了让新教师真正知道一位好的教师应该“做什么”“为什么这样做”和“怎样做”，我们的岗位培训采取了三点措施。

马立平

你能逐一介绍这三点措施吗？

于漪

第一点，我们让新教师理解“教师”的含义，理解职业的价值，这是通过学习一些著名教师的榜样去完成的。什么样的教师是好教师？我曾读过许多理论家的文章，我的观点是：虽然不同的时代有不同的强调方面和表述方式，但在人们的心目中，它们的基本概念却是不变的，而这些基本概念就蕴含在世界上伟大教师的身上。我们可以列出一长串伟大教师的名字，从中国古代的孔子到西方的苏格拉底，从捷克的教育家约翰·夸美纽斯到意大利的教育家玛利亚·蒙台梭利，从苏联的教育家安东·马卡连柯到美国的教育家约翰·杜威等，他们都是教育学界公认的伟大教师和教育家。从他们的思想和实践中，我们可以获得“什么是好教师”的基本概念。了解这些杰出人物的教育方面的故事，是实际理解什么样的教师是好教师的重要途径。我们并不要求新教师以文字的形式总结出“好教师”的概念，而是相信，他们了解了这些伟大教师，会为伟大教师的敬业精神所感动。当他们面对学生进行教育时，他们脑子里会想到一个优秀的教师应该怎么样，这种观念会帮助他们树立职业的目标。同时，学校的优秀教师以及全国、全市的优秀教师也都是新教师学习的榜样，鼓励新教师与他们接触，了解他们。通过这些国内外实实在在杰出教师的事例，我们希望新教师从实际上理解“好教师”的含义。

马立平

我觉得这是对他们在大学里所学到的知识的一个重要补充。

于漪

对。第二点是使新教师知道作为一名好教师所应具备的素质。教师须具有不断追求新知识、不断完善自己的品质。教师这种职业就像万米长跑，不是百米冲刺。教师应具有韧性，具有持久的精神来不断进行自我完善。我们所追求的就是“完美的结果”和“锲而不舍积极进取的精神”。这就是教师的基本素质。

马立平

你认为教师在他的教学生涯中应学习什么？

于漪

总的来说，应准备学习任何事情。当然，作为一名教师，学习的重点应与自己的工作有关。教师具有两个责任：一是对所教学科负责；二是对所教学生负责。学习应与这两个责任相关。比如我是语文教师，我应对中国的语言文字、中国的文学负责，应对我的学生，尤其是他们与中国文化相联系的心智生活负有责任。要切实负起责任，自己就须努力学习，不断学习，否则脑子就发僵，活不起来，更不要说有新体会，新见解，新教法，令学生受益，令学生信服。我相信，一名教师如果真正知道什么样的教师才是好教师，并具有不断求索的精神，他就会清醒地知道自己去学什么。

马立平

刚才你所说的使我想起戴维·伯罗门在他的一篇题为《教育中理论与实践的关系》文章中所提出的观点。他说：一名教师只有永远是他所教科目的学生，他的“学生心理活动学习”的学生，才能成为一名真正的教师，一位精神生活的指导者和激励者。

于漪

正是这样。一位好的教师应该永远是一名学生，一名善于学习的学生。

马立平

你们的第三点措施呢？

于漪

培养新教师日常教学工作的技巧。它包括：怎样进行课堂教学设计，怎样处理教材，怎样安排板书，怎样批改作业，怎样拟定试题，怎样评定成绩，等等。开始，可模仿师傅的做法，而后，可根据自己的想法进行设计。俗话说，“教学无常规”，但刚开始工作的新教师必须有一些规矩来规范自己的教学行为。

马立平

你谈到的三点中有没有哪一点特别重要？

于漪

无严格的轻重之分，虽然在实际中会有所侧重。从时间角度看，刚开始比较侧重于学习和掌握教学的技能，而后侧重其他相关内容的学习。

实际教学是知识的优化组合

马立平

刚才你谈了你们的新教师岗位培训工作，你认为你刚才所谈的工作非得在实际的教学工作中来完成吗？有没有可能，设计一个教学计划，在高师教育中完成。

于漪

我并不认为对一名教师的培训可全部在大学里完成。在大学里学习的一门一门课是分别进行的，就好像在一片土地上有许多条河流，它们的目的地可能是一个，但各自都是独立的。教师工作不是这样。当所有河流接近入海口时，各支流就汇成了一股，这新的大河流由原来的各支流组成。实际的教学工作仿佛这汇合的河流，所有新教师面临的任务就是要把以前所学的一门门知识根据需要有机地、灵活地组合起来，形成新的、有活力的整体。

马立平

你说的各学科知识的汇集与组合使我想起一位美国教授所提出的教师学习学科知识的方法——“教学法式方法”。也许你以前没听过这个名词，但是我觉得你刚才所谈的观点与“教学法式方法”相似。

于漪

是的，我想是这样。虽然我并不具体了解这位教授“教学法式方法”的含义，但我可从我的角度来理解它——从特定角度对不同学科的知识进行“优化组合”。“优化组合”，不只局限在专业学科上，而是从教学目的出发，把以前所学的知识进行再组合，使之成为一个整体。不仅教学如此，艺术家创作时也是从艺术表达的角度把自己已掌握的知识重新组合，从事其他各项工作也如此。你听说过中国古代书法家王羲之的故事吗？一次他去访友，竟然跟在两只鹅的后面走了几公里的路，观察鹅脖子的活动。鹅颈的优美姿态激发了他的灵感，他想运用于他的书法之中。教师也一样，要善于把各种知识运用于日常的教学之中。

马立平

你所谈的关于“教学法式方法”的观点很有意思。舒曼博士的观点虽然不完全与你的一样，但却有许多相同之处，我能感受到你们之间的内在联系。从我的理解来看，舒曼博士研究“教学法式方法”的目的在于提高高等师范的教育质量，换句话说，他想把“教学法式方法”的学习引入高等师范的教育课程中去，你对此有何看法？

于漪

我认为对各种知识的优化组合的学习只能在实际的工作中来完成。各学科知识从逻辑上讲，是相互独立的，并不像玩具积木，你可以在任何想搭的时候就搭起来。是什么使王羲之想把鹅颈的姿态引入他的书法？是他对书法艺术的投入。书法，是他精神、情感及审美世界的追求，正是这追求使得他能把各种知识融于一体，只有当他把自己的身心全部投入到书法中，才能做到这一点。在实际工作中，只有真切感到确实必要，发自自然，才会对各种知识做到优化组合。也只有在实际中，才能找到真正的出发点来优化组合各学科知识。这就是我为什么认为对“教学法式方法”的学习，只有当一个人真正投身于教学实践中而非其他时候才能完成。我并不认为有做教师的愿望就足够驱使一个人实现各种知识的综合。

马立平

你讲了一个很有意思的观点，我发现其中包括许多别的因素，比如道德思想因素。

于漪

是的，一个人只有当他成为学生的教师，真正进行学科的教学，他才会感受到自己的责任，否则单纯地进行“教学法式方法”的学习可能只是隔靴搔痒。

通过教师间的交流获得反馈信息

马立平

新教师岗位培训须在老教师帮助下进行，这是你刚才介绍的，那可不可以由他们自己独立解决实际中的问题呢？

于漪

我认为有经验的教师的帮助是一条有效的途径。每个初学者都是从以下两点开始的：模仿和与知者之间的交流。以你写研究论文为例，如果你从未读过任何一篇研究论文，你会知道怎么写吗？在实际中，你读了而且也必须读许多研究文章，从它们中，你不仅了解了作者的观点，而且懂得了他们怎样组织材料，选择语言，阐述观点。这样，你就知道怎样去写。论文完成后，你从你的指导教授处得到他的批注，根据这个反馈，你再检查自己的文章，或者去见导师就他的批注进行讨论。虽然对你的论文你可以有自己的观点，但你却还是须用人们常用的方法表述，你不可能全部另创造表达模式。如每篇课文方式独特，语言独特，人们就难以理解了。对教师来说也是一样。大学是适合做像写研究论文等学术工作的场所，不对中学生直接进行教学，在大学可完成教学方法课程的学习，但真正地发挥作用须经过教学实践，在实践中学习教学。遗憾的是，许多人往往认识不到这一点。没有一个人能在没学会读之前先学会写，但许多人却忽视了新教师向老教师学习的重要性。

马立平

你不认为任何受过教育的人都经历了10多年的教学吗？美国著

名社会教育学家洛蒂（D. C. Lortie）认为，每一位受过学校教育的人都可称作是教法的“被动的学徒”，你也这样认为吗？

于漪

每一位受过教育的人都亲历了实际的教法十数年，这是事实。但是，作为一名学生、作为一名学生的教师和作为一名新教师，他们对一节课实际教学的观察很不相同。他们听课的目的不同，所见也就不同。例如看一出哈姆莱特的戏，你认为一名普通的观众、一名演员和某一剧团准备扮演哈姆莱特这一角色的演员，他们会有一样的收获吗？对后者来说，他会情不自禁地把台上演员的表演与自己的亲身感受比较，这也会带来很强烈的反馈信息。同样，经历过教学并不能代表理解了教学。我们认为听课就是教师间相互交流，创造接受反馈的机会。通过指导教师（师傅）和其他教师听课，会促进新教师之间以及新老教师之间的交流。

马立平

唐纳德·史可（Donald Schön）把教师比作“举一反三的实践者”，就“辅导员”与“实习教师”的对话，他提出了他的观点。他认为能够培养“举一反三的实践者”的对话，至少有三个要点：（1）对话的内容与学生的行为有关；（2）对话中既要利用文字，又要利用行动；（3）对话建立在相互反馈交流的基础上。他认为师范教育还须重新计划，有必要把对科学的应用和现场交流的训练结合起来。对师范生来说，这种学习至少要求他们做到三点：现场的理解、现场的反馈和对现场反馈的再反馈。

于漪

我认为他的观点是正确的，这三点相互关联，我尤其赞同“相互的交流反馈”。事实上双向的交流更容易理解对方的反馈。换句话说，让新教师自己去适应教学工作，所不足的就是缺乏因相互交流而取得的反馈。在我们的岗位培训中，相互交流反馈不仅在师徒之间，而且有更广泛的范围，如教研组之间、新教师之间、全校各科教师之间大范围的交流。

与杜威的建议不谋而合

马立平

你说听课可以获取反馈，是不是任何时候都这样？有人认为不恰当的听课会抑制新教师的创造性，我非常欣赏杜威关于师范生听课的以下一些建议："师范生听课，不应只是找出优秀教师的做法，把它作为自己知识的积累。当然按这些方法做，也会获得教学上的成功。但他更应注重师生之间的内在交流，听课首先应从心理的角度出发，而非实际的角度。"你是否认为杜威的建议只是一种理想，或者说根本不可能实现？当一位新教师带着解决他的"病症"而非"病根"的目的来听你的课，他真正想得到的是什么？我想他们应观察的与他们想注重的并不太吻合，而且后者往往由于更具迫切性，战胜了前一个目的。

于漪

我并不认为杜威的建议只是一种乌托邦的设想。从我们的经验来看，对还只是注重课堂组织安排的新教师开公开课，采用三种做法。第一种做法，听课前告诉新教师应注意的重点，不能指望在一夜之间解决所有的问题。我经常告诉我的学生，这好比吃东西，不能指望身体能立刻利用所吃的食物，需要有一个吸收的过程。我要求他们用一段时间来消化吸收我的课。也许他们不会马上接受我的建议，就像你刚才说的那样，他们应该看的与他们想注意的并不总是吻合，但事先告诉他们重点，比什么也不说强。第二种做法我认为非常重要。一堂好课，它的活跃的师生之间的精神交流，它的具有特色的思想问答，教学语言的魅力，会牢牢吸引听课的人。在一堂好课中，我们所说的课堂管理技巧会巧妙地融于师生间的思想活动之中，甚至不为听课者所察觉。听这样的课，即使新教师带着学习方法与技巧的目的，也会迅速地沉醉于师生思想交流的气氛之中。新教师应多听好课，以提高他们鉴别教学方法好坏的品位。虽然他们不能在很短的时间里实现这点，但可引导他们独立辨析什么样的课才是好课，或一堂好课应是怎样的。有些人批评青年教师太“苛求”，眼高手低。在教学鉴别上苛求又有什么不好呢？我认为这是成为一名好教师的开端。为此，新老教师配对，我们采取了审慎的态度，“老”与“好”毕竟是两个概念。第三种做法是抓听课后的反馈。听完一节课，趁印象还新鲜，展开讨论，指出优点，分析不足，上课的教师参与讨论并对某些问题进行解释式论述。我想，听课采用这些做法，取得的效果与杜威的建议可不谋而合。

马立平

你刚才讲的话很让我受益。你指出了师徒帮带给教师培训带来质上而非形上的不同。事实上，师傅好，新教师的创造性不仅不会被抑制，而且会得到鼓励与支持。

于漪

完全正确。我们自己也清楚地认识到，我们所取得的成绩离不开自己的革新与创造。我从不希望新教师完全踩着我们的脚印走，正如画家齐白石所说的那样：“学我者生，仿我者亡。”

师徒帮带不能取代正规师范教育

马立平

在我看来你们的教师岗位培训是非常缜密和有实效的，你认为对你校新教师来说，正规的师范教育仍有必要吗？

于漪

很有必要。我前面说过，大学里的师范教育只是完成了教师培养工作的一半，另一半是在教学岗位上完成的。我认为任何一半都不可能取代另一半。大学里的师范教育为师范生提供了一个理论框架，是新教师日后工作与发展必不可少的基础，这是我们学校里的岗位培训无法做到的。

马立平

我们已谈到了下一个话题——师范教育与岗位培训的关系。我非常满意这次谈话，对你所讲的内容很感兴趣。谢谢。

做知识的富有者

在当今社会，“富有”这个词对众多的人来说，是具有很大的吸引力的。然而，人们想到的往往是物质财富，精神上怎样富有起来，想得就比较少了。人要生存，就要吃饭，就要穿衣，物质生活当然要考虑。但是，精神上贫乏，是个一无所有的乞丐，人的味道也就荡然无存了。

教师，作为人类精神文明的传播者，特别要讲究知识上的富有。生活上要逐步改善，这是无可非议的，但如果作为追求的唯一目标，那就会走线离谱。对物质财富要看透。如从事电脑行业的王安，曾是世界上华人富翁的首富，上西天时带不走一美元。到他儿子手里，家业逐渐败落。这是众所周知的事实，从中可获得人生的启迪。明确肩负育人的重任，锲而不舍地学习业务，学习文化，学习政治，学习科学技术，做一名精神富有的教师，就会在平凡的岗位上出成绩，出智慧，闪发人生的光彩。

首先，把“学”放在十分重要的位置上。要做到诲人不倦，先必须学而不厌。在现代信息社会，尤其如此。有一种误解，认为教师教学生，当然“教”是第一位的，教有余力，才挤时间学一点。似乎“学”在教师生涯中无足轻重。其实不然。教得好关键在于学得好，课的内容丰富生动，开启学生智慧，单讲究教学方法是远远做不到的，有源头活水流淌，不断以新知识充实自己，不断增长新的见识，课就有质量，就有风采，对学生有吸引力。课外与学生结交也是如此。教师，尤其是青年教师，与学生的关系是亦师亦友。在学生面前，应该做到师风可学，学风可师，学习方面也是学生的榜样。通过不断学习，知识日益富有，人就变得有才华。与学生交流，学生耳濡目染，不仅增长对教师的信赖与尊敬，而且受到良好的熏陶。因此，教师要有拼命吸取知识营养的素质与本领，犹如树木，把根须伸展到泥土中，吸取氮、磷、钾，直到各种微量元素。语文教师尤其要如此，因为语文教学的内容十分广泛，可说是中外古今，无所不包，非认真学习，不能驾驭一二。

学什么，这是第二个要研究的问题。尽管每个教师具体情况不同，学习要从实际出发，但有些基本的东西都应认真把握。例如，学政治，邓小平同志关于建设有中国特色的社会主义理论，就要领悟精神实质。如要坚持两个文明一起抓，两个文明建设同步发展。物质文明起着基础的作用，精神文明建设的根本任务是培养有理想、有道德、有文化、有纪律的新人。两个文明的建设互相渗透，双向推进。思想上对这个理论真正有认识，分析问题、处理问题的本领就大大增强。

又例如学文化。大学毕业生还要学文化吗？这里所说的文化，当然不是指识字的ABC，是指文化素养的“文化”。有学历不等于有文化，是不是刻苦读书，是不是成为文化人，得靠自身的努力。语文教师要学中华民族优秀的传统文化。传统文化，作为中华民族的伟大创造，虽历经时代变迁，人间沧桑，却始终活在一代又一代人们的心中，并以它博大精深、辉煌灿烂的魅力，影响着人们的思想和行为。许多史书蕴含着历史的智慧，朱熹认为“读史当观大伦理、大机会、大治乱得失”，从史书中获得历史知识，认识过去的中国，了解历史进程中的种种得与失，增强历史选择的意识，可以出见解、长智慧。读一些先哲、学者、名家的著作，如《论语》《孟子》《史记》及诸子百家代表作，可长民族的志气、民族的自尊、民族的自信。鲁迅说过：“我们从古以来，就有埋头苦干的人，有拼命硬干的人，有为民请命的人，有舍身求法的人，……虽是等于为帝王将相作家谱的所谓‘正史’，也往往掩不住他们的光耀，这就是中国的脊梁。”读史书，读先哲著作，接触到为中华民族做贡献的众多人和事，你会为艰苦奋斗、自强不息的民族精神所震撼，你会为他们洞悉社会、探讨人生的深邃思想所折服，从中吸取丰富的营养。结合中国文学史的学习，广泛地读一些散文、诗歌、小说、戏剧，能开阔视野，加深对知识的理解。知识丰富了，教学时不必也不应该故弄玄虚，但是，作为一名语文教师，知其二，知其三，心里就踏实得多。

学习优秀传统文化的同时，外国的优秀文化也要学习。优秀的文化是人类的共同财富，它往往跨越时空，跨越国界，在人们心中留下永不磨灭的思考与遐想。语文教师读一点世界文学名著，了解他国他人他事，借鉴写作技巧，欣赏异国风情，乐在其中。

最新的科学技术动态也要多加注意，如现在全球正在掀起建设“信息高速公路”的热潮，美国克林顿政府提出在今后 10 年至 15 年内建成全国信息网络——“信息高速公路”，日本也制定有关计划。这实际上是一场继电话时代和航天时代之后又一场更加深刻的科技革命，将大大推动世界经济的发展。

总而言之，学习既要从自己的实际出发，有主攻方向，又要比较有系统地学习某些知识，扎扎实实读点书。紧扣教学深入学，拓宽思路广泛涉猎，以聚沙集腋的精神积累知识，逐步成为知识的富有者。

积累需要时日，绝非一蹴而就，因此，“恒”就特别重要。要有坚持不懈、锲而不舍的精神。一日不多，十日许多，长此以往，学的东西就很可观。学习毅力从何而来？来自对教育事业的满腔热忱，来自育人的崇高使命感。

在浪潮中搏击

如何根据语文教学大纲的要求有效地提高全体学生的语文水平，是富于事业心和责任感的语文教师努力探讨的热点问题。于是，各种改革的方法和措施在全国各地涌现，形成语文教改的浪潮，从教材到教法，从课堂教学到课外活动，从语文知识的传授到语文能力的培养等，研究并有初步成果的不乏其人。青年教师应像许多有志者一样，投身于语文教改的浪潮中，在浪潮中搏击。

现代社会里凡事都要讲实效，语文教学也是如此。如何在课堂有限的时间里提高教学实效，是教学第一线的语文教师进行改革的主攻方向。学生在中学里要学六年语文，要上近千节语文课。如果每节课都有明确的目的，训练都到位，学生理解和使用祖国语言文字的能力、赏析文学作品的能力，应该说可以达到一定的水平，其中佼佼者能在文科方面脱颖而出。然而，遗憾的是实际状况与应达到的目标还有相当的距离。时间花得不少，效果不理想，原因何在？改革，就要静下心来思考与研究这类问题。

改什么？怎么改？要调查，要分析，不能盲从，不能人云亦云。影响课堂教学质量提高的因素很多：从面上说，普遍性的问题是哪些，可以排排队，分分轻与重、大与小；从个人说，哪些好的有效的做法要坚持，哪些方面存在问题，突出反映的是什么。经过认真的调查研究，作实事求是的分析，应该怎样改革，心中就有底。比如，教学是围着考题转，还是以教学大纲为准绳，就含糊不得。如果学生一进高中，就对准高考的范围与题型进行操练，而忽视对课文的深入学习，“准星”偏了，语文能力就不可能获得有效的培养。有些课文确实是佳作，是训练学生读写能力、熏陶学生思想情操、发展学生思维力和想象力的好依据，但由于高考指挥棒的困扰，好端端的“文”

斩头去脚，整体不见了，只是某个局部，某个局部也不是从整体认知，从语言文字和思想内容辩证统一的高度去揣摩，去领悟，而是抠几个字眼微言大义一番，支离破碎，碎尸万段。文章没有了，文味没有了，动情点消失了，学生脑子里塞进的是乱七八糟的“题”。语文能力怎能切实提高？这种情况不下决心改革，行吗？

改革，一定要紧紧扣住学科的性质与特点。语文教学是汉民族的母语教学，和学外语不能等同。外语教学行之有效的方法有的适合语文教学，有的并不完全适合，甚至很不适合，这就要用心分析。比如听和说的训练，学母语的环境和学外语的环境完全是两回事，应严格区别。训练的重点、程序、方法等，都要从学生的实际出发，针对性越强，训练效果越好。又如标准化试题，我们借鉴一点未尝不可，但把它奉为是最先进的、最科学的就大可不必。中学学习语文，一要重理解，二要重运用。别人说的话、写的文章要听懂、读懂，不能弄错，不能走样。话要说明白，写的文章要通顺。这些都是最基本的要求。迷信标准化试题，其结果是学生运用语言文字的能力很差，有些连一篇文章的中心意思都表达不出来，没有组织语言文字的能力。学生读写能力不能有效地提高，这种移植乃至照搬，就值得打问号。

改革，是要具备勇气的。既要敢于破除陈旧的确实束缚学生主动性、积极性的观念与教法，又要善于识别包装得美的但缺少实际效果，乃至有科学性错误的做法。着力于一味地讲解、分析，细碎又细碎，学生读课文、想问题、谈看法的机会被占掉，学习积极性就受到压抑，这种教法当然要改。改，就须有转变观念的勇气，把相信自己转变为相信学生。学生是有主观能动性的人，有一定的学习能力，只有充分认识这一点，启发、点拨、引导，学生才会学有兴趣，学有所得，学有旺盛的求知欲。改，不能搞形式主义，不能搞花架子，不能醉心于口号的响亮、迷人，而应追求实实在在的内容，实实在在的效果。复杂的语文教学及其规律，非简单的口号所能囊括，可为什么有的口号又会产生轰动效应呢？这与我们这块文化土壤有关。长期以来，我国有数目可观的文盲、半文盲，复杂的东西简单化很容易接受。我们青年教师是文化人，立志教改要善于识别，在科学性、实效性上多下功夫。

改革，要增强实验的意识。可有总体设想，可以局部改革为突破口，取得经验，再扩大成果。但无论采取怎样的方式，都要从教与学的实际出发，在调查研究弄清情况的基础上进行，而不是凭主观臆想，要怎么改革就怎么改革。改革是改掉不科学的、低效率的、影响学生学习主动性的，绝不是把好的、有效果的东西丢弃。比如，多读多写是提高语文能力的有效方法，被大量实践所证明，不能因为是传统教法就丢弃。至于怎么读怎么写，怎样更有效果，改革的天地十分广阔。改革的结论应产生于一定时间的实验之后。改，有成功，也会有失败，成功与否不能凭主观臆断，应该实事求是。实践出真知，实践是检验真理的标准。有计划有目的地进行教改的实验，三年磨一剑，五年磨一剑，认真积累，科学分析，就会越来越认识语文教学的规律，越来越会有真知灼见，取得语文教学的主动权。

愿青年教师在语文教改的浪潮中搏击，成为语文教学的中坚力量！

爱国主义铸师魂

社会上并不是所有的人都能做教师的，除了学科专业的教育才能外，教师要有教师的气质、教师的风骨、教师的魂。在商品经济大浪潮中，要维护学校教育的纯洁，确保学生按德智体全面发展的要求健康成长，铸师魂就十分重要。最近，中共中央印发的《爱国主义教育实施纲要》给我们铸师魂以极大的精神力量。

一、深化认识，提高以爱国主义塑造心灵的自觉性

师范学校进行爱国主义教育有其特殊的重要作用，关系到民族素质的塑造。

我们这个古老的民族历经内忧外患，而今自立于世界民族之林，并以巨大的发展业绩使世人刮目相看，这是由于党的领导，由于一代代志士仁人继承和发扬爱国主义精神。爱国主义是中华民族赖以生存发展、兴旺发达的精神支柱，民族气节是我们的民族魂。在几千年的风风雨雨中，我们民族历经挫折而不屈，屡遭坎坷而不回，披荆斩棘开辟道路，奋然前行，这种自强不息的奋斗精神和炽热的爱国精神构成了中华民族的浩然正气。教育代表未来，教师是未来的塑造者、先驱者，因此，必须具备这种精神。我们学校以“一身正气，为人师表”为全校师生的座右铭，就是要以爱国主义精神、以中华民族的浩然正气塑造全校师生的灵魂。

《爱国主义教育实施纲要》中指出：“爱国主义教育的重点是青少年。”师范生是青年，当然是教育的重点。而且，与一般青年比，

对他们的教育似乎更为重要，也可说是“重中之重”。因为师范生是明日的教师，今日师范生的质量就是明日小学教育的质量，今日师范生的思想情操、道德面貌，就是明日小学教育的面貌。因为一名师范生毕业后工作几十年，要教数以千计乃至万计的小学生，他自身的素质和能力影响儿童一大片，辐射面极广，今日师范生的质量关系到明日民族素质的铸造，其战略意义不言而喻。《纲要》指出：“广大教师在爱国主义教育中要身体力行，为青少年做出榜样。”对师范学校来说，提高教师实施爱国主义教育的自觉性、主动性自不必说，就是对学生，也要不断灌输“身体力行”的意识，毕业后能对儿童施以良好的爱国主义教育，为此，我们强调两代师表一起抓。

二、认真钻研，充分发挥课堂教学育人的主渠道作用

学生在学校大部分的时间是在课堂里度过的，各学科对学生进行怎样的教育，学生长期耳濡目染，就会在脑海里留下深深的痕迹，甚至某些思想、某些语言镌刻在心，永志不忘。课堂教学在学校教育中确实是教书育人的主渠道。

然而，这一点并不是所有教师的共识。谈到思想教育，就会立即想到班主任，想到课外活动，想到社会实践，寓教育于教学之中的反应不直接不强烈。这是因为进行思想教育有显性与隐性之分，参观、瞻仰、听报告、作讲演，都是显性的教育，一目了然，课堂教学中进行思想教育，根据教学内容的特点，有显性，有隐性，而隐性更为普遍，就没有给予足够的重视。

要充分发挥课堂教学对学生进行爱国主义教育主渠道的作用，首先各学科教师须变无意为有意。应该说绝大多数教师重视对学生进行思想教育，但教学时是有意识还是无意识，这种意识强烈不强烈，就很有差别了。教育是有计划有目的的活动，不能企求“无心插柳柳成荫”的意外效果。爱国主义是立国、立身的精神支柱，教师要牢

牢把握住爱国主义这条红线，根据学科特点，根据教学内容与训练要求，适时地撒播到学生心田，滋润他们健康成长。

其次要认真钻研。与教学业务一样，爱国主义教育也要认真钻研教材。正如《纲要》所说的，中华民族悠久历史的教育，优秀传统文化教育，党的基本路线和社会主义现代化建设成就的教育，国情教育等，“素材非常广泛，从历史到现实，从物质文明到精神文明，从自然风光到物产资源，社会生活的各个领域都蕴藏着极为丰富的进行爱国主义教育的瑰宝”，这些瑰宝必然会在各学科教材中有所反映。不管是显性还是隐性，教师要练就一双慧眼，挖掘教材中的爱国主义种子，撒播到学生心中，激起感情的波澜。

当然，在学科中进行爱国主义教育绝不是生拉硬扯，绝不是外加。要在熟悉教材的基础上寻找爱国主义教育和学科知识传授、能力培养的最佳结合点，渗透、溶化，水乳交融，学生获得知识，获得能力，思想感情受到熏陶。教师在认真钻研教材，挖掘爱国主义教育因素的过程中，也用爱国主义思想铸造了自己。只有自己动真情，才能以情激情，给学生以有效的教育。

三、开阔视野，高扬当代中国爱国主义的主旋律

爱国主义是一个历史范畴。作为一种体现人民群众对自己祖国深厚感情的崇高精神，是同促进历史发展密切地联系在一起的。在当代中国，在改革开放、现代化建设的新的历史时期，爱国主义与建设有中国特色的社会主义是统一的。邓小平同志指出：“中国人民有自己的民族自尊心和自豪感，以热爱祖国、贡献全部力量建设社会主义祖国为最大光荣，以损害社会主义祖国利益、尊严和荣誉为最大耻辱。”这是对当代爱国主义精神的高度概括。对学生进行爱国主义教育，不仅要有纵向的思考，从古代到近代到现代，把中华民族爱国主义的光荣传统扎根到学生的心中，为学生做中国人、有中国心在思想

建设上奠基，更要放眼当今，突出民族自尊心、自豪感的教育，突出全心全意为建设有中国特色的社会主义做贡献才最光荣的教育。

在改革开放的浪潮中，社会主义现代化建设事业以惊人的速度和规模突飞猛进，自力更生、艰苦创业的人和事大量涌现，各个领域、各项事业的成就中，都蕴含着一曲曲感人肺腑的爱国主义之歌。这些活生生的、有血有肉的爱国主义教育资源，看得见，摸得着，学校要注意收集，注意积累。不仅教师要主动做，师范生也要积极做，既自我教育，又为明日教育儿童做扎实的准备。

对学生进行思想教育，方面很多，理想、信念、人生观、价值观、荣辱观等，都要认真引导，而这些教育的共同基础是爱国主义。师范学校对学生进行爱国主义教育、集体主义教育、社会主义教育和师德教育，应有机结合起来，高扬当代爱国主义的主旋律。

人是要有点精神的，师范学校师生胸中有爱国主义思想感情的激荡，必能精神振奋，干劲倍增，为师范教育事业贡献聪明才智。

要真心与阅读为伴

这是一件真实的事：历史课上，教师要求学生做填空练习，其中一道题是：《满江红》表达了岳飞____的心愿。许多学生木然，个别学生脱口而出：还我河山，精忠报国。不少学生仍茫然，教师提示：收复失地。作业交上来，不少学生把“失地”写成“师弟”，令人啼笑皆非。是把字写别了吗？貌似别字，实质是阅读的缺失，孤陋寡闻所致。

青少年时代是好奇心、求知欲、记忆力、想象力最旺盛的时期，阅读精品佳作对精神成长的滋养毫不次于粮食、蔬菜、蛋禽等食品对身体成长的恩泽。只不过后者显而易见，前者包含在素质的孕育之中，难以立竿见影。在功利思想泛滥的今天，短视已成为时代病，醉心于题海题库中浮沉徜徉，忽略或无暇顾及阅读兴趣、阅读习惯、阅读能力的培养也就见怪不怪了。

许多人生阅历丰富的人，对阅读在人生中的重要性认识的深度、见解的精辟，令人震撼。诗人约瑟夫·布罗茨基是视文化为全部生命的人，1987 年他获得诺贝尔文学奖，在获奖演说中他这样沉重地说：“鄙视书，不读书，是深重的罪过。由于这一罪过，一个人将终生受到惩罚；如果这一罪过是由整个民族犯下的话，这一民族就要因此受到自己历史的惩罚。”这个典型的例子有力地说明了阅读对人生、对民族无可比拟的价值和意义。

在当今社会要做素质良好的现代文明人，不认真阅读，不大量有效地获取信息，怎能生存怎能发展？尤其是青少年求学时期，如果不抓紧阅读，不努力用人类创造的精神佳品哺育自己成长，怎能有扎实的学识、丰富的思想、开阔的视野，成为国家建设的有用之材、优秀之士？

阅读的重要性已不言而喻，青少年学生怎样才能把阅读作为自己的一种生活方式，作为人生的伴侣呢?

首先要发展自己对阅读的兴趣爱好。兴趣爱好是阅读的内驱动力。众所周知：知之者不如好之者，好之者不如乐之者。阅读是一种心智锻炼，是一种快乐。每个人生活的空间有限，能直接接触的事物更是有限，而用文字装载与传承文化的书中描绘的世界却是古今中外，无边无际，色彩纷呈。只要打开一本书认真阅读，它就给你开了另一扇窗，引领你不由自主地步入第二生活，关心，担忧，兴奋，哀伤，蓦然回首，你发现自己增长了见识，悄悄地长大了。

阅读要有兴趣，须有探究的意识。《庄子 · 列御寇》中说："千金之珠，必在九重之渊而骊龙颔下。"经典著作、优秀作品中蕴含着人类精神文明的宝藏，阅读它们，就是一种寻找，渴望与一些人、一些灵魂、一些伟大思想和伟大人格相遇，有的是数十年一面，有的是百年千年一遇。相遇，交谈，宝珠闪发的光亮会开你心窍，启你智慧。当然，此处说的是读好书，尤其是经典。经典是人类文化积淀下来的精华部分，经得起时间的考验，它的思想、智慧的普遍性，在不同时空中传播，仍被许许多多人信奉，提升人的精、气、神。

其次要养成阅读的良好习惯。清人刘蓉说，为学贵慎始。求学在起步时就须养成良好的习惯，阅读也是如此。习惯成自然，好习惯持之以恒，就能形成良好的素质。学业紧张，也要学会合理安排时间，挤出一点时间读书。每天读几页，犹如生活需要，日久天长，就有了文化积累。一学期要下决心读两三本好书，认真仔细地读，思考，对照，摘录，写点读后感想。与此同时，可浏览一些书报杂志，自行选择，略知大意，开阔视野，无须花很多时间。

当前，阅读习惯难以形成的障碍之一是图、屏、博客对学生的冲击。不少人读图代替了读文，读屏代替了读书，读博客代替了读经典。图像、网络确实扩大了人们接受各种信息的渠道，但不可能取代文字的书的阅读。复杂的情感、抽象的思维，难以用图像来表达。阅读是个性化的行为，沉浸在语言文字之中，可咀嚼，可品味，可思索，可想象，思想遨游的空间很大，深入探究的厚度极深。阅读可以多角度理解，可有自己的创见。读一本优秀读物，你可以参与其中，扮演角色，期待事件的发展；你可以评论，对人、事、景、物发表自己的看法；你可以从中找到志同道合的朋友，高山仰止的榜样，也可以批判丑恶的思想、丑恶的行为，与人间丑恶势不两立。

阅读是人类特有的神圣权利，青少年学生在人生的黄金时期珍视这个权利，用好这个权利，一辈子受用不尽。

随笔三则

“老师，植物也会走！”

在自然常识课上，一位年轻的女教师讲述生物与非生物、生物中动物与植物的区别。突然，一个小男孩举手说：“老师，植物也会走！”像谁在蜂窝里捅了一下，教室里一片嗡嗡声。老师问：“你怎么知道的？”小男孩答：“我从电视里《动物世界》看到的。”老师解释：“动物会走，植物不会走，这是正常情况……”接着几个兴奋的孩子七嘴八舌地嚷了起来：“‘吃人树’会动，人碰到树的一根枝条，枝条会伸过去把人紧紧缠住，能把人弄死。”“还有洗衣树……”“还有牛奶树……”“还有柴油树……”刚才还镇静的老师这下招架不住了，腼腆地一笑，承认自己“说不清楚”。孩子们立刻安静下来。

多可爱的小学生啊！他们的小脑袋里装的东西真不少。一个个读故事，听广播，看电视，翻画报，阅读课外读物，游戏，玩耍，吸取来自自然、来自社会的种种新鲜、奇异的知识和信息。

教师是诚实的。面对着几十双求知的眼睛，她没有找一些含糊其词的话语来搪塞学生，也没有用“你们长大了就懂了”的挡箭牌来压抑学生求知的欲望，而是知之为知之，不知为不知，老老实实告诉学生自己“说不清楚”，在做老实人方面为学生做了榜样。别看这些小学生年龄小，他们也能心领神会，拆除关卡，使课顺利地进行下去。时代在进步，社会在发展，科学技术飞速向前，新知识新信息层出不穷，传递知识与信息的渠道也日新月异。教师要胜任教学任务，只钻研教科书是远远不够的。教师工作十分辛苦，但再辛苦也要挤出时间来开阔自己的视野，增进自己的新知识，跟随着时代前进。教课，满足于已有的知识，几年一贯制，课就没味儿，就难以开启学生的心窍，当然，也就不可能激发学生旺盛的求知欲。

要是遇到学生提“植物也会走”之类的问题，教师不懂，说不清楚，在课堂上偶尔为之，这是无可非议的。知识浩瀚如海洋，教师不是万能博士，当然不能解答每个学生所有的问题。但是，厚积而薄发，是一条重要的原则。须知：教海无涯，学海更无涯。教师总体上要超过学生，在自己的专业领域内更是要胜过学生，否则捉襟见肘之事就会频频发生。大而言之，影响学生的成长；小而言之，自己在学生心目中的形象将会受到损害。

45比10

几位素不相识的外地高中生写信给我，诉说他们上课的苦恼。苦恼什么呢？他们说要学的学不到，不要学的充斥课堂45分钟，课文咬了又嚼，嚼了又咬，没劲，不如去看10分钟的《东方时空》，又学知识，又懂道理，轻松而愉快……

此话说得绝对，不可能一堂课45分钟的教学内容都是无味的，无价值的。课堂学习与看电视是两回事。要学习一点知识，增长一点能力，须付出艰苦的脑力劳动。不费吹灰之力，就成为有文化的人，只是异想天开而已。电视以图像、声音、色彩取胜，容易娱人耳目，使人在轻松愉快中获得知识，开阔视野。但是，学生的重要任务是学习，学习的主要场所是学校，主渠道是课堂，这是任何电视节目都无法取代的。因此，“10”与“45”没有可比性。

然而，这封信又使我想起这样一件事。几个初中生曾围着我说：“刚拿到书读《谁是最可爱的人》真有点感动，可老师一讲解，却感动不起来了。这个词，那个句，翻来覆去，一点劲儿都没有了。”听到这话，我心中颇有几丝凄凉，总觉得学生不大理解教师的苦心。不过，在伤感的同时，不得不反躬自省：语文课究竟应该怎么教？怎样才能给学生一些兴趣和欢乐呢？

课堂里学生是学习的主人，学习母语他们更有充分的发言权。从呱呱落地算起，他们口说耳听眼看的都是祖国语言文字，对这个学习语文的背景无足够的认识，就会低估学生学习的潜力，就会讲述一些学生认为是多余的无意义的话，使学生感到索然无味。

教学要坚持唯物论，从学生的实际出发。在学生似懂非懂之处、难以理解之处、易入误区之处，语文教学要浅者深之，窄者宽之，误者正之，要启发引导学生耳听、口读、眼看、手记、心想，对课文饱含的感情、作者谋篇布局的匠心、遣词造句的奥妙能从整体上领悟，在吸取文化营养上产生“心有灵犀一点通”的愉快。相反，如若支离破碎，反复地机械训练就会堵塞求知的大门，贻误学生的青春。

学生的学习如与兴趣无缘，效果必差；了解并研究学生，加强教学的针对性，是提高教学质量的有效途径之一。

补心

经调查，某校初二年级 175 名学生中有 18 名学生的父母是离异的，多的班级单亲家庭的学生占全班学生总数 19%，并且年级越低的班级单亲家庭的学生越多。这 18 名学生且不说学习状况，单就精神卫生来说，有缺陷和严重缺陷者占 11 人之多，即就自信心、责任感而言，18 人全都程度不等地有缺陷。

此类调查见到多份，具体情况大同小异。

担负着育人重任的教师须清醒地面对这个现实。当前，人们的婚姻观念发生了变化，离婚率不断上升，单亲家庭增多。这对子女教育产生种种弊端，给孩子幼小的心灵造成严重的创伤。这些孩子思想情绪往往受到压抑，不合群，怕同学知道自己家庭的情况，自我封闭，自卑感很强。有的表现出冷漠、固执、桀骜不驯。学习、生活、为人、处事，缺乏良好的自信心和责任感，学习成绩优异的极少，在校园生活中表现优秀的微乎其微。

这些孩子是无辜的。在本应受到父母双亲爱抚教育、健康成长之时，他们却遭到了不幸。他们在迷惘中注视着家庭的裂变，在动荡不安的心情下度日。

对这些人为因素造成心理有缺陷的孩子，教师要做补心人。孩子心灵上的破损首先是感情上遭受重大打击所致，因此，教师要付出比一般学生更多的爱来温暖他们的心。经过狂风暴雨洗礼的幼苗，更需要园丁的精心照顾，精心栽培。埋怨他们不守纪律，责怪他们学习不好，乃至有歧视他们的想法，这无疑是雪上加霜，对他们的健康成长不利。

补心，来源于历史的使命感。学生都是祖国的未来，教师对每一个学生都要浇灌心血，培养他们成才。特殊家庭的学生需要特殊的爱。今日心理健康，素质良好，明日就能为祖国建设出大力。

补心，植根于浩荡的师爱。教育事业是爱的事业。教师的爱是超越亲子的爱，蕴含着人民的嘱托、祖国的期望。对失去父爱或母爱的孩子弥补心灵缺陷，是责任，是义务，是师爱奏鸣的乐章。

补心，要讲究教育的艺术。要深入了解，接近这些孩子，理解他们的喜怒哀乐，懂得他们的兴趣爱好，做他们的知心朋友。要通过日常的一件件小事，让他们走出封闭，进入群体之中，感受友情，感受温暖，增强自信，增强责任感。要通过对生活的剖析，让他们体会挫折能催人奋起、不幸能使人坚毅的道理，激励他们认清前途，充满希望。

补心人献给孩子的是无私的爱，愿颗颗受损伤的心在爱的甘露洒播下治愈。

追求卓越，让青春在教坛上闪闪发光

欣闻全国青年语文教师联谊会今夏将于山东泰安成立，兴奋不已。青春就是财富，就是无价之宝。在当前市场经济的浪潮中，青年教师不为外界引诱而动心，致力于语文教学的探讨，切磋交流，共同提高，这是语文教育事业兴旺发达的希望，语文教育事业后继有人。在衷心祝贺联谊会成立的同时，谈一点粗浅的体会供青年朋友指正。

一、定位

把自己的位置定在什么基准线上是十分重要的问题。我改行教语文时不是没有自知之明，自知与中文专业毕业的教师从功底上说无法比较，但是，我清醒地认识到既然已是语文教师，就要有那么点志气，那么一股劲，成为合格教师，成为优秀教师，这样才不愧对学生，不愧对教育事业，当然也才不愧对自己，不虚度年华。

教学上要有高标，要追求卓越。"颖"要有锋芒，要有光彩。标准一定要高，这不是从个人获取渺小的名利出发，死乞白赖地维护个人的得失，拼搏个人欲望的实现。标准高，定位高，这是语文教育事业的需要。要深刻地认识这一点，须放眼看世界。目前，世界的政治形势由对抗转向对话，军事上的对抗与竞争日益为科技领域的激烈竞

本文是1995年时任全国中学语文教学研究会副理事长的作者为全国青年语文教师联谊会成立而写的贺信。

争所取代。在这种新的形势下，作为新科技革命的基础与动力的教育，被推到各国的前沿阵地，具有越来越重要的战略意义。在未来的社会里，知识和信息被看作是最重要的战略资源。一个民族要想在未来的世界里取得政治和经济的优势，就必须大力发展教育。当前，教育实际上已处于全球性的战略地位，要建设强盛的国家，非创一流的教育不可。一流的教育最为重要的是要有一流的师资，青年语文教师须立志创一流、做贡献。语文教学要提高质量十分不易，然而，年轻人要有脱颖而出的锐气。年少气要盛，这个“盛”不是目空一切，瞧不起人，而是有朝气、锐气，不达目的誓不罢休的勇气。

树立高标，做一流教师、优秀教师是第一步，还要有无畏的精神说“我要成为语文教育家”。由于历史的曲折以及种种原因，我们这一代往往只有支离破碎的经验或一鳞半爪的理论，语文教学中许多问题扑朔迷离，许多问题正确与谬误纠缠，需要年轻的一代教师站在我们的肩膀上去粗取精，去伪存真，探索规律。定位定得卓越，就有持久的内驱力，一心钻研教学。

二、守恒

不积跬步，无以至千里；不积小流，无以成江海。有鸿鹄之志绝不等于事业的成功，要锲而不舍坚持学习，坚持教学实践。

没有入门的人会把教课看得十分容易，认为一堂课 45 分钟，只要有教材都能上，殊不知不同的教师在等同的教学时间内创造的质量可以大相径庭。平铺直叙与多维角度的塑造，学生得益必定很不相同，从学生着想，从学生日后语文能力、做人素质的后劲着想，备课不能有丝毫的懈怠。自己真懂，才能正确地向学生传授知识，才能有效地培养学生语文能力。教学须严谨，一个字一个词一个句子，都要认真对待，不能小视。小学里“的”“地”“得”区别不清的，长大了模模糊糊用错了的大有人在。幼功重要，切不可掉以轻心。教课最怕大而化之，笼而统之，都点到了，又似乎都没有到位，学生如在云里雾里，发展受到影响。我在教课过程中，自知底子薄，每教一节课都在以下几个方面花力气：熟读教材，力求自己有所得；从学生实际出发，精心设计教学过程，使学生真正有所得；教后反躬自省，寻找不足与缺陷，于是在遗憾中奋起，继续努力，一步一个脚印。就这样春花秋月数十载，跬步再跬步，逐渐摸索到语文教学的大门。

当教师最怕成为“教油子”，五年一贯，十年一贯，年年如是，没有长进。求知要日新，教学也要求日新，不能墨守成规，裹足不前。所谓“新”，不是变戏法，走捷径，而是除弊布新的“新”，年年有新的认识、新的观点，越来越接近和掌握语文教学规律，越来越能有效地提高语文教学质量。恒，是意志的锤炼，毅力的锤炼。岁月为砧恒为锤，锻炼出语文教师对语文教育事业的忠诚。

三、博采

语文学科由其性质与任务所决定，教师须博学多才，千万不能孤陋寡闻。今日所处的时代已与往昔大不一样，社会发展，科技以惊人的速度飞快进步，教育单一功能价值观正在向教育多功能价值观转换，教育片面质量观正在向教育全面质量观转换，教育低效率观正在向高效率观转换，学科教学要适应新形势，教师就应该以学为本，让知识长流水滋润自己的心田，努力提高教书育人的本领。

“书到用时方恨少。”这句话非常精辟，入木三分，我深有体会。在教学全过程中，我几乎都处于捉襟见肘的困境。这绝不是故作谦虚，而是真实情况。要深入浅出地剖析问题、对词句篇章一语破的等均非易事，总觉得肚子里墨水少，既不能居高临下，又不能左右逢源。为此，年轻的同志要从中吸取教训，多读书，而且要扎扎实实地多读书。一名教师抱着教学参考书转，是不可能成为优秀教师的。上课，只是教学参考书的迁移与搬家，不仅难以赢得学生的信任，而且更为遗憾的是闭锁知识的源泉，闭锁自己智力的发展。思想枯竭或者是思想贫瘠，教学中只能是一筹莫展。

博采除了博览群书外，还得做有心人，学习别的教师创造的经验。这里有两点须注意。一是要虚心，不能孤芳自赏。任何一名教师的教学都有长处，善于学习就能拿来为我所用，丰富自己。即使别人的不足，也可引以为戒。青年教师要有容他性，不能有排他性。心中要有语文教师的群体，任何一名教师的长进，对事业的发展总是有利的。心胸要宽广，自己的经验再好，也会有某些局限，更何况凭个人的才智，实在难以创造十全十美放之四海而皆准的经验。二是要独立思考，不能盲目崇拜。学习别人并不是被别人牵着鼻子走，而是要认真思考，认真筛选，择善而从之。特别是虚张声势的口号蛊惑人的，更要审视一番。这并不是哪个人要怎样做，而是限于认识水平、理论水平，容易受市场经济影响，容易正误糅杂。就这一点来说，特别要学习鲁迅先生的教导，放出眼光，自己去拿。

博采，要学蜜蜂采蜜，辛勤酿就语文蜜，造福学生心甘甜。

守恒、博采，最后应归结到创造，在继承精华的基础上创新，形成特色，形成风格，形成流派，既广博，又专精，为语文教学贡献聪明才智，贡献青春年华。

怎样提高语文课堂教学效果

一节语文课的时间、空间是固定的，对每个教师都一样，但不同的教师上的课，效率、效果是不完全一样的。我们的基础教育必须采取班级教学的形式，学生的语文能力得法于课内，所以课内就十分宝贵、重要。怎样提高语文课堂教学成效？我觉得要注意以下几点。

第一，要充分认识语文学科的特点。语文学科作为一门人文应用学科，是语言的工具训练与人文教育的结合，其综合性非常强。关于这一点，我已撰文阐述，在此不再重复。

第二，课堂教学应该立体化，多功能，一箭数雕，熔知识传授、能力培养、智力开发、思想情操陶冶于一炉。比如初中教材有《晋祠》，我在教这篇课文的起始阶段就设计了这样两个环节。首先请每一位学生用响亮的完整语句介绍一处名胜古迹，学生从上海小刀会故址讲到西藏布达拉宫，从杭州的西湖讲到长白山的天池。这个环节可达到以下几个目的：(1) 传递信息，扩大视野。一个同学讲一处名胜，几十个同学就讲几十处，相互进行了知识传授。(2) 培养说的能力。(3) 发展智力。当学生站起来讲杭州“柳浪闻莺”“三潭印月”的时候，自然会唤起记忆，展开想象。(4) 陶冶情操。让学生知道祖国数千年文化平铺在九百六十多万平方千米的大地上，名胜古迹无处不在。这个环节只用了几分钟的时间，活跃了课堂气氛，使学生兴趣盎然。接着我顺势引导他们进入第二个环节，拿出一本厚厚的《中国名胜词典》，说山西名胜的第一个词条就是晋祠，让学生打开练习本听写。听写完之后，又齐读一遍，校对一下。这样做，试图达到下面几个目的：(1) 激发求知欲，在教学全过程中不断调动求知的积极性，让学生体会到他们知道得太少了，需要学习。（2）培养听写的能力，我是用记录速度读的。（3）检查阅读的准确度。让学生听写之后，每一句再用号码标出来，然后以浏览速度对照课文，看哪一句可以跟哪一段对应。有个学生说数字不对，课文说晋祠离太原 40 里，而词典说离太原 50 里。究竟哪个说法对呢？我让学生再仔细读，学生们说都对，因为课文说晋祠在太原西 40 里，词典说在太原西南 50 里，那个学生是漏看了一个"南"字。于是我总结说："漏看一个字，就差 10 里，真是'失之毫厘，谬以千里'呀！"学生因而切实感到阅读要准确，不能粗心。（4）锻炼比较思维的能力，让学生区别词典与一般文章的写法有何异同。（5）激发民族自豪感，让学生知道在那么早的年代，我国就建造了那么高超的建筑物。这样，"一箭数雕"，两节课学完，80% 的时间都是学生在学，读、写、听、说，老师只起指导作用。

举《晋祠》的例子，旨在说明几个问题。（1）课的出发点要搞清楚，是从教出发，还是从学出发，不能弄错了。施教之功在于引导、点拨、启发、开窍，而不是自己在讲台上讲个没完，占用课堂的大部分时间。所以课堂教学一定要以学生的学为出发点。（2）建立有效的联系网。课堂教学是有结构的，传统的结构是单向型的，直线往复，即老师讲，学生听，或学生问，老师答。这固然有其合理性，但也有不少的缺陷，导致有些学生只习惯于当听众，而不积极主动思考。所以要转变为辐射型的、网络式的，让教师的教作用于每个学生，每个学生的反应再作用于教师。同时还要注意"兵教兵"，让学生之间互相交流，最大限度地发挥教师教的主导作用和学生学的主动性。学生一旦主动了，教师就会跟着长学问。有一次我教《白杨礼赞》，一个女生突然举着手说："我想不通，白杨树不成材，楠木是贵重的木材，茅盾为什么赞扬白杨树，贬低楠木？我是个小孩，人微言轻，但有的大作家也说白杨树是不好看的！"说着，她从课桌中拿出屠格涅夫的《猎人笔记》，说文中写白杨树"叶子硬得像金属，枝条也不美"。我虽然以"象征手法，景随情移"向她作了解释，但这个问题是我备课时从没有想到的，这促使我更进一步地思考，以弥补备课的不足。

第三，上课一定要有鲜明的节奏。语文课最怕上得模糊一片，因此每一个教学环节都要有很强的目的性，至少一堂课的起始、高潮、结尾三个段落要清晰明了。课的起始阶段不能疲疲沓沓，要如爆竹鸣响，如京剧中的“亮相”，一开始就吸引学生。这一点应根据情况进行灵活设计。我教《藤野先生》，开始就使用了直观教具，先问“朝花夕拾”的含义，让学生明白这本散文集是回忆性的。然后拿出鲁迅在厦门大学时的照片和东渡日本时的照片，让学生观看。学生看惯了鲁迅的标准像，还没见过他年轻时的照片，所以感到惊奇，注意力马上就集中了，而我也就不用介绍时代背景了。教《孔乙己》时，我开头就制造了两个悬念。第一个悬念：我告诉学生，凡是读过鲁迅小说的人，没有不知道孔乙己的，也无不被这个小人物的形象所感动。据鲁迅先生的朋友回忆，鲁迅在世的时候，对他创作的小说最喜欢的是《孔乙己》（学生没有这个知识，一听耳朵就竖起来了）。鲁迅为什么最喜欢《孔乙己》呢？它是以怎样的鬼斧神工之笔来塑造这个小人物的形象的？读后请大家回答。接着，我又推出另一个悬念：有人说古希腊的悲剧是命运的悲剧，莎士比亚的悲剧是主人公性格的悲剧，而易卜生的悲剧是社会悲剧。悲剧一般使人泪下，而我们读了《孔乙己》以后，眼泪不会夺眶而出，而是内心感到一阵阵的痛楚，这究竟是命运的悲剧，主人公性格的悲剧，还是社会悲剧？这个悲剧是在人们的笑声中进行的。这样，学生带着悬念去学，积极性被调动起来，学完之后回答说：它既是社会（清末下层知识分子）悲剧，也是主人公性格的悲剧——一个手不能提，肩不能挑，还不肯脱掉长衫的下层知识分子的性格悲剧。所以，我觉得在课的起始阶段，一定要花一点功夫来凝聚学生的注意力。

课启动完毕之后，即进入阅读分析、训练学生读写听说能力的阶段。这个阶段必须把握好课的高潮。上一堂课就和写一篇文章一样，好课应该是师生共同创造的一篇优美的散文，其中有老师的智慧、学生的闪光点，有读写听说的结合。同时，课一定要有节奏，要有张有弛，张弛结合，起伏有致，疏密有节。有时训练密度要很大，有时要缓解一点，这是基于学生的学习心理和生理状态。青少年的自控力是不可能 45 分钟始终全神贯注的，老师要意识到这一点，要有节奏地、一浪推一浪地组织教学内容。教学一定要“胸中有书，目中有人”。“胸中有书”就是胸中要有教材，有教学目的，有教学大纲，对教材要烂熟于心；“目中有人”，就是要明白老师只是导演而不是演员，要让学生多表演、多练习。我常跟青年教师讲，45 分钟要全把握好是不容易的，但可先上好一刻钟的课，组织一个高潮，让学生全身心地投入，充分调动学生的感觉器官和思维器官。

课的结尾当然也不能松懈。语文教师天天要跟学生见面，因此不能“毕其功于一‘课’”，要想着今天的课应撒一个求知的种子，为明天做伏笔；有些问题可以暂且搁置，也可以留着问题下课讲，也可通过讨论逐步解决。我教《藤野先生》，采用的是多个环节让学生质疑的办法。这篇课文学生比较生疏，所以我就让学生多提问。学生问了许多问题，其中有的问题问得非常好。例如一个学生说：课文第一句话就有语病，“东京也无非是这样”，“也”字是连接性的关联词，前面没有句子，怎么能用“也”呢？我没有立即回答，而让学生思考、讨论，使他们明白“也”字含有许多潜台词：鲁迅先生东渡日本留学，寻求救国救民的道路，但到东京一看，那里的留学生醉生梦死，所以说“东京也无非是这样”。

把握课的节奏，还必须注意速度的问题。19 世纪蒸汽机时代、20 世纪内燃机时代已经结束了，而今是信息时代，社会生活节奏加快了。教育必须适应社会和时代，适应经济建设，所以语文课必须训练学生思维的敏捷性。在教《春》的时候，我就采用了“面上开花”的办法，让学生讲一讲有关“春”的美言佳句，一分钟之内，学生说出了“万象更新”“大地回春”“春回大地”“春雨霏霏”“万紫千红总是春”等语句，既活跃了气氛，又锻炼了思维的敏捷，扩大了思维的容量。

第四，课要讲究容量。提高效率，必须有容量作保证，才能熔知识传授、能力培养、智力开发、思想情操陶冶于一炉。提高容量的关键，在于讲和练的角度要准、方式要活。《七根火柴》描写无名战士牺牲前的那段文字十分感人，我的教案第一次是想这样提问学生：无名战士牺牲前的语言描写和动作描写是怎样的？但我马上感到，这样的提问苍白无力，角度太糟了，于是划掉，改成：无名战士临死前说了哪些话？有哪些动作？表现了怎样的思想？可是这样的提法也不行，我立刻又把它否定了。我想起了许多音乐作品的主旋律一出现，就能打动听众的心，震撼人们的心灵。于是我重新思考，调整了提问的角度：无名战士留给人间的最后的话语是什么？最后的动作是什么？与常人比有什么不同？反映了他怎样的心灵？当两个“最后”的字眼一出现，学生的感情立刻就调动起来了。所以，同样一个问题，角度的选择至关重要，一定要想法拨动学生的心弦，使语言和思想双管齐下。

第五，要有时代活水流淌。学生跟教材的距离很大，古文好比是天书，外国文学距离也很大，即使是现代文学作品，课文选的也多是30年代的。教师应精心备课，缩短学生与教材的距离，想方设法把现实生活引进去，使课堂教学中有时代的活水流淌，课文不管是古的还是洋的，一律拿来为我所用。比如梁启超的《少年中国说》，这跟我们所进行的政治思想教育相差很远。我教这篇课文，特意放在国庆节一过就教，采用对比的手法，让学生回想一下：1900年中华民族是怎样的情况？从1840年以后中国遭受到多少屈辱？无数志士仁人前仆后继，寻求救国的道路，康有为、梁启超就是这样的志士仁人。梁启超变法失败，逃亡日本，仍念念不忘国家的强盛，写了《少年中国说》，表达爱国情怀。用今日国庆的欢乐去映衬昔日的苦难，学生很快就能把近代的爱国思想与今日的爱国思想联结起来，意识到《少年中国说》尽管有时代局限、阶级局限，但它毕竟“有一颗中国心”；过去的人尚且如此，更何况我们今天的青少年呢？教过去的文章，如有时代活水流淌，学生就会感奋，学习语文的积极性也就提高了。

当然，提高语文课堂教学效率，不仅仅是教学技巧问题，还与教学观念有关。教文要符合育人的大目标，教师要站在育人的时代的制高点上，时刻想着培养的是明日的建设者，是21世纪的人，所以要以语言训练和思维训练为核心，让学生自己学会思考，千万不能搞机械训练。另外，教师要学而不厌，打好功底，做一个知识的富有者。一个功底深厚的教师对学生的影响是巨大的。我自己回想起来，在初中时遇到一位擅长教现代文学的老师，高中时遇到一位擅长教古代诗词的老师，使我打下了语文的“幼功”，为后来改行教语文奠定了基础。

语文教学难是很难，但其乐无穷。我从 22 岁登讲台到今年 66 周岁，44 年的教坛生涯，我觉得教语文使我生命的价值更实在了。我能有机会涉猎祖国语言文学的宝库，和那么多的文人学者对话，受他们的熏陶，这是人生一大幸事。虽然岁月无情，我已是“黄昏”之年，但我们的语文教育事业却是“齐鲁青未了”。我觉得教师的价值是在学生身上体现的，教师的生命是在学生身上延续的。“江山代有才人出，各领风骚数百年”。青年教师们只要珍惜青春、刻苦钻研、努力学习，就一定会有才人出、能人出，有成批的语文教育家出现，不仅在国内有名，而且要把汉语教学推向世界，使得世界各民族像学英语一样，将来能学我们的语言。这是我的想法，在我们这一辈可能是奢望，但在下一辈，在年轻同志身上，是能逐步实现的。我以一个教育战线老兵的身份，向同志们致以殷切的希望：不要成为教书匠，要成为教育家，成为语文教育专家！

追求完美人格

学生受教育的过程应该是人格完善的过程，这在很大程度上取决于教师本身人格力量所施加的影响。教育是以人育人的工作，教师要以自己高尚的人格引领学生形成美好的人格，以自己的真才实学激发学生旺盛的求知欲，以自己高尚的道德情操熏陶感染学生，引领他们形成健康、高雅的审美情趣，而人格完美尤为重要。

俄罗斯教育家乌申斯基曾这样强调："在教育工作中，一切都应以教师的人格为依据。因为，教育力量只能从人格的活的源泉中产生出来，任何规章制度，任何人为的机关，无论设想得如何巧妙，都不能代替教育事业中教师人格的作用。"确实如此，"己不正焉能正人"。《论语·子路》里早就指明："其身正，不令而行；其身不正，虽令不从。"教师言教固然重要，而身教更为重要，更为有效。自己不正，言行不一，说的道理再正确，学生也不一定听从。众所周知，敬其师，信其道。学生心中敬佩这位老师的人品、才学，老师传的道、授的业也就入耳入心。

人格是人的性格、气质、能力等特征的总和。从心理学角度说，人格是个体的一种"格式"，个体所具有的特质。人格是以人的素质为基础，通过与自然环境和社会环境的相互作用而形成的。教师有特定的职业要求，在教学生的事业中，形成独特的鲜明的人格。教师人格是思想、道德、行为、举止、气质、风度、知识、能力、心理的、生理的众多因素的综合。汉代韩婴在《韩诗外传》中说："智如泉源，行可以为表仪者，人师也。"作为教书育人的"人师"，须学识渊博，师德高尚，堪为学生的榜样。教师的人格魅力、人格力量来自学术水平与道德情操的完美统一。今年教师节习主席提出的"四有"要求，即教师要有理想信念，要有道德情操，要有扎实学识，要有仁爱之心，就是教师人格力量的丰富内涵。教师在这些方面不断修炼，人格高尚，对学生“润物细无声”地浇灌、培育，有吸引力、感染力、辐射力，学生就深受其益，教育效果必定良好。

优秀教师是学生人生道路上的楷模和导师。伟大的人民教育家陶行知先生就是一个光辉的典范。他不仅对教师的要求有很多精辟的论述，而且躬行实践，发挥独特的人格力量。他的普及教育的思想，“爱满天下”的博大胸怀，“千教万教教人求真，千学万学学做真人”的真知灼见，“捧着一颗心来，不带半根草去”的献身精神，长期以来光照教育领域，给予广大教师丰富的精神哺育和前进的不竭动力。

一个时代有一个时代的特点，一个时代有一个时代的担当。在当今崇高的社会责任感与现实的功利主义矛盾冲突情况下，教师健康人格的坚守并非易事。全国许多优秀教师以对教育的赤诚之心、对学生的仁爱之心为我们作出榜样。微斯人，吾谁与归？

增长真才实学

国家繁荣、民族振兴、教育发展，需要大力培养造就一支师德高尚、业务精湛、结构合理、充满活力的高素质专业化教师队伍，需要涌现一大批好老师。“业务精湛”是高素质专业化教师队伍和每一位好老师必备的职业内涵、人生内涵，也是须终生为之奋斗的目标。由此可见，在教学生涯中，教师努力学习，不断增长真才实学十分必要。

真正的教师有真本领、真东西，而且能把真本领、真东西教给学生。著名画家韩美林（北京奥运会福娃设计者）的班主任是中央美术学院的周令钊（人民大会堂顶灯“满天星”的设计者），韩美林向周老师磕三个响头，谢老师教育之恩，因为老师教会了他本事。就本事而言，韩美林制作了三千多件艺术作品，两个半小时就能设计出二百九十把椅子。真功夫是业务功底的展现，才学是刻苦钻研、努力积累的必然。

教师追求业务的精湛，须注意自身知识结构的合理。一般而言，须具备三方面知识。一是专业学科知识，力求扎实、系统、精深；二是教育学和心理学方面的知识，力求全面、准确；三是实践性知识，具有经验成分，是教师教学经验的积累。除此之外，还要在“广博”上下功夫，打科学文化底子，有比较厚实的文化积淀。

当前，课堂教学有两种明显弊病：一是有些课碎片化，只敲打知识点、得分点，学生受益少。碎片化破坏了学科专业整体性思考，抑制乃至扼杀教学中师生自由思考生发的灵性。二是怎么教的方法林林总总，目不暇给，本体知识少得可怜，犹如啤酒一杯，泡沫很多。二者究其原因，还在于专业的本体知识欠缺，对教育学知识一知半解，缺少判断，缺少筛选，生搬硬套。这都是依赖教学参考书、依赖电脑下载、依赖《一课一练》、听信教育时尚惹的祸。探究问题的本质，在于丢失了自我，被他信力左右。

增长真才实学要从树立自信力开始。教师要教得好，首先要确立自己是“教”的主体地位。犹如学生要学得好，首先要确立自己是“学”的主体地位一样。角色定位准确，自主性、积极性方能充分发挥。教海无涯学为舟，教得好首先是学得好。外国有位教育家说：“为了使学生获得一点知识的亮光，教师应吸进整个光的海洋。”厚积而薄发，教师有丰厚的知识储备，既精专，又广博，教课就能一语中的，左右逢源，学生学有兴趣，学有所得，学有追求；反之，干枯刻板，语言贫瘠，捉襟见肘，学生困倦疲乏，如坐针毡，对学习害怕、厌倦，后果不堪设想。

信息时代，学生获取知识的渠道既多又通畅，对教师的教是严峻的挑战。教师必须勤于学习，广泛学习，力争成为知识的富有者，教育教学中方能有充分的发言权，方能有育人的智慧。习主席说：“过去讲，要给学生一碗水，教师要有一桶水，现在看，这个要求已经不够了，应该是要有一潭水。”深刻，精辟！

培养真知灼见

习近平主席对广大教师提出的“四有”要求第三点是“做好老师，要有扎实学识”。这一点同样需要认真学习，反复体悟。

教师需要具备精湛的专业知识和比较广博的科学文化知识，但除此以外，还须有“识”，即有“见识”或“识见”，能思人之所未思，见人之所未见。工作中人云亦云，模仿照抄，不仅缺乏盎然生机，学生也会在不知不觉中受不爱思索、不会思索的负面影响，不重视独立思考，乃至形成懒于思考的坏习惯。

孟子说：“心之官则思。”在脑的所有功能当中，最为特异的一点是它能够思维。罗丹的著名雕塑《思想者》给人的启示是：从他那微蹙的双眉、紧闭的嘴角、凝注的目光可以看出他正在沉浸于关于宇宙、社会、人生的冥思苦想；从他肢体的形态、紧绷的肌肉、扣紧土地的脚趾还可以看出他的神经、他的细胞都贯注在头脑的紧张思维之中。这尊对人类伟大思维活动讴歌的作品，持续给予人们认识天地宇宙、认识社会人生无穷的力量。恩格斯曾经断言，人类的思维，是“地球上最美丽的花朵”。

教师对教育能发表真知灼见，首先要从独立思考开始。法国思想家帕斯卡尔精辟指出：人是一根能思想的芦苇；我们的全部尊严就在于思想；人因为思想而伟大。教书育人的工作不仅是科学，而且是艺术，其中众多规律需要探究，既要探究共性，又要洞悉个性，因学科而异，因学段而异，因时因地而异，因人而异。纷繁复杂的现象“乱花渐欲迷人眼”，此时此刻，必须潜下心来认真思考，理清头绪，分析综合，筛选判断，把握事物本质，认清前进方向。教育教学工作是哺育学生与助推学生成长的工作，充满了奥秘和神奇，教师对它爱思、会思、深思，就能品尝到智慧的孕育，育人的快乐。不仅对受教育者能“授之以鱼”，且能“授之以渔”，教学生学会学习。一名不会思考的教师教育教学中难以摆脱平庸的困境，事业上成就当然也就受到极大限制。

教师的真知灼见来自丰厚的文化底蕴，来自思想的深刻，特别是批判性思维和创新思维。对事物观察要有敏锐的目光，力求各种教育现象尽收眼底。各种信息错综复杂，要善于从时代背景、历史渊源、现实表现考察，多角度、多层面比较、对照、分析，去除外衣、假象，抓准问题症结所在，寻求破解的途径与方法。这是实实在在的理性思考，多种思维方法的综合运用。这种高质量的思维活动往往从发现问题开始，不断深入，不断拓展，触及事物的方方面面。去粗取精，去伪存真，认识力度提升，形成自己独特的见解，突破原有的习惯思维，能醒人耳目。

真知灼见的提出乍看是教师智慧的展现，实际上支撑它的是这位教师对教育事业的无比忠诚，对学生的无比热爱，对探求教育规律、提高教育质量的无比执着。培养这种能力的源泉是对学生今日成长、明日发展的挚爱深情。

提高综合能力

《国家中长期教育改革和发展规划纲要（2010—2020年）》明确指出：坚持以人为本、全面实施素质教育是教育改革发展的战略主题。核心是解决好培养什么人、怎样培养人的问题，目标是培养德智体美全面发展的社会主义建设者和接班人，重点是提高学生的社会责任感、创新精神和实践能力，推进思路是坚持德育为先，能力为重，全面发展。

任务光荣而繁重，教师必须有担当意识。要创造性地为教育改革发展做贡献，须自觉地积极地提升自身的德、才、识、能，提高综合能力。综合能力的提高，是在教育实践岗位上努力锻炼的结果。就当前而言，有些能力的提升尤为重要。如：

解读文本的能力。由于较长时间对教学参考书的依赖，对考试纲要的信奉，独立解读文本的能力欠缺。要培养学生的阅读能力，教师自己就须练出阅读的真功夫。既要深入进去，又能走得出来，反反复复咀嚼推敲，概念、定理、定律了然于胸，字词句篇及其承接的情和意在脑中激荡。整体、局部、细部，纵向知识的来龙去脉，横向的比照、关联，梳理得清楚明白。尊重作者的写作意图，而不是故作高深，胡编乱套，以博廉价的喝彩。解读文本贵在老老实实，以真懂为目标，绝非是歌星作秀。

走进学生世界的能力。口说“以学生为本”容易，但要真正做到的是思想的升华与感情的净化。潘懋元教授说的好：“为师的至高境界，是发现‘人的价值’，发现学生的价值，尊重学生的选择，方能发挥他们的创造力。”不仅要进入学生的知识世界，也要进入他们的生活世界和心灵世界。知心才能教心，要通过真情、真心、真诚拉近与学生的距离，成为他们的好朋友和贴心人。耐心倾听他们的心声，尊重、理解、宽容，敬畏他们的生命，教育就会循循善诱，具备感人的化育的力量。

处理课堂内外突发事件的能力。课堂教学预设与生成的能力的不断提升是教育实践应有之义。由于时代的急速发展，学生所处的条件差异，性格、个性又各不相同，有些棘手的事件不期而至，突然爆发。此时，教师特别需要沉着、冷静，对事件原委、对人际的关系均要仔细调查了解，明辨是非，依靠自己的智慧和相关的力量妥善解决。处理的水平实际上是对教师综合能力的检验。

终身学习的能力。当今做教师身上要有时代的年轮，跟随着时代奋勇前进，否则，无法适应时代赋予教师的要求，难以担当立德树人的重任。比如，教师科研的能力就须学习、锻炼。在教学实践中不仅要掌握“教什么”和“怎么教”，而且要研究“为什么要这样教”追根溯源，弄清利弊得失，掌握其中规律。又比如，信息技术、网络资源掌握的能力。既要学习技术，有一定程度的精通，又要严格筛选，择善而从，反对乱用、滥用。再如，心理辅导的能力，给学生的心理以慰藉与温暖，等等。

综合能力提升无止境，以身相许是妙招。

论中学语文教师

新时期中学语文教师肩负教文育人的重任，应当德才兼备，成为塑造学生优美心灵的工程师。要精心地塑造学生，首先须严格地塑造自己。新型的中学语文教师要有坚定正确的政治方向，自觉地同社会主义现代化建设事业、同社会主义教育事业同呼吸、共命运；要有高尚的道德情操，在为人处世、求知好学、行为举止等方面成为学生的榜样；要加强政治理论修养，学习建设有中国特色的社会主义的理论、路线、方针、政策，认识教育发展与社会的政治、经济、文化发展的相互关系；要加强教育理论修养，掌握教育科学知识，研究语文学科教育规律；要掌握语文学科的基本理论和基本知识，学习和了解与语文教学有关的其他学科知识，具有扎实的语文基本功；要有独立钻研教材、驾驭教材、选择教法、驾驭课堂的教学能力，能从教与学的实际出发，选择研究课题，开展实验，积累资料，探索提高语文教学质量的途径与方法，并勤于笔耕，撰写论著；要有自我教育的主动性和积极性，不断增进新知识，更新知识结构和教育观念，勇于改革创新，在教学实践中积极锻炼，使自己成为一名受学生欢迎的合格的乃至优秀的中学语文教师。

《中华人民共和国教师法》第一章《总则》中第三条明确规定：教师是履行教育教学职责的专业人员，承担教书育人，培养社会主义事业建设者和接班人、提高民族素质的使命。教师应当忠诚于人民的教育事业。

语文教师担负着教文育人的重任。由于语文学科教学的特点，教

本文是 1995 年作者以中学语文教师专业成长为主题而写的文章，较早地对基础教育学科教师发展进行了系统思考和实践指导。

师在传授语文知识、培养学生语文技能的同时，在晓之以理、动之以情方面更能触动学生的心灵。语文教学质量说到底是语文教师的质量。语文教师要在教学上取得成功，在学生心田切实撒播知识和做人的良种，须在德才方面严格要求自己，加强自身的修养。

社会主义现代化建设波澜壮阔，新时期的语文教师要善于审时度势，使自己的教学工作适应现代化的发展需要；要使自己从事的语文教学勃勃有生气，学生能深受其益，就须认真抓自身的思想、道德、文化、业务的建设，做到日有长进，月有长进，年有长进。

第一节 中学语文教师的修养

教师是太阳底下最神圣的职业。崇高的职业要求每一个语文教师都具有良好的修养。修养表现在诸多方面，德、才、识、能，构成中学语文教师修养的基本内容。德，指思想品德；才，指语文专业知识及其他相关知识；识，指教学见识，能发现问题，独立思考，有创见；能，指教学能力与研究教学的能力。

一、政治思想修养

政治思想素质是教师整个素质结构中的统帅，在很大程度上支配着教师职业活动的目的、方向和动力，对学生的成长有着深远的影响。

（一）坚定正确的政治方向

邓小平同志在《党在组织战线和思想战线上的迫切任务》一文中指出：“思想战线上的战士，都应当是人类灵魂工程师。在当前这个转变时期，在社会主义精神文明建设和整个社会主义建设事业中，他们在思想教育方面的责任尤其重大。十年内乱的消极后果和历史遗留的种种因素，新形势下出现的新的复杂问题，在人们的思想上引起各种反映，包括一部分模糊和错误的认识。作为灵魂工程师，应当高举马克思主义的、社会主义的旗帜，用自己的文章、作品、教学、讲演、表演，教育和引导人民正确地对待历史，认识现实，坚信社会主义和党的领导，鼓舞人民奋发努力，积极向上，真正做到有理想、有道德、有文化、守纪律，为伟大壮丽的社会主义现代化建设事业而英勇奋斗。”教师应当是人类灵魂工程师，通过自己的言传身教，教育和引导学生正确地对待历史，认识现实，坚信社会主义和党的领导。社会主义精神文明建设的根本任务是培育有理想、有道德、有文化、有纪律的社会主义新人，提高中华民族的思想道德素质和科学文化素质。人的素质是历史的产物，又给历史以巨大的影响。教师是培育学生成为“四有”新人的灵魂工程师，自己必须努力做到有理想、有道德、有文化、有纪律。

新时期的理想是什么？新时期的理想就是社会主义现代化。把坚定正确的政治方向放在第一位，就是坚持把社会主义方向放在第一位，把社会主义现代化放在第一位。我国实行改革开放以来取得了巨大的成就，同时也带来了许多新情况新问题。例如资产阶级自由化思潮就是消极因素。资产阶级自由化，崇尚西方资本主义国家的“民主”“自由”，否定社会主义。四项基本原则的核心就是坚持共产党的领导，而资产阶级自由化的核心恰恰就是反对共产党的领导。二者截然对立，水火不相容。资产阶级自由化思潮在学校教育方面的反映，集中表现在否定党对教育的领导，否定思想政治教育，否定教育为社会主义现代化建设服务。因此，每一个有革命责任感的教师都必须旗帜鲜明地反对资产阶级自由化。美国现在有一种提法：打一场无硝烟的世界大战。所谓没有硝烟，就是要社会主义国家和平演变。帝国主义搞和平演变，是把希望寄托在后几代人身上。学校不是世外桃源，而是激烈争夺年轻一代的前哨阵地。教师对国际资产阶级对待社会主义国家的战略要有清醒的认识，对资产阶级自由化思潮的危害性有高度的政治警惕，对西方文化有正确的鉴别力，才能对学生的思想进行有效的指导，才能培养出社会主义事业的建设者和接班人。

教育作为上层建筑，必然为一定的经济基础、一定的社会制度服务。坚持四项基本原则，坚持改革开放，是我国社会主义教育的根本原则。教师要认清这些根本性的问题，在语文教学中牢牢把握正确的政治方向。

（二）高举爱国主义伟大旗帜

语文教学中德育的主旋律是爱国主义精神。

爱国主义就是对祖国的热爱，就是“千百年来巩固起来的对自己的祖国的一种最深厚的感情”。爱国主义是中华民族数千年来赖以生存、发展的精神支柱，它在中华民族悠久历史文化的基础上产生，随着历史的发展而发展，又反过来给中华民族的发展以重大影响。爱国主义是民族精神中最有凝聚力、号召力、生命力的伟大力量，是动员人民团结奋斗的一面旗帜。在中国的近代史和现代史上，爱国主义在维护祖国统一、维护民族团结、抵御外来侵略和推动社会进步方面，发挥重大作用。

爱国主义在社会发展的不同阶段、不同时期有不同的具体内容。在当代中国，爱国主义与社会主义本质是统一的。社会主义是中国人民的历史选择，符合我国国情，是中国走向现代化的必由之路。只有社会主义能够救中国，只有社会主义能够发展中国。新时期的爱国主义集中表现在团结各族人民建设社会主义现代化强国，着眼于振兴中华民族。新时期的爱国主义特别要强调树立高度的民族自尊、自信、自强精神。我们要认真学习和吸收世界各国人民创造的优秀文明成果，但绝不崇洋媚外，屈服于任何外来压力，搞全盘西化。中国人民有自己的民族自尊心和自豪感，以热爱祖国、贡献全部力量建设社会主义祖国为最大光荣，以损害社会主义祖国利益、尊严和荣誉为最大耻辱。我们必须发扬爱国主义精神，提高民族自尊心和自信心，否则就不可能建设有中国特色的社会主义。

广大教师有爱国主义光荣传统，总是把祖国和人民的利益放在第一位。教师担负着传递中华民族爱国主义光荣传统的伟大使命，尤其是语文教师，要发掘语文教材中极其丰富的爱国主义宝藏，给学生以强烈的熏陶，教师本身应具有深厚的爱国主义感情。教师只有真正被民族精神、民族文化、民族语言所感动，才能用发自肺腑的真情教育学生，使爱国主义成为学生的精神财富。

（三）学习马克思主义理论

语文教学大纲规定“语文教学必须以马克思主义为指导”，这就要求语文教师必须努力学习马克思主义理论，并用马克思主义的基本原理指导教学。

马克思主义世界观建立在辩证唯物主义和历史唯物主义基础上，是一个科学的思想体系，它包含马克思主义哲学、政治经济学和科学社会主义三个部分。教师要努力学习并逐步掌握其基本原理，树立马克思主义的世界观和革命的人生观。理论上的无知往往导致实践中的盲目，理论上的糊涂往往导致政治上的动摇。要努力掌握马克思主义的立场、观点，系统了解社会发展的规律，认识建设有中国特色的社会主义的理论、路线、方针、政策，认识社会主义的本质特征，认识教育发展与社会的政治、经济、文化发展的相互关系。

革命人生观的核心是坚定社会主义、共产主义信念。发扬全心全意为人民服务、大公无私、艰苦奋斗的精神，正确对待权利与义务、贡献与索取、集体与个人、苦与乐等问题。语文教师应树立革命的人生观，在学生中起表率作用。

学习马克思主义、毛泽东思想，要注意联系语文教学的实际，在语言观、文章观、文艺观、美学观等方面有正确的认识与理解。要树立正确的思想方法，运用唯物辩证法处理教与学、语文知识与语文能力、能力培养与智力开发、语文训练与思想审美教育之间种种关系，提高教学质量。

二、道德情操修养

教师对社会文明的承前启后起着重要作用，是人类科学文化知识的传播者，理应一身正气，为人师表，道德情操高尚，堪为学生的楷模。新时期的教师道德，是建立在社会主义生产关系之上，适应改革开放和教育面向现代化、面向世界、面向未来新形势的教师道德体系，教师高尚的道德对学生良好的道德品质的形成起十分重要的导向作用。

（一）热爱学生，献身语文教育

教育的事业是爱的事业。师爱超越亲子之爱、友人之爱，因为它包蕴了崇高的使命感和责任感。教师肩负着祖国的期望和人民的嘱托，挑的是关系千家万户、千秋万代大事业的重担，怎能不为之倾心，不一往情深呢?

学生是祖国的未来，要把他们培育成社会主义现代化的建设者，须对他们的心灵精心雕塑。对学生只有丹心一片，才能心心相印。热爱学生，就是要为每个学生着想，教好每个学生。教师对学生不能有偏心，对一部分学生热情，对一部分学生冷淡，会伤害学生的心灵，是教育工作中的大忌。学生的文化基础、智力水平、成长环境等有差异，有时差异还比较悬殊，但他们都是我们的后代，都应花精力、花心血培养。教师千万不能用一成不变的目光来看待学生，每个学生都是“变数”，在发展，在变化，教师对他们情深似海，加温到一定程度，他们会开窍，会飞快进步，茁壮成长。当然，爱不是姑息，不是迁就，爱是严的孪生兄妹。没有规矩，不能成方圆。教书育人，要有严格的要求，要以党的教育方针为准绳，以语文教学大纲为规矩，不能凭主观臆造。爱是严的基础。爱是对事业的忠诚，是对莘莘学子的无限期望；有了爱满天下的胸怀，严才会有效果。严要严在理上。爱中有严，严中有爱，学生就会健康成长。

语文教师对学生要满腔热情满腔爱，对所教的学科同样要满腔热情满腔爱。语文是工具，是学习其他学科和从事各项工作的基础工具，要教会学生正确理解和运用这个工具表达情意，其中艰辛难以言表。要做到坚持不懈地对语文教学探索、追求，必须对学科倾注极大的爱心。对祖国语言文字有深切的爱，对语言文字宝库中无数瑰丽璀璨的名著佳作心向往之，才会有钻劲，才会有持久的内驱力，也才会真正体味到其中的甘甜。

奉献，是教师的天职。语文教师应把对社会主义祖国的热爱倾注到所教学科和所教学生的身上，发扬献身语文教育的“泥土精神”。鲁迅先生在《未有天才之前》一文中说：“譬如想有乔木，想看好花，一定要有好土；没有土，便没有花木了；所以土实在较花木还重要。”又在《三闲集·〈近代世界短篇小说集〉小引》中说：“只要能培一朵花，就不妨做做会朽的腐草。”这种“泥土精神”正是语文教师所需要的奉献精神。甘为泥土育春花，应该是当语文教师的信条。

（二）遵纪守法，情操高尚

新时期的语文教师绝不是只教书不育人的“教书匠”，而是共产主义思想和道德品质的传播者。邓小平同志在《一靠理想二靠纪律才能团结起来》一文中说：“教育全国人民做到有理想、有道德、有文化、有纪律。这四条里面，理想和纪律特别重要。”语文教师必须树立革命的理想，为培养青少年成为革命后代而奋斗终生。然而，有了理想，还要有纪律才能实现。纪律和自由是对立统一的关系，二者不可分，缺一不可。纪律中很重要的一条是法制。而法制是社会主义现代化建设的重要保证，是社会安定团结的重要保证，因此，语文教师必须认真学习国家制定的有关法律法规，做遵纪守法的模范。

由于“文化大革命”造成的种种消极影响，也由于西方资产阶级腐朽没落思想的侵蚀，人们的社会公德心大为降格，损人利己，损公肥私，一切向钱看的歪风常会碰到。学校不是真空地带，也会有不同程度、不同形式的反映。作为语文教师，要弘扬中华民族的传统美德，弘扬社会主义道德风尚，一身正气，为人师表，敢于批评和抵制歪风邪气，排除社会上不良影响对学生的干扰。《论语·子路》中说：“其身正，不令而行；其身不正，虽令不从。”语文教学质量的高低与语文教师在学生心目中形象高大与否成正比，教师言行一致，表里如一，堂堂正正，温文尔雅，学生就尊敬，就信服。“桃李不言，下自成蹊。”教师良好的道德、良好的言行对学生起潜移默化的作用。

情操高尚与审美情趣是否健康高尚有十分密切的关系。语文教学目的中规定要培养学生“健康高尚的审美观”，教师自己当然就要有健康的审美情趣。要区别真善美与假恶丑，区别高雅与庸俗，区别健康向上与低级趣味。语文教师对社会上的人、事、物，对教材中的各类文章，对形形色色的书报杂志、电影电视等，有正确的审美观点，衡量美丑、好坏的尺寸把握得十分准确，就能从美好的事物中不断吸取营养，陶冶情操，成为脱离低级趣味的人。

（三）团结协作，互相尊重

任何一个学生的健康成长都离不开教师群体的智慧和指导。一个班级语文教师再出色，也离不开其他学科教师的支持与帮助。正因为如此，语文教师要具备尊重别人、善于与别人团结协作的道德。

语文教师要善于团结教研组里的语文同行，共同探索语文教学的规律；要善于团结班级教学中的各学科任课教师，互相支持，齐心协力搞好工作。要做到团结协作和提高教育质量，须：（1）明确奋斗目标。学校最大的事就是按照国家要求把学生培养成为素质良好的社会主义现代化的后备军，语文教师和其他教师一样，为了这共同的目标走到一起来，有责任有义务做教师集体的向心力。（2）尊重别人，以诚相待。每个教师性格、习惯、觉悟程度、业务水平、教学能力不完全相同，相处时要有相容性，取人之长，补己之短，形成合力。

语文教师要善于联系学生家长，与他们团结协作，相互配合，教育学生成长。学生的进步是学校、家庭、社会共同教育的结果。语文学习有相当的难度，不易见到显著的成绩，语文教师要争取家长的理解和支持，克服认识上、做法上的不一致，互相支持，互相配合，共同教育好学生，提高学生语文水平。学生家长尽管职业不同，教养不同，教育孩子的指导思想和方法也不一样，但都要尊重，认真地听取他们的意见，千万不能因某个学生语文学得不符合要求而埋怨家长，乃至训斥家长。对家长不尊重，或暗示家长惩罚学生，都是缺乏师德的表现。

三、学业修养

扎实的知识功底，良好的学业修养，是语文教师从事语文教学必备的基础。学识浅薄，浅尝辄止，教起课来必然干瘪无味，捉襟见肘的状况会时有发生，甚或错误迭出；学识丰富，源头活水汩汩流淌，教学就会有声有色，带领学生在知识的海洋中扬帆远航。

语文教师学业修养应包括三个方面，即语文专业修养、教育专业修养和文化科学修养。

（一）语文专业修养

专业知识是从事学科教学的基础，一名教师如果不熟悉、不精通自己所教的学科的基本理论和基础知识，其结果必然是误人子弟。语文学科是一门综合性很强的学科。从知识来说，有字、词、句、篇、语法、修辞、逻辑知识、文学常识等；就能力来说，有听、说、读、写。语文教师要掌握语文业务，努力提高业务水平，教学时才能游刃有余。

语文专业知识范围广阔，语文教师要着力学习的有：

1. 现代汉语

语文教师须具备现代汉语的系统知识，懂得普通语音学，熟悉汉语的声、韵、调，掌握汉语拼音方案和普通话语音系统；学习语言学概论，了解语言的产生、性质、结构及发展规律。

学习文字学，了解汉字的起源与发展，掌握汉字的形、音、义的构成，熟悉汉字的笔画、笔顺与各种结构，掌握简化汉字，掌握查检汉字的各种方法，掌握识字法、正字法和写字法。

学习词汇学，懂得词的构成和组合规则，了解词的基本意义、引申意义、比喻意义之间的关系，掌握辨析词义的方法，把握词语的感情色彩，熟悉词汇的发展变化。

学习汉语语法学，了解常见的语法体系。学习《中学教学语法系统提要》，掌握语言结构的规律，掌握短语、句子、句群组成的规律。

学习汉语修辞学，懂得规范修辞、积极修辞与词语修辞的作用与基本要求，熟悉并掌握常用的修辞手法，了解并熟悉连用修辞法、兼用修辞法以及兼连综合修辞法，明辨种种修辞方法在用词造句、组段谋篇中的表达作用。

学习逻辑学，懂得概念、判断、推理的结构，以及它们之间的关系，掌握形式逻辑的同一律、矛盾律和排中律等基本规律；了解反映事物的联系和发展的辩证思维的形式及其规律、方法，熟悉思维形式如何反映客观事物的运动变化，如何反映事物的内部矛盾、有机联系及转化，掌握唯物辩证法的最根本的规律——对立统一规律。

懂得标点符号是书面语言中不可缺少的组成部分，熟悉标点符号使用规则，正确使用标点符号。

2. 古代汉语

学习古代汉语，具有较为系统的古汉语基础知识，掌握常用的古汉语的实词、虚词及词法、句法上的特点，熟悉古今词义的变化，把握一定数量的文言通假字，了解古代重要的字书、词书，并会查检使用。略懂一点音韵学和训诂学知识。

3. 文章学和文学

文章是客观事物的反映。客观事物既包括宏观世界，也包括微观世界；包括自然界，也包括人类社会。中学语文教学的大量内容是文章的读写教学，因此，中学语文教师必须学习与精通文章学。

要掌握文章本身的构成规律，熟悉文章的主旨、质料、结构、表达方式等要素，了解它的内部联系。学习阅读学，研究文章的阅读、分析和鉴赏。掌握各种实用文章的阅读方法，熟悉各种阅读方式，明确各种阅读方式的目的要求，研究阅读的反应过程和训练方式，懂得阅读与写作的关系。学习写作学，掌握写作基本理论及常用文体知识，对内容与形式、素材与题材、思想与思路、语言与文风等有深刻的理解，能作切实而有效的指导。

中学语文教材中有相当数量的中外文学作品。要教好这些文章，语文教师须认真学习文学理论，学习中外文学史，了解古代文学、现代文学和当代文学的基本内容，熟悉各个时期主要的作家与作品，涉猎世界文学宝库，对驰名世界的作家作品特色有所了解；学习美学理论，懂得一点美学知识，懂得结合语文教材的特点进行审美教育的方法；懂得一点文艺创作和文艺批评的基本理论，提高对文学作品、艺术作品分析、鉴赏的能力；民间文学、儿童文学的形式、内容与发展也应掌握。

为了教好文言文，语文教师对古代一些典章制度也要有所了解。

4. 语文教育史

语文教师读一点语文教育史，了解语文独立设科以前的教学状况，了解语文学科独立设科以后发展的历史进程，包括教育目的和教材内容的演变，教学方法的改革等，了解语文教育发展进程中讨论的重大问题。对发展、演变的情况弄清楚，有利于提高认识，吸取经验教训，改进当前的中学语文教学。

（二）教育专业修养

语文教学是科学，也是艺术，它是一个复杂的系统工程。它不仅要向学生传授语文知识，培养读、写、听、说等语文能力，而且要结合语文教材的特点开发学生的智力，陶冶学生的情操。面对综合性如此强的十分复杂的教学实践，语文教师必须用教育学、心理学、语文学科教育学的理论武装自己，才能做到既懂得教什么，又懂得怎样教，才能取得教学上的成功。

学习教育学，比较系统地了解教育的本质、方针、目的、过程、内容和方式方法；学习比较教育学，了解中外名家教育思想，从中获得借鉴；学习教学论，懂得教学方法论的理论基础，学习现代教学论，开阔视野，从中吸取有益的养料。

学习心理学和教育心理学，了解在教育过程中学生的心理特征和个性差异，了解学生心理品质的形成及发展的规律，应用心理学中感知、注意、想象、思维等规律指导语文教学，提高语文教学质量，培养学生优良的心理品质。

学习语文学科教育学，懂得中学语文学科的性质，掌握语文教学的目的、要求、过程、原则、方法；熟悉语文教育的对象，研究他们的共性与个性，掌握在教学全过程中根据语文训练特点实施德育和美育的规律。

要学以致用。学习教育学、心理学、语文学科教育学，须树立正确的观点，树立正确的教育观、学生观、质量观。

1. 教育观

教育观是人们对教育问题的根本看法。它的核心问题是怎样看待教育价值标准。社会主义的教育应体现工具价值标准与理想价值标准的统一。工具价值标准指的是：教育要主动适应经济、社会、政治、科技发展的需求，为社会主义现代化建设服务。理想价值标准指的是教育本体的价值标准，要使受教育者德、智、体、美、劳全面发展。两个标准统一的教育功能是：教育为社会主义现代化建设服务，培养德、智、体、美、劳全面发展的社会主义事业建设者和接班人。基于这样的认识，必须克服片面追求升学率的倾向，必须面向全体学生。教育思想端正，语文教学才能大面积丰收。

2. 学生观

教学是教师与学生的共同活动。教师的教学活动和学生的学习活动，是以教学内容为中介的。教师是教学任务的实现者，传授文化学科的基础知识与基本技能，组织教学活动，引导学生学习；学生在教师的指导和启发下，充分发挥学习主动性、积极性，由不知转化为知，由知之较少变为知之较多，由知之不完善到知之较完善，体现教学质量、教学效果。

从整个教学过程来说，教的主体是教师，教师是矛盾的主要方面，应起主导作用；学生是教的客体，在教师的主导作用下，积极地进行学习。主客体这对矛盾相互依存，不可分离。但认识的主体是学生，学生是学习的主人，学生由未知、未能转化为知和能，必须通过自身的努力方能实现。教师的教对学生来说，是外因，是学生学好的一个极重要的条件；学生是学习的主体，是内因，是学好或学不好的根据。教师的教要通过学生的学来起作用。教师的主导作用就是设法提供和创造良好的条件，促进学生的发展。教学的最终目的是“教为了不教”，是“教会学生自己学习”，是“教会学生独立地去发现，去创造”。

学生是学习的主体，学习的主人。教师在教学中要十分重视学生的主动性，千万不能把他们作为知识的容器，向他们灌输，要他们死啃书本，不能包办代替，越俎代庖，把他们当作听众、观众。学生是具有从事实践和认识活动能力的人，教师要千方百计激发他们的求知欲，启发他们积极思维，促使他们自觉地积极地获取知识，训练能力，发展智力。树立正确的学生观，语文教学中就能摆正教与学的位置，学生能生动、活泼、主动地学习，教学可取得良好效果。

3. 质量观

评价教育质量用什么标准？我国教育的培养目标是使受教育者德、智、体全面发展，成为社会主义现代化事业的建设者和接班人。因此，衡量教育质量，应该遵循全面性原则，从整体上抓教育质量的全面提高，不是重视一点，忽视其他；应遵循长效性原则，着力于学生思想品德素质和科学文化素质的根本性的提高，而不是一时一事，满足于短期行为；应遵循客观性原则，以客观性的社会价值标准衡量教育质量的高低，不是凭主观经验。把升学率作为评价教育质量的主要目标乃至唯一目标的质量观，违背了教育方针，远离了培养目标。树立正确的质量观，语文教学的教文育人才能落到实处，才可避免高分低能的弊病。

（三）文化科学修养

良好的思想政治修养、高尚的道德情操，需要以相当的文化科学修养为基础。由于语文学科工具性、综合性的特点，语文教师除具备专业知识修养外，还须具备广博的知识修养。教师知识面越宽，视野越开阔，教学时就越能内容充实，厚积而薄发，左右逢源。

1. 自然科学知识

现代社会中缺乏科学意识、对科技知识一无所知的人，几乎是寸步难行。语文教师虽不直接向学生教授系统的自然科学知识，但无论如何不能是“科盲”。小而言之，要教好语文教材中有关介绍自然科学知识的说明文，就必须弄懂文中所介绍的有关科学知识，如宇宙学、气象学、物候学、生物学、建筑学、物理学等；大而言之，我们要培养21世纪在世界上有竞争能力的建设者，就要从小培养他们的科学意识，对科学技术有浓厚的兴趣，有积极参与的愿望和行动。课内启发，课外阅读推荐，在学生心灵深处播撒科学的种子。

语文教材中涉及的自然科学知识很广，可说是上自天文，下至地理，包罗万象。语文教师当然不可能通晓各门科学，但是读一点科普读物，关心与了解现代科学技术的迅猛发展，读一点科技发展史，对某一门或某几门科学知识了解稍多一些，是应该的，也是必要的。

2. 社会科学知识

语文教材有广泛的社会内容，教学时要把文章的思想内容和语言形式有机地统一起来，使学生学有成效。语文教师除须具有很强的理解语言的能力外，还须有丰富的社会科学知识，才能准确地把握思想内容。

要熟悉我国的国情，学习中国历史，尤其是近代史、现代史；学习经济学，了解社会主义市场经济的本质与特点；学习法学，尤其是有关教育的法令、法规；学习文化学，了解中华文化的形成与发展，中外文化的比较；学习民族习俗、风土人情、人际交往等。总之，要博览群书，以百科知识丰富自己，做知识富有的人。

语文教师“精”于语文专业，“博”于文化科学知识，能以正确的教育理论指导教学，居高临下，学生必能学有所得，受益终身。

四、语文能力修养

语文教师不仅要具有良好的学业修养，在语文能力方面尤其要刻苦锻炼，达到较高的水平。

传统教育的一个重要特征是重知识的传授，轻能力的培养，语文教学也是如此。现代社会要求语文教师能进行创造性的劳动，面向现代化，面向世界，面向未来，开发学生的智力，培养学生具有较强的听、说、读、写能力，以适应经济建设和社会发展的需要。学生能力的强弱和教师能力的高低有密切关系。要有效地培养学生的语文能力，语文教师自身须有较深的语文能力修养。

语文能力修养包括听、说、读、写基本能力，语文教学能力与语文教研能力等。下面着重讲讲语文教学能力与语文教研能力。

（一）语文教学能力

语文教学能力是一个复杂的综合体，它包含众多因素，众多系列，既可分解，又可综合。从语文教学过程看，有钻研教材的能力、设计教案的能力、驾驭课堂的能力、测试考评的能力。要使教学井然有序地进行，须有制订语文教学计划的能力。从语言文字来说，有阅读教学能力、写作教学能力、听话教学能力、说话教学能力、语文基础知识教学能力。这些能力又各自形成系列，纵横交错，相辅相成。语文教学能力不仅表现在课内，而且表现在课外。如课外阅读指导能力，语文课外活动组织与指导的能力等。

语文教学能力是一个立体结构。中学语文教师要练就多项本领，在教学中综合运用，充分发挥，才能取得理想的教学效果。

1. 制订语文教学计划的能力

语文教学须有目的有计划地进行，切忌随意。学生在一定的阶段，完成一定的学习任务，教学缺少切合学生实际的计划，就会顾此失彼，贻误学生学业。中学语文教师要重视语文教学计划的制订，并提高制订的能力。

学习和深入理解语文教学大纲，把握阅读、写作、听话、说话及基础知识等方面的教学要求，理清读、写、听、说训练的具体内容，弄清基础知识的具体内容，把要求和内容按由易到难、由简到繁的顺序分解到各个年级，既循序渐进，又适当重复，增强训练效果。训练的项目要与课文对应，寻求最佳的载体。语文教材中的课文按单元编排，每个单元须有明确的教学目的要求。

制订语文教学计划要从学生的实际出发。要研究学生语文的实际水平，学习语文的主要心态，学习语文的方法与能力，以此来调整教学要求的高低，调整训练项目的难易，调整教学的进度。初中义务教育阶段三年是一个整体，根据学生语文程度，可采取先慢一点，后快一点的做法，也可匀速发展。不管怎样安排，读、写、听、说，应各自形成系统，有明显的坡度，又相互渗透，相辅相成。

年级语文教学计划、学期语文教学计划须认真制订。在把握三年总体要求的情况下，分年级、分学期制订的教学计划应目的明确，内容具体，重点突出，线条清晰，可操作性强。

制订的教学计划不是一成不变。在主客观条件的影响下，可作适当的增删，可作部分的调整，目的在有利于教学，取得良好的效果。

2. 钻研教材的能力

教材是教学的依据。语文教师能否正确地掌握语文教材，关系到语文教学大纲能否得到贯彻，语文教学质量能否提高。掌握教材是提高教学质量的基本条件，要切实掌握，须有独立钻研的能力。

一是从总体上把握。对语文教材的编写意图、体例安排、知识结构、范文特色，梳理得一清二楚，做到心中有全局。通晓全套教材的思路，脑中就会有教文育人的大框架。

二是把握单元组合的规律。在通读全册教材的基础上，弄清楚每一单元的内部组合以及单元与单元之间的关系。研究单元的内部组合，要正确把握读、写、听、说的知识点和训练点；研究各单元之间的关系，要妥帖地把语文知识和读、写、听、说能力的训练分别连点成线，做到纵线清晰，横向能有机联系。

三是把握课文的个性。一篇课文写什么，怎么写，为什么要这样写，须透彻理解。要从语言文字入手，探究思想内容，又从思想内容的高度推敲语言文字的表达；反复琢磨，领悟作者遣词造句、谋篇布局的匠心，剖析语言文字独特的表现力，洞悉课文的个性。共性寓于个性之中，写文章的内在规律在一篇篇具体课文中有各自不同的特点，语文教师要善于用慧眼识特点。《庄子·列御寇》中说："千金之珠，必在九重之渊而骊龙颔下。"语文教师对课文的钻研要能由表及里，见人之所未见，把握到细微之处，须具有入深渊探取骊龙之珠的勇气和劲头。

四是正确查阅资料。涉及课文中的种种知识，要查阅各类工具书，查阅有关书籍，力求准确无误，力求真正弄懂。切不可搞教学参考书搬家。钻研教材的过程，应该是教师精读课文的过程，广泛学习的过程，应该是教师自觉提高教学业务的过程。在独立钻研的基础上借鉴他人，才有真提高；照抄别人，只会在原地踏步，体会不到获得真知的欢乐。

3. 设计教学的能力

吃透教材是教学的第一步，与此同时，必须了解学生，研究学生。教学须有的放矢，有很强的针对性；只从教材出发，忽视学生实际，不可能收到良好的教学效果。

教学，教学，就是教学生学，教学生学会，教学生学好，因此，设计教学必须对教学对象作认真的了解与研究。当代中学生与过去的比，在年龄、生理等方面有共同之处，但在思想、心理、习惯、追求等方面有许多明显的区别。要了解和研究当代学生的特点，他们的理想、志趣、爱好、性格特征，他们的语文基础、学习方法，他们的可塑性等，在课内外做有心人，眼看，耳听，心想，让一个个活泼泼的学生形象印在脑子里，既能抓住他们的共同点，又了解他们各自的个性特征。

从教材实际和学生实际出发设计教学，应包括以下一些内容：

（1）确定教学目的。不管是单元教学目的还是课文教学目的，不管是新授课还是复习课的教学目的，都应体现语文的性质，语文的工具性、人文性、实践性和综合性的特点。教学目的不能“泛”，要紧扣课文或单元的特点；不能面面俱到，要集中又单一；不能任意拔高，要切合学生的实际水平。“准星”定得准，教学就不会偏离。

（2）确定教学重点、难点。根据教学目的确定教学重点。不管是知识点还是训练点，不能平均使用力量；突出重点，兼顾一般，教学目的才能真正达到。难点的确定：一是视教材本身，如某篇课文的某个段落、某些词句难以理解；二是视学生实际水平，大部分学生感到困难的地方。难点可能就是重点，但也不一定就是重点。教学设计时要注意剖析难点，化难为易。

（3）安排教学程序。教学思路不等同于写作思路，要根据教学目的、教学重点、难点和学生学习心理安排教学程序。先教什么，后教什么，教师如何引导，学生如何学习，均要妥善筹划，力求取得最佳教学效果。各个单元在每册教材中的地位和作用不相同，各篇课文有各自的体裁、各自的特色，学生学习各类课文的兴趣、学习方法不尽相同，因此，安排教学程序不能拘泥于一个模式，要有效果第一的观念，要有创新的意识。

（4）选择教学方法。方法是实现目的的桥梁，选择怎样的教学方法受教学目的的制约。讲述法、讲读法、问答法、讨论法等，各有优点，也各有局限性。教学设计时，要根据教材特点、学生实际加以选择。教学方法不宜单一，应根据教学目的选择多种教学方法，加以优化组合。不管选择怎样的教学方法，有一点应特别注意，就是设计启发学生积极思考、深入思考的问题。语文教学中难度最大而又必须切实解决的，是如何使学生开动脑筋，主动积极地学习语文知识，进行读、写、听、说能力的锻炼。“问题”是学生通往阅读课文、深究课文的铺路石子，设计得精彩，学生就会兴趣盎然，求知欲旺盛，举一反三。

（5）设计作业。语文作业的设计不能只理解为新课结束以后的作业和课外的作业。语文作业的主旋律是语文能力的培养，因此，在教学全过程中应该在适当的教学环节里安排能力的训练。设计语文作业应着眼于突出重点，落实教学目的；应有启发性，避免机械操练，抑制学生的创造性；应着眼于素质教育，避免进入应试误区；应形式多样，开发学生智力；应分量适当，避免学生过重负担；应具有弹性，使各个层面的学生均能得到提高。

（6）设计板书。板书是教学的重要手段之一，它对学生的学习起提示、启发、强调作用，帮助学生理解课文，加强记忆。板书大致可分两种情况，一种是就课文、就单元复习进行总体设计的，一种是随写随擦的。前者重提纲挈领，重醒目，后者往往是生字、难词，须说明的，须强调的。板书可用不同色彩的粉笔，但忌五彩斑驳，使学生眼花缭乱。成功的板书源于对教材的深刻理解，对学生的了解、熟悉，源于教学思路的清晰、新颖。

教学设计行之于书面，就是教案。教案根据教师教学经验是否丰富，根据教学实施的需要，可写详案，可写简案，可部分详，部分简。教案须眉目清楚，教学步骤明确，教师的“教”与学生的“学”两个方面均有所反映。书写力求规范，第二遍、第三遍乃至多遍教的课文，应根据学生不同的情况及教师自己理解的程度而作修改、补充乃至重写，体现改革精神，以求逐步完善，精益求精。

4. 驾驭课堂的能力

以班级为单位的课堂教学，是语文教学的主要形式。教学设计的蓝图能否有效地实现，取决于课堂教学中教师主导作用发挥得如何。要使所有的学生在课堂上思维积极，主动进行语文训练，须着意提高以下几种能力。

（1）组织能力。语文教师是学生学习语文的组织者和指导者，面对班级几十个学生，如何把他们组织到教学过程之中，调动每个学生的学习积极性，这是科学，也是艺术。教学过程应是师生共同参与的一个脑力劳动过程，教师的脑力劳动应当跟学生的脑力劳动相结合，而最终目的是激励学生开展积极的脑力劳动，因此，教师和全班学生在课堂教学中应该有合理的关系。这种合理关系就是：教师的“教”作用于全班所有的学生，学生积极性极大地被调动，既向教师反馈，又与同窗交流；课堂里形成思想、知识、情感、能力交流的网络，传递信息的渠道通畅；在特定的教学活动中，学生之间不仅可切磋琢磨，而且能充分发展个性与才能，能者为师。这种合理关系的主导者是教师。语文教师要善于组织这种辐射式的教学网络，创造活跃的课堂气氛，优化学习情境。驾驭课堂的组织能力不能误解为只是课堂起始阶段的集中学生注意力，只是为了维持良好的课堂纪律，它应该贯串一节课的始终，为实现教学目的服务。

（2）应变能力。课堂教学是教与学的组合体，在教学进程中，教与学的矛盾，教师与教材的矛盾，学生与教材的矛盾，教学内容与教学时间的矛盾等时有发生，语文教师要善于调控，妥善处理多种矛盾，使教学秩序井然，教学目的实现。其中尤以教与学的矛盾为多，教师须具有教育机智，善于应变。学生学习积极性被调动，思想高度集中，会对教材的思想内容与语言文字提出种种疑难，会对教师的讲解、同学的看法持不同意见。教师应充分认识到这是课堂教学中闪光的所在，应把握时机，充分肯定正确的意见，把学生组织到讨论的热潮之中，促使学习深入，促使课堂教学的质量提高。应变能力强不强，受以下几个因素的影响：一是对教材熟悉的程度，理解的程度；二是反应的灵敏度，能及时组织学生开展讨论，及时综合来自众多学生的正确意见，去粗取精，去伪存真，能及时调整或修正自己的看法，使学生信服；三是有相当的知识储存，并能信手拈来为我教学所用。摆脱照本宣科的死板教学，加强教学的针对性，使课堂教学活起来。这取决于教师应变能力发挥得如何。

（3）语言能力。教师的教学语言在课堂教学中起重要作用，它与学生交流思想，沟通感情。教师语言不是蜜，但可以牢牢吸引学生的注意力，对课堂教学起凝聚作用。语文教师语言要活泼、生动、流畅，能悦于耳，入于心，对学生产生说服力与感染力，产生春风化雨般的魅力。语文教师语言要善于激趣，要新鲜、优美、风趣；要深于传情，要传真情，要亲切，要向学生传递健康的、高尚的、积极向上的情；要工于达意，要准确无误、简明、严谨，词汇丰富；要巧于启智，善于点拨、引导、启发。教师语言规范，能对学生正确理解和使用祖国语言起榜样作用，教学效率会大大提高。

驾驭课堂的能力是教师教学的重要的基本功，课堂教学能否闪发光彩，教学质量能否提高，关键就在于此。这种能力的培养靠精心的探索研究，靠长期的持之以恒的磨砺。

5. 处理作业的能力

学生的语文作业在一定程度上检验教与学的质量，它帮助教师发现教学中的问题，总结经验，促使教师改进教学。正因为如此，处理学生作业不能停留在只判断正误、只打分数，要做到：

（1）明确学生作业是教学的有机组成部分，是课堂教学的延伸和反馈，不过方式是学生独立操作，独立训练，以巩固或加深理解课内所学的内容。处理时要加强目的性，了解学生掌握的情况，重视反馈教学质量的信息。

（2）对不同类型的作业，如口头的、书面的、单项的、综合的等，采用不同的处理方法。可分别处理，可集体讨论，可互批互改。无论采用什么方法，都要落到实处，使学生一步一个脚印往前走。

（3）批改作业要以正面鼓励为主，积极引导为主，千方百计树立学生学习的信心，激发他们克服困难的勇气，切忌横加指责。对错误与不足要说得具体，指引修改的路子。

（4）因材施教。对不同的学生可采用不同的方法，如对有的学生的作文可面批面改，重点帮助。从学生的实际出发，有目的、分阶段地采用不同方法处理，以求得最佳效果。

6. 组织语文课外活动的能力

教师组织和指导学生学语文，要树立大语文的观念，不能封闭在课堂小天地里。从大语文的观念看，可探讨的问题很多，这里不赘述，但作为语文教师，必须有这样的意识。

要在思想上重视，明确语文课外活动是语文教学整体中的有机组成部分，纳入教学计划。

语文课外活动内容要具体，形式要多样，要有助于激发学生兴趣，开阔学生视野。语文课外活动应有相对的独立性，不能搞成课堂教学的延伸，不能以规定的作业束缚学生，加重他们的负担。

要让学生做语文课外活动的主人，培养他们的组织能力、主持能力、实践能力。教师当参谋，充分发挥学生的聪明才智。组织活动时，应积极争取学校、家庭和社会有关方面的支持。

语文教学能力表现在众多方面，上面仅仅就几项主要的加以简述，其他如考核学生语文程度的能力、对教学评价的能力、运用教具的能力等，也都应该积极锻炼，不断提高。

（二）语文教研能力

作为一名合格的语文教师，不仅应具备比较强的教学能力，而且应具备一定的教学研究能力。语文教学研究并不仅仅是语文研究机构中研究人员的事，也是广大语文教师的事。语文教师不仅要掌握教什么、怎么教，还要懂得为什么要这样教，怎样教可以提高教学效率和教育质量，这就需要认真研究，探索语文教学规律。

语文教学规律客观存在，它反映语文教学的内在联系。发现它，认识它，就能遵循它施教，就能取得良好效果。怎样才能发现？当然要研究；怎样才能深入地认识，当然更要研究。

有一种误解，认为教学研究高不可攀。其实不然。语文教师是教学第一线的实践者，有教学正反两个方面的经验，在教学过程中经常会遇到各种各样的问题，经常思考有关问题，寻求解决的途径与方法，提高到理论上来认识，就是进行研究。语文教师在这方面有足够的发言权，应该成为教学研究的主力军。

中学语文教师为了提高教学研究能力，应在以下几个方面积极锻炼。

1. 选题的能力

选题是教学研究活动的开端。课题一旦选定，研究的目标与方向、研究的对象与范围、研究的主要方法与步骤等也随之在某种程度上被决定。

语文教学研究的课题是指语文教学领域中具有普遍意义的特定问题，有明确而集中的研究范围、目的、任务的题目。所谓普遍意义，是指教学中有规律性的，能解决某一层面的，反映某些本质的；所谓特定问题，是指目标明确，讨论的对象和范围清晰。

选题就是寻找研究语文教学问题的突破口。语文教学十分复杂，要探索其客观规律，必须有确定的着手点和突破口。先在一个方向上，通过一个具体课题突破，逐步扩展，逐步深入，才能对语文教学规律有越来越深的认识。

选题要角度小，有价值，有新意。

要根据语文学科性质、目的、任务，先搭选题的框架，形成选题网络，然后由总到分，纵横交错，找汇聚点，找熟悉点，确立课题。

2. 收集资料的能力

围绕课题收集资料，力求范围广一点，内容实在一点。一是检索古今中外的文献资料，做摘记、笔记、卡片。二是开展调查。常用的调查方法：（1）问卷调查。面可宽些，取得数据，作定量分析。（2）开座谈会。口问手写，取得具体的材料。（3）访谈。抓住典型，作较细致的了解。资料是研究的依据，越具体，越典型，越有研究的价值。

资料收集后须排列梳理，归类集中；须剖析材料意义，分清主次；须认真筛选，选取最有意义的。

3. 撰写教学研究论文的能力

语文教学研究论文是语文教学研究的结晶，撰写时要遵循几条原则：（1）论证要以事实为依据。研究论文中列举的数据和例子，应该是千真万确的。（2）内容的阐述要有逻辑性。论文内容的逻辑性是研究思路逻辑性的必然反映。（3）语言要准确、明白，不能含糊其词。（4）引用文献资料要注明出处。

教学研究论文有论述性的，有描述性的。如果是开展教改实验以后形成的报告，那就是实验性研究报告。

教学研究论文一般由以下几个部分构成：（1）论题，即论文题目。（2）引论。（3）本论。（4）结论。文前可加“内容提要”，文中可加注，文末可说明写作时间。

初稿完成后，应反复琢磨，认真修改。

进行语文教学研究是语文教师提高自身理论水平和教学能力的必由之路，是揭示语文教学规律、提高语文教学质量的必由之路，语文教师要克服畏难情绪，勇于在这条路上迈开大步。

第二节 中学语文教师自身的提高

语文教学的生命力在于教师不断提高自己。中学语文教学是高难度的教学，要有效地提高教学质量，当然可以借鉴别人的经验，但最为根本的还在于抓自身的提高。根深才能叶茂，居高才能临下。教师基础牢靠扎实，源头活水汩汩流淌，就能因教材、因教育对象的实际情况而充分发挥自己的特长，在广阔的语文教学领域中导演出一幕幕精彩的育人戏剧。

一、语文教师的自身提高是一项长期的工作

语文教师要永葆教学上的青春，必须在他自身不断增强内驱力，那就是坚持自我教育，把自我教育作为终身的任务。自我教育的积极性、主动性从何而来？

（一）对自己的教学业务有清醒的认识

语文教学任务繁重，要求教师知识全面，读、写、听、说全能，要求教学技艺纯熟，教学方法多样。以这样的标准来衡量，教师总会有这样那样的不足和缺陷，认真弥补，才能逐步合乎要求。即使没有明显的缺陷，也有功底深不深的问题，视野开阔不开阔的问题，在教学改革上能不能开拓进取、善不善于开拓进取的问题。讲到教学技艺，课上能不能撒得开，纵横自如，能不能收得拢，聚意点睛，这些都应认真反省。

清醒地认识自己，就会虚心。“虚”才能容物，主宰自己的眼睛去看，主宰自己的耳朵去听。否则，眼睛、耳朵总像蒙上了障碍物，不是视而不见，听而不闻，就是看走样，听走音。虚心是鞭策自己前进的动力。

（二）身上要有时代的年轮

语文教师的政治、业务素质的提高与整个社会有密切的联系。作为一名语文教师，应该具有相当程度的职业敏感，要跟随着时代奋力前进。

人类社会已经跨越了 19 世纪的蒸汽机动力时代，今天，科学技术已经发展到了一个全新的信息时代。时代对教育提出新的要求，语

文教师要学会认识时代的特征，关心国内外大事，善于接受来自各方面尤其是教育、科学、技术方面的新信息，使自己思考问题、从事教学实践具有时代的气息。

当前，我国人民所面临的最为重要的任务是建设有中国特色的社会主义。建设有中国特色社会主义理论的核心是发展生产力，精髓是解放思想，实事求是。发展的强大动力是改革，发展需要有稳定的政治局面。现代社会的发展又是一个动态的系统工程。改革开放的深入推进，特别是社会主义市场经济目标的确立和它的蓬勃发展，必将引起人们生活方式和思维方式的深刻变化。为了推动整个社会全面进步，在抓好物质文明建设的同时，必须抓好精神文明建设，要坚持“两手抓”“两手都要硬”。生活在现代社会的语文教师，对国民经济和社会发展的一些基本理论要有所了解，并以此武装头脑。

教师的政治水平、业务水平应随着社会的不断发展而提高，思想观念也应及时更新。比如教育思想观念的更新，内容就十分丰富。教育体制问题、学校内部管理机制问题、素质教育问题、社区教育问题等，均应关心、了解，加深认识。

（三）坚持不懈，必有成效

“十年树木，百年树人”，教育工作具有长效性。正因为如此，作为教育学生的教师就需不断自我完善，自我提高。教师思想、道德的完善，学业、能力的提高，绝非一时一事所能奏效，要靠日积月累，细水长流，持之以恒。

“恒”，是进步的法宝。只要坚持不懈地努力学习，积极进取，必能跟上时代的步伐。“恒”来自对教育事业的无限忠诚，对青少年学生的无限热爱。高度的事业心和责任感是自我教育的不尽的动力。

二、提高的途径

语文教师自身提高是一项长期的工作，提高的途径虽因人而异，但也有一定的共性。主要的途径是：

（一）阅读

教师的一生必须是学习的一生，在现代社会，这应成为包括语文教师在内的所有教师的共识。

学习是接受外界信息、开阔眼界、增长见识的过程。当今时代新思想、新知识、新技术、新观念层出不穷，只有孜孜以求，不断学习，才不落伍于时代。要获得知识的增进与更新，阅读是最重要的手段。

从书里，可以迅速汲取人类几千年进化所积累的知识，使智识的发展一日千里；可以超越时间空间的局限看到世界，使视野的广阔度增加千倍万倍；可以超越独自思维的单一和狭隘，从几辈人中获得大量信息。读书使人聪慧，使人明理，对人的德、识、才、学等方面，有深刻的影响。语文教师对阅读的重要性有深刻的理解，就会自觉阅读，把阅读作为须臾不能缺少的活动。

阅读的内容很广泛，须注意的是：

1. 认真学习重要的理论

建立在辩证唯物主义和历史唯物主义基础上的马克思主义世界观，是一个科学的思想体系。语文教师应逐步掌握其基本理论、立场、观点和方法，系统地了解社会发展的规律，正确对待客观与主观、必然与自由、理想与现实之间的关系，正确认识和理解社会主义阶段的现行政策。

以历史唯物主义基本原理来说，恩格斯的《在马克思墓前的讲话》里，用一个长句加以阐述；列宁的《卡尔·马克思》一书中对此又拎出了两个要点：(1）以往的历史理论，至多是考察了人们历史活动的思想动机，而没有考究产生这些动机的原因（物质生产发展的程度)；(2）过去的历史理论恰恰没有说明人民群众的活动，只有历史唯物主义才第一次使我们以自然史的精确性去考察群众生活的社会条件以及这些条件的变更。这样反复学习，就可有所领悟。对马克思主义基本原理的理解，读原著十分重要，读其他书籍也会有所帮助。比如刘心武的长篇小说《钟鼓楼》，其中有两段文字对历史唯物主义的基本原理阐述得精辟、透彻，用形象化的语言表述，与理论对照阅读，更可加深理解。

对教育教学理论的学习也是如此。如叶圣陶主张“教是为了不需要再教”。反复学习，就会懂得不能误解为“少教”“不教”。“教”是教师今日的任务，“不教”是明日的目标。今日的“教”，要达到明日不需要教的目的。其中有个过程。自学能力的培养非一朝一夕，靠的是科学的步骤与方法。如果把目标和过程混淆起来，揠苗助长，其结果是禾苗枯死。

2. 深入学习语文业务

要真正弄懂一点知识，就要深入学习，认真钻研。既要深入，就要锲而不舍，因为一锹两锹是掘不出宝物的。比如诗歌，每学期都要教，围绕它，阅读有关的书籍，可发现其中许多有趣的学问。诗中有方位、色彩、数字，在诗人笔下各有奥妙。如语文教材中有《木兰诗》，诗中有“东市买骏马，西市买鞍鞯，南市买辔头，北市买长鞭”的句子。紧扣方位词的运用，可在《楚辞·招魂》中找到“魂兮归来！东方不可以托些……魂兮归来！南方不可以止些……魂兮归来！西方之害，流沙千里些……魂兮归来！北方不可以止些……”可在曹植的《游仙诗》中见到“东观扶桑曜，西临弱水流。北极玄天渚，南翔陟丹丘”的诗句。同是东西南北，有的是写到处奔波为准备出征购买物品的繁忙；有的是写四方不可留，希望死者灵魂归故土；有的是写诗人自己受到曹丕、曹叡的猜忌，郁郁寡欢。同是在诗中用方位词，表达的情意却很不一样。学习知识如汲深泉之水，越学越能品尝到其中的甘甜。

3. 广泛学习，开阔视野

语文教师不仅要学习马克思主义理论，学习党的方针、政策，学习教育学、心理学、教学法的基本理论，攻读专业著作，而且要博览其他各方面书籍，尤其是文化方面的、文学方面的、艺术方面的。语文教师在知识修养上应当是“杂”家，知识面广，视野开阔，容易触类旁通。

语文教师工作量大，负担重，要想有大块时间阅读不大可能。为此，锲而不舍的精神尤为重要。把零星的宝贵的时间有计划地用上，天长日久也是可观的。

（二）进修

教师要切实做到日有长进，月有长进，年有长进，须不断以精神养料滋养自己，自觉地接受终身教育。进修是接受教育的一条有效途径。

教师职后教育的特点是针对性强，时效性强，实用性强，研究性强。语文教师参加职后进修，对增进知识、完善知识结构、提高语文教学质量起重要的促进作用。要使进修有成效，应做到：

1. 思想上重视

认清时代对语文教师的要求，认清担负的任务与自身的条件之间的差距，增强进修的紧迫感。

2. 课程上选择

从自己的实际出发，选择最需要的课程学习。可选择与语文学科各方面有关的课程，可旁及其他学科的有关课程，或弥补不足，或意在提高，或开展研究。

3. 时间上保证

要下决心挤时间。不论是业余进修还是脱产进修，都要千方百计克服困难，坚持学习，切不可三天打鱼两天晒网，或半途而废。

4. 方法上讲究

岗位上语文教师有实践经验，要取得良好进修效果，须理论联系实际，采用科学的方法。避免死记硬背，不能懒于思考。

（三）实践

实践出真知。一名成熟的语文教师总是经过大量教学实践锻炼出来的。然而，毋庸讳言，有的语文教师教了半辈子，乃至一辈子，却讲不出多少教语文的道理。应该说，教学是辛苦的，精力也花得不少，为什么会出现这种情况呢？关键在缺乏理论指导，教学实践有很大的盲目性；在于不注意及时总结，让有价值的经验与教训和时光一起流逝；在于缺少潜心研究。

要在教学实践中使自己切切实实获得提高，须在以下几方面努力。

1. 教学实践要有正确的理论指导

语文教师学政治理论、学马克思主义哲学、学教育理论等，不是为理论而理论，学习的目的在于以正确的理论指导教学实践，减少盲目性，提高有效性。

教育要三个面向，面向现代化，面向世界，面向未来。这是当代指导我们教育教学的重要理论，用这个理论指导语文教学实践，从教学内容、教学方法到测试考评，有一系列问题可探讨研究。教学时要有明确的指导思想，而不是想怎么教就怎么教，有很大的随意性。

语文教学大纲中“教学中要重视的问题”提出的观点，是从长期语文教学实践中总结提炼出来又被实践证明是正确的认识，从不同角度反映语文教学的规律。教学时要有目的有意识地以这些观点为指导思想，在实践中加深认识，探索规律。

2. 重视总结，善于总结

语文教师在教学实践中常常有这样那样的点滴体会，如果不重视总结，这些体会也就流失得无影无踪。

一登一陟一回顾。要做好任何工作，都要重视走过的足迹，看是否离线离轨，是否步履坚实。回顾过去，目的在吸取经验教训，使今后的路走得更好。

教学总结是对教学工作的一种总鉴定。总结的作用在于把肤浅的、零星的、表面的、感性的认识上升到本质的、系统的、全面的、理性的认识。通过总结，可以在复杂的教学现象中找出事物的内在联系，在个别中找出一般，在个性中找出共性，在特殊中找出普遍性。语文教师重视总结教学中的经验教训，认识就能符合语文教学规律。

总结要“勤”。懒于思考，懒于动笔，认识就总是在原地踏步，教学也就裹足不前。人总是要“逼”自己，教师尤其如此。为了肩负的育人的使命更好地完成，教师要自觉地“逼”自己。教学实践中勤于思考，勤于动笔，习惯成自然，也就不以为苦，不觉得难了。

总结要善于选角度，善于在内容上剪裁。一开始写洋洋大观的文章当然比较难。要选感受最深、最有体会的写。面面俱到，蜻蜓点水，达不到通过总结提高认识指导教学的目的。

3. 潜心研究，着力改革

语文教学要改革，改革才能摆脱长期存在的效果不理想的困境。改革不是少数人冥思苦想，也不能只是少数教师探索实践，而要靠广大的语文教师。语文教师处在教学实践的第一线，掌握丰富的第一手材料，根据提高教学质量的需要，根据自身的条件，完全有可能也完全应该就某些方面的问题开展实验，进行研究，着力改革。

开展实验，进行改革，要制订实施方案，安排实施步骤，选定实施方法，检测实施效果。改革前要进行调查研究，实施方案要目标明确，步骤清楚，切合实际，可操作性强。实施过程中可根据具体情况调整方案。

（四）积累

《后汉书·列女传》中说："一丝而累，以至于寸，累寸不已，遂成丈匹。"对语文教师来说，这种积寸、积丈匹的精神十分重要。

一是知识的积累。广泛阅读，随读随记，收集整理。

二是教学资料的积累。自己的教学资料，同行在书报杂志上发表的有关教学资料，择其善者收集起来，供参考、研究。剪贴、做卡片、装订成册等方法皆可用。

三是教学经验的积累。"教后记"是一种有效的积累方法。上完课把教学中值得思考、值得研究的问题记几笔，有教的，有学的，有经验，有教训，久而久之，就会从中找出规律性的东西。总结教学经验，撰写教学论文也是一种积累方法。

改革开放呼唤人才，人才呼唤教育，教育的关键是教师。每个热爱祖国、热爱青少年学生的语文教师应振奋精神，加强修养，加强自我教育，在学生心目中树立起光彩照人的形象。

中、英、美师带徒职初培训模式比较研究

青年教师培养是各国教育界普遍重视的问题。“关于向老教师学习的研究”，是美国教师学习研究中心的科研课题，密歇根州立大学邀请英国牛津大学与中国上海第二师范学校合作研究。我们就此进行了青年教师职初“师带徒”的培训模式的跨国比较研究。

一、研究的目的

（一）探索青年教师职初成长的重要途径，从理论和实践结合的高度寻求和认识培训的规律，提高培训的质量

国外学者认为，对于教师这一职业来说，担任教师第一年被认为是最重要的。我国学者的研究表明，骨干教师成长过程一般要经过“角色适应阶段—主动发展阶段—最佳创造阶段”。“角色适应阶段”

本文是作者与李熹、沈莉合著。1992 年，上海市第二师范学校与美国密歇根州立大学、英国牛津大学合作开展了“关于向老教师学习的研究”，在学校坚持多年的青年教师培养工作基础上，作者带领学校团队完成研究结题工作，该课题 1995 年获上海市第五届教育科学研究成果二等奖。

是指青年教师从师范院校毕业后，一两年内要从心理、思想、行为等方面承受社会对他们的角色期望，要完成从学生到教师的角色转换，认识到从事教师职业实际上是承担社会赋予自己的培养社会接班人的重任，要适应新的教育环境，并在教育实践中拓宽知识面，掌握教育教学的基本技能，逐渐将自己合格的学历水平转化为合格的岗位水平。青年教师在这一阶段中形成的职业认识、职业责任感、职业技能是以后发展的基础。职初角色适应阶段培训工作扎实有效，可为青年教师日后胜任教育工作奠定厚实的基础。

（二）较为具体深入地了解欧美一些中小学对青年教师初上岗老教师指导的情况，进行跨地区、跨国家、跨文化的比较研究，弘扬我国教育文化的瑰宝，对照、借鉴国外的先进思想和先进做法，总结和完善我国师带徒职初培训工作

由于国情不同、政策不同、教育文化背景不同，对青年教师实施培训的思路与方法必然不尽相同。美、英课题研究的帮带中心在于青年教师的“教学学习”，我国的帮带中心则是青年教师的“综合教育学习”，即在老教师指导下学作风、学常规、学方法、学技巧。为此，我们的研究“以我为主，借鉴别国”，从我国实际情况与优势特点出发，借鉴与汲取国外的长处，使这项研究背景广阔，具有新意。

二、探索的内容

青年教师职初培训有多种形式，师带徒只是培训模式的一种，它

的优越性如何，理论依据是什么，着重培训哪些内容，管理方面如何保证等，都是本课题探索研究的内容。

（一）
理论支撑的探索

（1）青年教师师范院校毕业后进入学校，迫切需要解决的问题是如何进入教师角色，适应新的工作。一般来说，这里存在着一个摸索磨炼的过程，而其实质和核心就是如何尽早尽快地做到理论与实际相结合。师傅带徒弟的培训模式正是适应了这一需要。老教师经过长期的教育实践积累了丰富的经验，经验是理论与实践结合的“中介”，凡属称得上“经验”的东西都在一定程度上反映事物发展的规律；经验本身就蕴含、凝聚着理论，较之于写进书本的理论更具有实践性和生动具体的特征。从认识角度来说，“师带徒”模式就是以带教老师的经验为“中介”，促进新教师把教育理论、学科知识与教育教学实践结合起来。这里的丰富经验不能只看作是某师傅的个人积累，而应看作是诸多教师的共同创造，包括前人遗留的精华，师傅不过是结合自己的深刻体会现身说法，启发指导。从这个意义上说，师带徒不能简单地理解为仅仅是老教师向新教师传授经验，或新教师向老教师学习经验，而是彼此以“经验”为中介，使理论与实践有机结合，促进新教师的成长。

（2）从人才学角度来说，师带徒模式充分发挥“外因”、激发“内因”的作用，进行德、才、学、识融为一体的综合培养，符合人才成长的规律。马克思认为“个性”是在社会历史中发展形成的。用这一根本观点来考察青年教师的成才过程，一方面不能脱离培训对象个人的思想文化素质和心理素质的基础，另一方面又必须引导他们适应社会需要和发展水平的制约。师带徒模式正是兼顾这两个方面，与正规培训方式比较，它更能充分发挥外因通过内因起作用的威力，师傅的人格力量具有能激发、培养新教师内在品质精神的优势。

（3）从终身教育理论来说，师带徒模式是基础教育、高等教育与继续教育的最佳结合点，是终身教育中十分具有活力的组成部分。教育时限终身化，对于改革传统教育的形式、内容和方法，具有重要意义。在现代社会，人们要学会生存，就要学会学习。青年教师要进入教师角色，担负起育人重任，必须树立终身接受教育、终身学习的观念。师带徒的模式就是促使青年教师把学习与实际工作乃至社会生活联系起来，既是职前教育的延伸，又能在师傅指导教育实践的过程中矫正某些不足。

师带徒职初培训模式由于有哲学认识论、人才学及终身教育理论的支撑，故在实施过程中，效果比较显著。

（二）师徒帮带内容的探索

1. 职业意识

教师职业不同于其他职业，有其特殊性。加强青年教师职初岗位培训，首先必须对他们进行职业道德的教育，而在职业道德的教育中，最突出的是要帮助青年教师增强教书育人的使命感和责任感。因为责任感能督促青年教师充实今天，使命感能激励青年教师创造明天。在个案研究中，可以看到老教师对青年教师的职业认识和职业行为有着很大的影响，接受帮带指导的青年教师一致认为老教师作为指导教师，其无私奉献的师魂，诚实正直的师德，严谨求实的师风，是他们学习的典范。在帮带过程中，老教师潜移默化地影响着青年教师对职业价值的理解和认识，在与老教师的共同工作中，青年教师认为不仅加深了对“教师”含义的理解，而且更深刻地懂得了“好的教师”的内涵。在谈到“五年后，你将成为一名怎样的教师”时，青年教师满怀信心地说：“在师傅的帮助下，我希望成为一名受到学生喜爱，在同事眼里比较优秀的青年教师。”这种经老教师激起又发自青年教师心中的责任感和使命感，使青年教师热爱自己所从事的教育工作，并且自觉地按照教师的职业要求去做。对 550 名青年教师的调查表明，经过师徒帮带，38% 左右的青年教师热爱工作，安心工作，责任感强，立志为教育事业献身；32% 左右的青年教师工作安心，责任感较强。这表明大多数青年教师在接受老教师帮带后，职业意识明显增强。

2. 职业技能

教学技能是在教学过程中，教师运用教学理论、专业知识以及教学经验，为促进学生的学习，实现教育目标而采取的特定的教学行为方式。教学技能是教师的职业技能，就如同医生、律师、演员等的技能一样，是一名合格教师必须掌握的。对青年教师进行教学技能培训，是师徒帮带中尤为重要的一个组成部分。

经过师徒帮带，老教师对青年教师各项教学技能的掌握情况比较满意，尤其对提问技能、讲解技能和组织技能表示满意的程度较高。因而可以认为，青年教师在老教师的帮带指导下，其教学技能，诸如讲解技能、组织技能、提问技能、反馈技能、演示技能等，均有不同程度的进步和提高。

3. 职业人格

这里所谓的人格，是指教师的人格。教育是培养人的特殊职业，从人格的角度来看，教育是按照一定社会的政治理想、道德规范和专业方向对人进行全面的人格教育的工作。老教师与青年教师在帮带活动的双边关系中，无论是内容，还是相互间的作用，老教师都是主要、主导的方面。一般说来，青年教师也都把“传道、授业、解惑”的老教师作为学习的楷模，并在老教师的帮带指导下不断地“进德修业”。正是从这个角度，我们去考察个案研究中的师徒帮带工作，总结他们的经验，发现他们在帮带过程中，不仅依靠了科学真理的力量，依靠了作为青年教师的指导者的管理手段，而且依靠了老教师自身的人格力量。老教师的“以身作则、为人师表”积极有效地引导了青年教师把对教师人格的规范变为自觉的选择，并通过自身积极的努力和修为逐步内化为自己的人格。在帮带过程中，老教师以自己的言传身教，让青年教师逐渐懂得教师的人格是一种职业人格，它既是立身之本，又是育人之基，教师人格的修养与完善离不开教师的教育实践，也就是说教师人格是在学生身上迁移、转化的过程中得以体现的。

在老教师的帮带指导下，青年教师不仅懂得了完善教师人格必须以“爱”为基础，而且更深刻地理解了掌握教育规律、学会运用恰当的教育方法，是教师人格力量得以充分发挥的重要条件。如一位小学青年数学教师，她在上课时总觉得小朋友思想不够集中，学习效果不明显，在与老教师的共同探讨中，她注意到了小学低年级学生具有持久性差、有意注意时间不宜过长等特点，她就及时变换了教法手段，在课的前 20 分钟内以游戏的形式进行教学，如让小朋友唱唱歌、做做操、调节情绪、活跃气氛，这样小朋友们学得专心，学得开心，教学效果明显提高。通过这一教育实践活动，这位青年教师不胜感慨地说道：“课堂教学要‘量体裁衣、因材施教’，否则，动机再好，方法不当，也会直接影响教育和教学的质量，甚至会削弱教师人格的力量。”

（三）
加强管理的探索

质量管理是学校管理的核心问题，学校教育目标实现的程度是以教育质量的高低为首要标志的。对青年教师职初师带徒模式的培训，要取得良好的质量，同样须加强管理。

1. 充分发挥环境优势，
创造师带徒的良好氛围

从大环境来说，近几年国家制定和颁布了一系列的教育法令法规，保证教育的战略地位。其中，对教师队伍建设有明确的要求，这种态势，对学校抓青年教师职初岗位培训十分有利。从小环境来说，学校历来把青年教师的培养作为大事来抓，一届届教育教学评优，常抓不懈，形成传统。宣传并发挥环境的优势，为师带徒培训模式的研究创造良好的氛围。

2. 组建强有力的领导核心，使师带徒的工作落到实处

学校培训青年教师原有三级网络，即：师傅与徒弟，教研组组长及中老年教师以培养组内青年教师为己任，学校由学科骨干教师组成评优领导小组。这次进行课题研究，对原来的成员筛选、调整，力求精干，再配以课题组成员，形成核心。从制订计划到过程管理到效果测评，实实在在，充分调动了每一位参与课题研究教师的积极性。

3. 建立必要的制度，保证师带徒培训工作在和谐欢乐的气氛中进行

学校建立考评、检查、激励一系列制度，既及时长善救失，精神上鼓励，又适当结算课时量，以慰老教师帮带的辛苦。师徒关系和谐、亲密，培训工作有声有色。

三、结果与分析

辩证法认为，事物的共性往往包含在个性之中，通过一定量的个体的分析，可以得出普遍性的结论。剖析中、美、英三国师带徒实验资料，不难得出如下的结论：

青年教师职初师带徒培训模式用以培养青年教师是完全必要的，有成效的，有应用与推广价值。因为它大大缩短了青年教师熟悉教学常规、教学过程的周期，对促进老教师再学习、再思考、再研究、再提高也发挥了重要作用。熟悉教材、熟悉学生，以书本知识指导教育教学实践，青年教师原来要用较长时间摸索，从无数失败中寻找路径。现在在老教师的点拨、示范、具体指导下，大大缩短了周期，少走或不走弯路。“经验”这个“中介”在他们身上起了不可低估的积极作用。

个案研究由于中、美、英三国社会背景、文化背景、教育背景不

相同，师带徒教学过程中的探索内容与效果呈现出明显的差异。

（一）师带徒过程中各项问题讨论的比重不同

根据中、美、英个案研究资料汇总统计，有关纪律与管理、对学生学习的评估、学生个人、作业、父母、计划、教学、新教师的进步与感情上的要求、教与学的广泛讨论、纲要与教材等方面问题的讨论在整个教学过程中的比重，中、美、英三国各不相同。

（二）优势与不足

从统计的资料分析，中、美、英师带徒所讨论的问题各有侧重，帮带的重点不同，各有自己的优势与不足。

1. 中国师徒的明显优势是教学在研究中占的比例相当大

日程表、周记及访谈中，中国师徒探讨得最多的问题是教学，占整个教学过程的比例是 43.4%，较英国的高 21.6%，较美国的高 28.1%。这符合我们的教育国情，也符合我们要探索的培训内容。

我国学校教育以教学为中心，对教师的要求是教书育人。教师在学校中的地位以及在学生心目中的威望与教学技能关系密切。教学技能包括一般能力和特殊能力。前者指教学活动中所表现的认识能力，了解学生的观察能力，预测学生发展动态的思维能力等；后者指教师从事具体教学活动的专门能力，如教学的组织管理能力，把握教材、运用教法的能力，语言表达能力等，它贯串于教学全过程。老教师在这方面积累了比较丰富的经验，初上岗的青年教师缺少实践锻炼，这方面有欠缺，因此，把教学作为探讨的重点极其顺理成章。在学校领导心目中，在学生心目中，教师教好课是最为重要的第一条，老教师手把手带教青年教师，当然极其自然地把这放在核心位置上。新老教师对这一点有共识，探讨得多，新教师的进步就明显，教学技能迅速提高，实现了培训的预期目的。

美、英与我们比较，略输一筹。美研究人员 Iynn Paine 说，如果师徒帮带，美国的比例只停留在 15. 3% 上，那是不成功的。

2. 新教师主动性发挥得比较充分是美国师徒带教的特色，相比之下，我们明显不足

从影像资料及周记、访谈的材料看，美国新教师思维特别活跃，他们对教学、对学生、对种种事物有自己的想法；他们学得主动，不盲从。这与他们的社会背景、文化背景、教育背景有关。他们强调个性发展，教师教学的自主权很大，没有统一的教学计划、教学大纲、教材的制约。

我国的教育有统一的教学大纲可以遵循，师傅对徒弟教学上的指导是较为系统全面而又具体的，规范性比较强，符合教育原理，有一定理论色彩，师傅的主导作用发挥得相当充分，徒弟可能觉得这些经验经过实践检验是可行的，宝贵的，无可非议的，无形之中，自己的主动性积极性在一定程度上受到抑制，聪明才智未能充分发挥。

3. 师徒帮带的视野，英、美较我们开阔

英、美师徒讨论教与学问题，不仅仅局限于课堂纪律、组织管理、突发事件的处理，而且涉及教师的兴趣爱好、家庭生活、学生的性格、特长等，把“教”与“学”放到社会大背景下探讨，表现出视野较为开阔。这方面我们也显得不足。师徒帮带往往以教学为核心，从更高的层次上有新意地讨论一些问题也比较少。这可能与师带徒学“手艺”的传统思想与传统方式有关，须突破，才有创造性。

（三）
思考与对策

师徒结对是我们帮带青年教师的传统做法，各个学校虽都有一套实施帮带的方案与计划，但对帮带的年限的限定随意性很大。有的学校为二至三年，有的学校则长达五年。在整个帮带期限内如果计划不够缜密，措施不尽得当，就会出现“时松时紧”与“名不副实”的现象。因此严格而科学地限定帮带年限，适时地撤离指导教师是必要的，否则帮带的效果与愿望往往背离。

为了适应未来社会对教师职业的更高要求，为了使我国师徒帮带职初培训方式收到更多的教育效益，发扬优势，克服不足，我们认为要采取对策措施。

1. 更新带教观念

师徒帮带是双向流动过程。在这一过程中，青年教师在老教师指导下的学习与进步与老教师在青年教师促动下的再学习和再发展是同步发生发展的。因此，带教观念不能是一方主动，一方被动，一方传授，一方服从，而应该是“互动、促进”。即必须启动青年教师和老教师双方的心智活动，最大限度地调动双方的主动性和积极性。既重视老教师的经验，又重视新教师积极的有主见的学习。既要鼓励青年教师敢于发表意见，放开手脚勇于实践勇于探索，又要激励老教师在帮带过程中更新知识结构，加深对教育理论、教育过程的理解，在认知、情感、人格方面得到升华。

2. 优化带教指导

要使老教师的带教指导起导向性作用，就须优化老教师的指导，而优化带教指导又须从优选老教师（师傅）和建立新型的、民主的、合作的师徒关系两方面着手。

要重视与做好老教师的挑选工作，清醒地区别“老”与“好”。

要审慎地挑选一批素质好、业务精、水平高，有进取精神、善于吸收新鲜知识的老教师担当培养青年教师的重任。特别要重视挑选思维活跃、视野开阔，不墨守成规、不自我封闭的人。老教师心中有时代活水流淌，有一定的宏观思路，在教育微观上又进行具体指导，青年教师就可受到很好的熏陶与培养。

带教指导不仅是一个教育过程，更是一个情感过程。师傅的教育技能固然重要，但师徒关系本身的性质与水平也直接影响带教的质量与效果。师徒关系应该是真正平等的、民主的、新型的，不是支配与被支配的关系。须知，师傅和徒弟不是普通意义上的教师与学生，从两者的社会角色来看，他们都是教育教学实践的主体，在工作中是平等友好的同事，因此和谐的关系更有利于青年教师创新意识和创造能力的发挥。

3. 优化带教设计

师徒带教要有宏观控制性质的整体设计。“让每一个初上岗位的青年教师成为合格教师”，是课题研究的最终目标，怎样接近目标，务必有个包括带教原则、带教安排、带教机制等在内的总体设计。

（1）带教原则：以老教师为主导和青年教师为主体的对应活动原则，以理论知识、专业技能、教学技巧为中心的智能建构原则，发展个性、发展所长的创造性发展原则。

（2）带教安排：开始阶段重在“启发、诱导”，中间阶段重在“点拨、修正”，结束阶段重在“巩固、提高”。强调有个人的见解和思路，强调独立消化，有所创新。

（3）带教机制：强化老教师主导与青年教师主体相对应的“诱导——模仿式地学，提示——思考性地学，点拨——指向性地学，讲评——创造性地学”四个环节的功能；进行综合评估，把全面提高和因势利导、发挥特长结合起来，把培养教学技能和全面提高素质结合起来。

在当前深化教改的形势下，落实对策举措，师徒帮带将会取得更佳效果。

信念·感情·功底

学校教育要办出质量来，有诸多因素，而最主要的是教师。教育质量说到底就是教师的质量。素质教育呼唤一流教师。老师们都有这种体会，上一堂课，尽心不尽心，在一节课堂上是不大看得出来的，但长此以往，是很有区别的。作为一个普通教师，我觉得下面几点是最为重要的。

信念

古人说得好，人无志不立。人之所以为人，成为一个对国家有用的人，就必须有精神支柱，有魂。我们中华民族因为有中华魂，所以才能凝聚所有成员。教师也如此，必须有精神支柱，有指导自己思想言行的魂。教师在任何情况下，信念都是不可动摇的。居里夫人发现了镭，有人劝她申请专利，她的回答是那么平常：这是人类的财富。杨振宁博士是世界上非常有名的物理学家，人们把他和牛顿、爱因斯坦并称，说他是20世纪世界上最伟大的科学家之一。这样一个物理学家为什么那么爱自己的祖国？我曾感到十分不理解。有一次到香港开会，在香港图书馆见到一本书，书中介绍杨振宁之所以成才，是因为受到中国文化的影响。初中时，杨振宁的数学天赋就显露出来了，但他的父亲不失时机地请家庭教师给他补《孟子》。杨振宁说，由此我就懂得了怎样做一个中国人，“富贵不能淫，贫贱不能移，威武不能屈”。东方文化给他的生命注入了中华民族的魂。后来他到西方求

本文是1997年作者应上海市市北中学之邀对该校全体教师所作的报告。

学，西方研究科学的精神又给他以滋养。因此，他说，他的成就是东西文化的结合，他的信念是以自己的行动来改变“中国人不行”的观念。我觉得这个信念对我们中国人是非常有作用的。闭关锁国的时候，视野狭窄，往往是夜郎自大；开放了，也不能走到另一个极端，认为外国什么都比我们好，我们中国不行。事实并非如此。作为一个中国人，民族志气、民族自尊是至关重要的；但是有一条，必须是立足中国而放眼世界。贝聿铭跟吴健雄讲，我们是中国人，但我们是有世界眼光的。我想，我们教师是不是应该有这样的眼光？这样就能树立坚定不移的信念。为什么这么说呢？我们做老师的，往往只看到三尺讲台，看到课堂，看不到大千世界，也就是说在宏观上思考一些问题是不足的。在20世纪末，听到21世纪的脚步声，我们一定要放眼看世界；在这样宏观大背景下看我们的教育，看我们肩上的责任，就更有深刻而清醒的认识。

早在20世纪70年代，很多国家就开始研究21世纪教育的战略与对策，对教育的全球性与全球性教育已经逐步地趋向认同。也就是说，不管是发达国家还是第三世界，都把教育放在十分重要的位置上。人们都认识到，未来世界的战略资源并不是具体的某个物，而是知识和人才。知识、信息、人才，是最重要的战略资源。布什竞选总统时就说他是“教育总统”，他认为教育的政策和经济的政策、商务的计划一样重要。在未来竞争中，一个民族、一个国家能否在世界上有立足之地，能否掌握发展自己的主动权，很重要的一条就是能否把教育放在战略地位，培养大批人才。美国人说他们要培养21世纪的美国人，要把21世纪的100年囊括在美国人的手中；日本要培养世界通用的日本人。我们不能不警惕。从小学，日本就对孩子进行吃苦耐劳精神的培养。有一年年底，我们到日本几个小学去看，尽管下着大雪，男孩子仍然全都穿着短裤，我们非常惊讶。任何一个国家和民族对自己后代的教育都是非常重视的。看到这一点，我们就会觉得自己身上的担子有多重啊！现在世界正在打一场没有硝烟的大战，那就是科技之争、教育之争、人才之争，丝毫也不比硝烟弥漫的战争来得轻松。它需要我们有更远的目光、更坚强的意志和高度的负责精神。

小平同志在世的时候讲，教育一定要放在战略地位，哪一个领导不重视教育就是不称职的领导，就是这个道理。小平同志讲教育要面向现代化，面向世界，面向未来，如果我们办教育没有这种开阔的视野，就很难意识到自己身上有千钧重担！面向现代化，这是我们办教育的立足点，要为祖国现代化建设培养人才；面向世界，这是我们的参照系数，世界是怎样一个走向，我们不能闭目塞听；面向未来，就是要有超前意识，教育是为未来培养人才的，教育的特点是超前意识和滞后效应的结合体。市北中学培养了很多人才，在当时不怎么看得出来，可是事隔多年，由于基础打好了，能力就发挥出来了。因此，我们搞教育的，要教在今天，想在明天，以明日建设者应有的标准来指导今日教育教学工作。我开始做老师时，也曾被分数、考试捆住过，随着不断实践和学习视野的开阔，我越来越觉得一定要解放思想。任何一张考卷都考不出学生的整体素质，考试命题总是有一定局限性。要培养有潜力，有后劲，素质良好的人。中学教育往往一辈子在这个人身上起作用。某市市长选用人才，不仅看是哪个大学毕业的，还要看是哪个中学毕业的，这是很有道理的。

信念的树立，就是要放眼看全国、看世界，这样，我们每个老师就能找到一个恰当的坐标，就会更清楚地认识到，自己在教育事业中应该起什么样的作用。

我献身教育的理想是中学时萌发的，十几岁的时候就想一辈子做一个合格的中学教师。这颗理想的种子，应该说是中学老师撒播的。中学时代，我比较调皮，上课时，老师教得好就听，教得不好就看小说。同学们都叫我“小说迷”。有一位刚刚大学毕业的年轻老师深深影响了我。他上课，出神入化，我至今还记得他的眼神和手势。一次，他教鲁迅的《故乡》，讲少年闰土出场时的情景，描述细致传神，富有感情，同学全被吸引住了。他说在金黄的圆月下，一个少年跳出来了，用了“动态”一词。我从来没有听到过这个词，耳朵就竖起来，听入了迷。他讲闰土身上的银项圈和手握的钢叉，用了“交相辉映”这个词，也使我的眼前为之一亮。后来他讲着讲着，声音沉重，好像要哭了，我们都吓坏了，不敢看他了……他教得那么出神入化！此时此刻，在我幼小的心中油然生起对老师的敬意，心里想：这位老师真了不起啊！我们怎么没有看到那么多东西呢？从此，我就暗下决心，要做一个老师。老师使我们从无知到有知、从知之较少到知之较多，当老师非常有意义。后来，我非常幸运，读的高中就像市北中学一样，是省立高中，碰到很多好老师。比如，数学用外语教，老师逻辑思维清晰极了，讲题目一步一步地推导，听过以后就像刻在心里一样。语文教师是一位老教师，他教完了，我就背出来了，有一首李后主的词，以后没有再学过，也没有读过，但至今一直刻在我的心里。我做了几十年老师，深深体会到：一直在起作用的，就是中学的底子。后来到大学，也碰到很多名师，如周予同、刘佛年等先生，他们都开阔了我的视野。但在工作中用的，都是中学学的。中学教的知识是知识的核，是不会变的，所以说中学教育非常重要。青少年时期是人生中最重要的阶段，虽然只有短短的几年，但能影响学生一辈子的生活道路，因此中学教育确实是有战略意义的，就好像盖房子，桩打得深，打得正，就能盖起高楼大厦。基础教育是给人从事基本建设的，培养良好的思想道德素质和科学文化素质是做人的根本。

我总觉得，没有教育，社会将一片黑暗，各行各业都无法发展。站在时代的高度、战略的高度和与资本主义国家竞争的高度来看我们的教育，就能站在制高点上，登高而望远，看到我们从事教师工作的价值和意义。我做了几十年老师，始终感到自己肩负着千钧重担，从来不敢有丝毫的懈怠。我还体会到，树立了崇高的信念，就有持久的内驱动力，一个人靠外因总还是不够的，外因是变化的条件，内因是变化的根据，当你树立了信念，把教育教学工作和我们十几亿人民的伟大事业紧密相连的时候，你就有无穷的动力，就有使不完的劲。新的世纪即将到来，教师的责任更加重大，谁能在 21 世纪主沉浮？谁能使我们的祖国立于不败之地？靠口号是喊不出来的，要靠教育，靠扎扎实实的教育。从这个高度看问题，历史的责任感和使命感就非常具体了。

感情

教育事业是爱的事业，师爱是超过亲子之爱的。这个道理不是写在纸上、说在嘴上的，要用自己的言行来实践。亲子，是一种本能，动物也如此。我们从事教育不是出于本能，而是为了现代精神文明建设。国家把希望交给我们，家庭的希望也在孩子身上，因此，老师对学生要满腔热情满腔爱，做到师爱荡漾。感情的转变来不得半点虚假，开始我对此理解得并不透彻，经过长期实践，我觉得我爱学生起码过了三关。

第一关是“难”。做教师是很难很难的，自己懂，好像讲清楚了，其实学生不一定清楚。自己清楚和学生清楚是两码事。我曾经教过这样一个学生，他写作文，一个标点符号也没有。我请他到办公室，个别辅导，讲了逗号、句号、分号、冒号等，我问他“懂了吗?”他笑了一笑。我想该是懂了，会心的微笑嘛。可是下次交上作文，仍然没有标点符号，我再请他到办公室，问他上次讲了那么多，这次怎么还不用。他竟回了我一句：“你讲那么多，我怎么能记得?”我想，对啊，我的教学是倾盆大雨，十几种标点符号一齐讲下去怎么行呢？于是我说：“老师不对。今天只讲两种，一种是逗号，一种是句号。你的作文只要用了这两种，就算标点符号使用正确。”他点点头。再交上来，标点是有了，但很不规范，我继续跟他讲道理……这件事使我认识到，要教会学生是很不容易的。即使是教标点符号，涉及的问题也很多，有教师教学不得法的问题，有教师对学生了解不深的问题，有学生的认识问题和习惯问题，因此，教过不等于教会。教过，任何一堂课都算是教过了；而教会，教到学生心里去则是相当困难的。回头想一想，不难要我这个教师做什么呢？培养人，就是要不断克服困难，我逐渐地克服了一种畏难情绪。教好班上几个尖子不太费力，要教好班级所有学生，全面贯彻教育方针，全面提高教学质量，则要用心血来浇灌，不仅是尽力，而且要尽心啊！

第二关是“烦”。基础教育跟大学教育不一样，大学教授夹着讲义来上课，讲完就走（当然，许多好的大学教师也是管教管导的）。基础教育确实很忙，很烦，特别是教初中的教师，什么都要管，扫帚啦，畚箕啦，黑板擦啦，哪儿都得管，什么地方没有管到，什么地方就出问题。即使是扫地，也不简单。很多孩子是不会扫地的，还没有扫干净，屋子里却已是灰尘弥漫。你必须教他怎么扫，培养他讲卫生的习惯和科学态度以及为集体服务的精神。搞基础教育的教师，事情有千件万件，如果把它穿在育人这个总枢纽上，就“烦”得其所，乐在其中，就会觉得那些平凡的小事情是那么有意义，因为这是雕塑人的灵魂啊！

第三关就是“偏爱”。“文革”前，我教高二、高三，学生很懂事，我不用花那么多力气。到“文革”时，我这个老教师就专门带乱班乱年级。比如我带69届一个班，我是第九任班主任（前头八位班主任不是被气走，就是被学生赶走了）。时逢“整党”，大字报满天飞，我心里很忧虑。尽管如此，我还是想把这个班带好，终于获得了成功。事后我认识到，要对全体学生丹心一片真是不容易。一般说来，教师往往喜欢两种学生，一种是很聪明的，你一讲他就懂；一种是长得很可爱的，一看就喜欢。但是，教育是无选择性的，所有的孩子都应教好。带75届一个班，更困难，男孩子打架，女孩子也打架，男女“混合双打”，混乱不堪。有一个女生，对她不知道做了多少工作，家访就上百次。有一个男生，非常调皮，我一次次家访，他父亲说：“这个孩子给你吧，我不要了！”我说你的儿子，我的学生，大家一起来教育他。经过努力，终于把这个孩子教育好了，他现在每年春节都要来看我。我以为，在教育过程中，自己的感情是经常要接受检验的。75届有一个女生缺点不少，也有优点，我经常表扬她，试图扶正压邪，但她每个星期还是要闯祸。你批评她，她起码两个星期不睬你，至多用眼角瞟你一眼，以表示对你的蔑视，我对此感到很难过。你去家访，她父亲说：“你把她送到派出所好了。”你到里弄去讲，里弄干部说这家人家是没有办法的。她的母亲跟人家吵架就在地上打滚。你要她交学费，她就给《文汇报》写信，说我“继续贯彻执行修正主义教育战线”，给你上纲上线……我花了很多力气，简直黔驴技穷，一筹莫展了。一次做早操，她这里打一拳，那里踢一脚，我就叫她站好。说了五六遍她仍不理睬我，我随口说了一句“你又不是十三点”，话一出口，我就非常后悔，觉得有损教师的形象。写周记了，有五六个同学提意见，其中一个学生说：“你骂×××同学‘十三点’，我们班级是没有‘十三点’的，只有阶级姐妹。你的阶级感情哪里去了？你想想，你还像不像个教师！”“文革”中，我经历了多次批斗，但心里非常实在，很坦然，而且觉得可笑；而这个学生的话一语中的，触动了我的灵魂。是呀，言为心声，我对学生可能萌发了一种厌恶的感情，这个学生的批评是对的。这件事使我认识到，我对学生的爱还没有做到无选择性。于是，我锤炼感情，倾注满腔热忱去爱学生。

爱学生，有时还要承担风险。我曾教过一个非常差的学生，他偷窃扒拿，什么事都做过，以至于哪个班级都不要他。我就把他带到自己的班上，当时班上同学都反对，说经过一年多的努力，班级好不容易好了起来，插进这样一个差生，说不定又把班级搞乱了。我想，你这个班级经不起一点风浪，好什么呢？这个学生确实难教育，每天把他请到学校来都很不容易，他还没有起床，我就让学生到他床边等着。我派六个同学，两个好的，两个中等的，两个比较后进的，目的是想教育一个，转化一批。花了两个月的时间，才把这个学生请到课堂上来。他上课，什么也不带，没有书本，没有文具，我就给他添置。通过努力，一学期下来，除了外语，其他科他都考及格了，真是费尽了心血！学生正在转变的时候，他的父亲为了一块三角板，打他，骂他，学生一气之下，离家出走了，旧的习气死灰复燃。怎么办？我想唯一的办法就是把他带到自己家里，当作自己的孩子来教育。这时有人劝我，他是惯偷了，你可要小心。我想，我对他真心一片，他如能体会到，不会偷；如不能体会，真的偷，我家除了书什么也没有。我想不会这样。于是，我和学生连拉带拖把他带到家里。好多个日日夜夜，我和我爱人一起来教育他，反反复复，苦口婆心，终于铁树开花，教育过来了。一次我卧病在医院，他知道了跑来看我，流着眼泪说：“于老师，你会不会死啊？”话虽笨拙，但心是真诚的，我的热泪夺眶而出。

我深深体会到，对你最好的学生，也就是你下功夫最多的学生。他转变了之后，念念不忘老师的恩情。几十年来，我孩子生病，婆婆病危，母亲病故，从未因为私事请一天假，缺一节课。我总觉得，学生身上事就是教师心上事。无数革命先烈，为了我们今天的生活，抛头颅、洒热血，就是因为他们对我们的事业情深似海。我们爱国，爱党，爱民族，不是抽象的，它可以具体到我们本岗位的工作；爱学生，爱教学工作，爱学校，就是爱教育事业，就是爱伟大的祖国和伟大的民族！

功底

教师跟医生不一样，庸医杀人不用刀，但医疗事故，马上能看到；教育是滞后效应，当场看不出来，影响一辈子。唯其如此，当教师丝毫也不能松懈、马虎。敬业精神，爱学生的精神体现在一堂又一堂的课当中，体现在一个又一个的课外活动当中。我对那些所谓的素质教育搞许许多多活动是有看法的，搞活动是可以的，但是学生在学校的学习，主阵地是课堂。学生在校的大部分时间都是在课堂上度过的，年复一年，日复一日，每堂课的质量都关系到学生的素质。课堂教学不抓，另外抓许多活动，这是本末倒置。课堂是全面落实教育方针的主阵地，除了智育外，德育、审美教育等都能通过知识传授、能力培养，点点滴滴入心头。我们的教育要少一点形而上学，少一点形式主义，要多一点扎扎实实的功夫。

教过不等于教会。在课堂这个特定的空间里，在 45 分钟这个特定的时间里，课的质量是完全不一样的。如果课只教在课堂上，就会随着教师讲话声波的消逝而消逝；如果课教到学生心中，那就成为学生素质的一部分。青春是无价的财富啊！少年时学的东西永远不会忘记，我们应该把课教到学生的心坎上。

要教好课，教师的功底很重要。功底要锤炼。就我个人说，我的功底是非常浅的，先教心理学，然后到师范教历史，后来改教语文，隔行如隔山，太难了。一上课就碰到两大困难，一是师范要教普通话，而我是 b、p、m、f 不认识；二是教语法，我只懂英语语法，不懂汉语语法。另外，文章自己看，是懂的，怎么教，不会。不像现在的青年同志，现在校长书记恨不得青年教师快快成长，我那时想听一堂课也听不到。早上 6 点到校，从拖地板、倒痰盂做起。一上课，老组长来听课，肯定了几条，最后一句评价："你还不知道语文教学的大门在哪里！"这句话，成了我一辈子钻研的动力！我要发愤，否则我就没有发言权；业务上站不住，是没有资格讲话的。于是，我用了两年时间，把高中语文所涉及的知识，尤其是名家名篇深入地钻研了一遍，每晚开夜车到（第二天凌晨）1 点。那时，每周有三个晚上是要开学习会的，加上每周要批改一次作文，因此，我只有挤着时间钻研。当我把若干语法方面的权威著作读通了之后，恍然大悟，原来汉语语法都是舶来品，《马氏文通》以来，我们的汉语语法都是引进的，对于语法，我终于清楚了。关于备课，当时是没有什么参考书的。没有，很好，逼着我自力更生。一个国家没有实力，就要被人欺，一个教师，业务上也一定要有实力。我备课，决不放过一个细节。记得一次备鲁迅的《药》，有这样一句："秋天的后半夜，月亮下去了，太阳还没有出，只剩下一片乌蓝的天；除了夜游的东西，什么都睡着。"一个"着"字把我难住了，有四个读音，我不知道读哪一种音，读"zháo"，吃不准，因为现代汉语有词尾，如"睡着了"；读轻声，又刹不住；也不是"zhuó"；查了好多资料，查不到，最后查到英译本，才确定是"zháo"，因为 20 世纪 10 年代白话跟现代是有区别的。由此可见，备课是很苦的，一篇课文备三个小时、五个小时乃至十个小时是常有的事，有的甚至要备 30 多个小时。做教师不能"以其昏昏，使人昭昭"，课堂上要讲自己的语言，自己的心得，不能照搬参考资料。教参是别人劳动的成果，不过是贴在窗户上的一朵纸花，没有生命力，参考而已；自己钻研出来的，不一样，虽没有惊人的地方，但毕竟是扎根于泥土的鲜花，是有生命力的。拿着自己钻研的东西上课，就能左右逢源，得心应手。由于不断地刻苦钻研教材，终于尝到了庖丁解牛的滋味，不管什么文章，一拿到手，作者的思路立即就能理清楚。不光是研究教材，对教学语言，我也是认真钻研的。我是教语文的，要带领学生学习课本上的规范语言，如果教学语言生动、流畅，教学效率就会提高一倍。为此，我下死功夫备课，把课堂上要说的每一句话都写下来，然后改，改好就背，背下来后再口语化，我对自己的要求是：出口成章，下笔成文。如此两年以“死”求“活”（花死功夫求得课堂教学的活泼生动），确有长进。“文革”中我什么也不伤心，抄家什么东西都没有，可我的教案被抄掉、烧掉，我心里很难受，后来出的《教案选》仅是粉碎“四人帮”之后改教初中时写的。

备课中，我还注意开拓知识面。我觉得，教师应该是一个知识渊博的人。在教师的字典里是没有一个“够”字，特别是现代，科技迅猛发展，新的知识层出不穷，教师更要注意学习，要有源头活水，正如朱熹的诗所写的：“半亩方塘一鉴开，天光云影共徘徊。问渠那得清如许，为有源头活水来。”德国教育家第斯多惠也说得好，教育的活泼泼的动力，最重要的就是教师的自我教育。我们年轻的同志，风华正茂，更要好好学习，用对教育事业的一片赤诚来抵御诱惑。长江后浪推前浪，青出于蓝胜于蓝，希望青年教师大有作为。

教育事业是系统工程，是魅力极强的交响乐。我们搞基础教育的是做地底下的工作，责任重大。我们有几千万学生，这几千万教好了，有益于提高我们民族的整体素质。因此，几十年来，我把青春、心血都献给了教育事业，三尺讲台是我一辈子钟情的地方。有多少次要调离，但我舍不得学生，因为我的崇高理想就是做一名合格的中学教师。生命是有限的，事业是常青的，教师的生命是在学生身上延续的。教师把人类创造的精神财富通过自己创造性劳动在学生心中撒播知识的种子，使学生成长、成才，做一块铺路石，让自己的学生一届又一届地从自己身上踏过去，这就是生命的意义和价值所在。法国文学家罗曼·罗兰说：“累累的创伤，就是生命给你最好的东西。”每教一届学生，总是感到不足，便鼓起生命的风帆，奋勇向前。尽管我 68 岁了，但我仍然遵循过去立志的话：“路漫漫其修远兮，吾将上下而求索。”爱心，责任心，敬业精神，千言万语，汇成一句话：为了我们亲爱的祖国，为了灿烂的未来，上下而求索。愿意和同志们共勉。

教师发展：教育振兴的希望
——我为什么关注现代教育学研究

无锡教育学院想请我讲一讲《现代教师学概论》①，为什么要编这本书？为什么要用这样一个框架？今天借这个机会和老师们交流一下。

编这本书是我长期以来的一个心愿。我做老师快半个世纪，读了好多教育学著作，有的教育学里有教师这一章，有的根本没有教师这一章，这一块内容往往与教育原则、教学方法等并列。教师和学生是教育教学过程中最活跃的因素，在教育教学实践当中，我越来越感觉到，教育教学质量整体上也好，具体到某一所学校、某一个班级也好，说到底就是教师的质量。因此，建设一支高素质、高质量的教师队伍是提高我们教育质量一个非常重要的保证。纵观古今，从横的方向看，世界各国，不管是大学、中学、小学，凡是名校，都是有非常优秀的乃至卓越的教师。我们的西南联大出了那么多人才，文科也好，理科也好，就其硬件来讲，和我们现在相比，简直不能同日而语，可是它有一支非常优秀的教师队伍。我曾经看到这样一段记录，就是闻一多先生教屈原的《九歌》，是在一间破饭堂改成的大教室里

本文是2000年10月作者在江苏无锡教育学院所作报告。

① 于漪主编《现代教师学概论》（上海教育出版社2001年版）。作者一直关注教师专业成长，认为“现代教师是一个动态概念”，该书“从现代社会审视现代教育，从现代教育探讨现代教师素质”，被定为全国中小学教师继续教育公共课教材。

讲，灯光非常昏暗，可是听的学生挤得满满的，听者全神贯注，教者全身心投入。我记得有这样的句子："黄昏时分，从四面八方辐辏而来的鼓声，近了，更近了，十分近了。神光照得天边通亮，满坛香烟缭绕。"这讲坛上发出来的声音好像是歌唱一样，那么有吸引力，闻一多先生是在教《九歌》，而听的人已经分不出站在讲坛上的是闻一多先生还是屈原大夫。教者和听者心灵交融在一起，闻一多先生使 2 000 年前的《九歌》活在现代人的心中。这是怎样一种境界、怎样一种魅力！这是由于闻一多先生这样一位学者专家，有高尚的师德，有渊博的学识，有热爱莘莘学子的一颗赤诚的心，才会出现这样的景象。

在教育教学中，硬件固然是重要的，但是跟软件比起来，跟教师队伍比起来，恐怕教师就更为重要。江苏为什么会长期都培养出那么多高质量的学生，说到底是有许多非常好的中学和小学，有许许多多位名师。我曾经碰到过一位年逾 80 的老先生，他就讲到扬州中学的数学老师对他的教育使他刻骨铭心，讲到苏州中学老师教学的神态、姿态、气韵都在他胸中激荡。我自己也是如此，众多的优秀教师教育了我，也启发了我，使我想到要全面贯彻党的教育方针，要全面提高教育质量，非得建设一支拉得出、打得响的真正德才兼备的教师队伍。因此我就非常向往能够有这样一本专门研究教师的专著。后来做了校长，我最着急的倒不是办公桌漂亮不漂亮、教室的课桌椅好不好。当然这些也重要，我最着急的是师资队伍。一所学校有一支素质良好的有真才实学的教师队伍，教育学生的质量就有保证。

教师这项职业是非常特殊的。教师是个体劳动者，是个体的脑力劳动者，但是讲质量的话，又要讲群体的效率，这是我们教师职业的特殊性。任何一名校长、书记都不可能每天去听某一位老师的课，因此，教师在课堂上要高度自觉，对学生要满腔热情满腔爱。同样一篇课文，不同的老师教，学生所受到的教育、启发、培养可能会大相径庭。这样性质的职业，这样性质的工作，要求教师有高度的自觉性，要求教师能不断进行自我教育，不断前进。比如一个班级，它的教育质量比较好，学生的学习水平比较高，学生的思想道德面貌比较好，班主任当然起很大作用，但绝对不是班主任一个人就能决定这个班级的面貌，它一定是班级的群体即任课教师群体的共同作用，起码教这个班级的老师 80% 以上是非常负责的、有责任心的、有使命感的，教学有自己的独创性。因此，教师学是一门很重要的学问，应该很好地研究。

我经常想，一个学校有个什么设想，要按照教育方针的要求去要求学生，但如果说老师对这个问题没有充分的认识，学校的这个设想的落实往往要打折扣，甚至完全不能实现。有时候，教师的一句话比校长在全校大会上讲的话作用大得多。我做了几十年的教师，当了许多年的班主任，做了很多年的教研组长，我就有这样一个体会。一名老师，带了一个班级三年，学生耳濡目染，他们的身上就会有老师的影子，讲话的腔调，待人接物的做法与态度，包括在写字方面，教师无形中都会对学生产生影响。因此，教师对学生的作用绝对不可能是零，不是正面作用，就是负面作用。什么是教育？教育就是教化，是不知不觉地潜移默化，“随风潜入夜，润物细无声”，不可能靠老师、校长、书记作两个报告，就把学生成长当中的问题都解决了。教育是细水长流，点点滴滴在心头。

因此，一所学校的首要任务就是把教师队伍建设好，没有教师队伍的建设就不可能有良好的学生队伍建设，也就很难根据我们党的教育方针实现我们的培养目标。所以我这种愿望就很强烈。20 世纪 90 年代中期，我有一个机会和美国、英国的同行共同搞一个课题，就是研究教师培养。有一次我收到斯坦福大学一位博士生寄来的材料，没有想到的是，这个材料就是我发表在报章上的关于培养青年教师的一些讲话，很多材料，他全部寄给我，然后问我 10 个问题，全是关于教师的培养与成长的，关于教师的岗位培训的，而不是在大学里接受教育的情况。这给我很大启发，我用 10 张纸回答了他的 10 个问题。后来，他们请我去共同研究一个课题，就是英国牛津大学教育学院、美国密歇根州立大学教育学院以及我们共同研究教师职后怎样做到有效提高。这个课题的研究应该说是很严谨的，收集了大量的资料，有上课的录像，有课后的交谈，有课前的访问，有师生之间的谈话。当时我们搞出来的书、资料跟音像制品整整一箱，然后三个国家进行比较，花了一年半时间。

这一年当中我受到很大启发。我跟青年教师讲，一定要树立一个观念：学历水平不等于岗位水平。我们新分配来的大学生起码是大学本科，还有研究生毕业的，他们有一种误解，认为拥有这样的学历，教学肯定没有问题。实则不然，因为学历水平只说明你职前接受的教育，不等于岗位水平，你在大学阶段包括研究生阶段学的只是一门一门的课，是纵向的，而我们基础教育要求的是综合能力，要求创新能力。确实有这样的青年教师，品行很好，学历也很高，但是在教学上非常困难，学生就是不太愿意听课。因为教育教学不仅是科学，还是艺术，这一点，我们学校的青年教师逐步接受了。学历水平不等于岗位水平，岗位水平只能在岗位上锻炼，因此要接受继续教育，实现岗位成长。通过岗位锻炼才能成才，这是必须明确的第一个观点。

第二个任务就是职后的培训，这是不能马虎的。毕业出来以后的5年是非常重要的，大学毕业进入岗位，是个角色转换的过程，从学生角色转换到教师角色，能不能进入教师角色看自己怎样努力，怎样不断进行自我教育。有的老师在这五年中逐步熟悉教育教学的技能技巧，这是很好的。大家的基础条件都差不多，也许有的教师还略差一点，但是在岗位上刻苦、努力、投入，他的进步就比较快。同时又会出现这样一种情况，平台突不破。我们想一下，我国大中小学上千万教师，从没有进入角色到进入角色，进入角色以后大多数人进入了一个平台，难以突破，有的突破了，进入高原地带，又上不去了。这就给我们一个启示，教师确实先要有台阶，但是他不能在一个台阶上停滞不前，一定要寻找突破口，要不断地打破平台、突破高原，这样才能进入理想境界。中国诗歌讲“欲穷千里目，更上一层楼”，要看得远，就要“更上一层楼”，因为站在平地上视野是有限的，登上高楼，视野就开阔多了。上了平台，到了高原，还不够，杜甫的《望岳》中讲：“荡胸生层云，决眦入归鸟。会当凌绝顶，一览众山小。”做老师要有这样的胸怀，要有这样的志气，就要努力登攀，不停地登攀。

怎样才能让老师不停地登攀？这是专门的学问，要研究。从我的认识讲，我们生长、生活、工作的年代，历尽曲折艰难，而现在的年轻人生逢盛世，我们国家期望青年教师能够大量涌现出来，能够出类拔萃。我们三个国家搞这样一个项目，有一条我们中国是非常突出的，就是在老教师对青年教师教育教学的技能技巧的培养上，我们比美国、英国领先得多，不管是从访谈到录像，从听课到评课，我们要好得多。但是我们有两个明显的缺陷。一个是教师的视野不如美国和英国，他们接触的东西很多，思考的问题很深。我们老师思考的就是课堂，就是考试，太狭窄了。另一个就是思想的解放，他们非常活跃，教学也是生活，有血有肉，他们的家庭、朋友，他们对音乐、美术等的兴趣爱好非常广泛。而我们在这些方面都比较放不开，我们的老师和学生、老教师和青年教师分得很清楚，他们师傅和徒弟差不多，师傅就是听徒弟讲，到最后他才讲几句，而我们的老师基本还是灌输式。这样一个跨国的研究，对我的教育很深，看到了我们的强项，也看到了我们的弱点。

因此，教师学确实要作为一门专门的学问来研究，我们不是期盼出一两个、几十个、上百个优秀教师，而是希望出现数百万乃至上千万这样的优秀教师，而在上千万优秀教师队伍中能够有一些非常卓越的教育家。所以我长期以来的心愿，就是希望有一本研究教师的专著，近两年来，这个心愿成为一种责任与义务。

为什么成为一种责任、一种义务？第三次全国教育工作会议上，《中共中央国务院关于深化教育改革全面推进素质教育的决定》，在我前进的道路上，又一次点起了明灯。我们的教育要全面推进素质教育，这就在前进的方向打开了一个广阔的天地。

这些年来，我经常有许多困惑，经常问这样的问题：我们就是这样培养学生？铺天盖地的练习像汪洋大海一样把我们的孩子都淹没了。我们的教育取得了很大的成就，我们的义务教育、基础教育在一般要求和共同标准方面质量比较高，在发展中国家当中居于前列。但它是共同标准、一般要求，可我们这样一个大国不能满足于这个。我们民族要复兴，不仅要大量的素质良好、出类拔萃的英才、奇才，而且要培养人的创新精神。我们现在用的大量东西基本上都不是自己创造的，电话、扩音器、电视、冰箱、汽车都不是我们中国人发明的。我们古代的四大发明为人类做出了巨大贡献，但是我们在发明之后停滞不前了。比如我们发明火药，就搞炮仗、搞烟花，而外国人拿去就搞炸药了；我们发明了指南针，但是我们的指南针是测风水、盖房子、搞墓穴，外国人拿去却用来航海，发现了新大陆；我们的印刷术，我们的造纸术，都为人类文明做出巨大贡献，可是我们的印刷术多少年来一直落后，最近北大方正才能在世界上立于一席之地。

李岚清同志讲我们现在要转变人才培养的模式，要从应试教育转到素质教育，我们学生的素质要全面提高，这是非常正确的。明朝时，我们国家在世界上是一流强国，首屈一指，后来闭关锁国不思进取，落后了。所以江泽民总书记讲我们是伟大民族，我们中华民族必须有一个伟大的复兴。复兴靠什么？总书记讲国运兴衰系于教育。因此我们的教育质量不能只看分数，只抓完成习题，而是要培养人。

那么，教育质量的关键是什么？是教师。这次中共中央和国务院的决定中专门有一章讲教师，从物质条件讲到精神文明，这充分说明对教师队伍的重视。中央这么重视，编一本专门研究教师的书，更是我作为一名老教师的责任。

这也是时代的需要。我们看问题一定要站在时代的高度，我们的教育方针是使受教育者德智体美全面发展，我们培养的是“四有”新人，我们要把坚定正确的政治方向放在第一位，这都背得很熟。但是背得出，不等于真懂，付诸实施，在自己的实践当中体现出来，这才是真懂。所以我们的培养目标，一定要站在时代的高度，这才是真正的理解。

我们现在处在一个这样的时代：人类社会已经跨越蒸汽机动力的时代，又跨越了 20 世纪初期、中期的内燃机动力时代，现在已经进入信息时代，知识经济在向我们招手。这个新经济的出现是在美国，以比尔·盖茨为代表。知识经济时代的特点是什么？工业社会主要是能源与交通，这是它的资源，知识经济社会就不是这样，它是以知识的生产、知识的交换、知识的分配、知识的消费、知识的使用为特点的。工业社会的能源与交通是战略资源，知识经济当然也要这些资源，但是这些物质资源都退居到第二位，首要的资源是知识，因此在知识经济社会，最重要的生产力是知识。而教育是知识的生产力，因此，教育的地位就提高到了前所未有的地位。

所以，看问题必须站在时代的高度。教育的培养目标不是概念化的，不是抽象化的，必须放在时代的大背景上来看，我们今天所培养的人就必须思维灵活，有创新精神，有良好的思想道德素质，这对我们教师提出了挑战。如果我们还是刻板地僵化地去培养，那就不行。

这是时代的需要，又是发展战略的需要。小平同志多次讲必须把教育放在战略地位上来考虑。小平同志思想理论的精髓就是“解放思想，实事求是”，他的教育思想的核心就是把教育放在战略地位上。这一点不仅全社会各级领导要充分认识，教育工作者也要有深刻认识。从战略的需要来看，就要研究教师队伍建设，这是长效的普及的基础的。教育是一项基础工程，是给人打基础的，基础教育就如打地基，地基打得好，上面就能盖高楼大厦。而且，基础教育是陪伴人的终生的，是长效的，因此它是全局性的、战略性的。我们的工作关系民族的复兴，关系社会主义建设的成败，关系家家户户的希望，认识不到这一点，就是目光短浅。

世界上的发达国家都是把教育放在战略地位上的。我看到过很多材料，现在的美国总统布什，在竞选总统的时候，第一个承诺就是做教育的总统，他说教育是在做重要的经济计划、商业计划和最有效的反贫穷的计划。英国前首相撒切尔夫人怎么看教育的？她说我们要有这样的紧迫感，就好像应对地震和水灾一样。所以，大家要明确，世纪之争实际上就是教育之争。有人说，现在在打一场世界大战，是无硝烟的世界大战，战争在本国进行，内容就是教育。各国都在拼命抓人才，抓观念的更新、体制的改革、内容的更新，拼命地抓教育，所以大战是在本国进行的，胜负则在世界竞争当中见分晓。

这些看法都是非常深刻的。我是一名老教师，有人说我忧国忧民太厉害。一名教师如果没有很强的忧患意识，没有危机感，就没有紧迫感。“生于忧患，死于安乐”，有忧患意识，责任感就会非常强，就会有强烈的使命感，推动自己不断前进。在 20 世纪 80 年代，美国就强调自己正处在危险之中，教育改革势在必行。他们认识到原来有些方面是领先的，现在人家都赶上了，因此说处在危险中。我们一定要知道这是战略需要，没有这样的眼光就不行。所以研究教师也就是战略的需要，是教育发展的需要。社会在飞快发展，科技也在飞快进步，而教育内容相对来讲比较稳定，这当中就产生矛盾，因此改革势在必行。小平同志讲过，我们召开了十一届三中全会，确立了有中国特色的社会主义这个宗旨之后，要确立两个改革开放：一个开放是对外开放，我们要借鉴国外的、发达国家先进的科学技术，拿来为我们所用，缩短我们进步的历程；另一个是对内开放，对内开放就是改革，是全面的改革，经济的改革、文化的改革、教育的改革、科技的改革和卫生的改革。教育方面我们是取得了很大的成绩，从过去几亿文盲到现在几乎无盲，我们的义务教育一下子就发展到九年，虽然还有很多不足，但进步是惊人的。

教育事业的发展势在必行。社会在转型，我们原来是计划经济，现在计划经济向社会主义市场经济转轨，在这个过程中对人才的要求就更高了。要前进，要竞争，这就对教育提出了更高的要求。所以我们的教育体制、教育结构、教育内容、人才培养模式，都在进行深入的改革。过去我们认为教育只有一个培养功能。但培养一个人的模式究竟怎样，有的时候很概念化、抽象化。我们的教育现在是多功能的，如教育的经济价值观、政治价值观、文化价值观，现在教育再也不被看成消费产业了，教育是生产人力资源的。要跟上时代发展的步伐和社会主义现代化发展的步伐，作为教师是有责任有义务的。

最终是教师自身发展的需要。我们要促进学生的发展，这是教育改革指导思想的核心问题。课程改革的核心问题是我们的教育如何促进学生的发展。而要促进学生的发展，教师自己先要发展。过去大学本科毕业，研究生毕业，好像就是完成终身的学习任务了。现在不是，是终身教育观念，是一辈子要受教育。教师要担当起培养人的重任，就必须终身学习，不断自我发展。怎么才能实现自身发展？现在的社会向学习型社会发展，学习型社会要求教育提供四大精神支柱：

第一个精神支柱是学会求知、学会学习。我听了许多老师的课，往往觉得有些教师不是知识上面有多少缺陷，而是不知道如何把自己懂的教给学生，让学生学会学习，得到发展。这是一个很关键的问题，也是一个难题，但是学习型社会要求教师要教会学生学习，教会学生学习就是要有理解力，要有知识系统化的能力。第二个精神支柱是学会做事，要有首创精神。所有的东西能够从古代流传下来，都有独特的地方，也就是说有创新精神，否则就流传不下来。第三个精神支柱是学会共同参与。现在不是小生产，不是农业社会，当然，农业经济也需要团队精神，现在克隆基因都要合作精神、团队精神，都是大兵团作战。教育就面临着应该怎样培养合作精神、参与精神的问题。第四个精神支柱是学会生存、学会发展。要跟随时代前进，就要学会发展，而发展首要的就是创造精神。因此，这些对我们教师来讲，都是必须要解决的课题，而且这些都是新的课题，是对教师的挑战。因此必须有一本书，能够比较系统地阐述这些内容。

为什么这本书要用这样一个框架？因为关于教师培养的书很多，比如学科教学，我是教语文的，关于语文学科教学的书很多，有教材分析、教法释例等；关于班主任的，有班主任培训等；关于师德的，有师风、师德、师魂、教师的修养等。也就是说，关于教师的方方面面的东西很多，这对我编这一套书，对促进教师成长为一名合格的教师是有很大帮助的。但是，用时代的要求、战略的要求、教育发展的要求、教师自身发展的要求来衡量，我又觉得不够，因为它缺少综合性，缺少现代意识，缺少时代精神。所以，我编这本书，考虑框架的时候，就要考虑到这些已有的成果及其不足的地方。

这本书确立了以下几个基点：第一个是现代意识。为什么？因为教育就是要以未来的要求来要求教师和学生，这是教育的本质。第二个是以小平同志“三个面向”为指导思想，因为没有“三个面向”，就无法真正理解我们教育的立足点、基本走向与追求。“面向现代化”，这是我们教育发展的立足点；“面向世界”，这是我们开放的视野和参照的系数，要把国外好的东西拿来为我们所用；“面向未来”，这说明教育的长远性，它是为未来服务的。第三个是综合性，现在要求教师具备综合素养，这是时代的要求。社会发展到现在，出现很多边缘学科、跨学科。最近一位美籍华人、诺贝尔奖获得者、物理学家到上海交大讲课，讲现在要求的是综合素养，你进外资企业，第一考你填表，填中文，中国字写得怎么样。所以我们再也不能够用惯用的眼光看一张考卷、一张证书，综合能力是非常重要的，如决策的能力、判断的能力和应变的能力。所以，这个就要定格在教师的综合素质上。第四个定格在开阔视野和与国际接轨上，就是看世界各国教师的现状和要求，我们可以将其作为参照系数比照，“他山之石，可以攻玉”。第五个定格在继续教育上。要诲人不倦，必须学而不厌。继续教育非常重要。我做了一辈子的教师，教了学生一辈子，与其说我教了一辈子，不如说我学了一辈子，我不断地学习，不断地自我否定，不断地自我超越，这样逐步赶上时代的要求。

我的学识非常浅薄，视野、观点也有限，我不过是作一种尝试，是个起点，是个探索，目的是引起教育专家的重视，重视我们教师队伍的建设，把它作为专门的学问来研究。这方面世界上也是很薄弱的。在中国，我们有深厚的文化土壤，2 000 年前的孔子，不仅是大哲学家，而且是大教育家。我不过是不自量力，通过探索研究，目的在于抛砖引玉，让大家重视对这个问题的研究，吸引教育界的专家、行家里手来深入研究，使我们的教师队伍能够受到良好的教育，受到符合时代特征的教育，在岗位上能够有效地锻炼，能够从理论和实践结合的高度，快快地成长，进入平台，进入高原，进入顶峰，出现数以百计千计的实践出来的教育家，这就是我的心愿。

学习做教师的真本领

教师要有德、有才，要有教书育人的真本领。随着时代的发展，社会对于教师职业的要求越来越高，仅靠一本教科书，一本教学参考书，稍有一定文化知识就可以上课的教师，已远远不能满足人们对现代教师的要求。不勤于学习，不独立思考、独立钻研，信奉教学参考书硬搬硬套，走捷径，永远不可能成为合格的、优秀的教师。

教师作为一种职业，需要具有广博的文化基础知识、精深的专业知识和扎实的教育科学知识。

作为受社会委托，承担增进下一代知识、技能和身心发展的教育任务的教师，必须具有当代科学和人文两个方面的基础知识，这是现代教师知识结构的最基础的方面。教师拥有广博的文理科知识是社会发展和教育改革的需要。人类的知识一方面在不断地细化，另一方面也在不断地交叉和综合。综合课的教学形式要求教师必须具有跨类别的多门知识，并且要了解各学科之间的联系。教师具有广泛的知识储备，不但可以增进学生的知识，而且可以满足和激发学生强烈的求知欲、好奇心，并在此基础上指导和促进他们的自主学习和探索创新的精神。大部分学生都崇拜“什么都懂，什么都会”的教师，教师知识的广博对学生具有感染和教育的功能。

具备一到两门任教学科的专门性知识和技能，是教师知识结构的第二个方面。这一到两门学科知识是教师课堂教学的主要内容。课要教得精彩纷呈、美不胜收，不仅让学生学有所得，而且要有如沐春风

本文发表于《上海师资培训通讯》2001 年第 2 期。

的感受，教师就必须对所教学科的基础知识和技能有广泛深刻的理解，熟悉与该学科相关的知识和背景材料，了解本学科产生和发展的历史脉络及将来的发展趋势，只有在这方面真正做到行家里手，教学生时才能要言不烦，一语中的，才能居高临下，左右逢源，激发学生强烈的求知欲望。

教师解决教什么的问题还不够，还要解决如何教的问题，因而，教育科学知识是教师知识结构的第三个方面。教育学和心理学以及与之相关的分支学科，是教师进行具体的教育和教学活动的理论基础，学习并掌握，就能遵循教育规律，提高教育教学效率。

总之，要双肩挑起时代培育学生的重任，教师要好学不倦，努力做到业务精湛、知识面广、文化积淀丰厚，不断吸收新知识新信息。教师只有自己知识长流水，像树根一样伸展在泥土里拼命吸取养料，才可能引导学生在知识的海洋中扬帆远航。因而，学习与教师结伴同行，教一辈子，学一辈子。

教师要有识见，要善于见人之所未见，千万不能做简单的操作工，人云亦云，照搬老模式、老框框。教师的劳动是创造性的劳动，因为教育不仅是一门科学，也是一门非常具有创造性的艺术。比如上课，同样的教学内容，不同的教师教，不仅方法各异，而且效果也会大相径庭。关键在是固定的按图索骥，还是独立思考、善于发现。比如，有的教师认为“教过”不等于“教会”，“教过”所有的教师都可做到，时间不会停住，总要上课下课，而要“教会”每一个学生，就要教师用心血浇灌，这是有见识的看法。又如，有的教师认为，课堂上学生要真正成为学习的主人，课堂结构就必须从师生之间的单向型直线往复转换为网络式、辐射型的，“教”作用于“学”，“学”反作用于“教”，“教”与“学”之间频繁交往、冲撞，课堂就是在教师指导下学生学习的用武之地，闪发出能者为师的光芒。师生关系是平等关系、合作关系、互动关系，这是有见识的。创新是一个民族进步的灵魂，也是教育蓬勃发展的灵魂。要教育出思维活跃、有创新精神的学生，教师太需要有见识，有强烈的创造动机和创新意识。教育的本质是用未来社会的发展要求我们的教师，要求我们的学生。作为教师，当然应适应时代的要求。善于思考，勇于创新，对客观事物、对所从事的教育教学工作有独立的见解。教师认识能深入底里，见解深刻，学生思维能力、思维方法、思维品质也就间接地受到影响，乃至获得锻炼。

教师要有能力，要有处理学生世界中各种情况的综合能力。学历水平不等于岗位水平，学历水平只说明职前接受教育的程度，能不能成为合格的、优秀的教师，要在岗位上自觉锻炼。带班级也好，教课也好，课内也好，课外也好，都要善于观察，敏于综合、判断、推理，应付自如。实践出真知，在教育实践中多思考，多总结，不断提高认识，提高水平。当今尤为重要的是要教学生“学会学习”的能力。学习化社会要求人终身学习，学校所学知识、技能远远不敷日后社会发展的需要，学生日后要在社会上生存、发展，在竞争中立于不败之地，学生在学校求学期间就要学习“学会学习”的真本领。教师不能做现成知识的灌输匠、注入匠，要引导学生自主学习，进入知识宝库，要着力于点拨、开窍。要研究学生的学习方法、思维方法，精心指点，真诚帮助，让学生学会学习，学会用人类创造的精神财富滋润自己成长，主动积极地迎接信息时代的挑战。

总之，教师要充分发挥人格的魅力，教师人格对学生健康成长起引导作用。为此，教师必须找到自身不断进步的最强烈的刺激，那就是自我教育，在德、才、识、能诸多方面日有长进、月有长进、年有长进，真正做到师风可学，学风可师。在品德、人格、学识、言行等方面，是学生的榜样；在学习方面、追求真知方面，孜孜不倦，开拓创新，也应是学生的楷模。

教育事业是爱的事业，师爱超越亲子之爱、友人之爱，因为它寄寓了祖国的期望和人民的嘱托。作为一名教师，对学生要满腔热情满腔爱，只有丹心一片，才能和学生心心相印。如果说教师的人格力量是一种无穷的榜样力量，那么教师对学生的爱心就是教育成功的原动力。陶行知先生的“捧着一颗心来，不带半根草去”，正是教师无私奉献爱心的典范。

学生有向师性，年龄越小，对教师的依赖越多，期望从教师那儿获得浓浓的爱。爱是学生成长发展的基本需要。孩子需要父母之爱，学生需要教师的爱。爱是教师纯洁高尚的感情，是一种动力，能激励学生为了崇高的理想奋斗不止。爱是教育的基础，教师对学生的教育只能是“用爱去交换爱，用信任去交换信任”。教师生涯中最大的事就是一心为学生，把爱撒播到每个学生的心中，要做到这一点，教师就要锤炼感情，努力增进使命感和责任心。

首先，要关心每个学生，热爱每个学生。教育无选择性，只要是我们的学生，无论天资如何，性格如何，文化基础如何，长相如何，都要平等相待。教师心中要有一杆秤，那就是“公正”，如果偏爱一部分学生，冷落一部分学生，教育效果就会七折八扣，教师在学生心目中的形象也就站立不起来。教师要有一副敏锐的目光，善于发现每个学生身上的优点、长处，长善而救失。成绩优秀的学生不等于在非智力因素方面如情感、意志、品性等都已十全十美，响鼓还要重锤敲，教师要满腔热情，肯定优点，指出不足，引导他们向更高层次攀登。对学习困难的或有这样那样缺点的学生，更要师爱荡漾、关心体贴、具体帮助，鼓足他们克服困难的勇气，指点他们克服困难的方法，激励他们奋勇前进。

其次，要尊重每个学生，尊重他们的人格。爱不是怜悯，不是施舍，爱是对生命的热爱。教师用对生命的热爱唤起学生对生命的热爱，激发他们生命的活力。在这里，爱是尊重，施爱者和受爱者在人格上是完全平等的。教师对学生的尊重就和对学生公正一样，是教师最重要的品质。一个独立的人都是有价值的，都应有其尊严，学生今日是学习的主人，明日是大自然和社会的主人，当然应享有人的尊严。因而教师要从心底尊重他们、关心他们，促进他们发展。特别值得注意的是对缺点明显的、有缺陷的同学更要有赤诚之心，不仅从思想上，而且从感情上尊重他们独立的人格，千万不能劈头盖脸地批评，乃至辱骂。也不能冷嘲热讽，损伤学生的自尊。如果这样做，不仅有损教师的身份，有损教师的人格，更会摧残学生的自尊自信。一个失去自尊的人不可能受到别人的尊敬，后患无穷。

再次，要发挥每个学生的潜能。美国心理学家马斯洛认为，人的潜能是人所具有的极其宝贵的内在价值。每个学生都具有一定的潜能，教育就是把这种天赋的潜能发挥出来。因为人的潜能只是为人的发展提供了可能性，它还不具有现实性，只有教育才能使天赋的潜能得以发挥。正因如此，教师不能以固定的一成不变的眼光看待学生，学生在成长过程中是变化发展的，要细心观察他们，相信他们内在的资质，创造种种合适的条件，让他们充分发挥。要发挥学生的潜能，就要了解他们的个性特点，了解他们的兴趣爱好，了解他们的精神世界。教育学生不能满足于一般要求、共同目标，要熟悉每一个，因材施教，才能使每个学生获得长足的发展。教育的真正意义，就是要发展人的个性，使人成为“和谐的人、完整的人、全面发展的人”。我们实施素质教育以创新精神和创新能力培养为重点，其前提必然是要发展学生的个性。只有有个性的人，才能发展成有创造性的人。

当然，爱不是姑息，不是迁就，爱是严的孪生兄妹。没有规矩，不能成方圆，这个规矩就是党的教育方针，要以此为准绳培育学生。爱是对事业的忠诚，对莘莘学子的无限期望。教师锤炼感情，净化感情，就能师爱荡漾，爱满天下。

我们的徐匡迪老市长有一句言简意赅、言简意深的话帮助我们深入思考，启迪我们怎样实践。这就是：

> 教育是事业，事业的意义在于献身；
> 教育是科学，科学的价值在于求真；
> 教育是艺术，艺术的生命在于创新。

以此不断勉励自己，学习做教师的真本领。

新世纪寄语

中学语文教学伴随着伟大祖国 20 世纪末创建的辉煌成就步入了新世纪。新的开端，新的气象，新的希望。

在新的世纪，特别是前 20 年，中学语文教学将如何深入改革，在全面实施素质教育、培养学生成为现代新人的重任中自觉地发挥极其重要的、其他任何学科难以替代的积极作用，如何以适应时代要求的新教育思想、新教育观念展现在学生面前，开创激动人心的新局面，大面积、大幅度地提高质量，每想到这些，我这站在讲台上、从事语文教学数十载的老教师，就热血沸腾，激情满怀。母语，不是一般的技能技巧，它是每个中国人生命的重要组成部分，与每个中国人血肉相连。只要是中国人，不分年龄、不分性别，都有权利更有义务学好母语，求学时代的青少年更应努力学习，熟练掌握。母语教学伴随着祖国的日益强大，民族的伟大复兴，前景应该灿烂，也必然灿烂。前景万分美好，要靠人来创造；语文教学的美好前景，当然首先要靠广大语文教师齐心协力来创造。

在迈开矫健的步伐跨越新世纪门槛的幸福时刻，我情不自禁地想对亲爱的同行们说几句心里话。

语文教师对语文学科要情深似海。“情”是语文教学事业得以长足发展的根。教学生学语文，难度大，要求高，常听到种种非议；学生由于其他学科操练任务重，也有意无意把学语文不能立竿见影的软任务挤在一边，搁在一边，这又给语文质量的提高形成障碍。然而，再艰难，也要勇往直前。语文不是一般的技能技巧，教师也不是匠人，只教学生掌握某些雕虫小技。汉语负载着几千年的中华民族优秀文化，是文化的地质层，渗进了民族的个性、民族的智慧，有极其丰富的文化内涵，极其辉煌的人文精神。只要穿越时间的隧道，就可领略到自然美、人文美、艺术美、语言美等的无限风光，以如入山阴道中美景目不暇接为喻，是不能形容一二的。进入语文织就的“宝藏”，能开阔视野、提升精神、净化感情、增添智慧、认识社会、品尝人生，其中的快乐难以言表。

语言文字的魅力不仅在于忠实地记载文化、传播文明、给人们以传承的天地，更在于它能紧扣时代，不断丰富内容，加以发展。传统文化民族性强、地域性强，而现代文化像信息全球化、经济一体化的发展趋势一样，往往超越地域，超越国家，用文字记录的现代文明反映科技发展的最新成果，人类认识世界的最新观念，其中的精彩者已成为人类共同的精神财富。因此，教学生学语文，有志者永远跟随着时代前进，精神养料非常丰富。语文学科有如此博大、深厚的内容，怎不令我们教师为之倾倒，为之神往？教师对这个学科有感情、有热情、有激情，对它满腔热情满腔爱，才有力量排除种种干扰，才能坚守阵地，移情于学生，才会越教越聪明，在语文的育人阵地上创造辉煌。

教师对任教的学科、任教的学生有真挚的情，炽热的情，就会有不懈的内驱动力，但是，“情”还须转化为“行”，扎扎实实不辞劳苦地干，才会卓有成效。

这里所说的“行”，是指深化语文教学改革的实践。社会已进入新的世纪，新时代对建设者的要求与过去比，更高、更全面。比如工业社会对人的培养自上而下，创新意识、创新精神只是少数人的事；信息社会的新信息新科学新技术如潮涌，创新不再是少数人或者个别人的事，而是人人都应该有创新意识，在自己的岗位上努力创新。新时代要求的人不是简单的操作工、熟练工，更不是书口袋、书橱，而是能独立思考、思维活跃敏锐、素质良好、有合作精神、有创新精神的建设者，能适应社会的发展，更能自身不断地发展。像过去那样以“教”为中心，画地为牢，让学生在其中转，不能越雷池一步，是不可能培养出上述新人的。

教育的本质是以未来社会的发展要求教师和学生。不了解、不研究时代特征，离开了时代大背景，离开了具体的历史条件，从事学科教学，必然会不自觉地陷入刻舟求剑的尴尬境地，不合时宜，徒劳而无功。改革是时代的需要，除旧布新，学科教学就有生气，就有活力。深化语文教学改革更是学生自身发展的需要。当今时代，科学技术飞速发展，社会面貌日新月异，新事物层出不穷，在学校学习的有限知识远不能满足日后工作的需要，必须终身学习，接受终身教育。因而，当今的学校教育切不可短视，企望毕其功于一役，奉分数为神灵，而是要为学生的明日考虑，要考虑今日他们学什么、怎么学，打怎样的基础，才能在日后的工作中、竞争中立于不败之地。也就是说要教在今天，想到明天，以明日建设者的要求指导今日的教育教学工作。一定要站在战略的高度，面向现代化，面向世界，面向未来，才能对学科教学的意义和价值看得深，看得透，才会豪情满怀地投入改革的浪潮中，不为种种杂乱看法所左右。由此可见，教育观念的转变在改革中的重要性居于首位。认识高了，有深度，有广度，思想通了，激情涌了，人就会聪明起来，办法也多了。

改革的具体做法举不胜举，每位教师可以根据自己的特长，发挥自己的优势，不拘一格地创造。但是，核心问题是要让学生做学习的主人，学会认知，学会学习。就学语文而言，要学会自主阅读，学会自主写作，学会口语交际等。长期以来，教师精心研究的是教法，研究如何教懂学生，教会学生，这是无可非议的，但与新时代的要求比，又是远远不够的。好的教学方法总是从学生的实际出发，有的放矢，然而，这种“实际”考虑得较多的是学生的知识基础、智力水平，对学生自己怎么学，采用哪些学习方法，效率如何，效果怎样，未放到应有的重要位置上思考、研究。教师在课堂上教会学生的知识是有限的，而学生充分发挥积极性创造性，具备学会学习的能力，一辈子可学的本领是无限的。要从根本上改变学生被动学习的局面，须以此为突破口，展开研究，寻找规律，而只有深入学生世界之中，才能获得生动鲜活的材料，取得指导学生学法的发言权。教法与学法不矛盾，其中无不可逾越的鸿沟，但教师更要研究学生，充分尊重学生的学习主人的地位，对他们语文整体素质的提高起引导作用、辅导作用、促进作用。

语文教师教学要面对全体学生，而“全体”是由一个个组成的，教师的职责不仅在于与学生一起共同参与教学活动，还要着力了解、熟悉每个学生的特点、个性，因材施教，促进他们每一个人发挥潜能，促进他们个性的健康成长。教学中如果拘泥于、满足于一般要求、共同标准，就无创造精神可言。所谓创造，一定是充满个性色彩的，对所读的文章有自己独特的想法，而这种想法是非常规推理的，有跳跃性的，有灵气的，乃至有灵感的。写作也一样，四平八稳，在写作模式化中跳舞，写不出优秀文章。过去我们太醉心于“一刀切”，太醉心于“统一步调”，比如朗读，从小学到中学，“齐读”的做法屡见不鲜，仔细想来，“齐读”，学生怎样动脑筋？怎样品味语言，领悟思想？放开手脚，让学生自由朗读，乃至摇头晃脑进入角色地读，有什么不好？创新意识、创新精神的培养对学生的发展来说，是起灵魂作用的，而这种培养绝不是空喊口号，或什么几步法、几步式所能奏效的。这种培养应贯串语文教学的全过程，充分利用语文“思接千载、视通万里”的广阔时空，鼓励学生思想翱翔，鼓励学生爆发思想火花，收到“随风潜入夜，润物细无声”的效果。

改革的任务艰巨而繁重，为了莘莘学子今日的语文基础和做人素质，为了他们明日的继续求知和长足发展，我们语文教师应义不容辞地倾注心血，发挥聪明才智，在新的世纪中谱写语文教学新篇章，创造新的辉煌！

年轻的语文老师，要发展，要创新！

把握时代的年轮

唐晓云

于老师，您在《于漪教育文丛·小引》中写道："这套小书就是潜入海中探求宝藏的点滴记录。"那么就从您的"探求宝藏的点滴记录"谈起？

于漪

还是从我的遗憾和不足谈起。做了半个世纪的教师，我自问是尽心尽力的，但留下许多遗憾。今天的青年教师身逢盛世，完全可以避免这些遗憾，在广阔的空间发展创造。

唐晓云

遗憾？

于漪

是呀。我的遗憾有两个方面：一个是上了许多留有遗憾的语文课。我印象很深的是曾被同学将过军——

唐晓云

在课堂上被同学问倒了？

本文发表于《语文学习》2001年第9期，采访者是唐晓云（《语文学习》杂志编辑）。

于漪

是的。学习《木兰诗》，同学们口诵心记，很喜爱。正当我表扬时，有同学说："不过是吹牛，中国古代女子裹小脚，鞋子一脱，洋相就出来了，怎会不知道是女子？"在喧闹声中我说了一句："那时女子还不缠足。"谁知同学们异口同声地问："那么，中国妇女什么时候开始裹小脚的呢？"这个问题我从未研究过，回答不出来。知之为知之，不知为不知。教师不能蒙学生，我老老实实对学生说不知道，去查。课后我查阅了好多书，最后在赵翼的《陔余丛考》中才找到了答案。真是钻研教材没有底呀。

唐晓云

语文教学是艺术，艺术总是和遗憾与不足相生相伴的。

于漪

这是我的遗憾的一个方面，是微观的。还有第二个方面，则属于宏观的。我一辈子上了许多有遗憾的课，在脑子里留下的只是零碎的片段。"这个环节没有处理好""这个提问太直接""这篇课文的备课不扎实"，究竟是什么症结呢，年轻时朦朦胧胧，拎不清是什么问题。近几年有思考，语文教师首先要建立自己的文化坐标，这是很重要的。坐标有纵轴和横轴。纵轴，要了解中国几千年文化，还要有一定钻研，不能数典忘祖；横轴，要打开窗口看世界，不能自我陶醉。要在纵与横的交叉上找到一个点。

唐晓云

这个"点"就是您近年来多次提倡的——语文教学要有"时代的年轮"。

于漪

不是我的发明，而是时代的要求。今天，我们已进入了信息时代。语文教师要学会把握时代特征，使自己思考问题具有时代气息。从 20

世纪50年代开始，一直到80年代，语文教学过于讲究词语的解释、作家作品的背景介绍，乃至板书。其实很浪费时间。因为词语解释，可以用查字典来解决；作家介绍、作品的时代背景等，可以上网查询。

唐晓云

非常赞同于老师的观点。回顾20多年来对于“基础”的认识过程，也很说明问题。20世纪70年代末，认为知识就是最重要的基础，那时所指的知识往往就是“词语解释”之类；到了80年代，提出了“能力”概念，认为发现问题、解决问题的能力是最重要的基础；90年代初，又提出了“交际能力”，人际交往、沟通、合作是最重要的；90年代后期提出人的信息素养是很重要的基础，这正是计算机获得广泛普及与应用的时代。

于漪

联合国教科文组织早在10多年前就指出，现在的文盲不是不识字而是不会学习的人，学习能力是陪伴人的一生的。未来社会需要有竞争能力的人才，竞争能力是一个民族自尊、自强的前提。20世纪50年代的培养目标和80年代不同，80年代的和今天21世纪的也不同。以前我们受时代的局限、视野的局限，只专注于“教”，着力于“教”，今天教学的重心要转移，要研究“学”。

当然，要有传承，这是“源流”；又要善于吸收，这是“众流”。然后在传承和吸收的基础上创新。强调语文教学要有“时代的年轮”，不是提倡追风，也不是随风飘。教育的本质就是用明天的目标来指导今天的教学。因此，语文教师一定要有超前意识，鼠目寸光不行，急功近利也不行。

站在文化的平台上

唐晓云

“把握时代的年轮”是一个精彩而贴切的比喻。在一篇文章里，您还有一个同样精彩而形象的提法，语文教学要“站在文化的平台上”。我以为，这是您从教50年留给青年教师的又一精神财富。

于漪

教语文，必须要站在文化的平台上。忽略了这一点，语文教学就会在有意无意间降格为技能技巧的训练，就会有悖于素质教育的宗旨。比如汉语，它必然与汉文化血肉相连。汉字记载着中华数千年的古老文化，它不是无生命的僵硬的符号，而是蕴含着中华民族独特性格的精灵。汉语是象形表意的文字，常诉诸视觉形象，能给人以丰富的感性认识。如果打开用汉字印刷的一本书，那就好像进入了一个画廊，一幅幅画争先恐后地迎面扑来——“山”在你眼前耸立着，“水”在你耳畔哗哗流淌，“鸣”仿佛鸟儿张开小嘴向你引吭高歌……

唐晓云

在思维器官还未运转之前，您的感官和想象已进入了兴奋状态。

于漪

汉语有形象、有色彩、有气味，它极富感性魅力，人文味道极浓。所以说，语言文字既是表情达意、相互交际的工具，又是文化的本身。站在文化的平台上教语文，语言文字才是生动的，它的生命力才会闪耀光彩，也才能使学生得到祖国优秀文化的哺育。

唐晓云

我想这里有一个前提，即教师的修养。语文教师的文化修养是至关重要的，否则上语文课只能照搬“教参”。您在注重自身的学习和积累方面，堪称青年教师的楷模，能否谈谈这方面的感受？

于漪

前不久，我参加了上海市的一个教学研讨会，有老教育家吕型伟、陆善涛等前辈。我们回忆起四五十年前的往事。我说，我是被教研员听课听出来的。吕老和陆老当年都是上海市教育局主管教研工作的领导，他们常到基层到学校听课。我记得，每一次听课后，市教研员杨质彬同志就会追问，“为什么这样处理教材”，“为什么提这个问题”，“说说你的想法”，等等。他们跟踪听课一听就是半年，然后再查看我的作文批改。那时候没有“教参”，备课要查很多资料。要教学生懂，自己首先要懂。现在回想起来，他们都是我在教坛上的启蒙老师呀！

唐晓云

我的理解是，语文教师首先要把教材“学”懂，而不能过分依赖“教参”。

于漪

对呀！作家的写作思路不等同于教学思路，“教参”分析的往往是作品的写作思路，只能供作“参考”。我一直强调，备课时，一头是教材，一头是学生，才能做到课前胸中有数、教材烂熟于心，何况现在“教参”也有很多差错，过分依赖怎么行？

说到语文教师的文化修养，我有几点建议和青年教师们共勉。

第一，要广泛阅读。广泛阅读了，脑子里就会建立一个文化框架。比如，我在学历史的时候，曾产生过这样的疑问，盛唐时代，经济那么富庶，文化那么繁荣，而哲学思想却远不如先秦。后来书读得多了，也就渐渐明白了，哲学家和思想家往往诞生在动乱的、充满忧患的年代。同样，对于西方的文化历史，也要在头脑中形成一个框架。这就是教师拥有“一桶水”之谓呀！否则无法指导学生的课外阅读。

唐晓云

您觉得现在的语文教师阅读够吗？

于漪

现在的语文教学缺少“文”，语文教师也缺少“文”。这个“文”就是文化底蕴。我们一方面要给青少年打下扎实的文化基础，另一方面，更为迫切的，是提升语文教师的文化素养。对青年语文教师来说，更应提倡终身学习。要在教学上做到日有长进，就要坚持自我教育。我多次讲到，我在大学不是学中文，毕业后教语文常感到知识不成串，教起来捉襟见肘，力不从心。今天的青年教师应该弥补我青年时代的不足。

第二，要学会研究性学习。其实备课的过程，就是研究性学习的过程。70年代末，徐迟的报告文学《哥德巴赫猜想》一发表，我就立即打印出来，和数学老师一起研究，“唱双簧”，合上了一堂课，数学老师先介绍“哥德巴赫猜想”，我接下来讲解《哥德巴赫猜想》。是语文课，还是数学课？我称之为“文化课”。

语文学科有一个特点：学生一直处在“似懂非懂”之间。因此，教师对教材把握很重要，哪些是学生真懂？哪些是学生不懂？哪些是学生假懂？要教在学生的“似懂非懂”之间，这就是教师的智慧。

唐晓云

非常精辟！

于漪

第三，要了解现代教育技术。掌握网上阅读、筛选信息等技能非常重要。最近接触几位华东师大在职研究生，都是教龄不到10年的青年教师。他们非常努力，每个人都有自己的研究课题，有的正在设计新的教学课件。我想青年教师应该要有这个技能。

对事业如痴如醉

唐晓云

您的这三点建议，既强调了传承，又凸显了时代特征。

于漪

要有使命感和事业心。想不想做教师？想不想做一个好教师？这是关键。当了教师就要进入角色，要进入痴迷的程度，对事业如痴如醉，否则不会成功。我自己的体会是，教师这一职业太值得如痴如醉了。年轻时看京戏《打渔杀家》，一边看戏一边就会情不自禁地联系到语文教学上——这个表现手法是象征啊；这锣鼓，这呐喊，是渲染气氛啊！

唐晓云

“情不自禁”，这是一种职业敏感，其实也就是一种事业心。于老师，能否谈谈您的从教经历？刚才您说在年轻时代就有幸得到上海市教育局领导的关注和器重，您是否比较一帆风顺？

于漪

并非靠顺境，更非靠运气。远的不说，就说 20 世纪 60 年代末、70 年代初吧，那时我几乎年年教“差班”“乱班”。记得在 1973 年，我带了全校一个最乱的年级，经过年级组全体老师的努力，到了 1977 年，年级组被评为上海市先进集体。教过的调皮的学生就多了。有一个名叫郑重的男孩，出奇的调皮，上课玩乌龟，下课到校园的荷花池里钓小虾。对这样的学生该怎么办？激发他的兴趣，和他一起玩，一起观察，一起写《乌龟与虾兵大战》，一起修改，终于唤起了他对学习的兴趣……

唐晓云

后来呢？

于漪

学生一旦对学习有了兴趣，人就会上轨道，成绩就会提高。高考时他考取了上海海运学院。那时候，我教语文，经常带学生走出校园，如元宵节我们一起去虹口公园看灯展，到了秋天又一起去和平公园看菊展……

我有一个教育信念：不能祈求每个学生都智力超常，但教师要把每个学生当作天才来教，特别是在初中阶段。你知道60年代的上海杨浦区，很多家庭还十分贫困，五六口人挤在一间房子里，条件很差，但我教的学生中也有很多考上北大、清华，这说明每个学生都有潜能。如何把潜能挖掘出来，如何使潜能变成现实能力，靠教育。所谓“玉不琢不成器”，每个学生都是一个变数。

唐晓云

现在青年教师盛行做“家教”。

于漪

我理解的“家教”是个别辅导。尖子学生、后进学生，都需要个别辅导。人不可能自然成才，靠培养。我提倡教师要纯粹一些，要高尚一些，要把心贴在学生的心上。学生的未来决定了祖国的未来，教育是一种神圣的使命。

唐晓云

您能否对当代青年教师作一个评价？

于漪

我认识不少优秀青年教师，经常听他们的课，总的感觉是，很富有时代气息，文化底蕴有待充实，否则容易变成明星式的人物。流行的东西大多消失得也快，要成为经典，就要靠文化底蕴。20世纪30年代一曲《教我如何不想她》（刘半农词、赵元任曲），当时也是一首流行歌曲，如今已成为经典了，原因在于它有文化。语文教学也是这样。

唐晓云

如果您同意的话，我建议把今天的访谈题目拟为“年轻的语文教师，要发展，要创新!”。在迎来第 17 个教师节的日子里，请您给青年语文教师，也给《语文学习》的读者说几句话吧。

于漪

实不敢当。于谦在《观书》一诗说：“活水源流随处满，东风花柳逐时新。”要让学生在学海中扬帆远航，教师就须东风细雨、活水流淌。教海无涯学为舟，做一辈子教师，一辈子学做教师。

与青年教师恳谈

卞幼平

我是江苏省江都一中的语文老师，我想请教一个问题。据我所知，由于考现代文阅读，有好多老师对现代文教学进行了研究。可是目前的状况是，好多老师把现成的一段文字，文化类的、文学评论类的拿来进行“肢解”。为了应付考试，学校出现学生“不读书，求甚解”的现象。过去是“好读书，不求甚解”，现在是“求甚解，不好读书”，这种状况很严重。请于老师谈谈对当前现代文阅读教学与测试的评价。如何改变这种状况？

于漪

这个问题是我们现在语文教学的症结之一，也是难关之一。阅读教学与写作教学是非常重要的，读写比翼双飞，我们学生的语文能力才能提高。问题要从 1984 年说起。我记得当时在北戴河开会，第一次看到高考题里有标准化试题，当时我就说，我们又要折腾了。学生毕竟是中学生，当时考阅读的文章就是一篇译文，当时我是不能接受的，因为你是考中学的语文，学生对这类文章从来没有接触过，这是要难倒学生。中国有几千年文化，难道中国就没有好文章吗？这事我认为问题并不在命题老师身上，而是一种思潮，思潮来的时候排山倒海，把很多人的思想很快搞糊涂了，要清醒地认识，要抗争，是非常

2001 年 9 月 29 日，全国中语会青年语文教师研究中心在上海市杨浦高级中学召开了“走近于漪”恳谈会。作者与来自全国各地出席“于漪教育思想暨从教 50 周年学术研讨会”的近 60 名青年教师进行了恳谈。本文根据座谈内容整理而成，发表于《中学语文教学》2001 年第 12 期。

不容易的。这是一个开头，接下来愈演愈烈，从这以后就是标准化试题满天飞。过去是没有考纲的，现在考纲超过教学大纲。教师熟悉的是考纲。按理讲，教学大纲、课程标准是更重要的，它是指导教学的依据，但是现在教育的浅层次价值观一直在支配着社会，支配着我们教师的队伍，支配着校长的队伍，这使我们的学科教学非常困难。教育的浅层次的价值观是把教育作为谋生的手段，人在社会上要生存，没有学历没有文化是很难的。要生存，就得读书。现在家庭也好，社会也好，有一种思潮就是学历越高就越有可能当白领，钱也就拿得越多，不要花很多劳动就可以获得很多钱，这种看法比比皆是。把教育看成谋生手段，我不反对，因为要生存要吃饭，在任何一个国家中当然生存还是第一。但是教育要有深层次的价值观，深层次的价值观就是你这个人要有后劲，要能持续发展，要有健康的个性。我们今日对学生的教育，不仅仅要看到他今日的健康成长，而且要考虑到他明日的发展。一个人基础教育功底越扎实，他的后劲就越大，后劲越大，适应社会的能力就越强，发展余地就越大。我们强调深层次的价值观，就是强调全面发展。每个人都有潜在的能力，潜能只有通过教育才能变成素质与能力。上海最早在“一期课改”中提出个性发展，形成极大的冲击波，那时中华人民共和国成立已经40年了。如果不重视个性发展，人都是一个模子里出来的，怎么可能追求卓越？现在我们的教学大纲、课程标准，已经明确提出要发展个性，这来之不易啊。不重视学生的全面发展，只停留在浅层次的价值观上是不行的。

现在把课文搞得细碎不堪，有很多问题。知识支离破碎，孩子没有真正本领。广东试验标准化考试时，广州许多老师对我说考下来孩子只会选A、B、C、D，还有“打√”“打×”，概括能力、运用语言的能力很差。这种方法10年以前香港地区基本上就不用了，因为看到了它的很多弊端。语文的阅读教学里不都是非此即彼的二值逻辑。遣词造句，不都是两种模式，标准答案不标准的现象比比皆是，教师常常处在困惑的状态。教师命了题，如把答案丢掉了，再做答案怎么也对不起来，很难。我有个学生是《解放日报》的记者，她说儿子在读小学二年级，一次考试老师给的题目是“弯弯的月亮______挂在空中”，标准答案是“高高地”，他儿子写“轻盈地”，老师就说错了。老师是神圣的，他说错就是错，孩子给教傻了。“轻盈地”多好啊！多有灵气啊！语文学科如何做值得研究。不光是语文，数学、化学都有这些问题。刚才卞老师提出的问题值得研究。我一直认为，标准化试题的引入使语文教学面临一个“肢解”的危机，就是教课没有文，只有段，特别是初三、高三，因为押题目，一段一段地“肢解”。一个人的整体跟他的局部绝对是两回事，局部跟整体不一样，一块砖、一块瓦等零部件盖成房子，房子和砖瓦比，已起质的变化，不只是量的变化。标准化试题实质是用牛顿世界的科学观来认识、对待语文教学。我们是非线性世界、多维世界，爱因斯坦相对论出来以后对牛顿线性世界是很大的冲击，从线性世界到非线性世界。而多少年来，我们却跟在大家后面解剖解剖再解剖，分析分析再分析。

李国钧

我是上海市南汇区教育学院初中部教研员。我们都知道，语文作为基础学科，对培养学生的人文素养有不可替代的作用。一线工作的老师有种困惑，到毕业班语文课时紧张，考试前课时抢不过数理化老师。他们说，学生学不学语文是一样的，而数理化就不同了。这些话使语文老师深感困惑，也是一种打击。如何面对，请教于老师。

于漪

这问题带有普遍性，你的心情我可以理解，你讲的困惑，大家都有同感。有校长说，语文学不学跟考试没关系，顶多上下两三分。从应考上说，时间用在数学、物理、外语等学科可一下提高不少。这说明学科有个性特点，外语、数学学科落下后可以补上，语文是要积累的，难度较大。还有一种做法，把外语、计算机放到重要位置，语文课时不及外语课时，步步后退。小朋友进幼儿园，测智力，测会不会讲英语，而不是母语。外语是工具，但不能削弱母语，计算机也一样。现在语文教学简直是死里求生，认识的浅薄和急功近利思想的干扰，对语文的冲击非常大。这阵地要坚守，特别是年纪轻的教师更要坚守阵地。为什么呢？因为语文能否学好，对孩子一辈子起作用。将来从事任何工作都必须使用语言文字，这是从技能上讲，但大量的是做人的道理，民族文化的积淀。日本一位文化教育家说："丢弃母语就等于亡国。"

外国侵略，先是军事，接着就是语言入侵。日本过去侵略我国，沦陷区全部要学日语；香港过去被英国侵占，全部学英语。学习母语，是用民族精神、优秀民族文化的精髓哺育下一代。丢掉母语，就是数典忘祖。语文教学是多功能的：教育功能、认识功能、审美功能等都随语言文字入人心头。如"先天下之忧而忧，后天下之乐而乐"。近几年，腐败分子，贪污几千万元，只顾个人，还有什么"天下"？做人的价值观、生死观，语文里都有。有干扰，不奇怪，事业的发展从来不平坦。要抗争，必须有一批骨干力量、精英。为什么说基础教育重要呢？它构成一个人的素质，是人的基本建设，是做怎样的人的问题。

我们希望人才辈出。我们这个人口大国，要有人才优势，一定要顽强奋斗。阅读非常重要，写得好不好跟阅读有很大关系。不能只看一杯水，要看到大江大河大海。美国很重视阅读，1986 年，克林顿搞阅读活动，耗费巨资，要求家庭每天半小时不看电视，组织 10 万大学生勤工俭学。我问一名在美国求学的博士后，孩子暑假看什么，他说读 40 本书。老师应放眼世界，什么都看看，看了以后分析、判断、筛选、吸取，阅读无论如何不能放松。现在有的学生一问三不知，文化功底很差，成了"有学历没有文化的人"。这些学生在题海中遨游，考试本领比在座的大得多，语文专家刘国正先生也比不过他们。我们以前读书的时候，老师一直讲"举一反三"，触类旁通，要有扎实的底子，在"一"上下功夫。现在相反，"举百反一""举千反一"，做上千道题才明白"一"，这怎么得了？题海浪费了学生的青春，没做过的题目不会做，还怎么举一反三？我们过去考大学也很难啊！1947 年，复旦大学有 12 000 个学生考，取 500 个；现在上海高考录取比例 70% 以上。本来认为 100% 进大学就不会有应试教育了，看来不改的话照样应试第一。

课堂上要让学生多思，不要教师一个人讲。我在东方台参加网上聊天室节目时，有一个女孩说，我上语文课要打瞌睡，而且全班都要打瞌睡。我说，这位老师本事挺大的，你跟老师去说。她说不敢。我说你就看小说。我做学生时就这样，教科书下压一本小说，老师教得好时就听课，不好时就看小说，这非常有好处。后来了解到这位同学是重点中学学生，我大为惊讶。为什么说要坚守阵地？我们语文课如果上不好，不攻自破。

朱寄望

我是上海久隆模范中学的老师。请问于老师，语文教育与语文教学有何差别？今后还会不会加强文言文教学？

于漪

语文教育内涵更广泛，包括大纲、教材、教法、测评等。语文教学往往指课堂教学、课外指导、测试等。语文教学中出现问题不奇怪，常左右摇摆。语文涉及古今中外，社会上的东西很容易反映到语文上来。中华人民共和国成立之初，语文课基本上成政治课。1958年“大跃进”时，推翻教材闹“革命”，天天学《人民日报》社论。后来周总理抓了“双基”，语文在那几年上来了，明确了语文的工具性，这是一个进步。大纲中明确在教学过程中应该怎样怎样，教学进程应和德育、美育结合起来，并不是一句话就是工具。标准化试题出来以后，应考倾向愈演愈烈，社会上急功近利思潮对教育产生冲击，这样纯工具论就大有市场。看一个问题不能绝对肯定或否定，一定要放在特定的历史条件下认识。我非常反对把以往的全部工作都推翻掉，这是不合适的，不符合历史唯物主义。任何事物在特定历史条件下都有它积极的作用，随着时间的推移，好坏更看清楚了，因此不断进取改革是对的。我们从事工作不是在零的基础上。如果今日的改革就是对昨天的全盘否定，从个人道德讲就是零分。人要忠厚，任何人做了有益的事都要肯定，而不是全盘否定。从科学角度讲，从个人道德讲，都应采取慎重的态度。

20世纪语言学在各个学科中是突破最早的。我国语言学受国外影响很深，语法中各个流派基本上都是从国外引进的，而不是在我们语言文字应用中提炼出来的。就我的体会而言，就语文抓语文，质量是抓不上来的。只看语言文字不行，一定要和它的内容结合起来，语言和思维是同时发生的。思路清晰表达就清楚了。人是有情感的高级动物，闻一多先生讲起话来慷慨激昂，当然有的奔放，有的含蓄。白居易讲“诗者，根情，苗言”，没有根哪有苗呢？抓语言文字的培养，不抓思想、情感，只是抓了一个局部，没有抓住整体。这和写作一样，不抓源头是写不出来的。源头在哪里？写作好不好，跟学生的认识深度有很大关系。鲁迅先生用词怎么会那么精湛，那么入木三分？是他的认识深刻。语言的人文性和工具性是一个整体，不可分割。

将来文言文是否多一点？事实上高中文言文已经多一点了，达到60%。语文教学和其他学科教学一样要搞点实验。但学科教学科学实验有个弊病——凡实验必成功，这就没有用科学态度进行实验。实验一定要在常态下进行，这样才有说服力。布鲁姆搞基本结构课程，教育与科技发展同步进行。美国政府马上接受了，马上就实验了，结果中小学质量大幅下降，经过20年宣布失败。教育与科技毕竟是两回事。当然这当中有可取的地方，我们就没有勇气宣布失败，这就缺乏科学态度、科学精神、科学道德。我们确实要进行科学实验，尚未成熟的就硬性推广，实际上下面意见很多，强扭的瓜是不甜的，瓜熟才能蒂落。既要搞东方文化、东方哲学，也要学习西方文化，这样才比较好。比如有一段时期说，初中一律不要学文言文了，我大吃一惊，我不知道高中老师怎么教啊，下面反对得很厉害。后来说25%，35%，我也不知道这根据什么。拍一拍脑袋，数据就出来了？25%科学不科学？35%科学不科学？我因为一直是在第一线上课的，对广大老师非常同情，有的时候就是处于无奈的状况，一会儿一个指令，一会儿又是一个指令，我也不知道这个指令的科学根据是什么，所以它就缺乏科学性。没有一个能提供足够数据的研究实验，我们只能跟着转，反正中国人是会付学费的，不行再付，实际上耽误的是学生。刚才有老师讲每一个老师都要有主见，这主见不是自己的主观意识，而是吃透了教育方针，吃透了语文学科的性质和功能，否则一天到晚随风，飘得连自己也没有了，这怎么行呢？一定要站稳脚跟。

深入其境　登高望远

周六上午，“语文沙龙”的年轻教师在高万祥校长的带领下，来沪访问几位语文老师，共同探讨中小学语文教学的改革。放弃休息，寻师访友，研究语文教学，这种敬业精神，这种执着追求的精神令人感动。

看到年轻同志积极进取，努力上进，我作为一名站三尺讲台数十载的老教师，感到无限的欣慰。

要成为深受学生欢迎的优秀语文教师，对学生的学习、成长产生终身受益的良好影响，须研究的问题很多，须自我塑造加强修养的方面也很多，然而我认为有六个字不可忘，这就是“钻进去”“跳出来”。

钻进去。学生习作中常犯这样的毛病，身入生活，心却游离在生活之外，因而，常常视而不见，听而不闻，写出来的文章内容干瘪，语言无味，生活情趣更是少见。教语文又何尝不是如此呢？如果身在其中，心不投入，只会按某些程式办事，不琢磨不深思，又怎可能有真切的感受与独到的见解呢？要用心钻研，深入底里。语文教学综合性强，要钻研的方面很多。基础知识要钻研，一篇篇课文要钻研，阅读教学、写作教学、口语交际教学无不需要钻研。然而，我认为最为重要的是须弄清楚语文教育的庐山真面目。语文具有怎样的性质，中学语文应发挥怎样的功能，达到怎样的目的，脑子里切不可模模糊糊、朦朦胧胧，要一清如水，毫不含糊。理论上的模糊往往导致实践中的盲目。教学行为总是受教学思想的支配，教学效率不高，甚至做

本文发表于《语文教学通讯》2001年第22期。

许多无用“功”，貌似做法不当，实质是认识上不清晰或发生偏差。多学习，多思考，多比较，多分析，就会逐步领悟母语的本质特征，较为正确地认识、接近从而掌握母语教学的规律。机械地、割裂地看问题，以偏代全、以偏概全皆不可取。认识问题、研究问题均要实事求是。研究语文，就要从语文这个实际出发，探求它自身固有的规律，不可主观臆断，不可照搬照抄。钻进去，对这个人文学科的丰富内涵、精彩绝伦、育人价值就会有绵绵不断的体会，就会因选择了这个学科的教学而感动、而自豪、而欢乐。

钻进去重要，跳出来也很重要。就学科教学论学科教学，往往视野狭小，往往缺乏研究问题的高度和海纳百川的气度。要放眼看世界，放眼看未来，放眼看社会主义现代化建设的育人大背景，就能较为准确地为语文学科定位，就能深味到语文学科在培养学生素养、能力、精神、气韵方面的分量与价值。跳出圈子，换个角度看，就不会囿于为文而文，就会思路开阔，上下古今中外；就会穿透种种迷雾般的现象而洞悉事物的本质；就会真切地感受到教学要把可爱的学生放在首位，一切教学行为都是为了培养他们，使他们能够长足发展，既为他们的今天，也为他们的明天。短视、急功近利、在技能技巧层面上浮现，就难以完善地完整地实现语文教学育人的任务。开阔视野，向其他学科学习，向国外学习，教学内容、教学方法、教学评估等均可作为借鉴，从中得到启发，获取有益养料。然而，在学习时切不可盲目照搬、生吞活剥，一定要以我为主，从语文学科的实际出发。别人的研究所得，国外教育的种种做法，可以参照，可以借鉴，但不能作为坐标。语文教学生命力的根应深深扎在我们自己的国土上，扎在深厚的中华文化的沃土中，只有以我为主，尊重学科特点与规律，又广为参照，吸取养料，丰富拓展，才会闪现创造的火花，使语文教学增色，对学生学习有吸引力和感染力。

青春是无价宝，祝愿年轻的教师在语文教学这块圣土上耕耘，奉献青春，奉献智慧，创造深受学生欢迎的业绩，促进语文教育事业的发展。

善教与会写

以新时期语文教师为话题的首届“尚德杯”语文教师征文大赛虽然降下了帷幕，但在评阅来稿过程中讨论的热点不仅没有降温，而且辐射到有关方面，形成各不相同的看法。有的认为语文教师只要善教，会不会写无所谓，又不是作家；有的认为语文教师既要善教，又要会写，不会写又怎能做到真正善教？就这个问题，谈一点浅陋的看法。

“善教”与“会写”之间既不能画等号，也不能视为对立的两个方面。对于教师来说，“会写”应是“善教”的有机组成部分，尤其是语文教师，如无写作的切身体会，教学中难免产生种种缺陷与不足。“善教”的内涵极其丰富，以往强调传道、授业、解惑，随着时代的进步，社会对教育的需求、学生主体的健康发展、教师的职能注入了崭新的内容。学生是活泼泼的生命体，今日的善教者必须尊重学生的学习主体作用，善于激发学生的学习兴趣，重视学生思维方法、思维品质和思维能力的发展，尤其要重视创造性思维的培养。善教者不仅要教会学生学会某些技能，掌握某些知识，更要指导学生学会学习，使他们终身受益。要达到如此的教育教学水平，单口授、口传往往无济于事，还要身教、身体力行。

写作教学是语文教学中的一大块，而且是十分重要的一大块。学生作文的优劣绝不只是运用语言文字技巧正确与否、高低如何的问题，而是学生个体思想、情感、观念、观察力、思维力、想象力、语言能力、文化基础、认识水平等诸多因素的综合反映。要指导学生爱写作

本文发表于《新民晚报》2002 年 9 月 1 日。

文，会写作文，写出有一定质量的作文，靠文章作法、条条杠杠是难以奏效的。当然，学生作文的好坏，教师无法负全责，因为确实有众多因素的影响，如家庭的语言环境，文化氛围，课外阅读面的广狭，交往的人员层次高低、品位高低等；但如果教师会写，对写作中的甘苦备尝有自己的独特体会，指导起来就会大不一样。具体而不空泛，生动而不呆板，点拨在关键处、细微处，在学生心中弹奏，容易激起学生共鸣。语文教师会写，无疑就为学生运用语言文字表情达意方面做出榜样，怎样消除写作上的畏惧心理，怎样身入生活、心入生活，怎样加强阅读增添智慧，怎样炼词炼句炼意等，均会让学生受到启迪。

教师会写，并不要求教师都成为作家，语文教师如能跻身于作家行列，也是好事、美事，会写的人不一定不善教。教师经常动笔，可以锻炼思维、锤炼感情，增强认识生活、感悟人生的能力，增强驾驭语言文字的能力。对语文教师来说，思维的清晰化、条理化十分重要。课教得一清如水，学生就愿学、乐学，学有所得；如果含混、朦胧，学生就如堕五里雾中。动笔写，对训练思维的清晰度、条理化极有效果。写，促使思维的严密，促使思考问题方方面面考虑周到，促使语言的选择与推敲，不大而化之，不浮在表面，经常锻炼，思维品质就会提高，思维能力就会加强，必然会促进教学质量的提高。实践得不深入，缺乏独特的体会，写不出；认识泛泛，缺乏高明的见解，写不出；就事论事，缺乏足够的文化底蕴，写不出；平铺直叙，缺乏驾驭语言文字的能力，写不出。而文化底蕴、高明见解、独特体验、语言能力，对一名语文教师来说，又是多么的不可缺少，否则，又怎么谈得上“善教”呢？“会写”是“善教”的组成部分之一，不能机械割裂。

“会写”不应囿于征文比赛之类，“会写”的范围很广。教学随笔、读书笔记、经验总结、教学实验报告、教学研究论文、学生某某情况调研报告、教学改革纪要……写的范围很宽泛。工作的、生活的，文学的、科学的，历史的、时尚的，勤于观察、思考，勇于织锦成文，思想情感就会如汩汩泉水流入笔端。

新时期的语文教师应思维活跃，业务精湛，好学善教，笔下生彩。

要有一支灵动的笔

语文教师手中要有一支灵动的笔，这支笔应发挥多重功能。

眼下，批改学生试题、练习题时，这支笔用得可谓穷竭心思，更有甚者，标准答案有的不标准，走到夹缝里，令人啼笑皆非。相对而言，评改学生作文时，这支笔就添“涩”了，有的放矢，侃侃而谈，令学生感奋的比较少见。最薄弱的大概莫过于自我表达的功能了，主动写、积极写，凤毛麟角，非写不可，也常有一筹莫展之困。同样是手中的笔，功能的发挥却迥然有异，颇值得探讨。功能齐全，笔才会灵动，走如游龙；否则，残缺不全，一损俱损，在教学中形成诸多遗憾。

写，应是语文教师必备的基本功，是语文素养中一项极其重要的能力。语文教育并不奢望语文教师进行文学创作，成为文学家，也不奢望语文教师都能写出洋洋数万言的论文，成为理论家（能成为更好），然而，正确而熟练地运用祖国语言文字表达自己真挚的感情，表达自己对自然、社会、人生，对学习、工作、生活的独特感受与体验，却是情理之中的事。语文教师总要培养学生具有适应实际需要的写作能力，培养他们能用规范的书面语言表达自己的所见所闻、所思所感。“不以规矩，不能成方圆”，教师当然要讲授必要的写作知识，引导他们学习、理解和掌握写作的规矩。然而，平心而论，背出那些一般的写作原理、写作方法，背出那些条条框框，对提高写作能力又起多少作用呢？关键在于“化”，学生要能体会，感悟，内化为自己的本领。要做到这一步，离不开教师的具体点拨。教师坚持不懈地进

本文发表于《新民晚报》2002年12月22日。

行写作实践，亲自品味语言文字表情达意的奥妙，深切感受调遣语言文字倾吐心声的甘苦，写作的种种规矩就不是躺在纸上的文字符号，而是站立起来，有血有肉，有生命。有动笔的实践打底，对学生的指导、点拨就实在、精要。不是凌空、僵硬的，而是鲜活的，带着智慧露水的；不是大而化之的，枯燥无味的，而是探幽发微，精彩纷呈的。此时此刻，语文教师的“写”，已不仅是基本功的表现，而且是教师教学艺术的展示，教师生命活力的展示，是学生提高学习质量的有力保障。

通常有一种误解，认为文章写得好不好，主要是语言文字功底深浅的问题，其实不然。语言不是单纯的载体，它与思想、情感同时发生，是意识、思维、心灵、情感、人格的形成者。一个人的语言水平与他的智力发展水平紧密相关，与思维方式、情感因素紧密相关。作家汪曾祺也曾这样说：“语言不只是技巧，不只是形式。小说的语言不是纯粹外部的东西，语言和内容是同时存在的，不可剥离的。”显然，要写出文质兼美的文章，须牢牢抓住“不可剥离”的特点，对内容和语言进行双锤炼。

锤炼时特别要讲究思考与研究。当前，课程、教材、教法正在进行改革，从教育本质的探讨，从教育视野的开阔，从语文固有规律的深究等来看，教师思考的空间十分广阔，可供研究的项目繁多，就以如何促进学生发展为本而言，从教育理念到具体操作，无处不可施展才华。这些育人的工作蕴含时代的特征，具有开创性的意义，值得专心致志、深入底里、执着追求。研究思考的过程，是探索规律做好工作的过程，也是孕育好文章的过程。在研究的过程中，提升思想、净化感情、锻炼认识能力，提炼语言文字，走进教育圣地，享受发现的欢乐。认识得深刻，理解得透彻，有自己独特的体验、独特的见解，笔就灵动起来，无须硬挤硬做，就会如风行水上，自然成文。教师写文章常题材雷同，做法相仿，毛病大抵在于教学实践往往停留在事物的表层，浅尝辄止，说的是大家都说过的话，或者引述几条外国某某教育家的语录，把自己做的事论述一番。缺少鲜明的个性色彩，缺少独有的想法与做法，文章就难以有亮点，更不用说启人深思，令人心灵震撼。

流水不腐，户枢不蠹，笔搁置起来不用，也会僵硬，也会生锈。多动多写，多学多思，思想会逐步深邃，思维会日益流畅，文化底蕴会不断增添，语言的含金量会越来越厚实。语文教师手中有一支灵动的笔，功能齐全，教学将灵气横溢，生活将多姿多彩。

一身正气 为人师表
——谈教师的精神支柱

记得在读中学的时候，老师告诉我们："人无志不立。"人没有志向是站不起来的。当时年纪小，也不太懂，随着多年教师生涯的过去，对"人无志不立"的认识也就越发深刻。对于一名教师来说这是非常重要的。这个"志"是什么？是志向、理想、信念、精神支柱。人没有精神支柱是站不起来的，就好像人没有脊梁骨就不能直立行走一样。

在几十年的教育生涯中，我经常问自己这样一个问题，什么叫教师？什么样的人才能做教师？回想一下，古今中外，对怎样的人才能做教师阐述得非常多。我们古代的学问家扬雄就说过："师者，人之模范也。"教师就是人之模范。外国也是，当今的美国教育家布鲁姆说过，教师不仅仅是知识的传播者，而且是模范。有一句话对我的教育非常深，这就是《韩诗外传》中韩婴讲的，什么样的人叫教师？他说"智如泉源，行可以为表仪者"，智慧就像清泉一样喷涌而出，思想言行可以作为表仪的人，这样的人才是教师。这些话都非常精辟，非常深刻。我既然选择了教师这个职业，那我一辈子就要考虑怎样做一名合格的、称职的教师，力争做一名优秀的教师。也就是说，教师不仅能够对学生的今天起作用，而且对他一辈子都起作用。可见，古今中外对教师的要求，概括起来就两个字："德""才"。人之模范，就是首先要道德高尚，人格高超；人之模范，那就要"智如泉源"，就要有才学。

本文是2003年作者在无锡教育学院所作的报告。

为什么对教师要有这样的要求？我是这样理解的：教育事业是人类最永恒的事业，社会要发展要进步离不开教育，而教育离不开教师。我们是从事基础教育的，我们所从事的基础教育就好像盖房子打地基，万丈高楼平地起。6 层楼的房子，50 层楼的房子，上海的金茂大厦 88 层，都要看我们这地基打得怎样。6 层楼的房子是 6 层楼的地基，50 层楼的房子是 50 层楼的地基，要盖 88 层的高层建筑，那基础要非常扎实。我们教师就是给青少年、儿童打做人的地基，我们所从事的工作是人的基础建设。这个基础建设很重要，基础打得正、打得实、打得牢，学生发展的余地就大，一辈子受用不尽。因此要求教师尽心又尽力地把他们教育好。

孩子们处于成长时期，青少年的特点是好奇心很强，求知欲望很强，但是他们有明显的弱点，就是没有多少生活阅历，因此他们的是非观念不是非常强。往往一个新奇的东西就能吸引他们，但是这个新奇背后的东西他们并不是十分清楚，也就是说他们的辨别能力比较差，抗外界诱惑的能力也比较差，这就要求教师必须正确引导。一个孩子，他进中学这几年，也就六七年的时间，六七年的时间在人生长河中只是一阵子，但是这一阵子往往影响到人一辈子的生活道路，因为这时候正是长身体、长知识、长觉悟的时候，也就是说他对人生、对价值都开始逐步思考了，也就是人生观、价值观、世界观形成的阶段，这个阶段影响他一辈子，所以我们必须实行极其良好的教育。

再看我们教育的特点。教育不是作几个报告马上就解决问题的，教育的特点是细水长流，“随风潜入夜，润物细无声”。我们常有一种错觉，好像教育就是看一张考卷，这个考卷就代表学生水平。我们经常注意的是它的结论、结果，其实教育要重视的是它的过程。教育是一个很长的过程，这个过程是细水长流的，是熏陶感染的，因此教师的一言一行，对学生无不起作用。我带了很多青年徒弟，我经常跟他们说，你们不要有这种误解，我在学生面前道貌岸然，平时则无所谓，那是不行的。教师对学生的作用，对学生的影响不会是零，他的作用不是正面的就是负面的。比如，你要求学生严格遵守纪律，但是上课铃已经响了，两分钟过去了，你才姗姗来迟，这会让你讲 10 遍严格遵守纪律的效果化为乌有，因为学生想你是口头上让我们这样做，你自己则那样做。因此教师对学生教育的影响不可能是零，而是无时无刻不在产生影响，一举手一投足都在对学生产生影响。我仔细观察过，一个班主任在这个班级任教三年，其中有相当的学生身上就有班主任的影子，有时是说话的腔调，有时是走路的样子，有时是写的字。比如这位老师字写得好，学生就会经常画画写写。为什么？因为教师在学生心中是一种榜样，而学生又特别有向师性，并且年纪越小，他就越有向师性。所以为什么对教师要有这样的要求，这是教育事业本身的要求，教师就不得不随时注意塑造自己的形象、塑造自己的人格。这在现在这个时代尤其需要。

21 世纪之争是人才之争。现在大家在讨论印度现象，这是一个非常值得我们深思的现象。可以这样说，从综合国力上讲，印度不及我们，但是他们在某些高精科技领域的东西很值得我们学习。硅谷中最多的是印度人，第二才是我们中国人。印度的文盲是多的，大概要占到他们总人口的 40%，但它的教育质量是好的。既然受教育，这个质量一定就好。比如它的空间遥控技术，又如它的软件出口仅次于美国，是世界第二大出口国。因此我们教师在修炼自身的时候，不能只是独善其身，还要放眼全国，放眼世界。就是说我们从事基础教育，一定要把基础教育的质量提得高高的，这当然要靠我们的方针，靠我们的政策，靠我们的路线，但是归根结底还是要靠我们的教师，教育的质量说到底关键还是教师的质量。因此从时代的需要来看，教师必须提高自己的责任感和使命感。国家把自己的希望交给我们来培养，今日的学生质量如何，就意味着明日的科技程度如何，我们国家的经济如何。这是国家的希望、人民的嘱托。现在，大多数家庭都只有一个孩子，这个孩子的希望全部交给学校来培养。因此，几十年的教师生涯中，我都感到身上有千钧重担。一个人只有一次青春，青春是无价宝，这时期求知欲最旺盛，记忆力最好，想象力最丰富。我是镇江中学毕业的，我记得自己读书的时候，外语只要背部分课文，可高中毕业时说全部要考，一本书，全部要背出来。那时候我十几岁，一个晚上开通宵，就把一本书全背出来了。现在别说让我背一本书，恐怕一两篇都背不出了。这些青春的花朵交给我们来培养，我们就要意识到身上的重任，这是一种历史的使命。

所以，作为教师就要把心贴在教育事业上，贴在学生身上。要做一名合格的教师、优秀的教师，有16个字很重要，一是“热爱学生、忠诚事业”，二是“一身正气、为人师表”。“热爱学生、忠诚事业”讲起来很容易，但做起来是非常的不容易；对学生要满腔热情满腔爱，真正做到是不容易的。

回想一下自己就过了三关：第一关就是怕烦，第二关就是怕难，第三关就是偏爱。我们从事的是基础教育，所处理的事情非常琐碎细小，每天要处理学生很多事情，有时就会感到（特别是年轻时）耽误了我读书的时间，耽误了我思考的时间，觉得这些日常琐事对我是很大的羁绊。其实不然，比如你叫学生扫地，学生有时地没扫干净，而且灰尘弥漫，你得教他怎么扫，这件事情细小得很。可是教扫地也不那么容易，你得告诉他扫地要把扫帚按在地上，不能这样扬起来，要从前扫到后，要从后扫到前，要洒水，水洒多了不行，灰尘会沾起来，不洒水灰尘弥漫会影响健康。虽然是教他这么一件细小的事情，这里很有学问，因为你在培养他劳动的习惯，培养他爱劳动，培养他怎么劳动，培养他热爱集体，培养他为大家服务，培养他与同学的协作精神，培养他严格的科学态度。我记得粉碎“四人帮”后，我听过一个报告，讲了这么一件事：小平同志说，在“文革”中，中科院这些大专家都扫地，这个地扫得特别干净，他说这是糟蹋圣人啊，但是从扫地当中就可以看出这些大科学家严谨的科学态度。我听了报告后很受启发。我们的科学态度并不是凭空话就能培养出来的，而是通过日常一件件具体的平凡的细小的事情培养出来的。我们说德国人十分严谨，一根针掉在地上，都是画了格子去找的。所以我们的教师要有育人思想，把千件万件细小的事穿在育人的红线上，穿在塑造人的心灵的红线上，培养学生的科学精神、科学态度。认识到这是忙得其所，忙得应该，就会手勤脚快，觉得非常有乐趣，这样就逐步过了“怕烦”这一关。

第二关是“怕难”。开始做老师的时候，特别是年轻的时候，年少气盛，认为自己肚子里有点东西。其实不然。自己懂得的东西实在是太有限了，即使懂得，要教会学生也非常不容易。我有一个体会，教过不等于教会。所有的东西，老师都是教过的，但是要教会学生是千难万难。一个老师教会班级里十几名尖子或二十几名学生是不难的，问题在于要教会所有的学生。为什么？因为我们的教育是面向全体学生的，要让每一名学生沐浴着党的阳光雨露，在德智体美等方面全面发展。这两个全面要做到，谈何容易！

我举个小小的例子。我过去长期教高中，教比较好的班。“文革”期间，我这样一个年轻的教师被罚教“乱”班，班中有这样一名男生，姓边，他写的作文一个标点符号都没有。怎么教他？我把他请到办公室，给他讲冒号、逗号、句号，讲了一节课。一个男孩子，坐在你身边能安静地听你这样讲，已经非常不容易了，讲完了我问他听懂了吗，他点点头笑笑，我以为是懂了，因为这知识在小学就应该学会了，而且师生之间也不一定是用语言来交流的，它也可以是无声的微笑。所以我以为效果很好了：我上课也讲了，课后也个别辅导了，问题应该解决了。其实不然，下次这个学生交上来的作文、作业仍然没有标点符号。

于是我第二次把他叫到办公室，我说那天给你讲了那么多，你听懂了吗？这次他不客气了，他反问了我一句：“我怎么会懂？你讲了那么多，我怎么会懂？”我想，对的，我是“倾盆大雨”，一下子都灌下去了。我马上检讨，我说：“老师不对，‘倾盆大雨’不行，这样你不容易记住。这次只讲逗号和句号，以后你的作业中，只要这两种符号用对了，我们就算都对了。”于是我再跟他分析讲解，我说：“你懂了没有？”他又笑笑点点头，我想这大概可以了吧。结果他的作业交上来很有趣，有的时候全对，有的时候错得一塌糊涂。

我们教师教学生要有非常敏锐的目光，发现学生的学习规律，比如，有时他字写错了，你惩罚他抄 10 遍 20 遍，他都写不对，你得分析，他为什么会错，他错误的倾向性是什么。比如，写字，有的字写得都是斜的，写字应该是“风正一帆悬”啊，怎么总是刮台风，这不行，你找到他的规律以后，再纠正，问题很快就解决了。有的孩子字写得很漂亮，写的时候还要扭一扭，我就告诉他，永字八法，没有这样扭来扭去的一笔，他听了以后一下就悟过来了，就很快改正了。

这名学生，我就找不到他的规律，有的时候很对，有的时候就不对，而且他的标点符号都点在格子外面。我说一定要点在格子里面，我拿书给他看，拿杂志给他看，我说："你想想看，你点在格子里面，就眉目清楚了，就像人的两道眉毛当中应该有空的，你不空的话就连在一起了，这怎么行?"他每次都是笑笑，态度很好，但坚决不改。有的时候文章写完了会来一个逗号，让人啼笑皆非。我跟他说，人家文章写得好是言已尽，意无穷，你的文章我得等着看你的续篇，因为你是逗号。他仍然态度很好，笑而不答。

有一次，他又交上来一篇作文，一个标点符号都没有。我怎么办？平时教课的时候我已经比较注意这个，我想了想，这次我就讲评他的作文，在讲评的时候，因为没有标点符号，我读的时候不能停顿，我就用物理学上的等速度一直这样读下去。前面有个调皮的学生就叫："于老师，你停一停，你这样上气不接下气啊!"我说我不能停，我要忠实于作者的原意！调皮同学说，你停一停，你上气不接下气，当心要断气的！同学哈哈哈笑得不得了，这个同学自己也笑了。我说，你们看，这个标点符号不可小看的，如果文章没有标点符号，我读的什么你们知道吗？读的人也上气不接下气！这下他也哈哈大笑了。然后我再跟学生们讲，平时我们说话都有标点符号的，我说，我平时上课时说"你们懂了吗?"，这不就是一个问号吗？如果同学回答"真好啊!"，用的是感叹号，我说"同学们：注意"，用的是冒号。这下他懂了。下了课我没再找他，他来找我了。他说，于老师我老实告诉你，我认为标点符号不代表水平，文章好不好主要看内容，这标点符号不代表水平，我写好了以后再点，我爱怎么点就怎么点。

一个小小的标点符号在小学就应该基本掌握，一名中学生却不会使用。其实这里有我对学生的不了解，有我教学方法的不得法，有学生的认识问题，有学生的习惯问题。从中也可以看出，教过不等于教会，教会确实是很难。

我教了那么多学生，有时为了考虑怎样讲一个问题才能使学生开窍，真是晚上都睡不着。同样的问题，有的孩子一下子就明白，有的孩子就是不明白，你在原来基础上重复八遍十遍都没有用。比如这个孩子写错别字，这错别字的形成原因是非常多的。例如，数学当中出现计算错误，老师往往一句话：粗心。其实并不是这样，粗心不过是一个因素。有时是题目看不懂；有时是思维的跳跃，漏掉了；有时是思维不严密，有漏洞。所以，如果我们老师不细心，大而化之的话，就不可能教会每一个学生。因此，教过不等于教会。

从一件一件的事情当中我吸取了深刻的教训。你设身处地地想一想，孩子要掌握一门知识，要获得一些能力是十分困难的，因为成人自己学一点东西也是十分困难的。你换个位置想想，就不会那么急躁，就不会那么浮躁，也就不会那么埋怨学生了。因此，教师就是为了克服困难去工作的，没有困难要教师做什么？育人谈何容易，“十年树木，百年树人”，这是经验的总结，说明这个劳动是非常复杂艰辛的。我确实是为了困难而工作，我的任务是教好每一个学生，使他们在原有基础上有明显提高乃至显著提高。

第三关，偏爱的问题。我记得年轻时做老师，校长经常在大会上讲，你们要爱学生。我就想，烦死了，你讲了多少遍，我背都背出来了。其实能背出来，耳熟能详不等于是真懂，要真正做到才是懂。开始我认为自己跟学生的关系一直都是比较好的，我认为自己是不偏爱的，是爱学生的，其实不然。事实上，我对两类学生是最喜欢的，一类是非常聪明的，我讲上句，他下句已经接出来了，我教起来又省力又省心。但是学生有很多种类型，有的孩子反应非常快，你一讲他马上就懂了，偏偏这样的孩子往往巩固率很差，就是说接受起来很容易，往往理解比较肤浅，不能深入，巩固率比较差。有的孩子接受起来很慢，但是一旦理解了，就学得很牢固。孩子多种多样，老师教学就要有针对性。而有的时候我是闭上眼睛捉麻雀，对学生研究很少，这就形成了很多无效劳动。这让我认识到自己思想上确实是有偏爱的。我喜欢的第二类学生是长得很好玩的。我教过一个男孩子，字写得很差。他长得像洋娃娃一样，我把他叫到跟前来，还没讲他就哭了，我就舍不得批评他了。我后来想，教育是无选择性的，人生活在社会上，都要教育，都要进行义务教育，没有选择性。人不是从工厂中大规模地生产出来、一个模子里出来的。天公造物也很有趣，每个人都是两道眉毛两只眼睛，一个鼻子一张嘴，都是那样的排列组合，但是有的像洋娃娃一样，有的不像。因此教育不能凭个人的好恶，因为师爱无选择性。

到“文革”时期，我这个青年教师，因为当时比较有名，被斗得很厉害，并且专门叫我去教乱班乱年级。我教过一个班级，前面八个班主任都被赶走了，我是第九个。我到这个班看到的第一个节目就是女同学打架。男同学打架我看到过，女同学打架倒没看到过。女同学打架拉都拉不开，紧紧拽着头发。要把这样的班级教下来，非常困难。我也曾教过一个班级，后进的学生比较多，管理十分困难。下了课我还没有走到办公室，那边就打起来了。男孩子打、女孩子打、男女混合双打，我简直是疲于奔命，我没有带“乱”班的经验啊。一学期后，这个班好不容易稳定下来了。

我碰到这么一个女孩子，她有优点。我觉得一个老师一定要有敏锐的眼光发现学生身上的优点，我做到了，我可以发现每个孩子身上的优点，显露的、不显露的。我拼命地扶持她，扬长避短，长善救失。这个女孩子有一个很大的优点，很直爽，但是缺点多得不得了，同学都骂她“十三点”。我不知道家访了多少次，大概上百次。到家里去讲，家长不配合，说把她交到派出所好了；到里弄去，里弄干部说一门三“杰”，一个妈妈，姐妹两个，跟邻居吵架就在地上打滚。家教有问题啊！如果家教好，教师教起来就配合得比较好，家教不好，教师教起来就十分困难。她有优点，我表扬她，但是她马上就闯祸；你批评她，她起码两个星期不睬你，而且看你的时候用眼角瞄你一下，表示对老师的蔑视，让你非常难受。我跟老师说，我教了各种各样的学生，但是对这样一个学生我真是黔驴技穷，不知道怎么来教育。有一天做操，她在操场上不好好做，前面打一拳旁边踢一脚。我跟她讲了五六遍她都不睬我，我当时非常生气，说：“你又不是十三点！”这句话很灵，她不动了，老老实实把操做完了。但话一讲出来我就非常后悔，我觉得有损教师的尊严。果真学生在周记里就把此事写上来了，有那么五六个，其中有一个我至今都记得，她是小儿麻痹后遗症患者，写字手抖的，写了歪歪斜斜五六行，她说某天早上做早操的时候，你讲某某同学十三点，我们班级是没有十三点的，只有阶级姐妹，那个时候“阶级姐妹”的说法很流行。接下来“上纲”了，她说你骂学生十三点，你的阶级感情到哪里去了？一下就上得很高。接下来再来一句，她说你想想看，你像不像个老师？你配不配做个老师？我看到这份周记，如坐针毡。说老实话，“文革”中乱七八糟地被斗，我都没在乎，但是这句话我是非常在乎的。从来没有人这么重地讲我：你像不像个老师？你配不配做老师？我扪心自问，我对这名学生确实缺乏真情实感，我觉得她非常难办。觉得很难办，就会有厌恶的感情。感情的问题是来不得半点虚假的，因为教育事业是爱的事业。师爱是超越亲子之爱、友人之爱的，因为它包孕了崇高的使命感和责任感。

因此，作为一名教师，确实要做到和学生心心相印。怎么做到心心相印，就是要丹心一片，对学生情深似海。学生都是非常聪明的，你对学生有几分感情，学生都十分清楚。比如幼儿园的小朋友，他天真不懂事吧，其实他也是有议论的。所以有时我与老师开玩笑，幼儿园的小朋友也会写议论文，他回家会说，这个老师喜欢谁不喜欢我，这不就是议论吗？因为孩子有向师性，他非常渴望得到老师的爱。师爱是无选择性的，教育本身就是爱的事业啊！所以我就悟到了，我对这名学生为什么会缺少办法，确实就是没有满腔热情满腔爱，因此讲的话就没有能够拨动她的心弦，没有在她心中引起共鸣。我在课堂上把我的真实想法给大家讲了，我向她道歉，我觉得非常对不起她，这是有损教师形象的。我想，在责备一名学生的时候，要想到你对他的人格有多大的损害。有的时候，这个孩子很调皮，你就说一两句挖苦的话。然而，这句挖苦的话可能给他一辈子种下了祸根。人是有尊严的，人格的尊严是逐步培养起来的，你不尊重他，你就没有办法培养他人格的尊严。一句话，可能是冷水一盆，把他做人的尊严泼冷掉了。所以，教师确实要净化自己的感情，要满腔热情满腔爱。孩子调皮，有这样那样的缺点，甚至缺点很多，包括思想行为有差错，都是可以理解的。如果孩子都好了，还要我们教师做什么？教师就是为了学生而存在的，没有学生要教师干什么？教师的价值在哪里？就在于把学生培养成才，包括思想学习好的，包括品德行为有差错的，你把他的“偏”纠过来了就是你的成功，就是你的价值。

我们有时候有很多误解，有的认为孩子学习好，老师就省心了，其实不然。我做了几十年的教师，有这样一个体会，缺点外露的学生一般来说都比较好教育，比如打架，等他长大后他不会打的，你只要循循善诱。倒是思想上有稗草的学生非常难教育。我曾经教过一个学生，也是“文革”当中，当时，在那个“乱”班里他是了不起的好。还没进学校我就家访，家访时他见到我的第一句话就是“我的小学老师是不行的”。我立刻就记下了，你才刚刚走出小学校门，就说小学教师不行，这小学老师教你那么多年呢。我看了小学老师的评语，说这个孩子很骄傲。后来我在教学过程中非常注意他的这个缺点，但很不容易纠正。因为这孩子的缺点非常隐蔽，也就是说他的自控能力很强。但是这种毛病在他身上，不把它改掉，不让他认识到这种毛病的危害性，就影响他的成才。果真有一次，星期六下午我们老师在开会，班级在补数学，班长在讲，讲得很好。最后有个题目班长也做不出来，他就出言不逊了。下了课，同学来告诉我，我就写了个条子，叫他第二天清早到学校来。这个条子写得很简单，我问他什么叫与人为善，请他第二天早上来回答我这个问题。这种人都很聪明的，第二天早上我在拖地时他就来了。我问他：“昨天补课的时候（那时候我也是冒天下之大不韪，‘文革’期间就给学生补课。没有文化，文盲的国家怎么建设社会主义），究竟怎么样啦？”他说：“我错了。”我说：“你错在哪里呢？”“我当时捣蛋了。”我说你这个捣蛋跟调皮捣蛋的人是不一样的，然后给他分析：班长进步非常快，而过去在小学与你是一个班级，你是班长，人家是个小组长，现在人家进步很快，你就妒忌了。我说你进来时比人家高那么一截，你现在只比人家高那么一点点，为什么？你也在进步，但是你的进步没有别人快，我说你要很好地思考。这种学生是很好的学生，但是要把他思想中的不健康的东西纠正过来非常难，花了许多功夫。几年下来，他进步了。离开学校时他跟政教主任讲：“我在这所中学，一辈子忘不了老师对我的教育。”教师就是长善救失，因为教师无法代替学生成长。

教师需要有一双特别敏锐的眼睛，看到孩子身上的优点和他不足的地方，要发扬他的优点，克服他的不足，当然包括我刚才讲的那名女同学。她后来工作了，还多次来看我。她问我，于老师你讨厌我吗？我说我怎么会讨厌你？她说我当时真不懂事，胡闹，现在懂事了。因此我觉得老师一定要有这个想法，孩子的胡闹、缺点、学不好是正常现象，我们自己也是从不懂事逐步到懂事的。在他不懂事的过程中要循循善诱，逐步开导。我教了很多“差生”，“文革”当中，有一个厂的党委书记说他这个儿子不要了，给我。这孩子抽烟、打架，我说你的儿子给我，我也不要，你的儿子，我的学生，我们要合起来教，把他教好。

我还曾教过一名学生，真是难极了，是我们全校留下的两名重读生之一，两年根本没到学校来读过书，在外面打架、倒卖粮票、偷窃。刚到我们班上，我们班长不要，他说我们班纪律刚好一点，弄这么个人怎么行。我当时真是花了很多功夫。为了帮助他，我成立了一个小组：两个表现比较好的，两个中等的，两个刚刚转变的，共同帮助他。因为他一起床人就走掉了，我要在他没有起床时叫人到他家去，先要把他请到学校来读书。好不容易来读书了，书包什么都没有，都是我给他买的，他原来的都卖掉了。他跟学生走一走，学生的学费就被他偷掉了。就是这样一个人，家教极差，但这样的学生实际上都很聪明。他站在我面前说话，眼睛不敢正视我，抽烟抽得手指都是黄的。有小组同学帮他，他一到学校来，我的情报就非常快：他今天口袋里有香烟在什么地方，我马上就知道了。就这样两个月下来，居然好多功课都及格了。他说：“于老师，人家说我上课有保镖，我不要，我自己来。”我说：“不行，你现在还没有控制自己的能力，等到你能控制自己了，就没有保镖了。”

这个学生确实受坏影响很多，有一天突然又逃学了。他吃早饭的时候说，三角尺掉了，他的父亲就骂他，他说我们于老师说不骂人，他父亲说我是你老子，我不能骂你啊？上去就几个耳光，他就跑了。

他妈妈就到学校来哭，过去是每这样一次他就变得更坏。我就跟他母亲说，他逃掉肯定不对，但是家里这样也不行。我说这一次逃掉，找到后，我要把他带到我家里去。当时我也有思想斗争的，他会不会偷东西啊！但是后来我想，只要我是丹心一片，孩子是能够懂的。“精诚所至，金石为开”，我确实是为了他好。好不容易把他找到，带到家里，他说于老师，你为我好，我也知道，但我这个人是“枪毙鬼”，改不好的，你要我改太难了。我说我都没有丧失信心，你倒丧失信心了，你认识到自己不好就要下决心改。真是花了九牛二虎之力，反反复复，把这个人教育过来了。后来毕业了，工作了，有一年我生重病在医院里，他知道了来看我，看我在输液，他哭了，他说：“于老师你会不会死？你不要死啊！”他没有文明语言，但他是真情流露。因此教师对学生的感情就应像我们的革命先烈对事业一样。什么是忠诚事业？我们教好学生，这就是忠诚我们的事业，因此要情深似海。我一辈子就是在锤炼自己的感情，孩子都是我们的下一代，是我们的未来，这种爱超越亲子之爱、超越友人之爱。做老师应该是甘为红烛燃自身，甘为泥土育春花，一定要努力做到八个字：“忠诚事业，热爱学生。”

热爱学生就要有正气，所以要“一身正气，为人师表”。我们学校的校训就是这八个大字。为什么把这个作为座右铭？因为社会上有真善美，也有假恶丑，社会不是真空的，世界不是真空的，社会是各种关系的总和。特别是我们现在这样一个转型期，从计划经济到社会主义市场经济，在这个转型过程中，正确的不正确的，各种各样的东西，都会在我们的周围出现，因此学校教育、教师应该有正气。我始终认为教育应该代表社会主流，如果教育都不能代表主流，那这个社会就没有希望了。在资本主义国家，在日本，在英国，他们的基础教育对学生都很严格。任何一个国家任何一个民族对自己后代的教育都是非常精心的。学校是传播社会主义精神文明的场所，江总书记说，我们有“三个代表”，其中一个是代表先进文化的前进方向。而学校不是市场，不是超市，不是商店，它是传播社会主义精神文明的场所，是传播人类智慧的场所，是培养学生成长成才成人的摇篮，它是一块圣土，因此教师应该以生命投入，在这块圣土上耕耘。

一所学校，一定要弘扬正气。学校应该是展示正气的地方，凝聚社会正气的地方，弘扬社会正气的地方，而教师是正气的代表，这是学校教育所决定的。应该弘扬社会的主旋律，社会上允许的，学校不一定允许，学校提倡的应该是最高尚的，我们对此要有深刻的认识。因为我们的教育对象是学生，学生没有任何社会经验，没有人生阅历，“取法乎上”，有时不过“得之于中”。我们临帖的时候要临颜真卿的、柳公权的、黄山谷的，取法乎上啊！培养人也是这样，在青少年时期要让大量的好东西进入他的心田。教师要在学生心田撒播做人的良种，既撒播知识的种子，又撒播做人的良种，因此教师必须一身正气。

当然，一身正气很不容易，在当今社会尤其不容易。应该说在当今社会要修炼师德比我们这一代老师要难得多。我们这一代的老师，因为当时是封闭的、闭关锁国的，顶多就是一些“左”的思想影响，因此物质上对我们没有什么诱惑。当然对我来说，也有很多诱惑，叫我到大学上课，这个大学，那个学院，但我始终认为基础教育是块圣土，因为它是基础性的、普及性的、长效性的，对人一辈子产生影响的，所以我钟爱这块地方。现在不一样了，开放了，各种各样的思想、各种各样的引诱，对我们的教师特别是对年轻老师的影响太大了，因此就格外需要一身正气。篱笆扎得紧，野狗才钻不进。人必须有正气，必须有免疫力，身体不好，就很容易感染病菌。这里有一个重要的问题就是价值观跟我们那个时候不一样，我们那个时候就是忠诚事业，党叫干啥就干啥。现在是多元价值，我们那个时候家访一百次也没有一块钱奖金，现在有奖金了。可不可以，我想是可以的，是多元价值取向。但是教师价值取向的主导应该是奉献，因为你是教师，你是密切联系千家万户，联系到我们的事业，联系到我们的民族素质的，因此你必须有主导的价值取向。当然在不违背主导价值取向的情况下，有奖金有什么都是可以的，但是不能昧着良心赚钱，误人子弟。教师的活就是良心的活，庸医杀人不用刀，教师误人子弟是看不见的。你是全心全意、半心半意，还是三心二意，你自己心里最清楚。因此我们课堂上一定要教好学生，课后要悉心辅导，不能“捣糨糊”。学生的青春禁不起“捣糨糊”，青春是用金钱都不可能买到的，任何一个人都没有第二次青春。

人要一身正气，我想到了文天祥，他是头名状元，做宰相的，兵败被俘于大都囚室里，“富贵不能淫，威武不能屈”，最后慷慨就义。死后从他的衣带里找出一张纸条，上面有16个字：“读圣贤书，所学何事？而今而后，庶几无愧。”读书干什么？读书是明理，明做人之理，明报效国家之理。我们老师要让学生明理，自己就要明理，要有崇高的人生观，要有正确的价值观，能够抵御各种各样的引诱。为了什么？为了我们亲爱的祖国，为了我们可爱的下一代。爱国主义是我们这个苦难的民族、历经内忧外患的民族之所以能够生存发展的精神支柱，民族气节是我们的民族魂。一名教师爱学生就是爱祖国，爱自己的中华民族。因此我说人无志不立，人是要有点志气、有点精神的。

走进学生世界

看到你们一千几百名青年同志走上班主任工作岗位，除了受到你们青春活力的感染，我情不自禁地回忆起自己当班主任的峥嵘岁月，那种兴奋、欣喜和突然肩上挑着千钧重担的感觉一起涌上心头。

不是什么人都可以做班主任的，学校总要选择素质良好的、工作负责任的教师来担当。班主任要走进学生世界，引领他们健康成长。学生只有一次青春，青春是无价宝。基础教育从事的是人的基本建设，思想道德的，科学文化的。在中小学求学是人生长河中的一阵子，但往往影响人一辈子的生活道路。带着党的期望、人民的嘱托，学生把青春交给我，我深感责任重大。基于这样的认识和心情，我做了大半辈子班主任，从 20 世纪的 50 年代，到 80 年代后期的不是班主任的编外班主任，看到一个个班级发生变化，一个个学生进步成长，欢乐难以言表。我真切感受到：一名教师不当班主任就体会不到当教师的真正滋味、真正价值。一个个学生走进你的心里，你也就走进了学生的心里。学生和班主任最亲，哪怕是 10 年、20 年，乃至几十年后重逢，那种纯真、浓郁的师生情谊会弥漫满屋，充盈胸际，是天底下最美好的感情。

怎样做好班主任，现在各有各的认识和做法，只要培养学生的目标清晰，可以殊途同归。我觉得最为重要的是丹心一片，走进学生世界，树立人格榜样。要做到这一点，须在以下几个方面下功夫。

本文是作者在上海 1 500 名中小学新班主任宣誓大会上的发言，发表于《新教育论坛》2003 年第 4 期。

一、要激情似火

有人说激情是文学家艺术家头上的花环，英国诗人拜伦曾说："激情是诗的粮食，诗的薪火。"确实如此，诗人有激情，才能写出震撼人心的诗句。闻一多先生的诗《一句话》，就是极其典型的例子。"等到青天里一个霹雳爆一声：'咱们的中国！'"这哪里是诗句？分明是诗人爱国主义感情如火山般的喷发，是炽烈的岩浆，震人心魄。激情也是教师尤其是班主任必不可少的素质。不热爱这多情的土地，工作中无激情，就不能完成世界上的伟业。培养学生成长成人成才的工作，不是一般的职业，是伟大的事业。今日的学生质量就是明日的国民素质。21 世纪之争是科技之争、人才之争；人不能自然成才，要靠培养。班主任是在第一线培养学生的，当然对学生要满腔热情满腔爱。

班主任胸中要有一团火，在任何情况下都要朝气蓬勃，对学生有感染力、辐射力。只有燃烧自己，才能在学生心中点燃理想之火，塑造优美的心灵。

激情表现为对真善美的追求和热爱，对假恶丑的憎恶与抵制。当今，多元经济并存，多种文化碰撞，国际风云又复杂多变，更要学会用两只眼睛看世界，透过光怪陆离的现象看清事物的本质，识别真善美和假恶丑。对金钱至上、垃圾文化、腐朽文化污染人们心灵的状况不能掉以轻心。哲学家康德说："愚昧的人之所以区别于聪明的人，根本在于他不具有判断力。"教师具有正确的价值判断，憎恶腐朽，学生就会深受其益。教师的责任是饮之以琼浆，灌之以醍醐，千万不能哺之以糟粕。

激情从何而来？来自对党的热爱，对无数革命先烈、革命前辈的由衷崇敬和爱戴。我是从半殖民地半封建社会走过来的，人民做牛做马，备受三座大山压迫、欺凌的状况历历在目，真是求生不得、求死不能，那种屈辱，那种苦难，一想起来就义愤填膺。而今，身逢改革开放的盛世，建设事业一日千里，每一个成就都使我激动不已。我是怀着千百倍珍惜的感情，怀着感恩的心情来对待工作的。

二、要师爱荡漾

教育事业是爱的事业，这种爱超越亲子之爱、友人之爱。师生之间无血缘关系，但教师对学生的爱寄托着祖国的期望，人民的嘱托。国家把自己的希望交给我们培养，这是极大的信任；人民把家庭的未来交给我们教育，这同样是极大的信任。一头挑着学生的现在，一头挑着祖国的未来，这就是教师工作的整个世界。这样伟大的育人事业，需要教师师爱荡漾，爱满天下。

爱要撒播到每个学生身上，每个学生心中。班主任最易犯的毛病是对学生偏爱，我年轻时也有过这个毛病。学习优异的、聪明的、一学就会的、长得可爱的，一见就喜欢。后来，不断反思，才深刻体会到：学生不是一个模子里浇铸出来的产品，他们每个人都是活泼的生命体，各有不同的基础，不同的个性，不同的成长条件。我们所从事的事业是着眼于全民族素质的提高，因而必须面向全体学生，对他们施以良好的教育。教育无选择性，只要生长在我们这块土地上，我们就都要精心教育，爱每个学生，为每个学生今日的健康成长、明日的长足发展尽心尽力。

人是有多元智能的，有的语言能力强，有的空间逻辑思维强，有的音乐能力强，有的形体能力强，等等。在一个学生身上，不可能都是强势智能，总有弱有强。班主任要练就敏锐的目光，发现学生身上的强势智能，发现他们的优点、特长，因材施教。教师不可能代替学生成长，要着力于长善救失。要充分发扬学生身上的优点，鼓励他们积极向上，帮助他们克服不足与缺点。对各个层面的学生要有不同的要求，要从学生的实际情况出发，不能空对空。有的同学表现比较好，但不等于没有缺点，对思想、性格上的问题，不能疏忽大意。响鼓还要重锤敲。克服缺点就能更茁壮地成长，一辈子受用不尽。有的同学缺点比较多，也不能“倾盆大雨”，要分清主次，实事求是地引导。只提要求，不深入到学生心灵世界了解、点拨，难以收到良好的效果。教育的针对性越强，越有实效。话要说到学生心里，否则他们就会当耳边风。

爱不爱学生，是全心全意，还是半心半意、三心二意，学生心里是一清二楚的。学生有向师性，他们期望老师对他们满腔热情满腔爱，教师要做到这一点，对学生丹心一片，确实有个提升思想、锤炼感情的问题。“文革”期间，学校要我带“乱”班“乱”年级，带行为偏差的学生，靠的是什么？满腔热忱，一心为学生，时时处处为他们着想。学生是识好歹的，你真是为他好，为他成长，他会学会自控，增强自信，还会主动帮你做工作。一个个乱班乱年级带得有进步，靠的是净化自己的感情，提升自己的精神世界，克服病痛，克服自己的不良习惯，用水磨的功夫在学生心中撒播做人的良种。

爱与严是孪生姐妹。爱是严的前提与基础。没有规矩不能成方圆，班级要严格要求、严格管理，但严要严在理上，准绳是培养学生德智体美全面发展。严不是训斥、谩骂、讽刺、挖苦，后者的种种做法是无能的表现，有损学生的自尊。对学生要情深似海，晓之以理，动之以情。

班主任的工作是平凡的，琐细的，但千件万件穿在“育人”这根线上，就心里明，手脚勤，忙得愉快，忙得其所。甘为红烛燃自身，甘为泥土育春花，这是我当班主任的信条。

三、要功底厚实

教育产生的效果往往是滞后的，班主任不能为学生一时一地的分数所困扰，要培养学生的真本领。

俗话说：打铁还需自身硬。要培养学生良好的科学文化素质，有旺盛的求知欲，有学会学习的真本领，教师自己就要有真才实学，教好所教的学科。教好课，有真才实学，是做好班主任工作的有力支撑。每个教师在学生心中有怎样的地位、怎样的价值是和教师本身的品德、学识、思想言行成正比的。班主任更是如此。班主任德才兼备，在学生心中就有位置，就有分量，进行的教育实效性就大。

教师的“教”和学生的“学”不能在一个平面上移动。教师对学生的“学”要能引导、启发、点拨，课前非下功夫不可。课不能只教在课堂上，教在课堂上就会随着教师声波的消逝而销声匿迹；课要教到学生身上，教到学生心中，成为他们素质的一部分。要做到这一点，在两个方面须十分努力。

一是要学而不厌。要紧扣教材深入学，开阔视野广泛学。要潜下心来和教材对话，和作者、编者对话，把教材的重点、难点，来龙去脉梳理得一清二楚。自己理解得十分透彻，上课就能要言不烦，一语中的。否则，就会啰唆重复，不得要领，学生学起来就会如堕五里雾中。教课，千万不能把教学参考书奉为神灵，照抄照搬，那是别人的研究所得，更何况是否都有理有据？依赖别人，依赖现成的资料似乎省心省力，但路越走越窄，越不会自己走。要独立钻研，紧扣教材往深处开掘，往广处延伸，这样不仅可逐步夯实文化底子，而且会有自己独特的体会。这种体会是真切的，不是借来的，剪贴来的，它们犹如不知名的小花，虽不名贵，但植根于土壤，有活泼的生命力。

当今时代，信息如潮涌，新的事物层出不穷，学生使用信息工具，知识面大大拓宽，因而，教师要注意开阔自己的视野，教文科的要学点自然科学，教理科的要懂点人文。功底厚实，有文化底蕴，和学生谈话才有底气，才会有许多共同关注的话题，便于交流、沟通，教育学生才能真正做到循循善诱，使学生入耳入心。

二是要勇于实践。实践出真知。教学能力是在教学实践中锻炼出来的，班主任工作的能力是在班级工作实践中锤炼出来的。教学也好，班主任工作也好，都既是科学，又是艺术。要了解当代学生，走进学生的知识世界、生活世界、心灵世界，唤醒他们成长、成人的意识，发挥他们在学习、在做人方面的主体作用。教学设计，班主任工作计划，拿到实践中去检验，就可知符不符合学生的身心需要、实际水平，就可知晓还存在哪些不足与缺陷，须如何修正。认真实践，不断反思，善于总结，认识问题、分析问题、解决问题的能力会明显提高，教育机智会增长，教育智慧会增强。做学生工作，能春风化雨；教课，能像磁石吸铁一样，吸引学生注意力，激发他们旺盛的求知欲。

教师功底厚实，不仅摆脱工作中捉襟见肘的困境，更能厚积薄发，高屋建瓴，学生可真正得益。

四、要开拓创新

教育的事业是着眼于未来的事业，教育工作的性质与特点要求教师应具有相当程度的职业敏感，应跟随着时代奋力前进。我们正从事社会主义现代化建设，伟大的建设任务对教育提出新的挑战、新的要求。作为一名教师，一名班主任，要学会认识时代的特征，关心国内外大事，善于接受来自各方面，尤其是教育、科学技术方面的信息，使自己思考问题、从事教育实践具有鲜明的时代气息。

我体会到更新教育观念，对培养目标有正确而深刻的认识最为重要。就当前而言，有几点特别重要。一是以学生为本，以促进学生的发展为本。不是以“应试”为本，以“本本”为本。教育要为中国特色的社会主义事业服务，培养造就千千万万具有高尚思想品德和良好道德修养、掌握现代化建设所需要的丰富知识和扎实本领的建设者和接班人。我们班主任工作的核心是“育人”，而不是“育分”，是培养学生德智体美全面发展。

二是育人的关键在于培养学生明做人之理，明报效国家之理。在教育教学工作中要抓“根”树“魂”，要在学生心中培育以爱国主义为核心的民族精神这个“根”，树热爱中国共产党、热爱社会主义这个“魂”。在学生世界观、人生观、价值观形成的时期，一定要满腔热忱地卓有成效地培养他们一颗爱党爱人民的中国心。

三是尊重和爱护学生是新世纪教育改革的新起点。每个学生都是独一无二的，有强势智能、弱势智能，它代表人的多样性，因而，班主任要对学生的个体性、独特性、多样性给予充分的尊重，不是让学生去适应一成不变的教育，而是要通过自己的开拓创新，以其丰富性、多样性去适应与满足学生的需要。

四是班主任不能把自己放在绝对权威的地位，我讲你们听，我说你们做。须知，教师不可能代替学生成长，而是要精心培育、耐心疏导、积极启发、点拨开窍。重在唤醒求知的欲望，唤醒做人积极向上的自觉意识和努力奋斗的精神。亦师亦友，平等、真诚，以心换心，以心教心。

各种各样有教育实效又生动活泼的教育方法都是班主任潜心创造的。创造当然要有正确、先进的教育理论、教育理念指导，但更重要的是必须从学生实际出发。因而，走进学生世界，了解他们，研究他们的所思所想、所爱所憎至为重要。为了和学生有共同语言，我可以培养和改变自己的兴趣爱好。为了解足球，记熟球员的名字，弄清阵容；又如，了解流行歌曲各种特征，评论优劣。凡此种种，目的在于走进学生心灵世界，和学生打成一片。你真正进入学生世界之中，而不是站在学生世界之外戳戳点点，学生就把你当自己人，信赖你。这样，不仅教育效果好，还可受到学生身上洋溢的生命活力的感染，其乐无穷。

至于教育方法的创新，只要教育理念正确，切合学生的实际，完全可以百花齐放，各具特色。每位班主任只要对学生倾注心血，就必定能创造出丰富多彩的育人方法。

育人先育己。班主任着力持之以恒地完善自己的人格，树立人格榜样，学生必然深受教育，深受感染，乃至终身受益。

祝愿大家在班主任工作上有良好的开端，创造育人的可喜成绩。

语文课程标准与语文教师

《普通高中语文课程标准（实验稿）》（以下简称《语文课程标准》）即将公布，令人欣喜。它是在做了大量的前期调查研究工作，广泛听取方方面面的意见，从理论和实践结合的高度探讨、筛选、提炼、研制后诞生的，充满了改革意识与创新精神。我无能力对它作较为全面的解读和评述，只能从一名历经语文教育风雨的教学第一线教师的角度，谈一点学习的肤浅认识和体会。

研制从义务教育阶段到高中阶段的语文课程标准是一项系统工程，是对学生进行长达十二年语文教育的依据。语文素养是人全面发展的基础，也是终身发展的基础。因为人的语文能力是构成人学习能力的基本要素，而学习能力是人生存和发展的基本能力之一，语文能力、语文素养陪伴人的终身。基础教育中语文课程改革与其他学科改革一样，是大事，关系到莘莘学子的成长，关系到全民族素质的高低，具有战略意义。

《语文课程标准》的制定及与义务教育的衔接，非少数专家的主观臆断，而是源于这样的基础：千年的民族文化积淀，百年的曲折探索，世纪末的规模宏大的讨论，新世纪社会需求的思考。

本文是作者在“语文学科教学论教师国家级培训”华东师范大学培训班上的发言，发表于《语文学习》2003 年第 5 期。

一、价值与意义

通读课程标准，把各个部分前前后后联系起来思考，形成了一个突出的印象，即在新世纪重构语文教育模型。这个教育模型就是“素养—养成”。学生的语文素养和整体素质在学习过程中养成和提高，语文课程的育人功能充分发挥。这种教育模型的构建离不开以下几个方面的探究。

纵向继承。继承传统语文教育中行之有效的合理精华，而不是在“零”的基础上重起炉灶，以期标新立异，炫人耳目。千百年来，语文教育在培养学生理解和运用语言文字能力，培养学生文化素养，增强文化积淀方面积累了许多有效的经验，应当回顾、审视，取其精华，为我今日所用。如诵读、感悟、涵泳、体味、积累等诸多方法，都反映了尊重汉语语言文字的特点，对学习起到良好的作用。重视继承，并不是回归传统走老路。现代教育与传统教育有巨大差异，无论是教育目的、教育内容、教育方法等，均不可能等同，如若刻舟求剑，必然行不通。

横向借鉴。借鉴国外教育、国外母语教育的先进理念与有效做法，汲取养料，为我所用。国外许多教育专家、学者提出的种种学说都聚焦在“如何培养现代化的人”这一理念上。这个理念对我们来说，实在太重要了。教育，说到底是培养人。把学生从自然的人培养成为合格的社会公民，是教育应负的责任。然而，我们却常常忽视教育中这个首要问题，有意识或无意识地重术轻人，重技能技巧，轻人总体素质的培养，把“人性”置于“技性”或“物性”之下。而今的课程改革，一改以往以知识为本、以知识体系为本，而是以促进学生的发展为本，这种对人的尊重，对学生的尊重，抓住了教育的本质，这种变革应该说是革命性的变革。教育，应是进行人力资源的开发，学生要成为人力资源，当然要促进发展。

国外母语教育在培养学生文化构成、公民意识、价值观形成以及民族凝聚力等方面不断进行研究，使之起十分重要的作用。例如，美国在20世纪末，曾开展大规模的“阅读挑战”，组织100万教师指导学生阅读，提高阅读能力，增添文化底蕴；动用了10万名大学生半工半读，帮助中小学生提高阅读水平。据1999年调查，学生的阅读能力显著提高，文化构成明显改善。这是为进入21世纪适应时代发展而做的一项教育准备。又如，美国劳工部对20世纪80年代至90年代本国教育现状及21世纪社会对人才素质需求全面调查，深入研究，提出就业人员应具备五大能力和三大基础。三大基础指：能力基础——有较高的读、写、算、听、说的能力；思维基础——能进行创造性思维，有决策能力和解决问题的能力，有想象能力、学习能力和推理能力；素质基础——责任心，自尊心，善交际，能自律，为人诚实正派。这些显然是综合素养的要求，与基础教育、母语教育密切相关。

其他如建构主义理论、对话理论、后现代课程理论等对语文教育的改革均有相当的启发。借鉴不是照抄照搬，要筛选、判断、消化，借他山之石，攻我之玉。学习别人，绝不是丢失自己。

植根于汉语本土，有浓郁的时代气息。汉语言文字特别具有灵性，创造的空间特别大。它是具象的、灵动的。由于字由形、音、义构成，学起来可左右脑并用，因形求义，因声求义，打开书本，如步入画廊，兴味无穷。与“单脑文字”拼音文字比，在开发智力、陶冶情操方面汉语具有更多的优势。汉语的文化性特别强，词汇和词组系统蕴含的民族文化非常深厚，审美的矿藏十分丰富。遵循汉语的特点与规律，课程标准从前言到目标到实施建议，渗透了母语教育的特点，注重语文应用、审美能力的培养，发挥语文课程的育人功能。课程标准强调共同基础与多样选择相统一，促进学生有个性地发展，注重探究能力的培养，积极倡导自主、合作、探究的学习方式，对评价的目的、基准、功能的多元化的阐述，先进信息技术的运用，教师和语文课程同步发展等，无不贴近当代生活实际，无不具有浓郁的时代气息和鲜明的时代特征。

针对语文教育现状及存在的主要问题改革弊端，弘扬人文。任何语文教育模型的出现都有它特定的时代背景。我国经历过“知识—传授”“能力—训练”等语文教育形态的潮流，它们都是一定时代的产物，起过积极的作用。当告别了“知识越多越反动”的荒谬年代，学生对知识的渴求犹如久旱逢甘霖，知识传授在相当程度上满足了学生学语文的需求。然而，很快我们发现教育不是培养学生成为书口袋、书橱，而是要培养他们理解和运用语文的能力。于是，20 世纪 80 年代初期，培养学生读、写、听、说能力就成为语文教育的主潮流。能力怎样形成呢？通过训练。在当时而言，应该是一种进步。回顾走过来的路，有两点值得深思。一是任何一种做法不可能只有利没有弊。把握“度”，透视底里，至为重要，超过“度”就“枉”，真理超越一步还会成为谬误。语文能力的形成要通过读写口语交际的训练，本在情理之中，而题海、题库，连篇累牍的机械操练，再伴以商业炒作，高利润驱动，除了贻误学生青春，已无学理可言，语文教育出现了变异。二是随着科技发展，时代进步，社会发展对人才的需求不一样，学科教育必须与时俱进。别的不说，就是科技转化为生产力的速度也令人惊叹不已。从弄清技术原理到发明，照相机花了 112 年，电话仅用了 56 年，电视更缩短，仅用 12 年，太阳电池仅用 2 年。科学技术迅速转化为生产力，对教育就提出了挑战。社会经济正进行变革，知识经济初见端倪，这种经济类型建立在知识的生产、知识的交换、知识的分配、知识的使用和知识的消费基础上，知识是最重要的生产力，教育是知识生产力。社会不是以某种能运用的技术为基础，而是以整个知识进步为基础。对人才的评价标准，主要不是看某一方面的技能运用，而是看人才的整个知识结构、容量、水平，知识积聚和更新的能力。显然，人的培养不以获取知识为唯一目的，而是要全面发展，有良好的综合素质。用先进理念审视语文教育现状，就会发现许多问题，许多不适应乃至相违背之处。比如学语文的目的，相当程度是为考而学，教师又不得不为考而教；学习过程尤其是毕业年级，几乎是被机械操练笼罩，学生不读书不体验不积累的比比皆是；效果不尽如人意，总体水平不高可想而知。相当数量学生对语文无感情，有的几乎是胸无点墨，一问三不知；喜欢语文的爱好文学的，面对标准化试题往往一筹莫展，个性化发展受到制约。语文教育失落了育人的灵魂，偏离了语文固有的规律，学生不爱学、不会学、学不好，应在意料之中。作为基础教育的核心课程之一在有些学校落到“小三子”“小四子”“小五子”的地步，由于语文不能立竿见影地提高考试分数，地位可想而知，这不能不说是悲哀。教师并不愿意这样做，特别是有思想的优秀教师，“置身于考试的漩涡之中，内心充满了矛盾与苦闷”，“我不想做一个没有头脑和主见的匠人，可是现实的压力又驱使我机械地服从，去做一些我怀疑的事情，甚至是莫名其妙的事情”，“语文，本该是让心灵和意志得到最自由舒展的学科，可是现在它在很大程度上已经异化了。它消磨了众多青年师生的时间和青春，更可怕的是，它正在以一种悄悄的，也是残酷的方式，把一个个头脑变得标准和麻木”。读了这些发自肺腑的心声，我作为一名老教师，心中一阵阵震颤。为了学生语文素养的提高，为了优秀教师的健康成长与涌现，语文课程非改革不可。

综上所述，可知制订《语文课程标准》非主观臆断，而是由于：

1.
教育本质的呼唤

教育事业是具有理想性的事业，教育本质是增强人的精神力量。柏拉图在《理想国》中借苏格拉底之口，用“洞穴中的囚徒”隐喻说出了教育的真正含义：“真正的教育”是引导人，引导人的灵魂、精神达到真实之境，从黑暗引向光明，从意见世界引向真理世界。这种灵魂的牵引实际上就是人生境界的提升；知识、技能是帮助灵魂攀升的阶梯。我国的《大学》一书，开宗明义指出“大学之道，在明明德，在亲民，在止于至善”，学习的目的，在于彰明内心美善的德性，在于使人自新，使人处于最美善的道德境界。陶行知的“千教万教，教人求真”，也就是追求人的精神世界的高尚。英国史学家汤因比和日本的池田大作在关于 21 世纪的对话中谈到当代教育时，认为教育的本质不应以谋利为动机，而更应寻求存在于宇宙背后的

“精神存在”之间的心灵交流，开启人的心灵与富有的大脑。显然，古今中外研究教育的大家都认为教育的本质是完善人的精神世界。现代教育使教育对象受教育的长度增加，即实施终身教育，与此同时，不能忘记教育的深度，教育最终是为人的精神生活服务。教育的本质呼唤课程制定必须对学生的成长负责。

2.
全面贯彻教育方针的现实需要

要造就新一代高素质的劳动者、建设者、管理者和领导者，必须树立正确的教育价值观念，全面贯彻教育方针。教育的浅层次价值观是教育个体发展过分注重对谋生、谋取物质利益、博取功名的追求，忽视或轻视个性充分发展及高尚境界形成的深层次价值。学校教育要使每个学生都得到比较全面的发展，全面发展是教育方针所规定的，也是实施素质教育最本质的反映。人的生命体本身蕴含着多方面发展的潜能，教育的任务就是把学生的潜能变成发展的现实能力。学生都能得到发展，不仅是民主的基本理念，而且是每个学生的基本权利，学科教学要保护并尊重这种权利，并创造条件实现这个权利。课程标准排除片面教育质量观的干扰，不停留在浅层次的价值观，是全面贯彻教育方针的现实需要。

3.
时代发展的迫切要求

社会要求学校向学生提供优质教育，培养现代化的人。人的现代化是社会现代化的根本保证。引进作为现代化最显著标志的科学技术，移植卓有成效的管理方式等对于社会的发展非常重要，但毕竟这些只是空的躯壳，关键在于运用的人。只有提高人的综合素质，有实践能力、创新精神，才能使行进的、移植的东西有生命力，在自己的土地上开花结果，才能保证社会现代化。优质教育的重要内容是各学科教育的高质量。因此，语文课程调整目标和内容，变革学习方式和评价方式，为学生的不同发展倾向提供更大的学习空间，当然就责无旁贷。

《语文课程标准》的研制，从语文本身的特点出发，抓住了教育的本质，着眼于全面贯彻教育方针，适应时代的迫切要求，在当今学校教育中确立语文的育人价值与意义，使语文教育健康发展。对学生和语文教师而言，应该说是一个福音。

二、
核心与支柱

《语文课程标准》从理念到设计，从目标到实施，有许多突破性的进展，我认为它的核心是“提高学生语文素养”。课程的具体目标由此生发开来。这个核心有三根支柱支撑，分别是：“知识与能力”“过程与方法”“情感态度与价值观”。三根支柱构成语文教育的立体空间，三者整合、交融，贯串了课程标准的各个部分。

1.
体悟内涵

语文素养的支柱之一是“知识与能力”。不言而喻，语文学科要传授学生语文知识，培养学生语文能力。对此语文教师可说是轻车熟路。然而，课程标准所指的“知识与能力”不是烦琐、割裂、支离破碎、机械重复的再现，而是对以往的运用正确的教育理念筛选、提炼，取其精要加以整合。必修课程中“阅读与鉴赏”“表达与交流”21 条目标，选修课程中诸多学习的目标，其中不少阐明了这方面的要求。学生在五个方面应获得发展——“积累—整合”“感受—鉴赏”“思考—领悟”“应用—拓展”“发现—创新”，给人以耳目一新的感觉。语文能力培养方面众多，而用“应用”来总领，简明扼要，尽在不言中。

“过程与方法”是语文素养的又一支柱。与其他学科教育一样，过去往往重结论，轻过程，重教法，轻学法。这对学生自主学习、探究学习、个性发展均有相当的约束。语文教育本身应是一个动态的过程，学生学、思、议，学生读、写、口语交际。师生互动、生生互动的教学情境必然是生动活泼的，学生于其中不仅增长知识，增强能力，而且智力获得发展，情感受到熏陶。拘囿于现成结论的抄写、背诵，是绝不可能收到如此良好效果的。须知：从静态的维度看，知识是人类社会实践经验的总结；从动态的维度看，知识更是认知的过程，是探求知识形成的过程。重视教育过程，学生能充分发挥学习主体的作用，在探求知识、寻求结论的过程中，掌握学习方法，学会学语文。

“情感态度与价值观”不能停留在表面理解，要深入一点，广泛一点。情感，既指学习动机、学习兴趣与学习热情的激发，更指内心体验的注重和心灵世界的丰富。态度，既指学习态度、学习责任心的培养，更指求实的科学态度、乐观的生活态度、宽容的人生态度。价值观，既要考虑个人价值与社会价值，又要考虑科学价值与人文价值，还要考虑人类价值和自然价值，强调它们之间的统一与和谐，追求真善美的境界。情感、态度、价值观，犹如心灵世界的阶梯，由低级向高级发展。

三根支柱不能截然分开，而是相互渗透、融合，构成语文教育丰富多彩的整体。

2.
把握实质

核心与支柱的确立，由语文课程的特点所决定。

对语文课程的特点，从不同的角度观察，可以有不同的认识。说得最多的是工具性、人文性、实践性、综合性。语文是最重要的交际工具，是人类文化的重要部分，工具性与人文性的统一，是语文课程的基本特点。众所周知，汉语言文字不是单纯的符号系统，它有深厚的文化历史积淀和文化心理特征，是认识世界、阐释世界的意义体系和价值体系，符号因意义而存在，离开意义，符号就不成其为符号。因而，它不仅具有鲜明的工具属性，而且具有鲜明的人文属性。二者是一个统一体的不可分割的两个侧面。没有人文，就没有语文这个工具；舍弃人文，就无法掌握语文这个工具。通俗地说，语言文字是“表情达意”的，把“表”“达”与“情”“意”割裂开来，或厚此薄彼，厚彼薄此，乃至只承认此不承认彼，又怎能算是语文呢？语言是生命之声，语言活动是生命的活动，无论是口头的还是书面的，都是表“情”达“意”，离开了“情”和“意”还有什么语文可言？谢慧英教授说得好：“母语的学习必然承载着这些历史的、人文的复合因素，深刻地影响着学生的精神世界。因此，从长远看，语文教育应承担着改造国民素质、重铸人文精神的重任。认识语文教育必须超越实用主义的局限，从精神的拓展、从人的发展的高度去把握，才能领会语文所包蕴的丰富的内涵。”这段洞悉事物底里的论述符合时代的潮流，符合世界许多国家母语教育的走势，有助于加强对语文课程性质的认识。

其实，语文教学中教育性的问题并非是什么新课题，并非是别出心裁想出来的，更不是要语文负载外加的累赘。语文育人的优秀传统且不说，就是20世纪90年代初初级中学语文教学大纲“教学目的”中也这样表述：“在小学语文教学的基础上，指导学生正确理解和运用祖国的语言文字，使他们具有基本的阅读、写作、听话、说话的能力，养成学习语文的良好习惯。在教学过程中，开拓学生的视野，发展学生的智力，激发学生热爱祖国语文的感情，培养健康高尚的审美情趣，培养社会主义思想品质和爱国主义精神。”20世纪90年代中期的高中语文教学大纲也有类似的表述。只是在教育实践中由于种种因素如升学考试等影响与干扰，把第一句话推到极致，丢掉了第二句话。而正由于对后者的忽略与丢弃，前者的预期效果难以实现，“养成学习语文的良好习惯”往往成为一纸空文。

人们的认识总是在实践中不断开拓前进的。从语文应担负的目的任务提高到学科性质的认识不能不说是思想的飞跃。这种思想的飞跃基于先进教育理念的冲击，语文学科本身的发展，大量教育实践的反思，社会发展的需求，国外母语教育的借鉴，其中学理的探求，反思的苦痛，利弊得失的权衡，非语言能一下子表述清楚。但是，它清晰地表明，这种性质的界定是有依据的，它坚定地着眼于以促进学生发展为本，科学地遵循语文蕴含的固有规律。抓住了语文课程的基本特点，教师的思考从线性走向多维，语文教育全盘皆活，就能以其丰富性哺育学生成长。学生在语文素养养成与提高的过程中，既获得了扎实的语文基本功，又获得了科学精神、人文精神的熏陶，潜在能力、创新能力也得到了开发。

三、实践与探索

《语文课程标准》的诸多理念、做法要在教材中得到体现，教材编写者不仅要认真学习，具体领会，更要创造性地实施。教师要依据《语文课程标准》进行教育，当然须有学习理解的过程。理解得越深，自主性越强，越能有创造性，越能取得良好效果。

认识指导实践，但实践毕竟是检验真理的标准，加强实践与探索，不仅有助于对理论的认识与领悟，而且能丰富乃至修正认识。当前的语文教育恐不应等待新编教材出来才改革，而是应以《语文课程标准》的精神为指导，进行有目的的实验，提高认识，积累经验，逐步改变语文教育在某些方面某些程度上被扭曲的状况。是否可先从以下三个方面考虑：

1. 牢固树立以促进学生为本的思想

李政道先生在讲述西南联大办学功绩时，深情地说：“西南联大是以培养人为中心的。”应该说，“培养人”三个字道出了教育的根本，掷地有声。然而，办学者、教师真正做到却绝非易事。见“技”不见人，见“分”不见人已司空见惯。学科教育的终极目标是培养人，教育过程是培养人，知识技能是培养人的有机组成部分，是人的成长中不可或缺的阶梯。

要目中有人，树立以促进学生为本的思想，须注意解开三个思想疙瘩。一是外塑与建构的问题。学生是学习的主体，学习的质量如何、语文素养如何，不能只靠教师外塑，要靠学生主动性积极性的发挥。任何高明的教师不可能代替学生学习，代替学生成长。学生的认知离不开他已具备的知识基础、能力基础、学习与生活的经验。学生的认知过程就是学生认知结构在认识与实践中不断主动建构的过程。教师确实不能包打天下，而且也包打不了，教师施教之功是调动学生学习语文的内驱动力，促进他们发展。二是师生定位问题。学生是活泼的生命体，不是无生命的容器听凭灌输；教师不是语文知识、语文能力的二传手、搬运工。要让学生走进语文，不是只听客观介绍，隔墙看花。《牡丹亭》里杜丽娘说：“不到园林，怎知春色如许？”确实如此，“朝飞暮卷，云霞翠轩；雨丝风片，烟波画船”“生生燕语明如剪，呖呖莺歌溜的圆”，不亲目睹、亲耳闻，怎会有亲身体会？如历其境与身历其境是有极大差别的。学生应亲历语文之境，进行语文实践，提高语文能力，增强语文素养。教师是语文教育的组织者、指导者、启发者，既参与，又指路，有时也可领跑示范。三是少数尖子与全体学生的问题。尊重与爱护学生是新世纪教育改革的新起点。最新研究成果表明，每个常人身上蕴含着有待开发的巨大潜力，这是面向全体学生，提高每个学生语文素养的前提与依据。人是多样性的，在智能方面往往各不相同、各有所长。学生有差异，每个学生都是独一无二的，因而，教育者对学生的个体性、独特性、多样性应给予充分的尊重。要提高全民族素质，就不是只培养好少数，而是要面向全体学生；不是让所有学生适应“标准化”的语文教育，而是语文教育通过自身的改革，以其丰富性、多样性去适应与满足学生的需要。

解开思想疙瘩，师生也就逐步从技术主义的桎梏中解放出来，按照人的发展规律与语文教育规律去学语文、教语文，师生都有了自我发展，有了自主教与学的空间。

2.
掌握语文教育个性特点，发挥语文课程的多重功能

较长时间以来，语文教育的实用功能受到重视，并采用多种方法加以落实，而对它的发展功能、教育功能、审美功能等，既缺乏足够的认识，更谈不上认真落实。从这次课程改革的前期工作调查研究来看，课程目标在学生身上的体现是：有较好的基础知识和基本技能，而社会责任感和道德水平、价值判断和批判性思考的能力较差。这不能不说是学科教育的缺陷，语文作为育人功能独特的学科，当然不能推卸责任。

语文由于其个性特点，在培养学生的任务中必然有多重功能，关键在于教师是否意识到了，施教时有无自觉性。

语言的发展与人的成长、发展密切相关。语言是人的重要智能，语言的发展能很好地促进人的观察力、记忆力、想象力、思维力、创造力的发展。语言和思维、情感同时发生，语言规范、生动、严密、流畅，思维的敏锐性、逻辑性就能获得锻炼与发展，情感也会日益丰富。进行语文教育，只要重视、发挥发展功能，紧扣语言文字特点，那么，开发学生智力，激发学生情感，应该是顺理成章的。

语文的教育功能、审美功能也是显而易见的。语文教材中精选的优秀诗文、经典名著都诉说着一定时期的文化，表现特定人物的思想与情感，引导学生阅读它们，就是让学生穿越时空，和圣者、智者对话，和先驱者、跋涉者交流，感受伟大的心灵、深邃的思想、超凡的智慧和创造的力量。进行语文教育，带领学生在咀嚼、品味丰富多彩、文情并茂、文质兼美的语言材料的同时，必须在“情”“质”上下功夫，发挥语文熏陶感染的功能。学生在学习语文的过程中，既感受、体验到语言文字表达情意的表现力、生命力，又受到优秀文化的熏陶，有利于开阔视野，提高审美情趣和精神品格，形成奋发向上的

人生态度。在多元文化并存，外来扩张文化冲击下，母语教育更要坚守育人的重任，以丰厚灿烂的中华民族文化精华哺育学生健康成长，培育民族自信力，铸就一颗中国心。

发挥语文课程多重功能，既由语文性质所决定，又是实现课程目标的必由途径。它能去除教学中的“匠气”，展现教师的天职。

3.
倡导自主、合作、探究的学习方式

学习方式的转变是时代的呼唤，有个性的自主学习的方式，是语文课程改革的重要组成部分。构建这样的新的学习方式，首先须清醒地认识：信息化社会来临之际，信息急剧膨胀，新知识新技术如潮涌，学生在学校学习，不可能掌握与储备日后必须用到的众多知识与技能，学校教育只能传授他们终身发展必备的基础知识和能力，更重要的是引导他们学会学习，具备获取新知识新信息的能力。语文陪伴人的一辈子，书是读不完的，关键在培养学生求知的浓厚兴趣与内在动力，激发他们酷爱读书，指导他们学会读书。学生如果没有主动学习语文的态度，不会自主地阅读、表达、学习，就不是真正学会学语文。

其次，要着力构建新型的师生关系。新型师生关系是这种学习方式的基础。教师是学生学习的组织者、引导者，“师傅领进门，修行在自身”，教师指导学生在语文天地中遨游，辨别、品尝、探源、究根，心灵解放，能量释放。师生之间是平等的关系，不是以往的灌输与接受、指令与服从。

应该说，教师的语文素养总体是超过正在求学的学生的，但教师不可能全知全能，在每个方面都超过学生。平等对话，思想碰撞，就会溅出火花。当思想高度集中时，有些学生就能超水平发挥，不仅同学之间受鼓舞，教师也会深受启发。

教学过程是师生共同参与的脑力劳动过程，教师与每个学生之间、学生与学生之间平等对话，共同琢磨讨论，学生的发现能力、质疑能力、思考探究能力、口语交际能力就会得到有效的锻炼，文本阅读、学习就不会浮在表面，而会纵向深入、横向扩展，形成发自内心的独特体验与感受。新的学习方式一旦建立，课堂上就会形成思想、知识、情感、能力、态度、价值观等交流的网络，在合作、探究过程中，学生加大了选择性，常会出现"神来之笔"，令人振奋。开辟了个性化学习天地，课堂上就不只是一个"发光体"——教师，而是"能者为师"，每个学生都会发光。学语文成为一种生命的活动，充满了激情和智慧。

《语文课程标准》内容丰富，理念先进，留给教师极其广阔的创造空间。教师深入学习，在实践中尽心探索，必能使学生深受其益。

把自我教育作为终身任务

语文教学是高难度的教学，质量的高低不仅直接关系到学生语文能力的强弱、文化素质的好坏，而且影响到其他学科学习水平的进展，影响学生日后自学能力的高低。语文教学在学生成长中起这样的重要作用，因此，对教育事业怀有高度责任感的语文教师总是致力于探索改革的途径，千方百计提高教学水平，使之充满生命力。在这方面，许多老师为我做出了榜样。从他们身上，也从自己的教学实践中，我深深领悟到：要使自己的教学勃勃有生气，使学生深受其益，就必须认真地抓自身思想、文化、业务的建设，学而不厌，锲而不舍。第斯多惠在《德国教师教育指南》中指出："教育者和教师必须在他自身和在自己的使命中找到真正的教育的最强烈的刺激……把自我教育作为他终身的任务……"语文教师要在教学上做到日有长进，月有长进，年有长进，当然要着力找到那"最强烈的刺激"，即坚持自我教育。

怎样进行自我教育，不断提高自己呢？先从一篇文章说起。

晋代人木华写过一篇《海赋》，很有气势，文中用了许多"氵"（三点水）的字。有人说今天辞书查阅方便，把"氵"的字集在一起不难，木华之可贵在于没有今日之方便而写了如此意境广阔、气势宏伟的文章。这种说法貌似有理，其实不然。要是手头有一本或几本辞典，自己就会生出魔力来，那么今天岂不是会有许许多多的人写出种种稀世名篇？要知道木华之所以能写出《海赋》，是与他的思想情操、广阔襟怀、学识修养、文字功力等分不开的。由此我联想到：我们语文教师要有效地提高教学质量，不能只祈求别人的某些经验、某些教案或实录能在自己身上产生神话般的奇迹，不能亦步亦趋，只限于治标而向前迈步。当然，在初学阶段，要把课上下来，参考有经验教师的教案与课堂实录是起一定作用的。然而，更重要的还是要抓自身的基本建设；根深才能叶茂，居高方能临下。基础牢靠扎实，就能因教材、教育对象的实际情况而充分发挥自己的特长，在广阔的语言教学领域中导演出一幕幕精彩的育人戏剧来。

下面结合自己的学习与实践，谈一点粗浅的体会。

一、对自己的教学业务须有清醒的认识

一般说来，每个人对自己熟悉的事物应该认识得最清楚。然而，不都是如此。常在身边的事物往往由于长期不经意反而熟视无睹，有时一个偶然的过客或旁观者倒是能一目了然。此所谓“当局者迷，旁观者清”，人人都会有过这种经验。因此，一个人要清醒地认识自己，一个教师要清醒地认识自己的教学业务是极其不容易的。俗话说“人贵有自知之明”，真正做到自知，做到自己认识自己，其中大有学问。

我常常想，要有自知之明，首先应该抓什么？一个民族要得到发展，当然首先要抓物质文明的建设，因为这是不可缺乏的基础。然而，同时必须牢牢抓高度的精神文明的建设，从长远看，一个民族和另外一个民族、一个国家和另外一个国家在历史上，在当今世界上所处的地位，最终还是比文化、比精神文明。中华民族几千年来就是以高度的文明著称于世，今天应该在新的历史条件下继续发扬。我们从事建设是两个文明一起上，这实在是太好了。由此我想到个人，无疑人人应在物质生活方面有保障，但更应不断追求的是思想文化上的提高。我们常说，这个人比那个人高明，比的不是他们的物质条件，不是他们的地位，比的是远大理想、高尚的道德情操、文化教养、为人民造福的能力和为事业献身的精神。因此，我总是提醒自己，要抓自

己的头脑，抓自己的思想修养。

思想修养中什么是关键呢？我的体会是“虚心”二字。“虚”就是不满。志足意满，踌躇满志，还能容纳下什么东西呢？“虚”才能容物，才能主宰自己的眼睛去看，主宰自己的耳朵去听，否则眼睛上、耳朵上总蒙上障碍物，不是视而不见、听而不闻，就是看走样，听走音。“虚心”是鞭策自己进步的动力。

审视自己的教学业务，我觉得在四个方面存在着明显的缺陷。

1.
功底

我在大学不是学中文，毕业后教语文常感到知识不成串，教起来捉襟见肘，力不从心。教了 10 多年，似乎摸到一点边，其实不然，始终觉得功底不厚直接影响到教学质量。功底浅，知其然，不知其所以然，经不起问，深不下去。比如识字，原先认为不难，只要会使用工具书，勤于检查就行。随着教学实践的深入，越来越觉得识字不容易。韩昌黎说：“凡欲作文，须略识字；识字者，通小学也。”章太炎说：“韩柳之文，都通小学……清桐城派略通小学。”他还说唐宋八大家除韩柳外，其余都不太识字。当然，这样说未免太过分了。但从他的话中可知识字不容易。比如《雨中登泰山》中的‘喑噁叱咤’这个词，教此课前我曾仔细查考一番，教过之后写了“教后”。“教后”中我这样写：“做了多年语文教师越来越感到识字最难。‘喑噁叱咤’出自《史记·淮阴侯列传》：‘项王喑噁叱咤，千人皆废。’其音读释义盖根据《汉书·韩彭英卢吴传》：‘项王意乌猝嗟，千人皆废。’‘叱咤’今人常用，‘喑噁’则已不见。‘喑噁’，司马贞索隐曰：‘上于金反，下乌路反。’则‘喑’读平声，音‘阴’。《汉书》作‘意乌’。晋灼注曰：‘意乌，恚怒声也。’汇而正读，‘喑’乃于禁切，音‘荫’。‘喑噁’则读作 yìn wù。其义则晋灼的‘恚怒声’、司马贞的‘怀怒气’皆是。……以《汉书》读《史记》最为可靠。‘噁’原写作‘噁’，‘噁’现已不用。”

同是一字一词，意义变化也不容易把握。比如“文化”一词，在英文为Culture。英国雷蒙德·威廉斯常用字义变化研究社会文化之发展，对于Culture，他说：它本是“天生成”的意思，在18世纪末和19世纪早期一变而有“习惯和心情一般状态”的意义；第二次又变成“社会”“知识发展一般状况”的意思；再则进而变成“艺术一般总称”的意思；最后到19世纪后期就发展成为包含“物质、知识、精神全部生活方式”了。

从教语文那天起，我追求的目标是努力做到出口成章、下笔成文，真正在使用语言方面为学生做榜样。然而，由于底子薄，至今距离极大。

2.
视野

语文学科涉及的知识多达几十种，除了汉语、文学等知识外，还涉及天文、地理、科技、美术、戏剧等，真是丰富多彩，包罗万象。教学任务决定了语文教师既要精通本身的业务，又要广泛涉猎。专业有所长，路子又广，教学时就会逐步做到得心应手。

教课要能撒得开，纵横自如，更要能收得拢，聚意点睛。如果视野狭窄，谈不上登高望远。比如，在教介绍现代科学技术的说明文时，往往只能就文论文，干得很，因为缺乏有关知识，兜不转。不是说语文教师都应精通科学技术，这是不可能的，但一个科学盲的语文教师在教学中缺掉相当重要的一只“角”，总是很遗憾的。

又比如借鉴外国的问题。要在语文教学中走出新路子，除了继承和发扬传统教法中的精华外，必须面向世界，了解外国，有所借鉴。这里就存在两个问题，一是不能阅读第一手的材料，即使阅读译本，也往往挂一漏万；二是捡到篮子里就是菜，抄一点，套一点，甚或以旧为新，乱套乱用。吸取国外教育教学进步的、有益的观点与方法，目的是滋养丰富自己，而不是失去自己。在这些方面虽有所注意，但毕竟读得少，研究得少，既未做到大量占有，更没能咀嚼消化，这也影响了自己视野的开阔。

3.
开拓

生活在现代社会，在新时代的课堂上从事语文教学，没有锐意进取、积极开拓的精神，是很难提高教学质量的。方向要认准，目的要明确，做法要慎重。我自己对“不改革语文教学无出路”这一点认识是有的，但在做的时候往往左顾右盼，考虑过多，一怕弄得不好影响学生的语文质量，二是自己把握不大，由于理论底子薄，对有些做法的科学根据不能一眼见底，故而逡巡不前。其实，开拓并不是什么都考虑好了再做，而是边实践边认识，在实践中开拓，在实践中求得完善。俗话说，艺术只分优劣，不分辈分。此话用来看语文教学，也是十分恰当的。中青年教师勇于开拓向前，自己要向他们学习，不做落伍者。

4.
驾驭

语文教学是科学，也是艺术，教师驾驭能力如何，直接影响教学质量。所谓驾驭，一是驾驭教材，有洞悉教材的能力；二是驾驭课堂，对课堂中学生活跃情况能及时运筹自如。钻研教材是无止境的，写了教案去实践，回头再来看教案，往往没有一篇没问题。且不说理解得深，就是理解得正确也十分困难。然而“正确”是教课的最为重要的问题，把知识教谬误了，就好比把稗子撒到学生心中，其后果可知。比如教《果树园》的第一部分，景物描写有特色，人物描写有章法，是把景物描写、翻身农民群众的欢乐、李宝堂的“苏醒”后的欢乐放在一个平面上理解，还是主衬分明？同样写欢乐，写法上相仿，还是有显露与含蓄之别？一些词语的选用是信手拈来，还是匠心独具、环环相扣、互相映衬的？凡此种种，教过以后比教之前要明白得多，这就反映事先理解不深，驾驭教材的能力不太强。课堂驾驭也是如此，学生积极性未充分调动时，教师容易教，反正你说他们听；调动起来后，天南地北，学生什么问题都提得出，如弓足、旗幡、马刺等，有修养有经验的教师，有时也难招架。

教学之路是一条艰辛的路，上面布满自己的缺陷乃至“创伤”。对此必须有清醒认识，并认真对待。法国文学家罗曼·罗兰曾这样说：“累累的创伤，就是生命给你的最好的东西，因为每个创伤上面都标志着前进的每一步。”我想语文教学也是如此，不足、缺陷是令人懊丧的，但是认识它、填补它，跨越过去，就能放开脚步愉快地前进了。

二、教师身上要有时代的年轮

作为一名教师，应该具有相当程度的职业敏感，要跟随着时代奋力前进。

人类社会已经跨越了 19 世纪的蒸汽机动力时代，又跨越了 20 世纪初期中期的内燃机动力时代，今天，科学技术已经发展到了一个全新的时代，即信息时代，电子计算机的运用进入了越来越多的领域，以空前的规模和速度应用于生产，使社会生产的各个领域面貌一新。时代对教育提出新的要求，教师要学会认识时代的特征，关心国内外大事，善于接受来自各方面尤其是教育、科学、技术方面的新信息，使自己思考问题、从事教学实践具有时代气息。

怎样才能使自己身上具有时代的年轮呢？

1. 从思考问题的习惯轨道上解放出来

较长时间以来，我们教语文总是看课堂里的学生多，看学生的学习成绩多。如果说想得稍远一些，那就是想到毕业考试，想到如何考入高一级的学校。因此，对语文作技术性的处理多，育人考虑得既少又肤浅。道理明摆着，教文是为了育人，育人是大目标，教文是为育人服务的，不从分数、考试、就文论文、题海战术等条条绳索中解放出来，育人的观点就树立不起来，考虑问题也就必然总在狭隘的圈子里打转，以致形成许多做法上的回环往复，跳不出圈子，迈不开步子。

邓小平关于“教育要面向现代化，面向世界，面向未来”的指示开阔了我的视野，使我懂得了看问题要动脑子，要站在时代的高度。教育是为未来培养人才，我们培养的不是机器人，而是设计、制造和使用机器人的人才。未来不需要记忆型的人才，因为电脑在一定程度上可以代替；未来需要的是思想活跃、富于创造精神、有独立学习能力、善于吸收各种新信息的人。这种人有不断更新自己知识结构的能力，有开拓事业的精神。为此，我给自己立了条规矩，就是千万不能用“填鸭式”的方法把学生填塞成书架子、书口袋，一定要在知识、能力、思维、胆识等方面打下扎实的基础。在把握学生实际的同时，脑子里要有“明日建设者”的清晰的形象，用“明日建设者”的要求指导和促进对“今日学生”的培养。教在今天，想到明天。今天的课堂教学要为培养未来的创造者服务。要认真考虑到那时现代化建设的成就已怎样，现代科学技术发展到怎样的水平，具有怎样的思想和能力的人才能适应。

教师由于工作性质所决定，目光不能短浅，不能近视，要看得远，看得深。教师必须与时代同步前进，思考问题在相当方面要走在时代的前面，而不能落后于时代。

解开思考问题的旧习惯的绳索，目光就开始敏锐起来，就逐步自觉地把语文教学工作和当今世界、和灿烂的未来紧密联系起来，探索改革的途径。

2.
着力于知识的不断增进与更新

教师要学而不厌，只有自己的知识长流水，学生才会得到灌溉。

而在当今时代，这个问题显得尤为重要。

由于社会的进步，科技的迅猛发展，知识老化的现象日益显露。早在一个多世纪前，哲学家黑格尔就曾说过：“在知识的领域里，我们就看见，许多从前曾为精神成熟的人所努力追求的知识现在已经降为儿童的知识，儿童的练习，甚至已经成为儿童的游戏。”科学的知识降为儿童的知识、练习甚至游戏，岂不是知识的老化？知识是人把握世界的机器和工具，一种知识当它能用以指导人类认识世界和改造世界时，它就是有生命力的，为我们所需要，一旦失去了这种作用，就丧失了生存的价值而老化了。

回顾过去的历程，自己虽读过一些书，有一点社会科学知识和自然科学知识，但在实际运用中深感有些已陈旧，由于长时期不用，灰尘满布，而新鲜的、实用的又奇缺，因此，必须积极地增进与更新知识。

比如语文教学中总要讲到文学体裁、文学样式的问题，过去学的时候，脑子里就那么几大类，几十种；而今新的样式不断涌现，就要随时注意，认识辨别。例如微型小说，它的特点是什么？与长篇小说、中篇小说、短篇小说区别何在？除了篇幅上的区别外，特色何在？就须研究。又如，过去只知连台本戏，现在出现了电视系列片，这种片子在怎样的条件下产生的？它在结构情节、刻画人物方面有哪些独特的地方？也须认识、了解。再如，电视小说、电视报告剧、电视音乐剧的出现也都是新鲜的样式，教师要注意吸收这些新的信息，增加自己的知识储存。

语文教师对历史和地理的知识应该比较熟悉。当今世界与自己学生时代情况大不一样，许多民族国家独立，单是国家名称和首都所在地就够记了。如现已有 168 个国家独立，其中包括几十个非洲国家，而第二次世界大战前夕，非洲仅三个独立国家。

从现实出发，用新的观点去重新认识历史，重新认识已有的知识，也是知识更新。如《史记》对汉高祖刘邦的记载：“高祖，沛丰邑中阳里人，姓刘氏，字季。父曰太公，母曰刘媪。其先刘媪尝息大泽之陂，梦与神遇。是时雷电晦冥，太公往视，则见蛟龙于其上。已而有身，遂产高祖。”这种神化封建帝王的迷信说教是传统文化中的糟粕，要否定、扬弃。又如秦始皇的坟墓问题，《汉书》有误，掘墓焚陵是讹传，《史记》可信，水银江河在地宫。这是根据考古研究新成果而获得的知识。

至于现代科学技术等知识，更是要甘当小学生，关心、学习，力求学懂一点。

3.
改革不适应时代潮流的
教学方法

要把学生培养成“四化”建设的开拓型人才，教师自己就要有开拓的精神。而在开拓中用什么方法来教学生又是不可忽视的重要因素。传统的教学方法，对从事语文教学多年的语文教师来说无疑是驾轻就熟，即使对年轻教师也有很深影响，他们做学生时教师就这么教，习惯成自然。传统教学方法中合理的精华不可丢，但有些做法如重知识轻能力、多灌输少启发等要大力改变。时代不断前进，科技迅猛发展，不适应潮流，用与现实脱节的陈旧教学程式来进行教学，对学生的语文能力的锻炼、思维能力的发展都不利。

教学方法要力求与时代要求合上节拍。以教说明文《晋祠》的几个环节为例。课的起始阶段，我用三言两语引入课文后，就要每个学生口述一处祖国的名胜古迹，而且在速度与表达上有要求。学生从上海的小刀会起义地讲到西藏的布达拉宫，从杭州的西子湖讲到长白山的天池，思路广阔，兴趣浓郁。安排这个环节的目的在使学生在以下几个方面得到培养：锻炼口头表达能力；相互启发，开阔视野；了解一部深厚的中华民族文化史平铺在祖国 960 多万平方千米的土地上，受到爱国主义的熏陶感染，增强民族自豪感。此外，还活跃了课堂气氛，学生学得轻松愉快。第二个环节出示《中国名胜辞典》，听写“晋祠”的条目，听写以后将条目中说明的每一句话用数字标出，与课文中相应的内容相对照，辨别异同。这样做的目的是：激发学生的求知欲；训练学生听和写的能力；训练思维的敏捷性；检验阅读理解的准确度；训练事物相互比较辨别的能力。这样一环扣一环，环环有明确的培养目的，而每一环又起多方面的培养作用。学生的活动约占课时 80% 多，而这些学习活动又是在教师指导下进行的。学生思维处于兴奋状态，兴味盎然。

我举这个例子，意在说明教学方法要合乎时代节拍须把握以下要点：

（1）出发点。把从教出发的立足点转换到从学出发，“教”为“学”服务。“教”不是统治“学”，代替“学”，而是启发学生“学”，引导学生“学”，使学生有充分用武之地。

（2）联系网。把直线往复的教学转换为网络式的教学，即把教师与学生的单向型联系转化为教师与学生、学生与学生、学生与教师的辐射型联系，使课堂真正成为学生训练听、读、说、写能力与发展智力的场所。

（3）节奏。一要清晰，二要灵敏。每个教学环节、每个教学活动要有很强的目的性，力避繁枝密叶，糊成一片。再则是训练思维的敏捷性，能快速地作出准确的反应与表达。

（4）容量。精心设计讲和练的内容，考虑讲和练的角度与方式，努力把课上得立体化，内容丰富，使学生在有限的课时内，思想、能力、智力能获得多方面的培养。

（5）时代活水。与现代化的教学手段结合起来，把文学、艺术等体现时代精神的表现方法改造运用到教学中来，让时代活水在语文教学园地上流淌。

自己的改进仅是起步，任重而道远，有待于今后兢兢业业地努力。语文教师齐心协力，经过山重水复，定能进入柳暗花明新境地，取得累累硕果。

三、锲而不舍是走向知识富有的道路

一个教师要有拼命吸取知识的本领与素质，犹如树木，把根须伸展到泥土中，吸取氮、磷、钾，直至微量元素。只有自己知识富有，言传身教，才能不断激发学生浓厚的求知欲。

要做到知识富有极其不容易。有人说这是一条“光荣的荆棘路”，这条路尽管像“环绕着地球的一条灿烂的光带”，然而在此中要有备尝艰苦的决心。对我们语文教师来讲，似乎更应如此。语文教师工作量大，负担很重，要想有整块时间学习是不可能的。为此，锲而不舍的精神尤为重要。把零星的宝贵的时间有计划地用上，天长日久也是可观的。

读书要会读，如果终日读书，学而不思，其实这算不得读书，而是“对书”而已，整天只是面孔对着书，学到的东西是有限的。冯至给茅盾的《杂诗》第十二首中有这么两句：“愧我半生劳倦眼，为人为己两蹉跎。”这是冯先生的谦辞，他是有成就的。然而从这两句诗中可得到启发，如果我们只是“对书”而不思，那就只是劳倦眼睛，收获不多。如果学而思，学一点，消化一点，即使时间零碎，日积月累，真才实学必大有增进。我常这样要求自己：

1.
重要的理论反复学，力求正确理解，学能深入，用能浅出

理论上的模糊必然导致实践中的盲目。我深切体会到，自己在教育教学上出现的无效劳动，往往是理论上认识不清，理解上有偏颇所致。对于理论的深入浅出理解与阐述是颇不容易的。就拿历史唯物主义基本原理来说吧，《在马克思墓前的讲话》中已经讲得很通俗，然而教师在教这一课时，要浅显地正确表达出来，使学生真正懂，就着实不容易。文中有这样的语句：“……人们首先必须吃、喝、住、穿，然后才能从事政治、科学、艺术、宗教等等；所以，直接的物质的生活资料的生产，从而一个民族或一个时代的一定的经济发展阶段，便构成基础，人们的国家设施、法的观点、艺术以至宗教观念，

就是从这个基础上发展起来的，因而，也必须由这个基础来解释，而不是像过去那样做得相反。”对如此长句单作语法分析是不够的，讲深了费时，学生也不能理解，要浅出，讲得浅显，学生才明白。要浅出，前提是教师学得深入，唯其深入，才能浅出。我在教这篇课文时，颇花了一番功夫，力求能浅显地阐述道理，使学生能懂。近读刘心武的长篇小说《钟鼓楼》，竟发现其中有一处以艺术笔调阐发历史唯物主义基本原理，很有意思。作者写道：

> 人们落生在这个世界上，最早意识到的是包围着自己的空间。这空间有着长度、宽度和高度，其中充满了各异的形态、色彩与音响……而后人们便意识到还有着一种与空间并存的东西，那便是摸不着、握不牢、拦不住的时间。在所存在的空间里度过着不断流逝的时间，这便构成了我们的生活，于是乎喜、怒、哀、乐，于是乎生、死、歌、哭……
>
> 但每一个人都不可能是单独地存在着。他必与许许多多的人共存于一个空间之中，这便构成了社会。而在同一个社会中，人们的阶级意识不同，政治方向不同，经济利益不同，人生态度不同，道德品质不同，文化教养不同，性格旨趣不同，生理机制不同，竞争能力不同，机遇遭际不同……于是乎便相争相斗，相激相荡，相斥相离，相轻相嫉……同时也必定伴随着相依相靠，相汇相融，相亲相慕，相尊相许……而这种人类社会的流动变化，从整体角度来说，便构成了历史；从个体角度来说，便构成了命运。

道理说得多么形象，多么生动！不是作者入得深，又如何能如此出得浅呢？

又如对教育教学理论的学习也是如此。叶圣陶老先生提出“教是为了不教”，开始不少人误解为“少教”甚至是“不教”。但只要结合实际仔细想一想，就能体会到千万不能用“等于”代替“为了”。教师“教”是今天的任务，“不教”是明天之目标；今天的“教”要达到明日“不教”的目的——学生能自学，独立工作。自学能力的培养非一朝一夕的，其中有个过程，“教”得法，就能更有效地达到“不教”的目标。

2.
紧扣一点深入学

要弄懂一点知识，必须深入学习，认真钻研。“一锹铲不出金銮殿”，一定要锲而不舍地步步前进，层层深入。深入学习，其乐无穷。比如诗歌，每学期都教，围绕它读点书，可以得到许多有趣的学问。诗中有方位、色彩、数字，在诗人笔下多有妙用。

《木兰诗》中有“东市买骏马，西市买鞍鞯，南市买辔头，北市买长鞭”，诗中以“东南西北”来写的屡见不鲜。《楚辞·招魂》中有“……魂兮归来！东方不可以托些……魂兮归来！南方不可以止些……魂兮归来！西方之害，流沙千里些……魂兮归来！北方不可以止些……”，曹植的《游仙诗》中见到“东观扶桑曜，西临弱水流，北极玄天渚，南翔陟丹丘”的诗句。同是东西南北，有的是写到处奔波购买物品准备出征的繁忙；有的是写四方不可留，希望死者灵魂归故土；有的写受到猜忌，郁郁寡欢。同是方位词，表达则各有其趣。这种用法，楹联中、文章中也不少。《儒林外史》中所写杨执中屋里壁上的对联是：“三间东倒西歪屋，一个南腔北调人。”十分有趣。至于《捕蛇者说》中刻画紧张气氛“叫嚣乎东西，隳突乎南北”，教师是周知的了。

诗中用词表色彩，方法多种多样。如有的诗句第一字就是表颜色的，杜甫的“红入桃花嫩，青归柳叶新”（《奉酬李都督表丈早春作》），“青惜峰峦过，黄知橘柚来”（《放船》），“碧知湖外草，红见海东云”（《晴》），这类诗句一下映入眼帘的是颜色，可以收到使读者眼前突然闪亮的妙用。有些诗句把多种颜色写在一起，鲜艳、缤纷。这类诗句以七言多，如人们熟知的“两个黄鹂鸣翠柳，一行白鹭上青天”，又如苏轼的“红叶黄花秋正乱，白鱼紫蟹君须忆”（《台头寺雨中送李邦直赴史馆》），再如陆游《夏日》中的“白葛乌纱称时节，黄鸡绿酒聚比邻”，真是彩色缤纷，怡悦双目。诗中的颜色当然是真色多，但也有假色。钱锺书在《读“拉奥孔”》一文中说：“诗文里的颜色字也有‘虚’‘实’之分，用字就像用兵那样，‘虚虚实实’。”苏轼咏牡丹名句“一朵妖红翠欲流”，明明说的是“红”，哪能又说“翠”呢？钱锺书写色彩“而虚实交映，制造两个颜色错综的幻象，这似乎是文学艺术的独家本领，造型艺术办不到”，说得就更精彩了。

诗里数字运用得妙，也能加深诗的意味情致。诗中数字用得较多的是“一”“三”“千”，而“三千”连用最常见。众所周知的李白的诗句，如“飞流直下三千尺，疑是银河落九天”，“白发三千丈，缘愁似个长”，又如《白氏长庆集》中白居易的《和微之春日投简阳明洞天》一诗中“江上三千里，城中十二衢”的句子，数字运用得很妙的如张祜的《宫词》：“故国三千里，深宫二十年。一声何满子，双泪落君前。”二十字中，用到“三千”“二十”“一”“双”等数字，不仅不觉得堆砌，而是感到宫女的哀怨是那么凄凉缠绵。

学知识如汲深泉之水，越学越能品尝到其中的甘甜。

3.
开阔视野广泛学

在某个意义上说，语文教师的知识仓库里的货物不能不“杂”，但要杂而有章。这就需要广泛地阅读，有选择地阅读，并且要善于在生活中学习，有条理地储存。

广泛涉猎，稍稍深入，每有会意，兴味无穷。比如我们常碰到“阳春白雪”“铁中铮铮”等成语，前者今天常用来喻音乐则为高级音乐，喻文学则为高深文学，喻艺术则为高超艺术，后者用来比喻出色人物。其实今天应用在程度上与原来有点出入，只要读一读宋玉《对楚王问》、《后汉书·刘盆子传》即可明白。但今天约定俗成，大家都这样用了，不必弄聪明纠正，但语文教师最好心中有个数。

读画、评画也能积累知识。英国19世纪著名政论家、艺术评论家罗斯金说：伟大民族的自传都有三种稿本，一本是以其业绩写成，一本是以其言辞写成，一本是以其艺术写成。人们欲懂得其一，非同时懂得其他两本不可；但三本中唯独后一本才是真实可信的。的确，一个国家的艺术，很能反映这个国家民族的生活、思想和情操。我常常喜欢把西洋画中可爱的小爱神丘比特与中国敦煌壁画中的飞天来比：胖胖的丘比特，背上有双翼，在天空中飞，虽可爱，但总觉得一对那么小的翅膀不足以驾起胖身子翱翔。飞天就不同，画家用一条迎风飘扬的带子，就让你看到仙女们在天空中飞得多么自由自在，这里包蕴了我们民族的智慧。评画也能扩大自己的眼界。吴冠中在《美术》1984年第11期的一篇文章中说道："出色的作品总印得不如原作，较次的作品印出后往往倒比原作效果好。"为什么原作与印出来的画有如此差异呢？因为珍贵的色的变异及敏锐的手的波动感是不容易在印刷品中反映出来的，而作品中那些疙疙瘩瘩、黏黏糊糊的油彩之病，经印刷工序给抹得含混不清后，倒起了遮丑的作用。知道了这些后，觉得自己在教学中必须避免疙疙瘩瘩、黏黏糊糊；要是看不到这些，反把课上得花里胡哨以为美，那就是丑而不自知的了。

我很爱读小说，年轻时读得入迷，往往欣然忘食。如狄更斯的小说都情节生动，引人入胜。据说《老古玩店》当时连载时牵动人心，引起轰动。连载的杂志一期一期在英国出刊，以帆船运往美国。人们对故事情节越看越入迷，纽约码头上等着买杂志的人越来越多。当刊登小说最后一章的杂志运到纽约时，码头上人头攒动，竟有五六千人之多。船未靠岸，人们一眼看到甲板上的船长，就迫不及待地问那燃烧在心里的问题："小奈儿究竟死了没有？"狄更斯的小说以情节取胜。其实引人入胜的何止是小说，其他文学样式中佳品也如此。如英国文艺复兴时期的诗人斯宾塞有过一部未完成的长诗叫《仙后》，据说当时手稿送到文艺庇护人索斯安普顿伯爵手里，伯爵读了几页，立即命人赏赐作者 20 英镑，再往下读，又兴冲冲地说“再赐 20 镑”。读着读着不能自已，最后竟不得不说：“快把那家伙赶出去，再念下去我非破产不可。”文学掌故虚虚实实，说多了就当真了。这一掌故妙在没说一个“好”字，但实际上把《仙后》说得好得无以复加。

学习之乐，其乐无穷。我把平时学习所得写成笔记，完成了《学海探珠》一部稿子。《后汉书·列女传》中说：“一丝而累，以至于寸，累寸不已，遂成丈匹。”多少年来，我就是以这种累寸累匹的精神要求自己，从语文的无知者一步一步艰辛地走过去，摸索语文教学的大门。

在学习中我相信两句话，一句是“锲而不舍”，再一句是“学然后知不足”。认认真真去学了，才真正知道自己实在懂得太少。歌德说：“尚未实现的崇高目标要比已经达到渺小的目标更为可贵。”任重而道远，自己要继续追求，孜孜不倦。教师只有不断地提高，教学才一直充满生命力。

教师素质与城市精神

众所周知，塑造和培育富有活力、独具魅力、彰显时代特色的上海城市精神，是上海进一步发展的外在引力和内在动力，上海各行各业人员理应十分关注。教师作为社会主义精神文明的传播者和创建者，更是要加大关注力度，发挥重要作用。

一、塑造城市精神是时代的需要

为何现在在建设的进程中提出要塑造上海城市精神？城市精神又有怎样的内涵？在建设中起怎样的作用？这些问题值得探讨。

1. 现时代上海肩负着建设重任

上海是一个工业化城市，在 1 600 多万人口中各行各业的从业人员达 800 多万。在改革开放和经济建设的伟大历史进程中，上海人曾以“上海速度、上海效率、上海精神、上海风格”赢得全国乃至世界上不少国家与地区的认同与赞誉。但是，任重而道远，上海面临着新一轮的发展，要成为金融中心、经济中心、贸易中心、航运中心，要成为国际化的大都市、世界级的城市，就要率先在全国实现现代化，任务十分繁重。仅以长江三角洲的城市群建设而言，沪宁杭乃三

本文是 2003 年 8 月作者在上海市教师学研究会学术讲座上的发言。

个重要支点，上海为龙头，宁杭为两翼，其他城市如苏州、无锡、常州、湖州、嘉兴等为腹地，形成网络体系，朝一体化的方向发展。上海作为我国最大的城市和经济中心，地位要进一步提升，基础设施要进一步完善，国际化水平要进一步提高，必须迎接科学技术高速发展的挑战，必须迎接资源、环境、生态、社会发展诸问题的挑战，必须迎接人才激烈竞争的挑战。

要在竞争中取得优势、稳操胜券，就须确立经济与科技的制高点，有足够的人力资源。既抓物质文明，又抓精神文明，两手抓，两手都要硬。城市精神的建设、塑造，是社会主义精神文明的重要内容，是时代的需要。

2.
城市精神的内涵及其支柱作用

一般地说，城市精神塑造要注意三个层面。基础层面是科学精神、人文精神、艺术精神，反映真善美。第二层面主要体现民族精神。民族精神是民族的灵魂，国家的支撑，博大精深，团结、爱国、求实、创新、和平、民主、开放、勤劳、勇敢等均为其重要内容。第三个层面是体现城市特点和城市个性的精神。上海在明代就是江海运输枢纽，有沙船文化，不畏艰险，坚韧不拔。近代开埠后，移民多，背井离乡，敢于冒险，勇于开拓。近代工商业发达，遵守工业纪律、现代科技规范，崇尚公平、平等。中华人民共和国成立以后，工业发展相当迅速。改革开放以后，更是强调“上海速度”。凡此种种，体现的是上海城市的个性特点。

城市精神作为一种精神，它不是独立存在的，它是职业精神、公共道德、城市文明、人文习俗等方面的综合反映，它的内涵十分丰富，思想的、道德的、科学的、文化的，涉及的范围很广，探究起来，至少有以下一些特性：

(1) 创新是发展的不竭动力，因而在发扬优秀传统中注意开拓创新，具有时代的特征。

（2）以海纳百川的胸怀参与合作，服务全国。有大局意识，具备开放的心态、合作的精神、虚心的态度，以及辐射的能力。

（3）在艰苦奋斗中追求卓越，苦干，实干，争创一流。市场经济条件下特别需要奉献精神。

（4）在敬业、诚信中提升道德，讲究文明，规范行为。

以上种种均为城市精神的内在要素。也有人认为表现在三个文明上。一是形象文明，包括行为举止，“七不”规范；二是功能文明，包括管理、服务；三是素质文明，包括思想境界、精神品格、自我修养。城市的外在形态如城市建筑、城市规划、城市环保、城市绿化、城市秩序等也可反映城市精神。内在因素与外在形态相比而言，前者的建设难度更大，更须着力。

城市精神内在因素看来似乎无形，但它如春雨一般，洒到各行各业，洒到市民心中，能润物细无声，能提高人的素质，凝聚人心，对城市的持续发展起重要的支柱作用。

二、城市精神培育，学校责无旁贷

城市精神的培育不可能靠某些部门、某些人就能形成，它是全体上海市民共同关心共同实践的大事，所有行业所有部门都应群策群力，形成众星捧月的大格局。众所周知，良好的社会风气，追求高尚的精神，和谐相处的人际关系，绝非少数人就能形成，要大家提高认识，身体力行，步调要和谐一致。比如社会环境的建设，有社会道德环境，即遵守社会公德到什么程度，人与人能否平等相处，不势利，不嫌贫爱富；有社会生态环境，包括自然环境、文化环境，是敬畏自然，善待自然，还是乱砍滥伐，糟蹋损害花草树木；文化是引导积极向上，健康有品位，还是恶炒复古、洋化、低俗，乃至垃圾，把一切文化都视为赚钱的工具；有生活环境，如禁毒，打击犯罪，等等。从中可知，社会道德环境的建设牵涉方方面面，有浅表层的行为表现，有深层次的公民意识、思想道德素质、社会建设的指导思想，方方面面教育、动员，方能显现良好的效果。又如培养诚信精神，管理部门、企业、事业单位、文化部门、艺术团体等都要认真培育，做到诚实守信，办事公道，杜绝虚假，遵纪守法，言行一致，创造良好的社会风气。对弄虚作假的要憎恶、抵制，嗤之以鼻；对触犯法规的当然要绳之以法，这是另一个层面的问题了。

学校是创建社会主义精神文明的重要场所，培育城市精神当然责无旁贷。

教育的本质就是培养人，我们的教育就是要培养有中国心的现代文明人。我们的培养目标就是要使受教育者德智体美全面发展，有良好的思想道德素质和科学文化素质，身心健康，打好成为合格公民的基础。城市精神的培育不仅可促进学校教育的发展，而且注入了当代上海城市的特征，使学生心态更开放，视野更开阔，将来能更自觉有效地服务祖国、服务人民。

学校是传承文明、创建文明的场所，校园文化必须弘扬社会的主流文化，弘扬社会文化的主旋律，代表最健康、最积极向上的精神。学生进入学校，有一种如禾苗获得阳光雨露滋润的神圣感、幸福感，在耳濡目染中茁壮成长。

学校不是真空地带，社会上各种各样的思潮、文化，包括生活方式，都会渗透到学校，弄得不好，会形成冲击，影响学校教育的开展与质量。为此，学校对师生的教育必须敢字当头，敢抓敢管。学校领导须有很强的文化判断力，精心地弘扬正气，充分运用社会上良好的教育资源，创建城市精神中的感人事例教育学生，提高他们的认识，激励他们的热情。与此同时，敢于批评、抵制歪风邪气，提高学生的识别能力，增强免疫力，增强抵御的能力。社会上流行的，学校不能照单全收，更不能任意提倡。学校提倡的应是高尚的、健康的、积极向上的，有益于学生健康成长的。学校要坚持全面贯彻教育方针，让全体学生获得良好的培养，就须花力气排除种种不良干扰，树立学校教育的精神支柱，坚持正面疏导，制订校规校纪，强化行为规范，把城市精神适合青少年身心需要的因素融合于教育之中。“为学贵慎始”，将塑造城市精神的教育融入学生素质教育的全过程，日积月累，必有成效。

三、关键在于教师自身素质的提高

城市精神内在因素的聚焦点是：高尚。这与教师职业的特殊性，从根本上来说是十分契合的。教师是育人的人，选择教师，就选择了高尚，对低俗的、肮脏的有识别力、抵御力。《论语·子路》中说：“其身正，不令而行；其身不正，虽令不从。”教师的职业决定了教师本身必须修身正己，否则，就难以要求学生。同样一句话，出自不同的教师口中，效果可大相径庭。原因何在？教师在学生心中会形成具体的形象，这位教师德才兼备、言行一致，学生就自然而然地心怀敬意，教师信任度高，教育效果就好。如果某位教师言行不一，对己宽，责人严，在学生心中就会价值低落，教育的有效性也就大打折扣。教师工作的效果相当程度源于教师人格的魅力、人格的力量。教师人格高尚、完美，对学生有吸引力、感染力、辐射力，教育的有效性就比较高。

培育城市精神，教师既是引导者，又是实践者。引导学生认识、体会上海城市精神拥有的内涵，又引导他们身体力行、亲身实践，展示青少年学生良好的风貌。不管是晓之以理、动之以情，还是导以之行，都是以教师自身素质的提高为依据。敬业爱生，专业基础扎实，教学能力强，师德师能堪为表率，学生就能深受其益。

谈到教师的理想风采时，叶澜教授说过这样一段话：“对人类的热爱和博大的胸怀，对学生成长的关怀和敬业奉献的崇高精神，良好的文化素养，复合的知识结构，在富有时代精神和科学性的教育理念指导下的教育能力和研究能力，在实践中凝聚生成的教育智慧，这就是我们期望的未来教师的理想风采。”这段话暖人心，有前瞻性。

在我们身边已能找到这样的教师，然而，在未来社会中，这将是一支值得人们敬佩和国家引为骄傲的、由千百万教师组成的大军。这支大军的组成必能实现，这是我们衷心的期待。千里之行，始于足下，组建就从现在开始。一件件事教育意义的凸显，一个个活动的精彩纷呈，一堂堂课撒播的做人良种的刻骨铭心，教师在工作中锻炼，在工作中成长。在培育和创建城市精神的实践中，教师自身提升了价值，发挥着重要的不可替代的作用。

以“心”教“心”
——谈青年教师人格与未成年人成长

当前，大家聚精会神探讨研究如何贯彻落实《中共中央国务院关于进一步加强和改进未成年人思想道德建设的若干意见》的时候，我总是联想到青年教师队伍的建设。青年教师不仅是教育的“现在”，也是教育的“未来”，教育的希望。青年教师队伍建设得好，德育工作会相得益彰，生机盎然，时代活水流淌。

从数量上说，青年教师在学校的比例与日俱增。前些年占学校教师队伍的20%～30%就已经很了不起，而今40%～50%已十分普遍，有些学校青年教师数量已达60%～70%，对学校教育质量起着至关重要的作用。

从成长环境看，他们与青少年学生有许多相近相似之处。年长的人容易忆旧，对学生进行教育时，有的常以自身经历之事勉励学生珍惜今日的生活，有的学生不理解，反觉得“这种忆苦思甜令人心烦”。青年教师与学生尽管家庭情况不同，接受教育的学校有异，但都生长在和平的环境里，物质生活明显改善，国家建设长足发展，享受着家庭、单位、社会多方面的关爱。如果当代青年教师对生活中的艰辛、社会发展的不易有正确而深切的体会，就能够拨动学生的心弦，进而引起他们的共鸣。

从年龄看，青年教师比青少年学生大不了几岁，思维习惯、遣词造句还有不少相近之处，共同语言多，沟通交流方便，心理隔阂少，

本文发表于《解放日报》2004年6月17日。

容易做学生的知心朋友。

从事业追求看，许多青年教师充满生命活力，憧憬美好未来，有开拓进取的积极性，希望通过自己的努力，在教育上创造业绩，追求卓越。这种精神状态能给学生以良好的影响和鼓励。这些都是青年教师进行德育工作的优势，这支队伍如能充分发挥积极作用，其效果不言而喻。

当今德育工作所面临的挑战与难度前所未有。信息化社会，学生信息来源渠道众多，各种思想言行良莠夹杂，泥沙俱下，对未成年人均会产生影响。要对他们施以良好的思想道德教育，凭空泛的说理难以奏效，最有效的做法是依靠教师的人格力量。俄罗斯教育家乌申斯基强调："在教育工作中，一切都应以教师的人格为依据。因为，教育的力量只能从人格的活的源泉中产生出来，任何规章制度，任何人为的机关，无论设想得如何巧妙，都不能代替教育事业中人格的作用。"古话说得好，"正人先正己"，要教育学生具备良好的思想道德素质，首先就要自我教育，完善自己的人格。《论语·子路》中说："其身正，不令而行；其身不正，虽令不从。"要学生听师言，信师道，青年教师需不断提升精神境界，铸就一颗红亮的心。

心，生命的主宰，人格的凝聚，指挥着思想言行。心，虽仅方寸之地，但装载着什么，却关系人格的完善与残缺、品德的高尚与低下。对青年教师来说，心要装国运、装教育、装学生、装责任、装追求。要装载这些，须做到四个"学会"。

（1）学会热爱。人是有感情的动物，都有爱的感情，但爱什么，不同的人有很大差异，甚至有天壤之别。比如，父母爱子女，是天性，是本能；而子女爱父母，孝顺父母，就要学，就要受教育，这是道德修养。青年教师是育人的人，就要学会热爱党，热爱祖国，热爱人民，热爱教育，热爱学生。感情问题来不得半点虚假。铭记党和人民的培育之恩，就会深刻领悟到国运兴衰，系于教育，就会对国家、对事业、对学生满腔热情满腔爱。情真，情浓，情深，就会有不懈的内驱动力，就会精神振奋，有使不完的劲。

（2）学会敬业。培养学生成长、成人，是教师肩上挑的千钧重担，一头挑的是学生的现在，一头挑的是祖国的未来，这就是教师工作的整个世界。只有恭恭敬敬、一丝不苟，才担当得起这个重担。记得有篇文章曾这样吐露一位母亲的心声：“世界啊，今天早晨，我，一个母亲，向你交出可爱的小男孩，而你们将还给我一个怎样的人呢?”“你们将饮之以琼浆，灌之以醍醐，还是哺之以糟粕？他会因而变得正直忠实，还是学会奸猾诡诈？当我把孩子交出来，当他向这个世界求知若渴，世界啊，你给他的会是什么呢?”当我一想到这位母亲的焦虑、期盼，心中就一阵阵震撼。做教师应还给千千万万位母亲正直忠实的人，这是神圣的责任，容不得丝毫的懈怠与疏忽。

（3）学会正确的价值判断。未成年人缺乏生活阅历，缺乏文化底蕴，识别能力不强，当“腐朽”以“神奇”面目出现时，又由于好奇心的驱使，有的学生栽进去而不自知，故而特别需要教师做正确而有效的引导。当今，多元经济并存，多种文化碰撞，国际风云又复杂多变，青年教师更要学会用两只眼睛看世界，透过光怪陆离的现象看清事物的本质，识别真善美和假恶丑。对金钱至上、垃圾文化、腐朽文化污染人们心灵的状况不能掉以轻心。德国哲学家康德曾说：“愚昧的人之所以区别于聪明的人，根本在于他不具有判断力。”教师具有正确的价值判断，方向明，路子正，学生就会深受其益。

（4）学会教育教学的真本领。学历水平不等于岗位水平。学历水平只说明职前接受教育的程度，工作能不能胜任，能不能干出实绩，靠的是在岗位上自觉锻炼、摸爬滚打。现在的学生思维活跃，见识广，对教师的要求高，教师具有真才实学，教的课、说的话，学生才能入耳入心。如果教师的“教”与学生的“学”在一个平面上移动，学生必然厌倦，把话当耳边风。青年教师精力充沛，掌握电脑技术，记忆力旺盛，视野开阔，更要好学不倦，积极进取。学科教学是育人的主渠道，课堂教学是育人的主阵地，要悉心研究，把智育、德育融合起来，在学生心中撒播知识种子的同时撒播做人的良种。课上得有吸引力、感染力、辐射力，学生的情操就会受到陶冶，正确的价值观就会逐渐形成。在教育学生的同时，青年教师锤炼了自己的德、才、识、能，教学相长，师生双提高。

德育问题不是一个技术问题，也不是操作层面的问题，而是一个事关灵魂的问题。教师没有生命的真诚感动和全身心的投入，就不可能有真正闪光的思想，不可能创造丰富多彩的有效的育人方法。因而，教师队伍建设，尤其是青年教师队伍建设，要聚焦在铸就一颗红亮的心。

怎样学做人师

一、教师的人格力量

我做了一辈子教师，但一辈子学做教师。汉代的韩婴在《韩诗外传》中说，什么人才能够做人师呢？做人的老师，他必须具备这样的条件，就是“智如泉源，行可以为表仪者”。“智如泉源”，就是你的智慧要像泉水一样喷涌而出；“行可以为表仪者”，就是你思想言行能够做别人的榜样。

因为做人师不是做教书匠，对孩子不仅是言教，重要的是身教。身教重于言传。教育家乌申斯基说过，在教育工作当中，一切都应以教师的人格为依据。因为教育的力量只能从人格的活的源泉中产生出来，任何规章制度，任何人为的机关，无论设想得如何巧妙，都不能代替教育事业中人格的作用。因此我在想，要做人师的话，首先是要完善自己的人格。

二、榜样激励自己 追求高尚人格

在我心目当中有许多榜样，我不仅牢记“智如泉源，行可以为

本文发表于《新民晚报》2004 年 9 月 5 日。2004 年教师节来临之际，作者应邀在上海教育电视台作《怎样学做人师》专题演讲。演讲充满着生命激情和对教师工作的款款深情，富有启迪，令广大教师和其他观众如沐春风。

表仪者”，而且我一直追求一些光辉的榜样。比如我非常崇敬鲁迅先生，他在北平师范大学教课的时候，不仅课堂上坐满了人，走廊也站满了人，走廊里站不下了，就到操场上去上课，把饭厅里的方桌搬到操场上，周围全都是学生，人山人海，他就站在方桌上讲课。那时候没有扬声喇叭，没有扩音器，他就站在那儿滔滔不绝地讲，学生听得全神贯注，师生的心灵交融，这是世界上最美的乐曲。我看到书上记载的这个场景，真是非常感动，我想，做老师做到这个份上，真是人师了！

比如历史上有个非常有名的教育群体，就是西南联大。那里师资真是精英如云，各种各样的老师，各种各样的个性，那是智慧的海洋。我们都知道，那时条件是非常艰苦的，日本鬼子蹂躏我大好河山，所到之处，生灵涂炭，西南联大所在的地方也是不断地要受到空袭的威胁。有一次在一个破饭厅改造的教室上课，主讲者说：“黄昏时分，从四面八方辐辏而来的鼓声近了，更近了，十分近了。神光照得天边通亮，满坛香烟缭绕……”莘莘学子全神贯注。这是谁在上课呢？是闻一多先生。闻一多先生我们都知道，他是激情洋溢的，他的那种诗，哪里是语言啊，分明是心里喷射出来的岩浆！他的课学生非常珍爱，他简直是用音乐一般的语言在上课的，为什么这些教师教课有如此的魅力？那就是因为人格高尚，在他们的心里就是忧国忧民、为国为民，一辈子考虑的就是国家的兴衰、民族的存亡，他们是把自己所从事的教人的事业、育人的事业和国运兴衰、民族存亡紧密地联系在一起的。

他们学识渊博，研究到哪个领域，哪个领域就出成果！再看我们上海，我也是很幸运，有机会接触苏步青老先生、谢希德先生。

我站在他们的面前，我就感受到他们的人格的魅力，我觉得他们都是人格高尚、学识渊博，总有高山仰止的感觉。在我面前，他们是巍巍高山，我是一个平凡的人，一个普通的老师，所以我总是仰着头看他们。但是我又想，他们也不是生下来就拥有完美的人格、渊博的学识，也是一辈子不断追求、不断修养自己的结果。

我们中国有一句古话：千里之行，始于足下。你就是登上泰山之巅，也是要从泰山脚下一步一步攀登的。所以我就是以这样一些伟大的师表为榜样，从山脚下起步，一登一陟一回顾，走一走，回过头来看一看，自己提高了没有？问题在哪里？我想，做人要追求生命的价值和生命的意义，也就是一步一步地攀登。古希腊的柏拉图在《理想国》里说过，什么叫教育？教育就是把人从洞穴里头牵引出来，进入一个真实的精神境界，而知识、能力是攀登精神世界的阶梯。

我想我作为一个教师，应该追求的是完美的人格，那就是真善美的境界，不断地学习，以达到人格完美的境界。

三、
"两把尺子"
追求人格的完美

真正能够做一名合格的中学老师，必须追求人格的完美。第一个方面，就是自我认识。

人是很不容易清醒地认识自己的，中国有句古话叫"人贵有自知之明"，为什么"自知之明"就贵呢？因为人多半是很糊涂的，很容易以己之长比人之短，越比心态就越不平衡，越比就越没有动力。能够清醒地认识自己是非常可贵的。在教师的素质里有一个基本素质非常重要，就是谦逊。谦逊是人的美德，对教师来说，尤其如此，因为他要育人，要育人就要不断地学习。虚怀若谷，才能听得进东西；而志足意满的话，就好像一杯水已经满了，那再倒也倒不进去了。什么叫聪明啊，我觉得就是"耳聪目明"，就是眼睛是亮的，耳朵能够听得进人家的东西。要"入目入心"就要虚怀若谷！

怎样才能清醒地认识自己呢？我有两把尺子，一把尺子是量别人的长处，一把尺子是量自己的不足。在原来的第二师范，当我第一次上语文课的时候，非常紧张。我们的老组长徐老师来听我的课，自己清晰地记得当时我教的是王愿坚的小说《普通劳动者》。我教完了以后他就跟我说："你当然有这个那个的优点，不过，语文教学的大门在哪里，你还不知道呢！"我听了这句话，简直像五雷轰顶一样。作

为一名语文教师，语文教学的大门在哪里你还不知道，那就不合格了！我问他“门”在哪里？他没有告诉我。这个对我刺激很大，打击也很大，就变成了我一辈子追求的动力！我不仅要找到语文教学的大门，而且要登堂入室，我就不相信我这个人就找不到语文教学的大门。因此我就下决心一定要用把尺子去学别人的长处，不断地去量别人的长处。那时候我们教研组有 18 位老师，女老师很少，就我一个，那时高中阶段男教师多，我想我把 17 位老师的长处都学来了，我就成长了，这是用一把尺子不断量别人的长处。

另一把尺子是用来量自己的不足。教课之前，我是认真备课，问心无愧的。20 世纪五六十年代备课，可以说每天是明灯陪我过半夜，常常要备到第二天凌晨 1 点。那时教两个班语文，做一个班主任，再做一个教研组副组长。高中的语文，学生写起作文来，两三千字是家常便饭，你要和他交流，要改，很多是通过自己的批点和学生心灵交流的，他写两三千字，要批上个千把字。因为学生最喜欢看你的评语，他对你有一种企盼，一种渴望。我想到学生这样的一些心情，我就熬夜了，有的时候真是要熬到天亮。一学期学生要写 8 篇作文，还要写 8 篇小作文，16 篇，那是怎么样一个工作量！但是我在改作文当中，真是感到学生的青春活力对我的教育，十七八岁的年纪写作起来真是慷慨激昂、淋漓尽致。要说我的成长，我真是感谢高中的一些学生对我的教育，那种青春的感染，使我觉得教师真正是世界上最美好的事业。

我在课堂上一定要“要言不烦、一语中的”。当我有点含糊的时候，那就是废话最多的时候，为什么废话最多呢？因为自己吃不准，有点含糊。教师废话多，学生就如堕五里雾中，所以我就每次记下自己的不足。比如，同样教景物描写，每一次的景物描写要教出个性，不同的文章、不同的描写，自己要深入其中，然后才能讲出道道来，才有自己的语言。所以等到教完以后，回过头来再看一看，真是遗憾多多，所以我每上一堂课以后，都是有一个“教后”，很简单，1，2，3，4，5……记上学生的闪光点，记下自己的不足、缺陷。

有时学生学习能够超水平发挥，提出的一些问题会超出备课的想象，我都把它记下来。有些问题在备课的时候根本没有考虑到，学生对我的触发，帮助我思考这些问题，有的解答了，有的解答得不很完美，我就记下自己的不足。

四、学做人师还须德才兼备

智慧要如潮水、泉水一样喷涌而出。现代教学中，教师的教跟学生的学在一个平面上移动，学生是不服的。教师一定要棋高一着，也就是说在深度上要挖掘、在广度上要开拓，对学科发展的前沿，对学科的走势，对学科的来龙去脉要有所了解。教课捉襟见肘是没办法上好课的。怎么样才能够左右逢源呢？那就是靠教师宽广的文化底蕴。我读到学贯中西的钱锺书的书，觉得他的句句话都是宝贝，读他的《宋词选注》，深感他的注解就是学问，就是创作。有一次读到苏东坡的一句诗，写牡丹“一朵妖红翠欲流”。我怎么也看不懂，这红牡丹妖红，流下来怎么是翠的、是绿的？钱锺书先生他怎么解释呢？他说这诗里用词就好像用兵一样，可以虚虚实实、实实虚虚。红是实，翠是虚。虚虚实实、实实虚虚，红绿交错、红绿互映，造成一种幻觉。这种艺术的魅力就是文字特有的功能，它实际上比造型艺术的美还要成功。如果不读书的话，自己就无法理解，有的时候因为自己不懂，还误认为印错了，十分可笑。

五、学做人师更须开阔视野

教师更须开阔视野广泛学，为什么？因为现在的社会，它的科学精神和人文精神，有很多地方是可以交融的。教文科的老师应该学一点自然科学，教自然学科的老师应该学一点人文，因为这样可以打比较宽的底蕴。

比如，我教语文，过去我凭自己的个人爱好，喜欢看人物塑造非常精彩的小说。托尔斯泰的《战争与和平》中，独眼将军库图索夫打仗的情景，在我脑子里活灵活现，对那种以情节取胜的小说，觉得是很低级的。但是后来我就觉得不行。作为一个语文老师，了解小说的情节是很重要的。比如金庸小说里的武打全是情节。作为老师，就样样要学！我上课时经常有被学生将住的情况，有的时候问一些科学的问题，我真的讲不清楚。我们那个时候学的是经典物理学，他问爱因斯坦什么，我就讲不出来，这就逼得我再去学一学近代物理学。学了近代物理学我才知道晴空万里还有两朵乌云，这样拉开了近代物理学的序幕，出现了大科学家爱因斯坦。当霍金一出来，我马上就买《时间简史》看，不过看不懂。为了教育孩子，我还去研究美术，因为有的时候学生会拿画来问我，所以我家里画谱很多，经常读画。

六、“师风可学”与“学风可师”

在退休前，我比较强调“师风可学”，要完善自己的人格，教师身上要有凛然正气，为什么？因为社会不是真空，它总是有真善美和假恶丑的，教师是代表着最先进的文化，是做人的模范、做人的榜样，因此要追求真善美，抵御假恶丑。在世界教育中，古今中外莫不如此。作为“人师”，应力求“师风可学”。对假恶丑的东西应该是抵制的。因为现在强势文化的入侵太厉害了，思想浅薄、金钱至上、个人主义、垃圾文化、腐朽文化、黄色文化、凶杀文化，对我们没有生活经验的未成年人是极大的威胁。我们老师要坚守这一个阵地，坚守育人的阵地。我在“二师”做校长的时候，曾经提出来，不论大环境怎样，小气候一定要好，学校要有小气候，因为代表社会最主流的、最健康的、最向上、最先进的文化，因此身上要有凛然正气，“师风可学”。

后来我考虑到，要做到“师风可学”还必须“学风可师”。我们老师比较注意“师风可学”，但是对我们青年同志来讲，我觉得“学风可师”是非常重要的。要做一辈子教师，一辈子学做教师。完善人格，提升思想，提升境界，锤炼感情，教师的学风也是学生的榜样。我想这样的话，就能够完成我们国家和人民交给我们的光荣艰巨的任务。夸美纽斯讲过：教师是太阳底下最光辉的事业。我体会到，不仅是太阳底下最光辉的事，而且是太阳底下永恒的事业。没有教育，社会是一片黑暗，没有教育，就出不了人才。教育事业是永恒的，而我们的教师育人也是永恒的，让自己的学生踏着自己的肩膀，一步一步地攀登做人的高峰，我觉得是此生有幸！

刚才主持人问我，有的人说，以后不选择当教师了。我说我无怨无悔，我选择了教师，我就选择了高尚，我选择了教师，我就一辈子和年轻人在一起。学习政治、学习业务、学习做人的道理、学习文化知识，使我逐步脱离了低级趣味，逐步追求人生的理想，有了自己的精神家园，所以我说我一辈子的生命，是和肩负着的历史使命结伴同行。如果下一辈子还叫我选择职业，我仍然选择教育这多情的土地，选择我们可爱的学生，选择这永远光辉灿烂、青枝绿叶的教育事业！

挑起振兴语文的重任

各位顾问先生、老青语会的同志、新青语会的年轻同志：

今天我到这儿来感到非常幸福。首先我代表教师学研究会党组和常委会对青语会成员表示热烈欢迎和衷心祝贺！

看到今天这个热气腾腾的场面，我自然想到20年前，也是在这个地方——那时还是上海市教育局——成立第一届上海市青年语文教师专业委员会。当时，刚刚改革开放，教师队伍非常不稳定，师资流失情况很严重，许多学校的外语、美术、音乐开不成课，以至在报上有这样的广告，上面写着招聘什么什么人，其中有一句话说“环卫工人与中小学老师不得应聘”。我看了以后，心里好像刀戳一样。后来正好有机会与上海市委书记陈国栋在一个人民代表小组开会，于是把报纸一张张拿给他看。我说：“不是对环卫工人有所蔑视，但教师队伍的流失用这样的办法来卡是不对的，有句话叫‘斯文扫地’，现在的状况是‘斯文不如扫地’。”就在这样的背景下，一批年轻有志的语文教师自发地组织了青语会，在语文教育这块土地上辛勤耕耘，做出成绩。在当时的成立大会上，我和徐振维老师都非常感动，希望我们的语文土地是一片热土啊！因为它跟我们的民族情结、民族精神紧密联系在一起。当年的年轻同志组织起了队伍，不仅在自己本校的土地上耕耘，在上海耕耘，而且延伸到全国各地。有一年暑假，钱汉东、步根海、郭开平他们组织了一个全国性的上千人的大会，研讨语文教学的性质、目的、方向，组织队伍，培养骨干。

真是光阴似箭，日月如梭，一晃20年了。但20年不寻常，青语会的很多骨干撒播在各区县辛勤耕耘，支撑着语文教育的天空。有的

本文发表于《上海青语》2005年第1期。

同志埋头苦干搞起了金山大语文网站，有的同志掌管着全市语文教学的命脉，有的同志在教育第一线勤勤恳恳、兢兢业业……每次看到青年同志的成长和工作成绩我都非常感动。我一直认为教育的希望在青年身上。我经常对老教师讲，不管你承不承认，有没有意识到，世界总是青年人的，他们一定要接班的，作为老一辈应创造种种机会，让青年教师快快健康成长。

时过20年，新一届青语会成立，现在青语会的任务跟原来不一样，教师流失情况不是很严重，但语文教学碰到了困境。在金山的中国语文高峰论坛上，我因生病没办法去，但我有话要说，我做青年教师时，语文在学校是处于老大的地位，第一块牌子，现在却是小四子、小五子，从老五到老大要靠行动争取，放在新一届青年语文骨干教师身上的任务是四个大字——振兴语文。

对一个国家一个民族来说，语文非常重要。没有哪一个国家明智的领导是不重视自己母语的。法国为什么这么重视？法国管语言的办公室直属总统办公室，它在语言上是与英语抗争的，从老一代总统到现在的希拉克都有自己的独立思考。俄罗斯现在也感觉到语言是个危机，因为语言的教学、文学的教学关系一个人思维方式的成长、民族精神的树立。所以青年语文骨干教师在这个问题上应有极其深刻的认识，有了深刻的认识，就会有不懈的内驱动力，就会对自己的民族、国家、学生有感情，这是最重要的。

陆谷孙先生是外语专家，他说现在大家对外语极其重视，但最缺的是外语高层人才。缺什么？缺文化。现在把一些“庙堂”的东西都搞掉，搞些“江湖”的英语。语文也是这样，有人反对学文言文。文言文为什么不重要？这当中有这么多的民族精华，我们不是照单全收，我们只取优秀精粹作为琼浆。那么你都把它反掉了，中国人就没有东西了，因此，在这些问题上，年轻同志一定要独立思考，要捍卫我们自己的阵地，捍卫语文教学质量，振兴语文。

现在市场炒作很厉害，有些孩子从幼儿园起就厌学，这怎么得了。教育当中我们有很多成绩，特别是量上的，我们发展得很快，但是教育应以质取胜。西南联合大学只办了七八年，但出了那么多国家级的顶尖人物与世界级的顶尖人物。为什么？质量好啊！有雄厚的师资啊！

教师的质量影响教育的质量，而学校的质量说到底关键就是教师的质量，因为教师的工作是个体脑力劳动，如果个体脑力劳动质量不高，哪来的群体效应？年轻的同志，你们生活在21世纪，一定要站得高看得远。不是说不要考试，我觉得在我们国家现在最公正公平的还是考试。如果我们不考还得了？但是考什么，怎么考？考试不能只是看到技术性的东西，要看到整个的人。

在这次上海市教育工作会议前夕的座谈会上，我跟领导同志直率地讲，我们办教育是很艰苦的。那时我们跟美国的密歇根州立大学、英国的牛津大学搞青年教师职初培训的共同课题，后来到斯坦福去，他们大学一年的教育经费是10亿美元，相当于我们全国大学的教育经费。我们不能眼热别人，我们的教育经费都是老百姓的血汗钱，在座的超过800元就要交税，我做校长时一个钱掰作两个钱用，为了上海的教育经费我曾大声疾呼。教育的今天是明天的科技，后天的经济。我们是培养人啊！

21世纪是什么之争？是科技之争、人才之争。我们不是没有人才，而是出不来。我们在培养人的过程中，千万要有人的观念。比如外国语，我们当然要学，走向世界，怎么不学外国语？但是要做中国人。如果学外国语做外国人，那还办什么教育？

我们中小学教师是含辛茹苦啊！我一辈子走过来，深有体会。我们教师靠什么？教师只有这个本领，四个字——以身作则。无权无势，就是靠以身作则，使学生尊敬、信服。我们千万要育人，不能把它变形为育分。如果分数好了，就一俊遮百丑，那么人就输掉了。素质教育怎么不要考试？考试是检测手段、选拔手段，但我们要用正确的教育理念使孩子得到全面培养，德智体美劳全面培养，而不只是培养分。英国的历史学家汤因比、日本的思想家池田大作谈到21世纪教育的时候，都讲到不能只是功利，应看到功利背后人的精神世界，人的全面成长。所以年轻同志在这点上一定要牢牢把握。

我们振兴语文是与国家兴亡、民族盛衰、全民族素质的提高紧密联系在一起的。当前，上海进行“二期课改”，而进行改革是每走一步都有人反对的，不管你怎么搞都有人反对，因为要改变原来的，而原来已经驾轻就熟。改革从来都是步履艰辛，因此这中间要有一支精锐部队。从全国来看也好，从上海来看也好，改革的理念是正确的。教育部从事中华人民共和国成立以来的第八次课程教材改革，前面的七次课改，以知识为本，以知识体系为本，这次转为以人为本，这是极大的进步。

我们上海在“一期课改”时，理念在全国走在最前面，是我们提出人的培养，而且提出发展学生个性。上海是得风气之先，因为我们是开放城市，思路是非常活跃的。“二期课改”在原来的基础上有很多进展，但很多教师并不十分了解。

今年小学一年级第一册新教材推广下去，总体上是好的，很多青年教师做了很多工作。所以我想振兴语文是我们总的目标，而总目标的实现要靠我们一步一步走来，千里之行，始于足下。所以要立足于上海“二期课改”，对教材也好，对课程标准也好，要用一种补救的办法，善意地提建议和意见。因为任何事都不可能十全十美，金无足赤，人无完人，挑毛病也还是要从爱护的角度。有些东西是要靠实践的，在办公室里冥思苦想是出不来的。记得 1979 年我到北京去，他们邀我作两个报告，讲到人民教育出版社的教材，我说在用的时候感觉到哪些好哪些有问题。当时人教社的编辑说，我们编的时候就没有想到。我说这非常自然，因为我是实践的，在课堂中实践，面对着几十个生机勃勃的孩子，几十个孩子的聪明才智弥补了我的认识，改变了我的认识。这就叫实践出真知。

我苦于年纪大了，真是舍不得三尺讲台，离开了课堂，我认为自己的生命已熄掉了一半。我非常羡慕年轻同志在课堂里摸爬滚打，这是教师生命最闪光的时候，所以一定要把课上好，这样才能立于不败之地。记得我刚教语文时，当时的老组长来听我的课，我非常想听他的课，他不让我们年轻同志听。他听了我的课后给我评价，当然讲了几句好话，最后说：“语文教学的大门在哪儿你还不知道呢。”我听了这句话，如五雷轰顶，但这句话，激励了我一辈子。我想人是要自强的，我不仅要找到语文教学的大门，而且要登堂入室。人为什么活着，为了一口气，一口志气！我既然做了教师，就要对我所教的学生负责任。

在座的年轻同志，你们是教师队伍里的骨干，希望你们继承发扬前一届青语会教师的创业精神、奋斗精神，在现实条件下，也许困难更大，因此要拿出百倍的信心、千倍的勇气，把自己的基础打得扎实。为了我们的孩子，为了国家的兴盛，这是我们每一个有志向、有信念的教师应该尽的责任。

祝愿大家在课改的历程中，能够发挥自己的聪明才智，千万不要随风飘，否则飘到最后连自己都没有了。要独立思考，认准了就去做。多少年执着下来，必然取得成绩，必然取得巨大成功。

钟情·倾心·精神家园

不少青年教师问我："怎样才能当一名深受学生喜欢的语文教师?"并急切地希望我给他们以满意的回答。

问题问得好。"深受学生喜欢"，学生喜欢教师，与教师在情感上就会"零距离"，交流就能敞开心扉。爱屋及乌，爱教师，就会爱教师教的学科；教师教的课有磁性，吸引他们，他们就会产生兴趣，形成爱好，从而学习积极性高涨，孜孜以求。

回答这个问题颇有难度。绝非单纯的教学技能技巧所能解决，它受众多因素的制约与影响，如教师的人格、学养，课程设置，教材编写，业务水平，教学能力，与学生的关系，等等，非三言两语说得明白。回顾教学历程，经验教训历历在目，我只能试着回答，和年轻的同行共同探讨研究。

要深受学生喜爱，敬业爱岗是前提。当一名语文教师首先要对所从事的语文教育事业满腔热情满腔爱。宋代大词人辛弃疾在《贺新郎》词里说得好："我见青山多妩媚，料青山、见我应如是。情与貌，略相似。"语文教师和语文教育知交、知心、知己，心心相印，课堂里就会产生教育的能量，给学生以温暖。如果对语文缺少情意，冷淡、冷漠，做一天和尚撞一天钟，教学中就不可能激发学生的学习热情，更谈不到有共振效应。

本文发表于《中学语文教学参考》2005年第Z1期。

一、钟情于祖国的语言文字

汉字是中国文化的脊梁。作为一种表意文字，其结构形态有一个形成的过程。关于汉字的产生，有一个美丽的神话。《淮南子·本经训》作了这样的描述："仓颉作书而天雨粟，鬼夜哭。"创造了文字，人类社会文明发端，吓得天下小米，夜里鬼哭，听说龙也潜藏了。汉字有多大的魔力，多强的功能啊！字是怎么造的呢？"穷天地之变，仰观奎星圆曲之势，俯察龟文、鸟羽、山川、指掌而创文字"，依类象形，造化自然。显然，我们汉字的产生正是我们民族对自己所理解的世界样式的符号化的勾勒。

汉字由形、音、义构成，其中"形"是关键，区别于拼音文字，它兼有表意注音的特点（形声字占 80% 以上，现表声部分有相当数量已失去表音功能）。象形、会意、指事、形声等都是造字方法，它们充满了创造的智慧，只要看到"形"，就能受到强烈的直观刺激，知其意，开展想象，进行推理。例如"羊"，这是个象形字，整个字形像羊的头部（甲骨文"羊"的图形），用客观事物的局部形象代表整体事物。羊和善、温顺，从不伤人，因而被用来表示吉祥的意思。"祥"是后起的字，从古字"羊"而来。"美"，是会意字，由"羊""大"两个字组合而成。上"羊"下"大"，"大"像一个人，整个字形像一个人修饰打扮成羊首的形状，用来表示美丽、美好的意思。"美"字从美丽、美好的义项中又引申出赞美、鲜美、善事、好事的意思。"群"，是个形声字，"君"是声符，"羊"是形符，原上下结构，现左右结构。羊喜欢群体活动，"群"用"羊"字作偏旁表示群体。"兽三为群，人三为众"，许多兽畜聚合在一起便成为"群"，许多人聚合在一起便成为"众"，"群""众"二字意义相近，便组合成"群众"一词。从一个例子，就可深味到汉字富有神韵，奥妙无穷。它是具体的、灵活的、富有弹性的，想象的空间特别大，深入其中，人会聪明起来，受到各种各样的启发。研究脑功能开发的学者提出，拼音文字是“单脑文字”，汉字则左右脑并用，是“复脑文字”，或“双脑文字”，这是很有见地的。

汉字特别有灵性，审美价值很高。字形往往由视觉符号直接表示概念，图画性强，且注意笔画，注意间架结构，端庄、匀称、和谐，韵味十足。有些是沉稳，有些是飘逸，千姿百态。我常有这样的感觉：翻开外文书，见到的是一块块扁砖砌成的墙；翻开语文书，犹如步入画廊。“川”，水在活泼欢快地流；“鸣”，鸟引吭高歌；“马”，马奋蹄疾驰……高高低低，疏疏密密，那种愉悦，那种美的享受，难以言表。记得小学刚写描红时，老师要我们把字写匀称，要我们把描红字对着太阳照，看字镶的红边美不美。汉字美不胜收，在我心中扎下了根。汉字字音的美妙也是天下一绝。字音是句子音律的基础。字有平声、仄声；平声、仄声又有阴平、阳平、上声、去声，过去还有入声。读起来或慷慨激昂，或娓娓动听，抑扬顿挫，妙不可言。有时候听别人读书、讲话，似乎在听乐曲演奏，悦耳娱心。

汉语言文字珍藏着我们中华民族 5 000 年的全部精神财富，是中华灿烂文化的重要组成部分。海德格尔的追随者伽达默尔在《人与语言》中曾这样说，“语言是储存传统的水库”，“语言是人类社会性遗传的主要渠道，人民精心地把自己的精神生活的全部痕迹都保存在民族语言中”。钟情于祖国的语言文字，就直接触摸民族的历史文化，领悟其价值和精神追求，体验各个时期各类作品表达的思想感情，在与语言文字为伴的过程中，自己也获得了成长。你一心一意热爱它，它就给你丰厚的回报。

二、倾心于语文教学

能有机会对学生进行汉语教育，应该说是一种幸福。

语言是基础，它的重要性常被忽视。人生活在语言中，生命刚开始，意识刚产生，语言就像空气一样围绕在身旁。语言使人有了人的世界，有了文化，有了历史，人不能离开语言而存在，人生活在文化、历史的世界之中。教育培养人、塑造人、提升人的精神世界，语言离不开思维、情感，没有语言就没有教育。对学生进行汉语教育，不仅让他们理解、领悟汉语言文字的优美、简洁、深刻、和谐，内涵丰富，联想空间大，而且能以优秀的文化传统对他们进行精神哺育，培养他们的民族情结。

如教学生诵读古诗词，就不能只停留在词句的解释层面，自己首先要读出感情，读出自己独特的感受，才能教出气氛，教出特色，教出效果。曹操的《观沧海》是名篇，其意境的开阔、心胸的宽广就给人以心灵的震撼。“秋风萧瑟，洪波涌起。日月之行，若出其中；星汉灿烂，若出其里。”天地宇宙，尽在胸中，那种浩大的气魄，那种纵横捭阖的思维方式，反映了中华民族的英雄气概和人与自然的和谐融合。这使我联想到法国大文豪雨果所说：“世界上最浩瀚的是海洋，比海洋更浩瀚的是天空，比天空浩瀚的是人的心灵。”“一颗心灵的叹息，能比一城的喧嚷道出更多的东西。”

诗词表现的思维方式有多种多样，有时聚意点睛，有时反其道而行之，均能给人深深的启迪。如北宋宋祁的《玉楼春》中“绿杨烟外晓寒轻，红杏枝头春意闹”，一个“闹”字生动传神，你尽可以展开想象，感受繁花似锦、蜂蝶飞舞的迷人春景。又如唐代刘禹锡的《秋词》：“自古逢秋悲寂寥，我言秋日胜春朝。晴空一鹤排云上，便引诗情到碧霄。”诗人的智慧体现在求异思维上，一反感伤情绪，表达了昂扬奋发的情怀。只要与诗中景、诗中物、诗中人、诗中情真诚相待，就能心灵沟通、情感交融，教起来能得心应手，学生受到感染。

有些文章简直就是语言的仓库，佳词美句、成语特别多，认真钻研，受益匪浅。如韩愈《进学解》中“业精于勤，荒于嬉；行成于思，毁于随”“爬罗剔抉，刮垢磨光”“纪事者必提其要，纂言者必钩其玄”“贪多务得，细大不捐”“焚膏油以继晷，恒兀兀以穷年”“沉浸酴郁，含英咀华”“佶屈聱牙”“同工异曲”等，不再一一列举。对治学、修德，前人文学艺术的特点等阐述得言简意赅、言简意深，语言的表现力发挥到极致。遨游于其中，会乐而忘返。

有些作品语言的精当、有分寸、委婉曲折，简直令人拍案叫绝。如《林黛玉进贾府》有这样的句子："天下真有这样标致人儿！我今日才算看见了！况且这通身的气派竟不像老祖宗的外孙女儿，竟是个嫡亲的孙女儿似的，怨不得老祖宗天天嘴里心里放不下。"王熙凤见到林黛玉后在贾母面前说的这番话极尽阿谀、奉承、拍马的能事。贾母心中真疼爱外孙女儿，王投其所好，赞林黛玉标致，讨"老祖宗"欢心。赞，绝非一般的称赞，而是天下绝无仅有，够意思，够分量。然而，王又生活在众多复杂的社会关系之中，王夫人、邢夫人得罪不起，众姐妹也不能怠慢啊，于是就有了两个"竟"的语言：明明是"老祖宗"的外孙女儿，"竟不像"；明明不是"嫡亲的孙女儿"，却"竟是个"，像还是不像，是还是不是，尽在不言中。一句话，把上上下下，左左右右，全部摆平，大家不仅觉得悦耳，心里也舒服，这种语言艺术令人叹为观止。你对它有真情，这个"它"当然是美文佳作、精品、上品，它就会告诉你许多丰厚的内涵，让你处在不断的惊喜之中。

学生写错别字，文理不通，教师也不要气恼。劈头盖脸地批评，罚抄写多少遍，实在是下策，除了增添学生厌恶之情，很难说有所得。如果满怀感情，从"趣"字入手，学生煞有兴味，就在好奇氛围中入耳入心。如学生很容易把"染"写成"染"、"刺"写成"剌"，"炙""灸"不分，"裹"的笔画错位，乱七八糟。和他们讨论时，开玩笑地告诉他们"染坊""印染厂"是不卖"丸药"的，"九"指"多"，印染厂有各种各样颜料，能印色彩纷呈的织物。"束"中间有根腰带"一"，"刺"是尖的，没有腰带，刺刀、刺眼、刺耳、刺针，全是尖锐的、刺激的。"炙"是会意字，把肉放在火上烤，是一种烹调方法，"⺼"是"肉"；"灸"是形声字，上声下形，将火附在物体上烧，用在人体的穴位上，治病；烤肉不是治病，混淆不得。"裹"，字形结构一分析，"衣"字中间包着一个"果"，包裹。学生这类字一点就通，就不会多一笔少一笔乱写了。教学，目的在让学生理解、学会，不一定都要从文字学、语言学的角度剖析，只要他有兴趣，一点就通，收到效果就行。

心贴在语文教学上，会悟到教文育人的许多新鲜事，有趣事，意味深长的事。

三、
语言，我的精神家园

人之所以为人，当然不能只停留在生物学的层面。人有知觉，还有情义，因而，人还要进行精神层面的追求。物质生活是生存的基本保证，基本满足就能获得快乐，而精神上的追求永无止境。古今中外至圣先贤执着追求的是生命的意义、生命的价值，追求生命内在的丰厚、完美，追求诗意的精神家园，让生命的清泉汩汩流淌，为事业添彩，为人类造福。语文教师是育人的人，精神上的充实、升华、伸展，当然是应追求的目标。

我从事语文教育，语文就是我的精神家园。我与它朝夕为伴，交往，对话，倾听，诉说，从中享受自然、体验人生，经历苦难曲折，步入思想高地，领略无限风光。那种欢乐，那种情怀，那种在母语家园里边遨游边吮吸雨露甘醇的自由自在难以言表。

长期居住在城市里，喧嚣、烦躁、劳累不断袭击，常感生命不堪承受之重。此时此刻，读一读陶渊明，读几篇山水游记，似乎立刻变了一个人，心境平和起来，徜徉于山水之间，美景如画，目不暇接。就说柳宗元的《小石潭记》，读过，教过，不知读过多少遍，但一捧起它，不仅有老友重逢的欢快，而且仍然觉得十分新鲜。水声清脆如环佩叮咚，不仅作者耳闻，也弹奏到我们读者心中。潭水澄澈空明，游鱼“影布石上，佁然不动，俶尔远逝，往来翕忽，似与游者相乐”，寥寥数语，绘声绘影，生动传神。鱼的影子映在潭底石上，痴呆地一动不动，忽而游到远处，倏忽地来来往往，似乎与这位贬居的游客取乐，慰藉他的心灵。读到这些，你会欣然感受到天地造化了不起，有那么多可爱的小生灵娱目慰心，还有什么烦恼不能排解？至于“潭西南而望，斗折蛇引，明灭可见。其岸势犬牙差互，不可知其源”，就会联想到人生道路何尝不是如此！尽管溪岸犬牙交错，还是要勇往直前探其源。

汉语言文字文化底蕴深厚，描摹客观世界，刻画内心的思想、情感，那种准确、逼真、灵动，会把人引入美的世界，许多优秀作品几乎是美的海洋，哪怕只是在海边沙滩上捡几个贝壳，也会享受到审美的乐趣。比如鲁迅《社戏》中月夜行舟的美景，只要你调动视觉、听觉、嗅觉、触觉，就会和“迅哥儿”一样“自失起来，觉得要和他弥散在含着豆麦蕴藻之香的夜气里”。人与自然是如此和谐交融，达到物我两忘的境地。美哉，少年；美哉，水乡夜景。同样是乡村水景，《好的故事》呈现的是色彩斑斓的美的人和美的事，“错综起来像一天云锦，而且万颗奔星似的飞动着”，“缕缕的胭脂水，然而没有晕”，大红花被拉长成“泼刺奔迸的红绸带。带织入狗中，狗织入白云中，白云织入村女中……”水天同景，变幻莫测，美丽，幽雅，有趣，然而彩笔绘的竟是梦境，朦胧中追求的美好，醒来后连一丝碎影也没有。向往美好的背后深藏着无限的悲凉。沈从文的《边城》把湘西的美景写得如诗如画，就拿白河来说，“河底小小白石子，有花纹的玛瑙石子，全看得明明白白”，水中游鱼“如浮在空气里”，两岸高山上的细竹“长年作深翠颜色，逼人眼目”；更美不胜收的是“近水人家多在桃杏花里”，“凡有桃花处必有人家”，夏天日光下晾晒的是“紫花布衣裤”，炫目耀眼……疏疏几笔把人间刻画得犹如仙境。然而，就在这依山傍水的美景中，演绎着两代人的爱情悲剧。什么叫悲剧？就是把美好的东西撕裂给人看，使人痛心疾首，挥之不去，从而产生珍惜美好、拥抱美好的情感。这样的例子不胜枚举。深入语言文字构筑起的王国，咀嚼，品味，感悟，深思，会认识人世沧桑，受到美好情操的熏陶感染，净化和丰富自己的心灵。

更使我心灵震撼的是作品中或显现或蕴含的思想高地、智慧高地，它们驱使我不得不思考一些严肃而又不是唾手就可解答的问题：生活道路的走向；生命的意义和价值；如何善待生命的美好，发挥聪明才智，不负此生，不虚此生？先哲先贤、思想者、践行者，在一篇篇充满智慧的文章、一部部感人肺腑的作品中唤起读者精神上的觉醒，牵引人的灵魂往上升。例如《论语》《孟子》《庄子》对天、地、人的精辟论述，宋代张载的“为天地立心，为生民立命，为往圣继绝学，为万世开太平”，古圣先贤的博大胸怀和非凡智慧对自己认识社会、思考人生、修身养性有无穷的启迪。

诗歌是诗人生命的冲动，感情的倾诉，“情动于中而言溢于表”，当外物和人的内情猛然撞击或交融时，就形成动人的诗篇，就会产生千古绝唱。工作上碰到困难，人生旅途中遇到曲折，顺境也好，逆境也好，读几首诗，背几句诗，立刻会胸襟开阔、干劲倍增。教师没有眼界，没有心胸，难以成事。杜甫《望岳》的“荡胸生层云，决眦入归鸟。会当凌绝顶，一览众山小”，增添我奋勇攀登高峰的精神养料。白居易《赋得古原草送别》的“离离原上草，一岁一枯荣。野火烧不尽，春风吹又生”，暗示我要锤炼顽强拼搏、百折不回的意志。读这些诗不是简单地从中找到答案，排除某个困难，接受某个教育，而是进入诗的意境，触摸诗人脉搏，受思想、智慧的浸染，是一种心灵的洗礼，是一种自我的超越。

杜甫的《登高》是名诗，起句“风急天高猿啸哀，渚清沙白鸟飞回”，狂飙好似从天外飞来，突兀，悲壮，而我们更为传诵的“无边落木萧萧下，不尽长江滚滚来”，它究竟有怎样的魅力？探究其内涵，会顿然领悟到人又何尝不是长江边的一棵树一片叶，总要萧萧落下。那是不是因为要“落下”，就马虎，就沉沦，就无所作为？不，“不尽长江滚滚来”，长江无尽，滚滚向前，当一片落叶融入滚滚长江之中，就由短暂获得永恒。这种困境中自拔，生命意义的禅悟，艺术化到极点，没有大智慧，怎能道出一二？由此，我联想到我国的不少诗文，在追寻、拷问生命价值时，常常具有悲壮的色彩，那忧国忧民的思想、言行形成浓郁的氛围，紧紧地裹住你，启你深思，助你奋起。辛弃疾的词《破阵子》描绘了沙场秋点兵的磅礴气势和壮观形象后，一句“可怜白发生”催人泪下。壮志虽难酬，但诗中洋溢的为国献身的赤诚与意气，构成了激动人心彪炳千古的爱国篇章。陆游的一首首诗又何尝不是如此？“一身报国有万死，双鬓向人无再青”（《夜泊水村》），“僵卧孤村不自哀，尚思为国戍轮台。夜阑卧听风吹雨，铁马冰河入梦来”（《十一月四日风雨大作·其二》），这种忧国忧民的拳拳之念，报效国家的强烈感情至死不渝，即使离开人世，也同样牵肠挂肚——“王师北定中原日，家祭无忘告乃翁”（《示儿》）。这种用血泪、身躯，用至真至纯的赤诚酿就的精神财富，是琼浆，是醍醐，每读到它们，总是思绪万千，激动不已。联想到清末林觉民的《与妻书》，现代殷夫的《别了，哥哥》，诗也好，文也好，为真理而澎湃的青春热血，能涤荡读者的灵魂，净化读者的感情。

汉语，是我的精神家园。作为一名语文教师，在这儿追寻真，追寻善，追寻美。无数的圣者、贤者、智者引领我向前迈步，我吮吸民族精神的精华，民族语言的精粹，生存得很充实，发展得也有滋有味。我在学习汉语、应用汉语中成长。我曾经这样傻想：如果有一天谁剥夺了我热爱汉语、倾心语文教学的权利，那我就失去了精神家园，成了无家可归的人；如果那样的话，我的生命也就枯竭了。

年轻的同行，爱我们的汉语，爱我们的语文教育吧，它是那么丰富，那么美妙，那么奥秘无穷，你会从中获得无限的欢乐、无限的智慧！

了解，研究，走进学生世界

这次课程教材改革是中华人民共和国成立以来第八次课程教材改革。与前几次相比，它的显著特点是以学生为本、以促进学生的发展为本。从以知识为本、以知识体系为本发展到以学生为本，以促进学生的发展为本，应该说是极大的进步。

改革至今，时日虽不算长，但教师对此已耳熟能详，不少语文教师在教学实践中想方设法努力实现。然而，对于为什么要树立这样的教育理念，如何把这先进的教育理念转化为教学的现实，现时代我们的教育对象——学生具有怎样的特点，我们的语文教学究竟怎样才能走进学生世界，特别是学生的心灵世界，我们了解得还不深入，研究得还不透彻，故而，多在方法上、窍门上兜圈子，有时还是从教师的主观愿望、主观设想出发。点子虽不少，学生不领情，尤其高中阶段学生更是如此。知“心”才能教“心”，教学的实效性与教学的针对性紧密相连，不可小视。

一、促进学生的发展是大事

为什么要以学生为本，以促进学生的发展为本？这次课程教材改革的宗旨在于真正实现素质教育。一谈到考试，不少人神经紧张，认为办学就是为了“考”，教师教就是为了“考”，学生学就是为了

本文发表于《中学语文教学参考》2005 年第 3 期。

“考”，“考”似乎与素质教育水火不相容。其实，素质教育不是不要考试。就当前而言，考试还是最公正最公平的手段，无论是选拔还是检测，除极个别的枉法外，其在社会上的受信任度还是比较高的。但我们不能错把手段当目标。目标是培养人，为培养合格公民打下良好的素质基础。认识和行动上如果错位，淡化或忽略“人”的培养，或者只育“分”不育“人”，后果的严重性将不堪设想。

以学生为本，以促进学生发展为本，至少可从以下几个方面考虑。

1.
时代的呼唤

综合国力的竞争实质上就是人才的竞争，国民素质的竞争。众所周知，今日的教育就是明日的科技，就是后天的经济，今日课程的走向影响明日的国民素质。社会主义现代化建设必须依靠科技进步和劳动者建设者的素质提高。与许多发达国家和有些发展中国家比，我国国民素质所处排名位置较低，不尽如人意。几十年来，我国教育取得巨大成就，但就教育理念、体制、结构、培养模式，乃至教育内容、方法等而言，相对滞后，影响了青少年的发展，不能适应提高国民素质的要求。以学生为本，促进学生的发展，正是当今时代对我们教育的急切呼唤。

2.
战略的需要

基础教育是普及教育，它的指导思想如何，质量如何，关系全民族素质的能否提高。它不是一地一校局部的事，而是影响民族素质的全局，因而具有战略意义。放眼看世界，为了国家的生存、发展、富强，许多明智的领导人都十分关注教育，把教育放在重要的战略地位。

教育抓什么？最为关键的是培养人，培养怎样的人。从相当规模的调研资料来看，我国中学生在学校接受教育，得益最多的是知识与能力，而批判性思考、责任感、自主获取知识的能力、价值判断、创新意识和精神等均较差，人文精神缺失。学生在学校学习，获取知识的能力得到培养，是教育应承担的责任，是好事，但不能局限于此，更何况由于机械操练的影响，能力中缺陷甚多。获取知识与能力不是教育教学的全部，其他方面残缺不全，必然影响学生的健康成长。局部不能代替整体，片面的教育质量观对学生的全面发展是极大的障碍。培养思想道德素质、科学文化素质、身心素质良好的现代文明人是我们建设有中国特色社会主义的战略需要。

3.
教育本质的聚焦

教育的本质是培养人，增强人的精神力量。古希腊哲学家柏拉图在《理想国》中就曾借苏格拉底之口，用“洞穴中的囚徒”为隐喻，说出了教育的真正含义。教育是把人，把人的灵魂、精神引向真理世界，从黑暗引向光明，从意见世界引向真理世界。英国历史学家汤因比与日本思想家池田大作关于 21 世纪的对话中谈到当代教育，认为教育本质不应以谋实利为动机，而要寻求“精神存在”之间的心灵交流，开启人的心灵与富有的大脑。现代教育“长度”增加——终身教育，不能忘记深度，教育最终为人的精神服务。我国自古以来，教育强调“人”的教育，“大学之道，在明明德，在亲民，在止于至善”，“千教万教，教人求真”，强调精神达到高处的真实之境。精神的牵引实际上就是人生境界的提升，而知识、能力正是帮助精神攀升的阶梯。因而，教育的本质聚焦在人的培养、人的发展、人的精神的提升上。学生在学校接受教育，学习各门功课，无论从学生个体的成长来说，还是从社会的实际需要来说，都要着力于他们的发展。“发展”是学生的基本权利，把每个学生蕴藏的潜能变成发展的现实，他们将终身受益。深刻领会这一点，教育教学以学生为本，以促进学生的发展为本，就会顺理成章。

当然，教育教学实践要牢固树立这样的教育理念并付诸实施并非易事。因为教学中对教师最强烈的刺激莫过于教材与考试考分。一个个具体的问题、一件件具体的事，关注得多，投入得多，全局的观念有时反而淡漠起来。居高方能临下，大局在胸，牢牢把握教育的本质与课程改革的核心，目中就会真正有“人”，脑中就会有一个个学生鲜活的形象，处处为学生今日的健康成长和明日的长足发展着想。心中有学生，教学就能产生热情，产生智慧，充满活力。

二、学生世界繁复多彩

众所周知，认清材料的质地是雕塑工艺师的基本功。对所雕塑的材料进行仔细的研究，摸清它们的纹理、曲直、坚硬程度，以及能承受的压力大小，因材雕刻塑造，才能制作出巧夺天工、令人赞叹不已的工艺品；如果忽视这项基本功，拿到象牙、玉石、水晶、黄杨等宝贵材料，不识材势，不辨脉理，鲁莽地下刀、使锯、运凿，其结果不是卡了丝，就是损了块，材料被糟蹋。

教师不是工艺师，但同样有识质的问题。教师培养的对象是青春年少充满活力的学生，任务是培养他们成长、成人、成才。不言而喻，这个工作比制作工艺品更复杂千百倍、精细千百倍。教学工作要想取得成效，一定要重视和锻炼识质的本领。语文教师要花相当力气了解学生，研究学生，洞悉他们的内心世界，把握他们在成长过程中的发展与变化，把自己的教学工作建立在科学的基础之上，按照规律办事。否则，从主观臆想出发，就会盲人骑瞎马，事倍功半，师生的时间与精力都有所浪费。而这个方面正是当今教学中的不足，甚至是严重不足与缺陷。功夫往往花在操练与考分上，对学生群体与个体的了解、研究不予重视，甚至还有人认为“我只是教书、应考，我只管语文，管什么‘人’不‘人’”，这不能不说是教育的悲哀。思与行都偏离了准星，走了线。试问，目中如果无人，教学又怎能从实际出发，有的放矢呢？

1.
认识和研究学生的新情况新特点

当今，科技飞速发展，经济与社会发展日新月异，学生生活在现代社会，多元经济并存，多元文化碰撞，信息传媒普及，都会对他们产生正面的或是负面的影响，他们的思想、道德、情操、价值观，他们的兴趣、爱好、追求，他们的行为举止，无不渗透着时代的气息。用我们教师做学生时的时代眼光与判断标准来看当今的学生，就会不适应，就会有刻舟求剑的尴尬。

学生世界繁复多彩，他们的生活世界、知识世界、心灵世界充满了奇幻，又充满了现实的追求。他们成才的愿望特别强烈，不甘于做平常人。他们见识比较广，接受外界信息的灵敏度比较高，有时看问题尖锐和深刻的程度大大超过他们的年龄，有的甚至有历经沧海桑田，似乎看破红尘之感。他们敏于思索，善于质疑，不轻信教师的话，对社会对人生常有自己的看法，不与别人苟同，以表示自己的见解独特。他们的兴趣十分广泛，对古今中外的人和事往往带着猎奇的心理了解、询问，对现代化科技、媒体、网络、时尚产品、歌星球星，更是津津乐道以至神往。他们对生活用品、时尚的了解，教师常常远不如。

学生思维活跃，科技知识起点高，生活知识丰富，憧憬美好的未来，这是时代造成的必然。但与此同时，他们又存在明显的不足，如国家意识淡薄，道德观念、集体主义观念淡薄，经典阅读、文化积淀与之前的学生比较，简直是大为逊色，甚至是不成比例。他们喜欢开放性的事物，但由于内心封闭，与外界沟通少，乃至与父母都不愿沟通，更不用说倾心交谈。由于民族优秀文化传承的薄弱，有的学生对西方文化不辨良莠，不识美丑，照单全收，缺乏正确的文化判断力。

学生的种种情况既给语文教学带来有利的条件，又给语文教学带来严峻的挑战，如何让语文教学进入学生的知识世界、生活世界、心灵世界，而不是游离于学生世界之外，沦落为应考的雕虫小技，是语文教师值得重视并值得付出心血研究的问题。母语教学不是一般性的技能技巧的教学，关系民族后代心灵的塑造、情感的滋润、正确价值追求的形成，而这些都要通过语言文字传神的教学、一篇篇美文佳作的熏陶感染方能实现。怎样才能让学生心中真正有母语的地位与价值，热爱它，情有独钟地学习它？恐怕干瘪的思想、狭窄的视野、刻板的训练难以奏效。要在讲究基础性的同时，兼及丰富性、深刻性和艺术性，吸引他们学习，发扬他们的长处，引导他们克服自身的不足。

2.
审视学生之间的差异，保护和调动各类学生的积极性

教育面向全体学生，教师就不仅要认清当代中学生的共性，认清他们对语文的认识、感情、兴趣、追求以及评价，而且要审视学生之间的差异，保护和调动各类学生学习的积极性。语文教师面对着上百个学生，尽管同在一所学校，但由于遗传基因、家庭情况、周围环境等种种不同，他们的思想、性格、习惯、学习基础、接受能力也就有明显的差别。教师教学，胸中不仅要有班级的全局，而且要有一个个学生鲜活的形象。

我们的教育教学长期以来善于“一刀切”，用一个标准要求所有学生。其实，寸有所长，尺有所短，在被视为语文水平差的同学中，仔细研究，他们的语文能力中也有强项。我教过的学生中，有些字写得歪七斜八，文章前言不搭后语，但口才好得很；有些背诵默写总漏字、添字、张冠李戴，但在解答问题时常在语句不顺畅中透露出独特的看法。人有多元智能，在一个人身上，有强势智能，有弱势智能，这已经得到大家的共识。学生也是如此，有些语言智能强，有些逻辑思维强，有些音乐才能强，等等。但不管是弱势智能还是强势智能，

都应具体分析。语文水平不是混沌世界，不是铁板一块。强的同学中有弱点，弱的同学中有强项，发扬他们的长处，激发他们树立信心，他们的语文能力、语文素养就能获得较好的发展。

早在 2 000 多年前孔子就强调“因材施教”：强调教学生要“观其所以”，观察学生的日常言行；“观其所由”，观察学生所走的道路；“察其所安”，考察学生的意向；“退而省其私”，考察学生私下的言行。目的在摸清学生的志趣、才能、特长。今日的教育重视学生有个性地发展，就是让性格不尽相同、志趣迥然有异的学生都能受到保护，都能健康发展。语文课程标准给学生有个性地发展留下了相当的空间，语文教师大有用武之地。只要重视这件事，多思考，多花功夫，多侧面多角度观察，不凭一时一事了解所得为依据下判断，就能逐步进入学生纷繁多彩的世界，洞悉他们的个性。

三、和学生的心弦对准音调

苏联教育家苏霍姆林斯基曾说过这样一段精彩的话：“在每个孩子心中最隐秘的一角，都有一根独特的琴弦，拨动它就会发出特有的音响。要使孩子的心同我讲的话发生共鸣，我自身就需要同孩子的心弦对准音调。”确实如此，语文教师不和学生的心弦对准音调，说的话就不可能在学生心中引起共鸣。振幅极小，或没有振幅，师生的思想感情得不到很好的沟通与交流，教师话语的感染力也就大大削弱。

要“对准音调”，首先要发现每个学生心中那根“独特的琴弦”。有些学生性格开放，容易发现他们内心的活动，更多的是心里的某一角藏着奥秘，教师没有精细的目光很难找到那根琴弦。教师不能只站在学生世界的外面观察，要站到学生世界之中眼看耳听，搭准他们的脉搏。要有眼力，巨细不漏，越是细微之处，越不让它在眼皮底下溜走。就拿课堂上来说，某个同学撇一撇嘴，某个同学脸上掠过一丝笑意，某个同学目光中突然出现某种异彩，等等，全是心弦弹奏的信号，尽管那些细微的表情或动作瞬息即消逝，教师如果迅速捉住，和彼时彼地彼事联系起来思考分析，就可窥见学生心中的那“一角”，可以窥见他们对语文，对某篇课文、某个练习的态度，可以窥见他们对某些问题的所思所想，大至社会、人生，小到一句话语。遗憾的是在教学中我们常只注意实现预定的目标，而丢失了进入学生心灵世界的良机，从而教学的针对性、有效性大打折扣。

要“对准音调”，还要在沟通、理解上多下功夫。“对准音调”的基础是师生要有共同语言，他们的喜爱、心情、愿望、语言、行为等，不能简单地以成年人的想法来框，认为是粗糙的、幼稚的、鲁莽的，甚至是可笑的。语文教师一教，学生语文水平立即显著提高，那是神话；如果不费吹灰之力，一学就会，要我们语文教师干什么？学习是个过程，语文学习靠日积月累，细水长流，语文教师多站在学生的位置上设身处地想想，就能增加理解，减少浮躁，少下“禁止令”，少设“阻挡栏”，而是积极引导，为他们出谋划策。学生兴趣广泛，对影视、歌曲、球赛方方面面如数家珍，教师少不得也要关心、熟悉，乃至培养兴趣。知心才能交心，师生之间共同语言多，那根“独特的琴弦”就会发出特有的音响。

“音调”不是固定不变的。青少年学生在成长时期，知识日益增长，能力不断提高，智力不断开发，思想、性格、兴趣、爱好等都处于变化之中。有的顺着原来的方向发展、加深，渐趋成熟；有的进步缓慢，似乎裹足不前；有的变化比较大，不是在原来的轨道上移动，而是拐弯，形成了角度。如好动的变成好静的，学习态度马虎的认真起来，某些知识缺陷弥补后出现了飞跃。因此，教师了解、研究学生的工作不应是静止的，停留在某一点或某一阶段，而要有连贯性，做点简要记录，比较分析，从而摸索有效的教育教学好方法。

“语文课程应致力于学生语文素养的形成与发展。语文素养是学生学好其他课程的基础，也是学生全面发展和终身发展的基础。”“高中语文课程要充分发挥其促进学生发展的独特功能，使全体高中学生获得应该具备的语文素养，并为学生的不同发展倾向提供更大的学习空间；要为造就时代所需要的多方面人才，弘扬和培育民族精神，增强民族创造力和凝聚力发挥应有的作用。”

要在语文教学实践中真正落实义务教育阶段和高中阶段上述的教育理念，语文教师研究学生、进入学生世界就是应有之义，就是应具备的基本功。这方面的基本功扎实，学生对语文学习的厌倦态度就有望克服，出现生动活泼的教学美景。

好词典会让教师心有所托

《现代汉语规范词典》一出版，我就去书店购买了一本。这不是别人推荐，而是我自觉自愿。原因很简单，因为我是语文教师。

中学语文教师没有大学问，但课必须教得既生动活泼，又一清如水，尤其是字词教学，一是一，二是二，不能有半点含糊。一名热爱祖国语言文字又比较负责任的教师，必然案头放着好几本词典，如《辞海》《现代汉语词典》等，随时查用，向这些不说话的老师请教，疑难就会迎刃而解，获得解惑的快乐。

为什么要急于购买《现代汉语规范词典》呢？就我而言，至少有三点理由。一是改革开放以来，社会上各行各业出现了数量不少的新词新语，甚至产生了很多全新的词语搭配方法。与此同时，也出现了语言空前混乱的现象。网络语言、广告语言、流行歌曲语言不规范的比比皆是，媒体上字词的差错常令人哭笑不得。如何对待这些现象，哪些是规范的，可用的，哪些是不规范的，不应该使用的，心中没有底，就很想有一本能反映国家语言规范标准的词典。二是由于《第二次汉字简化方案（草案）》废止后，留下了不少负面影响，常出现不该简化的乱简化等现象，还有异读词、异形词，常常混淆。这些问题只有靠规范词典来澄清。查检一下，把握大了，说话、下笔就有了底气。三是外来强势语言、强势文化的浸染使中学语文教学的价值与地位日趋下降，在学校学科教学中沦为“小四子”“小五子”。不被重视，只因为这个学科质量的提高无法急功近利。社会上就更不

本文发表于《中国教育报》2005 年 3 月 17 日。

必说，外语成了佼佼者。我们要走向世界，学外语当然重要，但不能颂外抑中，数典忘祖。余光中说得好，“中文乃一切中国人心灵之所托，只要中文长在，必然汉魂不朽”。母语是历史流注的民族精神，万方辐辏的智慧融合。学生学好母语绝非雕虫小技，而是关系到民族文化的传承与发展，关系到民族素质的提高。在语言现象混乱和对民族文化缺少认同感的情况下，出版一些好的词典，展现中华语言文字的深厚积淀和感人魅力，无疑是在弘扬民族精神，教育青少年学生。《现代汉语规范词典》在“规范”上下功夫，满足了教师、学生、文化工作者语文学习和教学的需要。

我国是个人口众多的大国，尽管这些年来经济长足发展，但普及教育、普及科学文化，仍然是极其艰难的事。要识字，要有文化，就要读书；要读书，就要借助各种各样的工具书，而汉语词典是最基本的一种。由于广大群众有不同的文化层次，出版不同层次、不同规模的词典就显得十分必要。小学生用的词典和大、中学生用的词典，由于需求不一样，当然就会各有选择。繁荣词典的编辑与出版，出现各具个性特色的词典，是学习文化、繁荣文化的需要，这项工作的本身就是学术，就是文化，是非常有意义的事。

当今，社会生活节奏加快，查阅词典的教师、学生希望在较少的时间内获得较多的信息，也就是说，希望词典能够多功能，免除查这本查那本的辛劳。《现代汉语规范词典》的编纂功能比较齐全，适应了读者的需要。比如流行语“酷”，初次听到，很不习惯，因为与脑子里已有的词义“残暴”“苛毒”“表示程度深”等距离很大，“长得酷”“唱得酷”等说法究竟可不可以、规范不规范，没有把握。这本词典作了明确的回答。它把“酷”这个字的形、音相同而意义上没有联系的两个意思，分立两个字头，第一个字头是我们通常掌握的词义，第二个字头是新作的诠释。先说明这个词的由来，是英语“cool”音译；再释义：“帅；洒脱有个性；特别时尚”；然后举了个例子；最后正音，统读“kù”。翻检一下，一目了然，解决了心中的困惑。流行于口头的还有“酷毙”的说法，词条内未收入，说明这种用法还不规范。

这本词典的多重功能在以下几个方面表现得尤为突出。一是字形的辨析。除了呈现繁体字、异体字，对如何正确书写，作了简明的指导。如“场”，右边是“𠃓”，不是“方”。由“𠃓”构成的字还有“肠”“汤”“杨”“畅”等，由“方”构成的字有“伤”“饬”等。这就规范了有关“𠃓”“方”字形的写法，防止书写中“𠃓”“方”不分的差错。又如“尝”，说明：左边没有口；“尝”不是“嘗”的简化字，“賞”的简化字是“赏”。针对书写这两个简化字时常发生的差错进行有的放矢的指导，规范写法。这样的字形辨析对各个文化层次的读者均有帮助。二是按义项标注词性。拎出汉语中一个词，孤零零的，很难标注词性；但在语文教学中准确地掌握一个词的词性，尤其是具有兼类功能的词的词性，很有必要。标注词性的词典不多，按义项来标注，明确具体的词性，给语文教学带来很大的方便。三是词义的诠释注重发展脉络的梳理。不从事语言文字工作的人，对词义的理解往往是一知半解，零敲碎打，对它们发展的源流演变不探讨、不清楚，因而，理解与运用时出现这样那样的不妥、差错就不足为奇。这本词典从词义发展的历史观出发，力求遵照词义发展的脉络排列词典的义项，让多义词词义的来龙去脉一清二楚，掌握起来就方便得多。

词典是最体现质量的书，来不得半点马虎。这本词典收了 13 000 单字，68 000 余词目，当代新词语、新义项 4 000 多条，不能不说是个大工程。它是许多专家、学者在无国家拨款的情况下，花费了 11 年的工夫潜心研究，一丝不苟地完成的。在追求功利、浮躁心态泛滥之时，这种艰苦奋斗造福社会的精神显得更为可贵，更为难得。这种对祖国语言文字的深情，对语文规范工作的高度责任感值得我们敬佩。希望这本词典能受到我们中学师生的欢迎，在语文规范工作中发挥很好的作用。

撒播知识与做人的种子

感谢三位执教老师为我们付出的辛勤劳动！我觉得深受教育的是这些孩子们。三个班级的学生真是非常可爱，他们积极学习，全神贯注，而且发表欲十分强烈，坐着不行要站起来，站起来还要往前面走。这种学习气氛令我这样一个年纪非常大的人十分感动。如果我们的小学生每堂课的学习都是这样全身心地投入的话，那么我们的母语教育对孩子来说，真是在他们心中撒下了终生难忘的知识的种子和做人的种子。

其实民族精神教育和语文教学只是研究如何提高语文教学质量的一个突破口。研究这个课题，首先是提升我们的教育理念。因为我们平时讲得很多的是要教书育人，但是怎么教书，怎么育人，怎么使两者水乳交融，这对于我们每个老师来讲都是必须研究的课题。其实教任何学科都是为了育人的大目标。因为21世纪之争是科技之争、经济之争，说到底是人才之争，我们的小学和中学是打基础的。小学中学开设的学科都是为了明天的国民素质，今天的基础教育质量就是明天民族素质的质量。将来我们民族的素质怎样？每个公民的素质怎样？就看今日我们是怎样进行教育的。上海市贯彻两个纲——“民族精神纲要”和“生命教育纲要”，从战略的高度、从根本上来解决育人的问题。我们现在的教育，说老实话是走了许多曲曲折折的路。“育分”远远超过“育人”，“育分”是口号，“育人”是守则。在小学情况好一点，而在高中、初中，到毕业班简直就是“分、分、分”啊，那是学生的命根，教师的命根，家长的命根！因此如何还教育的

本文发表于《上海青语》2005年第4期，是作者在“民族精神教育与语文教学”专题研讨活动上的发言。

本质——“育人”的本质，是我们整个教育进程当中必须解决，但又十分难解决的问题。

我觉得今天上的三节课各有特色，对我来说是一次学习。比如《家乡的桥》，那是潺潺的流水。这样一篇传统的课文，把我们江南的桥的风格、风采描绘得美不胜收。而《采蒲台的苇》这样一堂课是关于革命精神的教育，这里需要的是挖掘，怎么样来很好地阅读文本，能够让孩子理解我们民族的精神。而《开国大典》，卢老师上得是激情洋溢，全场沸腾。我觉得三节课各具风采。

从民族精神教育来讲，我觉得还有值得探讨的地方。其实语文课就是语文课，贯彻民族精神教育绝对不是外加什么东西，而是要对文本的解读有深入的理解，要能够真正地挖掘文本的内涵。语文课的本质特征就是教师教这篇课文，能够教给学生在个体阅读时看不到的、听不到的、想不到的、感受不到的东西，把这些东西挖掘出来，让学生沉浸在祖国母语的表现力、生命力的氛围当中，感受到作者所表的情、所达的意。这样我们的语文课上和不上就不是一个样子，学生也就不会有厌恶感。如果教师教的和学生个体阅读是在一个平面上的话，那他们就没有学习的积极性了。因此，我们探讨民族精神和语文教学之间如何水乳交融，实际上是促进教学落实。

课改最根本的亮点就是“三个维度”，我们要以学生为本，而不是以知识为本。以学生为本就有三根支柱——知识与能力、过程与方法、情感态度与价值观。这三根支柱只有真正落实了，我们才能做到以学生为本，也就是培养人。语文课是以语文知识传授、语文能力培养为核心，融合了情感态度价值观的熏陶、引导和培养，在这个过程当中指导学生培养自己的思维能力、观察能力、阅读理解能力和表达能力。一堂课就是一个过程，这个过程是要抓住文章的主旨，调动所有学生的积极性，读书，思考。读书，让学生的全部智力，即观察力、思维力、记忆力、想象力乃至创造力跟我们的书本融合起来，创造一种奇妙。这种奇妙就是开阔学生视野、增长学生见识、发展他们的智力、完善他们的人格，也就是把教书育人落到实处。所以研究民族精神教育和语文教学之间的关系，实际上是落实我们上海“二期课改”和新中国成立以来第八次课改最核心的问题——以学生为本。与此同时，促进我们教师专业化的发展，要把民族精神教育、生命教育和语文知识的传授、语文能力的培养结合起来，达到“无缝衔接”的境界。

小学的课和中学的课不一样，小学的课“形美”是比较多的，但是“形美”还得“神真”。小学生比较容易调动，积极性很高，做到生动活泼比较容易，但是如何让其深入地理解文字背后的东西，值得我们思考。

今天的三篇课文，从民族精神教育的角度来说有两篇是显性的，有一篇是比较隐性的，那就是《家乡的桥》。周老师讲家乡的桥，通过各种各样的阅读方法，让孩子理解家乡的桥的千奇百怪，了解它们有趣的名称，了解它们是玩的乐园，串得非常好，但有一点是不是请周老师考虑一下：作者写这座桥的背后意义是什么？为什么“长相忆，最忆家乡的桥”？忆什么？只是忆它的形态吗？只是状态吗？够不够？只是忆它的一些名称吗？如意桥啊，骆驼桥啊，震龙桥啊，只是玩的乐园吗？我想“长相忆，最忆家乡的桥”，这里可是大有文章啊！忆什么？为什么人忆故土，忆故乡，有一种思乡的情？我们所有的华侨走到世界各地，最忘不了是故乡的情思。为什么？故乡是中华文化哺育他成长的地方。这个民族文化是他精神家园里非常重要的东西。一个人物质的需求毕竟是有限的，对精神家园的追求是无限的。当一个人真正对家乡认识的时候，那个家乡的民族文化的情结是时时刻刻萦绕在他心中的。家乡的桥的这种千奇百怪里有民族的智慧，民族的思考。那些桥都是中华民族的文化呀！“如意桥”中的“如意”，就是中国化的东西呀！周老师引了王维的诗句，很好。又如其中的“骆驼桥”，它选择的一些东西无不隐含着民族文化，民族的思想方法。一个民族是一个群体，有民族经济、民族文化、民族政治、民族风俗习惯等，而这里的文化认同是非常重要的。这是打不垮、摧不烂的，所以“文化在，民族精神在”，因此欠缺的就是这么一点东西——到底忆什么？如果能从这些形状、这些名称、这些字体最后能够挖掘出它的一种民族精神、民族文化，我想这就更美满了。

另外在教课的时候，教师一定要对每一个细节都考虑得十分周到。比如讲故事，这里就有许多故事，周老师选择的一个故事正好讲的是震龙桥。其实这个故事最好不要说，因为你把“龙”震住了！如果你选一个“如意桥”或是“骆驼桥”呢？其他的桥也可以。教学就是艺术，就是科学，就是创造，太难了！我说学校里最难的事情就是老师教好每一节课，所以这里要非常精细，要筛选。比如这些字体，除了两三个比较好的以外，其他的不太理想，行书、草书都是不太像的，因此无需用那么多的时间。我讲这些毫无指责周老师的意思，我去教，也教不好的。孙犁说，如果要学素描，是不断要用橡皮擦的，这笔画下来不行要擦一擦，那笔画下来不行要擦一擦，直到把不满意的东西都擦掉了，最后这一笔是最精彩的。你要上好一堂课，就要用橡皮不断地把你不太够的地方去除。

比如《采蒲台的苇》，就是另外一种形式。它是以质疑激发孩子的兴趣，然后通过课文的学习，不断自我解答提出的这些问题，我觉得这一点是非常好的。因为在我们的教学中，语言和思维训练应该放在同等的位置，而我们在这一点上往往还是不够重视。“语言是思维的外壳”，一个不会思维的学生，他的语言能力不可能很强。因此用质疑来组织课堂教学，能够让孩子在阅读课文当中，不断深入地思考，我觉得这是很好的。比如对“清白”一词的理解，孩子查了字典，字典上的诠释和课文中对“清白”的理解，是有距离的，陈老师在课堂上指点学生如何根据工具书上的诠释，在特定的语言情境中理解词语，我觉得这是学习的深入，也是学习方法的学习，让孩子明白应该怎么学习，若单是照搬字典是很难理解的。这节课的不足在什么地方呢？非常遗憾的就是四个字：“不是”和“没有”。这两个词，孩子们已经是用尽力气来读，但是每一次的“不是”和“没有”后面还有很多的文章，因为“不是”的背后是“是”，“没有”的背后是“有”，有许多深层次的东西隐藏在这简单的两个词后啊！如果能把握住，那教学效果就不一样了！

卢老师教课激情洋溢，整体的考虑非常好，板书也写得非常漂亮，确实有阳刚之气。他的许多设计都非常好，比如卢老师出示了三件激动人心的事，人员的出场和会场的布置，我觉得别具匠心，那是一层一层出来的。我们现在很容易用一个多媒体，“啪”的一下所有内容全部出来了。其实像今天这样用板书，画一个示意图，这就好像画画一样，是一笔一笔添上去，用原来画好的和课堂上添加上去的简笔画构成了开国大典的整个会场。我觉得这对训练孩子的逻辑思维是非常有好处的。我想到数学，为什么孩子没做过这个题目就不会解？因为我们现在经常是五六个步骤“啪”的一下打出来，其实老师在解题时是有思路的，一步一步怎么样来推导的，你一步一步推导时已经在训练孩子的思维了。因此我们在利用现代化的教学手段时，不能忘记板书和简笔画。卢老师这样一教，学生脑子里对开国大典的场景就有了清晰的印象。如果只用多媒体，学生不会讲得那么清楚。所以任何工具、教学手段都有它的“利”，但是超越了“度”，它的“弊”就会出来了。这样的设计很好，这样的消息“传播出去”，中华人民共和国的地图出来，什么是“长城内外”“大江南北”“白山黑水”，层次非常清楚。遗憾的是最后一个教学环节——叫孩子写“新闻稿”，实在是太难了，他们又不是新华社记者！开国大典他们毕竟没有参加啊！即使参加了，要写200字的新闻稿也是不行的。卢老师的这堂课是以写作来组织教学的，怎么写？最后真的要孩子写了，200字怎么写得出来呀！什么叫好？适合学生身心发展的就是最好的。卢老师后面的弥补——如果你写新闻稿，这个新闻稿的标题，你会起什么题目？这个设计实际上是让学生在学了课文的前半部分以后，提炼出什么是最重要的。新闻稿的题目就是提炼出来最深的体会感受。卢老师的弥补是好的，而前面则是“画蛇添足”。让孩子讲讲自己想的新闻标题时，孩子讲得很好，比如，有的孩子激动得讲不出话来，这是真的，所以他说“毛主席万岁！”。确实，激动的心情不是那么容易表达的，他只能借助这句简单却包含真情的语言来表达自己的感受，“唯其真，方可贵”呀！但非常遗憾的是卢老师自己拟的标题没有学生讲得好，这“开天辟地”是件大事情，怎么会是一天呢？开国大典是开天辟地，但绝对不是一日之功。

我讲这些不足，绝对不是责备或是不尊重我们三位执教老师的意见。世界上著名雕刻家讲过，什么叫雕刻？雕刻能震撼人心的是什么？那是在雕刻人头像时，把不是它脸部的东西全部去掉。把没有用的剔掉了以后，它就变成了完美的人头雕像。我讲这些，是一个老教师向青年教师寄予的无限期望。你们一定要顶上海语文教学的这片天。

为有源头活水来

知识长流水，读书伴一生

宋朝理学家朱熹的《观书有感》，教师可说是无人不知。“半亩方塘一鉴开，天光云影共徘徊。问渠那得清如许？为有源头活水来。”其中的情趣、理趣，大家皆能领悟一二。其实，教师教学的“半亩方塘”是否也应该像一面镜子那样澄澈明净，天光云影都能反映出来，闪耀浮动，情态毕现呢？

当今的教育对教师的要求很高，远不是很多人想象的那么简单，那么单一。社会飞速进步，新信息、新知识如潮水般涌来；社会急剧转型，价值观发生变化，教师的理想信念、认识水平、业务能力等均受到严峻的挑战。学历水平不等于岗位水平，要在岗位上从容不迫地做好工作，取得教育实效，就不是“一桶水”和“一杯水”的问题，而是要知识长流水，不断学习，充实自己。“方塘”之所以“清如许”，是因为有永不枯竭的源头，“方塘”不是无源之水，而是有源头源源不断地为它输送活水。教师教育教学中要做到“半亩方塘一鉴开”，就须在工作极其繁忙的情况下挤出时间读书、学习，让源头活水滋润自己的心田。

阅读的重要性，古今中外的名家不知作过多少深刻而精辟的论述。只是教师由于忙于处理工作，而无意识地把它挤在一边，总觉得那是“软任务”，放一放关系不大。其实不然。读不读书，关系大得很。有这样一个故事，国际创造性与领导学基金会有次邀请约瑟夫·

本文发表于《上海教育》2005 年第 Z2 期。

布罗茨基作演讲，演讲结束，主持人表示谢意，这位孤傲的诗人毫不客气地当众宣称："一点也不用感谢我。我坐在这里，并不完全是我自己，我是我所读过和所记得的东西的总和。一旦我不记得了那些东西，一旦我成了街上的普通人，任何人都可以捅死我也不会造成很大损失。但是只要我记得，我就是件珍品！"

只有视文化为全部生命的人，才会在现代世界中还能为拥有文化与传承文化而自负。正因为如此，约瑟夫·布罗茨基在 1987 年诺贝尔文学奖获奖演说中才会沉重地说："鄙视书，不读书，是深重的罪过。由于这一罪过，一个人将终生受到惩罚；如果这一罪过是由整个民族犯下的话，这一民族就要因此受到历史的惩罚。"这是一个典型的例子，说明阅读对个人、对民族具有无可比拟的重要性。在现代社会要做文明人，要做合格教师，不认真阅读，不大量吸取信息，怎能生存？怎能发展？阅读是人生的伴侣，开人心窍，给人智慧。

教师首先应该是文化人

一位教师无论教什么学科，都离不开文化积淀。教文科的教师当然要钻研本学科的业务，但也要开阔视野，读一些自然科学的书；科学，技术，哪怕是常识性的知识，也应了解一点。教理科的教师除了钻研自己教授的数、理、化、生课程，须读一点人文读物，增添自己的文化底蕴。文化底蕴大约有这样几个层面：厚实的民族文化素养是文化底蕴的基石，对中华文化的基本认识；现代文明在传统文明的基础上大大发展，对现代文明基本观念的认识；育人的教育事业与时俱进，对现代教育发展的认识；学科有其发展规律，对所专学科的渊源和走向以及相关学科发展的认识等。这四个方面都是知识的海洋，但对每位教师而言，都须了解，有所涉猎。这些知识的获得、观念的形成，是不可能在大学里完成的，只有在工作岗位上不断学习，终身学习，才能获得。

教师不应该只是学科教师，他首先是文化人。对学生的教育本身就是文化的综合教育。有位数学教师说得好："在教学中，我深深体会到，一个称职的数学教师单有学科知识是不够的，还要有教育学方面的知识、心理学方面的知识，要有人文知识。”就拿道德论来说，记得尼采说：“道德是强者的无畏。”耶稣说：“道德是对弱者的仁慈。”柏拉图说：“道德是有效的整体的和谐。”对这些说法的综合研究，使我对道德教育有了更深一层的理解。学文学、史学、哲学等知识，其实对学科教学都有很大的促进作用。

教师要走出学科，注重学科与学科的渗透。但是，这不等于说学科知识不重要了。学科知识当然要学，而且要深入地学，关心学科的有关渊源与走势。比如教语文，就要关心语言、文字、文学。经典文学作品要读，走势也要清楚。经典文学作品给人以“心灵的愉悦，艺术的享受”，形象鲜明，情节生动。可是，20 世纪初西方现代主义文学问世，情况就不一样。1922 年艾略特的长诗《荒原》和乔伊斯的《尤利西斯》问世，“难懂”“乏味”就成了文学经典与否的标准，离开注释和其他解读资料就不可卒读。有人说“文学被绑架了”，文学标准走向了理性的反面，但人民大众还是需要文学的，于是，言情小说、武侠小说、推理小说、科幻小说，乃至恐怖小说纷纷登场，适应读者喜爱令人陶醉的情节的需要。文学作品很难有雅俗之分，但有良莠之别。文学总要符合美的规律，具有愉悦性；内容总应更具审美魅力，给人以感染。西方文学是否已走到了尽头，孕育着变革？作为语文教师，读相关的书，了解与学科有关的文化走势，都应在学习的视野之内。

教师的文化积累要吸取前人留传下来的丰富的文化遗产，又要学习新的知识，对一切新的东西永远睁开好奇的眼睛，文化底蕴也来自每个人的文化敏感。

比如世界著名宇宙学家史蒂芬·霍金研究的黑洞理论名扬天下，他的《时间简史》更是洛阳纸贵的科学读物，即使不搞物理的人也想亲睹一下其中的奥秘。可是，据今年的《每日电讯报》报道，霍金宣布他已经解开了黑洞最大的谜团之一。这一宣布立即在天体物理学界引起了轰动。霍金将在今年 7 月 21 日的一次科学会议上正式公开他的黑洞新理论：黑洞并非如他和其他大多数物理学家以前认为的那样"完全吞食"。英国剑桥大学的理论物理学家、霍金教授的同事玛尔科尔姆·佩里将这一新理论的意义与霍金30年前宣布的"霍金辐射"相提并论。人的认识不断发展，新知识不断涌现，认识会随着不断深化而不断修正，是动态的，而不是静止的。因而，阅读某本书不可能一劳永逸，而要关心新知识的出现。

读书求知——世界上一条光荣的荆棘路

阅读是人类特有的神圣权利，教师一定要珍惜并用好这个权利。北京大学教授、中国社会科学院哲学研究所研究员贺麟生前曾这样语重心长地说："人与禽兽的区别，虽有种种不同的说法，但根据科学的研究，却只有两点：（1）人能制造并利用工具，而禽兽不能。（2）人有文字，而禽兽没有文字。其实文字亦是一种工具，传达思想、情感、意志，精神上人与人内在交通，传久行远的工具。说粗浅一点，'人是能读书著书的动物'。故读书是划分人与禽兽的界限，也是划分文明人与野兽人的界限。读现代的书即所以与同时的人作精神上的沟通交谈。读古人的书即所以承受古圣先贤的精神遗产。读书即可以享受或吸取学问思想家多年的心血的结晶。所以读书是人类特有的神圣权利。"这段话十分精辟，可作为教师的座右铭。

教师从事的是学生的精神建设。教师精神世界丰富，学识广博，不仅自己教学时无捉襟见肘之窘，而且可放开手脚，信手拈来，左右逢源。然而，说到底，还不是强调为师的快乐，而是学生遇到这样有真才实学的教师，可深受教益，乃至受益终身。须知，打仗失败只是武力的失败，而读书失败，就是精神的失败。

读书，对教师而言，最大的困难是没有时间。不是不想读，而是各种各样的事情把时间填得满满的，自己分身乏术。平心而论，教师确实难有大块时间阅读，但是，"小块"时间还是挤得出来的。《后汉书·列女传》中说："一丝而累，以至于寸，累寸不已，遂成丈匹。"读书就是要用这种"累寸""累匹"的精神。一天挤一小时，实在忙，挤半小时，一日不多，十日许多。教师要用锲而不舍的毅力去学习、去阅读，使自己有丰富的智力生活，从知之甚少到知之较多。读书求知就是世界上一条光荣的荆棘路，我们要有勇气登攀，要有毅力坚持，要有眼光辨别，要有智慧运用。教师是引领学生进入知识宝库的人，自己当然要身体力行，坚持学，深入学，广泛学，力求用人类创造的知识财富武装自己的头脑，成为堪称学生榜样的知识富有的人。

在上海市中青年语文教师论坛上的讲话

各位老师、各位专家：

首先感谢上海市青语会、普陀教育学院和同济二附中等承办单位办了这么好的论坛。刚才我和步根海同志听了八位老师的发言，以及老师们提出的一些问题，我觉得我们上海的语文教学还是大有希望的，真是感到非常受鼓舞。其实我参加这个会议是青语会等单位给我一个学习的机会。我谈不上点评，只能谈一些肤浅的感想，谈三点。

第一点，就是刚才八位同志所谈的内容，在观点上是很有碰撞的。为什么会有这样的碰撞？我觉得首先是现代教育观和后现代教育观的碰撞，把它提到再高一个层面，实际上是现代哲学和后现代哲学一些观念的碰撞。大家都知道，全国的第八次课改和我们上海的“二期课改”，在理念上有相当程度吸收了后现代主义的观念，刚才很多同志在谈自己的认识和例证的时候，都用了后现代主义的观念。后现代主义的课程观念中我们常说到四个字：建构，生成。

刚才很多同志谈到怎样以学生为本，在学生已有的学习经验和生活经验的基础上，让他们充分发表自己的意见，这里本身就是后现代主义的教育观念。这跟我们的现代主义教育观念是有很多碰撞的，而我们长期以来是受现代主义教育观念支配。长期以来，我们有特定的目标，有特定的课堂教学的流程，教师是主导，学生是被动接受，而且十分重要的是训练，而训练本身就是工业流程里的做法。这里它确

本文发表于《上海青语》2006 年第 2 期。

实是以知识为核心，是以知识体系为核心。

我也参加了教育部关于课程、教学大纲的研究和实践。其实在搞义务教育语文教学大纲的时候，我们参加的人都觉得这是不科学的，但是你必须要拿一个全国统一的东西出来，从东海之滨到青藏高原是一个标准。这当然就有很大的困难。后来才是“一纲多本”，它有个过程。对知识的认识有不一样的看法。从“知识就是力量”传开以来，就是知识统率实践，但是现在看来，恐怕知识与能力和智慧比起来，知识并不是最为重要的东西。所以这里的建构和生成跟我们原来的灌输加训练的育人模式就有很大的差距，有很多的碰撞。我们不是大学的博士、专家，我们对这个课程是怎么发展的不太清楚。原来我们知道的课程就是教材，教材就是课程，现在不是这样了。后来杜威提出学生的生活经验就是课程，因此我们现在非常重视学生的生活经验；再后来我们知道计划就是课程，目标就是课程，但是说计划、目标是课程又缺掉了教学过程，它又是不完善的。因此，现在我们课程的理念是多元的，教材是课程，教师是课程，学生是课程，环境因素是课程。由此我们看到课程的发展、课程标准的发展，确实从单一走向多种因素的综合。这对我们教师特别是语文教师的教学来说，要求很高，难度很大。过去拿一本教材备课就可以了，现在它要求的方面很多。

我们现在讲建构，但是建构是不是就是唯一的呢？恐怕并不简单。其实，后现代主义的教育观念和我们的传统的语文教学有很多方面是不谋而合的。因为中国有几千年的深厚的民族文化，而且民族文化里语言文字这一方面是最强的。比如阅读，我们要讲品味，要讲整体感悟，品味、整体感悟是后现代主义的，但是我们本身的传统里就有很好的经验，比如推敲、咀嚼、感悟、整体感知，有很多是不谋而合的，当然它在新时代有新的发展。所以刚才讲到的一些问题本身就是现代主义教育观和后现代主义教育观的一种碰撞。比如任其斌老师讲的知识序列问题，其实课程标准基本上是打掉知识序列的。为什么？因为我们过去编审教材是按语文知识点、知识体系，字、词、句、篇把它序列化的，实际上全国义务教育初中语文教材的 48 个知识点的提法是不科学的，那些能力点，说得不好听一点，是我们那些所谓的语文较为内行的人硬凑起来的，当时在谈的时候就觉得能力点是很难截然分开的，因为语文本身是综合性非常强的学科，因此很难按照学年段把它分下去，也很难安排先教什么后教什么，它往往是浑然一体的。所以这次关于知识，它用了六个字：强主干，删枝叶。其实在这之前，我们的很多语文专家是做了铺垫的，比如语法，过去一直要讲体系的，我参加过全国的语法学会的成立会，全是大专家，有王力先生、吕叔湘先生等，中学没什么发言的。我记得在武汉开会，就我一个中学老师，张志公先生要我讲讲中学的情况。我就提出，各家对语法的界定各有说法，但是我们要求最好统一一个说法，我们在课堂里好教，否则我听谁的呀。后来在哈尔滨召开语法教学会议，实际上有不同意见。语法问题不断地在改，因为说不清楚，你要把它说清楚没那么简单，因为语法本身就不是我们本土的，不是植根于汉民族语文的，它是舶来品！从《马氏文通》以来，都是国外引进的，这对我们语文老师来说真是太难了。所以现在它就不能以知识体系为本，而应以学生为本，对知识的处理是“强主干，删枝叶”。因为我们中小学语文教学教的是知识的核，是最重要的东西，读、写、听、说的能力是一个人一辈子都要用的。这样一个变动，从知识体系到随文学习，是很难的，跨度是很大的。关于语法学习，张志公先生讲过要精要、要好懂。我们的中小学语文教学是积累，要应用，它的目的不是培养专家，不是培养语法家、文学家。所以，我们对一些问题的种种看法，确实存在碰撞。

比如评价体系，过去是一考定天下，一个结论。现在就不是了，它要多元评价。但是什么叫多元评价？我总觉得对我们老师不断地提要求（因为我是一直在第一线的），实在是很难的。不仅身累，心也累得不得了。我们为什么讲学校最难最难的事情就是上课，因为有的校长认为上课是很容易的，语文课更容易，因此我就讲，学校所有的工作最难的莫过于上课，上课是老师的即兴创作。不管什么样的教材，什么样的大纲，什么样的课程标准，他面对的学生不同，他都是要即兴创作的，那是非常困难的一件事，但是往往人家对我们的劳动的性质、强度、深度缺乏深刻的认识，这个还有待于慢慢地不断地提高。因此，我这里提出一个问题，现代主义课程观念和后现代主义课程观念有很多碰撞。

第二点，是我们碰到的一些问题，实际上就是本土语文和国外理念的碰撞。有一次我接到一个电话，是一名博士生打来的，他要我做他的研究对象，他们有一个课题，研究的是教学中的反思问题。他说于老师，我们要研究你是怎么进行反思的。我拒绝了。我这个人喜欢笑，我从来不说一句重话，但那天晚上我实在是有些“意气用事”，我说并不是因为我没时间，而是我感到很悲哀。为什么？20 世纪 50 年代学凯洛夫是外国的，现在统治我们中国的教育理念还是外国的，研究我们中小学教育教学的案例是为外国的教育家做“论据”的，我不愿意，我感到屈辱。我就是这么说的。为什么呢？50 年代学凯洛夫很荒唐，你到苏联去，凯洛夫是不知名的，不大被知道的，只有中国所有的中小学全是凯洛夫！我们年轻时候上课，课堂评价到什么程度啊，你最后一句话说完，课下了，你这个课就是好的，合格的。人又不是机器，多说一句话少说一句话有什么关系呢？这是非常荒唐的。其实苏霍姆林斯基、赞可夫他们的影响要大得多。

当然，西方的欧美的很多教育理念确实比较先进，但是有的人在本国也不见得有多大影响，一个布鲁姆不得了，简直是奉为神灵，我这个人是不把任何人奉为神灵的，你来我都要看看你到底是什么，这一点很重要。我们教母语啊。母语是本土的东西，汉语言文字是我们国家的宝贝，是民族文化的根，当然，我们应该是采取“他山之石，可以攻玉”的态度。我说我从 70 年代开始，我是反思的，不过没有这个名词，我教完之后，写一个教学后记，我这堂课哪些是好的，哪些是不好的，重点是记下不好的。到现在我们原来做的似乎都没有价值，现在反思流行，因此你来做我的论据！

我国粉碎“四人帮”30 年了，改革开放到现在 20 多年了，如果再过 50 年我们仍然没有中国自己的教育学，这是可悲的。因此，我非常反对中国人讲外国话，中国人就要讲中国话，教语文的理念应该是本土出来的，是我们汉语言文字生成的。为什么我一定要讲外国话，言必称希腊？今天很多时尚的东西，如课堂讨论，孔老夫子时代就有了，多少个学生，因材施教。我绝不排斥国外的先进理念，其实我自己在教学当中也吸收很多国外的东西，但是要把它们变成我们语文本土的东西。我们要教几十个学生，说话要站在中国的土地上，要讲国情，我们就是这样的教育国情，就在我们这个课堂的土地上、学校的土地上来做自己的事情，尽量把它做好。

还是鲁迅先生讲得好，我们要有自信力。我们中小学教师当中有些人有非常丰富的经验，不要把我们的经验变成外国的名词，我们自己确实应该有自信力，要采取拿来主义。我觉得要立足本土，开阔视野，对国外好的东西，拿来为我所用，要有汉唐那样的胸襟。我们的青年教师还要在“融”字上下功夫。刚才有位老师说教师也是花。老师当然是花，老师不是花怎么能够培养出学生的花朵？而且你得是非常香的花，开放时间很长的花，开不败的花！

第三点，就是要学习。教师要学习，教师绝对不是仅仅付出，在当今这样的时代，语文这些困境、这些困惑、这些无奈，是我们进步当中的问题。怎么解决？我想，要靠学习，首先是自身的业务钻研。当今的语文教学绝对不是过去的那种启蒙教育、识字教学，它有相当程度的学术内涵，它有正确的课程观作指导，要有文史哲方面的底子，要了解世界、认识世界，要向社会学习，向生活学习，向书本学习，向自己的教育对象学习。学习是非常重要的。

什么是教师？教师要和学生一起成长。我一辈子只追求“合格”二字，这个“格”太难了，这个“格”是国家的期望，人民的重托，那是不容易的。因此，学习是第一任务，教师的学术魅力，教师的人格魅力，离不开学习，没有第二条路。宋朝张载讲：“为天地立心，为生民立命，为往圣继绝学，为万世开太平！”我们承担的任务就是“为往圣继绝学”！“孔子奖”第一次不是我们中国人得的，孔子是我们的老祖宗，但是奖不是我们的，是印度人的！遗憾！中华文化博大精深，我们既要学习传统文化，又要开阔视野，广泛学习，使得自己有厚实的文化基础。“修身、齐家、治国、平天下”，只有修身才能具备两个魅力——学术魅力和人格魅力，才能教好学生，我们的语文才能够教到学生心中，而绝对不会只在课堂上飘荡。我们的语文教到学生的心中，学生就有了做人的底气，就有了文化的底蕴。一个人，一个民族，有了文化的底气，有了优秀的文化传统，就可以立于不败之地。我想，要实现我们民族的伟大复兴，我们要把祖国的语言文字教到学生心中，让它们扎下深根，这是恩泽后代的事，是奉献国家的大事！

挫折也是一种财富

有青年同志羡慕地问我："于老师，你一辈子大概很顺利吧，看你谈到教育，那么专注，那么神往。"年轻人很可爱，总是把事情想得那么简单，那么美妙。

中国有句俗语："人生在世，不如意事十之八九。"此言有相当道理。走路时稍不当心还会磕磕碰碰，何况人生旅途？人的认识、人的主观愿望和客观实际有距离，甚至有较远的距离，这是常态，因而，挫折是难免的。直面挫折，正确对待，妥善处理，挫折有时就会成为一种难得的精神财富，促使自己成长、成熟。就简单地说那么几件事吧。

那是虚岁 15 岁的时候，用现在的话来说，正是花季少女，心里全是一个个美丽的梦，完全不识人间愁滋味。怎么也没有想到父亲染上了肺结核病。在那个年代，就是不治之症。没多久，父亲病故，家里的天塌下来了。我正好初三毕业，找事做，一是年龄太小，二是没有伯伯叔叔、姑姑姨姨，求职无门。要继续求学，家庭无力负担：祖父中风，母亲是家庭妇女，弟弟妹妹很小，小妹妹只有 1 岁。这种挫折、这种打击对一个少女来说，真是不能承受之重。也就是这种挫折，这种家庭灾难，使我突然长大。我不再整天贪玩，而郑重其事地考虑：我要自立，要挑起家庭的担子。再难，也要考学校，要继续读书，读了书才有本事，才能找到工作，养活一家。

继续读书谈何容易？家里沉浸在父亲丧事的悲痛之中，祖父认为家里那么困难，女孩儿又何必读书。我只能一再恳求母亲。母亲既有

本文发表于《大众心理学》2006 年第 2 期。

爱女之心，又认为只有自立才有生路，才不会受人欺侮。时值暑假，正好有外地师范学校来我家乡招收初中毕业生，我报考，被录取，开始了一人在外求学的生涯。师范学校一切免费，供应食宿，我十分珍惜这样的机会，勤奋学习。天无绝人之路，只要精神上不被击垮，人就站得起来，就会积极地寻找机遇，把握机遇，就会扫除阴霾，获得柳暗花明又一村的喜悦。

我曾说过，我这一辈子一直和两样东西抗争，一是无知，二是疾病。本来文化底蕴就不厚，再加上学科教学一再改行，教学中捉襟见肘的情况经常出现，因而，要不断和无知做斗争。清楚地记得改行教语文时，教研组长徐老师听我的课。教的课文是王愿坚的《普通劳动者》，这一课的内容是人物分析。老组长听完课轻描淡写地说了几句优点，然后严肃地说："人物形象是这样分析的吗？贴标签！语文教学的大门在哪里，你还不知道呢！"听到这番话，我的直接感受是"五雷轰顶"，一下子被打闷了。我定了定神问："那么，门在哪儿，怎么分析呢？"他悄然一笑，不作回答。

对我而言，这是工作中很大的挫折。门在哪儿都不知道，怎么能教学？又怎么能算是合格的教师？当然不行。那个时候，年轻教师要听老教师的课十分不易，不获得别人应允，不能随便进人家的教室。我一再提出听课的要求，终未能实现。徐老师的话分量很重，也十分刺耳，但我仔细想想，这又何尝不是催我奋进的号令？做教师的绝不能耽误学生的青春，不懂就学，不会就练，不仅要找到语文教学的大门，而且要登堂入室，探索规律，适应规律。世上无难事，只怕有心人。只要坚持不懈地努力，总能脱掉门外汉的帽子，入门入室。由于年轻，有那么一股击不垮的劲儿，天天明灯陪我过半夜，勤学、苦读、深入钻研，逐步地，教材烂熟于心，有自己独特的感受和体会。五雷轰顶的话成了我不懈的驱动力，挫折成了我前进的财富。

二是疾病。大大小小的疾病总是与我为伴，纠缠不清，犹如湿手抓面粉，怎么甩也甩不掉。大学毕业刚工作不久，就患严重的胃溃疡，不仅经常疼痛难熬，而且还不断出血。那时，医疗条件相对落后，病因不清楚，基本不能对症治疗，只是打外围战，这个法，那个法，包括饿饭，长达四个月只能吃流质，瘦得干柴一根，身上输过几次血，真是苦不堪言。更有甚者，此病稍有好转，又染上肝炎，被关进传染病房。由于是科盲，医学方面的盲人，对肝炎一无所知，一拖再拖，肝肿达到四指，平卧都困难。治疗且不说，单是检查就够吓人的了。从两根肋骨之间用两寸多长的类似针一样的器械穿刺到肝上，然后要屏住呼吸，钩出一丝来化验。那一刹那，真是扯得心疼痛。再后是用沙袋压着，24 小时不能翻身，不能动，否则大出血就完蛋。这真是遭大罪，逃脱不了，只能面对。首先，静下心来，忍受疾病折磨，认识它，了解它，不和它赌气，越赌气，它越得逞，越猖狂。你心情好，它就难以节外生枝。其次是配合治疗，讲究科学。经过身心的不断调整，肝病远离。后来又有腹部动手术的问题，有时上课一阵疼痛，就昏倒在教室里，让学生紧张好一阵子。疾病对我而言，损害健康，影响工作，是灾难，是挫折，但冷静对待，乐观向前，就锻炼了意志，锻炼了毅力，锻炼了开朗的胸怀。每次生重病，我总把它看成是打仗，看谁拼得过谁，是心情的考验、意志的考验。住病房，我把它看作是难得的大块时间的休息，趁此机会读书、求知，病中求乐，其乐无穷。

也许是疾病中锻炼了坚强的意志，因而，能度过“文革”一劫，活了下来。尽管自己已 30 多岁，对社会实际上仍缺乏认识，无所知晓。从家门到校门，到学校后也总是在班级和教研组，工作忙得厉害，从不串门，可算是世事不知。“文革”暴风骤雨般地涌来，措手不及，一下子就被掀起、卷倒。首先是脸面关。“士可杀不可辱”，对我们首先是“辱”，戴高帽子、挂黑牌子、乱剪头发，冠给我的“美名”是“修正主义教育路线吹鼓手”“反动学术权威”。开始我确实受不了。这种挫折从来没碰到过，也没见过，我一个普通教师，哪知道什么路线？上公开课，学生欢迎，就是“权威”吗？“权”在哪里？“威”在何处呢？放眼一看，左邻右舍，不少家庭都遭难，进学校劳改队的达 20 多人。扫地也好，认认真真，在劫难逃，这样一比一想，坦然了，倒要冷眼看看事情如何发展。

有些挫折要敢于顶，豁出去，敢于据理力争；有些挫折要反躬自省，看看自己该负多少责任，不推诿，不狡辩。也是在那个黑白颠倒疯狂的日子，我在被关的学校宿舍楼打扫卫生时，突然冲过来一个手握皮带的男学生，指着三楼的窗口，叫我跳下去，恶狠狠地说："你不是一直受表扬吗？现在落到这个地步，怎么有脸活下去？给我跳，跳下去！"这名学生我不熟悉，年轻无知，就这样视人生命为草芥，可怜可悲。我不知哪里来的勇气，直着嗓子对他说："我不跳，我绝对不会跳，我有什么问题什么'罪'，党会作出决定；除非是你硬推我下去。但是，你要知道，杀人是要偿命的，我家里人也不会饶过你。"你硬，他软，溜了。一次开批判会，有位老教师上台说："你的课上得好死了，自己班级教完，还借别的班级，还要跨年级借班级，公开，公开，你票友一下走了，别人怎么进教室，你这是突出自己，不顾别人……"他说得唾沫四溅，气急败坏。天哪，我哪要借别人班级上课，不得已啊，领导要我上，我没有办法。冷静下来想想，确实不应该。每个教师上课有每个教师的个性特点，各有长短，因为向学校、向区里、向市里公开的需要，随便借班上课，对别人就会形成伤害。学生年龄小，爱新鲜，爱新奇，偶尔去上一课，学生的积极性容易调动，对原任课教师必然造成压力。想到这些，我心里很愧疚。自己不是没有责任，为什么一篇课文要重复上几遍？有本事应该每节课都是优质课。从此以后，再不借班上课。1978 年我被评为首批特级教师后，堂堂有人听课，少则二三十人，多则几百人，前后上了 2 000 节左右的公开课。尽管毛病不少，但求其真、求其实，心中总想着别人，从教训中获得了精神养料。

年纪一大把了，一辈子碰到的挫折不胜枚举。关键在自己要有信心，要有胸怀，要有坚强的意志和锲而不舍的奋斗精神。有了挫折，跨越过去，就会增长见识，增添智慧，告别脆弱，奋然前行。因而，挫折也是一种财富。

说了以上一番话，不知青年同志有何感想？我总是想，一个人无论顺境也好，逆境也好，都要精神振奋，永远前进！

最粗浅的话

《窗边的小豆豆》的作者黑柳彻子的妈妈黑柳朝在《小豆豆与我》中一再强调对孩子的教育、家庭、晚年生活，说的都是“最粗浅的话”。然而，读了以后，“粗浅”印象全无，感受到的是坦诚直率、母女情深，对美好生活不仅憧憬、向往，而且努力缔造，与家人、与读者共同分享；感受到的是娓娓道来，无斧凿之痕，有时文笔跳荡，夹杂些微幽默，让人忍俊不禁。简直想不到这轻松诙谐而又不失严肃的作品出自一位八十高龄的老太太之手，作品中依然闪现着生命的青春。

作者笔下书写的均是琐细小事。可是，生活中又有谁能离得开那些日常的、平凡的小事呢？小事有时并不小，其中蕴含着大学问、大文章。对孩子的教育，当今几乎成了家家户户十分关注而又甚感艰难的大问题。怎么教育、怎么认识与怎么处理——看来是一件件一桩桩小事——才能有益于孩子的成长，从《小豆豆与我》的叙事中可获得不少启迪。

对待孩子，应该有个基本看法，基本心态。社会上急功近利、浮躁心态也会入侵到家庭生活，于是，对子女求全责备，超越年龄的做法屡见不鲜；于是，和谐的气氛少，紧张的气氛重，子女也好，父母也好，都是负重前进。黑柳朝在《小豆豆与我》中这样表达她的看法：“全世界的孩子都是一样的，他们本来就有无尽的才能和可能性”，“感谢上苍赐给”她抚养孩子的机会。显然，“可能性”变为现实性有个成长、发展的过程，不可能一蹴而就。操之过急，拔苗助

本文发表于《新闻晨报》2006 年 7 月 16 日。

长，违背规律，其结果必然是禾苗枯死。“可能性”变为现实性，靠带着感恩的心情来抚养。这种心态是宽容的，温馨的，不怨天尤人，不训斥苛责。子女成长，家庭是第一环境，父母是第一教师，父母对子女的认识与心态是塑造子女成长环境的最为重要的因素，切不可小视。

做人要有底线，要具备基本素质。尽管黑柳朝遭遇种种困难，但生活的原点不动摇，心平气和，不怨恨，不气馁。“再苦再累，即使哭泣也要忍耐，永远不要忘记有一颗上进的心”，“对于那些自己想做的事和必须做的事，一个人无论怎么辛苦，也必须抽出时间认真去做”。母亲这样努力，这样奋斗；女儿饱尝生活折磨，也是奋斗不息，母女见面从不言“辛苦”，心灵默契在自信能过上幸福的生活，洒脱地做应该做的事是自己的一份责任。这种昂扬的生活态度，这种生活中的韧劲，靠说教在孩子心中不可能生根，一件件事如此身体力行，孩子就形成认识，形成习惯，形成良好的素质。

有所不为，才能真正有所为。现在家庭教育对孩子的要求不是德智体美全面发展，而是全能、全才。不管孩子有没有这方面的兴趣，有没有那方面的才能，都是样样学，样样要。黑柳朝是怎么说怎么做的呢？小豆豆——彻子很喜欢长笛，很想学习拉小提琴，学过钢琴，但都半途而废，没能坚持下来。母亲对此无要求，不责备，而是说，“你呀，就跟乐器没缘分”，四岁的时候，“你连小提琴的‘小’都说不清”。没有埋怨，没有斥责，母女哈哈大笑，“统一”在“放弃”上。做父母的一定要摸清孩子的实际，孩子在某方面没有潜能，再怎么逼着学，除了形成孩子的厌学与怨恨，浪费精力，浪费年华，得不偿失。黑柳朝认为“彻子这孩子在乐器上的确没有天分”，不像她爸爸和弟弟，而是像自己。“放弃是最好的选择。”正因为毫不犹豫地放弃，女儿在表演、写作等方面有长足发展。什么材料派什么用处，凭主观臆断，一厢情愿是行不通的。

沟通与理解是人与人之间和谐相处必不可少的纽带与桥梁。父母与子女之间也不例外。人是有思想的动物，对待任何一件事情，不同的立场，不同的视角，不同的感情，会作出迥然有异的判断，的确有关乎是非、美丑的问题，但大量的问题是可此可彼的，如果各执一词，往往会闹矛盾，伤感情，因而，交谈、沟通至为重要。小豆豆的虫子恐惧症，母亲从未劈头盖脸批评，而是追根溯源，弄清楚怎么会产生这种心理状态。原来彻子是个老病号，从腰到两条腿都被石膏固定，面对任何虫子的袭击，她都无法躲开，因而落下这种病，设身处地想想，就多了一份理解，多了一份原谅。女儿工作了，经常去国外，当面沟通的时间少了，就电话里聊天，黑柳朝说，有时聊得入迷，“从晚上 11 点一直打到早上 4 点的时候”。关键不在形式上的联系，而是心连心，心贴心，“不管多小的事，我们都会一起高兴，一起愤怒；美好的东西我们会一起欣赏和感激”。她深有体会地说：“在孩子们成长的过程中，我也被教育。”确实如此。真诚、坦率，教育孩子的同时，坚持自我教育，家长的榜样作用引领着孩子健康地迈开人生的步履。

“最粗浅的话”往往是最平实的，无矫揉造作之势，细细品味，其中蕴含着丰富的道理。读一读这部作品，眼前会浮现家庭教育的又一个世界。

学会追求，学会拒绝

一辈子做教师，我有八个字的秘诀："学会追求，学会拒绝。"

学会追求

对于教师来说，思想道德素质是十分重要的，所以我说教师要学会追求。

1.
教师需追求的素质

社会上不是任何人都可以做教师的，要做教师，有几点是必须明确的。

第一，选择了教师职业就是选择了高尚。因为社会上有各种各样的职业，而教师必须是思想高尚的人来做。教师是为国家培养未来的人才，国家把自己的希望交付给了教师，教师的一言一行都会对孩子产生影响。

第二，做教师必须德才兼备。古人讲，什么人才能做教师，"智如泉源，行可以为表仪者，人师也"。教师的智慧像泉水一样涌出，教师的言行仪表可以作为别人的榜样。我们中国古人扬雄认为教师就是模范。欧洲各国认为教师就是榜样。教育就是以人格教育人，因此教师必须德才兼备。

本文发表于《现代教学》2006 年第 9 期。

第三，作为教师必须要有谦虚的品德，作为教师必须与时俱进。现在的教师与20世纪六七十年代的教师不一样，有很多学的东西尤其是大学时学的东西几乎没用了。作为一名教师就必须不断学习，与时俱进。21世纪的学生，与我们那时候的学生完全不一样。教师对学生内心世界的了解十分重要。记得教20世纪80年代的学生，我要把足球队员的名字背出来，足球队员的站位、任务我要把它搞清楚，因为你要教学生，就必须和他们有共同语言。现在孩子喜欢什么？动漫、卡通，初中学生喜欢还珠格格、“超女”；那么高中学生心中的偶像是谁呢？是周杰伦。这个周杰伦起码可以吸引80%的高中生。你搞不清楚周杰伦唱的歌有什么好，但学生就是那么着迷。周杰伦一首歌可以使他如痴如醉。你要教育他，就要进入他的心灵世界。我对学生讲，其他流行歌曲也很好，比如韩红唱的《青藏高原》，那种嘹亮、高亢的曲调多么好听。腾格尔唱的《天堂》，多么感染人。可学生就觉得周杰伦好。为什么呢？因为他唱的别人学不会，他的标准就是别人学得会就不好，学不会的就好。我听周杰伦唱歌，觉得就像普陀山的和尚念《金刚经》，可为什么他受欢迎？周杰伦的歌有些中文底子，他又了解西方的摇滚，又会作曲，因此把中西方文化融合在一起，又唱又跳。做一名教师，谦虚十分重要，你不可能什么都知道，你要教现代学生，你必须要学习。德国教育家第斯多惠说：“要使得你的工作富有勃勃生机，你就一定要找到生命最强烈的刺激——自我教育。”这个对教师来说太重要了。作为教师，只有不断学习新的东西，你的教育教学工作才有生机。

谦虚好学十分重要。因为一个人一旦志足意满，就会视而不见，听而不闻。我遇到过许多教师，其中有两位教师由于性格上的差异，一个比较好学，另一个认为自己很不错了，从二十几岁到五十几岁都差不多，他忘了一个教师终身学习是多么重要。如果不学习就没有新鲜的东西，课堂上就没有时代活水，又怎么能吸引学生呢？所以，作为教师，这三条十分重要。

2.
教师需要学习的榜样

我有很多学习的榜样。一个人成长一定要有榜样，20 世纪 60 年代初，我们学雷锋，从校内学到校外，那时风气很好，夜不闭户，路不拾遗。现在孩子心中有榜样，但那些都是什么样的人？是偶像。我的一生将很多前辈作为榜样，我不断地和他们作比较，找身上的差距。比如鲁迅先生，他救国救民的思想，对青年、对莘莘学子的炽热之心，钻研学问的严谨态度，是我的榜样。又比如闻一多先生，他上课时那种吸引力、辐射力，我一辈子都学不完。他在西南联大上课时，教室十分破烂，灯光非常昏暗，他教屈原《九歌》，说：“黄昏时分，从四面八方辐辏而来的鼓声，近了，更近了，十分近了；神光照得天边通亮，满坛香烟缭绕……”破烂的教室里坐着的学生分不清课堂上讲课的是闻一多，还是 2 000 多年前的屈原大夫。2 000 多年前的屈原大夫，由于闻一多的创造性教学活在了现代人的心里。因此我想教学就要有这样的魅力，它就像磁石吸铁一样，把学生牢牢吸引住。我脑子里不断有这些前辈的榜样，经常拿来比一比，自己就进步了，这是我做教师一辈子的追求。

3.
教师需有精神上的追求

作为教师，在当今时代非常不容易，现在外面的世界太精彩，对我们的诱惑很大，对孩子们的诱惑也很大。一个人总是要有追求的，作为一名教师，他今生的追求非常重要，为什么？第一，教育的本质——培养人，中国人的教育本质就是培养有中国心的人，有中国心的现代文明人。用古希腊柏拉图的话讲，“把人从洞穴里引出来，把灵魂向上牵引”。这就是提升人的精神世界，达到真实的境界，知识与能力是攀登精神世界的阶梯。我们从事的事业是精神世界的事业，精神世界讲的是真善美，“四书”“五经”里有很多这样的话。打开《大学》，第一句话就是：大学之道，在明明德，在亲民，在止于至善。陶行知“千教万教，教人求真”。这一点如忽略了，人的精神世界就会变异。人的内心世界非常重要，人不能自然成才，他要靠培养，而在学校教育、家庭教育、社会教育中，学校教育应该是最主流的、最重要的、最健康的。

4.
教师需追求立体的教学

作为教师要清醒地认识自己。人往往以己之长比人之短，这是很容易的，特别是现代思想进来了，特别是美国的个人主义思潮，样样都说自己的好，说自己的好要有信心。自信心能够使自己更出类拔萃，但是自信心并不等于自我感觉良好，如果什么时候都自我感觉良好，他就会故步自封。要清醒地认识自己，我觉得这一点是非常重要的。现在的知识比过去多很多，因此我提出了教学要立体化，课要多功能。相同的时间，特定的空间，教学效果大相径庭，孩子学到的东西不一样，受益也完全不同。为什么课是立体的？任何一篇文章都有文字训练的功能，因为文字本身也是文化。如《岳阳楼记》中的“先天下之忧而忧，后天下之乐而乐”，我们教这篇课文，并不只是认识这几个字，教这个句子的同时，这个思想就进入孩子的心里。登岳阳楼的诗人可能有很多，为什么范仲淹的文章就流传千古？因为他“不以物喜，不以己悲”。孟子的“与民同乐”就很了不起了，而范仲淹是“先天下之忧而忧，后天下之乐而乐”，超越了他同时代人的精神境界，因此就变成了民族精神的精华，流传千古。在教这个语句时，这个思想就要教下去，这不就是教育功能吗？

我们课文中有些国外的东西也有认识功能。学了《瑞恩的井》，感受了孩子的善良，这篇课文就有了审美的功能。一节课是线性的还是立体的，对孩子的教育是不一样的，孩子要多方面地接受教育。上海市“二期课改”提出了立体的三个维度，一个是知识与技能，一个是过程与方法，还有一个是情感态度与价值观。其实，20 世纪 90 年代，我们就提出要学习小学语文的课改，要让中学教师听听小学教师是怎样上课的，空的虚的都没有了，它很实在。而当时的《一课一练》这些教辅材料铺天盖地，已经把我们的语文教材“碎尸万段”了，这个看一个手指头，那个看一个脚指头，那不叫语文教学，而叫“肢解”。

5.
教师应追求完美，不断完善自己

不断追求，归根结底是为了我们的孩子，从事孩子的教育事业是功德无量的事。一个孩子遇到一名好教师，他一辈子得益；遇到一名不合格的教师，他就倒霉了。我记得那个时候，“五讲四美”要作报告，上海我也分到一讲。当时，孙道临老师和我作一期讲座。尽管他是一位著名表演艺术家，但遇到吃不准的字，他还是认真查字典，我想正因为孙道临老师这样严谨的作风才使他成为一位表演艺术家。作为一名教师就要这样追求完美，不断克服自己的不足，不断向缺点进攻。学会追求是为了孩子，他的学习根基越深厚越广泛，发展就越好，所以，基础教育十分重要。我真是佩服小学一年级的语文教师，我就教不来。适合的才是最好的，讲得高深不一定好，讲得对了，学生有兴趣了，学会了，这就是最好的。

6.
语文教师需追求全能

语文教师要是全能专家。要做到全能就要学会找突破口。一个大目标是做一名合格的教师，在朝着大目标努力的过程中，要找准小目标，找准突破口，不断进步，要做到八个字：胸中有书，目中有人。胸中一定要有书，教材一定要烂熟于心，就好像是你写的，如出自己之口，如出自己之手。这样的话，你教书就能够左右逢源，否则一个学生问个问题，你可能就不知道了。备课要有突破，要有鲜明的个性，条条大路通罗马，殊途同归，教师要发挥自己的优势。另外，作为一名语文教师，用语要规范、丰富、生动。口头语言对学生的影响也很大，不要有口头禅。

学会拒绝

1.
教师应拒绝诱惑

人的一辈子会碰到很多挫折、很多诱惑，有精神的，有物质的。我做过师范学校校长，我做校长只抓两样东西。一抓校风，校风是凝聚人心的，是道德而不是法规，道德是需要提倡的。二抓教师培养，抓年轻教师培养，有教师才有学生，校长要依靠教师。

我这人最大的优点就是爱学生，看着孩子们渐渐长大、懂事，就觉得没有白活，自己的心血没有白费，非常快乐。我从校长的位置上退下来后没有闲着，我审教材，从小学到高中，上百条建议没有马虎过，我累死了，每天晚上到 11 点多睡觉，我都 77 岁了。人不可能同时做好几件事，一个人的能力是有限的，时间是有限的，因此要学会拒绝乱七八糟的诱惑。

2.
教师应拒绝跟风

英语教学从来没有像现在这样疯狂过，我认为有些搞双语教学是用来赚钱的。哪一个民族母语能用外语来教学？是非不分。但现在到处刮双语风，我们要明辨风向，拒绝不合理的。上海市“二期课改”，理念从整体上讲是不错的，因为上海市“二期课改”总的指导思想是马克思主义哲学，培养全面发展的人，以人为本，这是很大的进步。因为我们长期以来是以知识为本，以知识体系为本，如今追求以人为本，那就是个进步。我们提倡以人为本，因材施教。那么怎样才是以人为本，因材施教？有的人语言智能比较好，有的人文字智能比较好，有的人形体智能比较好，每个孩子发展都不一样，我们应对他们进行多元评价。但多元评价并不是把标准去掉，而应该有一定衡量标准，不能对学生产生误导。教知识是不允许有丝毫差错的，你作为教师不规范，学生可能一辈子不规范。

感悟、诵读，自古就有，东方文化本来就是整体的，西方文化是讲究科学分析的。现在有些东西跟我们以前讲的整体感悟有所不同，我们没有把这些东西从教育哲学上弄清楚，因此，就会把有些东西无限扩大，整个课堂就是讨论、讨论，教师没有发挥自己的作用。课堂需要教师的引导，名师出高徒，教学手段要趋利避弊，不一定都要用多媒体。对这些东西，教师要有自己的看法，学会拒绝。现在教育领域各种口号很多，各种风刮得也很大，这个时候我们更需要优秀教师，需要独立自主思考，不要一窝蜂。任何发展，都要实事求是，从上海的教育实际出发。

学会追求，学会拒绝，是教师提高教育的有效性和可行性的真谛。

阅读：一种高尚的精神生活

在信息渠道多样化，电视、网络、手机飞速发展，潮水般涌向学生时，声、光、色、形频频作用于学生的耳目，文字读物的吸引力无形中大大降低。现代信息技术的发展是时代的需要，学生接触多种信息媒体也无可厚非，然而，不管音响、画面多么琳琅满目，色彩缤纷，也不能排斥或挤压学生阅读文字读物的时间和兴趣。阅读，是学生成长过程中所历经的心智锻炼，它引导学生吮吸精神养料，领悟社会、人生，是任何媒体手段都无法替代的。

北京大学著名哲学家贺麟先生早在 20 世纪 40 年代就精辟地指出："人与禽兽的区别，虽有种种不同的说法，但根据科学的研究，却只有两点：(1) 人能制造并利用工具，而禽兽不能。(2) 人有文字，而禽兽没有文字。其实文字亦是一种工具，传达思想、情感、意志，精神上人与人内在交通，传久行远的工具。说粗浅一点，'人是能读书著书的动物'。故读书是划分人与禽兽的界限，也是划分文明人与野蛮人的界限。读现代的书即所以与同时的人作精神上的沟通交谈。读古人的书即所以承受古圣先贤的精神遗产。读书即可以享受或吸取学问思想家多年的心血的结晶。所以读书是人类特有的神圣权利。"这段话高屋建瓴地阐述了读书的价值、读书的意义和读书的神圣权利。人要脱离愚昧，脱离野蛮，成为文明人，必须阅读，必须求知。文字传承文明，发展文明，创造文明，学生从小与阅读为伴，与文字为伴，承受优秀的精神遗产，不断开启智慧之门，就能受高尚的

本文发表于《湖南教育》2006 年第 34 期。

情操、深邃的思想、精湛的语言的熏陶，心灵逐步丰富起来，健康成长。

学生课业负担重，考试争分与文化追求失衡，相当数量学生在题海题库中日夜浮游，挤不出时间读书。再加上浮躁风气和急功近利思想的浸染与影响，读书求知的重要性在不少学生心中已淡化。有识之士对这种状况不仅揪心，而且在各种场合呼吁，并身体力行推荐读物，指导读书。诗人、散文家约瑟夫·布罗茨基在20世纪80年代诺贝尔文学奖获奖演说中曾这样说："鄙视书，不读书，是深重的罪过。由于这一罪过，一个人将终生受到惩罚；如果这一罪过是由整个民族犯下的话，这一民族就要因此受到历史的惩罚。"他将读书对个人对民族的重要性剖析得入木三分，令人心灵震撼。学生成长时期尤其要阅读。学生求知虽有自己特定的生活经验，也参加一定的实际上是少量的乃至极少量的社会实践，有一点直接经验，但经常的、大量的是来自间接经验，间接经验包括教科书和课外各种读物。因而，读书是学生特有的神圣权利，不可小视，千万要珍惜。

读书必须慎加选择，特别是青年学生，人生经历少，求知时间又总不够用，在出版物、非法出版物鱼龙混杂、泥沙俱下的情况下，须锻炼自己的眼力，选择好书阅读。坏书，像蓬勃滋生的野草，伤害五谷，使五谷枯死，读这种书，徒然浪费时间，浪费精神，有时还在不知不觉中受到不良影响。读经典，读优秀作品应是学生首选。精选的语文读本也在选择之列。编者花费大量时间与精力在佳作、美文中进行筛选，从学生的知识基础、理解能力、兴趣爱好、美好憧憬的实际情况出发，提供阅读的优质资源，让学生享用，既激发学生求知的欲望，又节省学生的时间，免除无头绪地在茫茫书海中检索、淘沥之苦。《感悟阅读》就是一本提供学生优秀阅读资源的读物。

怎样阅读才能收到比较好的效果？阅读是读者的个性化行为，阅读的过程是富有创造性的过程。学生阅读一篇篇美文佳作时，应该伴随着主动积极的思维和情感活动。学生在主动积极的思维和情感活动中，加深对作品的理解和体验，有所感悟和思考，受到情感熏陶，获得思想启迪，享受审美乐趣。这本读物定位于"感悟阅读"是很有见地的。首先，尊重学生是阅读的主体，学生不是被动接受者，而是自己自主阅读，自己思考、体验。其次，尊重阅读的规律，学生阅读作品真正有所感，有所悟，就脱离了“我是我，书是书”的状况，进入作者所描绘的情景之中，所议论的人与事中，与作品对话，与作者心灵沟通。俄罗斯小说家邦达列夫说：“一个人打开一本书，就是在仔细观察第二生活，就像在镜子深处，寻找着自己的主角，寻找着自己思想的答案，不由自主地把别人的命运、别人的勇敢精神与自己个人的性格特点相比较，感到遗憾、怀疑、懊恼，他会笑，会哭，会同情与参与——这里就开始了书的影响。所有这些，按照托尔斯泰的说法就是‘感情的传染’。”这段话把书对人的感染力、影响力讲述得十分生动、十分精彩。阅读佳品、精品，不深入其中，当然不可能深味其中的佳妙。由此可见，读而感、读而悟是何等重要。再次，这本读物对如何在阅读中有所感悟，作了简明扼要的引导。对某篇佳作确能有独特的体验，领悟到某种道理，就须先过理解关，读懂作品的语言和内容。从遣词造句到情意的表达，从谋篇布局到写作技巧的运用，均得作一番推敲。用主编李先生的话来说，就是要“学会分析”“学会整合”，既了解文章的局部，又把握文章的整体，这样阅读，“感”“悟”就有了坚实的基础。指导“学会分析”时，并非巨细不分，而是要言不烦，启发学生思考；“学会整合”难度不大，学生经过努力，能够达到预期目标；“学会感悟”重一点、两点，不求大求全；与此同时，还注意到词句的积累。这种种考虑切合中学生阅读的实际，学生能深受其益。

单元的编排也是煞费苦心，组合了文化主题与文章体裁的特点；不少标题对学生有吸引力，使其产生浓厚的阅读兴趣。

阅读是一种自由的生活，精神的生活，智慧的生活，祝愿学生读者愉快地阅读这本读物，在自由愉快的阅读中开启智慧，丰富情感，增强审美愉悦，品尝文字魅力，享受高尚的精神生活。

“八荣八耻”：师德建设的强劲推动力

胡锦涛总书记提出的“八荣八耻”社会主义荣辱观，既高度凝练了爱国主义、集体主义、社会主义思想的基本要求，又充分体现了社会主义基本道德规范和社会风尚的本质要求，是建设和谐社会的及时雨，是引导社会主义建设事业迈步前进的指南针，具有深远的战略意义。

良好道德价值取向的确立，良好社会风气的树立，既是经济社会顺利发展的必然要求，又是人民群众的迫切愿望。国家大事重在固本，物质文明建设与精神文明建设均为“本”，“本”固则国兴。社会主义荣辱观弘扬了以爱国主义为核心的民族精神和以改革创新为核心的时代精神，打牢全国人民团结奋斗的共同思想基础，这种固本的建设意义非凡，不仅有现实意义，而且造福子孙后代。

学校担当着培养青少年成为社会主义合格建设者和接班人的重任，今日的教育质量就是明日的国民素质，理应在弘扬和践行社会主义荣辱观方面走在社会前列。为此，要切实加强青少年学生“八荣八耻”的教育，引导他们从小打下正确而坚实的价值观根基，养成良好的道德品质和行为习惯。

育人先育己，要在学生道德荣辱观培养上卓有成效，教师首先要认真学习，领悟精髓，加强自身的师德修养，以身作则，率先垂范。思想家卢梭说得好：“你要记住，在敢于担当培养一个人的任务以前，自己就必须要造就成一个人，自己就必须是一个值得推崇的模

本文发表于《思想理论教育》2006年第10期。

范。”教师是学生最直观的榜样，对可塑性极强的青少年学生起着重要的感染作用，因而，教师必须具有高尚的道德、磊落的行为，只有以德才能育德，否则，空话连篇，假话一串，不仅无育人实效，而且口不应心，言行不一，只能起负面作用。“八荣八耻”的荣辱观对新时期师德建设有强劲的推动力，它既传承与发展了传统美德，又十分切合当前社会实际，观点鲜明，内容具体，引导我们切切实实提高自身的素质，在社会上塑造教师崇高的形象。

提升认识，激荡感情

要使“八荣八耻”内化为自己的思想道德，表露在自己的言行之中，首先必须对这种荣辱观的实质与意义有深刻的认识。社会主义荣辱观着力疾恶扬善，冲刷社会上的污泥浊水，弘扬社会主义的正气，帮助个体擦拭心灵蒙受的灰尘，闪现真诚、善良、美好的光芒。“八荣八耻”是社会风尚的价值基石，也是个体养成德性的情感基石。总体上说，我们崇尚真善美，憎恶假恶丑，力争为学生做榜样。但毋庸讳言，社会上一些不良风气，是非不分、美丑混淆、荣辱颠倒的想法、看法和做法，会通过多种渠道、各个层面影响到我们，乃至污染心灵。尽管治国方略在强调依法治国的同时，也强调以德治国，一直坚持社会主义精神文明建设，以热爱祖国、服务人民、崇尚科学、团结互助为主旋律，但由于经济飞速发展，社会深刻变化，各种文化，先进的、愚昧的、健康的、污浊的，碰撞、激荡、影响着价值观念和道德观念。金钱至上、个人第一、享乐主义腐蚀人心，败坏社会风气。教师作为社会的人，立道德之本，使自己思想健康不受浸染，至为重要。

立德须有知耻之心。孟子曰：“人不可以无耻。”人不可以没有羞耻之心，不知耻，必然是非不辨，善恶不分，错把腐朽当神奇。历史上有这样一个典型：东晋大司马桓温曾大言不惭地说：“男子不能流芳百世，亦当遗臭万年！”真是以耻为荣到极点，这种语言本身包藏的就是一颗私欲膨胀到令人可怕的奸邪之心。今日看来，当然是人所不齿，但个人私欲膨胀、损人利己、见利忘义的现象仍屡见不鲜，需要我们识别与警惕，同时憎恶、鞭笞那些丑恶现象。

情感世界是人类独有的，作为育人的教师，情感世界的爱憎分明、晶莹透亮更是有德性的标志。对要大力弘扬、引以为荣的思想、道德、行为要倾心热爱；对戕害人心、败坏社会风气的思想言行要疾恶如仇。情感基石扎实、牢固，就会有“渴不饮盗泉水，热不息恶木荫”的美德。

身体力行，率先垂范

“八荣八耻”内容具体、全面，对国家、对集体，对人、对事，价值取向鲜明，操作性很强。教师自身为人处世应该以此为标尺，大到国家利益、人民利益，小至生活小事、身边小事，严格要求，形成习惯，化为素质。教师不断地在社会生活中、在工作与学习中体验、感悟、践行，久而久之，必然成为心灵丰富、道德高尚之人，成为引领学生健康成长的人生导师。

对学生进行社会主义荣辱观的教育，同样也推动教师自身的道德建设。要贴近学生的实际，贴近生活的实际，对学生落实“八荣八耻”的教育，就要观点鲜明，分析具体，细致深入，以理服人，以情动人。在教育学生的过程中，教师自己也受教育，褒荣贬耻，以情激情，师生思想道德双提高。

师德建设贵在自觉，自我扬弃，坚持不懈，必有成就。

现代教师要坚守阵地、坚决抗争

今天当教师十分不容易，教育面临着中华人民共和国成立以来最大的挑战，外部环境对教育有着太多的干扰。面对这种干扰，我的态度是“坚守”“抗争”。

平心而论，我们的教育取得了很大的成绩，我是引以为豪的。我们以这么有限的教育经费，办出了有一亿几千万在校生的中小学教育，并且达到了一定的质量，这在世界上是少有的。芬兰的综合国力世界第一，教育经费占 GDP 的 18% 多一点，我们的综合国力虽有很大提高，但还远不及人家，教育经费还在争取达到 GDP 的 4% 。我们就是这样的国情，对这一点要有充分的认识。当然，在肯定成绩的同时要看到确实存在的问题，但看到问题不应畏难，也不应埋怨，而应当大胆实践，勇于探索，改变这种不理想的状况。我们不能做旁观者，而要做战斗员。我这一辈子一直在教育第一线摸爬滚打，最深的感受是茹苦含辛。人民群众对教育的要求这么高，教育自身又存在着种种问题，只有靠人的努力，靠全体教师的奋力拼搏，才能办出让人民满意的教育。

今天，学校教育面临着粗俗文化的包围。文化的影响是看不见、摸不着的，但又是无孔不入、无处不在的。一些腐朽的垃圾，打着娱乐的幌子在毒害青少年，弄得学生神魂颠倒、失魂落魄。前几天报上登了这样一条消息，一名高中生好不容易考上了大学，全家欢天喜地，白天他去办理了户口转移手续，但不多久就被戴上了手铐，原因

本文发表于《教育参考》2006 年第 10 期。

是他受了网上色情内容的毒害，当晚去拦截女青年。垃圾文化就像蛀蚀楼房的白蚁一样，在吞噬着学生的心灵。面对如此严峻的现实，在多元文化的背景下，教师要坚守阵地，守住教育这个神圣的殿堂，要竭尽全力，拿出九牛二虎之力来坚守，来抗争。除了面对粗俗文化、垃圾文化的干扰，教育还面临着一股浊流的冲击。一些人打着科学的招牌干着违背科学规律的事。比如，那些名目繁多的《一课一练》等为了应试的习题集，它导致了学生只会解题不会读书。在一些高校的期末考试中，不少一年级的学生居然成绩都不及格，原因就是他们不会读书。不要说举一反三了，他们是"举三反一"，甚至是"举百反一"，而"一"还不清楚，没做过的题目考试时就不会做。面对这一现状，失去信心是不对的，要抗争，有着独立人格的教师要呼唤，要呐喊，以自身的行动来推进教育的发展。

我对当代教师是心存敬意的，选择了教师职业就是选择了高尚，选择了教师职业就是把你的生命、你的智慧同青少年的成长捆绑在了一起。人是要有脊梁骨的，教师是要有师魂的，有了这种精神才会奋斗不息。奋斗过程中最为重要的是要提升自己，育人先育已，修身齐家，首先是修身。提升自己要有养料，要读书。宋代诗人黄庭坚曾说过，三日不读书，面目可憎。如果说没有时间读大部头的著作，那么，《现代教师读本》精选了许多经典文章，还有《教师人文读本》，每天读上半小时，日积月累，必有好处。当然，书读了还要用于实践，把那些新的理念通过实践变为教育的现实。教师要有满腔的热忱，要有慷慨激昂的精神，以正压邪，排除干扰，让我们的学生健康成长。

自胜者强

有青年教师向我诉苦说："和你们比，我们难多了。哪像你们那时候得到重视、关心？今天再努力，付出与获得不等价，距离名师目标似乎遥遥无期。"

年轻教师的心情我能理解，但这番话却似是而非，正误纠缠在一起。"和你们比，我们难多了"，这是不容争辩的事实。今日改革开放，多元经济并存，多元文化碰撞，社会上各种各样的思想，大至宇宙人生，小到生活细节，对学校教育、对青少年学生的成长形成包围之势，学校教育遇到了严峻的挑战。办学的方向，办学的操守，营造怎样的教育环境，教育的价值取向，教育的针对性、实效性等一系列问题，教师要直面，要思考，要判断，要坚守，要抗争，与我们年轻时候比，不知要复杂多少倍，艰难多少倍。教育是国家固本的工作，育人的难度再大，也要迎难而上，做出成绩。因而，对坚持在教育第一线兢兢业业尽心尽力教学生健康成长的教师，我总是心怀敬意。在外面世界十分精彩的诱惑下，他们不坠育人的青云之志；在课程教材改革的召唤下，他们勤于学习，勇于实践，为探究学科教学规律、探究育人规律，奉献智慧，努力创造。

然而，教育不是百米赛跑，冲刺一阵子，而是万米赛跑，乃至马拉松，不可能有什么爆炸性新闻，更不可能像炒作的歌星一夜成名。它需要教师的心放在心窝里，不能飘飘忽忽，无所聊赖。重视、关心当然是好的，不过，那是别人的事，自己无法主宰，关键还在于自强自胜，自己完全做自己的主。就关心与重视而言，今日的年轻教师比

本文发表于《新语文学习》2006 年第 11—12 期。

我们要幸运得多。

想当年领导要我改行教语文时，只一句话："工作需要，在战争中学习战争，最高指示。"改行，困难重重。隔行如隔山，我连 b、p、m、f 都不认识。为了能听教研组长一节课，我每天早到办公室，扫地，擦桌子，拖地板，倒痰盂，泡开水，"有事弟子服其劳"，想感动"上帝"。然而，每次提出听课，每次都遭拒绝。一天，冷不防地他突然来听我的课。我推开教室门，看到他坐在最后一排椅子上，一脸严肃。我很紧张，好不容易定下神来开始讲课。我清晰地记得那天教的是王愿坚的《普通劳动者》，对作品中的将军与士兵小李进行人物分析。课后我向他请教，他郑重其事地说："语文教学的大门在哪儿你还不知道，人物形象分析是这样贴标签的吗？什么热爱劳动，平易近人！"他的话犹如五雷轰顶，我的头一下子炸开了。再向他请教，他又不吭声了。

这样的"关心"对年轻的我来说，确实有不能承受之重。但我咬咬牙，挺住了。语文教学的大门究竟在何处，作为一名语文教师，非找到不可，即使路漫漫其修远。老组长这句"金石之言"成为我教学生涯中不懈追求的动力。我常常反躬自省："你入门了没有？'堂'在哪儿？'室'在何处？你清楚了多少？一名对学科教学不入门、不辨堂室的教师怎能称职？怎能对得起学生？"外力在教育历程中化为我内驱的动力，从此，我更是夙兴夜寐一灯明，寻寻觅觅。

而今，对青年教师关心、培养的重要性已形成共识，课内课外、校内校外通过多种途径促进青年教师快快成长，期盼青年教师成为教育教学的顶梁柱。这种期盼出于对教育事业的挚爱，对莘莘学子的深情。其中的真诚，其中的急切，就差用激素来做催化剂了。年轻教师如果对此有所理解，心里就会热乎乎，工作时就会倍感温馨。

教师的成长、成熟非一朝一夕，有个不断积累经验教训、不断学习提升、不断修正错误完善自我的过程。优秀教师是在课堂里站出来的，是在进行大量教学实践中锻炼出来的。靠关系，靠侥幸，靠外力，也许会煊赫一时，乱人耳目，但毕竟人格有损，因为是"水货"，失真。学校里最难的事莫过于把课上好，让学生深受其益。我所说的把课上好，不是几节公开课、示范课，而是要力求把每一堂课上好。上课不是演戏，做给别人看，而是要让学生真正学有所得、学有兴趣、学有追求、学有发展的后劲。教师为此付出的辛苦、心血难以用数字衡量，更难以用金钱衡量。一名优秀教师对学生精神世界的培育、生存发展能力的增强，其作用可能是影响学生一辈子的生活道路，这种付出是无价的，功德无量的。

要培养学生健康成长，教师首先要求自己健康成长。成长与否的关键在于是否有自胜的能力，是否能战胜自我，克服不足与缺点，是否能不断超越自我，步履坚实地攀登。现在流行说“名师”，处处在打造“名师”，因而“名师”就成为我们追求的目标。我常想，把名师作为高悬的目标，准星是否有点偏离了？“名”应该是自然形成，是对一名教师大量的实在的、有效的、卓越的教育教学工作的肯定与称赞，素质良好的学生群造就了教师的“名”。教师追求的应是育人的高质量，追求的应是自身德、才、识、能兼备的人师，“智如泉源，行可以为表仪者，人师也”。眼睛盯着“名”，“名”再和“利”挂钩，心潮就会因外界的褒贬起伏，得得失失在心中翻腾。思不正，气不顺，不可能专心致志做好工作。《庄子·田子方》说：“宋元君将画图，众史皆至，受揖而立，舐笔和墨，在外者半。有一史后至者，儃儃然不趋，受揖不立，因之舍。公使人视之，则解衣般礴，裸。君曰：‘可矣，是真画者也。’”这个故事很值得深思，那些舐笔和墨受命恭立的画匠，想法很多，唯恐君主不赏识，恭立之意不在画；而那位“解衣般礴”的迟到者，神闲意定，不拘形迹，心无旁骛，情有独钟，“真画者也”，反而被选中。执着追求做真教师，心有所依托，快乐也就与之为伴。

教师不仅要有清醒的头脑，谦虚的胸怀，而且要有坚忍不拔的意志、毅力。改正自己的缺点、错误，弥补自己的不足，从来不可能一蹴而就，有时简直要水磨的功夫。年轻时往往会自我感觉良好，体会不到要做好一件事、上好一堂课，其中种种艰难往往不容易预见。要边干边学，边学边干，增长见识，修养自身。比如，“文革”中我挨斗的有一条罪状就是借班上课。20 世纪 60 年代初，由于学校及市里、区里语文教学的需要，我经常借班，不仅是本年级，而且借到别的年级上公开课。当时年轻，不以为意，认为这是上面叫我上的，有几分得意，殊不知埋下了祸根。至今我还记得一位老教师批判我的场景："你教得好死了，到别的班级上课，别人怎么进课堂……一个人有一个人的教法，你知道带给别人怎样的伤害?"对我而言，这简直是灵魂的洗礼。做任何事都要为别人着想，公开课多花了力气，教得好一点，没什么稀奇，给别人制造麻烦，确实不应该。上课是老老实实的学问，不是表演，不是花架子。此后，我就下决心再不借班上课。粉碎"四人帮"后，上课巡回演出之风盛行，我总是婉言拒绝。有些在全国巡回"演出"的人讥讽我不敢上课，我既不动气，更不动怒，心中坦然。我是学教育的，对学生不深入了解，怎么从学生实际出发？怎么加强教学的针对性？从 1978 年评上首批特级教师后，粗略算一下，我上了近 2 000 节的公开课，少则二三十人，多则数百人，堂堂公开课，甚至早读课都有人听，批改的作业也是全部公开。这不是因为我的水平高，而是全国各地语文教师对语文教育事业的至诚追求和倾心热爱。正由于在同行、专家的督促下从事教学，我不敢有丝毫的懈怠。每堂课下来都反思，都写教学后记，认识自己的不足，思考如何改进。十分遗憾，一辈子没有教过一堂十全十美的课，不是这里有毛病，就是那里有缺陷。正是这些累累的创伤让我深深领悟到教学事业是"遗憾"的事业，只有直面这些创伤，跨越过去，战胜自己，才能提升思想，净化感情，增强本领，追求并逐步实现理想的教育境界。

青年教师要在"入"与"出"上下坚忍的功夫。要付出得多，付出的质量优，对学生成长真正有益，就得坚持不懈地读书学习，丰富自己。入不敷出，教课时总感到捉襟见肘。课对学生有无吸引力、感染力，恐不在于设计多少方法，不在于花样翻新，相当程度看教师的文化积淀。厚积薄发，教学时就能游刃有余，课的质量就厚实，学生就会感到学习真有滋味。而今社会，科技进步飞速，信息如潮水般涌来，获取知识的手段、渠道多种多样，教师不勤于学习，充实自己，有时与学生对话都缺少共同语言。"士大夫三日不读书则面目可憎”，这是苏门四弟子之一黄庭坚的精辟判断；他的老师苏轼则说，“腹有诗书气自华”。无论是正面论述、反面论述，都强调读书学习对人的精神世界、气质风度的重要性。教师要挤出时间读书，适应新时代教育的要求，做有道德、有文化的学生人生的导师。

从事培育学生成长、成人、成才的高尚事业，心底平静、洁净、纯净、沉静，必能破乌云、驱迷雾，获得自胜的快乐，享受育人的幸福。强者，自胜也。

师德·责任·与时俱进

上海市教育委员会领导嘱我对市全体在职特级教师谈自己的成长经历，我深感惶恐与惭愧。我已是一名退休的教师，能有机会与在职的特级教师进行交流，光荣感、幸福感油然而生。

下面谈两点认识与做法，恳请批评指正。

一、意外的惊喜，清醒的定位

1978 年在全国教育工作会议上，邓小平同志提出："要采取适当的措施，鼓励人们终身从事教育事业。特别优秀的教师，可以定为特级教师。"根据邓小平同志的讲话，教育部、国家计划委员会制定颁发了《关于评选特级教师的暂行规定》，在全国开始了评选特级教师的工作。

最早只在报纸上看到北京评出了小学特级教师的喜讯，人数少之又少，多少万人中挑一个，那是很神圣的事，从未与自己联系起来。

一天，突然接到区委办公室通知，说区委书记要来我校，接我去市政府大礼堂开会，说我评上特级教师了，要参加颁发证书的仪式。那时没有自己申报特级教师的手续，尽管开过不少座谈会，听过不少课，但我全然无知，上面保密工作做得好。如此大的荣誉意外地落在自己的头上，我又惊又喜，兴奋不已。当时颁证的场景历历在目。兴

本文是 2006 年 12 月作者在上海市全体在职特级教师大会上的发言。

奋的同时，不得不冷静思考：凭什么天上掉下这么大的馅饼给我，对我特别青睐？中学各学科教师共评八名，其中七名来自市重点的名校，唯独我从教的学校是区重点，名不见经传。被评上，有相当的偶然性，相当程度是机遇。

我简单地分析了原因，可能是自己所带的 77 届年级组，所教的班级在 1977 年恢复高考中取得很好的成绩，年级组团队被评上市先进单位；可能是“文革”后电视首次直播语文课上课情况，我应当时需要，上了高尔基的《海燕》，受到好评；也可能因为“文革”前积极投入教学改革，上了很多公开课；也可能因为“文革”中尽管挨斗，没有趴下，把一个个乱班带好。但这些都是稀松平常的事，是一名教师应尽的责任。其实，课教得好的教师很多，有学问的老教师也很多，我不过是有了上公开课的机遇，有了上现场直播课的机遇罢了。世界上没有绝对公平的事，评上的不一定是最好的，最好的也不一定能评上，其中有种种的偶然。我想，既然好运降临到我身上，我就不能让荣誉蒙上灰尘，一定要让偶然性为必然性开辟道路，加倍努力，真正起特级教师应起的作用。

特级教师在德、才、识、能诸方面有全面要求，要成为“师德表率、育人模范、教学专家”，教师队伍中的佼佼者，一定要起榜样作用、引领作用，不辜负组织的培养，学生、家长、社会的期望。而今迈步从头越，一切从零开始，边干边学，边学边干。面对落在自己头上的天大的恩泽，我下了这样的决心。

二、追求卓越，向名副其实的目标奋然前行

用一句话来说：近 30 年的辛苦不寻常，夙兴夜寐，孜孜矻矻，走了一条老老实实学做特级教师的路。其中艰辛一言难尽，有四个问题一直叩问我的灵魂，迫我深入思考，认真对待，以实际行动毫不含糊地回答。

1.
压力

我还是我，就是那点水平，可是冠以特级教师以后，别人对我的要求一下子高了起来，高很多很多。一切教育行为、一切思想言行都在众目睽睽之下，似乎你什么都应该懂，什么都应该做得十全十美。一下子怎么做得到呢？因而，压力极大。

面对压力，要么被压垮，要么变压力为动力，坚强地挺立起来，其他别无选择。德国教育家第斯多惠说得好，一名教师要使自己的教育工作勃勃有生机，必须找到自身最强烈的刺激，那就是自我教育。清醒地看到自己工作中的不足、缺点，一点一点改正、提升，每做一件事，都要有长进，力求做得好些，更好些，更完美些。自己鞭策自己，挑战自己。有了自我教育的内驱动力，就会精神振奋地往前奔。与此同时，学习至圣先贤的教导，从中国优秀传统文化中汲取精神养料，汲取力量。《易经·乾卦》中象辞说：天行健，君子以自强不息。人就要像苍天像日月星辰一样刚健运行，自强自立，奋勇拼搏，毫不懈怠。三十而立，四十而不惑，四十多岁的人不能再稀里糊涂，应建立清晰的内心价值系统，把社会给予的压力变为一种生命张力，心志奋发，态度从容，以敞亮的胸怀、无限的热忱迎接来自各方面的挑战。

比如：立刻要出版教学成果的书，经验录、教案选。实在腾不出手来，我就采用讲的办法，每周六讲半天，《上海教育》两位记者把音录下来，整理成文。书出版，我不想冠以自己的名字，起了个《中学语文教学探索》。对我来说，也是梳理思想，梳理教学经验，提高认识。两位记者听了许多课，开了一些座谈会，与我讲的内容找到对应，找到结合点。至于教案，“文革”中已被烧毁，因为“知识越多越反动”，作为罪证被烧了，只好从现在的备课笔记中选出付印。

又比如：每一节课都有同行听课，有的师范大学教授拎了录音机来听，听后整理成实录发表。听课少则二三十人，多则几百人，压力极大。课教完，还要解说，还要介绍。为了对得起学生，对得起远道而来的教师，我不敢懈怠，备课全身心投入，天天明灯伴我过半夜，前后上了近 2 000 节公开课，阅读、写作、作文批改等都在同行的监督与促进之下，形成了严谨、一丝不苟的好习惯。

再比如：全国语文报刊约写文章，有些几乎是“命题作文”，而且要“立等可取”，这就逼得自己勤思考、勤动笔，锻炼了运用语言文字表情达意的能力。其他如经常录课，审教学大纲、教材，社会兼职多，会议又多，忙得真是不亦乐乎。诸多事情，诸多活动，包括上课、录像，我都看作难得的学习机会、锻炼机会。我总认为人的视觉有两种功能：向外，拓展世界。有机会学习，参加活动，就是拓展世界、增长见识。向内，发现内心。吾日三省吾身，检查自己的动力、动机、行动，始终有个永不满足、奋勇向前的好心情。

2.
辐射

“一花独放不是春，万紫千红春满园。”特级教师应是有行动能力有人格魅力的人，既有理想主义的天空，又有现实主义的大地，心中燃烧着热爱教育事业、热爱学生的圣火，这种炽热要辐射，要带动队伍共同前进。

要做到这一点，我努力克服思想上的障碍：自己那么多事情根本来不及做，书来不及读，哪来那么多精力？其实这种想法是愚蠢的表现。一花独放不是春，更何况自己不是什么名贵的花，顶多算是草花一小朵，教育园地要繁花似锦、万紫千红，才能春色满园。教师是个体脑力劳动者，个体质量很重要，但又是群体效益，须有良好的团队精神，二者完美的结合，队伍建设才有好质量。因此，每名成员都应为队伍建设出力，更何况特级教师？

为此，我悉心培养青年教师，采用师带徒的方法。本校的、外校的、本区的、外区的，大学毕业生来当助教，脱产住我校跟班学一年，这些年轻教师除了听课，每周我还得作专题讲座，还得听他们的课，课后讲评。

我悉心带教研组，从备课、听课到参加区里、市里的教学竞赛，到作文批改、考试命题无不交流、研讨、指导，全方位、全天候。看到他们一个个成长，教学竞赛获奖，心里比吃了蜜还要甜。

全国各地的教师，特别是青年教师，凡在语文业务上要探讨的，要推荐文章的，乃至出书写序的，我都尽力而为，有求必应。对个别教师文风不正的，我也真诚地指出。任职校长期间，我的主要精力放在培养青年教师上面。青年教师是教育的未来，教育的希望，在师德、师能，在专业水平方面着力培养，成立学校专门培养的组织，落实措施，一步一个脚印，在学校营造青年教师健康成长的良好氛围和空间。比如听课后的评课，就不是简单地判别这节课的是非得失，而是从理论和实践结合的高度探讨学科教育观、学生观、质量观，探讨教学的规律。听一节课，至少用两三节课时间评论，畅所欲言，集思广益，共同提高。抓科研能力培养也是如此，舍得花时间，花精力，力求有实效，而不是走过场，搞形式。

我之所以在扎扎实实、坚持不懈上下功夫，是因为从思想上解决了两个问题。

（1）为我，还是为学生？

为自己就觉得不合算，得不偿失。为学生就觉得忙得应该，忙得其所。一名青年教师在岗位上获得良好的培养，就可成长、成熟，成为优秀教师；而一名优秀教师就能恩泽许多学生，乃至使他们受益终身。我这名教师生命中最大的事就是一心为学生，因而培养青年教师与培养学生一样，是我应尽的天职。

（2）付出，还是提升？

送人玫瑰，留有余香。看起来付出的是时间和精力，实质上是互相学习，互相促进。学习使我了解了许多信息，许多知识，学习到别人教学中的许多优点和教育智慧，思维受到启迪，视野大大开阔，自己得到了提升。当一名教师付出的劳动对同行有些作用时，觉得有天地之气凝聚在心中，心灵得到安慰，深感无穷的快乐和幸福。

3.
诱惑

人生活在社会上，总是会碰到各种各样的诱惑，如何对待，确实是叩问灵魂的事。

为教育经费、为教师待遇和地位，我在市人代会、市人大常委会等多种场合，不遗余力地呼唤、呐喊，但对物质生活总严于律己，不敢有丝毫松懈。教师是人中的模范，要有清醒的头脑，坚定的意志，不为物质生活所累，才能保持心境的纯正与安宁，做好育人的工作。

我也是食人间烟火的人，有些事情对我也有不小的诱惑，我也左想右想，最后才作了正确的选择。比如20世纪80年代中期，金山石化二中需要校长，想在质量上打翻身仗。石化二中当时是上海师范大学与石化总厂联办的。为此，上师大校长和石化总厂党委书记多次来我家，希望我兼任校长，并许诺一周只要去两三天，配一部车子和一套住房。这对我不是没有诱惑，我一直住在爱人分到的房子里，局促得很。但我是上海市第二师范学校的校长，一所被“文革”破坏得千疮百孔的学校，好不容易才由乱而治，若不全力以赴，又怎能带出队伍，全面提高质量？人的精力是有限的，必须专心致志，才能做好工作，为此，我一再婉言谢绝。又比如，市人大常委会领导关心我的身体，一再找我谈，希望我脱离工作岗位做人大专职委员，从事教科文卫工作。这种关怀我由衷感激，但我想到特级教师的基本条件是终身从教，再说从感情上，我实在舍不得我的学生和教师，因此，我也婉言辞谢了。将要从校长岗位退下来时，高价校长的诱惑也不断向我袭来。20世纪90年代初有集团创办民办学校，用20万年薪请我当校长，90年代中期，用60万年薪请我当某个规模宏大的民办学校校长，我都毫不犹豫地谢绝了。至于高价到全国巡回上课，不是我架子大，而是我不愿做知识贩卖者，人和金钱之间一旦画上等号，人格也就扫地了。

对待这些问题，须有个总的看法，总的感情。20世纪西方哲学界的有识之士一直忧心忡忡的是人的异化、物化，科技进步，道德沦丧。莱辛说：现在出现了高学历的野蛮人。其实《礼记·乐记》里早就深刻指出："夫物之感人无穷，而人之好恶无节，则是物至而人化物也。人化物也者，灭天理而穷人欲者也，于是有悖逆诈伪之心，有淫泆作乱之事。"

人总是有物欲的，因为要生存、要发展。但君子爱财要取之有道，追求的目标是人格的完美。印度的泰戈尔曾说，鸟的翅膀一旦系上黄金，就永远也不能飞腾起来。人之所以为人，是因为有精神世界，有精神支撑。读书求知为什么？为明理，为明做人之理，明报效国家之理。教师是教圣贤书的人，当然，应是做人的表率。

特级教师代表教师群体形象，不能因个人不当行为影响教师整体。负面影响总是不胫而走的。极少数不体面的家教损害教师的形象，降低教师威信，使教师的社会认可度下降，这是令人痛心的。

4.
超越

教师身上要有时代年轮，要努力学习，不断提升认识，开阔视野，跟随着时代奋勇前进。

教师专业也要不断发展，才有生存的空间。专业不向前发展，知识结构不适应时代需求、教育需求，生存空间就越来越小，发言权就越来越少。

教育的特点是前瞻性和滞后效应的结合，教师要有超前意识，又要脚踏实地耕耘，要教在今天，想到明天，以明日建设者的需求衡量、指导今日的教育教学工作。教师要学会站在教育战略的制高点上思考一些问题，以做到心明眼亮；更要不断地挑战自我，超越自我，追求教育的高尚的理想境界。

比如课堂教学，根据课程目标和自己实际情况，不断制订努力的小目标，一个一个台阶上，一步一步攀登。第一步做到"胸中有书，目中有人"。教材要烂熟于心，如出自己之口，如出自己之心，决不搞参考资料搬家，人云亦云。目中有学生，对学生经常、深入、全面地了解，知心才能教心，才能有的放矢。我花了好几年工夫，基本做到了这一点，上课心里才踏实，有时也会出现一语中的、左右逢源的好气象。第二步狠抓自己教学语言的修正、锤炼。教学语言无吸引力、感染力，无文化含量，是无法在学生心中弹奏，取得良好的教学效果的。我又是教语文的，在使用语言文字方面应给学生做榜样，于是我提出了出口成章、下笔成文的小目标，在语言的规范、生动、鲜明上下功夫。我用以死求活的方法，教学写详案，每一句话写下来，再通篇修改，再口语化，用比较规范的书面语言改造不规范的口头语言，去除语言中的语病、杂质。花了两年多的功夫，提高了口头与书面表达能力，基本做到了说话、写文章不打草稿。第三步研究课堂教学的节奏与容量，怎样的教学节奏与教学内容的分量，学生最易接受，最能满足心理需要，而不打疲劳战。第四步研究课堂教学的多功能与立体化，发挥学科教学的实用功能、发展功能、审美功能，以学科智育为核心，融合德育、美育，使教书育人落到实处，改变只是传授知识的线性思维。研究如何调动每个学生的学习积极性，组织到教学的情境之中，把传统的教学结构的直线往复转换成网络式的辐射型。教师的教作用于每个学生，每个学生的学反馈到教师，师生之间交流、促进。学生全神贯注后，总有几个人能超水平发挥，他们的认识、理解辐射到其他学生身上，能者为师，水涨船高，推动教学向深处开掘，往广处开拓。小目标一个个攀登，不断超越自己，修正或否定原先自己不合时代前进步伐的想法和做法。

在学科教学发展的重要时刻，出于教师的良心，出于对学生的热爱，出于对祖国的忠诚，我总是直言不讳地提出自己的看法。比如，20 世纪 70 年代末提出的“水到渠成”问题，认为语文教学只要注意思想教育，质量就下降，只能是“水到渠成”。我是不同意的。教育是有计划有目的地培养人，哪有什么听其自然，于是我写了《既教文，又教人》的文章，发表在语文刊物上，得到了大家的认可。又如 80 年代，乃至前几年，有人提出语文初中三年过关。我不同意，语文能力、语文素养和认识水平、学习经历、生活经历、文化底蕴等密切相关，初中娃娃和高中学生就有很大区别，思维能力、理解能力很不一样，学语文怎可能过关？除非把语文只看作识几个字、写篇短文的功能，日常生活中生存的实用工具罢了。教育教学是有其规律的，不以人的主观意志为转移的，正如春季过了，立即是秋季，办不到。民族语言文字是民族文化的根，语文是学好各门功课的基础，会陪伴人的一辈子。基础打不好，会碰到种种困难。现在学生语文能力下降，错别字屡见不鲜，言不及义，已成不争的事实，令人焦心。其实，何止是学生？媒体、社会方方面面都有语文水平不合要求的问题。再如关于语文学科的性质、特点问题，针对教学中的弊端，我写了《弘扬人文，改革弊端》的文章，剖析了语文学科性质，工具性与人文性的关系。新世纪全国进行课程改革，在制订的语文课程标准中写入“工具性与人文性的统一，是语文课程的基本特点”，得到越来越多的语文教师的认同，我十分高兴。

总之，作为一名特级教师，肩负育人重任，必须与时俱进。日本哲人池田大作曾说：人生一辈子都是建设，没有建设的人生是失败的人生。几十年的教学生涯让我深深懂得：对自己应做的事，要燃烧起满腔热情。对现在应当做的事不全力以赴的人，没有资格谈未来。只有切实地站稳脚跟，才会有接着的大飞跃。

满腔热情，全力以赴，站稳脚跟，争取飞跃，愿与老师们共勉。

关键在教师的自我提升
——谈“两纲”教育的实施

教育质量说到底是教师的质量，教师德、才、识、能综合素质好，热爱事业，热爱学生，敬业爱岗，业务精湛，教学的有效性就高，教育质量必然上乘。实施“两纲”教育也是同样道理。要在语文学科中把“两纲”教育融合在知识的传授、能力的培养之中，教师自身须认真地努力自我提升，在教育实践中不断锤炼，发展，成长。

自我提升方面很多，完全可因人而异，但有些方面是基本的，须多加注意。

一、教育理念

教师的教育行为总是受教育理念的支配，有时是有意识的，有时是无意识的。教育要取得实效，理念须正确、清晰。理念上的模糊必然导致实践中的盲目。

对教师而言，教育理念中最为重要的是要眼中有人，眼中有学生。我们经常看到这样的场景：下课的铃声响起，有些学生早已耐不住性子，做好了向外冲刺的准备，而教师还在说，还在黑板上写着。

本文是作者 2007 年 5 月在语文德育实训基地的讲话。

“哎呀，您倒快点呀!”教师不紧不慢作课堂小结，留作业。总算下课了，已过了3分钟，学生奔向厕所，解决完问题。至于作业是什么，尽管教师叮嘱“一定要交”，但学生可能都没听见。此类事司空见惯。不能说教师不敬业，不负责任。可产生的教学效果怎么样呢?可想而知，不理想是意料中事。问题出在目中无人，学生对于教师来说是受教育者，必须承认学生是生命，学生是有独特情感和需求的生命，教师对他们成长中的生命要热爱，要怀有民主思想，有人文关怀。夏丏尊老先生曾说过：教育没有情感，没有爱，就如同池塘没有水。没有水，就不能称为池塘；没有情感，没有爱，也就没有了教育。

由此可见，目中有学生，要热爱他们。教育无选择性，要热爱他们中的每一个，这是从事教育的教师做好工作、实施“两纲”教育的前提。而要教育好学生就须树立以学生发展为本的理念。什么是以学生的发展为本?那就是说，教育的根本在于把学生看作是能动的主体，根据他们的特点与需要，使他们获得健康的发展，教育的出发点和归宿，都是为了学生的成长。他们的发展就是教育的价值取向。这种取向就是把开发每个学生的潜能，促进他们个性健康发展，形成自我教育、终身学习的意识和能力，确立为祖国为人民奉献与创造的志向，作为教育最根本的任务。教师只要树立以学生发展为本的教育理念，从学生发展为本的教育思想出发，人才观、质量观、培养观、教育观、学生观、师生观，乃至到学校的课堂教学、教学方式方法，就都会有新的认识，新的内容。比如，不能把学生当作灌输知识的容器，训练能力的操作工，而是要点燃他们求知的火焰，唤醒他们独立思考的潜能，发挥他们能动的主体作用。又比如，不能只把教育停留在学生认知能力的培养，不能只从书本出发，脱离学生实际、生活实际，更重要的是培养他们的生存能力、学习能力、发展潜能与创造能力。

“以学生发展为本”的“学生”不是抽象的概念，空洞的概念，须把它放在特定的历史条件下来认识，来思考。在经济一体化、政治多极化、文化多元化、信息全球化的今天，我们要造就的是“有理想、有道德、有文化、有纪律的德智体美等全面发展的社会主义事业建设者和接班人”。也就是说，我们要造就的是“四有”新人，是现时代的文明人。

实现人的现代化，是各国教育面临的共同课题。人的现代化是社会现代化的根本保证。一个国家可以从国外购买最现代化的种种装备，可以引进最能标志现代化的科学技术，移植最先进的管理方法，最先进的课程设置，但如果这个国家的人观念陈旧，知识结构不更新，没有从心理、思维、态度、行为方式向现代化转变，再现代化的装备也会搁置起来，成为垃圾一堆，再完美的管理方式，再先进的技术工艺，也只会变成一堆废纸，学校教育就要从这个根本性的问题抓起。学校教育对于一个人的价值观念、行为方式等人格因素十分重要，是构成个人现代化的重要基础。我们要培育的现代文明人应具有开放性，乐于接受新事物；有自主性、进取心和创造性；对社会有信任感、责任心，能正确对待别人和自己。既有国际视野，更有一颗中国心，立志为祖国为人民作贡献。当前我们强调的以德育为核心，以创新精神和实践能力为重点的教育，就是培养“四有”新人的极其重要的政策措施。

二、专业基础

随着科技、经济的飞速发展，社会对于教师职业的要求也越来越高。仅靠一本教材、一本教学参考书，采取“学科知识+教育学知识”的模式，再也难以担当当今教育教学的繁重任务，不能满足人们对现代教师的要求。教师要在学科教学中实施“两纲”教育时做到融会贯通，游刃有余，左右逢源，须坚持不懈地打下扎实的专业基础。

课堂教学的质量影响到学生生命的质量。学生进学校求学，绝大部分时间是在课堂里度过的。课堂里传授的知识正确与否，培养的能力到不到位，情感态度价值观是否有意识地融合在知识传授、能力培养之中，融合得是否天衣无缝，学生体验、领悟得怎样，自主探究的精神有无增长等等，都关系到学生生命的成长，学生生命的质量。课堂教育质量高，学生就会受益匪浅，有些精彩的课注入了生命之魂——德性与智性，往往使学生刻骨铭心，终生受益。课的高质量一定与教师的专业基础厚实密切相关。这里所说的专业基础包括三个方面。一是具有较为广博的文化基础知识，或者说有一定的文化底蕴。二是具有精深的专业知识，对自己所任教的学科有较为深刻的认识，掌握相当的有关技能技巧。三是扎实的教育科学知识。不是名词术语，而是掌握其精髓，无论是教育学、心理学以及与之相关的分支学科，均掌握其精要与精神实质，这是教师进行具体的教育和教学活动的理论基础。

为什么要有较为广博的文化基础知识？这是时代所决定的。信息时代，信息如潮涌。人类的知识一方面在不断地细化，另一方面也在不断地交叉与综合。任何一门学科的知识不可能是孤立的，与其他学科无关系的。基础教育的核心是培养学生的科学文化素质，供学生掌握语言、数学等基础工具，掌握自然和社会等方面的基础知识所蕴含的思想方法，以及掌握必要的基本技能，发展他们的观察力、想象力、思维力和创造力。尽管每门课程有其特定的具体要求，但教师对学生的影响不可能局限于某一学科知识本身，影响往往是全方位的。因而，教师必须有广泛的知识储备。教文科的教师不仅要涉猎文、史、哲方面的知识，理科的知识也应有所关心，有所知晓；教理科的教师当然也应有点文科知识的储备。教师知识广博是社会发展和教育改革的需要，对学生而言，教学可更具感染力，发挥更有效的教育功能。举个简单的例子来说，三角形的内角之和等于 180 度。数学老师对此烂熟于心，语文老师当然也了然于胸。然而，三角形的内角之和是等于 180 度吗？自从欧几里得几何诞生以后，“等于 180 度”一直是不容置疑的定理，怎能怀疑呢？但事实告诉我们对此必须有新的认识、新的思考。如果有一只篮球，把球面上三个点连起来，它们的内角之和就不是 180 度，而是大于 180 度，如果把篮球的气放了，在凹进去的球面上再取三个点，把它们连起来，内角之和也不是 180 度，而是小于180度，这就是球面几何。文科教师也应有所了解，它与今日生活关系密切。因为地球是个球面，要建造大跨度的桥梁，实际上就是在抛物线上建造它们。球面几何对今日的建筑学、航天学、地理学等方面均有巨大的价值。学生生活在现代社会，对这些问题都很关心，询问哪个学科教师都是稀松平常的事，教师广泛涉猎，就能应对。

学科知识是教师课堂教学的主要内容。教师对自己所任教的学科，须具备比较精深的专业知识。从当今课堂教学的有效性不如人意的情况看，相当程度是教什么没有落到实处。教什么和怎么教常常处于失衡状态。教学目标一般化，深入思考不足，缺乏个性。拿语文来说，为什么教学生学这篇课文，达到什么目的，执教者心中应一清二楚。课文教学目标的制定不是孤立的、随意的，教师应该具有清晰的层级观念。这篇课文是在哪个学年段的，哪册教材哪个单元的，它在单元中的地位与作用如何，整个课程标准是怎样要求，阶段目标又是怎样要求的，单元要求怎样，教材作何提示，教学有何建议，这些作一番总体思考，再研究学生的学情，制定的教学目标就比较准确，就有个性特点，就有适切性。

为什么教什么和怎么教会失衡？对学情不深入掌握，乃至不了解，是原因之一。而更重要的是文本解读不到位。这篇课文究竟写什么，怎么写，为什么这样写而不那样写，没有真正读懂，停留在浅阅读层面，乃至误读、误猜想。出现这种情况有两种可能。一是确实缺乏语文基础知识，阅读的整体把握与探幽发微的能力有所欠缺，因而，钻研教材时不能透彻理解，一眼到底，抓不住文本的精要，抓不准课文的核心价值。第二种可能是没有花相当的功夫反复阅读文本，在钻研上功夫下得不够，相反，在怎么教上用了大量的心思。力气花在教学过程设计、教学方法、教学手段安排、媒体制作、合作讨论、情景表演、资料补充、拓展阅读，应有尽有，追求包装，满足好看。尤其是有些所谓的公开课，巡回演出课，满堂热闹，琐细分析，失去了课堂教学求知的本真，教学的泡沫多了，教学目标、教学重点被淹没，有效性大幅度降低。要改变这种状况，一是加强专业修养。对任教学科的知识框架须有清晰的了解，什么知识难易度如何，放在什么阶段教，怎样循序渐进，须有整体考虑，教师不可能是全知全能，但知识框架清晰，什么知识放在怎样的位置应清清楚楚，不能糊成一片。神探福尔摩斯的故事也能给我们启发。在书中，他给人的印象是无所不知、无所不能，其实不然。他说："我的酒并不多，也并不是太高级，但什么酒放在什么地方我一清二楚，我可以随时拿到我所需要的酒。而很多人的酒柜很大，却杂乱无章，找不到他所需要的酒。"（这是他回答他的助手华生时顺手打开面前的酒柜说的。）福尔摩斯最大的特点就是能在需要的时候调动他所有的知识。当他觉得知识不够用时，及时补充知识。

教师具有清晰的知识框架还不够，对每一个概念、原理以及知识细节都须准确地掌握，专业技能技巧要娴熟。还要了解和掌握与学科相关的知识和背景材料，了解本学科产生和发展的历史脉络及发展趋势。二是摆正教什么与怎样教的关系。怎样教当然须研究，但方法总是第二位的，把教什么吃准了，专业水平质量高，采用恰当有效的教法，那学生的求知就会如虎添翼。

"两纲"在学科中实施的质量如何，十分关键的就在于教师是否专业精深。研究"两纲"在学科中的实施必须深入钻研文本，推敲词句篇章，从文字形式到思想内容，从思想内容到文字形式，来回往复，将文本中蕴含的情感态度价值观开掘出来，实质上也就把握了文字的表现力、生命力，二者相得益彰，专业知识、专业能力也就随之获得提升。

专业基础与能力的提升不可能一蹴而就，需要的是恒心、韧劲。《后汉书·列女传》中说："一丝而累，以至于寸；累寸不已，遂成丈匹。"教师以这种累寸累匹的精神要求自己，日积月累，锲而不舍，必能成为知识的富有者，胜任育人的光荣事业。

三、教学智慧

当今的课堂教学必须告别"我讲，你听"的注入式模式，告别题海、题库机械操练的机器人模式，重启发，重点拨，重引导，让学生充分发挥学习的主体作用，在求知过程中长知识、长能力，思维力、想象力获得发展。

通常我们想到教学智慧，会立即联想到教育机智。确实如此，机动灵活的教育机智，能控制和处理意想不到的教育情境，产生积极有效的教育效果。教师的教育机智是良好的心理素质和熟练的教育教学技巧的结合。它体现了教师感知的敏锐性、思维的灵活性、意志的果断性，也反映了教师教育教学技能的娴熟。但是课堂里的意想不到的突发事件毕竟不多见；在教学常态下更需要教师的教学智慧，综合运用学科知识、教育技能、教育经验把课上得有声有色，学生徜徉于浓厚的求知氛围之中，有欲罢不能的快乐。

教学智慧在“情”与“思”上均要下功夫。文章不是无情物，文质兼美的课文一定是作者“情动而辞发”的产物，教师要进入课文，读懂课文，自然应“披文以入情”，身历课文描绘之境，倾听作者的心声，而不是课文的“门外汉”，冷漠旁观，无半点热情。有的课上得冷若冰霜，不管是语言文字，还是定理公式，无感情融入其中，只能是枯燥的符号，怎可能打动学生？解读文本是心灵的浅唱低吟，是一种心力劳动。钻研文本，走进去，进入角色，就会有情感的激荡，就会有独特的认识与体验。教师只有自己感动，才能感动别人。自己没有从文本中获得“感情的传染”，又何能“传染”到学生，让学生动情，受到“感染”？情动于中而言表于外，智慧从感动的沃土中催生，连珠的妙语会汩汩流出，增添教学的色彩。情多种多样，有的诗文激昂慷慨，如岩浆喷发，有的如潺潺流水，叮叮咚咚，或悲，或喜，或憎，或爱，或同情，或怜悯，等等，教学时均要把握课文的本意，体会作者的感情，千万不能添油加醋，使作品走样。教学时不是为情而情，更不是虚情、浮情。否则，教学效果适得其反。《庄子·渔父》中早就说过：“不精不诚，不能动人，故强哭者虽悲不哀，强怒者虽严不威。”只有真情实感才能催生教学智慧，才能感动学生。比如学杜甫的《茅屋为秋风所破歌》时，读到“安得广厦千万间，大庇天下寒士俱欢颜！风雨不动安如山。呜呼！何时眼前突兀见此屋，吾庐独破受冻死亦足!”怎能不心灵震撼，动情动颜？诗人已处于生存绝境，想的不是自己，而是“天下寒士”，只要“天下寒士”得以安居庇护，自己冻死也心甘情愿，无比满足。这种舍己忘私、关心他人安危的仁爱之心、博大胸怀，不仅令利己者汗颜，对当今学生也是一种精神哺育。教师自己真正为此而动情，就能以情激情，以情传情，丝丝缕缕牵动学生的情怀。让学生在学习过程中动情，或涟漪，或波澜，这也是教学中的一种智慧。

教学智慧还在于要让学生动心，在思想深处留下难以磨灭的印象。备课，钻研文本，总是离不开阅读。理想的阅读过程，应该是阅读者将自己的全部智力，包括注意力、记忆力、思考力、想象力等组合在一起，同书本进行化合，产生理解、体验、感情的奇妙作用。其中，“思”最为重要。《孟子·告子上》说：“思则得之，不思则不得也。”黑格尔曾在《美学》一书中指出：“构成心灵的最内在的本质的东西正是思考。”其实，想象也是思考的产物，奇特的想象源于不落俗套的思考。不会思考的大脑是一片沙漠，只有荒凉，没有花朵，没有美感；善于思考的大脑是一片汪洋，浪花翻滚，船只穿行，珍珠、珊瑚异彩纷呈，美不胜收。因而，不管什么学科，教学智慧都体现在要牢牢抓住“思”不放，启发与引导学生对学习内容爱思、多思、深思，脑子不停地转动，就会有所发现，就会产生独特的见解与体会，乃至有不落俗套的创造性认识。理性思考并不是什么神秘玄妙的东西，它是一种依据客观事物之间的内在联系，把事物加以整理、分析和概括，从而更深刻地认识事物的能力。语文课就其本质而言，就是要让学生看到、悟到、感受到他自己个体阅读时看不到、悟不到、感不到的东西，包括文与质两个方面。教学智慧相当程度表现在如何启发学生在“发现”上下功夫。思考围绕着问题而发生，要让学生在看似无疑处产生疑问，学就深入了一步。学生脑中问题萦绕时，要引导学生分析、比较、讨论、交流，做到“疑义相与析”。读课文，分析是不可少的能力。正如朱熹所说：“学者初看文字，只见得个浑沦物事，久久看作三两片，以至于十数片，方是长进。”混沌一片是学不好语文的，整体感悟应建立在对每个部分、部分与部分之间的联系与区别的了如指掌的基础之上。对局部的个性特征认识得准确、深入，整体感悟就能上层次、上台阶，有独特的见解与体会，这又是综合能力的体现与检验。教学智慧还表现在善于引导学生思辨、抉择。读书可以明智，学生学语文、读语文，思考、抉择，就是明智的有效举措。抉择必然伴随着思辨。正误、褒贬，现象本质、整体局部，主流非主流等，通过语言文字的推敲、理解，达到仔细辨别、准确把握的目的。学生在提高语文能力的同时，思维得到锻炼，价值取向也受到教育。

教学原本就是创作，每位教师都是创造者，只要不断努力，自我教育，自我提升，就能用激情与生命铺写出美丽的育人华章。

树立教师之魂

主持人：于　漪　特级教师，上海市教师学研究会会长

嘉　宾：尹后庆　上海市教育委员会副主任

包南麟　上海教育出版社社长、总编辑

吴乾渝　上海市杨浦区副区长

夏玲英　上海市科技教育工会主席

陈　军　上海市市北中学校长

程红兵　上海市建平中学校长

谭轶斌　上海市青语会会长

罗华荣　上海师范大学博士

黄荣华　复旦附中语文高级教师

陈爱平　上海市杨浦高级中学副校长

孙宗良　复旦中学教科室主任

陈雪良　《上海教师》副主编

“我愿做一只麻雀，让大家来解剖”

于漪

今天为我的《岁月如歌》举行如此隆重的首发式，我难以表达自己的感激之情。我的理解是，这不仅是对我的厚爱，更是表达了大

本文根据2007年9月6日《岁月如歌》首发式暨“从《岁月如歌》谈教师成长”主题论坛内容整理，发表在《上海教师》“于漪茶座”专栏。“于漪茶座”是《上海教师》编辑部邀请作者为主持人，召集上海教育系统内外的文化人士就教育热点问题漫谈切磋的栏目，共28期，一度成为上海教师队伍培养研究的一个重要平台。

家对教育事业的无比忠贞和热爱。我要感谢一切关心我支持我的人，感谢今天赶来参加会议的领导和朋友，尤其要感谢上海教育出版社。我的书稿到8月10日才最后交稿，出版社的同志在繁忙地出版上千种教材的情况下，硬是在第23个教师节前把我这本书赶出来了，而且印制得又是那样的精美。他们的认真、执着，着实让我感动。

我是一个非常平凡、非常普通的教师，出这样一本带传记性质的书，我实在有点不好意思。可是，教育出版社的袁书记劝我，说：你的经历是那样的丰富，很多东西都值得大家思索、研究，写这样一本东西，主要不是为了你自己，而是为了大家，为了教育事业。把你的经验和那份精神留给大家是有好处的。基于这样一种观念，我同意了。我的老爱人平时反对我揽那么多事在身上，这次他也支持我，鼓励我把这本书写出来。他要我用心地写，当然，由于时间紧促，现在放在大家面前的这本书还是非常的粗糙和不像样。

我也要感谢杨浦区教育局党委的领导们。他们为我成立了“于漪教育思想研究中心”，今天这个“从《岁月如歌》谈教师成长”的主题论坛就是这个中心主办的。起初我想，我是一个平平常常的老教师，有什么好研究的呢？特级教师，劳动模范，都只是个符号而已，除了表明党和人民对我的厚爱外，不能说明什么。继而我又想，大家说要研究，就研究吧！我就做一只麻雀，让大家来解剖，看当教师的应该具备些怎样的素质，看教师成长的轨迹。

包南麟

我们跟于漪老师有几十年的交往。20世纪90年代，于漪老师就是我社的特约编审。1981年，为总结于漪老师丰富的教育教学经验，我们请《上海教育》杂志的两位青年编辑写了《中学语文教学探索》一书，之后，又出了一系列的书。于漪老师的名文《素质·能力·智力——我的语文育人观》就是发表在我社编辑的《语文学习》上的。在长期的交往和接触中，我们读懂了于漪。于漪老师是当代教师的典范，她的教育思想、教育观念，是不可多得的思想财富。学习于漪，研究于漪，大有必要。

吴乾渝

一年前，于漪名师基地挂牌，一年后，举行于漪《岁月如歌》新书首发式暨“从《岁月如歌》谈教师成长”主题论坛，实在很有意义。于漪在杨浦高级中学当了18年校长，至今仍耕耘在教育战线上，她对杨浦教育做出了无人可替代的贡献，我代表杨浦人民对她表示感谢。当然，于漪不仅是属于杨浦区的，她属于中国，外省市的教师来到上海，就热切地参观于漪教育展览会，从中汲取思想的养料。我同意一种说法，于漪之所以那样感人，是因为在她身上体现着教师之魂。

做合格的“人”，
合格的“中国人”

孙宗良

《文汇报》原总编辑石俊升先生说：“于漪太丰富了。”是的，从教50多年来，于漪老师留给我们、留给中国教育的东西实在太多太多，足够我们去反复咀嚼，反复挖掘，反复提取。但是，我们如果要把于漪的丰富人生提炼出某个关键词的话，那就是“合格”二字。

于漪

你们说我“合格”，其实，每当我反思自己的生活和教育历程的时候，我会常常发现我身上还有许多不合格的东西。因此，我常这样想：与其说我做了一辈子教师，不如说我一辈子学做教师。

孙宗良

这也正是于漪老师了不起的地方。她永远追求着合格，即使在常人看来已是够合格的了，她还是在求索，还是在不断地更新自己。于漪留给我们的合格标准是与时俱进的，是日日新、月月新的。

于漪老师的人生经历使我们懂得了，要当一个合格的教师，首先得当一个合格的“中国人”，当一个合格的“人”。教师是在用人格讲话，用人格教会学生如何做人，如何学习和工作。没有崇高的人格精神，你再有学问，那个教师也是当不好的。我们可以作这样的设想，如果于漪老师从复旦大学毕业时，祖国给了她另一种安排，或者说她作了另一种选择，从事另一种职业，我敢肯定地说，于漪老师依然会在她的职业生涯中镌刻上这两个大写的字：合格！

陈军

于漪生命的基本特征，分明是中国人所具有的，中华民族式的。这就是：饱经沧桑，历尽艰辛；正气浩然，无所畏惧；责任崇高，奉献国家。于漪是一个合格的中国人，一个合格的人，这是谁都承认的。她的人格魅力时时感召着她的学生、她的同事，以至于所有的人。

我们称于漪为教育家，因为教育工作是一种途径，是奉献精神的载体。就本质而言，于漪是鲁迅先生所赞许的一种人：中国的脊梁。

程红兵

于漪老师的感人处在于她的人格，在于她的品质和品格。她当过普通教师，当过校长，当过五届人大代表，当过三届人大常委会委员，当过两届教科文卫委员会副主任委员。每一任职，她都利用手中的权力为教师“争名争利”，为教师办一件又一件可以书之竹帛的好事。上海一度教育经费短缺，中小学充斥危房，于漪到处奔走，为民吁请。为提高中小学教师的待遇，她面见当时的中共上海市委第一书记陈国栋。为了教师的教龄津贴，她向当时的市委副书记曾庆红细陈原委。她敢于当着当时的市委书记江泽民的面提出要提高教育预算。她在市教科文卫会议上，批评某些县领导挪用修缮校舍经费的不端行为。可以说，于漪老师，不管站在什么岗位上，她给出的答案永远是“合格”二字。于漪给我们最深刻的启示是：要当好一个教师，首先要追求人格上的“合格”。

“一切为民族”，是民魂，也是师魂

于漪

回顾自己的生命历程，我觉得可以用“匆匆”二字概括。我对生命的感悟是，人活着，是要靠精神力量支撑的。体操运动员李月久，在一次单杠比赛中跌掉了四颗门牙，满面是血，可是，他仍岿然不动地站立在那里，赢得了满堂的掌声和泣声。很显然，“人无志不立”，一种精神力量支撑着他。我曾就读于镇江中学，这所中学的校训是“一切为民族”。人不能没有脊梁，“一切为民族”就是我的思想脊梁，几十年来它一直支撑着我在教育生涯中风雨兼程。

在我看来，“一切为民族”，是民魂，也是师魂。

陈军

中国的知识分子，尤其是教师，在人生和事业方面，总是取“忧以天下，乐以天下”态度的。格物、致知、修身、齐家、治国、平天下，这个人生观，把家、国、身融为一体。这便是中国知识分子特有的人格特征。思想家徐复观先生说，我国的知识分子气质分为儒林、文苑两类。儒林传统之真生命，乃立足于对自身对人类生计之兴趣。儒林传统，常表现为道德的拘执；文苑传统，常表现为才藻之圆通。这种分解也许失之偏颇，但将传统分为两流，无疑更为凸显儒林传统在整个中华民族传统中的重要地位及其价值所在。于漪先生，从一定意义上说，显然是一位睿智的儒家，她一再强调的“脊梁说”，正是教师之魂的生动写照。

孙宗良

岁月如歌，歌如岁月。可以说，我们在于漪老师身上看到的那种执着追求、九死不悔的民族精神，实际上就是中国教师之“魂”。它是用中华民族千百年来生生不息的生命意识与思想文化凝聚而成的。

它将构成教师专业化建设中一根重要的思想支柱，将领引中国教师不断进步，走向未来。

勤奋学习，刻苦自励，真诚待人

于漪

我的做人准则，大约与我早年的生活经历有关。

从日寇铁蹄蹂躏我大好河山以来，父亲就带领我们举家逃难，间或做点小生意。但屡做屡赔，囊中羞涩，家境惨淡。1944 年，年仅 30 多岁的父亲被结核病夺走了生命。母亲哭得泪人儿一般，家中老的老，小的小，何以为生？父亲丧事办毕，就商量孩子上学的事。那年，我初中毕业，要不要继续升学，意见不一。祖父先是反对我继续求学，最后在我和母亲的坚持下作出让步：只要不增加家中负担，可以继续读书。天无绝人之路。正好江苏教育学院附属师范学校到镇江招考新生，招收的人数很少，我幸运地被录取了。不仅不用交学费，连生活费也包了。行前，母亲反反复复地叮嘱我：

> 要活，就要靠自己努力，自己吃苦；凡事，都要动脑筋想想，要自己管住自己，不能心血来潮；要尊敬老师，友爱同学，做人要有德行，宁可刻苦自己、亏了自己，也不能亏待他人。……

母亲反反复复地说，这段话简直像语录一样，镌刻在我的心中。

其实，何止我一人为求学而奋斗！奋斗是我们姐弟五人的生命线，只有奋斗，才能生存，只有奋斗，才能改变孤儿寡母的命运——这成了我们前进的动力。

勤奋学习，刻苦自励，真诚待人，成为我们姐弟力求上进的做人的准则。当年，大弟于渤以优异成绩考取保谦公奖学金，中华人民共和国一成立，又考取浙江大学公费奖学金，完成了浙江大学电机系学历。毕业后留校任教，从事电力系统及自动化学科的教学，带研究生，是电力工程类教学委员会委员。二弟于洸由于品学兼优，被选送到北京大学地质地理系深造，边工作边学习，毕业后留校，从事地质地理学方面的研究，主编《中外著名山川湖泊辞典》，填补了我国地理学方面的空白，先后担任北京大学组织部长、副校长，首都师范大学党委书记。三弟于渌高中毕业后由国家公费送往苏联哈尔科夫大学攻读理论物理。回国后，先后在中科院物理研究所、中科院理论物理研究所工作，是交叉学科理论研究中心主任、中国科学院院士、第三世界科学院院士。小妹于涟，毕业于浙江农业大学，后任母校动物科学院院长、教授。“于氏五姐弟”的成功，是与我们坚持勤奋学习、刻苦自励、真诚待人的做人准则相关的。

谭轶斌

于漪老师的一段家史，让我们感慨万千。于漪老师从苦难和困顿中一路走来。少年丧父、艰辛求学、历经战争、四处逃难，家庭的困境和颠簸的尘土，并未在她的脸上写下愁苦。最触动她心灵的是“文革”那场浩劫，游街、扫地、交代问题，除那样被侮辱外，还被逼迫跳楼。然而，她挺过来了。痛苦非但没有压垮她，反而磨炼了她的意志，激发了她的责任。当历史拨开云雾后，她更为清醒：“抚今追昔，怎能不由衷感谢党的改革开放政策?”

一个人如果没有经历痛苦，或许只会有卑微的幸福。伟大的幸福必是产生于巨大的痛苦之后。于漪老师的生命力来自她所承受的痛苦的分量，来自她内心坚定的信仰。唯有经历苦难者，才会有大勇大爱。我在想，如果一个当教师者害怕承受苦难——在人的生命历程中，不可能不经受苦难——那他怎么也不可能成为一个出色的教师，甚至连当一个合格的教师也难。

陈雪良

于漪老师这本《岁月如歌》中，最感人的一句话是：“勤奋学习，刻苦自励，真诚待人，成为我们姐弟力求上进的做人准则。”我觉得，这可能是最具普遍意义的，对我们每个教师来说特别的重要。这里讲了三条，第一条是“勤奋学习”。人只有通过学习才能成才、成功。对一切人都如此。现在都在讲孔夫子，但很多没讲到点子上，那些被称为“学术明星”的角儿有的简直是胡说八道。还是钱穆说得好：“孔子千言万语，其精粹就只‘学而不厌，诲人不倦’，八字。”孔子是至圣先师，可他从来不认为自己是什么“上智”，而只承认自己是学而知之的“中人”。他的学问是不倦地学来的、问来的。当教师而不学习，这个教师就怎么也当不好。第二条是“刻苦自励”。我的理解是要相信自己，立足于自己，靠自己的力量改变现状。现在有些教师实在是俗得很，俗不可耐，为了评级，为了晋升，到处走门道、通关节。问题就出在不把立足点放在自我上。教师是应该最懂得自我的人，教师有了独立人格，才能培养出有独立人格的学生来。第三条是“真诚待人”。上面两条是对己，第三条是对人。有位领导说：“与于漪老师接触，是一种灵魂的净化。”这就是真诚待人的力量。这是当教师所必需的。教师对学生的爱，也是植根于此的。

程红兵

这会使人想起教师的气质和气度。人的修炼是气质的修炼，教师的培养重在气质的培养。围绕于漪老师的气质，可以有好多话可说，概言之，那就是：人不能识之我能识之，这是一种见识；人不肯为之我则为之，这是一种信念；人不敢为之我则为之，这是一种魄力；人不能为之我则为之，这是一种才智；人不能忍之我则忍之，这是一种气度。

于漪老师想得最多的是国家和民族。记得曾有位高中校长说：“语文有什么用?”她很气愤，说：“不重视语文的民族是愚蠢的民族，是可悲的民族。为了对学生负责，对国家负责，高中语文课程必须定位为基础性课程。学生有了这份热爱民族语言的感情，就会增强国家意识，增强文化认同。”当年镇江中学“一切为民族”的校训，深深地镌刻在她的心中，成为于老师铸造师魂的基因。她一再教育学生要爱祖国、爱民族、爱家乡。几十年的风风雨雨，支撑了于老师的奋斗精神、国家情怀。她的忧患意识、开放心态、创新精神，都是与她的爱国情怀紧密联系在一起的。胡锦涛总书记在今年教师节前接见全国优秀教师代表时说的“胸怀祖国、热爱人民、学为人师、行为世范”这四条，在于漪老师身上得到了最完满的体现。

夏玲英

于漪的名字如雷贯耳。她的事迹实在感人。我到她家去过两次，都是在挂盐水。看到她病成那样，还在工作，我们的眼泪就流下来了。

为什么我们把目光聚焦在于漪身上？因为她是不可取代的。优秀教师的一切，都集于于漪身上了。她的魅力在于无私。

“一辈子做教师，一辈子学做教师”

于漪

《岁月如歌》一书，共 21 章，以何章压轴呢？我想了一下，就以“一辈子学做教师”压轴吧！

人们说，中国先贤最喜欢“照镜子”，勇于自我反省。相传春秋时期的卫大夫蘧伯玉，孔子在卫国时曾住在他家里。这个人了不得，年五十而知四十九年非，对一生的思想行为作了深刻的反省。也有人日日反省，《论语》第一篇，曾子曰：“吾日三省吾身，为人谋而不忠乎？与朋友交而不信乎？传不习乎？”反省了自己的待人接物和学习。宋代大史学家司马光说：“吾无过人者，但平生所为，未尝有不可对人言者耳！”可见他以诚信为本色，以至能获得天下人敬重。

翻阅历史，使我懂得，做人就要加强思想修养，检点自己的一言一行，努力做一个至诚的、光明磊落的人。待人以心见心，处事开诚布公。这样一些识见，对我做好教育教学工作、校长工作，是有很大帮助的。

岁月如歌，往事依依，留下的痕迹有浓有淡，有伤痕有欢乐，有失落有收获，但更多的是教育征程中自己的不足和遗憾。每想到此，总对学生心怀愧疚。自问当时确实尽了力也尽了心的，可悲就那么点认识水平，那么点业务实力，那么点文化底蕴，用不出力气。教育事业真正是遗憾的事业，教师责任大如天，追求永无止境。我的结论是：与其说我做了一辈子教师，不如说我一辈子学做教师。

罗华荣

于漪老师是我国当代语文教育界一位优秀的代表人物。她是人格高尚、学识深厚、思想深邃的教育家。于漪的特点之一是，一生追求卓越，不断地反思自我、超越自我，在长达半个多世纪的基础教育工作，特别是在语文教育教学实践中，写下了大量的教学后记、教学札记以及教育理论文章，记录自己对教学的认识和体会，以及对教育问题的思考。6 卷本的《于漪文集》，汇集了她近 500 万字的著述，为我们提供了一个蕴含丰富的宝藏。10 年前，我将“于漪语文教育思想研究”作为硕士论文的选题，研究于漪老师语文教育思想的形成与发展，对其教育观、教学观、教师观进行梳理。我感叹于漪语文教育思想的博大精深，称之为“活的语文教育学”。

我认为，于漪老师走过的语文教育这条路，值得当代青年语文教师认真思考、潜心研究。于漪老师不仅执着于教——教学生、教语文、教文育人；还执着于学——向古今中外的教育家学习，向学生学习，并不断在实践中学习。广大青年教师从中不是可以汲取丰富的思想养料吗？

陈爱平

可以说，于老师的教育生涯是一个充满思考、不断反思的过程，她是一个不断丰富内心世界、发现完善自我的人。她反思极左思潮影响下教育的迷惘和缺失，她反思长期以来语文学科性质的模糊和错位，她反思语文课堂教学结构和功能的单一和功利，她特别反思每一节课的得失成败。这些都在成就一个优秀教师的过程中起着非常大的作用。

“回顾和反思是我必修的功课之一”——于漪老师的这句话，应该成为广大教师的座右铭。

“用生命歌唱”，使于漪老师有了非常可贵的一种品质，不断超越自我。教育事业没有终点，所完成的工作永远没有最好。教师一定要不断地自我发展，不断前进。一个不会发展的教师，自我的生存空间就会越来越小。于漪老师的这些观念，是我们教育工作中极为可贵的精神财富。

尹后庆

从刚才诸位的激动人心的发言中，我感受到了于漪思想和行为的一种震撼力，懂得了何为师魂。我曾经也是教师，但作为两代人，我们的经历是很不相同的，于漪身上集中体现着的老一辈教育工作者的师品和师德，明显要高于我辈。我要诚心诚意地向于漪老师学习！

在于漪身上，体现着一个人民教师的庄严而神圣的责任感和责任心。古来多少人追求不朽，但真正不朽的是能把自己的生命融化在伟大的事业中的人。作为一个人民教师，当她把自己的一切都献给培育新一代人的事业的时候，她应该是不朽的。个体的生命总是很有限的，只有事业才是无限的。我们在于漪老师和她的众多学生身上，看到了这种生命的无限的延续，也可以说看到了生命的不朽。

愿我们的每位教师，都把自己的生命化成一架冲天的云梯，让孩子们踩在我们的肩上，去摘取科学和文明的皇冠。

教师的困惑和无奈

主持人：于　漪　特级教师，上海市教师学研究会会长
嘉　宾：陈　军　上海市闸北区教育学院教研室主任
　　　　费秀壮　上海市格致中学副校长
　　　　朱震国　上海市杨浦高级中学教师
整　理：俞达珍　《上海教师》编辑

于漪

新年伊始，《上海教师》编辑部对我们教师的事情非常关心，想就教师关心的问题让大家谈点看法。你们都是第一线的教师，教师心里想什么你们都清楚。比如，有一种舆论："现在教师搞家教发财啦。"那么教师是否真"发财"了呢？有老师给我来信，有的校长在会上讲，"现在要来的人很多，你们要识相一点"，教师心中有一种屈辱感。我觉得这里很有澄清的必要，所以今天的话题为"教师的困惑和无奈"。

教师生活在多重焦点下——怎么处置？

陈军

《上海教师》在我们教师心目中是一本好杂志，应该成为我们教师的代言人。刚才于老师讲了一个中心的话题，我从心里面非常赞成。于老师在教育岗位上风风雨雨几十年了，一直是我们教师心目中的偶像。最崇敬她的地方就是，她始终站在我们教师的立场上来思考教师的发展，从发展的高度来研究教师的现状的问题。我自己也是一

个在成长过程中的老师，近来有这么一个感觉，教师现在是生活在焦点目光下的那么一类人，这个焦点是由多重目光汇聚起来的。第一是上级领导的目光，要考核教师合格不合格；第二就是家长的目光，看你这个教师对我孩子的教育是不是管用；第三是天天面对的学生的目光，他们始终在比较着教师；第四是媒体的目光，我讲媒体的目光有一个小故事。有一个教师在写学生作业评语时，本意是关心这个学生，鞭策这个学生进步，但由于措辞方面欠考虑，家长就把这件事拿到媒体上去曝光，于是电视台、广播电台的记者马上纷纷涌入这个学校，好像一下子就抓住一个热点问题一样。这是一个青年教师，看到这情况痛哭流涕，校长也感到非常惊恐：这么多的记者到我们学校来干什么？没有打招呼就要看这作业。那教师写了些什么呢？只是讲学生做作业的态度不认真，希望要独立思考，就这么几句话。当然，这个话要换一种说法更好。初出茅庐的二十几岁的年轻教师本身还在发展，媒体大动干戈，搞得教师精神压力非常大。教师就是这样一类人，当前生活与工作在这样一个多种目光的焦点下，确实有困惑，确实有无奈。

朱震国

陈老师谈到了我们教师的生存状况。现在社会上老拿教师的情况来说事。感谢《上海教师》给了我们说话的机会。现在家长对教师的期望很高，学生的精神状态也很脆弱，教师时不时地成为他们的发泄对象。前面陈老师说的这么件事，只是在作文本上写了那么几句话也成为“社会新闻”了。我们学校有个学生平时不大吭声，老师一直对他比较鼓励的，拿他的作文读读讲讲。可就有一次在作文本上老师指出了文章结构问题，这个学生本子回上来，写的话就非常尖锐：“我不能容忍对我智商的怀疑，这是可耻的。”原话就是这样的。这位老师就觉得不大理解了，就冷处理，没说。下次作文本又上来了，“你为什么对我的问题不予回答？你说什么是好作文，好作文怎么写？”这种情况，老师也能理解，学生的精神压力也很大，娃娃处在多种矛盾焦点上，这个矛盾社会上也比较普遍。但教师的无奈，教师的困惑，在这样的生存状态下是客观现实。

陈军

我再举一个例子。比如在怎样教育好孩子、怎样读好书、怎样上好课的问题上，社会上议论纷纷。什么叫好课，本来是教师天天要追求的东西，而现在，社会上都在讨论什么叫好课，家长也在讲，媒体也在讲，有些公司的领导也在讲。特别是语文学科。凡是在教育方面有要求的，甚至是在自己的岗位上有心理障碍的，有矛盾的，想不通的，一下子就把矛盾、把困难、把问题转嫁到教师的身上来，拿教师开刀。这虽说重了一点，但是我们教师心目中确实有这样的感受。一天到晚辛辛苦苦下来，竟然被人骂被人批评。教师的工作时间我大概算了一笔账，中小学的教师一年又一年，一天又一天，每天在十个小时以上，早上七点半到校算迟到的，当然没哪个校长说迟到，但是老师心目中的压力很大，他觉得学生都到校了，我七点半才到校算不算迟到啊？这是教师自己给自己的心理压力。课间休息也没有。哪一位教师下午五点半离校就算“早退”，当然这也是老师给自己定下的目标。很多老师在六点钟，不管刮风下雨，都是那个时间下班，你从七点开始算起算到晚上六点是多少时间？还没有完，晚上，至少要回家备备课吧，一个小时两个小时，我们老师每天工作的时间是多少？远远超过八个小时，我们老师没有八个小时工作时间的概念。他所有时间都扑在学生的教育方面，当然扑在工作上面的效率有高有低，有做得好的，有做得不是很好的。可以这么说，基本上所有老师都在这个时间段里面辛苦地工作。

教师“发财”了——真的吗？

朱震国

说到教师的收入，比起于老师那个时代工资，我们算高多了吧？

于漪

我们大学毕业工资60元，算高的了。就那个时候的生活情况看啊，可以养活四五个人，已经不错了。但现在从教师的普遍收入情况来看，不会在中等以上吧？整个社会平均的收入值是多少？老师的许多苦衷，我们的校长，我们的局长，如果都有感受，那我们教师的日子可能好一点。

教师的收入跟效益一般的工厂的工人比，待遇是高的了，但跟其他的单位比，跟外企比，跟效益好的行业、单位是不好比的。教师家教发财只是个别的，这个个别的数字很少，科目也很集中。因此，不要让社会、让领导层面有错觉，认为你们教师是高薪阶层。我曾直接跟他们讲，他们说："啊，是这样的啊！"我们准备在这个上面做个调查，不然总认为你们教师是"发财"的。以前我在"人大"会上曾为提高教师待遇提过许多意见；现在一讲起来就是你们中小学都发财，这是乱说，不了解。说什么你们校长拿多少多少，你去查一查看，有些初中真的穷得很，教师节有的学校都发不出奖金，要跟教育局借。我觉得所有的问题都应该实事求是，如果不实事求是的话，整个就乱了。多一点对我们教师的理解和支持，少一点误解和指责。

说到教师收入，就要说到家教的问题，第一，我们要弄清楚，不是所有教师都在做家教。事实上，做家教的教师，主要是重点学校和"名牌"学校，而且家教所涉及学科也是有很大局限的。谁会来请体育老师做家教？没有的，主要的学科第一是外语，第二是数学，第三是物理，第四是化学，第五是语文，基本上是这个情况，而且基本上是高三、初三。我是不反对家教的，我觉得家教本来是个很好的名字，对孩子因材施教。但是现在所谓的家教，是"异化"的。过去的家教主要是补知识的缺陷，指导学习方法，态度不太认真的引导引导，学习方法不好给指点指点。现在的家教是做题目操练、机械化操练。总的来说家教是部分教师或者说少部分教师在做，我觉得这个一定要弄清楚。第二就是家长了。家教有教师的教育的问题，但也有家长的心态，人家都"家教"了，我这个孩子是不是吃亏了？家教我们过去也做，但那个时候是"无偿"的，现在是"有偿"的了。当然“有偿”的家教比那些骗子，那些乱七八糟去赚钱的，要好得多，最起码还是在给孩子做作业吧，然后是订正。但是作为教师来讲，恐怕这一点还是不行的，首先要把本职工作做好，这是最重要的。有的教师家教有些出格了，出格了就影响了教师整个队伍的形象。

家教市场应该规范，堵是堵不住的。要规范，让真正好的老师出去家教。有些家教是打着特级教师的招牌，有些人是真的特级教师，应该珍惜这张国家级的证书，不能把它作为赚钱的工具。好家教、好老师是家长和学生的企求，这里也有两种情况：一个是不收钱的，家长在过节过年的时候带点礼品去看看他；还有一种，他家教确实做得很好，家长也给他一点钱，我觉得这也很正常，只要规范就可以了。还有一些不合格的老师做家教，随着时间的推移会被淘汰的。

说到教师的收入，就要分析教师的劳动。教师的工作量很难客观来评估，例如下班回家以后，很难说就把八小时的班主任工作教学工作全部丢开，不可能。

陈军

我回家在公交车上看到一位中年女教师改卷子，我知道这个卷子明天就要讲评的，晚上回去不可能休息！

费秀壮

我也上课，这是常有的事。好多都是无法用企业、工厂的标准来衡量，教师的一些困惑、压力，也许会蔓延到工作以外的一些时间上。这种无形的压力，给老师带来了“心累”，确实心累。还有教学的评比，很多的课没有一个客观标准，谁都可以拿老师来说事，特别是拿语文老师来说事。学生学习的压力，成绩的压力，都给老师的生存情况形成一种逼仄感，而这种压力又常常不为他人所知。表面上看老师又在补课了，其实在学校里补课的钱是有限的，而且这样的老师也只限于某几个科目，我们绝大多数科目的老师没有这样的“外快”。所以讲，教师现在生存的状况是不是需要有一个全面的评估，有一个客观的评估。我看教师的生存要多方面看，要说现在老师赚

“外快”很多，现在教师社会地位很高，这和实际的教师生存情况是有出入的，而且出入不小。这样，一般老师心里堵得很，真的“心累”。

于漪

不在中小学工作是无法体会这里面的艰辛的。你天天要上课，就要做个负责的教师，天天有思想包袱，你不负责肯定是不行的。你是一个负责的教师，你每天就是心很累，你整天都有包袱。班级里有四五十个学生，每天的心都“吊”着，这真的是很困难的。我觉得作为家长、作为社会，应该能够理解，“理解万岁”。做一个有责任心的教师，一辈子都很累，劳心劳体。劳体是看得见的，劳心是看不见的，但是不劳心的人是做不好教师的。我算了一笔账，老师发财，能发什么财啊？我刚才讲个别的，有些家教出了格的，他已经忘记了自己要做一个合格的教师，这在教师当中是极少数的，极少数怎么能代表我们的整体呢？不能代表我们整体。打着各种旗号赚家长钱的大有人在，那是真正的发财，他们不是教师队伍里的，教师队伍里这样的人是有限的。真正的老师是很苦的，从早到晚，有些学校是早上七点教师全部都要到校的。那些挂着招牌赚大钱，去开个什么培训班啊，什么补课班啊，这样搞，他们发财了。其实真正的教师并没有发财。即使做家教赚来的钱也是辛苦钱，一部分老师做得也是很尽心很尽职，按照家长的要求对孩子进行辅导，那是真正意义上的家教。

在应试教育和素质教育的夹缝中

费秀壮

能在教师自己的杂志上说一些教师自己的心里话我很高兴。我觉得教师生活在多种目光的焦点下，教师生活在应试教育和素质教育的夹缝中。我自己是语文老师，我真有这方面的无奈、困惑。一方面要按照大纲、高考的要求，去完成自己的教学任务；另一方面，又要按照教改的要求，要体现语文教学的人文性，培养学生的人文情怀。家长、各种媒体，都在关注，但是真正落实在教师的课堂上，是非常难的，很难兼顾。有一种很无奈的选择，那就是采取两套办法。恕我直言，一套办法是应付考试的，高考无论怎么样，学校是要看升学率的，你这个班是要看升学率的，你这个教师要看有多少学生在线上，这是一个评判的标准，那么必须按照应试的这一套。但另一方面，还要应付另一套，就是应付随时来检查，上公开课。我在这两种角色间切换，需要去上公开课的时候，就得去设计比较能够体现语文课特有的人文方面的功能，比如讨论什么人生的问题，教学以外发出来的议论，等等。但老师上好公开课以后，还要再拿时间去补，真的，我跟许多的老师经常有这种交流，课可能开得挺漂亮，得到各方面的认可，但是老师会因为准备这一节课，延误正常上课的时间，常常要加班加点补被耽误的那节课。听我的同事说，有一个老师，他专开公开课，公开课开得很漂亮，评价也很高，就是所教的班高考成绩不好，全校垫底。最近听课比较多，现在高考的命题，有了新的变化，老师就用新的一种方法来对付高考的这种改变。上有政策，下有对策，道高一尺，魔高一丈。高三的老师，教给学生如何应付的模式，怎么样答题。拿一篇美文让学生赏析，让学生把答案交上来，然后让同学们说，哪个答案比较好。作为语文学科，是仁者见仁，智者见智，应该多角度地去理解。但是老师就说，A 同学的不对，我只能给你 0 分，因为你没扣住哪个要点。B 同学我只能给你一半的分，因为你丢掉了其中的一个要点。而 C 同学的答案有可能大家不是很认可，但老师说是对的，因为比较符合高考的路子，可以得满分。

于漪

不要把考试当作目标，应该把考试当作是一个检测的手段、选拔的手段，我们现在是错把手段当目标了。目标是培养人，考试是选拔，要是老师和校长的观念不变，考试办法不变也是没用的。十几年了，20 世纪 80 年代我们的考试出现了标准化，我们是考什么教什么。按理是应该教什么考什么，现在颠倒了。就说高三上课，根本谈不上什么传授知识，培养人才，就是一道一道题目给你讲解，把一篇篇文章“碎尸万段”，就是讲技巧，“分”比“人”重要！说到教育，应该就是“培养”这两个字，我们这个社会就是培养现代化的人，综合素质是非常重要的，而我们往往是一道道题讲，讲考试技巧。这也是教师的一种困惑。现在改革呢？非常明确，促进学生发展，当然是培养人了。

费秀壮

如果我们把培养人作为终极目标的话，我想困惑大概都不存在了，现在我觉得教育放在大背景下就有困惑了，因为社会有社会的要求，社会就要求你要考上重点大学，现在对你是不是成才就是这样一个标准。一个公司来招聘，就是要看你的文凭，还要看你是从哪里毕业的，研究生读的是哪个学校还不算，还要问你的本科是哪个学校出来的，高中是哪个学校读的。社会评价就是看你的高考如何。

朱震国

社会的选择左右了家长的选择，家长的选择左右了孩子，面对学生、面对家长、面对社会就是这样的选择。其实包括家教，就是因为有需求，对学生的辅导，课外的操练，有的对考试有用啊，他还是可以考出高分数。市场的规则，就是买方需要什么，你就提供什么，他需要的是高学历，需要的是名牌大学，需要的是高分，这边就制造高分。说来也巧，昨天报纸上就有一个高考的状元，被大学勒令退学。这里有警示：作为老师，在传播知识的同时还要教会他做人，有健全的人格，健全的心理。但是考试不考这个。

闭门科研——谁之责？

陈军

我们现在进行的是中小学生的基础教育，这个基础的内涵究竟是什么？我们要把它搞清楚，这就要从理论上进行说明，就要搞科研。

现在研究基础教育的许多人，有一些从来没有在中小学上过课，又不深入学校中。我在这里要讲一句很偏激的话，那些经院式的教授、专家，少管一点中小学的教育，更不能搞一些莫名其妙看不懂的名词，并用这种名词来代替素质教育，这是不行的。

费秀壮

我从教师的科研，想到学生科研。学生要有一定的研究能力，这是应该的，是能力方面的培养，一种视野的开阔。但我觉得从基础教育开始，就开始做课题、做研究，好像不太适合中学生。对一些有特长的学生搞一些课题性研究是有帮助的，但也不能把高中办成大学的预备年级，大学的预备年级也不见得就是搞研究的。我们基础教育要学生去搞研究，作为教师也很无奈，教师要解决的问题太多了，学生是“研究生”了，你就不是老师，而是“导师”了。

陈军

大学教授来中小学的话，应该先过来看一看我们的环境，有些教授到了初中的课堂，大家把他当成贵宾。我们期待的是实际的指导，而他们中有的人摆着学者的架势，说一些听不懂的概念，要让学生们身心自由，让他感到愉快，要体会到什么什么乐趣，要感觉到自己是社会中发展的人。明明一些基础的必须强调的东西，他却说可以“淡化”的，好好的一堂课被搞成了“欢乐蹦蹦跳”，学生一节课下来学什么东西啊？没东西，嘻嘻哈哈笑了一节课。刚才讲的教师心累，某种程度上说的是教书不是一种享受，体会不到乐趣。一些课程科研和我们第一线的教学脱节，就没有乐趣。

朱震国

国外都有那么多非大学学历的人才的需要，但国内现在的观念好像就是非大学的就不是人才，我们现在的中学，应该是人才的基础教育，要看以后到社会上有多少人成才，这里面有一份我们中小学教育不可磨灭的功劳。

教师是学校发展的主人

费秀壮

教师的快乐是在课堂上的，学校就是老师生命发展的一个地方，在学校里就是主人。如果把教师当成是“仆人”的话，随时随地都可以开掉你，这样，老师没有安全感，更谈不上什么发展。校长变成了企业老板，教师变成了私企老板的雇员，校长怎么说你就怎么做。有句话说要“善待教师”，这是非常重要的。

于漪

有些学校有一种很畸形的东西让你觉得很滑稽、很可悲。我在想，老师为什么困惑，为什么无奈，其实就是教师从事这样的工作，需要一个生存和发展的空间。刚刚讲到，各种目光都聚焦在这里，在夹缝里生存，我也觉得现在做教师很不容易，很累，跟我刚刚出来做教师时比难度要大得多了。我觉得教育要发展，必须要善待教师，但善待还是被动的，因为教师本身就是教育发展的主人，而且教师队伍应该是教育事业的中坚力量，任何力量都不能代替。教育事业要发展，要健康地发展，要取得辉煌的成绩，就要把主人的精神拿出来。我们必须有一个和谐的、能够得到理解的发展的空间。现在学校非常强调学生的发展，学生是学习的主人，当然教师也是学校的主人，那怎么能是老板和伙计的关系呢？我觉得这里有一些基本的观念须理清楚。从 17 世纪起国外谈教育就讲人人平等，我一直认为在学校里教师与校长除了职务的不同外，都应该是平等的，因为学校是创建社会主义文明的场所，应有一个起码平等的环境，教师和校长是职务的不同，并没有高低之分。我也当过校长，我觉得对于校长来说，全校最宝贵的财富就是教师了。这不是口头说说的，不是虚假的，因为学生的培养要靠教师，教师自身的素质是很重要的，那么你首先要尊重他。在我们的教育史上，蔡元培早就讲过了，大学大学，就要有大师，大师成长要有环境。在中小学校，也应该把教师和校长的关系摆好，不应该用私企的老板和雇员的关系来看待，教师是主人，不是仆人，这点是要明确的。第一是平等，第二就是尊重。我们 21 世纪教育改革的新起点，是对学生的尊重，你要教师尊重学生，首先校长就要尊重教师。在我们这个国家，尊重人，平等相待是很不容易的，因为我们几千年的封建社会，对人的权利是不太尊重的。对我们国家来讲，各行各业都要讲对人的尊重，在学校一再强调要尊重学生，同样要尊重教师，为什么那么难呢？因为几千年就是这么下来的。要尊重人的权利。这个很重要，学校校长依靠谁？我想总归要有两面镜子：一个是以史为鉴，一个就是以国外为鉴。人家一直强调人才的发展，教师是主人，在学校要得到尊重。

现在我们的就业比较困难，因此，有的领导的撒手锏就是让你下岗，他不是凭自己的德才去把大家的积极性凝聚起来，把人心凝聚起来。如果我坐在下面听“识相点”这类语言，也会感到人格上的屈辱。校长不能认为这个钱是我弄来的，我发给你的，这样想，“老板”的概念也出来了，把学校搞成了市场。如果校长不把自己摆在教师位置上去考虑问题，就会“角色错位”。校长的胸襟、视野和他的凝聚力以及人格是非常重要的。一个校长，就是一所学校，这个学校的文明程度和凝聚力，说老实话就看你校长了。看校长如何充分发挥教师的积极性、特长、长处，还要考虑培养。我们教师在教育上应该有较高的自由。发挥聪明才智，我想没有人会否定，但是我们现在教师在教育上还剩下多少自由呢？教师为什么困惑无奈呢？教师就是搞教育搞文化的，而现在学校里是有些“异化”了，因为要疲于应付各种各样的检查。另外，我认为教育是没有多少新闻的，也不是一天到晚要变，要花样翻新。种子撒下去，也要有个时间才发芽。教育的周期比较长，我们现在就是要集中精力。一些年轻的教师写信给我，很苦恼，说我不是不想做一个优秀的教师，但是我真的是无奈了，我们自己在亲手培养“机器人”，我们自己也要成为“机器人”了，我现在还有点思想，所以苦恼，当我没有思想的时候我也不苦恼了。

我们刚刚讲的考试，确实要改。大学教授关注我们中学是好的，但要了解情况才行，要实事求是的指导，不要变成某些学校招摇的招牌。我们碰到的事都是非常具体的，要静下心来做，少一点虚的，多一点实的。

朱震国

不要让学校和市场一样，要有一点宁静的氛围。

教师的文化底蕴

主持人：于　漪　特级教师，上海市教师学研究会会长
嘉　宾：程红兵　特级教师，上海市建平中学校长
　　　　陈　军　上海市闸北区教育学院教研室主任
　　　　吴国林　上海市建平西校校长
　　　　陈小英　上海杨浦高级中学语文特级教师
整　理：陈雪良　《上海教师》副主编

于漪

今天我们讨论一个对教师来说十分重要的课题——教师的文化底蕴。这可能比一般意义上的教师的专业知识更为重要，也更为迫切。相信大家有很多话要说，那请说吧！

不能做“高学历的野蛮人”

于漪

现在，从上海的情况看，教师们的学历普遍提高了，有的还是硕士研究生、博士研究生出身的高学历。但是，高学历不等于就有很高的文化素养和文化底蕴。有些人学历是有了，但是对中华民族的民族精神知之甚少，对社会生活道德知之甚少，对当代社会不断更新着的知识也知之甚少：这种人有人名之为“高学历的野蛮人”。是不是这样呢？值得我们深思。

怎么才能不“野蛮”呢？要有良好的素养。文化积淀是良好素

本文发表于《上海教师》第三辑卷五“于漪茶座”专栏。

养的重要基石。

文化积淀从何而来？读书是重要途径。“人是能读书著书的动物。故读书是划分人与禽兽的界限，也是划分文明人与野蛮人的界限。”（贺麟教授）读现代的书，与同时代人作精神上的沟通交谈；读古人的书，承受古圣先贤的精神遗产。当然，读书也要拿出眼光去挑选。

程红兵

教师应该是职业读书人，现在有些人不读书却在教书，这是很误人的。人的文化素养和文化底蕴，根本上说不在于学历高，而在于人爱学习。记得爱因斯坦说过：“人的差异在业余时间。”这是很有道理的。一些教师老是强调说忙，没有时间读书。忙，这是事实。但是，同样是忙，为什么有的人能读那么多书，而有的人除靠学历吃饭外一无造就呢？关键还在于学习文化的自觉性、主动性，还在于你有效地支配“业余时间”。现在不少教师除了忙于备课、批作业，什么书都不读了。有人开玩笑说，现在体育教师看书最多，因为他们没有作业要批。

陈小英

读书有个习惯的问题，教师必须有看书的良好习惯。不看书，哪来的文化？时间要靠“挤”。开卷总是会有益，文化积淀也就是一点一点积累起来的。我们就在办公室里“挤”时间读点书。一个有文化底蕴的教师，对所谓“差生”就会有人文关怀，更不会派小干部侦察“差生”的动静。

陈雪良

教师忙要承认，但根本的问题还在于学习的积极性和学习习惯问题。你不把文化底蕴当回事，认为只要课堂上应付得过去就可以，就是时间再多也不会去学习的。教师还有每年三个月的假期，总比其他行业有更多的学习时间吧！

关注教师的文化底蕴是与“以人为本”一致的

于漪

现在我们强调关注和提升教师的文化底蕴，目的就在于提升教师这个“人”的文化素养。“以人为本”不仅是对学生而言，也是对教师而言的。

对学科的争端，就事论事，难以辨是非。比如，为何不能以知识体系为本，而要以人为本？为何语文教材中不能拘囿于知识点、能力点？不能强调一味的训练？从教育本质讲，从柏拉图的《理想国》开始，就是揭示教育的本质，提升人的灵魂达到真实之境。马克思讲的共产主义，也是培养自由而全面发展的人。知识体系是少数人制定的，用静态的、不发展的观点看，必然会用许多烦琐的、割裂的、无用的东西去“充塞”学生大脑，负重前行，难以适应时代的需要。20 世纪 70 年代法国思想大师、解构主义哲学家德里达对占据西方 2000 年中心地位的“逻各斯中心主义”提出了挑战，对假定存在的静态的封闭体具有某些结构或中心提出了挑战，解构的目的就在于消解这样的中心，分解这样的结构，使真理探求的方式有了新发展，并影响到各个学术领域。对语言的认识与突破是其十分重要的内容。“新清华文丛”中的《结构——解构视角》，对语言、文化、评论作了精辟的论述，读了令我有豁然开朗的感觉，对课程改革中的许多新理念从哲学层面、从学科本质上认识就能心领神会。20 世纪 90 年代初我提出语文学科性质观、功能观等，正是基于阅读而来，力求切中时弊，准确地揭示其中内涵（当时反对者很多，今日见诸课程标准，逐渐得到同行的认可）（德里达登上学术舞台的文章是《人文科学话语中的结构、符号和游戏》，1966 年发表）。结构主义如同宫室庙堂，再宏伟也有疏漏之处；逻辑深入探究，总有一个不能封口的地方，这要指出来，更何况世界上万事万物逻辑不能全部囊括！

厚实的民族文化素养是文化底蕴的基石

陈雪良

用厚实的民族文化武装自己，这可能是教师文化底蕴的基石。法国人不能不知道拿破仑，美国人不能不知道华盛顿，英国人不能不知道莎士比亚，对中国人来说，如果对孔子、墨子、老子、庄子、孟子、荀子，都不知道，那实在是说不过去的。这是极为重要的文化底蕴。

于漪

记得诺贝尔奖获得者杨振宁在一篇回忆录里说道，他小的时候父亲要他把《孟子》背出来，后来他做到了。这是受用终生的事。杨振宁自己以为，后来他怎么做人之类的大道理不少就是从《孟子》中学得的。

陈军

我父亲是学“四书五经”的，在他的影响和督促下，我也学习了不少中国古代的经典文献，受益匪浅。我觉得，从孔子起始的中国传统文化，是一条河，一条知识的长河；从苏格拉底起始的西方传统文化，也是一条河，一条知识的长河。我们的文化底蕴很大程度上就来自这两条源远流长的知识长河。

于漪

为古圣先贤的博大胸怀和非凡智慧所震撼，如《论语》《孟子》对天、地、人的精辟论述，宋代张载的“为天地立心，为生民立命，为往圣继绝学，为万世开太平”。韩愈的《进学解》简直就是成语的宝库，言简意赅，言简意深。

具备相当的跨学科知识是教师文化底蕴的重要内涵

吴国林

我是一个数学教师，在教学中我深深体会到，一个称职的数学教师单有学科知识是不够的，还要有教育学方面的知识，心理学方面的知识，甚至还得有人文知识。就拿道德论来说吧，记得尼采说：“道德是强者的无畏。”耶稣说：“道德是对弱者的仁慈。”柏拉图说：“道德是有效的整体的和谐。”对这些说法的综合研究，使我对道德教育有了更深一层的理解。另外，我还学习了不少文学知识、史学知识、哲学知识，这些对我的数学教学都有很大的促进作用。

陈雪良

教师不应该只是学科教师，他首先该是文化人。他对学生的教育也是文化的综合的教育，因此，单有学科知识的教师绝不可能是一个真正的好教师。

于漪

教师具有跨学科的知识，是教师必备的人文素养。

教师要了解学科渊源和学科走向

于漪

上面讲了教师要走出学科，要注重学科与学科的渗透。但是，这不等于说学科知识不重要了。学科知识还是要学的，问题是怎么学和学什么。

与学科有关的渊源和走势要关心。比如教语文，就要关心语言、文字、文学。经典文学作品要读，走势也要清楚。经典文学作品给人以“心灵的愉悦，艺术的享受”，形象鲜明，情节生动。可是20世纪初西方现代主义文学问世，情况就大不一样。1922年艾略特的长诗《荒原》和乔伊斯的小说《尤利西斯》问世。“难懂”“乏味”就成了文学经典与否的标准，离开注释和其他解读资料就不可卒读。有人说“文学被绑架了”，文学标准走向了理性的反面。人民大众还是需要文学的，需要令人陶醉的情节，于是言情小说、武侠小说、推理小说、科幻小说乃至恐怖小说纷纷登场。文学作品很难有雅俗之分，而是有良莠之别。文学总要符合美的规律，具有愉悦性，内容总更具有审美魅力，给人以感染。西方文学是否已走到了尽头，孕育着变革？

文化底蕴，永远的话题

于漪

文化底蕴问题是一个永恒的话题，不能说到什么时候不存在这个问题了，也没有谁敢说自己已不存在问题了。就我自己而言，文化底蕴薄，是一辈子最大的遗憾。

陈军

于老师谦虚了。

于漪

不是，我说的是真话。在学识上，至今我远远不能做到水到渠成、左右逢源，经常的情况是捉襟见肘，十分窘迫。读钱锺书的书，才知道什么叫文化底蕴。他是个学贯中西、博古通今的大学者，读他的书，会使我们不断奋进。

我深切体会到：做一辈子教师，一辈子学做教师。

教师要拥有一颗哲学的头脑

主持人：于　漪　特级教师，上海市教师学研究会会长
嘉　宾：张汝伦　复旦大学哲学系教授、博士生导师
赵连根　上海市浦东新区社会发展局教育处处长
陈　晞　上海市长宁区教师进修学院院长
陈　军　上海市市北中学校长
周增为　上海市浦东新区教育发展研究院副研究员
张国霖　华东师范大学教育系讲师
整　理：陈雪良　《上海教师》副主编
姚子明　《上海教师》编辑

于漪

我觉得，现在是提倡让我们的教师学一点哲学，使我们的教师拥有一颗哲学的头脑的时候了。

时下，教师工作中、生活中的矛盾太多，面对种种矛盾，教师们大多感到茫然不知所措，也有太多的困惑和苦恼。一些教师感到身心十分疲惫，不知怎么办才好。这些都不能就事论事，不能就工作论工作，而应该提到哲学的高度去思考、去认识、去分析。哲学的思维对教育工作者来说是一项基本功，没有这方面的修养，就难以成为一个合格的教师，更不要说是称职的领导了。今天请大家来，就是要请诸位一起来探讨教师学哲学这样一个十分重要的课题，希望大家能畅所欲言。

本文发表于《上海教师》第六辑卷五、卷六“于漪茶座”专栏。

哲学：根本问题的根本思考

张汝伦

教师学哲学，我认为非常重要。现在大中小学的教师，还可能包括幼儿园的教师，大家都忙忙碌碌，钻在铺天盖地的事务堆里，那样对教师来说虽然很辛苦，实际上却于教育无益，于教师无助。新修订的《义务教育法》把素质教育写进了文本，但是我以为，一头钻在事务堆里的教师和领导是难以实施素质教育的。

当然，要弄清教师学哲学这个问题，首先得明确什么是哲学。我认为，哲学简单地讲就是对根本问题的根本思考。

什么是“根本问题”？根本问题就是任何人在任何时候、任何情况下都不可能没有、都不可能回避的问题。人生在世，绝不是一个孤立的原子，孤立的原子式的个人是从来也没有的，也不可能存在。人生在世都要面对自我、面对他人、面对世界。由这三种关系，即我我关系、人我关系和人与世界的关系产生出来的问题，就是根本问题。如从第一种关系中产生人生的意义问题、生死问题、成败得失问题等。从第二种关系中产生道德问题、社会正义问题、人际交往的准则、爱与恨的问题。从第三种关系产生出天人问题、人与物的问题、环境问题、欲望的界限问题等。这些问题每个人一生中多少都会触及，但常人往往故意不去管它，认为这些最有意义的问题是最没有意义的问题。但人类的多少悲剧，恰恰就是因为忽略或回避了这些问题造成的。

什么是“根本思考”？“根本思考”不同于“特殊思考”。特殊问题要用特殊思考或具体思考，就是只思考解决具体问题的具体办法，不涉及价值意义和终极目的。但人生意义问题就不同了，它不可能通过某种具体的办法一劳永逸地解决，而要思考终生。对它的思考就是根本思考。这种思考更多地使用概念，涉及的不是具体做事的办法和程序，而是心灵的启发与领悟。这就是一般所谓的哲学思考了。

于漪

张汝伦教授讲得好。不懂得一点哲学，没有哲学意义的人生是盲目的人生。我想，不懂得一点哲学，或没有思考的教师是盲目的教师。哲学使人深刻。哲学的思考让人想得深一些、远一些，让人从世界观、人生观、价值观的高度去思考和理解问题。现在，我们的不少教师恰恰是缺少这方面的素质和修养。他们太忙了，太需要关怀了，我以为，从一定意义上讲，哲学是一种“终极关怀”，是惠及终身的一种关怀。教师太需要学一点哲学了。这方面我们过去关注得不够，应该承认是一个失误。

陈晞

哲学讲的是对根本问题的根本思考，具体到教育上，对教育的根本问题的根本思考，那就是教育哲学了。现在是，我们的教育工作者对具体问题的具体思考多了，比如分数问题啊，考试考查问题啊，学校排名问题啊，还有无穷无尽的检查、评比、考核，大家的心都纠缠在这些具体问题上了。这样，教师的心必然烦躁、不安，甚至愤怒。而对根本问题的根本思考，被我们“人为地忽略和回避了”。这种人为的忽略和回避，教师有责任，学校的领导有责任，教育主管部门也有责任。

于漪

教育者忽略和回避了对教育的根本问题的根本思考，就会造成极大的教育祸害。不客气地说，我们现在相当程度是在人为地制造“残缺人”。有些学生思想、道德、体质、求知欲等欠缺，是我们有意无意地把学生逼到那个地步的。

陈军

有的教师给学生补习功课，一直从下午 2 点，补到晚上 11 点，还说是为了学生好。

于漪

这是为学生好吗？这是人为地摧残学生，这是人为地制造“残缺人”。让人痛心！有些问题现在是不能不提了，有些现象现在是见怪不怪，给大学生讲不要随地吐痰，让幼儿园的孩子去学外语，这不是怪事吗？我们该做的事没去做，该思考的没去思考。缺乏哲学的思考太可怕了。

历史地看，哲学本身就是从教育中生发出来的

张国霖

为了证明哲学与教育本身有着不解之缘，我想讲一点历史，讲一点中国的和世界的教育史。

我想，大致上可以把教育分为三个大的时期。第一个时期是农耕时期的教育，这是一个漫长的时期，尤其对我们来说，农耕时期似乎还相去不远。农耕时期的教师都是知识者、学问家，也是思想者。当时，教师的数量不多，但质量很高，可以说都是货真价实的社会精英。他们懂得教育和教学，更懂得对根本问题的根本思考。在当时，当教师的是教育家，同时也必然是哲学家。这是天经地义的。后来，杜威在研究教育史后得出结论：“欧洲的哲学起源于教育。”这是完全正确的。你看，那个苏格拉底，他是欧洲古代最伟大的教育家，也是欧洲古代最伟大的哲学家，他的哲性思考是无人可与相匹配的。

陈雪良

这种哲学与教育的紧密结合，也体现在中国古代的教育家身上。我曾经写过一篇《孔子、苏格拉底比较论》的长文，讲的就是两位并世的伟大教育家兼哲学家身上体现出来的伟大的哲学思考。两人并世，但不并时，孔子要比苏格拉底年长一点。两人都办私学，但应当说孔子更有理论，简单来说，更富于哲学的思考。尽管西方有些学者不承认孔子是哲学大家，他们不承认，我们承认！一部《论语》，多

么富于哲学的思辨精神啊！孔子讲了学与思的关系，讲了学与行的关系，一句“古之学者为己，今之学者为人”，是彻底地从哲学高度论述学习目的的。我同意哲学是从教育中生发出来的这一观念。我国春秋战国之际是教育的极为兴盛的伟大时期，它当然也是我国古典哲学的兴起和发展的伟大时期。

张国霖

我再讲下去。

我讲的第一时期，即农耕时期，教育家必是思想家，必是哲学家无疑。到第二阶段，也就是工业化时期。一方面是知识和知识的学习被提到了前所未有的高度，最典型的是“知识就是力量”口号的提出和被社会认同；另一方面是教育的普及，教师数量的剧增，成百成千倍地增多，这同时带来了教师质量的下降，最根本性的下降表现在教师被充分地工具化了，知识的教学成了教师的第一要务。

陈雪良

就是说教师少了一份哲学的思考。

张国霖

到时下，我们称之为信息时代。知识的传递速度大大加快了，知识的综合也已经成为大势。“人是机器”的时代过去了，“知识就是力量”的时代也过去了。

姚子明

“学好数理化，走遍天下都不怕”的时代也过去了。

张国霖

人们重又想到了对教育的“根本问题的根本思考”，“品格就是力量”这样触及教育哲学根本的命题应运而生。这是一种回归，一种教育向哲学的大回归。人们只能得出这样的结论：教育不能脱离哲学的思维，脱离哲学思维的教育是危险和有害的教育。

育人，教师面对的一个永远的哲学命题

张汝伦

我知道，现在的学生充满了对人生、对社会、对大千世界的困惑。如果一直得不到解答，就会使他们对他人、对世界、对人生产生消极的看法，甚至是悲观的思想。教师当然不能只关心学生的学业，还应关心他们的心灵。而要关心学生的心灵，要回答困惑他们的问题，首先教师对这些问题要有一些积极的看法。而要如此，非学哲学不可。哲学使人看得远，想得深。现在学生受社会流行想法的极大影响，而流行的往往消极的多，积极的少。教师要引导他们，自己首先要明辨是非，不随波逐流，不成为流行东西的俘虏。没有哲学的头脑，要做到这一点，是很难的。

于漪

我曾经不止一次地提出：育人，还是育分，是教育者长期面临的一个重大问题。从哲学的视角看，“育人”是富有哲学头脑的思考，是抓住了教育的根本问题的根本思考。而所谓“育分”，它说到底不过是衡量人的知识水准的一种手段。分数高的，不等于说这个孩子什么都好，分数低的，也并不是说这个孩子什么都不行。

陈雪良

杨振宁博士在北京的一次会议上说，在中外历史上，老是考第一名的、成大气候的几乎一个都没有，考最后一名的，后来成名成家的，却大有人在。他是劝大家不要把分数看得太重了。

于漪

把“育分”看作是教育的宗旨，看作是办学的目标，无疑是片

面的、狭隘的。

教师面对的一个永远的哲学命题应该是“育人”，在承认育人这一根本问题的前提下，我们是可以有许许多多的文章可做的。

张汝伦

我完全同意于漪老师的看法。对我们的学校来说，教师面临的最根本的哲学命题只能是育人。读过一点中国教育史的人都知道，这是自古而然的。

按照我们中国人传统的定义，教师的职责就是传道、授业、解惑。客观知识的传授对于古人来说始终是次要的。人生的根本问题如果理不出个头绪来，人是无法立身于天地之间的。古人对“学”的理解是：“学之为言觉也，以觉悟所未知也。”（《白虎通·辟雍》）如果这样的话，那么“教”就应该是启发学生心灵的感悟。教育如果没有这一点，而只是知识的传授，那么世界上有一天可以不需要教师，让聪明人把人类所有知识分门别类地编成程序，父母把软件买来放就行了。只可惜那就不叫教育了。

人类需要教师，是因为教师体现了人类千百年来积累的智慧、知识和经验。这些智慧、知识和经验只有通过心与心的交流和传授，才可能与人的物质生活一样代代相传。老师要开启学生的心灵，首先要开启自己的心灵。老师要帮助学生解惑，首先要自己解惑。不学哲学，老师自己的心灵就无法开启，老师只能刻意回避上述的根本问题而不是去试图理解这些问题和合理解释这些问题。以其“昏昏”，是不能使人“昭昭”的。

姚子明

哲学给了我们一个“思想的王国”，而开启“思想王国”大门的秘诀不在于交头接耳，不在于口耳相传，而在于心灵的感应，在于启发学生的心灵。

教育需要科学，更需要艺术

赵连根

在对教育作哲学思考时，我们自然而然地会面临这样一个问题：教育是科学，还是艺术？二者的关系该怎么处置？

当然，我们必须承认，教育既是科学，又是艺术。因为教育是科学，因此它就有一定的轨迹，有一定的程序。有这些，是正常的，无可非议的。但是，如果我们加以无限强化、夸大化、模式化，通过一系列的检查、指导、考评、验收，那样做，事情就会走向反面。这些看来是为了维护正常的教育秩序，实际上大大破坏了教育和教学的正常秩序。一切都要“走程序”，这也是要具体分析的。程序多了，烦琐了，不仅不利于教育，反而成了正常开展教育教学活动的枷锁，事情反而不好办，科学很可能走向伪科学。

评比太多，环节太多，程序太多，还有“牌牌”太多，结果反而阻碍了我们的教育。我到西欧的一所名校去访问，他们那里什么乱七八糟的牌子都没有，甚至连校牌都很不起眼。可是，人家是实实在在的世界级名校。

于漪

我完全同意赵连根处长的观点。这位行政长官看来是了解下情的，他讲得实在，讲到了点子上。教育管理要反对烦琐。科学的哲学观是反对烦琐的。一切都程序化了，没有一点学校和教师自己的主动性和积极性，那不叫科学。科学是鼓励人的积极性主动性的，现在我们看不到这些。

赵连根

我主张要大大强化教育的艺术探究。教育的艺术探究当然是在哲学指导下的。要研究哲学意义上的方法论。关于方法问题，我们可以从三个层面上加以理解。有具体的方法，现在我们的教师热衷的也无非是具体的方法，一些上级领导抓的也无非是具体方法。也有一般的方法，比如计算的方法、实验的方法。这些一般的方法也受到相当部分人的津津乐道。尤其是所谓“量化”。“量化”本身是个不错的方法，但一切都量化，就显得不怎么妥帖了，而且不实在。

于漪

对什么都量化，我实在不能理解。思想怎么量化呢？思想是一种状况，有时是只可意会，不可言传的，是难以量化的。

赵连根

我主张，我们的教师要多学一点哲学层面上的方法论。懂得辩证的思维方法，懂得艺术化、个性化的教育教学手法。艺术化的教育方法说到底是一种启发，是一种对心灵觉悟的提升，让我们的学生有很高的悟性。当然这很不简单，要学生有悟性，教师首先自己要有悟性。

把人“物化”是教育的一大悲哀

于漪

教育明明是培育人、造就人的事业，可偏偏有人不做如是解读。他们把人的培养与物的生产混为一谈。现在看来，人的物化是这些年来我国教育的一大悲哀。没有比这对教育伤害更大的了。

把人物化有种种状况。

一种是教师自身追求的异化。大概在世界各国，教师的生活状况都是高不到哪里去的。在我国，“文革”结束后，教师的生活状况有了很大的改观，但总体而言，还是处于中等偏下的状况。当教师本身是要做出某种牺牲的，要耐得住清贫、耐得住寂寞。可是在市场经济大潮的冲击下，我们的一些教师心态失衡了，他们也利用起教师这个岗位念起赚钱经来。一些教师通过补课等形式的确赚了不少钱，而分内的教育教学不可能不受影响。这是教师自身工作的“物化”。

还有是教师的教育目标的异化，也可以说是一种物化。在市场经济大潮的冲击下，学生的学习积极性存在相当大的问题。怎么办呢？有些教师就想用“物化”的前景目标刺激他们。于是就有了种种让人揪心的教育方式。

陈军

听说，有些教师为了激励学生的学习积极性，竟抛出老掉牙的“书中自有黄金屋，书中自有颜如玉”这样的所谓“古训”去启示学子们。这是何等的可悲可叹啊！难道我们的孩子们的目光就这样短浅吗？

于漪

有些教师把学生的学习目标“物化”得更具体，说，如果你不好好学，就只能去拾垃圾，过衣食不周的苦日子；如果你认真学习，现在虽然艰苦些，可将来能到外资企业工作，赚大钱，过好日子了。看，这是怎样的教育，把为外国人打工作为自己的奋斗目标。这种教育的结果会是怎样的呢？

最不能让人忍受并对教育产生巨大破坏作用的是教育产业化一说了。现在谁都否认倡导过这种说法，但不管怎样，所谓的教育产业化对我们的教育的确起了十分恶劣的作用。教育成产业了，那么学校还有没有培养和造就人的功能呢？没有人说没有，但事实上是被取消了。教育不是靠拍脑袋能解决问题的，关键还是要提倡实事求是。

陈雪良

我觉得，实事求是是我们的国宝。我国早在汉代的时候就有人提出实事求是了。当时就有人赞扬汉王朝的河间王是“修学好古，实事求是”，这句话就写在《汉书》上。颜师古在加注时解释道：“务得事实，每求真是也。”看来，我们的祖先在提出“实事求是”这一命题时，就是把它作为哲学命题提出来的。明代的名相张居正还强调说："实事求是，不采虚声。"现如今，我们的一些教育工作者太热衷于"虚声"了，那样做势必会把事情办坏的。

于漪

前面我们主要讲了哲学和教育哲学，并从教师应该学习一点教育哲学的角度进行了一些探讨和研究，也指出了教师没有哲学的头脑造成的种种弊端。下面我们可以更深入地探讨一些问题，比如我国的教师传统，我国历史上的教育哲学状况，以及怎样在教育和教学的实践中体现哲学精神，等等。大家可以进一步畅所欲言，发表自己的一家之言。有些问题提出来，一时得不出结论，如果能引起人们的思考，那也是好的。

开掘我们民族的教育哲学富矿

于漪

现在有一种很不正常的情况，那就是有些人从国外批发一点洋东西来，不加分析，加以推广，大肆喧哗，更有甚者，以此把我们自己国家的教育传统说得一无是处，这是一种极不正常的现象。

我国是文明古国，是世界上最早的教育发祥地之一。早在甲骨文中，就已经有了"学"和"教"字，当时已经有了专职的文化人——"卜者""贞人"和"史"，由他们进行文化的传播工作。当时，世界各地的教育和文化还处于萌芽状态。到了春秋战国时代，我国的文化教育达到了古代的鼎盛时期，有了中国私学的一大批创始者，如老子、孔子、墨子等教育家、思想家和哲学家。他们的思想和作品不仅是中国公认的，也是世界公认的。当时出现的《学记》，不仅是中国也是世界上最早的系统的教育理论著作。差不多同时问世的《大学》《中庸》两书，它们的思想学术的光芒也是永远的。《大学》一书说到的"大学之道，在明明德，在亲民，在止于至善"，这里规定的教育“三纲要”，不是很具有哲学的意味吗？作者既在讲教育，也在讲哲学。

最有意思的是，我国古代的教育家都是把教育与哲学紧密结合在一起考虑的，他们的教育中渗透着浓郁的哲学思想。他们不只是教育家，同时也是思想家、哲学家。最典型的是孔子，他在73岁离开人世之前，说了一句众所周知的话，他说泰山要崩塌了，梁柱要折断了，哲人要凋萎了。他毕生从事教育，从30岁到晚年，教龄有40多年，但他最后还是愿意人家承认他是“哲人”。在我国教育大家的作品中，有着哲学的富矿，那是肯定的，问题在于要我们这些后人去用心开掘，而不是抱虚无主义的态度。

陈军

我最近在读《论语》，开宗明义的三句话就觉得是在讲哲学。孔子是这样讲的：“学而时习之，不亦说乎？有朋自远方来，不亦乐乎？人不知而不愠，不亦君子乎？”刚才张汝伦教授说哲学是讲我我关系、人我关系、人与世界的关系的，我看，孔子开宗明义的这三句话讲的就是这三种关系。“学而时习之”是我我关系，是自我的陶冶和提高；“有朋自远方来”，是讲人我关系，是讲交友之道；第三句讲了“君子之道”，我理解君子之道就是要有崇高的道德，应是道德高尚者。大家看可不可以这样理解？

陈雪良

我看可以把“君子”理解为道德层面的要求，孟子说过，“君子莫大乎与人为善”，君子是“善”的表率，“善”是一种道德境界。

陈军

这样看来，第三句话是讲道德的，那么也可理解为人与世界的关系了。中国古代的教育大家就是这样的博大精深，他们的一句话就包含了那样深刻的哲学思想。我们要吸收外国的东西，但切不可数典忘祖。

周增为

我读《中庸》，感触良深。书中哲理之深刻，无与伦比。《中庸》中说："天命之谓性，率性之谓道，修道之谓教。"可以说，这三句话把教育的哲学意蕴都点明了。这里承认了出于先天的"性"，承认了遵循自然本性的"道"，承认把道加以修明并推广于大众的"教"。教在于修道，在于致中和，在于育万物。这是在谈教育吗？是的，是在谈教育，同时又是在谈哲学，谈哲理。

"圣人即哲人"，一点也不错的。

建设站立在中国土地上的中国教育哲学

于漪

我想接着上面的话说下去。上面说到了，中国的传统教育中有着丰富的教育哲学的富矿。那么，作为后人我们要很好地发掘这些富矿，为当今的教育事业服务。我们不能排斥传统。传统是我们发展自己的现实教育的坚实的基础。没有了这样一个基础，要建设发达的社会主义教育将是一句空话。

我想有这样一个表述：中国教育要翻身，就得扎扎实实地站立在中国的土地上，要说教育哲学，这就是我们的教育哲学。

有些人想把外国的东西原封不动地移植到中国来。对不起，那是不行的，水土不服，还是生存不了。对外国的好东西，只能如鲁迅说的那样，取"拿来主义"的态度。吸收别人，壮大自己。现在大家宣传的一些外国教育的所谓"新"东西，其实是新不到哪里去的。《学习的革命》一书，风行一时。其实，认真地读一读，那书里讲的不少东西我们中国本身就有，只是披上了一件外国人作品的外衣，就让大家以为是什么宝货似的。该书大讲重复阅读的好处，还"量化"为读多少多少遍为妥，这不是孔老夫子的"学而时习之"吗？我们不轻视外国人的东西，但也不必故意地哄抬，明明是很一般的东西，炒得火热火热的。

我大学时读的是教育系。那时华东师范大学还没有办起来，我读的是复旦大学的教育系。当时教教育学和中国教育史的是刘佛年先生，他当然讲了许多好东西。讲外国教育史的是曹孚先生，他是把外国教育史中国化了的，是拿适合中国的来讲给我们听，以作为我们的参考，收益还是很大的。

记得一个外国的思想家讲到传统时说到，所有国家都十分珍惜自己国家的传统，唯有中国是在反传统。他当然讲得并不全面，但值得我们警觉。对我们的传统，可不能取虚无主义的态度！中国教育有“以人为本”的好传统，有以哲学思维为基础的好品格，我们应该十分地重视我们自己的教育传统。

形成教师个性化的教育哲学

张国霖

我想提出一个新问题，就是教育哲学不只是属于群体的，也是属于个体的，最后，归根结底还得属于个体，落实于个体。现在上海已经有了不少以个人命名、实际上是群体性的教育哲学。比如以刘金海命名的“成功教育”，他是以某种教育哲学为基础和背景的，他是以刘金海为代表的群体对教育哲学理解和实践经验的结晶。

陈晞

刘金海的“成功教育”有三个假设性的哲学前提。它假定每个人都有成功的先天素质，假定每个人都有追求成功的欲望，假定每个人经过努力都能获取成功。因为这些哲学前提是正确的，所以“成功教育”也是站得住脚的。

张国霖

但这里我要强调的是教师个体的、具有个性化色彩的教育哲学。哲学并不是一个死板的模式，哲学说到底将为你提供一种思维模式。

人们在运用哲学提供的思维模式时，可以有成千上万有个性的教育哲学理解。为此，教师第一要读一点书，包括哲学方面的书；第二是要认真地投身教育实践，把理论的学习与个体化的实践结合起来；三是要不断总结、提炼，形成自己的思想和观念。

陈雪良

请你讲得具体一些，就是说，请你讲一讲，你所说的教师个性化的教育哲学究竟是怎么回事呢？

张国霖

一个成功的教师，有一定功力的教师，都应该而且必须形成自己的个性化的教育哲学。这与成名成家是两回事，至于表述，我觉得可以表述为个体的较为精确的、一贯的、系统的哲学思考。一个教师在教育这条战线上工作了 10 年、20 年，最终都应该形成属于自己的哲学思考。

哲学思考应该而且必须进入学科领域

张汝伦

一名教师，在教育领域内应该有哲学思考，同时，他还应该在教学领域里也有哲学思考。哲学无所不在。

可以肯定地说，各门课程所教的对象中都有哲学。语文和英语讲授的对象是语言，语言是人类自我表达的主要手段，但它不是纯粹的形式，也是内容，语言忠实地或变形地反映了人类的种种问题、困境、希望和经验。要真正掌握一门语言，就必须把握语言的精神，这就不仅是语言的问题，而是哲学的问题了。语言和语言学的问题最终与哲学交会在今天已是常识。数理化同样也如此。西方许多大科学家，如牛顿、伽利略、爱因斯坦等，同时也是哲学家。而大哲学家如笛卡儿、莱布尼茨等同时也是科学家。

归根结底，自然科学的研究对象不是与我们毫无关系的死物，而是必须把它们放在与人的有机关系中才能得到真正的理解。那种将自然视为人类可以予取予求的自然观给人类带来的莫大危害，今天不是越来越清楚了吗？我们教数理化的老师难道不应该告诉学生一种新的自然观吗？也许这的确不是时下人们认为的数理化老师的任务，可教数理化的老师就只能是“经师”，而不是“人师”吗？如果我们不能真正认识自然的话，那么数理化知识会给我们带来什么呢？今天人类面对的现实不是越来越紧迫地向我们提出这个问题了吗？

哲学并不神秘，它就在我们的身边

张汝伦

哲学有两种。一种是学院哲学。这种哲学不能说没有价值，但搞不好会成为无聊的智力游戏。很多人接触的是这种哲学，所以对哲学视若畏途。另一种是世界哲学，它关系到人类的根本问题。这种哲学是人人都能接近的。哲学事关人类的根本问题，所以它并不像人们想象的那样可怕。只要我们有决心和耐心，我们就一定能亲近它。我们的教师要学习的是世界哲学。

陈晞

哲学并不神秘，哲学就在我们的身边，问题是你能不能发现它，理解它。我听到过一个故事：一名老师对学生布置作业，规定要做多少，第二天一定要交。不交的怎样？批评！老师起初以为，不交当然要批评，还能有什么其他的办法呢？后来，老师发觉班中一名学生的作业几乎每次都不能准时交，有时好一点，也不能全交。后来他一调查，这是个挺不错的孩子，是一个离异家庭的孩子，家庭经济困难，住房也困难。每天回家后，要做很多家务，家务做完，已精疲力竭了，作业也做不完了。老师了解了这个情况后，就宣布这名同学可以不做家庭作业，落下的学业由老师负责为他补。结果这个孩子进步很大。这位教师为何能这样做呢？这里有一个教育哲学的问题，即如何正确理解“教育平等”的问题，以前认为在布置作业时一视同仁，就是平等了。现在才懂得，所谓平等是在承认不平等的前提下的平等，只有承认了不平等的现实，对不平等的现实加以适当的安置后，才谈得上教育平等的实施。允许这个孩子不做家庭作业，看来是不平等了，实际上那样做更合理，更符合“平等”的原则。

我想，以前说哲学使人聪明，哲学是智慧学。这些当然是对的。而我现在的理解是，要让哲学进入我们的生活领域，一需要聪明，二需要善良。“聪明加善良”的人，才能获取哲学的思维。一个当教师的人，他的本事可能不太大，但他有爱心，有一颗善良的心，他就能把学生的事办好，他就能用教育哲学来管理好自己的学生。

哲学要求我们实现教育的本体性回归

于漪

谈到教育，我有时会发一些牢骚。我们教育上的有些问题让人不能容忍，教育实际上是在走上一条危途。

我们的教育明明是要培养合格的公民，可是有些校长、有些领导别出心裁，说要培养“领袖人物”。且不说一个教育时段能否培养出“领袖人物”来，就那提法其危害性也就够大的了。大家都想成为领袖人物，普通劳动者谁去当？说是培养“领袖人物”，一旦当不上领袖人物会怎样呢？

一堂好的课应该是生动的、活泼的、师生互动的，一定意义上说应是随机的，因为如果是一堂真实的课，谁知道学生会提什么问题呢？可现在的评课者大搞课堂教学的所谓“量化”——一堂课的时间安排怎样？老师讲课花去多少时间，学生活动花去多少时间？有多少学生发言了？发言举手了吗？如此等等。我会因此而想起当年的凯洛夫教学法，他是主张一堂课下课铃响的时候教师的最后一句话同时了结的。那样的“好”课，究竟有什么意思呢？

学校是专门的教育机构，它的功能理所当然是管理教育，施教育于下一代人。可是，这些年来，学校的教育功能大幅度下降。经过几度折腾，一些教师和学生只知道考试、分数、奖牌，而对于何谓教育功能，有点不太了然了。家长对一些名校是有期盼的，可是一些名校却在大抓升学率。家长面对这些名校，最后得到的是失望和困惑。

赵连根

现在“二期课改”的新教材编出来了，有些很有才气的特级教师就忙着为广大教师编教学参考书。“二期课改”的宗旨是要充分调动学生和教师两个积极性，现在教学参考书一出，广大教师还用得着去思考吗？这种与教改初衷二律背反的状况是该结束了。我们应该采取的是有利于调动教师积极性的举措。在旧道道上走惯了，要真正改过来，实在是很有难度的事。

陈晞

教育的本体性回归的确是一件大事。大事要大家来抓。我在当校长时就听说提倡校长要思想办学。思想办学本身体现了一种教育观念。要教师有思想，首先要求校长有思想。一个好校长是有思想的，他的“有思想”应表现在充分允许自己辖下的教师“有思想”上。思想一律了，什么改革也搞不了。

于漪

教育的本体性回归不是说回归就回归的，它需要条件。这些条件包括教育行政部门的领导有方，对什么是教育的本体有一个清晰的认识。社会学术机构也是大有可为的，可以在理论上加以说明，可以制造必要的舆论。对教师来说，要加强学习，在学习中提高哲学意识。这样上上下下，齐心协力，我们的教育一定是会走上正途，并不断兴旺起来的。我们相信并期待着！

志存高远，守护教育者的尊严

胡锦涛总书记在全国优秀教师代表座谈会上的讲话犹如强劲的东风，再一次表达了党中央坚持教育优先发展的战略地位的决心，使广大教育工作者倍感振奋。特别是总书记对教师提出的几点殷切希望，更是情深意笃，是当代教师思想言行的座右铭和行动准则，是教师队伍建设的巨大动力。我认真学习，反复思考，真是心潮起伏，感慨万千。

“教师是人类文明的传承者。推动教育事业又好又快发展，培养高素质人才，教师是关键。没有高水平的教师队伍，就没有高质量的教育。”胡总书记高屋建瓴，一语道出了问题的本质。拿一所学校来说，学校教育质量如何，说到底就是教师质量如何。当然，还有必要的办学条件。教师如果胸怀祖国，热爱学生，敬业爱岗，默默耕耘，无私奉献，学校事业就会朝气蓬勃，积极进取，教育的质量不断攀升，教师和学生在全面实施素质教育中一起发展，共同成长。

社会上并不是什么人都可以做教师的，选择了教师，就选择了高尚，选择了与国家前途命运紧密相连的伟大的教育事业。汉代韩婴在《韩诗外传》中说得好，“智如泉源，行可以为表仪者，人师也”。要为人师，要做学生的老师，要智慧如泉水一般喷涌而出，思想言行堪为学生的榜样，也就是说，要德才兼备。说起来容易，但要身体力行，真正做到，须自尊自励、严于律己，在提升思想、净化感情上下功夫。

本文发表于《中国教育报》2007年9月23日。

教师的责任非比寻常，它寄托着祖国的期望、人民的嘱托。国家将自己的未来，托付在教师的肩上，这是对我们教师极大的信任；家家户户把自己的希望，交付给教师培养，这是对我们教师的高度信赖。教师的责任大如天，使命重如山，一个肩膀挑着学生的现在，一个肩膀挑着祖国的未来。今天的教育质量，就是明天的国民素质。因此，教师要自觉地全力培养学生健康成长，引导他们德、智、体、美全面发展，成为心中有祖国、心中有人民，知荣辱、讲诚信，勤于学习、勇于创新的一代新人。学校教育对青少年时期的培养至关重要。儿童、青少年入学是打做人的基础，长知识、长能力、长身体、长觉悟，懂得做人的道理。在人生长河中，基础教育只是短短的几年，但根子扎得正、扎得深，会影响他们一辈子的生活道路。教师要用真情、真心、真诚教育和影响他们，不能有丝毫的马虎与懈怠。

育人先育己。教育学生的工作要收到实效，获得良好的效果，教师自身必须不断完善人格，具有高尚的师德和育人的真本领。教师的人格力量是实施素质教育的重要保证。言教重要，对学生要动之以情，晓之以理，导之以行，但身教更重要。“其身正，不令而行；其身不正，虽令不从。”（《论语・子路》）教师对学生而言，是强大的“影响源”，既广且深，潜移默化。因而，教师必须有崇高的人生理想，积极的人生态度，完善的人格魅力。

俄罗斯教育家乌申斯基曾强调：“在教育工作中，一切都应以教师的人格为依据。因为，教育力量只能从人格的活的源泉中产生出来，任何规章制度，任何人为的机关，无论设想得如何巧妙，都不能代替教育事业中教师人格的作用。”确实如此，教师有真才实学，高尚的道德情操，健康的价值观，正确的荣辱观，学生就会奉为榜样，敬其师，信其道。

在当今经济高速发展、社会转型时期，社会种种现象五光十色，乱人耳目，对教育是极大的挑战、极大的诱惑。总书记提出希望之一是“淡泊名利，志存高远”，提出高尚的师德是对学生最生动、最具体、最深远的教育。总书记的论述不仅有广泛的现实意义，而且有深远的历史意义。“要随着经济发展不断提高教师待遇，依法保障教师收入水平，完善教师医疗、养老、住房等社会保障”是党和政府一直关心并努力实施的大事，目的就在于为教师创造教书育人的良好环境，让教师静下心来教书，潜下心来育人，努力做受学生爱戴、让人民满意的教师。追名逐利，经不起金钱的诱惑，不要说担当不起育人的重任，也不要说会受到学生的轻视、鄙视，弄得不好，丧失做教师的底线，还会走到事物的反面。

教育事业是真善美的事业，学校应该是学生健康成长的精神家园，教师应是学生的榜样。一身正气，为人师表，不为物质所累，保持心境的纯正与安宁，抗诱惑，拒腐蚀，守护社会正义，守护社会道德，守护历史使命，守护教育者的尊严，为培育学生成长、成人、成才做出无私的奉献，这才是教师人生价值的真正所在。

名师培养之我见

随着基础教育课程改革的展开与深入，教师队伍建设的重要性与紧迫性日益显现，有的学校校长甚至感慨地直呼："这是我的燃眉之急！"

确实如此，学校教育质量说到底是教师的质量。敞亮的校舍、美丽的校园、现代化的教学设备是重要的，但决定教育质量的是人，是教师。教育是培养学生成长、成人、成才的事业，以人格塑造人格，以情操陶冶情操，春风化雨，润物无声，因而，育人的人至为关键，至为重要，必须高质量、高素质。什么人才可以做育人的老师？汉代韩婴在《韩诗外传》中说得好，"智如泉源，行可以为表仪者，人师也"。显然，教师须德才兼备，为人师表，教师的质量左右着学校教育的质量。

当前课程改革对教育界带来的最大挑战，莫过于对教师的挑战。对课程的认识不能再局限于只有学科、只有教材，或者只有计划、只有预定目标，须认识到课程是教材、教师、学生、环境（物质的、心理的）四要素的整合。教师即课程，学生即课程，教材是课程的一个因素，环境也如此。教师即课程，他的重要性在于他是教育理想与教育现实的转化者，教育理论与教育实践的转化者，每名教师毫无例外地要用自己的行动践履这一角色。由此可见，课程改革的成败相

本文发表于《江苏教育研究》2008年第4期。当时全国各地都推出了培养名师的诸多做法，作者承担了上海市名师培养基地主持人的工作。基于多年学校教师队伍培养的思考和实践，作者撰写此文，提出名师培养在"师"不在"名"、"学历水平不等于岗位水平"、教师成长重在"产生自我提升的自觉意识"及"培养一个，带动一批"的团队建设目标等理性思考。

当程度上取决于教师。教师素质高质量高，不仅能以先进的教育理念指导教育实践，而且能充分发挥自己的专业优势与聪明才智，创造性地完善和丰富课改的认识与做法。

学校教育质量的特征之一是教师个性特质与教师群体的相融相促。教师个性特质鲜明，底蕴厚实，有独创性，就能支撑起课程的半边天。教育又讲究群体效益，引领、促进，取长补短，发扬团队精神，水涨船高，教育质量就能节节攀升。

教师队伍建设的重要性已众所周知，而队伍中领军人物的涌现，更是教育主办者和学生、家长的热切期盼，于是，名师培养在各地紧锣密鼓地展开。各地加大教师教育投入，组织专家队伍，搭建培养平台，提供实践空间，采取一系列扎实有效的措施，取得了令人欣喜的成绩。作为一名老教师，我由衷地高兴，与此同时，谈一点鄙陋之见。

准星。“名师”的关键字是“师”，不能以“名”作为高悬的追求目标。功利的因素重了，心理就会失衡，对肩负的育人重任就会忽视。培养，须从根上抓，师德、师魂、师能，基础牢靠，在“乱花渐欲迷人眼”的现实生活中，既学会执着地追求，又学会毫不犹豫地拒绝。以自己的为师之道、人格魅力、学识修养滋兰树蕙，恩泽莘莘学子，“师”的榜样挺立，“名”就不期而至。“名”是社会的认同、学子的崇敬、教育的骄傲，与市场上的炒作完全是两码事，有质的差别。

学历。当代教师需要相当的学历水平。学历说明接受教育的程度，一般来说，接受教育的程度越高，反映越有专业深度，视野也应越开阔，工作适应能力越强。但学历水平不等于岗位水平，学历水平只表明接受教育的程度，成才是岗位上积极锻炼、主动修炼的结果，二者之间不能画等号。教育事业是实践性的事业，离开了大量的教育教学实践，理论就苍白无力。大家认同苏霍姆林斯基的教育理论，就是由于他一直在学校教育教学第一线，说的话、举的例子饱含着教育生命的活水，因而感人，因而有效。实践出真知，名师是在课堂里摸爬滚打出来的。课教得精彩，有实效，学生才会自主发展，教学才会良性循环，才会积累经验，提升理性认识，切合教情，有普适性，才不会以名词术语惑人耳目，人在空中飘。

潜能。名教师的培养不是重知识灌输，重某些技能技巧的传授，而是要滋养心灵，抓生命感、价值感、使命感的唤醒，进行自我潜能开发，激发旺盛的教育生命力。德国教育家斯普朗格指出："教育的核心是人格心灵的唤醒，教育的最终目的不是传授已有的东西，而是把人的创造力量诱导出来，将生命感、价值感唤醒。"培养学生要以人为本，重在诱导、唤醒，培养名师岂不更应重视以人为本，重在开发潜能？一般来说，培养对象经过一定程度的选拔，在为人、为师、为学方面均有相当的潜质，一经开发，创造力涌动，就能闪现教学智慧，提升育人质量。教育教学技能技巧当然要过硬，这是名教师必须具备的基本条件。技能技巧培养关键不在仿照，不在包装，不在追求轰动效应，而在于潜下心来研究，从教育理念到文本解读，从教材处理到教学设计，从课堂驾驭到练习设计，无不要胸中有书、目中有人，促进学生的发展。教学反思是重要的，不能仅仅停留在对课堂教学经验的反思上，而应该上升到真正意义上的反思，即对思想的反思，这样就能引领教师从哲学高度看待人生、看待教育、运筹教学，创造价值。名师培养对象实事求是地掂量自己的德、才、识、能，弄清自己为师的优势与不足，有利于准确定位和在教育教学中的自我实现。发现自己的潜质潜能，有利于树立信心，燃烧起心中的火把，向着"智者有勇，勇者前行，行者无畏"的目标发展，产生自我提升的自觉意识。

团队。名师培养对象应形成一个团队，无论是向书本学习，向学者、专家学习，还是围绕学科教学备课、说课、展示、评论，都要紧抓两点：一是独立思考，有自己独特的认识与体会；二是交流、碰撞，畅所欲言。比如吃透文本的问题，课堂教学中重教法轻文本是时弊之一，如何正确认识，如何避免误读，如何不在浅阅读层次上游移，让学生真正学有兴趣，学有所得，大有值得研究之处。团队和谐，研讨气氛浓厚，相互启发，相互促进，会大大推动文本阅读的深度、广度、准确度。"三人行，必有我师焉，择其善者而从之，其不善者而改之”，团队成员各有特点，各有优势，丰富而宝贵，应充分发挥各自作用。培养对象来自基层学校，学校是他们成长的土壤，土壤肥沃，成长就更快。培养要校内校外结合，校外学到的要能迁移到学校中，培养一个，带动一批，促进学校有关学科教学形成有质量的团队，互帮互学，涌现更多的优秀教师。

目前，各地名教师培养内容丰富，方法多样，途径不一，经验各异，效果明显。以上仅就所见所思，不揣冒昧，略述一二，供同行指正。

教师的使命

选择教师，就选择了高尚。汉代韩婴在《韩诗外传》中说得好：“智如泉源，行可以为表仪者，人师也。”教师德才兼备，人格高尚、完美，对学生才会有感染力、辐射力，教育效果才会良好。为此，我做了一辈子教师，数十年如一日，在教育征程中努力跋涉，不敢有丝毫懈怠。做了一辈子教师，在教学第一线摸爬滚打，虽有些微经验，但更多的是遗憾与教训，体会最深的，如果用一句话来概括，那就是：一辈子学做教师，让生命与使命结伴同行。

一、
精神追求与专业诉求

古希腊哲人柏拉图在《理想国》中借苏格拉底之口，通过“洞穴中的囚徒”这个著名的隐喻，阐明教育是把人、把人的灵魂和精神引向真理世界，从黑暗引向光明。教育事业是引领学生追求真善美的事业，教师清醒地认识到这一点，精神追求才有方向，教学的诸多思考、诸多做法才有根有魂，才不会堕入虚幻浮夸的泥淖。

（一）
语文教育的独特性

语文是一门最具有民族性的学科，任何其他国家的语言模式均不可照搬照抄，它具有地地道道的中国特色，其教与学的规律非我们自

本文发表于《全球教育展望》2008 年第 4 期。

己在川流不息的语言长河里探索不可。

语文教育有其独特性。汉语特别具有灵性，它是具象的、灵活的、富有弹性的，创造的空间特别大。汉字是平面型的方块字，由形、音、义构成。“形”是关键，笔画在二维平面里多向展开，笔画种类多，组合样式丰富，字的结构复杂，数量繁多。汉语组词灵活，词法句法没有多少强制的规矩，教学中更要注意约定俗成，更要注意规范。汉语的文化性特别强，具有深厚的文化底蕴，具有很强的熏陶感染作用。为此，我追求的不仅是自己要具有一定程度的汉字文化，具有理解与运用语言文字的能力，而且要激发学生热爱祖国语言文字的感情，在培养学生语文能力的同时，把民族情结、民族文化和民族精神撒播到学生心中，打好做人的基础。

早在 20 世纪 60 年代，语文教学就有文道之争。当时自己很幼稚，说不出多少道理，总觉得各执一词，有失偏颇，二者并非完全对立，可融合起来。“文革”以后，逐步清除了“左”的思想路线对语文教学的干扰与破坏，还语文学科以本来面目，明确了语文学科是中学课程建设中的“基础中的基础”，这就挽救了语文学科的生命。作为对“文革”期间语文课上成政治课的一种否定，20 世纪 70 年代后期语文教育十分强调工具性，甚而至于有些纯工具论的倾向，当时我写了《既教文，又育人》，对“水到渠成”的看法谈了自己的观点，认为片面地强调工具性，不利于全面地、比较完美地实现语文教育目标。较长时间以来，语文教学的道路曲曲折折，在工具性与思想性之间摇摇摆摆，常因政治气候的变化而变化。尽管到 20 世纪 70 年代末 80 年代初，多数人认为，任何一篇课文都是思想内容和语言形式的统一体，思想性是语文的固有属性，它蕴含在语文教材里，贯串于语文训练中。但语文的本质属性、基本特点必须探讨得更清楚一点，更清楚、更清醒，也就更接近真理。教学中如能较好地把握学科的本质特征，学生就能多受益。

语文学科具有工具性，这不言而喻。语言的本质属性确实是工具性。所谓语言是文化的载体。载体者，也就是工具的意思。这个观点马克思主义经典著作早就阐述清楚。“语言是人类最重要的交际工具”是列宁说的。(《论民族自决权》)“语言是思想的直接现实”，“语言和意识具有同样长久的历史；语言是一种实践的，既为别人存在并仅仅因此也为我自己存在的、现实的意识。语言也和意识一样，只是由于需要，由于和他人交往的迫切需要才产生的”，这是马克思和恩格斯说的。(《德意志意识形态》)我以为，语言又是具有物质基础的。意识（精神）注定要受物质的“纠缠”。物质在这里（在有关意识的关系上）表现为振动的空气、声音，简言之，就是语言。思想是通过语言表达的，因而“语言是思想的直接现实”。语言是工具，然而又不是一般的工具，是一种与锄头、榔头等不一样的工具。语言和人是俱在的。语言不是独立于人而存在的一种工具，而是人类也只有人类自身才能拥有的工具。语言这一工具和装载的文化、思想不可分割，语言不能凭空存在。“语言是思维的外壳”，“外壳”与“内核”是不可分离的一个整体。

20 世纪 80 年代世界人文科学的一次最大的革新就是语言科学的突破；语言不再是单纯的载体，反之，语言是意识、思维、心灵、情感、人格的形成者。由此，我反思道：“思想性”的提法对语文教学而言有局限，它不能涵盖语文学科的丰富多彩。语文学科许多内容除了具有思想性，更具有道德的、情操的、审美的特征。语言绝不是没有感情的符号，它蕴含着民族文化的感情。语文不能只理解为语言文字、语言文学，还应理解为语言文化。割裂语言和文化的教育倾向与当今世界语言教育的发展趋向背道而驰。此时，我的脑海里升起了“人文性”的想法，它的涵盖要比“思想性”丰厚得多，也更接近语文的本质。

有这些想法主要源于：(1) 读了有关语言学、文化语言学及人文科学等方面的书，打开了认识语文的另一个视角；(2) 语文教育现状令人焦心。为了应试，一套套“肢解”文章的练习题汇成海，学生在题海中浮沉，不堪其苦，但学生的读写能力仍然上不去，学生在知、情、意方面有多少收获要打个问号。看似教学方法问题，实质上是错误的语文教育性质观在起作用。

教学行为受教育观念支配。在语文教育观念体系中最为核心的是性质观，它统率语文教育的全局，决定语文教育的发展方向，由此而引发出目的观、功能观、传承观、教材观、质量观、测评观等一系列观念。我之所以不懈追求，寻寻觅觅，是想接近真实，让学生在语文学科学习中，既感受到祖国语言文字的魅力，学到语文的真本领，又受到语文内容中真善美的熏陶，健康成长。

（二）
语文教师的文化底蕴

语文教师心中要有点汉字文化、经典文化和人类进步文化。汉字符号表达性能的复杂、感性信息的丰富，绝非西方拼音文字符号所可比。“视而可识”使得文字的象形部分栩栩如生，跃然纸上；“察而见意”更是充满了想象力、象征性的丰富。汉字笔画多样，结构复杂，音义错综，字又多，难学；但又有易学的一面。掌握了基本笔画和常用构件，写起来就不难。且不说象形、会意，仅数量众多的形声字，记住形符和声符，就会触类旁通，记住一批字。每一个汉字都是一件艺术品，都具有生命力，都与自然与社会相连。人的心灵、心态、思维方式与语言文字互为内外，相互激发，相互依存。把握了这一点，就会注意开发阅读教学中立体的审美功能。

语文课本中选了一定数量的中华经典诗文，就文论文，往往一知半解，乃至发生错讹。读一点经典，打一些底子，情况就不一样。中华文化博大而精深，凝聚了先民生活的经验和民族特有的智慧，散发出东方特有的异彩。紧扣教学需要，深入学一点经典作品如《论语》《孟子》《庄子》等，可认识中国文化精华，涵养品德。经典恒久而弥新，吮吸中华文化源头养料，能开启智慧，体悟人生。与此同时，要专心致志研读几部大作家的著作，随着他们的人生足迹走一遍，真正领会他们的心路历程，领会他们生命的光辉，使自己增长见识，提升思想认识，不断完善人格。为此，我前后通读了辛弃疾、杜甫、陶渊明的著作，深深进入他们的精神世界。读经典作品，对作者也不能只知其一，不知其二，否则难以做到知人论世，知世论人。如读

《岳阳楼记》，会对范仲淹的“先天下之忧而忧，后天下之乐而乐”的恢宏旷达、炼词造句的华瞻精妙心悦诚服，胸中涌起的是忧国忧民的文人形象。读《渔家傲》等作品，会真切感受到他守边数年，受人敬畏，被呼为“龙图老子”，称其“胸中有数万甲兵”，武功值得称道。作品苍凉悲壮，开宋代豪放词之先河。不仅如此，灾荒之年饿殍遍地，他修建庙宇、筑路赈灾，无人饿死。人是有血有肉活生生的，当作者一个个形象丰满地站在你面前时，你才开始对他、对他的作品有所认识与理解。

信息渠道畅通的今天，对教师的要求更高。教师不可能是万能博士，但必须开阔视野、广泛学习，尽量读得多一点，了解得多一点。世界名著的涉猎当然是应有之义，自然科学、音乐、艺术也要多加关注。语文教师知识仓库里的货物不能不杂，但要杂而有章。广泛阅读不是滥，而要有所选择。学要思，学而不思，只是“对书”，徒然是“劳倦”眼睛，收获甚微。

学然后知不足，教然后知困。做了一辈子教师，一辈子都在惶恐之中。每次课后，我总要扪心自问：“这样教，学生有收获吗？对得起学生吗？”青春是生命中最为宝贵的年华，托付给教师，这是历史赋予我的使命，责任大如天。

二、学生差异与仁爱之心

初当教师，“爱”只是空泛的概念，是挂在嘴边的口号。心中真正喜爱的是两类学生：一是反应敏捷，非常聪明的，我讲上句，他下句已能回答，教起来十分省力；二是长得很可爱，像洋娃娃。我后来才明白，天工造物十分奇妙，每个学生都有自己的独特性，不要说是长相，他们的禀赋、性格、文化基础、兴趣爱好等均有所不同，因而，必须热爱每一个学生，每个学生的生命都值得尊重，都必须关心。

要真正做到爱每一个学生，教师自己必须有仁爱之心，心地善良。仁而爱人，有“恻隐之心”“不忍人之心”，就会悲天悯人，对别的生命寄予无限的同情。同情是爱的基础。胸中有“仁爱”这个“源”，爱学生的“流”就会川流不息。心中没有这个“源”，就不可能有大胸怀、大气度、大力量，就不可能对学生有坚韧的爱，不可能在教育教学中年年月月、任劳任怨，引着、拽着、扶着、托着、推着学生向前，引领他们不断增强自觉性、自主性，健康茁壮地成长。

（一）
走进学生的世界

早在 2 000 多年前，孔子就说过教学生要“视其所以”“观其所由”“察其所安”“退而省其私”，也就是说要观察学生的日常言行，观察学生所走的道路，考查学生的意向，考查学生私下的言行，实际上就是要了解学生的学习世界、生活世界、心灵世界。知之准、知之深，充分发展学生自身积极向上的因素，因势利导，激励、赞扬，学生向前迈步的劲儿就势不可当。为了提高语文教学的实效性，我在了解学生、分析研究学生方面下了一些功夫。一看二听三问四查，神态、表情、动作，口头语言、书面作业，课内的、课外的，学校的、家庭的，独处的、集体的等，时时，处处，做有心人。了解的过程是培养师爱的过程，也是和学生多接触多交往、亦师亦友的过程。做一名语文教师，不仅要认清学生富有时代气息的共性，而且要审视学生之间的差异，把握各自的个性，采用多种多样的教学方法，保护和调动各类学生的积极性。尽管所教学生在同一所学校、同一个班，但由于遗传因素、家庭情况、周围环境、成长经历的种种不同，学生的思想、性格、行为、习惯、志趣、爱好、学习基础、接受能力均有明显的差别。教师胸中既要有班级学生的全局，又要有一个个学生的具体形象，他们是生动的、活泼的，不是一个个抽象的名字，而是变化着的、发展着的。教学中用“一刀切”的办法对待个性迥异的学生，说到底是缺乏爱心的表现。

以口头表达能力为例。班上有四个同学说话都含糊不清，断断续续，有的非但不能成段，连句子都说不连贯。乍看，是口吃的毛病，但仔细调查辨别，又各有不同。第一个是说话时舌头似乎短了一点，经再三谛听、分析，终于找到了口齿不清的症结所在。第二个是家庭语言环境差，父母又十分娇惯，把中学生的儿子视为幼儿，话不成句，规范性差。第三个是学口吃开玩笑，形成了习惯。第四个是思维比较迟钝，对外来信息不能迅速反应，说起来嗯嗯啊啊，疙疙瘩瘩。弄清楚他们各自口头表达能力差的原因，寻找最佳方案纠正、提高。第一个先从生理上解决，手术治疗舌头下面的一根筋，然后进行说话训练。对第二个，与家长联系，改善家庭语言环境，注意说话的完整与通顺，再让同学帮助进行单句说话训练，一步一步提升。对第三个同学注意用“稳定剂”“安慰剂”，逐步消除他说话时的紧张心理，纠正不良习惯。第四个，就口头表达抓口头表达难有成效，则抓思维训练，促口头表达。在日常学习、生活中注意训练其思维的灵敏度，坚持不懈，收到了良好的效果。尊重每一名学生，施以适合他们实际情况的教育，细心、精心，看似教学方法问题，实则是教师爱的奉献。

（二）
触摸心灵的琴弦

理解是教好学生的基础。学生在学习语文过程中的种种难处，教师须换位思考，千万不能埋怨、责怪。责怪、出言不逊，往往是无能的表现。教育家苏霍姆林斯基曾说过这样一段精彩的话：“在每个孩子心中最隐秘的一角，都有一根独特的琴弦，拨动它就会发出特有的音响，要使孩子的心同我讲的话发生共鸣，我自身就需要同孩子的心弦对准音调。”

要对准音调，须在发现上下功夫。例如同样对学习语文，有的学生没有兴趣，有的是恐惧，见到写作文就哭；有的是“仇恨”，看到语文就“恨”，就像看到仇敌一般；有的是无所谓，认为学不学一个样，永远是中不溜秋……有些想法还能理解，有的想法令我吃惊。怎么会把语文作为仇敌呢？怎么会那么恨呢？探索这隐秘的一角，才发现冰冻三尺，非一日之寒。自从学写字起，一次次挨骂，一次次挨揍，都与语文紧密相连，红杠杠、红叉叉、不及格，罚重抄、罚重做，乃至被语言羞辱，无不与读、写、说有关，因而，看到语文，感情上就条件反射。伤害非一天形成，抚平伤痕当然不可能一蹴而就。字写得像蟹爬、错别字连篇、文句不通，对这样的同学而言，语文不可能引起其共鸣，只能另辟蹊径。寻找他最感兴趣的事，打球，到池塘里、小河边捉小鱼、小虾，与他探讨球艺，探讨捕捉的细节，指导仔细观察。共同的语言多了，学生不但能袒露心扉讲真话，而且愿意把看的、想的、做的写下来。以趣消恨，教师的语言开始拨动其心弦，音调逐渐对准。

（三）
转化爱的力量

师爱，不能停留在情感层面，要转化为教育的力量，促使学生自主成长。

有个个性极强的“假小子”，闯祸不断，搅得班级不得安宁。对班主任的教育不仅充耳不闻，且脸上常常带着几分鄙夷的神情。为了解决师生之间的矛盾，调换她到我教语文的班级。起初，她不与班级任何同学讲话，也拒我于千里之外，一下课就飞跑出教室。我耐着性子，不贸然找她，等待时机。一次，她下课仍然飞奔出教室，一本书从裤袋里掉到地上。我赶紧跑上去，捡起来，眼睛一扫，是本介绍国画的书，令我惊讶。抓住这个契机，打破坚冰，开始了师生对话。从书卷得不成样子委屈了书，谈到《芥子园画传》对初学国画的人有帮助，谈到家里有不少介绍国画的书，欢迎她来看。她面带微笑，一溜烟地走开。其实，我心里暗藏的喜悦远超过她。有了良好的开端，事情就好办。时间是孵化器，一节节生动的语文课孵化出了感情，有时她会和其他同学一样，情不自禁地举手质疑，回答问题不仅有板有眼，且喜争论，从不服输。冰雪融化，她竟然来我家，读书议书，看画评画。由于寄居在外祖父家，她只能以书为伴，外祖父会画国画，使她受到熏陶。令我吃惊的是她书读得真不少，涉猎范围甚广，还做点摘抄。难怪她对教师的教学有种种挑剔，难怪她桀骜不驯，难怪她对有些事、有些问题有自己独特的看法。知之深，教得才会适切。既对优点、长处加以肯定、激励，又要指出问题与不足。千人千样，对有个性、有潜能、资质优良的学生，同样需要用水磨的功夫进行教育，要唤醒他们自觉，长善救失，引领他们有信心、有能力自主发展。

一个学生就是一本丰富的书，一个多彩的世界。学生是活泼的生命体，每个人的成长都是独一无二的。尊重他们的人格，尊重他们的个性，对他们满腔热情满腔爱，是我身为人师的根本所在。几十年来，我教过各种类型的学生，面对这些丰富的“书”，我一本一本认真读，一点一点学习、领悟，兢兢业业探索、实践，逐步懂得师爱的真谛、仁爱之心的博大，也品尝到亦师亦友有无穷乐趣。

三、教学预设与课堂生成

语文教学要实实在在培养学生理解与运用祖国语言文字的能力，提高语文素养，在今后的学习与工作中仍能深受其益。为此，必须聚焦课堂教学。课要教到学生身上，教到学生心里，成为语文素养的一部分。

（一）课要上得一清如水

课要上得一清如水。语文课最不可“糊”，也最容易“糊”，似乎字、词、句、篇，修辞方法、写作方法、文学知识等什么都有，又好像都未能落到实处。一堂课教什么，怎么教，为什么这样教，教师心中须一清二楚。跟着教材转，跟着教学参考“飘”，必“糊”无疑。教材里有什么，就要学生学什么，一股脑儿搬出来，唠唠叨叨，目的不明，内容多而杂，学生学起来如堕五里雾中。

课要上得一清如水，首先，教师要沉到文本之中，认真钻研，正确解读。从语言表达形式到课文的思想内容，从思想内容到表达形式，反反复复推敲。钻研教材钻研到文字站立在纸上，自己能跨越时空和作者对话，与编者交流，才真正洞悉文章的来龙去脉，体会语言表达情意的独特个性。对所教文章洞若观火，心中就会透亮。其次，要反复推敲教学目的、教学内容。教学目的不能停留在教案上，教学过程中所有教学行为均应为教学目的的实现而选择、而组织、而展开。要准确把握住课文独特的个性，自己须深入课文底里，有真切的感受。胸中有书还不够，须目中有人，根据学生的学习实际，确定明确的教学目的。这堂课究竟让学生学到什么须十分明确，并要根据教学目的对教学内容精心剪裁，处理详略，突出重点。根是根，枝是枝，叶是叶，千万不能搅和在一起。一搅和，面目必不清。再者，教学思路要清晰，教学线索要分明。抓一把芝麻满地撒，东一榔头西一棒子，学生会丈二和尚摸不着头脑。围绕教学目的，拎起教学线索，教学思路逐步展开：或层层推进，或步步深入，或由具体到一般，或由一般到具体，或浅者深之，或深者浅之，轨迹清晰，轮廓分明。思路清晰是教课的基本要求，教学流程清晰，学生学起来心中才明白。当然，教师的教学语言也要清楚明白，不颠三倒四，不拖泥带水，不语病丛生。须在要言不烦、一语中的上下功夫。教师语言规范、准确、生动，不含糊其词，学生听起来声声入耳，清晰可辨，就容易入心。课由“糊”到“清”，看似教学的技能技巧，深思一番，就可知晓其中蕴含的丰富。

（二）
课要上得生命涌动

文章不是无情物，都是作者生命的倾诉。追求真理，探究社会，品味人生，无不在语言文字里蕴含着对生命的理解、尊重、珍惜、热爱。学生是一个个鲜活的生命体，学习、求知，听、说、读、写是生命活力的展现；教师上课热情洋溢，激情似火，用生命歌唱，就能点燃学生求知的火焰。“我见青山多妩媚，料青山见我应如是。情与貌，略相似。”（辛弃疾《贺新郎》）课堂教学出现这样的境界，师生生命涌动，对文本深入探讨，心灵之间的沟通就畅通无阻。课上要生命涌动，须做到“三激一实”，即激情、激趣、激思，主动积极进行语言实践。“情”忌外加，忌矫揉造作，忌滥。“情”是文章内在的、固有的，贵在咀嚼语言文字，对它们所传递的情和意深有领悟。教师只有自己真正动情，才能传之以情，以情激情，感染学生。这种情是真挚的、高尚的，学生耳濡目染，就会受到熏陶。教师引领学生进入与教学内容相应的情景之中，情感激发，沉醉于文本之中，朗读时会情不自禁，讨论时会精心寻找“惊人”的语言表达自己的看法。兴趣往往是学习的先导。“知之者不如好之者，好之者不如乐之者”，教师在教学全过程中着力启发学生“好之”“乐之”，初则萌发热爱的感情，继则求知的欲望在心中激荡，终则进入徜徉美文佳作之境，咀嚼品味，乐在其中。

（三）
课是师生共同的脑力劳动

教学过程是师生共同参与的脑力劳动过程。思维和语言的学习锻炼同等重要，教师与每个学生之间、学生与学生之间平等对话，共同琢磨讨论，学生的发现能力、质疑能力、思考探究能力、口语交际能力就会得到有效的锻炼。要积极创造让学生生疑、质疑、辨疑的条件，营造探究问题的气氛，让学生有思考问题的时间与空间。课堂气氛宽松、和谐，学生身心解放，无拘无束，无心理负担，就能勇于求知，寻根究底，对文本的阅读与学习就不浮在表面，而会纵向深入，横向扩展，形成发自内心的独特体验与感受。师生之间、同学之间思想碰撞、激发火花，学生可从不同层面、不同角度各自受到启迪。学生是学习的主体，课堂是学生听、说、读、写，运用、实践语言文字的场所，教师千万不能越俎代庖。施教之功在于引导、启发、点拨、开窍，学生身历语言文字表达情意的场景，就能识得语文的真滋味，如临其境与隔岸观火的效果必然大相径庭。

语文课让学生感受到艺术享受，那就是极大的成功。教学内容的充实，教学语言的精湛，课堂教学结构的多维，教学节奏的张弛起伏，教学的预设与生成，学生学习过程中“神来之笔”的孕育，课堂充满人文关怀，等等，均为探讨的必要课题。学生学语文，深感学有兴趣、学有所得、学有追求、学有方向、学有快乐，那就不会浪费青春。教学原本是教师的即席创作，需要热情，需要功底，需要智慧。三尺讲台虽小，演绎的都是古今中外经典著作中的社会更替、人生感悟、思想结晶，博大、深邃，需要我这名教师一辈子学习、探寻。

身处繁华闹市，心中田野芬芳

我觉得在黄浦区做老师是非常不容易的，特别是光明中学，一出去就是市场经济最活跃的地方之一，也是上海各种各样的物质诱惑最厉害的地方。身处繁华闹市，心中田野芬芳，所讲的就是一辈子钟情于语文教学，热爱语文教学。

刚才兰保民同志讲的，对这样的一位老师，我们传承什么？我觉得首先就是对我们所从事的教学事业的热爱。这确实是非常重要，刚才柳泽泉老师在讲的过程中，我就觉得，他的心中一直有三个文化支撑着。

第一个是汉字文化。我们中国的汉字，是世界上最美的文字，它不是外文、屈折语。因此，你爱语文，首先对我们祖国的语言文字要满腔热情满腔爱。我们中国的文字跟英语法语是不一样的，它有形、音、义，一个字有一个音节，而且有阴平阳平上声去声的区别，音乐感非常强；我们的汉字文化是以词汇为单位的，生成性适应性非常强，这就和英语不同。在科技文化日新月异的今天，英语的负担重得不得了，多一个新的事物就要多创一个单词出来，导致整个单词量不断膨胀，所以教外语学外语是很不容易的。相比而言，汉字就妙得不得了，这是咱们中国人的智慧，再有新的东西，我们的文字一排列组合，不需要再造新的字，马上就出来了。“计算机”是新的，我们几个汉字一拼，“计算机”就出来了，一到外文就是另外一种形式了。刚才柳泽泉讲，他送给工作室学员的书是《咬文嚼字》和《文字的

本文是2008年9月25日作者在“语文是美丽的——语文教师成长与发展论坛暨柳泽泉《托起一抹绿色》《流淌心灵的泉水》首发式”上的发言。

味道》，这样的书本身就是对汉字文化的传承和弘扬。

第二个是经典文化。柳泽泉老师对我们经典文化是非常热爱的，我们的中华优秀文化，从孔老夫子一个一个下来，他都非常热爱。什么是经典？经典也曾经是时尚。有些时尚是速朽的，但有些时尚经过时间的过滤，证明确实是有优质的元素，就变成了经典。比如 20 世纪 30 年代，《教我如何不想她》是流行歌曲，但是经过这么多年下来，就变成了经典。作为一个语文老师，他爱语文，必须到经典文化当中去吸取营养，吸取养料。刚才柳泽泉老师一个一个把我们经典文化的作者用画面排列出来，这正表现了他深入其中，享受文化。

第三个是人类进步的文化。西方人是不大看得起中国人的，但我们却一直是认认真真学外国的，凡是人类创造的财富我们都能够借鉴吸收。所以，柳泽泉从托尔斯泰开始，一个一个，法国、俄罗斯、西班牙的，都把它列出来了。

我想，爱语文，应该是爱我们的汉字文化，爱经典文化，爱整个人类的先进文化。如果你满腔热情满腔爱的话，就能体会到我们的语文是多么美丽。柳泽泉老师 40 多年的教学生涯具体生动而深刻地阐述了“语文美丽”的丰富内涵和深刻意义。

由此我想到，做教师就要身处繁华闹市，心中田野芬芳。心中怀着对语文的憧憬，就是心中有山，心中有追求的目标，有追求的理想。人没有脊梁骨是不能直立行走的，人和爬行动物的基本区别是人有脊梁骨能直立行走，人如果没有信念理想，要成为一个真正的人是十分困难的。刚才柳泽泉老师引用了作家刘墉的话：你可以在现实生活中不登山，但是作为一个人，必须心中有山，有追求的目标，有追求的榜样。我想这就是文化的价值观。中学教师是一个文化人，特别是高中教师，必须有文化追求，必须有正确的文化价值观，必须有很强的文化判断力。

现在的世界真精彩，我一直认为你们现在做老师非常不容易，比我们这一代难得多。我们这一代比你们这一代懵懂得多，但是社会环境比你们好得多，简单得多，我们那个时候头脑也简单得多。像我这么一个人，头脑就非常简单。校长一句话就是圣旨，我是百分之百、不折不扣、全心全意去做。现在是这样吗？恐怕不是这样。随便哪个人讲的话，我都要掂量掂量，特别是对我有没有用，对我有没有价值。我们那个时候只有社会价值，没有个人价值。其实我们那个时候也很快乐，因为没有周边那么多乱七八糟的诱惑，头脑简单，容易集中精力全心全意把事情做好。现在确实是诱惑很多，心中有了山，有了理想，有了追求之后，人就有了很强的文化判断力。

社会上总是存在真善美和假恶丑的，而我们的教育工作是追求真善美的，教育事业是真善美的事业，心中之所以能够有田野芬芳，就是因为追求美。教育事业不是一个简单的职业，它关系到我们国家的千秋万代，关系到我们老百姓的千家万户。一家只有一个孩子，送到学校来培养，我们应该负什么责任？国家把未来交给我们，国家的希望在未来，那么我们应该怎么办？而语文母语教育是影响人的终生的。柳泽泉老师身处繁华闹市，心中田野芬芳，非常难能可贵的是他心中有山，不断追求不断攀登，我想这一点对青年教师来讲是非常重要的。

今年我们国家是天灾人祸——南方雪灾、汶川地震……，没有想到两个奥运会开得这么好，结果又来了个“三鹿事件”。这个祸闯得不小啊！为什么？人的基本良知没有了！我们的温总理讲，就是企业家也要有道德！不管从事什么职业，要有做人的底线，要有道德的底线！想不到有些人只要钱，什么都忘了，孩子的生命可以不顾！为什么这么做？钱迷了心窍！所以我说我们现在的老师很难，难在哪里呢？身处种种诱惑之中，要能够坚守精神家园，就要有很强的文化判断力和理想信念的支撑，否则心中不是田野芬芳，而是很多乱七八糟的东西，灵魂就会受到污染。

其次，我就联想到刚刚柳泽泉老师讲的内容。他是语文教师，同时又做了二十几年的行政工作。而我是最不要做校长的，我是搞业务的，后来没有办法，因为组织上讲，你是不是共产党员，我就没话好讲了。过去都是拼命地推辞，不肯做。到最后，就是一句话，我终于明白了，这个校长是非做不可了。我实在是不想做，做校长日理百千杂事，事无巨细，大大小小，耽误事业发展。柳泽泉老师，因为心中田野芬芳，因此妙笔一支数行。当了二十几年的校长，始终抓住一支妙笔，每天写个几行，《流淌心灵的泉水》就是这样，挤出时间写出来的。作文教学是柳泽泉老师非常擅长的强项，他编书，我常要给他写序，他找我写，我就写。我觉得即使从事行政工作，业务不丢非常重要，站在课堂上上课，就能体会到教师的辛苦。我自己有个体会，教课是用生命在歌唱，要有对教育事业执着的追求。我经常在想，学生进学校一天，七节课，八节课，九节课，这么多时间都是在课堂里度过，因此课的质量，影响着学生生命的质量。一个孩子只有一次青春，青春是无价宝，所以课要上好是最难的。我在学校里什么角色都当过，最后得出一个结论，学校里最难的事情难不过课堂上课，因为要天天上、月月上。要把课上得一清如水，要言不烦，这是什么功底？要把课上得激情洋溢，学生满载而归，要怎样一种热情？要把课上得让学生学有所得，学有兴趣，学有追求，学有方向，指引学生人生的道路，这要怎样的整体素质，怎样的人格魅力？

现在，社会上的各种矛盾都转嫁到教育上，我一再讲教育有不能承受之重。现在很多学校教育的问题实际上是社会问题，有的真是不白之冤。比如，前些时出了一件大事情，有人说我们把小学教材里《狼牙山五壮士》删了，这是无中生有。小学教材里本来就没有，H版S版都没有，就是因为炒新闻，结果移花接木。人家又不知道，打个电话去，编教材的就讲，我们教材也要与时俱进，一个时代有一个时代的英雄，那时正好杨利伟上天，把这两个联系起来，一直搞到中共中央政治局，这个苦头是吃足了！最近又出了一件事情，《新闻晨报》9月5日头版头条，闹得很大啊，叫“教师节收礼”。收什么礼啊？一个是出国旅游，一个是给他装修，一直搞到中央。搞了以后要查呀，查到最后，根本没有这个事情！后来写新闻的说是听到人家饭桌上讲的。说的和做的是两回事情啊！这个影响很大啊！现在我们的媒体真是双刃剑！

我们中小学教师队伍是最辛苦的，也是素质良好的，我们还要受这些不白之冤，一个头版头条出来后，即使有一千张嘴也没法讲，网络上铺天盖地。因此现在坚守这个家园是非常不容易的，要大智大勇。教师这个工作，它的意义和价值十分重要，因为今天的教育质量就是明天的国民素质。不是说培养几个人就行了，国民素质就要全面的好才行。因此，再含辛茹苦，顶着各种压力做事，也要把自己的心得体会写下来，这就是财富。我觉得，再难也要把学生教育好。语文老师从事的是母语教育，这对塑造学生心灵是最重要的。学习祖国的语言文字，吸收优秀传统文化乳汁，学生就能获得滋养，能健康成长。能够把自己的心得体会写下来，这对青年老师来讲是非常重要的。再怎么困难，也要有时间积累自己的教育经验。我跟我们青年老师讲，没有经验，总归会有教训，教训就是最好的经验。久而久之我们对教学的规律就会逐步逐步地认识。要培养我们的接班人、建设者，不靠天不靠地，靠我们自己，靠我们自己有所作为。

再次，柳泽泉老师工作单位不断地更换，但是我们的友谊一直维系着。我跟柳泽泉认识是因为师范学校，他刚才历数他对学生的一些做法，我都知道，如旅游、考察、“浦东之春”作文比赛等。那时候没有功利心，也拿不到一分钱，但是情意深长，为什么？聚焦在孩子的成长上，只要是为了学生的成长，我们心甘情愿，志同道合。后来柳泽泉老师到了格致中学，又到了光明中学，虽然工作单位不断更换，但是朋友之间的友情仍然深厚，情意深长，这对我们青年老师来讲也是一笔非常重要的财富。

教育有个特点，教师队伍的建设，个体的质量一定要高，因为教师是个体脑力劳动者，校长再怎么努力也不可能在同一时间去听所有老师的课，书记再怎么努力也不可能那么多课每堂课都去听，这是不可能的。都靠教师自觉，靠教师自己的责任心，对孩子的热爱，因此说教师个体的质量一定要高。

但是教育质量要提高，又一定要讲求群体效益，一定要有团队精神，我们老师确实要互相帮助、互相学习。我是个改行教语文的人，根底很差，很多地方是不合格的。但是我有一条，就是我学会了借别人的脑袋。一定要学会借别人的脑袋。每个老师都有他的长处，哪怕是开教研组会的时候，我都是把人家的精彩的话记下来，来琢磨，来学习，变成我自己的。作为一个老师，必须要谦虚，我们现在的年轻老师学历很高，但是学历水平不等于岗位水平，能不能成才不是只靠学历，而是要在岗位上自觉地学习锻炼。学历说明在从事教育事业之前接受教育的程度，能不能成为栋梁之材是在岗位上不断学习锻炼的结果。因此向同行学习，向同辈学习，向资深老师学习，都是非常重要的。

个体的素质质量和群体效益结合，这所学校的师资队伍一定兴旺发达，教育质量就不断提高。

我觉得参加这个会议，是接受了一次教育，向柳泽泉老师学习，更觉得我们年轻的老师，身处黄浦区繁华闹市，心中要有理想，要有他人，要有学生。什么叫高尚，我这个人比较简单，我不大去背那些名词术语。什么是高尚？高尚就是心中有别人。东方文化大师季羡林先生讲，一个人碰到事情，如果他百分之六十是想到别人的话，他就是好人。我们教师不光要做好人，还要做一个高尚的人，因为选择了教育你就选择了高尚。世界各国的教师没有发大财的，想发大财就不要做教师。但是这个工作的意义和价值非比寻常，是以人育人。希望年轻的同志，都能够做到像刚才柳泽泉老师讲的这样一个人，那个“远远走来的人”，那是一个什么人，就是语文教师。

最近有件事情令我非常感动。教师节前夕，9 月 5 日，在杨浦高级中学开了一个会，就是请第二师范 10 位毕业生回来谈一谈求学体会。因为第二师范停办以后从来没有开过会，很多学生都想回来，所以就开了这么一个会，主题叫“忆母校教育，谈今日成长”，全杨浦区青年教师都来参加了这个会。10 个毕业生中，有第一线教师，即学科老师、班主任，有政教主任，有校长、书记，还有在机关做干部的，他们谈得非常激动。有的事情你想不到的，比如有一个学生谈到，她这一辈子都记得接受的“四个一”。“一句话”，就是我们的校训——“一身正气，为人师表”。“一身服装”，我们当时的学生校服是南极装，藏青的，白衬衫，红领带，一律短发。当时刚改革开放，学生穿的五彩缤纷，乃至奇形怪状，很乱。因此就统一了校服，是学生自己设计的。第三个我怎么也没有想到——“一块抹布”，我们上万平方米的校园，没有一个清洁工，绿化也全是师生自己做的。很简单，我就是培养学生艰苦奋斗的精神，没有奋斗的精神，在任何岗位上都不可能成才。这位学生说于老师要求擦玻璃窗要擦到看不到玻璃了才算干净，因此他自己带的班级清洁程度不是五星级宾馆而是六星级宾馆，因为自己养成良好的习惯。第四就是“一支笔”，学生从进学校一直到出学校，要练毛笔、钢笔、粉笔。因为要教小学、初中，字写得一塌糊涂，怎么能教好学生？你教学生几年，学生就像你的那个样子，所以我们那个时候的普通话测试全都是 A 级，九十几分，字写端正，一人一块小黑板。开会就要互动，尤其是青年教师，区教育局请了几个青年教师发言。有一个青年教师突然举手，她说：“我可不可以发言？”主持人当然应允了。她说：“我的妈妈是于老师的学生，我只有一个要求，就是要于老师来抱我一下。”当时 200 多个教师怔了，我也很感动，就走过去抱了她一下。我问她：“你的妈妈叫什么名字？”她告诉我，我脑子里没有这个名字。她解释说：“其实于老师，你只给我妈妈上了一节课，但是我妈妈就记了一辈子，她说这就是真正的语文课。”全场都很感动。我不是说我的语文课上得怎么好。可能当时某一位老师生病了或者有什么事情，我去临时代课，我是教研组长，具体什么情况我已经不记得了，但是教育教学就是那样地令人深思，给人以启迪。一节课那时候是 50 分钟，50 分钟就可以使一个学生记忆终生，还传到她的后代。

因此学语文是美丽的，教语文是美丽的，钟情语文教学，为我们的孩子学语文奉献青春与智慧，人生也是美丽无比的。我愿为这样伟大的事业尽心尽力，与老师们共勉。

新课改与语文教师素质

改革开放30年，我国的经济建设和社会发展起了翻天覆地的变化，国家实力大增，人民生活显著改善，新的语文课程改革就是在这大好形势下展开的。

语文这门课程有其独特的魅力。千年的积淀，百年的探索，世纪末的讨论，新世纪的思考，为语文课改提供了坚实的基础；对国情鞭辟入里的剖析，对教育现状的深入解读，为语文课改开辟了新的天地。课程内涵十分丰富，从世界上课程发展的趋势看，它是诸多因素的整合，而不只是一本教材。今日的认识应是：学生本身是课程（学习是从学习者的经验开始的），教材是课程的一个因素，教师指导学生，教师即课程，环境即课程（包括物质的、心理的；学校、家庭、社会）。教师是课程诸多因素中的关键因素，因为教师是教育理想与教育现实之间的转化者，是教育理论与教育实践之间的转化者。课程改革对教育界带来的最大挑战莫过于教师，课改的成败归根结底取决于教师的教育理念、师德修养、专业水平、教学能力。因而，研究新课改，必然要讨论与提升语文教师素质。

语文教师素质内涵极其丰富。就当前教学状况而言，除以不变应万变的应试外，似乎过多地摆弄教学的技能技巧，特别是公开课，巡回表演课，追求笑声、掌声，轰动效应。上课不是狂欢节，是科学，也是艺术，须一步一个脚印，不能在半空中飘。上课是教师综合素质的一种表现，要真正适应新课改，正确把握课改的精髓，并有效地实

本文是2008年作者在上海市名师培养基地上所作的发言。

施，须在素质的锤炼与提升上下功夫。

语文教师要有相当的视野，不能总就事论事。站在语文外面看语文，思考问题有一定的宏观高度，能增强对课改理解的正确性和紧迫感。20世纪初至今的学校教育已经历了三次全球性的改革高潮，第一次是20世纪初至30年代，第二次是50至60年代，第三次是70年代至今。改革的动力均来自社会的现实需要。科技高速发展，既高度分化，又高度综合，挑战教育；资源浪费，环境失衡等困难，挑战教育；享乐主义滋生，道德水准下降，求助于有针对性的道德教育，挑战教育；综合国力的激烈竞争，挑战教育。教育如何适应现代社会发展的要求，是必须研讨和解决的大问题。而今第三次改革高潮，指向教育制度、教育结构，突出基础教育改革的地位，重视人的发展。开阔视野看世界，教育改革、课程改革势在必行。

我国的课程改革同样是由于时代发展的迫切需要。社会要求学校向学生提供优质教育，培养的人综合素质良好。当今社会不是以某种能运用的技术为基础，而是以整个知识进步为基础。对人才的评价标准，主要不是看某一方面的技能运用，而是看整个知识的结构、容量、水平、知识积聚和更新的能力，显然，人的培养不以获取知识为唯一目的，而是要全面发展，具有良好的综合素质。此次课程改革以学生发展为本，正是时代发展的迫切要求，也是教育本质的回归。改变重术轻人的陈旧观念，克服片面质量观的弊端，是课改的必然选择。经济之争，科技之争，综合国力之争，说到底就是人才之争，作为国民素质奠基工程的基础教育，当然须迎接挑战。有了危机意识、忧患意识，投入改革的自觉性主动性必然大大加强。

语文教师要有专业的执着追求。走进语文学语文，少在外围兜圈子、看热闹。母语课程有其独特的民族血脉，非比寻常。语言文字是民族文化之根，汉语言文字是中华民族的文化地质层，它无声地记载着中华民族物质与精神的历史，因此，爱自己的民族就必须爱自己的母语。语文教育包含浓厚的活的民族文化感情，激励学生热爱自己民族的过去及其智慧在语言中的积淀是语文教育中的应有之义。如果仍延续线性思维，把语文教育只停留在技术性地使用工具的层面，割裂语言与文化，那不仅与当今世界的语言教育的趋向背道而驰，而且与母语教育的规律相左，影响教学质量的提高，影响学生的长足发展。新的语文课程标准阐明了语文课程的基本理念，立足于促进学生的发展，构建了立体化的目标体系，增强了现代意识，注重全面提高学生的语文素养，给母语教育创造了无限的生机，给语文教师成长与施展才华搭建了大平台。

要成长，要施展才华，须在汉字文化、中华优秀经典文化、人类进步文化上下点功夫钻研。汉字表达性能的复杂，感性信息的丰富，绝非西方拼音文字所能比。“视而可识”，字的象形部分栩栩如生，“察而见意”，充满了想象力、象征性。汉字给人的审美感特强，给人的愉悦也最多。鲁迅说汉语时赞道：“音美以感耳，形美以感目，意美以感心。”汉语一个音节对应一个概念，构造简单而有规律；词的生成能力特别强，是世界上词汇最丰富的语言；汉语句子的组合不像西方屈折语有严格意义的形态变化，受时、数、性、格的限制，主要靠意合与语序，虚词有其独特功能。了解汉字文化，打开语文课本，你会清晰地感到纸上一个个字争先恐后地向你诉说它的喜怒哀乐，诉说美丑，诉说善恶，诉说幽默，诉说宁静……那种魅力，推动你的思维，你的想象，使得你对母语教学非一往情深不可。

中学语文课本里文质兼美的古诗文有相当数量，现代文学作品也不少，这些都是中华优秀文化中的瑰宝，特别是经典之作，意蕴丰厚，情思绵长。教学中的常态往往是就文论文，列数其中珍奇。个别不等于整体，居高才能临下，登高才能望远，胸中有全局，对局部、对个体的位置、价值、特点等就会洞若观火，握其精髓。中华优秀经典文化博大精深，但重要的传世之作，其中蕴含的主要精神，作为语文教师总要认真读几本，反复琢磨，思考，领悟其精神实质。我们不教学生《易经》，但《象传》中的“天行健，君子以自强不息。地势坤，君子以厚德载物”的民族精神穿透力极强，在许多经典作品中有其气势、神韵、光彩，贯串古今。书是要认真读的，哲学家贺麟先生说得好：“读古人的书即所以承受古圣先贤的精神遗产。读书即可以享受或吸取学问思想家多年的心血的结晶。”用厚实的民族经典文化武装自己，是自己文化底蕴的基石。对语文教师来说，孔子、墨子、老子、庄子、孟子、荀子的经典都要有所涉猎。重点读几本，深入其中，可体会中华文明的基本精神，为阴阳观念、人文精神、崇德修身、崇尚群体、中和之境和整体思维。在中华优秀传统文化长河中掬水一捧细细品尝，就会为古圣先贤的博大胸怀和非凡智慧所震撼。只要一想到《论语》《孟子》对天地人的精辟论述、宋张载的“为天地立心，为生民立命，为往圣继绝学，为万世开太平”气贯长虹的话语，就会有醍醐灌顶、血液沸腾之感。作家余光中曾深情地说：“中文乃一切中国人心灵之所托，只要中文长在，必然汉魂不朽。”我们的祖先在悠长的历史岁月中创造了优秀的中华文化，以中华独特的文字记载、传播，恩泽子子孙孙。沐浴在这博大精深的经典文化之中，观察到美妙多彩的生活，吮吸到流注的民族精神，享受到万方辐辏的智慧融合的幸福，心有所归，志有所扬，情有所钟，语文教师有了真正的精神家园。

中华民族心态开放，善于虚心学习人类进步文化，尤其是盛世，更是有海纳百川的气概。新时代的语文课改，既要传承与弘扬民族优秀文化，又要放眼世界，引领学生开阔视野、学习、借鉴，丰富自己。从苏格拉底起始的西方传统文化，也是一条历经久远的长河，源远流长。语文教师择其中精品阅读、钻研，同样可开启智慧，认识与领悟人生百般况味。有比较，就能更好地鉴别。西方文学大师那种悲天悯人的情怀，那种语言驾驭的能力，至今令人叹为观止。增加文化底蕴，不仅要注重积累，以“文”化人，而且要关心文学作品的走势。经典文学作品形象鲜明，情节生动，给人以“心灵的愉悦，艺术的享受”。直到20世纪初西方现代主义文学问世，情况就大不一样。1922年艾略特的长诗《荒原》和乔伊斯的小说《尤利西斯》问世。“难懂”“乏味”就成了文学经典与否的标准，离开注释和其他解读资料就不可卒读。有人说“文学被绑架了”，文学标准走向了理性的反面。文化的表现是多元的，了解走向，了解发展变化，有利于锻炼眼力，提高文化敏感和文化判断力。

语文课程改革对语文教师素质的要求可以说是全方位的，教育理念的更新，教学方法的改进，教学能力的提升，均必不可少。然而，从相当数量的教学实践来看，要真正让学生对语文学有兴趣，学有所得，学有追求，学有方向，最为薄弱的似乎是教者的文化底气不足，语文专业底气不足，故而斗胆提出，与同行共勉。

为“强师”做新贡献

杨浦教师进修学院院刊100期大庆，我这名老读者向它致以衷心的祝贺。

每当看到它，我总情不自禁地想到这所学校历史的足迹，怀念这所学校关心、指导青年教师成长的一名名老教师。

那已经是40多年前的事。一天下午，语文教研员召开区里高中语文教研组长会，讨论高中语文教学改革的问题。杨浦中学语文教研组长徐老师嘱我去参加。当时自己年纪轻，不知天高地厚，听完了几位参加会议的老师发言后，我就口无遮拦地述说了教学中存在的种种弊病，指出它们影响了教学质量的提高。会后，一位操着浓重四川口音年过半百的女教师走到我身边对我说：“于漪同志，以后我要来听你的课，我不通知，就听随堂课，你平时怎么教就怎么教。”区语文教研员告诉我，她就是市语文教研员杨质彬同志。过后，她真的成了我课堂里的不速之客，一周要来听两三次课，一听就是一个学期。不仅听课，而且把我教的两个班级的作文簿搬到校长室翻阅。那时批改作文是语文教师很重的负担。一个班级56名学生，每学期8篇作文，作文要精批细改，也就是说，不仅要有总评，而且要有眉批。总评少则一二百字，多则千字，得与学生交流。杨老师多半是一人来听课，有时区教研员陪伴。清晰地记得，他们对我的课从不评头论足，而是提问题启发我思考，例如：“你为什么对课文这样处理？根据是什么？如果不这样处理，还可怎样剪裁？效果会怎样？”从无结论性的语言，只是不断“逼”我思考，进而促我养成教学中认真思考的

本文发表于《杨浦教师进修学院院刊》2011年第1期。

习惯。

“文革”期间，教育是重灾区，谈不上有什么教学研究。20世纪70年代中期，学校教学秩序逐步恢复正常后，区语文教研员纪德裕老师来我校听我的课，并组织公共教学，要我上的课是《中华民族》。在那个“知识越多越反动”思想弥漫的年代，还来抓学生的文化学习，提高教师授课的质量，是要有勇气的，而且不怕担风险。这种对师生教学状况关心、负责的情意令我感动。

80年代初，杨浦教院开启培训青年教师的先河。按照当时沈志彬局长要求，有两名青年语文教师来我校岗位进修，我负责带教，培训语文骨干力量。为此，纪老师奔波，促成此事。随后，又扩大培养对象，有点上的直接带教，有面上的广泛培养。为此，区语文教研员黄景英老师做了大量细致的工作，包括每两周一次语文教学专题报告，她都尽量与学员一起参加。那时学校条件差，近百人在阶梯教室听讲，夏天时热汗流淌，严冬时在朝北的教室冻得手脚发僵。为了培养青年语文骨干教师，无论是市教研员还是区教研员，都十分劳累，十分辛苦。

不要说60年代，就是80年代，物质条件还是比较差的，教研员来学校听课、指导，最多是清茶一杯，他们不是徒步来，就是挤公交车来，确实有奔波之苦。但是他们对语文教师的成长、语文教学质量的提高充满热情与期待，给我们以良好的职业道德、职业精神的教育。每想到他们，我总是心怀感激，尤其是纪老师对语文业务的刻苦钻研、黄老师的精彩教学、杨老师培训青年的无私奉献和宽广胸怀，我一直镌刻在心，成为不断前进的动力。

而今，教师教育的重要性越来越被认同。强国必先强教，强教必先强师。教育大计，教师为本。胡锦涛总书记说：“要把加强教师队伍建设作为教育事业发展最重要的基础工作来抓，充分信任、紧密依靠广大教师，努力造就一支师德高尚、业务精湛、结构合理、充满活力的高素质专业化教师队伍。”此话分量千钧。有道是基础不牢，地动山摇，没有一支高素质专业化的教师队伍，优质教育只能是空中楼阁，要适应社会需求，满足人民期待只是纸上谈兵而已。

教师队伍建设涉及诸多方面，教师培训尤为重要。区教师进修学院承担着全区教师教育的重任。从初入职的教师到成熟教师，到骨干教师、学科带头人，都有培训的空间、发展的潜力。这支队伍的成长，除了学校的周密规划、有效促进，以及个人的内驱动力外，区层面眼睛向基层，悉心指导，搭建平台，促进交流甚为关键。区教院对区域教育状况最为了解，教育教学中涌现的新经验、新做法，教学中的热点、难点，认识与实践中的倾向性问题，等等，均为教师教育中具体、鲜活的资源，教院组织研讨、专题阐释、先进引领，可有声有色地促进教师专业发展。

杨浦教师进修学院有培养区内教师的优良传统，教研员中敬业爱岗、言教身传的精神留给受益教师美好的记忆。如今，教师教育的任务非常繁重，祝愿杨教院继承和发扬优良传统，在高素质专业化教师队伍建设中做出新贡献。

院刊是杨浦区教育改革发展的宣传阵地、交流平台，盼望从中读到教育理念正确、师德感人、教学底蕴深厚又富于创意的佳作。这些佳作应是从教师心中流淌出来又经过实践检验的、能恩泽学生成长的好做法好经验，并且倾注了教院教师的智慧和心血。

弘扬“包容”的维度

有机会参加静安区教育系统专场关于弘扬上海城市精神、培育静安人价值取向的讨论，很受教育。

俞正声书记在中共上海九届市委十六次全会上强调：“文化是整个经济社会发展的灵魂，而价值取向是文化的灵魂。”价值取向左右着人的精神追求，左右着一个人的生活道路，影响着社会能否持续进步。

静安人以“友善”“包容”“诚信”“守法”为价值取向，现就其中的“包容”来谈一点看法。

世界上著名的大城市，如纽约、巴黎、伦敦，包括我国的香港，无一不将“包容”作为城市的共同价值观。包罗万象、兼容并包的社会环境，从来都是国际大城市的必备文化条件。上海在创建国际大城市，静安区又是上海最发达的地区之一，倡导“包容”的价值取向是志存高远、远见卓识之举。

从刚才几位老师论述的内容来看，弘扬“包容”可有几个维度：

一、价值维度

“包容”是中华文化的根本精神，数千年的中华灿烂文化由此而创造。中华文化是北方草原游牧文化、南方山地游耕文化与中原定

本文是 2012 年 4 月 13 日作者在静安区教育系统专场上的发言。

居农业文化经过长达 3 000 多年的交汇融合而成，而交汇融合靠的是包涵兼容的精神。中华文化丰富博大，精彩纷呈，靠的就是这种极强的凝聚力和同化力。中华文化与外来文化接触，决不排外，而是本着民族宽厚的兼容并蓄的精神进行交流，既始终保留自身的体系、特点，从不迷失自我，又开阔视野，兼学众长，给自身文化增添新的活力。我们常说的唐代文化的灿烂就与这种包容精神紧密相连。佛教传入、张骞出使西域、郑和七下西洋等均为这种精神的生动写照。

百年上海的成长，百年静安的繁荣，一直坚持海纳百川的胸怀，充分证明包容精神的巨大力量。

二、时代维度

以时代精神丰富包容精神。改革开放，社会转型，上海作为城市化、市场化先发地区，社会阶层格局不断发生变化，社会矛盾错综复杂，利益诉求不断深化，此时的"包容"就必须有时代的特征。对人对事，对众多的困难与问题，要有更开放的心态，更博大的胸怀，更平和的情绪。改革不仅针对客观世界，对自己的主观世界也要调整、提升。每个人都是独一无二的活泼泼的生命体，不仅对自己的生命要尊重、敬畏，对他人同样要尊重、敬畏。不固执己见，不拘泥于等级、区域、财富。你活，别人也要活；你活得好，别人也要活得好，心中有别人，心中有集体，就会享受到心灵获得解放的快乐。你的价值，决定于你自己在多大程度上解放你自己，拥有怎样宽广的胸怀创造你自己。追求这样的价值取向，就能逐步形成海纳百川、再创辉煌的文化氛围，而这种文化氛围必将温暖人心，推动社会文明。

一颗没有精神家园的心灵，无法思考自己生命的意义和价值，也就不可能对他人有真正的情感关切、对社会有真正的责任心。

三、身份维度

“包容”是立身之本，是中华民族子民的文化身份。教师在这方面更应率先垂范。为了每一个学生的终身发展，教师就必须有宽大的胸怀。这种胸怀以包容精神为支撑，热爱、容纳每一个各具个性的学生。学校里教师和学生必须紧密接触，那是生命和生命的相连。课程设置也好，课堂教学也好，校园活动也好，师生生命相逢的黏合剂是爱与责任。包容不是迁就，不是一时一事的忍耐，而是要微笑地心甘情愿地接纳每一个学生，把他们当作国家的宝贝来培养。能真正这样做，须有仁爱之心、大爱之情。师爱超越亲子之爱，这种没有血缘关系的师爱源于仁而爱人的高尚德性，是爱满天下的大爱。师生之爱交汇融合，就能编织成育人的锦绣文章，创造出至善至美的校园文化。

学校教育就是要引导学生创造有价值的人生，要创造有价值的人生，首先要让心灵辉煌起来。培育静安人的价值取向，弘扬中华优秀文化，就是激励人有崇高的道德追求，迈开奋力前行的步伐，共创社会的和谐。

文化自觉，本质上是一种主体意识的清醒与执着，中国人一定要挺直自己的文化脊梁。

高端教师的引领作用

近年来，对教师队伍建设的重视与采取的种种培养措施，其规模之大，投入人力、财力之多，可说是史无前例。因为大家形成了这样的共识：教育质量的优秀归根结底要靠教师队伍的优秀。为此，教师队伍建设的目标十分明确：充分信任、紧密依靠广大教师，建设一支师德高尚、业务精湛、结构合理、充满活力的高素质、专业化队伍。由此我联想到高端教师的培养、责任与作用。

高端教师应是师德方面的表率、教学的专家、育人的模范，走在教师队伍的前列。他们坚信中国道路，跟随时代前进，从教情、学情出发，对教育改革、课程改革有自己独立的看法，方向明，路子正，不人云亦云。他们身上德、才、识、能某些突出的优势能起榜样作用、旗帜作用，能引领广大教师沿着教书育人的轨道奋力前进。许多高端教师正是向着这样的目标不断提升自己。

然而，当下高端教师的引领作用发挥得还不够显著，在全市乃至全国未能产生广泛而深刻的影响。其中有客观因素的制约，但外在加温培养和内在修炼提升还有软肋之处。如果把握实情筹划，根据需求导引，一步一个脚印，让软肋刚强起来，队伍面貌必能焕然一新，对教育可做出更多贡献。

首先，要培育和加强那股劲儿，对教育事业有强烈的执着追求的那股劲儿。钟爱教育，钟爱专业，钟爱学生，不是一时一事，需要的是以心相许，终生相守。培养学生成长、成人、成才的工作，极其艰苦、复杂、琐细，但又极其伟大、光荣、高尚，它和国家的强盛、人

本文是2012年8月作者在山西省来沪骨干教师研修班上的发言。

民的幸福、国民素质的提高紧密相连，价值和意义非凡，要求教师不仅有大爱，而且要有韧劲，全力以赴，探求育人的规律，创造育人的良效。那股劲儿是做好工作不断向前的原动力。在价值多元、功利色彩浓重的情况下，会碰到各种各样的挑战，各种各样的诱惑，作为队伍的引领人更要有定力，“咬定青山不放松”，“千磨万击还坚劲，任尔东西南北风”。有了这样的精气神，人格就会高尚起来，产生魅力，发挥引领作用。

其次，业务上不能停留在技能技巧的操练，要对所从事的课程、教材、教法作整体性思考，不陷入碎片化的泥淖。对诸多纷繁复杂的教育现象，对专业理念、专业教学中出现的热点、难点问题能作点理性思考，以历史的、辩证的观点考察、探究，由表及里，去伪存真，不片面，不偏激，不炒作，实事求是，尊重学科本质，揭示蕴含的规律。“反思”不是动听的口号，也不是只停留在外部表象的一分为二，而是思想要深入事物的实体性内容本身，辨别、比较、分析、综合、判断，求得教学的真经。业务的厚薄决定教育质量的高低，思想有无高度直接影响引领作用的发挥。引领不是好为人师，而是不断历练，思想走在时代的前列，能看到问题的核心所在，同时又有着自我的坚持与坚守。

努力提高课堂教学质量是教师的立身之本，这方面，高端教师要起示范作用、榜样作用。实践出真知，不在课堂里对知识传授、能力培养、情感熏陶亲力亲为；不静下心来，沉入其中，深味酸甜苦辣，权衡利弊得失；高谈教学理念、教学结构、教学原则、教学方法、教学创新，只能说是一种飘若浮云的幻想。好的课堂教学应是充满智慧的求知探险，展现的是心灵与心灵的交流，思想与思想的碰撞。教师要善于激发兴奋点，开发探究点，营造积极向上的学习场，学生身在其中，心在其中，品赏求知的快乐，精神获得滋养。课堂教学精彩纷呈，有吸引力、感染力，一定有教师独特的思考、独特的追求，从整体到局部到细部，既严谨扎实，又改革创新。如果以考定教，人云亦云，思维形成定式，智力就在常人之下。公开课要花精力研究、准备，常态课同样要研究、准备。教学本身就是不断发现问题、分析问题、寻求解决问题良策的过程。只要公开课常态化，常态课公开化，教学中的包装、表演、炒作、虚假就会大大减少，还课堂学生求知成长的本真，还教育天朗气清、春风拂面。

高端教师肩负专业教师队伍前列的使命，任重而道远。

主人·情人·高人

这次论坛主题积极，准备充分，内容丰富，论述周到，论出了专业要求，论出了坚守的信心，论出了语文课改的勇气。

听了论坛主持人和六位老师的论述，我脑中清晰地浮现出老师的三种形象，具体地说是主人形象、情人形象与高人形象。

一、主人形象

我的教学我做主。

从六位获教学一等奖课的老师阐述来看，这些课都是自作主张的课，没有听信教参摆布，也没有为教育时尚所左右，更没有搬什么专家、权威的名词术语来壮自己的胆，而是“我的教学我做主”。

如《诸子喻山水》，教学时突破教材原有顺序，以孔子的“知者乐水，仁者乐山”一句为纲，穿起儒家的其余四则语录，引导学生领会“乐山”“乐水”背后儒家仁智双修的立人思想，帮助学生发现“知者乐水，仁者乐山”这一并列关系复句潜在的思维逻辑，纠正“我爱山就是仁者”这种常见的推理错误。

又如教辛弃疾的《破阵子·为陈同甫赋壮词以寄之》，用“以诗解词”“以词解词”的方法，把学过的范仲淹、陆游等诗词中相关词句拿来，用“已知”唤醒“未知”，又不断巩固“旧知”，并营造气氛，让学生沉浸在文本描绘的场景之中。由一首词到一组诗词，由一位词人延伸到一个时代、一种文学样式、一个共同的爱国主题，让学

本文是 2013 年 9 月 21 日作者在上海市第九届青年语文教师论坛上的发言。

生完成了对文本的深入理解。

“我的教学我做主”是执教老师具有教学自信力的表现。王栋生老师说“不要跪着教书”，确实使人振聋发聩。当今教学现场不少人患了独立思考缺失症，任教参、任电脑下载的种种教案说短长，脑子不是用来独立思考，而是复印机。教书不能独立自主，不发挥从教的主观能动性，和“跪着”又有什么两样呢？

要教育学生、引导学生做学习的主人，教师自己首先就要站立起来做教学的主人。鲁迅说：“其首在立人，人立而后凡事举。”这儿的“立人”内涵十分丰富，人要活得像个人样，首先就得站起来。

能站立起来充满自信地进行教学，有许多因素，如专业理想、专业伦理、专业学养、专业技能等，但当前最重要的是“责任”二字，责任心，责任感。要经常叩问自己：每节课教给了学生什么？他们受益了没有？在他们生命成长的过程中我尽责了多少？学生生命成长的每一天只有一次，唯一的一次啊！

《文汇报》9 月 19 日有篇短文《教师是谁？教师是干什么的？》言辞很犀利：“我们用那点专业知识，炒了一辈子冷饭，反反复复地对一茬又一茬的学生宣讲一生，没有创造，没有帮助学生真正成长，凭什么让这个社会尊重你？”又说：“要知道最重要的‘人’在我们的专业领域仅仅得到口头和口号的重视，我们没有真正意义上的社会贡献，这才是致命的地方。”

参赛获奖的一位老师深有体会地说：“一个有自我发展的语文教师是不该忍受自己教育生命在重复中走向枯竭的。”

出于对学生成长的责任心，几位参赛获奖老师深入钻研文本，潜心阅读，认真思考，反复推敲，识得文本精髓，获得自己独有的体会，与学生交流，对学生指导、引领。如：教《〈激流〉总序》，教师先潜下心来，仔细阅读巴金的《激流》三部曲，感受主人公内心的挣扎，新与旧，爱与恨，官运亨通与舍弃，走与留……发现作者最初准备把这三部曲命名为《春梦》。由此找到切入点，引发学生思考，探究作者写《〈激流〉总序》这篇青春宣言的心路历程，从而悟到对于生活的态度造就了对于生活的看法。又如，《密室的生活》文体特征教得十分鲜明。一般阅读常停留在“经典之作”的研讨，忽略书评的“评价”与“推荐”。此次教师授课突出了书评家的社会责任感。写该文目的不是为第二次世界大战增添一个注脚，而是试图给战后消沉、迷惘、痛苦的人们带来一个答案，因而教学中聚焦在对这样一句话的探讨：“安妮的日记是今天对生命存疑的最有力的答案，因为她告诉我们，一般老百姓如何在苦难的折磨中坚守对人类价值的执着。”

上这样的课，学生不仅阅读能力得到培养，有所提升，而且心灵会受到震撼，引发对人类价值坚守的人生真谛的思考。课要学生有所得，教师首先就要学有所得。广泛学习，深入钻研，前后联系，上下贯通，形成自己独特的认识与见解，就能充满自信、从容不迫地做教学的主人。

二、情人形象

心醉神迷，不离不弃。

语文教育事业是爱的事业，没有爱，教学中语言文字的魅力就不可能闪现光彩；没有爱，语文的实用功能、道德功能、审美功能、发展功能就会流于空洞的口号，或者只流于“应世谋生”层面，搞文字的排列组合，淡化乃至丧失语文教学中的精气神。

人是有情感世界的；语言是和思维、情感同时发生的。语文教师对语言文字浇灌而成的美文佳作满腔热情满腔爱，才会进入作品深处了解精髓，深入作者内心触摸、感悟其深邃的思想、缜密的思维、生命的诉求、人生的探索，才会思维碰撞，进行真正意义上的“对话”，才会肝胆相照，心心相印，真正懂得作品的价值与意义所在。也只有对作家作品心醉神迷，教课才会真心袒露，真情流淌，给学生以强烈的感染。

教《白莽作〈孩儿塔〉序》的老师获奖，相当程度得益于对作家作品痴迷的程度。她说：“我对鲁迅崇拜、痴迷，中国只有一个鲁迅。1936 年 10 月 22 日是鲁迅先生下葬的日子，去年 10 月 22 日早上，我到了先生墓前，墓前有一束百合，上面还有露珠，没有落款，有人到得还要早。我手心里握着鲁迅先生这篇手稿复印件，小声背诵了一遍全文离开，心里满满的，那条被压抑的又终于喷薄而出的情感的河流，我终于找到了它的沉郁顿挫。我们的努力和执着有多久，我们对作家作品领悟就有多深，我们和学生就能走多远。”

说得好，做得更好。要感动学生，首先是感动教师自己。一个不会被感动的人，要感动别人，大概是虚无缥缈、空中楼阁。

有人认为对作家作品心醉神迷，就是否定批判性思维。对这种看法不敢苟同。心醉神迷不是盲目迷信，否定理性思考，而是情寓其中，更清醒地作科学评价，吸取什么，弘扬什么，舍弃什么，实事求是。批判性思维并不是怀疑一切，否定一切，进行颠覆，而是一种逻辑清晰严密的思维方式，慎思，明辨，更注重接近事物的本质。

刚才有两位老师谈到教学中学生情感上与文本“隔与不隔”的问题。古诗词写作中有“隔与不隔”的探讨，语文教学中借用来研究教学某些情况也颇有意义。教师对文本如漠然无情，再生动、精湛的文字教学时也会在学生心中人为地造了一堵墙“隔”起来。这是情感缺失带来的隔膜。如若学生与文本距离远，原本心中有“隔”，但教师在深入钻研的基础上千方百计架桥铺路，或刚或柔创设理趣、情趣，“隔”逐步拆除，学生就会享受到文化的滋养、思维的锻炼、语言的熏陶。

对作家作品的痴迷源于对中华深厚文化的敬仰与热爱，对学生生命的敬畏和成长的呵护。对所从事的事业“好之”“乐之”是人生的一种境界，是摆脱功利思潮侵袭的一种表现。对语文教学事业情深似海，精神生活的丰富必将相伴相随，享受到心灵美好的幸福。

三、
高人形象

坚守理想，追求卓越。

获奖的一位老师说，梦想中的语文教学是培养民族脊梁的伟大事业。主持人说，要让学生从鲁迅这样的优秀人物身上汲取力量，挺起自己的胸膛，挺直自己的脊梁，做一个堂堂正正的人。

确实如此，今日的教师坚守理想是何等重要。国际国内政治经济处于深刻变化之中，西方价值观伴随着经济产品、文化及娱乐产品大举进入，社会处于急剧转型时期，多元价值、多元文化对教育挑战与冲击的程度前所未有，崇洋媚外、骨头软弱的现象屡见不鲜。教育者要有定力，坚守自己的理想，争做教育的高人。

获奖老师从中西的至圣先师孔子、苏格拉底教育理想说起，表述自己在担当、学养、审美力、判断力、思想力、文化眼光、世界眼光等方面的追求，努力做中国语文梦的筑梦人，这是令人欣慰的。

当前，是否有两点很值得重视，提出来供参考。

（1）对祖国语言文字的价值意义要有更深刻的认识与领悟，并身体力行加以捍卫。

“百年中文，内忧外患”的局面并未根本改变。语言文字是民族文化的精神血脉，装载着民族情结、民族智慧、民族精神，承载着几千年来的中华文化。学者罗常培 20 世纪 40 年代在《中国人与中国文》中就指出：“语言文字是一个民族文化的结晶，这个民族过去的文化靠着它来流传，未来的文化也仗着它来推进。”当代语言学家也认为，语言在其本质意义上并不是工具，更非客观的工具，它是人类存在的“家”，是人的生命活动的体现，甚至就是人的精神世界。由此可知，教学生学习祖国语言文字绝非只是学习雕虫小技，而是在学习语言文字的同时学做人，学在丰厚的中华文化哺育中认识“我从哪里来？我的根在哪里？魂在何处？”，构建自己的精神家园，健康成长。

而今，重视外语轻视中文，乃至疏远、鄙视、扭曲、玷污，如不捍卫、不抗争，就会动摇母语的根基，根基不牢，地动山摇。热爱祖国语言文字，切实提高语文教学质量，就知道捍卫与抗争的作用。

（2）解放思想，在继承中创新。

《诗经·大雅·文王》说：“周虽旧邦，其命维新。”这就是我们常说的“周命维新”。面对学生学习语文不理想的状态，面对我们自身的困惑与迷茫，只有解放思想，静下心来改革创新，才能大踏步前进。

一是下功夫把优质课常态化。获奖的每堂课都是深入钻研、独立思考的结晶，都有或多或少的创意。如果把这些课常态化，学生对学习语文的兴趣会大大增添，学生有自主学习的积极性，学习质量必会提高。优质课常态化非一日之功，但只要坚持不懈地探索，优质课数量不断增加，语文教学新局面新气象必然顺势而生。

二是解放思想，在大语文天地里行走，不做“单向度”的“应试人”。

台湾清华大学历史系一位教授面对信息化的挑战，他在开设《资治通鉴》课时，每周推荐一本好书给学生读。如推荐读帕慕克的《伊斯坦布尔》，去领略这个古城弥漫的哀愁，推荐读彼得·海斯勒的《江城》，体会一个外国人在 20 世纪末的中国所遭遇的文化差异……这叫在这座山上唱那首歌，目的在于适应学生的“猎奇”心理，激发他们的好奇心、求知欲。从文化方面说，中西进行比较、沟通，尽在不言中。

语文学习也是如此，绝不只是那几本教科书，那么几节课，要打开视野，进入它的广阔天地。文章不是嚼烂了教，而要学会浓缩精华，挤出时间让学生多读一点佳作。改革要有自己的整体设计。课内教什么，怎么教，课外怎么组织，怎么实施，如何渗透，怎样有趣有效，实践、认识，再实践、再认识，不断总结经验教训，形成自己独特的教学风格、教育魅力，让学生深受其益。

人人心中有盏灯，强者经风不息，弱者遇风即灭。面对功利化、语言低俗化等种种大潮，要抵挡住诱惑，坚守语文教师的尊严。

这次青年语文教师的“中国梦”论坛有三个关键词：精神，力量，道路。中国梦的精髓是中国精神。中国精神包括民族精神和时代精神两大元素。两大元素不是相加，而是有机融合和集中体现，是民族精神时代化和时代精神民族化，是当代中国人精神世界的灵魂。刚才一位老师讲述闻一多先生在西南联大讲述《诗经》和杜甫“三吏三别”时的情景，有助于我们理解这种精神。他讲述《诗经》，读到“昔我往矣，杨柳依依。今我来思，雨雪霏霏”时，摸着胡子，流露出无限的感慨；讲“三吏三别”时，他慷慨激昂地质问：“为什么隔了一千多年，中国还是那么的悲惨？”这样的课，就是在将两千年积淀下来的对灵魂的拷问传递下去，展示给学生什么是风骨，什么叫意气，什么叫精神，给学生以心灵的震撼，不尽的思考。

祝愿青年语文教师在筑梦过程中坚定人生志向、提升道德境界，业务日益精深，在平凡的教学工作中不断创造精彩，照亮语文教学的前程。

对《师者本色》报道的部分优秀教师点评

一、“徐中玉——跨越世纪之梦”

智者乐，仁者寿，您是杏坛卓越传道者，您是百年不老松。

满载家国情怀，仰望中华数千年灿烂文化的苍穹，吮吸精华，视传承为己命，《古文鉴赏大辞典》《中国近代文学大系·文学理论卷》、发行1 700余万册的《大学语文》教材，无不书写着对中华优秀文化的忠诚；俯视大地，厚爱莘莘学子，数十载辛勤耕耘，以民族文化血脉精心哺育，丽娃河畔弦歌声声悦耳动心，从文化自觉中走出悲天悯人的作家群。

一辈子从容淡定，宠辱不惊；一辈子生活简朴，陋室书馨。于百岁高龄捐资百万助学，倾注的是对学生成才的热切期望；“在有生之年，我还要继续努力”，倾诉的是中国知识分子的精、气、神，忧国忧民，造福苍生。

仁者爱人啊，智者不惑！

《上海教育》2013年第34期对社会主义核心价值观的教育践行者作《师者本色》报道，邀作者简单点评。

二、
“钟扬——播种未来”

雪域高原，蓝天下伫立着一个播种未来的高大身影。阳光照射，闪耀着金色的光辉。

您，东海之滨的生物学家，怀着对藏族学子成长成才的满腔赤诚，义无反顾奔赴西部边陲，撒播科学良种，开创高端人才培养的援藏新模式，并已成功复制到了其他少数民族地区。四千几百个日日夜夜的追梦，四十万公里坎坷路程的跋涉，十七种高原反应的抗争，忠贞不贰地实践着艰苦卓绝、坚不可摧的中国精神。一次次带领学生远行，千辛万苦，收集上千种植物的四千万颗种子，无丝毫急功近利私欲，着眼的是储备生物未来发展的基因，用科学的求真精神，博大的奉献胸怀，编织着时代的风范。民族亲情，师爱荡漾，造就了西藏高端生物学科研团队，具备了参与国际竞争的力量，令人钦佩。

您的卓越工作体现了民族精神与时代精神的融合，民族精神时代化，时代精神民族化。

师者，智慧的宝库，精神的脊梁！

三、
“陈青云——做支援郊区教育的特种生力军”

因办学成绩优异，你们刚晋升为特级校长，又立即意气风发踏上新的征途，奔赴郊区担当改变薄弱学校的重任，赤子之心可掬。

基础教育高位均衡发展，是上海人民的热切期盼，是青少年学生的内在需求，是造福社会的大好事。你们深知要实现此项目标，绝非一蹴而就，需要有一批熟稔教育教学规律、敢为天下先的耕耘者，去引领、去开拓。高度的责任心和强烈的使命感使你们挺身而出，显示出舍我其谁的豪迈。

均衡发展贵在优质教育资源的扩散。你们是优质教育资源的传播使者，怀着天下学校一家亲的真挚，让自身、团队、区域教育的优质种子，在郊区学校生根、发芽、开花、结果；你们更是创造者，以开创的精神因校因人而异，培植创新的充满时代气息的优质教育资源。

恩泽莘莘学子，郊区优质教育发展的特种生力军！

四、“尹岚——蜗牛带我去散步”

您进行的是真正的生命教育。

生命教育应该是一种感动的教育，善教者不仅善于感动别人，而且自己也会被深深感动，生命获得升华。“现在——我恍然大悟！原来，上帝是叫蜗牛带我去散步，我的手指轻轻地颤抖着，虽然前行的速度很慢，但让我领略到沿途的风光。”这道出了被感动的心声，一扫十年前泪珠骤下、肩挑这副担子时的茫然和压力。

您用赤诚的心呵护每个智障的孩子，不仅尊重他们今日生命的价值，更千方百计创造条件积蓄他们明日的生命价值。在学校创设丰富多彩的团队活动，让他们与智力正常的孩子一样，享受应有的权利，享受生命的欢乐；精心组织他们走出校门，接触社会，加强社会实践，增强生存能力；医教结合，开启社区康复之路，努力建构完善的特殊教育支持保障体系，让这些鲜活的生命活得更美好。

您始终如一坚持给每个有特殊教育需求的学生以优质、适宜的教育，破除优质教育只面向资优学生或智力正常学生的迷信。大爱无疆，教育的真谛！

五、“卞松泉——守正出新的教育智者”

二十多年前，在上海市十佳青年校长颁奖会上领奖时，您还带着些稚嫩与青涩，而今，历经岁月的镌刻、教育熔炉的冶炼，已成为许身孺子成大业的杰出代表，运筹帷幄，业绩显著，有口皆碑。

您心中始终有颗一切为儿童的准星，任尔东西南北风，从不动摇，从不跟风。您视儿童健康成长为生命，坚持素质教育，开发个性化校本课程，创建欢乐的摇篮校园文化，熏陶感染，春风化雨，扎扎实实促进儿童心智、情感与能力的发展，负担轻，质量高。

您视教师为办好学校的宝贝，满怀热情鼓励他们成长成才。不是管头管脚管分数，而是以“不用扬鞭自奋蹄”为标杆，从教师内在需求出发，采取措施，唤醒专业自觉、育人自觉，科学管理中洋溢着人文关注，队伍建设取得了明显成效。

您一贯重视教育科学研究，但从不以此装门面、壮胆，而是敬畏并遵循教育教学规律，减少实践的盲目性。学校与时俱进的教育管理举措、课程建设的蓝图与实施，无不来自教育理论的学习与指导。

您是教育自觉的典范，不用扬鞭自奋蹄！

六、“宋玲洁——用生命影响生命”

您怀着要把学生培养成为高素质劳动者与技能型人才的无比热忱，积极投入课程教材改革，成绩令人瞩目，是职业教育提升教育质量的引领者。

适应社会需求，优质地服务社会，是职教课程建设的价值所在。您领悟其中意义，积极参与精品课程的开发，参与教材编写，促进了中职课程建设。

您率先改革课程教育，既着力以信息技术为支撑，整合课堂教学资源，又大力转换课程教学模式，变单向“教”的课堂为师生互动、生生互动的“学”的课堂，充分发挥学生的潜能，使不同学习能力的学生都能获得发展，自主学习的积极性大大提高。课堂改变一小步，往往会影响学生人生之途一大步。

职校学生更需关爱，更需优质教育培养，您，做出了榜样！

让青春闪发光辉

近年来，有两件事常使我心潮起伏，每想起，就会思绪万千，憧憬教育的美景在青年教师身上持续不断地涌现。

教师节，学校邀请10位毕业生座谈自己的成长，气氛热烈。区里上百名初入职的青年教师参加。会到中途，一位青年教师举手激动地说："我要于老师抱我一下。"突如其来的要求把大家给怔住了。我走到她座位旁抱了她，她喃喃地说："我妈妈是你的学生，从小她就对我说，那是真正的语文课，开心啊，丰富啊，一辈子忘不了。"体温温暖了我的人，语言和激情温暖了教师的心。

66届高中生聚会，纪念同窗50周年。昔日的准青年如今已年过花甲，但忆及高中学习生涯的多姿多彩，依然龙腾虎跃，活力不减当年。突然，一位男同学严肃地说："有句话已藏在心里10多年，今天再不说就没有机会了。20世纪90年代于老师生病住重症监护室，我和同学去探视，见到那番情况，我向上天祷告，宁可自己少活10年，也要让老师多活几年。我祷告祷告，后来没告诉妈妈，也没告诉妻子。"这席话使我难以抑制泪水的涌出。我们都不迷信，但师生之间的挚爱深情感天动地。

教他们的时候，我还是一名青年教师，怎么也没想到从教在学生成长中，在学生生命中，一代乃至两代，是如此的有意义、有价值，是如此的长效。今日的青年教师，从教比我们那个年代难度大得多。身处社会转型时代，物质力量巨大，诱惑无处不在，要让自己的青春充满智慧，闪发光辉，十分重要的是要有定力。坚持教书育人的工

本文发表于《人民教育》2014年第9期。

作，教师要培养学生成长成人，自己首先就要做人，做志存高远的人。今日的教育质量就是明日的国民素质，教育质量的高低相当程度掌握在教师的手中。珍视和敬畏每个学生的生命，追求和践行中国梦，就会自觉地爱岗敬业；认真负责，一丝不苟，发挥聪明才智，创造育人佳绩。《论语·子路》中说得好："其身正，不令而行；其身不正，虽令不从。"面对金钱至上、功利横行，青年教师身上要有正气，用人格魅力熏陶感染学生，收春风化雨之良效。

要获得学生认可、信任，共谱心灵成长交响曲，青年教师须把爱撒播到他们的心田。教育事业是爱的事业，没有爱，就没有教育。爱学生是教师从教的黄金法则。这种爱是超越血缘关系的大爱，承载着国家的期望、人民的嘱托。每个学生都是国家的宝贝、家长的宝贝，都是活泼泼的生命体，成人成才的苗子，真心实意、全心全意培养他们，是责任，是使命。以分取人，以貌取人，或以权取人，以钱取人，是对教育事业的亵渎。青年教师感情丰富，追求心灵的澄澈，把莘莘学子装入心中，休戚与共，呼吸相通，窄小的心就会容纳宇宙的宽广。

爱，要落实在实干上，刻苦钻研，成为学科教学的行家。靠"教参"上课，那是蹉跎岁月。每节课的质量影响到学生生命的质量，学生每一天的大部分时间都是在课堂里度过的，怎样让他们学有兴趣、学有所得、学有追求，是教师必须倾注心血反反复复研究的问题。课教在课堂上，就会随着声波的消逝销声匿迹；课要教到学生身上，教到学生心中，成为良好素质的因子，终身受益。

青春是美丽的，青年教师在从教中闪发光辉，美景绵长。

铸师魂，增师能

那已是10多年前的事。东北师范大学出版社总编来沪，邀我撰写教育教学方面的书。相见之后，关于教育的发展有不少共同语言，交谈甚欢。当时，我从担当教师与校长的大量工作实践中深切体会到学校教育的质量，说到底就是教师的质量。教师在教育岗位上学习、实践、反思、改进、创新，不断提升，不断自我发展，教育教学必然朝气蓬勃，学生主动积极求知探索，美景如画。为此，我提出现代教师一定要在自我发展上下功夫，与学生一起成长。出版物似也应以此为重点。

众所周知，某位教师的教学经验、教学技能技巧的介绍，固然对其他教师有辐射作用，但不过是启发、借鉴而已，如若不加分析，照搬照抄，名词术语一大堆，前途恐只会茫然。教师的成长十分重要的是“以我为主”，“我”不发挥主体作用，就会失魂落魄。因此，教师的培养十分重要的是尊重每位教师的潜能，唤醒他们自我成长的内驱动力。

今日对师资队伍建设重要性的认识已大幅提升，国家繁荣、民族振兴、教育发展，需要大力培养造就一支师德高尚、业务精湛、结构合理、充满活力的高素质专业化教师队伍已成为大家的共识。近些年来，对教师队伍培养的力度也大幅提升，培养的举措可谓千方百计，各有千秋。然而，与涌现一大批好老师的理想目标仍有距离，仍然是教育改革创新的瓶颈问题，制约教育质量的全面提高。

课堂教学怎么教的技能技巧在不少公开课、示范课、竞赛课中已经演绎得登峰造极。每个教学环节衔接得天衣无缝，分秒不差；师生之间对问题的探讨浑然天成，不分伯仲；多媒体运用声、光、色俱全，娱人耳目。如此的教学情景看似高质量，实则斧凿痕迹深，背离教育朴素自然的本原。就其效果而言，课前准备、导演且不说，有的课后还补教，换另一种思路。当然，更可怕的是以考代教，上课抠知识点已不过瘾，而是根据考纲抠得分点。年复一年如此做法的负面作用是：教师独立思考的能力衰退，脑子里没有问题，只有应试题；学科本体知识残缺，没有整体框架、整体结构，只有答题的碎片化知识。近年来，我参加师资培训工作中的答辩，越来越感受到这方面缺陷的突出。要有所突破，恐怕不能局限于教学技能技巧的层面，而要在教师工作的意义、价值，教师的责任、使命上下功夫，从根本上提高教师的德、才、识、能，使教育回归育人的本原状态，教者倾心倾情，学者乐于追求。

去年教师节习近平主席在与北京师范大学师生代表座谈时指出：好老师没有统一的模式，可以各有千秋，各显身手，但有一些共同的、必不可少的特质，那就是“四有”，要有理想信念，要有道德情操，要有扎实学识，要有仁爱之心。这“四有”都是精神成长的事，说到了教师人格魅力和学识魅力的根本。

教师工作是以人育人的工作，以自己高尚的人格引领学生形成完善的人格，实现“人的完成”的教育目标；以自己的真才实学激发学生旺盛的求知欲，学习认识社会、服务社会的本领；以自己正确、高雅的审美情趣熏陶感染学生，引领他们形成健康的审美观念、审美习惯。在价值多元、文化多元背景下，要完成这样神圣的任务，非常艰巨，也非常复杂，需要理想信念引领，真才实学支撑，仁爱之心播撒。这样持之以恒地自我修炼，努力进取，方能真正做到三尺讲台系国运，一生秉烛铸民魂。

教育事业是理想性很强的事业，是追求和创造真善美的事业，教师是人类文明的传承者，理应推动教育事业又好又快发展，因而，志存高远，守护教育者的尊严就成为每位教师必须用自己思想言行认真回答的问题。基础教育是为人生奠基的工作，根子扎得正不正、深不深，影响人的一辈子的发展。教师从事的就是人类这种最伟大、最神圣的职业之一，因而，要把自己平凡的日常工作与民族复兴大业、百姓幸福生活紧密联系在一起，休戚与共，血肉相连。当你这样想这样做时，你就会有一种登高望远的开阔胸襟，就觉得心明了，眼亮了，判断教育现象的正误、是非有了标杆，教育判断力、文化判断力增强。理想信念是教师安身立命之魂，有了“魂”，就有了工作的主心骨；奋斗的方向明，就有不竭前行的动力。

真才实学是过硬的教学能力的基础。教师不仅要有足够的知识储备，而且要有视野，要有识见。教育教学中会碰到各种各样的问题，不能视而不见，不能回避或绕道走，要敢于迎接挑战，敢于分析解剖，寻找解决的途径与方法。教师思维必须活跃，不能一潭死水，一名不想思考、不会思考、不善思考的教师，一定会影响学生的智力发展，抑制他们思维的成长。要改变这种状况，最为紧要的是读书、学习。西汉目录学家刘向说：“书犹药也，善读之可以医愚。”这句话本身对我们而言，也是一剂良药，我也是如此，不仅读得少，而且不善读，故至今未脱愚。“为了使学生获得一点知识的亮光，教师应吸进整个光的海洋。”国外一位教育家这样告诫，值得深思。

思想有高度，才学有厚度，有仁爱的情怀，是我这名草根教师梦寐以求的目标，执着追求，永不懈怠，尽一生之力。

用精神的成长
创造使命的精彩

当前，在价值多元、文化多元背景下从事语文教育的艰巨性和复杂性前所未有，如何应对？如何破解一道道难题，促使语文教育健康发展，有效提高质量？《道德经》中说得好，“知人者智，自知者明，胜人者有力，自胜者强”。我以为，关键在“自胜”，在切实锤炼我们这支队伍。我们这支队伍需要提升，特别需要精神成长。

今年教师节习近平主席情真意切地对教师提出殷切期望，要求教师“有理想信念，有道德情操，有扎实学识，有仁爱之心”，做党和人民满意的好教师。这“四有”都是精神成长的事，说到了教师人格魅力和学识魅力的根本。我们的语文教育迫切需要一大批中青年教师成为精神成长极其优秀的排头兵，在这个领域精心耕耘，改革创新，创造母语教育的辉煌，恩泽莘莘学子。

一、
为师者的思想须有高度，脊梁骨须有硬度

人的成长是一辈子的事。教育从来不是一个结果，而是一个生

本文发表于《人民教育》2014 年第 21 期。2014 年教师节后，《人民教育》特别开设“做党和人民满意的好老师”栏目，邀请作者撰文回应“什么是好老师”“如何做好老师”等话题。

命展开的过程，它永远面向未来，不会结束。因此，教师要和学生一起，展开生命，不断成长。然而，不是所有的教师都意识到了成长的重要性与必要性，有的更是听凭妨碍精神成长的因素在自己身上滋长。妨碍的因素不少，有社会层面的，家庭层面的，学校层面的，等等。最可怕的是对待语文的不知不觉。语文是什么？我到底要做什么？我应该做什么？我现在在做什么？很少去想，甚至不想去想，更不用说想清楚。你怎么说我就怎么做，怎么考就怎么教，或者只是为了证明自己有一套"应试法宝"，一遍一遍盲目去干。究其原因，缺失的大概不是教学技能技巧，而是缺失思想，缺失精神，缺失学术素养，缺失了自我的主体。众所周知，讲坛不必在乎高低，但为师者的思想须有高度，脊梁骨须有硬度，因为肩挑的是立德树人的刚性责任，肩负的是传承和弘扬中华优秀文化的神圣职责。为师者须有精湛之思想、自主之精神，不能做思想的矮子。任凭教学参考资料、电脑下载教案、媒体炒作信息、教育时尚操作说短长，脊梁骨就挺不直。精神成长要从拒绝平庸、树立自信开始：我思，我想，我要以勤奋与智慧创造学生心驰神往的语文学习新天地。

课堂教学是教师安身立命之本，它的质量高低是教师精神成长的直接体现。怎样把课教得有吸引力、感染力，能叩击学生心灵，触发学生思维？怎样不仅让学生学有所得，学有所能，而且让他们求知有欲罢不能之势，对语文宝库有探宝觅宝的热情与积极性？怎样营造语言文字散发能量的磁场，思维活跃，心灵碰撞，让学生享受文化哺育的快乐？这些问题是追求卓越的优秀教师必须认真思考、深入思考的问题。不仅要思考，而且要在教学实践中反复验证，积累正反经验，并及时加以改进，切实提高。这些问题的破解不是一时一事的短、平、快，而是要潜下心来持续不断地刻苦钻研，夙兴夜寐，锲而不舍。表面看起来是对怎样上课的思考与实践，内在支撑却是敬业精神与对学生的仁爱之心。

二、
教课就是全身心投入，用生命在歌唱

我们往往花费相当精力上一节质量上乘的公开课或研究课，这当然值得赞扬。但它的可贵不在于获得什么奖，而在于你的教学理念、教学行为符合学生学习语文的规律，在学生心中撒播博大精深的中华优秀文化和人类先进文化的种子，让学生的心灵获得美好的滋养，让静态的语文知识能够活化为他们运用语言文字的能力。这种质量上乘的课的背后是你对祖国语言文字和教育对象的满腔热忱，对教学内容的反复推敲，对教学方法的精心选择。这就是你的精神，你的成长中的精神。你对待语文，在主动地“知”，在积极地“觉”，在全身心地投入。然而，更为重要的是这种可贵应该努力常态化，从课的质量到人的精神，努力做到每节课都有亮点，都有耐人咀嚼、耐人寻味的东西，经得起听，不同层面学生都能受益，都有满足感和上进心。每节课都有你的信念、情操、学识在闪光。什么叫教课？教课就是全身心投入，用生命在歌唱。

这是一种境界。这是一种诲人不倦、乐育英才的境界。这种境界是不是高不可攀呢？并非如此，现实生活中有许多榜样。如研究古诗词的大家叶嘉莹说她老师顾随上课是：“先生之讲课，真可说是飞扬变化，一片神行。”“飞扬变化，一片神行”，那真是左右逢源，出神入化，令人神往。顾随自己曾把自己的讲诗比作谈禅，“禅机说到无言处，空里游丝百尺长”。已经无以言表，但其中意味还“空里游丝百尺长”，缭绕不断，启人心扉，这是何等的美妙！又如北大袁行霈教授讲白居易的《琵琶行》“座中泣下谁最多，江州司马青衫湿”，他说“哭几回才能把青衫哭湿啊，不是衣袖湿，不是手绢湿，是青衫湿”，此时他眼中充满了泪水，这就是老师，全身心投入，进入作品之中，与作者情感共鸣，捧出的是一片仁爱之心。再如，北大谢冕教授一上课就哆嗦，不是因为学生、因为课，而是因为诗。有段时间他似乎不生活在现实生活中，而是生活在诗的世界里。诗人倾听生命呼唤，用诗歌唱，敞开一个世界，亮出真理的光辉，师者教诗怎不为之感动？“沧海自浅情自深”，情深到痴迷程度，课还会教不好吗？

三、真正的教师他有真东西，而且能把真东西教给学生

显然，感人的教学境界的出现，是要教师倾心投入、努力攀登的。而这种攀登不只是技能技巧上着力，是人生态度的攀登、情感世界的攀登，是为师者一种风范的创立。而敬畏专业、以心相许的攀登更是基础。真正的教师他有真东西，而且能把真东西教给学生。著名画家韩美林的班主任是中央美院的周令钊（人民大会堂顶灯“满天星”的设计者），韩美林向他磕三个响头，因为老师教会了他本事。韩美林制作了 3 000 多件作品，两个半小时就能设计出 290 把椅子。真功夫是学术功底的展现，不下苦功读书学习，不作精彩透辟的理性思考，教学上怎可能气象万千，入学生耳，入学生心？而今，我们不少语文课泡沫很多，缺少扎实的本体知识，缺少学术含量、文化含量。上了多少年的语文课，教学思想、教学构成、教学中的经验教训说不出个一二三四。原因何在？也许，在分数至上、急功近利者眼中，学术是没有尊严的，文化是没有价值的，专业长短也很难待价而沽。

我这样说，并非指责谁，首先是自责。我深知教得好首先是学得好，但我身体力行远远不够。非科班出身，底子原本就弱，读书虽不是贫困户，但未能下深功夫，因而思想、见识、视野、积累均受到很大限制，形成了教学生涯中的短板，教学中常有捉襟见肘之感，影响工作的质量。西汉目录学家刘向说：“书犹药也，善读之可以医愚。”既读得不多，又不善读，故而至今我未能脱愚。与我高中语文老师赵继武相比，真是羞惭万分。他是国学大师黄侃的弟子，满腹经纶，教

课娴熟洒脱而不拘泥，许多文章倒背如流，问不倒他，连写作文评语都有文化含量，妙笔轻点，就能使文章归题。因此，读书学习，文化底蕴是极其重要、了不起的。

四、人有了脊梁骨才能直立行走，人有了理想信念，就有了精神支柱，心灵就能辉煌起来

那么，读书学习的意志、毅力从何而来？对教学业务刻苦钻研的持久力从何而来？我认为关键在于内心的深度觉醒。教师从事的是塑造灵魂、塑造生命、塑造新人的工作，一个肩膀挑着学生的现在，一个肩膀挑着国家的未来，千钧重担！

为此，一是要自觉确立人生的态度，赋自己的生命以意义。“理想信念”是生命的核心。在人生旅途上，能最终领略美妙风景的必然是那些强烈渴望登临并为之不懈跋涉的追寻者。是心灵的渴望，开阔了求索的视野；是心灵的飞翔，鞭策了奋进的脚步；是心灵的富有，孕育了人生的奇迹。一个人要创造生命的意义，首先要让心灵辉煌起来。人有了脊梁骨才能直立行走，人有了理想信念，就有了精神支柱，心灵就能辉煌起来，持久不断努力就能成为堂堂正正的人。人如果太实际了，为物质生活所累，就没有超越职业训练的志向、旨趣和想象力，就很容易沉沦。人一辈子都活在价值取向的选择之中，要学会自觉地选择，明智地放弃，中国优秀、卓越的知识分子“为天地立心，为生民立命，为往圣继绝学，为万世开太平”的对社会、对国家的担当意识是我们的榜样。

二是要积极担负起传承中华文化之根的重任。汉语言文字是中华文化之根。语言是生命之声，语言活动就是生命活动，它是人类文化心理结构的外化，教学语言文字不仅有实用功能，还有发展功能、教育功能、审美功能，对学生精神领域所起的作用，无论是显性的还是

隐性的，都是润物细无声的，长期而深远，影响人一辈子的素质。今日的教育质量就是明天的国民素质，容不得半点懈怠、应付和马虎。人类大灾星希特勒曾这样说，“要消灭一个民族，首先瓦解它的文化；要瓦解它的文化，首先消灭承载它的语言；要消灭这种语言，首先从他们的学校下手”。这是从反面给我们敲响的警钟，让我们清醒地意识到肩上挑的是怎样的重担。

有人说，平庸的人有一条命：性命；优秀的人有两条命：性命和生命；卓越的人有三条命：性命、生命和使命。法国文学家罗曼·罗兰曾说：“生命被赋予了一种责任，那就是精神的成长。”让我们用精神的成长创造使命的精彩，铸就生命的辉煌。要牢记：站在中国土地上，你就是语文，你的质量就是中国语文的质量，你优秀，你卓越，中学语文就一片光明。努力，加油！

让所有的学生都做课堂学习的主人

课堂教学改革涉及的方面很多，如教师与学生在课堂教学中各自的地位与作用，教学内容的质地与分量，教学方法的选择与运用，教学过程的安排与调度，教学效果的评价与测试等。但核心问题是学生在课堂教学中必须做学习的主人。做学习的主人，不能局限于对某些学科学习有兴趣的几个或十几个人，而是要全班所有学生都做学习的主人。要启发、引导学生爱学，会学，学会，学好。

要加强改革意识，采用相应的对策深化改革。改革的做法甚多，择其要而言有如下几个方面。

转换立足点

长期以来，教师为“教”而“教”的现象比较严重。教师考虑得最多的是教什么，即教学内容。熟悉教材，进行钻研，写好教案，向学生传授知识，就觉得完成了任务。至于怎么教学生才能学懂、学会，相对而言，考虑得少。至于学生学习过程中会碰到哪些困难，怎样才能克服困难，考虑得就更少了。

立足点从“教”出发，课堂教学常常重知识轻能力，重烦琐的讲解，灌输各种各样的现成结论。课堂常常是教师一言堂，是教师的用武之地，教师锻炼口才、锻炼形象思维与逻辑思维的场所。这样的教学，无疑会关闭学生认识的窗户，压抑他们学习的积极性，他们的智力发展尤其是思维力的发展会受到严重的阻碍。教师要从习惯的从“教”出发的立足点转换到从学生的“学”出发。要充分考虑学生的实际，考虑他们学什么、怎么学，学的过程会碰上哪些障碍，怎样帮助解决，怎样才能使他们发挥学习的积极性，让他们有主动学习的时间与空间，怎样才能挖掘学习的潜能，有所发现，有所创造。“教”为学生服务，“教”不是统治“学”，也不是代替学生“学”。教师的“教”是启发学生的“学”，引导学生“学”。施教之功在于启发、引导、点拨、开窍。教师引导学生入学习之门，为学生会学、学会、学好而教，因为任何教学方案都是为学生而存在、而起作用的。课堂应是学生学习的用武之地，课堂上不改变教师越俎代庖的状况，学生就摆脱不了只当听众的命运。

比如训练学生口头表达能力，有些学生口述能力太差，说起话来断断续续，含糊不清，如果从“教”出发，课堂上就不愿意让他们发言，以免“浪费”时间。但是从学生的“学”出发，就必须让他们多问、多说、多解答。上课不是表演，课不是教给别人看的，要教到学生身上，让他们扎扎实实提高能力。学生有机会多锻炼，教师因人而异，具体指导，坚持不懈，就有效果。

优化课堂结构

课堂教学要面向全体学生，使每名学生学得主动，学得积极，学有收获，须合理地安排课堂结构，改变传统的课堂教学构成。以往的课堂教学构成，基本上是单向型的直线往复：教师讲，学生听；学生质疑，教师解答；学生讲述，教师判断。这种课堂结构必然重结论轻过程，重传授轻探讨；这样的师生交往充其量只能显示教师的学识水平，而学生的聪明才智很难得到展现与锻炼。学生的学习过程往往以“听”和“记”为核心，这样的教学情境难以激起学生智慧的火花，课的容量受到限制，班级教学的优点也难以有所发挥。班级教学要面向全体学生，让每个学生沉浸在浓厚的学习气氛中，学习、思考、讨论、探求，发挥聪明才智，课堂教学结构必须从单向型直线往复转换为网络式、辐射式。

教学过程是个脑力劳动过程，师生共同参与，相互作用，形成一个整体。教师的“教”作用于全班所有的学生，学生积极性极大地调动，既向教师反馈，又与同窗交流，形成思想、情感、知识、能力互相交流的网络，信息量大大增加，传递的渠道通畅。在特定的教学活动中，学生之间不仅可切磋琢磨，而且能充分发展个性与才能。由于生活与学习的储存，在钻研或讨论某些问题时，学生常会用“神来之笔”放出异彩。广泛的知识信息交流常常是触媒剂，促使学生正常发挥乃至超水平发挥。每个学生都可成为“发光体”，把自己的才智辐射到教师及其他同学身上。这样的课堂结构也体现了“能者为师”的特点。教师与学生是伙伴关系，既引导学生“学”，又从学生的“学”中得到启发，验证课前教学设计的正误，收到教学相长的效果。这样的合理构成，师生积极性双调动，只要教学内容适度，教学环节安排得当，各层次的学生均可得到培养，单向型的直线往复转换为网络式、辐射型，探讨的气氛浓厚，课堂气氛活跃，学习情境优化。不仅文化程度较好的学生在课堂上有惊人之语，可以发光，程度一般的乃至较差的，只要思想集中，学得深入，同样可把学习所得辐射到其他同学身上，形成连锁反应。课堂教学双边多向，教与学和谐互动，学生做学习的主人。

诱导学生善于发现

知识是人们社会实践的经验总结，也就是人们认识活动的结果。传统的课堂教学重知识的传授、结论的记忆与背诵。其实，知识是认识的结果，更是认识的过程，在教学中诱导学生发现、探求、辨别、判断，能有效地培养学生求知的欲望和独立分析问题、解决问题的能力。苏霍姆林斯基在《给教师的建议》一书中这样说：“学习的愿望是一种精细而淘气的东西。形象地说，它是一支娇嫩的花朵，有千万条细小的根须在潮湿的土壤里不知疲倦地工作着，给它提供滋养。我们看不见这些根须，但是我们悉心地保护它们，因为我们知道，没有它们，生命和美就会凋谢。”要培养学生的创新精神，课堂教学中要千方百计地激发与保护学生学习的愿望、追求真知的愿望。由于那些众多的“细小的根须”积极劳动，学生在有意无意中会发现令自己惊喜、惊异或惊讶的问题。此时此刻，学习所获得的快乐会使学生增添自信，增强自尊，增长自豪感，学习会进入佳境。

诱导学生善于发现，还要帮助学生树立“宝藏”意识，激发学生探宝的愿望。众所周知，陈景润竭尽毕生智慧与精力攀登解答哥德巴赫猜想的高峰，就是由于在中学时代数学教师启发他树立了宝藏意识。让学生树立宝藏意识，靠说空话是不行的，教师须加以指点，让学生见到“宝”，识别“宝”，进而主动积极地探求宝藏。探求时，须注意冲破常见的定式，要用眼精细观察，用心积极感受，教师只起指点作用。例如学语文，文章中许多妙笔无须教师一一讲述，应放手让学生阅读、潜思，引导他们发现问题，引导他们交流自己的心得。哪些语句好，就谈哪些语句；哪里写作方法用得巧妙，就谈哪里的写作方法，切不可设计个框框，让学生往里跳。放手觅宝，学生就能真正开动脑筋。举例来说，学习《明湖居听书》时，有的学生发现作者刘鹗描写白妞的眼睛特别传神，“那双眼睛，如秋水，如寒星，如宝珠，如白水银里头养着两丸黑水银，左右一顾一看，连那坐在远远墙角子里的人，都觉得王小玉看见我了”，于是情不自禁地说：“好，好极了。用‘秋水’状其清澈，用‘寒星’状其闪光，用‘宝珠’状其晶莹，用‘黑白水银’状其明亮，从不同角度刻画眼睛的美，比用‘美丽’‘漂亮’等词修饰高明得多，真是美寓其中，令人不尽地遐想。”边说边得意，沉醉在发现的欢乐中。

创设辨疑、
析疑的条件与气氛

思维从发现问题开始，要不断深入进行，有赖于分析问题、解决问题的逐步展开。教师激疑、学生生疑后，要注意设置辨疑、析疑的条件与气氛，引导学生谈看法、摆见解、比较、分析、判断、推理。教师千万不能因赶进度而丧失让学生思维的良机。思维可以说是学习的基本功，要培养学生的创新精神，思维能力的发展是基础。学习困

难的同学在思维方面往往有很大的弱点，比如提问题，他们不是不想提，而是提不出问题，发现不了问题。不会思考大大阻碍了他们学习的步伐。早在2 000多年前，孔子就说过："学而不思则罔，思而不学则殆。"（《论语·为政》）光学习不思考会迷惘无知。教师要想方设法让不会思考的学生爱思、会思，让爱思考的学生多思、深思，也就是说要不断开启学生思维的门扉，让学生用自己的头脑去思考、辨别、分析、归纳，亲自获得知识。创设辨疑、析疑的条件与气氛方法甚多，如：注意调动学生知识小仓库的知识，使其运转，发挥作用；灵活地运用各种比较方法，培养学生良好的思维习惯，通过比较、鉴别，深入认识事物的特点；提倡采用研究性的学习方法，鼓励学生脑子里呈现构造知识的图景，对知识的理解可以有种种假说、种种解释，大胆发表自己的意见，并借助班级集体的力量加以评论，说是论非。总之，教师的作用是启发学生自主学习，而不是窒息学习。辨疑、析疑时，教师无论如何不能以自己思考问题的范围及获得的结论，给学生"画地为牢"，叫学生"就范"。学生思考问题通常有自己习惯性思路，怎样由感性上升到理性认识，怎样根据种种事实下判断，怎样进行分析、进行归纳，等等。有时由于某些因素的触发，会突破习惯性思维的羁绊，闪发出创造性的火花。教师在教学中要善于把握种种因素，培养和鼓励学生的创造精神。教师须懂得：学生感兴趣的不全在长知识，更在于独立开展抽象思维过程的本身，也就是喜欢长知识和长智慧相互结合的智力活动过程。学生勇于谈看法，摆见解，课堂里就常会闪发火花。

在有限的课堂里开拓学生无限的想象

知识是静止、封闭和有限的，而想象力是运动、开放和无限的，想象力是能动的知识。如果把知识比作"金子"，那么，想象力就是"点金术"，能使知识活化，能进行创造。比如语文教育，它在培养学生想象力方面有着得天独厚的条件。因为语文教材中的佳作名篇蕴含着极其丰富的情感力量，直接诉诸学生的情感体验，教学中千万不能把事先已经准备好的种种知识、结论一股脑地塞进学生的脑袋，捆住他们想象力、创造力的翅膀，而应千方百计使他们在学习、咀嚼、品味的过程中“思接千载”“视通万里”“情泻江河”，激发他们神思飞扬，处于创造的气氛之中，享受丰富的精神生活。如果把语文学习歪曲为只识记枯燥的文字符号，那就会把学生弄成压干了的花朵。其他学科教学，不管是文字、数字、线条、图像，只要思想重视，方法得当，同样能发展学生的想象力。

想象，就是人们在已有表象的基础上通过头脑加工创造出新形象的一种思维活动。一个想象力丰富的人，他的创造力就强，能够把已经占有的知识重新组合，创造种种新形象或幻想出前所未有的形象。想象力的发展须凭借感知过的种种材料，教学中不仅要注意唤起与调动学生的生活经验与知识储存，而且要善于发动全班学生有意识地提供和交流感性知识，帮助大家积累。想象的“触发点”选得好，学生就会思绪绵绵，脑子里出现种种立体图景，有声有色有形，体味求知的愉快，寻觅创造的欢乐。

教育手段、教育技术的现代化也是课堂教学改革中必须花大气力解决的问题。

总之，课堂教学改革要去烦琐，去死板，去僵化，去机械操练；应充满时代的活水，充满师生的活力，尤其是充满学生的活力。学生主动学习、自主学习、学会学习的同时，必然会更好地受到人类优秀的精神文明的教育与感染，必然能源源不断地创造性地吸收人类的智慧、文化的精粹、高尚的情操，拓宽思路，开阔胸怀，追求美好，自我塑造，成为有理想、有道德、有文化、有纪律的一代新人。

在学科教学中对学生进行高质量的素质教育

实施素质教育的根本宗旨是提高国民素质，重点是培养学生的创新精神和实践能力，培养目标是造就有理想、有道德、有文化、有纪律的德智体美等全面发展的社会主义事业建设者和接班人。学校各学科教学当然都须研究如何从本学科的实际出发，对学生进行高质量的素质教育，语文学科教学更是责无旁贷。

语言伴随着人类社会的形成而产生，又伴随着社会生活的变化而发展。语言在人类社会形成和发展的长河中，经历了千万年，它发生了，成型了，丰富了，洗练了，发展了，它是一个民族中任何阶级、任何集团都可以使用的一种交际工具。这种交际工具不是独立于人而存在的一种工具，语言与人是俱在的，是人类也只有人类自身才拥有的。北京大学著名哲学家贺麟先生曾这样说："人与禽兽的区别，虽有种种不同的说法，但根据科学的研究，却只有两点：(1) 人能制造并利用工具，而禽兽不能。(2) 人有文字，而禽兽没有文字。其实文字亦是一种工具，传达思想、情感、意志，精神上人与人内在交通，传久行远的工具。说粗浅一点，人是能读书著书的动物。"显然，语言和其装载的文化不可分割。也就是说，语言不能凌空存在。我们常说"语言是思维的外壳"，这"外壳"其实是与"内核"不可分离的一个整体。因为语言是人类文化的主要载体，它直接地、全息地记载和传递着人类有史以来的所有思想和活动，只要进入语言"时间隧道"，就能穿越几千年历史的积淀层，认识历史，认识社会，感悟人生。20 世纪人文学科最大的突破之一是语言学的突破。思想、情感、语言是同时发生的。语言不仅仅翻译思想，不仅仅是载体，而且就是意识、思维、心灵、人格的组成部分。

语文与语文教学本是两个不同的概念，但又是有着紧密联系的两个概念。只有对语言的属性有了切实而准确的了解，才能谈语文教学。好比数学，离开数字谈数学也就失去了意义。离开了语言文字，怎能谈语文学科或语文教学呢？中小学语文学科是一门基础学科，打文化的基础，是非常实用而且内容丰富多彩的一门学科，人文性很强。语言文字本身装载着文化，民族的文化是民族的根，语言是文化的根。它无声地记载着本民族的物质文明和精神文明，记载着本民族文化的地质层，母语教学必须与民族文化紧密相连。语言和文化在母语教学中不是两个东西，而是一个整体。说语文学科具有人文性，绝对不是排斥它的科学精神；说语文学科具有工具性，也绝对不是削弱它的人文精神。不存在限制这一个，张扬另一个的问题。二者不能割裂，应沟通交融，互渗互促。

语文教学要有更高的起点，更新的观念，更宽的视野。对母语的认识应建立两个基本概念：一个概念是民族的智慧积淀在民族的语言中。母语教学不能如同外语教学中的“商业对话”训练，不是“英语 900 句”，不能老在词句上兜圈子。教母语，同时也在教民族的思想与感情。“先天下之忧而忧，后天下之乐而乐”，寥寥数语，人生观包蕴其中；“两情若是久长时，又岂在朝朝暮暮”，短短两句，爱情观渗透在内。语言多奇妙，它是春风化雨、润物无声的。教学中千万不能把语言文字看成是僵死的符号，它是承载着丰富的情和意的，是活泼泼的，有灵性的，有表现力的，有迷人的魅力的。比如“春风又绿江南岸”，一个“绿”字用得多么传神。满眼的绿，生机勃发的绿，那种喜悦，那种对生命的礼赞与讴歌，如果就词论词作机械的讲释，学生不会感悟，不会生发，又叫什么学语文呢？学民族语言，就是要继承和发扬民族优秀文化。与此同时，须广泛阅读世界名著佳作，开阔视野，吸收人类的进步文化。还有一个概念，将来信息网络化，世界变小了，地理区域性特征不再鲜明了，母语仍是维系民族团结的纽带，对内是黏合剂，对外是有力的屏障。说文化是综合国力的一部分，是因为文化这一资产是长期积累的，维护它，珍爱它，一个民族就不会垮。母语学习，从来就是一个民族对其后代的精神哺育。

语文教学要对学生有效地进行素质教育，须在认识和做法上解决“重术轻人”的问题：语文教学的目的在于培养与提高学生正确理解和运用祖国语言文字的能力，具体地说，培养他们具有阅读现代文和浅易文言文的能力、写作能力、口语交际能力和初步的文学鉴赏能力，教会学生掌握学习语文的基本方法，养成自学语文的良好习惯，培养发现、探究、解决问题的能力，为继续学习和终身发展打好基础。在语文教学过程中，还要培养学生具备良好的思想道德、高尚的审美情趣及爱国主义精神，要发展潜能，发展个性，形成健全人格。语文教学当然要培养学生的语文能力，但与人的培养是紧密结合在一起的，目的是教文育人。“重术轻人”，恰恰是只重视语言技能技巧，把一篇篇寓意精辟深邃的佳作、一篇篇声情并茂的美文肢解得鸡零狗碎，震撼心灵的智慧不见了，感人肺腑的感情消失了，语文的生命力荡然无存，原本诗意的、审美的，即以形象思维为内核的语文教学转向了标准化、机械化。语文课人文精神和审美情趣缺失，语言文字表情达意的光彩暗淡了，学生学起来味同嚼蜡。也正由于如此，催发了语文教学的匠化和应试训练的泛滥。加上出版业的利益驱动，《一课一练》之类的教辅充斥市场，推波助澜，对语文教学该走什么道路起了负面影响。

语文教学“重术轻人”的最大弊病是学生学语文的主动性、积极性、创造性受到抑制，不能成为学习的主人。阅读教学程式化，作文教学模式化，能力训练机械化，学生常常成为操练的机器，兴趣、爱好、特长、个性的发挥，不能说没有，但确实已凤毛麟角，十分罕见。语文学科是一门最开放的学科，语文与生活同在，应用性极强。把最开放的学科禁锢在考试的小圈子里，把最广阔的天地挤压到一个狭窄的角落里，对其敲门砖的功能放大再放大，学生怎敢越雷池一步？这种被动学习的状况形成的后果与现代社会素质教育要求培养的目标距离甚远。现代社会即将步入知识经济时代，在知识经济时代，知识是最重要的生产力，资本和财富的优势将变得次要。英国哲学家培根提出的“知识就是力量”的名言，再一次得到形象而深刻的诠释，而大量的知识都是以信息的形式出现的。现代社会的人，如果没有独立的、比较强的阅读能力，没有理解分析、判断推理的能力，怎么能适应时代社会的需要？就表达来说，现代社会虽不要求倚马可待，但也确实要求人们思维敏捷、反应快速。表达绝不仅仅指学生在学校写几篇文章应考，更重要的是培养他们具备观察生活、认识生活、运用语言文字表情达意的能力。

看问题视野要开阔，不能只看到课堂、考卷和考场。有些情况拿来作参照，看一看，想一想，能活跃思路。20 世纪 90 年代初，美国劳工部 21 世纪就业技能调查委员会对 20 世纪近 20 年来美国教育的现状和 21 世纪美国社会对人才素质的需求，进行了全面的调查和深入的研究，提出了 21 世纪全体美国就业人员应具备的五大能力和三大基础。其中，三大基础是能力基础、思维基础、素质基础。能力基础指有较高的读、写、算、听、说的能力；思维基础指能进行创造思维，有决策能力和解决问题的能力，有想象能力、学习能力和推理能力；素质基础指有责任心和自尊心，善交际，能自律，为人诚实正派。显然，这里所说的基础要言不烦，着眼于人的品德、意志、才能等方面的较全面的要求，以适应现代社会的发展。他山之石，可以攻玉，语文教学对学生进行素质教育，一定要把“人”放在首位，让学生真正成为学习的主人。

教育观念要更新。任何一所学校、任何一名教师，不可能在课堂、在学校把学生一辈子需要掌握的知识与能力都教给学生，尤其在科学技术迅猛发展的今天，就是有这种想法也是不可思议的。但是，教他们学会学习、学会做人、学会发展、学会创造，是一丝一毫也不能马虎、松懈的。学生学会了这些，就能心灵丰富，潜能发挥，有真才实学，一辈子受用不尽。语文教学中教学生学会学习、学会做人，意义尤为重要。语文是实践性很强的一门学科，单靠课堂、单靠教师讲授是解决不了问题的。教师的“教”要为学生的“学”服务，比较，辨别，感悟，提高阅读与表达的能力。读、写是语文的两翼：读得少，对语文能力的培养来说，无疑是釜底抽薪；笔动得少，鲜活的思想、美妙的语言文字怎可能奔赴笔端？哪来较好的表达能力？要让学生有充分的自主学习语文的天地，引导学生做学习语文的有心人，广泛开展语文读、写活动，练就掌握语言文字的真本领。

当前语文教学对学生进行素质教育，有两点尤为重要。一是让学生重视积累，学会积累。文化的积淀靠的是积累，语言文字能力的提高也同样需要积累，不能考过试以后，学生学的就还给老师了。较长时间以来，我们的语文教学重分析、轻积累，有的文章甚至分析得碎尸万段，这不能不说是一种严重的失误。学生腹中佳词美句、佳作美文储存极少，“厚积而薄发”，“积”得很少，又“发”什么呢？我们这样的泱泱大国，需要千千万万素质良好的劳动者。我们培养的学生，不管他将来会从事什么职业，我们总希望他身上具有一些文化的气质，有点文化底蕴，成为现代社会的文明人。这不是一朝一夕所能解决的问题，因为素质不是一种技巧，可以轻松掌握。素质是一种心灵的塑造，在塑造人的心灵过程中，中华优秀文化确实能起到以一当十的作用。如果没有积累，语文能力的提高就是空中楼阁，语言表达上的贫乏、贫穷也就见怪不怪了。当然，良好素质的培养也随之受到影响。

二是创新意识、创新精神的培养。语文教学最能给学生以创造空间。只要教学中教师不拘囿于某一模式、某一标准答案，不“画地为牢”，叫学生“就范”，学生就能积极思维，开展想象，有独特的感受与体验。教材中的每一篇作品都包含着作者独有的人生经历、思想方式、情感体验，尤其是文学作品，更是各有各的风格，各有各的个性，各有各的语文特色，可说是精彩纷呈。学生解读，可根据自己的年龄特点、知识素养、生活经验，作出多种多样的理解，得出各自不同的感受。《孟子·万章上》中有：“说《诗》者，不以文害辞，不以辞害志。以意逆志，是为得之。”也就是说，在解说诗文时，用自己的认识体会去揣摩作者思想感情。学生阅读、咀嚼、品味、体验、感受，激起求知的欲望，引发对人生的思考，这本身就是一种再创造。在教学中，不能满足于使学生获得知识，更重要的是指导他们掌握学习方法，培养探究精神，探究知识形成的过程，开拓他们的想象力。学生在课堂上主动学习，自主学习，教与学双边多向活动，学生就能闪现智慧的火花。课堂里要善于营造学生积极思维、大胆想象、知无不言、言无不尽的生动活泼的气氛，让学生思想舒展，精神愉快，学有所得，学有趣味。教师在引导和组织学生阅读欣赏、通畅表达时，还须注意非智力因素的培养，注意学生兴趣的激发、情感的陶冶、意志的锻炼。创新教育是素质教育的灵魂，创新能力是一种智力特征、人格特征，是一种精神状态、一种综合素质。学生学语文，与人类的智者对话，与高尚的情操交流，受人文美、语言美的熏陶，感知、情感、想象和理解等各种心理机制都处于活跃的状态下，他们的创造力就会爆发出来，常常在阅读、表达中出现“神来之笔”，超水平发挥，启人深思。

素质教育作为一种教育指向，具有方向性和导向性，但不可能有一个统一的模式。素质教育本身就是开放性的，多元取向的，语文教学中只要认清和牢记培养目标，培养和造就适应现代社会需要的一代新人，明确实施素质教育的重点，从本学科的性质、特点出发，解放思想，深化改革，大胆创造，必能涌现出丰富多彩的成功经验，为大力提高语文教学质量做贡献。

自我修炼，
塑造完美的人格

关于教师队伍走向标准的研与训，几位专家已作了精彩的论述，我只就自己作为长期在教学第一线的教师，谈一点教师自我成长的肤浅体会。

教师成长最为重要的是内心的深度觉醒，深刻体悟到自己从事工作的价值与意义：一个肩膀挑着学生的现在，一个肩膀挑着国家的未来，今天的教育质量就是明天的国民素质。平凡的工作蕴含着巨大的不平凡的意义，教师工作的质量、生命的质量与国家千秋大业、百姓幸福生活呼吸与共，血脉相连。

成长是一辈子的事，教育不是一个结果，而是生命展开的过程，永远面向未来，没有终结。教师须和学生一起成长，才有发展的广阔天地，不断完善自己的人格和学术素养。为此，须在四个“一”上努力实践。

（1）一盏明灯。中华优秀文化传统孕育出的天之降大任的历史使命哺育了无数仁人志士、民族脊梁，每想到古往今来他们惊天地、泣鬼神的人和事，我总感动不已，他们救国救民、为国为民的精神与义举，就是我心中的明灯，教育生涯前进的原动力。经济保证今天的发展，科技保证明天的繁荣，而教育保证未来的辉煌。在中华民族伟大复兴的事业中，为未来的辉煌立德树人，意义非凡，此生有幸。

（2）一颗丹心。教育事业是爱的事业，没有爱就没有教育。选择性的爱不难，有教无类，真心实意爱每一个学生，多么的不容易。

本文是2015年作者在上海市徐汇区教育系统第八届学术节上所作的发言。

“文革”中，我被罚带乱班乱年级，从初一到高三，教过各个学段各个层面的学生，我才真正懂得师爱超越亲子之爱。师生无血缘关系，教师爱学生寄托着国家的期望、人民的嘱托，是大爱、仁爱，是一种境界，是一种素养。每个学生都是活泼泼的生命体，都是国家的宝贝、家庭的宝贝，都有受良好教育的权利。敬畏生命，理解他们稚嫩而又脆弱的心灵，施以春风化雨的温暖教育，每一个都是可爱的，都能发展成长。在学生成长中，我磨掉了急躁脾气，改掉了偏爱的坏习惯，不断净化感情，和学生亲如一家。在任何情况下，无一句恶言恶语伤害学生的心。

（3）一股韧劲。教师会面临各种各样的挑战，要做好工作须有坚持不懈的韧劲，坚持不懈，锲而不舍。比如带班，学生体质差，有几个常晕倒，我开展早锻炼，跑步，我 5 点 50 分到操场，拿自己开刀，跑不动，只得跑跑走走，半年一年坚持下来，学生体质加强了。不是学校叫你做，而是你对学生负责。又如学科教学，由于工作需要，我一再改行。隔行如隔山，我边学边干。教师一定要有真本领，才能教出学生的真本领。挑灯夜读，打业务底子；钻研教材，独立思考，在真懂上下功夫。什么叫真懂？备课备到字站立在纸上与你对话，心灵交流，思想碰撞，懂得了作者与编者的良苦用心。三尺讲台关系到学生生命成长的质量，不能有丝毫的疏忽与懈怠。课教在课堂上就随着声波的消逝销声匿迹，要教到学生身上，教到学生心中，成为他们良好素质的基因。为此，要全身心投入，用生命歌唱。年年月月如此，月有长进，年有发展，永远精神振奋。韧劲从何而来？来自对学生成长内心需求的责任担当，来自对教育事业的忠诚。教师的活儿是良心的活儿，不持之以恒地努力提升质量，就耽误了他们的青春，耽误青春是一种不能原谅的罪过。

（4）一杆标尺。天底下最远的距离不是天涯，不是海角，而是说与做的距离。想到了，说了，还是比较容易，要真正做到十分艰难。它不仅是教育教学的技能技巧，更是情感世界的升华，人生态度的攀登。教师工作是塑造灵魂、塑造生命、塑造新人的工作，要竭尽全力引领学生德智体美全面发展，使他们成为有中国心的素质良好的社会主义建设者和可靠接班人。这杆标尺激励我发现问题、分析问题、明确方向、纠正错误，奋发向前。每节课后都写教后，记学生的闪光点，记自己的缺陷、不足，乃至错误。每个班级、年级带下来，以标尺衡量，总有许多不足与遗憾，包括担任校长工作也是如此，总愧疚自己就那么点水平和能力。正如法国文学家罗曼·罗兰所说：“累累的创伤，就是生命给你最好的东西，因为每个创伤上面都标志着前进的每一步。”确实如此，正是清醒地看到自己身上的累累创伤，我不敢有丝毫懈怠，不断自我挑战，自我否定，自我超越，不断修炼，自我成长。

教育力量的活的源泉来自教师的人格魅力和业务素养，愿与同行们共勉，以自我成长创造教育教学的精彩，铸就立德树人使命的辉煌。

《中国哲学简史》
——教师须学一点哲学，从此书入门

我一直认为教师须学一点哲学，面对教育工作的艰巨、复杂及难以洞悉的变数，碰到矛盾、问题，不作辩证、唯物、历史的思考，就会迷雾一团，茫然无所措，甚至方向不辨，是非曲直不分。

哲学是对根本问题的根本思考，是面对自我、面对他人、面对世界产生出来的问题价值意义及终极目的的思考，任何人不可能没有，也不可能回避，只是自觉不自觉或自觉的程度不同而已。

中国基础教育教师须学一点中国哲学，懂得自己从何处来，根在哪里，魂在何处，思想文化的源头是哪些。这方面著作林林总总，学者牟宗三的尤为著名。就我们教师而言，不是专门研究哲学，而是学一点哲学，提升这方面的素养与修养，写好教书育人的大文章。为此我向参加培训基地的教师多次推荐冯友兰的《中国哲学简史》。这是一本 1946 年至 1947 年冯教授应美国宾夕法尼亚大学邀请任访问教授为学生讲课而写就的著作，赵复三译为中文。为何可先读这一本呢?

首先是“简史”，整本书仅 300 页，但言简意赅，浓缩了中国传统哲学思想的精华，学术意味浓厚。整本书阅读下来，对中国哲学思想的发展会有一个比较清晰的轮廓，能比较清晰地看到我们的祖先对世界对自我认识的运行轨道，一扫以往自己的一知半解或碎片化的了解。书开宗明义指出中国哲学的精神：“根据中国哲学的传统，哲学

本文推荐书目为冯友兰著、赵复三译《中国哲学简史》（生活·读书·新知三联书店 2009 年版），发表于《上海教育》2015 年第 16 期。

的功能不是为了增进正面的知识（我所说的正面知识是指对客观事物的信息），而是为了提高人的心灵，超越现实世界，体验高于道德的价值。”这就是说，哲学不仅是知识，更重要的，它是生命的体验。中国哲学的主要精神“既是现世的，又是出世的”，“既是理想主义的，又是现实主义的；既讲求实际，又不浮浅”。对此独到的见解分析比较，娓娓道来，令人信服。

介绍诸子百家绚烂思想，既一语中的，又神采飞扬。如讲述孔子：他是创立私学第一人，是一个儒生，儒家学派第一人。引用西汉经学家刘歆对儒家界定：“游文于六经之中，留意于仁义之际。”孔子作为教师，他认为自己的首要任务是向青年学生解释古代的文化遗产，以自己对道德的理解去诠释古代的经书。不仅如此，他对个人与社会、与他人，人与天的关系都有鲜明的哲学思考。

关键词是“正名”“仁义”“忠恕”“知命”。孔子“正名”的意义在于“君、臣、父、子，在社会里各有责任和义务，任何人有其名，就应当完成其责任和义务”。对于个人的品德，孔子强调仁和义，“君子喻于义，小人喻于利”（《论语·里仁》）。一个人必须对别人存有仁爱之心，才能完成他的社会责任。“忠恕”是做人的原则，也是“仁”的原则，按“忠”“恕”行事为人，就是“仁”的实践。尽己为人谓之忠，“己所不欲，勿施于人”谓之恕，两方面合起来就是“忠恕之道”。“知命”，儒家从“义”又发展出“为而无所求”的思想。人要做自己所应当做的，因为这是道德本身的要求。“命”的含义是宇宙间一切存在的条件和一切在运动的力量，这些外部条件能否配合人们所从事的活动，非人力所能控制，人所能做的就是“竭尽全力，成败在所不计”，这种人生态度就是“知命”。因而，孔子说：“知者不惑，仁者不忧，勇者不惧。”（《论语·子罕》）在叙述介绍的基础上，作者对孔子作了如下的评论：“他自称对古代文明‘述而不作’，其实他的学派对古代文明重新诠释，取古代文明的精华，创立了一个文明传统，一直延续到晚近的时代。”“明中叶后尊崇他为‘至圣先师’可以说是不无道理的。”

有叙有议，言简意赅，使读者对孔子其人其学说有清晰完整的印象。对墨家、道家、名家、阴阳家、法家、佛学、禅宗等介绍莫不如此，均抓住核心价值，要言不烦。

其次是打通古今中外。既以时间为线索，分析中国哲学演进的历程，贯通古今；又横向比较，打通中外，与西方哲学对应，视野开阔，给人以波澜起伏之感。比如墨子是在孔子后出生的一个哲学家，是孔子的第一位反对者。后出者往往针对先出者提出驳论而建立自我，这是一条脉络。另一条脉络是某个学派的继承与发展。如道家，书中就写了五章——早期道家的三个阶段和新道家的主情派和主理派。早期道家三阶段以杨朱、老子、庄子为代表。道家是隐者，哲学出发点是全生避害。第一阶段杨朱基本思想是“人人为自己”“轻物重生”，主要用直接逃避的方式来保存自己，所谓“拔一毛而利天下，不为也”。第二阶段老子，他的学说以“太一”和“无有为常”为主旨。“太一”即道，“常”含义是永久，永在。万物都是变动不居的，但决定万物变动的法则不变，在主宰事物变化的法则中，最根本的一条是我们说的“物极必反”，老子的原话是“反者道之动”（《道德经》第四十章）。第三阶段庄子认为成圣之道需要摒弃知识。人的原初状态的无知是自然的恩赐，而人达到“无知之知”则是心灵（亦即灵性）的成就。达到的人，超越了普通事物的局限，超越了我与世界、我与非我、主观与客观的界限，达到“无我”的境界，与道合一。此时的道家主张“以理代情”。到了公元三四世纪时“玄学”盛行，“玄”字原出《老子》第一章，末句形容“道”是“玄之又玄，众妙之门”，指它深远神秘，变化莫测。“玄学”表明是道家的继续，故作者称它为“新道学”。新道家中崇尚理性与豁达率性各有其人生追求，在早期道家的宇宙观、人生观中均可找到痕迹。儒家的流派与发展，内容更为丰富。主干清晰，枝叶滋润。

各学术流派发展轨迹自有其脉络，而学派与学派之间或矛盾，或对立，或借鉴，或吸收，或融合，你中有我，我中有你。如墨子的“兼爱”思想与杨朱的“为我”正好相反。又如道家与法家代表中国思想传统的两个极端，道家主张“无为”，人的活动应“顺乎自然”；法家首先是制定法律，“设之于官府，而布之于百姓者也”（《韩非子·难三》)。但是，在“无为”这一点上，两个极端汇合了。法家认为君王拥有政府运作的机制和工具，他自己不必做任何事情（“无为”)，而执政掌权所要办的事情却都办了。他们两个极端之间具有“同一性”。至于佛教的传入与在中国的发展是中国历史上一个重大事件，对“业”与“果”的阐释，禅宗的“顿悟”等，对宗教、哲学、艺术和文学都产生了巨大的影响。这样的叙述、议论，摆脱了线性思维，刻画出中华文明发展进程中众多学术争鸣、相生相克、相反相成的繁荣景象。思想之深刻、胸怀之开阔、表达之精湛、智慧之闪光，至今留给我们不尽的思考与启发。

中外打通也是该书一个特色。英文版编者德克·布德在该书引言中说：“中国哲学的内涵远远超过孔子和老子，或儒道两家著述所涵盖的范围。在二十五个漫长的世纪里，凡西方哲学家所曾涉及的主要问题，中国的思想家们无不思考过。”这是他阅读该书后的发现。确实如此，作者在书中多处引用西方哲学家的观点与中国哲学家进行比较，如第二十五章的标题就是“更新的儒学：主张柏拉图式理念的理学”，又如讲述到后期墨家“利，所得而喜也”“害，所得而恶也”，为墨家的功利主义提出一个享乐主义的解释时，作者联想到十八九世纪间美国哲学家杰利米·边沁的“功利原理”，两者进行比较，使观点更为鲜明。至于对哲学思维的出发点区别，西方哲学用“正的分析方法”，中国哲学用“负的分析方法”，发表了不少真知灼见，既表明作者中西哲学史功力的深厚，更让读者打开认识窗户，不囿于一己之见。

再次，立足中国，讲好中国哲学史故事。六十多年前，最早研究中国哲学的学者，由于所处的时代，受西方学术影响，往往以西方的学术框架来研究。这本书虽然是对美国大学生的讲稿，但并没有以西方哲学系统来“规范”中国的学术，也没有使用多少西方哲学的名词术语，而是立足于中国，讲中国故事，讲中国哲学的背景。首先讲中华民族的地理环境、经济背景，讲对自然的理想化，讲家族制度；讲中国哲学家表达自己思想的方式。比如讲述儒家重视的“礼”，重视礼仪，是一种诗情，而不是出自宗教。这就强调了中国哲学的特色，而不是以西方宗教仪式的视角来阐释。又如对诸子百家由来的阐述完全植根于中华文化的土壤，土生土长，无半点西方移植。“儒家者流，盖出于文士；墨家者流，盖出于游侠之士；道家者流，盖出于隐者；名家者流，盖出于辩者；阴阳家者流，盖出于方士；法家者流，盖出于法术之士。”如此判断，有中华泥土气息，一目了然。

德国哲学家雅斯贝尔斯在《历史的起源与目标》一书中说，人类一直靠轴心时代所产生的思考和创造的一切而生存，每一次新的飞跃都回顾这一时期，并被它重新燃起火焰。此言有道理。春秋时代被有些学者称之为轴心时代，出许多圣者、贤者、智者，智慧纷呈，思想灿烂。在当今高度发展又为物质所累的时期，心灵漂泊而无法安顿，认真读一读书中那个时代圣者、贤者、智者对天地人的根本问题的根本思考，会有心灵回归家园的感觉，去浮躁，归平静。“提高人的心智”，超越自我。

本书译者赵复三在译后记中说，这本著作“资料是古代的，眼光却是现代的；运用史料时是史家，探讨问题时却是哲学家”，“思想资料是中国的，考虑问题的眼光却是世界的”。冯友兰先生为中华思想文明流传于后世而尽心尽力，对中外学人讲述中国哲学史故事，传递薪火，后来者应该充满敬仰之情。

读书，塑造人的高尚灵魂

2016 年 1 月 18 日，在东华大学附属实验学校举行了“上海市中小幼教师读书交流现场推进会”，上海市数十所读书种子学校的代表介绍了他们的经验和做法。东华附校的“经纬阅读”，经度上传承中华优秀传统文化，纬度上借鉴世界科学文化精华；上海实验幼儿园“我爱读书”微信公众号，九亭四小的百万富翁阅读实施，翰文小学的读书养心坊，上海实验学校附属光明学校的青年研习社，市北中学的读《论语》树师风等，均根据学校的办学目标和师资队伍建设需求，用心、专心、尽心、精心地推动读书活动。构想十分周到，做法各有千秋，效果各具特色。他们满怀热情推进读书的经验都聚焦在一点上，那就是怎样以读书来塑造人的高尚灵魂。

习近平主席说：“教师重要，就在于教师的工作是塑造灵魂、塑造生命、塑造人的工作。”人有两个最重要的因素，一是生命，二是灵魂。用最通俗的话来说，生命区别活人死人，活人有生命，死人生命结束；灵魂区别好人坏人，有灵魂的是好人，没有灵魂、丢失灵魂的是坏人。作为教育者担负的是塑造灵魂、塑造生命、塑造人的重任。要塑造人的灵魂和生命，首先要学会做人。做人，第一位就是用自己的良知来指挥和约束自己的行动，要通过对生命的意义和价值的追求来提升灵魂，塑造高尚的灵魂。对高尚灵魂的追求，不需要多少客观条件，无需设备，无需多少财物投资，关键靠自己主观的认识，

本文是 2016 年 1 月 18 日作者在上海市中小幼教师读书交流现场推进会上的发言。

自己主观的行动。有认识有行动，且知且行，心灵就会逐步辉煌起来。

当前风行的电视剧《芈月传》，艺评如潮，褒贬不一。历史上的芈八子究竟是什么样的呢？读一读秦史，就会知道，芈八子是秦始皇的高祖母，对秦的发展、统一尽了很大的力。伐灭义渠，扫清障碍，使得秦统一没有了后顾之忧。戏拍得好不好，可以推敲，拍得不好，可以重新排练，可以一次次推倒重来。人生是没有剧本的，不可能让你彩排，不可能让你重来，就是那么一次。因此，最重要的是抓住当下，抓住每一天。当下你应该做什么事情，就应该负起责任来，完成你肩负的使命，这是最重要的，人生的价值就在于你能不能抓住当下。刚才光明学校刘校长介绍农村学校要实现弯道超越，须靠文化的推动力，而读书在其中最有力量。读书的重要性我们谈过千万遍，千万不能够把这重要的东西从手指缝里漏掉，将来再去追认其重要性。我们不能对重要的事采取追认的态度，而要负起当下的责任。东华附校要求理科教师有一点人文的情怀，文科的教师也要懂一点科学，就是负起当下的责任。因为你生活在 21 世纪，你活在当下，文理贯通阅读，你的视野就打开了。你站在什么高度来思考问题，就决定你能走到多远；你站在什么样的高度，就决定你能够攀登怎样的高峰。

英国前首相撒切尔夫人曾断言，中国不大可能成为一个世界强国，理由是中国没有足以影响世界的独立的思想体系。这是西方统治者的傲慢与偏见，但也促使我们警醒地思考一些问题。我们要把中国自己的事做好，不仅是物质文明的事，精神文明、思想上的事同样至为重要。我们有数千年优秀文化传统的根，在党的领导下，我们不仅重视传承，在新时期更有众多的创新发展，我们种种的想法做法正不断地影响世界。对我们教师来说，最重要的是学习、读书、思考，弄清楚中国思想、中国道路、中国精神，追求灵魂的高尚。灵魂的高尚是精神的高尚。一个人如果精神不富裕，精神不高尚，心灵将是一片荒芜；一个民族如果不读书、不爱读书，不用精神养料来滋养自己，那是很可怕的。2014 年，据统计，我国国民人均纸质图书阅读量为 4.56 本，我们抽样调研上海教师读书量是 4.67 本，这与发达国家人均读书几十本比，还存在相当差距，应有清醒认识。做低头族，各种场合都在看手机，即使学习，也是碎片化，归根到底，是无济于事的。

精神成长的原动力是读书，读好书，读经典。比如从公元1000年到2000年，世界上有100件对世界重要的事，其中有3件是中国人完成的。一是火药武器的发明；二是成吉思汗建立的大帝国，跨越亚欧两大洲；三是长征。长征的精神在世界上跨越国界都是承认的。阅读有关长征的历史，阅读描述长征的作品，心灵会受到震撼。长征是信仰力量的标志，精神世界的丰碑。你想象不出长征过程中经受的苦难和艰险是怎样的深重，生命的顽强是何等伟大，精神世界又是何等的乐观与自信。我们中国人读长征，就该有无比的自信和自豪，这就是我们精神的原动力。读一读乐黛云的《多元文化中的中国思想》，你会知道什么是中国梦，什么是欧洲梦，什么是美国梦，你的认识就会提升。从英国工业革命以来，世界上基本上是"工业"说话，欧洲人说话，西方人说话 。我们现在使用的概念体系、知识体系、话语体系都是西方的，而西方对这些概念的界定和我们不完全一样。中国要搞中国的教育，必须有自己的话语权。你的话语权从何而来？要读书，要实践，要精神成长，思想有高度，文化积淀有厚度，专业修养有深度。

引领学生读书，教师首先要成为读书人。当今时代面临诸多挑战，教师如果不读书，不说别的，就是课也难上好，有的可能没有办法把课上下去，所以，教师读书必不可少。教师读书，会影响到学生，也会影响到家长，乃至影响到社会。教师读什么书，读多少书，关系到综合素养，关系到教育质量。现在教师专业成长更多关注的是技术层面，即教学技能技巧的提高。教学技能技巧的提高是需要的，但归根到底是人生的根和魂。教师工作影响着未来，根要扎得深 ，要有中华优秀传统文化的根，爱国主义之魂。读书能给我们精神的养料，促使我们成长，读书能为我们肩挑的立德树人的重任增添无限的力量。

21 世纪如何做基础教育的教师

在 21 世纪，如何做中国基础教育的教师，时代和社会对教师提出了更高的要求。

第一，我们既要有中国立场，又要有国际视野。在考虑中国基础教育的时候，无论如何都要站稳脚跟。在中国多情的土地上，有几千年的历史积淀和文化积淀。不管教什么学科，中国基础教育一定要打上中国的印记，要具有鲜明的中国立场。但我们也不能闭关锁国。我非常赞同当前的“一带一路”倡议，让我想起了“汉唐盛世”，不走向世界是不能立足的。我们必须有国际视野，人家好的东西一定要学。但人家好的东西到底是些什么，我们不能是若明若暗，或者仅知一二。我们既要深刻理解中国文化传统，又要对国际发展深入了解。不好好了解或者了解不够，就会产生误判。

第二，我们既要有正确的教育理念，又要有精湛的专业能力。当前，我们教育学的普及程度是改革开放以来最好的。过去，我们问语文老师或数学老师，他们对教育理论说不出所以然。现在，我们从幼儿园、小学一直到高中，教育理念之多，名词术语一大串，是史无前例的。我们现在不缺乏教育理念，但问题是在这些众多的教育理念之中，哪些是正确的，哪些是符合国情的，符合我们教情和学情的。任

本文发表于《教育参考》2017 年第 1 期。2016 年底，上海市杨浦区教师进修学院举办以“求知、践行、反思”为主题的《于漪知行录》读书分享会。面对青年教师，作者深情寄语，特别强调“中国基础教育一定要打上中国的印记，要具有鲜明的中国立场”，这是她多年期盼建设中国本土教育学的心声。

何教育理念的诞生，一定有其时代特征和地域特点。我们对理念不能照单全收，而应取其利而去其弊。对专业理论，我们必须知道其渊源和流派、性质和功能、精要和关键。上课时候，业务不精，就不能因材施教。对教育理念，教师必须加以判断，然后为我所用，这样才能使本体的业务能力插上翅膀。

第三，我们要处理好教师与学生的关系。杜威的儿童中心理念，强调以儿童为中心，有其积极意义。但儿童的心智毕竟还未成熟，儿童和教师的关系，每个教师都要思考，最重要的是教师要对孩子有仁爱之心。仁爱之心，就是大爱。教师之爱，就是超越血缘关系的大爱与仁爱之心。每个孩子都是家庭的宝贝，都是国家的宝贝。生命本来没有名字，没有职称和荣誉，但每个生命都是独特的，都值得敬畏。我从 22 岁开始，每一天都在学习怎么敬畏孩子的生命。通过教师的一节课，学生的精神生命是不是成长了？对于教师来说，敬畏生命，就是让学生在课堂学习的时间中真正有所收获，不要浪费他们的生命。

中国文化讲究“仁”。“仁”这个字，从字源来讲，就是人与人之间互相支撑。做人，心中要有他人。季羡林先生曾经讲过什么是好人，他说，如果一个人，碰到事情百分之六十的时间想到别人，就是好人。而教师百分之七十或百分之八十乃至百分之九十的时间都在想学生，当然是好人。心中有别人，心中有集体，心中有国家，才是仁。

只有了解学生才能打动学生。我做了一辈子教师，以为自己很懂学生了，但常常还是闭着眼睛捉麻雀。好像懂，其实不懂，可见了解一个人多么困难。有的青年教师跟我说，我讲课讲得自己都感动了，但学生却还是不为所动，学生情感世界的盐碱为什么就冲不掉呢？其实，学生的思维有其特性，年级越高就越理性，就是所谓的“冷眼看世界”。教师与学生要交心才能知心。我曾经问学生为什么喜欢周杰伦，却不喜欢韩红。他们说，因为他的歌学不像。可见，我跟学生的距离太大了。学生有他们自己的心灵世界。对于他们的知识世界，我们还勉强能够了解，但对于他们的生活世界和心灵世界，我们几乎一无所知。我们要了解学生的世界，才能走进学生的世界。

第四，我们要有文化积淀。考试是每一个教师都要面对的，教师最重要的是要教出有真本领的学生。学生有了真本领，才能以不变应万变，所有题目都不怕。学生要有真本领，教师必须有真本领。教师要有真本领，就必须读好书。读书的好处很多。西汉刘向说："书犹药也，善读之可以医愚。"我一辈子以之为座右铭。很可惜，我到今天还没有脱愚。很多东西，还说不清楚，看不明白，不能一语中的，因为学力不足。基础教育是一个人终身发展的根基。为人师者，当智如泉涌；为人师者，思想当永远年轻；为人师者，当为人之模范；为人师者，当善读好书。

选择了当教师，就选择了高尚。汪曾祺曾说："人总要把自己生命的精华都调动出来，倾力一搏，像干将、莫邪一样，把自己炼进自己的剑里，这，才叫活着。"这才是生命的意义和价值所在。以此，与大家共勉。

寄语新教师

亲爱的年轻同志们：

由衷地欢迎你们满怀热情地加入我们的行列！你们增添我们教师队伍的活力，带来了队伍建设的无限希望。

人一辈子总是要面对选择，选择教师，就是选择了高尚。教师事业是兴国大业，是真善美的事业，为中华民族的伟大复兴广育英才，是人生智慧的闪光，是生命意义和价值的不懈追求。

教师双肩挑着千钧，责任重大。一肩挑着学生的现在，一肩挑着祖国的未来，因而，严于律己，努力提升自己的精神境界和学识修养，是教师职责的首要任务。

言教、身教是教育的双翼，身教重于言教。言教，要有情有理，循循善诱，心灵沟通，和谐共振；身教，须言行一致，表里澄澈，为人、处世、敬业、治学，堪为学生表率。榜样的力量有感染力、辐射力，润物细无声地影响学生，激励学生打好做人的扎实基础。

爱是教师教育力量的情感源泉。学生是活泼泼的生命体，独特，多样，蕴含着潜在的能量。教师对学生要真心真情，把爱撒播到每个学生的心田。启发点拨，平等地对待每一位学生，因材施教，积极创新，引导学生把先天的优势变成后天成长的动力，把潜能变成发展的现实，步步攀登，展现多彩的才华。

有丰富的智力生活，倾心教育、教学，是教师素质的基本标志。对从事的学科教学要专心致志、锲而不舍、兢兢业业，上好每一堂课。科学文化来不得半点虚假和谬误，只有具备真才实学，勤于总

本文是作者在上海市新教师宣誓大会上的发言。

结、反思，善于探索、钻研，才能谱写出激发学生旺盛求知欲的动人乐章。

印度伟大诗人泰戈尔曾说：“不是锤的打击，而是水的载歌载舞，才使鹅卵石臻于完善的。”亲爱的年轻同志，以上一番话，对你们而言，看似“锤”的打击，然而，这不是苛求，只是出于我们老教师对学生的无比珍爱，对人民教育事业的一片忠诚。然而，更重要的是你们要全身心地投入教育实践，激情洋溢地如水一般载歌载舞，体验，感悟，上下求索，迸发青春活力，在传承人类文明、恩泽莘莘学子的实践中，完善自己，形成人格的魅力。

亲爱的年轻同志，我们老教师期待着，期待着你们在教育教学实践中能与学生共同发展，共同成长，奉献青春和智慧，成为祖国信赖的、社会尊重的、学生爱戴的教师队伍中的栋梁之材！

教师成长的新起点

学校的第一推动力是教师队伍，学校持续发展，教育质量提高，教师是第一突破口，教师队伍的建设在学校是首要的。成长是人一辈子的事，教育不是一个结果，而是生命展开的过程，它永远面向未来。因此，我们中青年教师要和学生一起成长，尤其对新教师而言。即使入职十年、几十年的老师也面临同样问题，所以必须要学习。成长得越好，天地就越开阔，抱残守缺的话，工作的天地就越来越狭窄。

当前有四个问题须认真思考并努力实践：

第一个问题：学生立场。学生是教育的第一立场，而真正树立学生是第一立场非常不容易，教育的本质究竟是什么？过去，我们在教学大纲的讨论中，知识点最重要。新世纪课改的战略核心是以学生为本，以学生的发展为本，回归到教育的本质，这是很大的进步，但是要真正变成每一个老师的教育教学指导思想和做事的准绳很难。

教育说到底是三个字——“培养人”。我们要教育出有中国心的素质良好的现代文明人。习主席说教师工作是“三塑造”：“是塑造灵魂、塑造生命、塑造人的工作。”教师要尊重学生的生命，敬畏学生的生命。教师工作高尚，全社会要尊师重教。

第二个问题：敬业精神。什么是敬业？敬业就是恭恭敬敬，一丝不苟！叶嘉莹教授回忆自己的老师顾随时说：“先生之讲课，神采飞扬，一片神行。”怎样会有这样一种左右逢源，出神入化的效果？顾随说：“我之讲课，如谈禅。”教师对自己上课有着对宗教一般的信仰，孩子上这样的课，还会厌倦吗？我们每个老师都要上出好课，有

本文发表于《杨浦教师进修学院院刊》2017 年第 5 期。

亮点，使学生受益，有的课乃至终身不忘。教课要教到学生心中，成为他们良好素质的基因。敬业精神，常讲常新！

教课，是生命在歌唱！每节课的质量，影响到学生生命成长的质量，年轻的老师，要争取每周有一节有亮点的课。

第三个问题：育人能力。教师要有育人意识和能力。育人，这不仅是班主任的事。德育和智育要融合，大中小幼德育要一体化。社会主义核心价值观有国家、社会、个人三个层面，个人层面的价值实践更是落地生根的前提。它来源于中国优秀传统文化、革命文化和建设文化，从古代先贤到当前时代楷模亲身实践做出榜样。在教学中以敏锐的目光来发现育人的价值，使得育人的价值和知识体系融合在一起。所有的学科都有教育性，没有教育性的教学是苍白无力的。我们在传授知识的同时，要撒播德育的种子，做人的种子。这就需要教师有眼光，有思想和专业的高度。

第四个问题：成长的源泉。一是勤于学习，二是勇于实践。我们要不断总结经验教训，勤于反思。教海无涯学为舟。教得好，首先是学得好。教学实际上是考验教师的学术素养和知识储备。老师要认真读书，“书犹药也，善读之可以医愚”。读书要一棒一条痕，一掴一掌血，求其真实有效。教师很忙，每天坚持半小时一小时还是可以做到的。《列女传》中说，“一丝而累，以至于寸，累寸不已，遂成文匹。”教育，是培育人精神世界的成长。求学的道路，彰显自我的美德，不断自我更新，达到至善的境界。教育是培养学生精神世界成长的工作。

教师要爱学，勤学。教师要争做“四有”的好老师！所有的教师要具备这四个特质：有理想信念，有道德情操，有扎实学识，有仁爱之心。

语文教师应当读点“磨脑子”的书

我做了一辈子语文教师，所以我一看到“语文”就特别兴奋。今年商务印书馆出版了“语文教师小丛书”，我一拿到就感到有一点兴奋，好像有一种“归来”的感觉。过去我读过《经典常谈》，朱自清先生所著，我读了很多遍。这一次，我读了《经典常谈》中陈文忠教授所作的导读，介绍了此书写作、阅读的背景和历史，感到非常受教育。

读书对于人的精神成长是最为重要的，尤其是教师。教师读书是我国自古以来就有的传统。什么叫教师？老百姓认为，教师就是读书人，就是读书先生。可见，读书对于教师而言其重要性是不言而喻的。

然而现在，我们却必须正视教师与读书这个问题。3 年前，我们教师学研究会曾经对上海的教师读书情况做过调研，调研涉及了上海所有区县，并且选取的是读书比较好的学校和个人作为样本。但是汇总出来的结果让人心里很不是滋味：教师们每年平均读书量不到 5 本书。阅读书目中多为教学参考类书籍，经典很少。我们做读书调研的初衷是了解教师的成长，我们知道，在教师的成长过程中，技能技巧是第二位的，摆在第一位的应该是扎实的学识，而扎实的学识与读书紧密相关。

在上海书展上，有一些教师找我签名，我很感动。有从山西太

本文发表于《中国教育报》2017 年 9 月 18 日（曾发表于 2017 上海书展《读书手册·会刊》上）。

原、江苏徐州等地来的年轻教师，他们说，来上海书展主要是因为上海书展规模很大，在这里可以碰到很多他们向往的书籍和名人。我说年轻教师能够把自己的精力放在书展上来，看一看书、读一读书，这对于老教师而言是非常欣慰的，也是很值得向他们学习的。

我做了一辈子的教师，稍微反思，就深感惭愧。因为早年求学，读书没有高人指点，主要靠自己摸索，几乎全凭兴趣爱好，无计划、无目的地翻阅。“语文教师小丛书”的出版说明里就引了张之洞先生的话：“读书宜有门径。泛滥无归，终身无得；得门而入，事半功倍。”这段话非常好。读书是有门的，是有路的，随便读读是不行的。如果你真的是得门而入，就会事半功倍，终身有用。因此，我们语文教师读书应该寻找一条正确的路，到底读什么书？年轻教师需要好好考虑。

我之所以后来还能够改行教语文，说实话还是因为在中学、大学里读过一点书。我是一个小说迷，可以整夜不睡来看《战争与和平》。那个时候想看这本书很难，因为没有钱买书，我借到了以后便很仔细认真地读，我满脑子都在想小说中怎么栩栩如生地刻画打仗的场面，特别是库图索夫的形象。又比如读《安娜·卡列尼娜》小说开头的那几句，作者怎么能写出这样的语句，了不起。做了教师之后，深感自己读得太少，处处捉襟见肘，正如《礼记》所言，“学然后知不足，教然后知困。知不足，然后能自反也；知困，然后能自强也”。就在这种自反自强的心情下，我千方百计挤时间读书，力求做到“一丝而累，以至于寸，累寸不已，遂成丈匹”，用锲而不舍的精神走这条丰富自己智力生活、用书中琼浆与醍醐滋养自己精神成长的、光荣的荆棘路。

我的读书座右铭是西汉刘向说的一句话，他说：“书犹药也，善读之可以医愚。”书就好像是药，善于读书了就可以治疗愚蠢、愚昧、愚笨。我书既读得不多，又不善读，故而至今未能“脱愚”。这绝不是夸大其词，只要跟教我的老师比，我就无比汗颜。教我高中的国文老师是国学大师黄侃的弟子，满腹经纶，教课娴熟洒脱而不拘泥，许多经典古文背诵如流，问不倒他。他连写作文评语都有文化含量，妙笔轻点，就能使文章归题。因此，语文教师需要读书学习，文化底蕴是极其重要的。

苏轼在《和董传留别》中言：“粗缯大布裹生涯，腹有诗书气自华。”人和人的根本差别在灵魂，在精神世界的状况。教师工作质量的高下相当程度取决于他的精神世界是丰满还是贫瘠。教师所从事的是塑造灵魂、塑造生命、塑造新人的工作，意义非凡。教师自己不躬身勤读，腹有诗书，志在高远，怎么挑得起对学生“三塑造”的重任？教师应该是读书人，是文化人，书读到什么程度，身上就会有怎样的气质，工作就会有怎样的气象。

我从教已 60 多年，一个甲子了，但是在上课的时候，仍然会感到有很多事情说不清楚。在教课时，有时候因为对这个问题钻研得很深所以能够一语中的，学生一下子就开朗了；有时候自己有一点含糊，总觉得好像没有讲清楚，讲过来讲过去，学生还是一知半解。所以我说，教师要提高自己的素养，提高教课的水平，就需要多读经典，多积累相关知识。

什么是教师？教师就是给学生点亮人生明灯的，当然首先要自己心中有太阳。教师心中没有太阳，怎么把阳光洒到学生的心中？经典就是点亮教师心中的明灯和太阳。我联想到杜甫研究专家冯至先生，他同时也研究歌德的十四行诗，并且自己创作十四行诗。他曾经讲道，要使自己狭小的心有一个大的宇宙。要使自己狭小的心有一个大的宇宙，这个是很了不起的。对于教师而言，心中除了自己之外，更重要的是要有大宇宙，首先要有学生。我记得学者季羡林先生曾经讲过，什么叫好人？好人就是碰到事情，有 60% 想着别人的人。其实教师何止是 60%，而是心中有 70%、80%，甚至 90% 都想到学生，教师都是大好人。但是教师还要提升自己的精神境界，学生才能提升自己的精神层次，水涨船才高。所以说读经典其实是寻找智慧的源泉、人生的价值。我们教师是读书人，读书要伴随人一辈子。

什么是语文？语文跟其他学科不同，最大的不同就是语文是直指人生的。因为语言文字是人所独有的，读书是人特有的神圣权利，读书才能明理，明做人之理，明报效祖国之理。所以我们必须很好地理解语言文字对人的作用。对那种中国的文字要拉丁化的观点，我是非常反对的，我觉得这是对不起老祖宗。公元前 221 年，秦始皇统一中国，能够书同文、车同轨，对中华文化的贡献是不朽的，所以语文教师读经典，首先要从热爱我们中国的语言文字开始。中国的语言文字，是中国文化的根。

那么，读什么书？要真正读一点“磨脑子”的书，读一点经典。书是文字产品，其实质是人的历史和灵魂。读书，要能看到文字背后作者的身影，就是读许许多多的人生。读各种不一样的人生，就能够丰富自己的认识，提高自己认识世界和改造世界的能力。

每个人只有一生，要迎接各种挑战，克服众多困难，读书能从多种多样人生正反经验中获得启迪，获得智慧。尤其是哲学元典，如《周易》《论语》《道德经》，与冯友兰的《中国哲学简史》一起读，会增添一点理解，降低一点难度。静下心来阅读、思考，多接触，多思考，会突然明白哲学并不奥妙，并非不可捉摸，哲学就是跟你谈心，谈大问题，谈宇宙，谈人生，在不知不觉中，自己狭小的心会变得开阔起来。人生哲学的核心是价值观，人生在世，一辈子都活在价值取向的选择当中。经典活在时间的深处；价值追求，在文字海洋中奔腾。读经典，实际也就在读当下，助你在纷繁复杂的社会环境中锻炼出一个清醒的头脑，辨世事人情，育生命自觉，克服自卑、琐细、无知、狂妄。当我读到经典的某些语段时，常有精神腾云的震撼与喜悦。如《礼记·礼运篇》曰：“大道之行也，天下为公，选贤与能，讲信修睦。故人不独亲其亲，不独子其子，使老有所终，壮有所用，幼有所长，矜、寡、孤、独、废疾者，皆有所养，男有分，女有归。货恶其弃于地也，不必藏于己；力恶其不出于身也，不必为己。是故谋闭而不兴，盗窃乱贼而不作，故外户而不闭，是谓大同。”至圣先贤这种建设理想社会的高远志向，治理天下的政治智慧，令人由衷地敬佩，真是高山仰止。中华优秀传统文化中蕴含的民族睿智、民族精神、天下视野的宝贵基因，正在当今时代创造性地传承，创新性地发展。想到我们为实现中国梦而奋斗，想到“一带一路”的宏伟战略，我们怎能不心潮澎湃。

经典，助你贯通古今，增添人生的厚度，激励教育工作的担当。

新时代，
我们怎样做教师

各位老师：

下午好！

接到兰老师盛情邀请，我就像条件反射一样感到高兴，每次只要听到在座的是年轻教师，我就非常高兴，因为青年教师是我们教育的希望，是我们的教育的生力军、主力军。

当时我问兰老师要我讲什么，兰老师说，讲讲“新时代，我们怎样做教师”。我觉得我们今天来谈怎样做老师和40年前是完全不一样的，因为今天是在改革开放再出发的背景下，来谈怎样做教师。这个问题前两天习主席在学校思想政治理论课教师的座谈会上已经讲得非常清楚，非常透彻了。尽管他讲的是思政课，但是有许许多多跟我们的语文学科，包括外语学科是相通的。习主席讲新时代怎样做好思政课的教师，他讲了“六个要求”“八个统一”，很多内容跟我们的语文教学是相近、相似，乃至共通的。

我最大的长处就是年纪大，经历过很多事情。在改革开放新长征途中再出发，我们应该思考哪些问题？我们在座的本身都是被选拔出来的优秀教师、骨干教师，在工作学习中，希望能够不仅是优秀，而且能够卓越。我们太需要卓越的老师了。所以对这个时代的特点，我们首先应该有一个比较清醒的认识。

本文是2019年3月21日作者在浦东名师培养基地联合活动上的讲话，《解放日报》2019年5月21日登载大部分内容。

我们走过的路

习主席讲我们做任何事情都不能够忘记本来，不忘本来才会珍惜当今。当今，我们的教育碰到许许多多困惑，许许多多难题，但是再回头看这 40 年来改革开放走过的那些沟沟坎坎的路，就会觉得今天的这些困难困惑，我们是完全可以用智慧、勤劳、勇气去解决的。

我，一个耄耋之年的老人，是改革开放的亲历者、参与者，也是受益者。改革开放始于 1978 年，党的十一届三中全会确定要以经济建设为中心。此前，应日本妇女组织邀请，要组成一个妇女代表团到日本考察访问，每个领域都要选一个代表，有钢铁的、科技的、医疗的、农业的，还有教育的。因为我是首评的特级教师，就被选作教育界的代表，访问了一星期。我们从日本回来的时候，正好就是 12 月 18 日召开十一届三中全会。现在很多年轻人可能不知道这个会的重要性，我当时也只觉得从“以阶级斗争为纲”转到“以经济建设为中心”，改革开放了不起。但是这次到北京听了习主席的报告，才知道它的划时代意义。习主席的报告中指出，我们近代历史以来中华民族伟大复兴有三个里程碑：第一个里程碑是建党；第二个是建国，成立中华人民共和国；第三个就是改革开放。改革开放找到了一条强国富民的道路，这是中国共产党的伟大觉醒。中国共产党干革命是全心全意为人民服务，所以改革开放，走中国特色的社会主义道路，这是我们第三个历史的丰碑，这是中国共产党的伟大觉醒。因此，才有这 40 年来伟大的创造，人间的奇迹。

我是从“文革”过来的，那时基础教育处在“知识越多越反动”、轻视知识、轻视教育、轻视人才的愚昧状态，经济面临着崩溃。1983 年，小平同志讲教育是战略的一着，这是我们新中国成立以来第一次把教育提到战略高度，现在教育是战略地位，而且是放在优先发展的战略地位，这是一个翻天覆地的变化。党的十一届三中全会使教育的春天真正到来。

那时我们的教师穷到什么程度，在座的年轻同志可能不太清楚。

比如说我们 60 年代毕业的大学生，上海的工资在全国最高，是 58 元 5 角。当时的口号是“36 元万岁”，那时的本科毕业生很少，比现在的博士生多不了多少。最前沿的杂志《收获》和《十月》是一元钱一本，也就是说，上海教师一个月工资只能买五十几本杂志，这就是当时的状况。女老师都要给家人缝衣服、做鞋子，因为没钱买。后来我担任全国总工会的候补执委，在总工会会议上大家谈到困难，我就讲教师困难到什么程度，会议简报的标题就是“为一些行业的职工请命”，这就是我们当时的状况。

我们原来教育经费困难到什么程度？那时我是市人大常委，开会谈到这些事情我都哭出来了。我和一些老同志到区县的学校里去，看到的一些学校是危房。我们到闸北一所初中，走进门厅都是木头桩子、竹桩顶着，狭小的楼梯都是摇晃的，小孩子还在上面蹦跳，爱玩是孩子的天性，但房子好像随时都要倒下来一样。我们到金山，县城的 16 所中小学，没有一个像样的操场，只有一所中学有一个篮球架，没有一条路是好的，没有柏油路、水泥路，全是泥路。我们去一所小学时正赶上下雨天，穿的是长筒套鞋。孩子们两只脚都在泥水里，湿漉漉的，我作为老师看着真的心痛。一些乡校，没有一部电话，老师上课只有规定的一人两支粉笔，我们的教育经费当时就穷到这样的程度。

现在从经费来看，真是大翻身。去年年底到闵行一所小学，校舍那么辉煌，设备那么先进，校长是博士后。所以从经济崩溃边缘到如今经济的这样一个增长，这是翻天覆地的变化。习主席讲这是出现人间奇迹，因为我们用几十年走了资本主义几百年发展的道路。

经济上的大翻身给我们的教育提供了经济上的保障。现在我们的义务教育巩固率达到 93.8%，这是全世界没有的，从城市到农村，从平原到山丘，义务教育覆盖面的广度和深度，这是世界上仅有的。再回头看看以前，那真的是恍若隔世，这恍如隔世的变化要感谢邓小平同志，他的“解放思想，实事求是”光辉思想使我们获得了精神大解放。

我们找到了这条路是多么的不容易，这是世界上没有的。习主席讲，改革开放是中国共产党的伟大觉醒，找到了这条富民强国的路，因此要一直坚持走下去，他说40年的人间奇迹不是天上掉下来的，也不是别人恩赐的施舍的，是全国各族人民用勤劳、智慧、勇气干出来的！这次开改革开放的会是要全世界的人都知道，改革开放这条路我们走定了。

这样的人间奇迹是怎么创造的呢？实际上每个人的后面都是波澜壮阔的40年，我讲三个小故事：

第一个是义乌的县委书记谢高华。那时义乌土地少，农业发展极难，也无法办工业，老百姓穷到"鸡毛换糖"。县委书记谢高华面对这样的现状，认为义乌的人要活只有做小商品。他冒着风险和压力，共产党一颗丹心为人民，从"鸡毛换糖"发展到今日的世界小商品之都——义乌小商品已经是世界小商品的风向标，它的价格指数已是世界小商品的风向标——从坚持到发展真不容易，用牙签来举例：一百根牙签，才一分钱的毛利，要赚几千块需要数吨的牙签。中国人就是用这种以少积多，坚韧不拔的可贵的民族精神坚持下来的。这是中国人的志气。

第二个人是王有德，50年治沙，50年把沙漠变成绿洲，彰显了中国人民的志气，中国人民的自尊。

第三个人是陈景润，你简直想象不到，这样一位科学家，是深受中学数学老师的影响而立志攻克数学界的世界难题的。在证明哥德巴赫猜想这个世界难题的时候，是在六平方米的锅炉房里，那时没有计算机，全部靠手算，草稿纸都装了几麻袋。哥德巴赫猜想是数学皇冠上的明珠，他证明的1+2至今仍然是世界最高水平。我记得1978年徐迟的报告文学《哥德巴赫猜想》在《人民文学》发表以后，我和学校的数学老师搭班一起讲，数学老师讲哥德巴赫猜想，我讲徐迟的报告文学，学生和老师一场一场听，盛况空前。中国要强起来必须要热爱科学，有为科学做奉献的精神，必须有中华民族的志气。

育人是教师最大的基本功

我讲这些的目的是为了说明，我们所有奇迹的创造都根源于中华民族的志气、中华民族的自尊，而这一点对我们新时代的老师特别重要。习主席讲我们要做“四有”好老师，其中第一条是要有理想信念。

一个人心中总要有一盏明灯，因为教师的工作是双重奏的。一重奏是你自己的人生一定要奏响中国特色教育的交响曲，那么动听，那么悦耳，那么感人。与此同时，你还要引领学生走一条正确健康的人生路，因为你是人生的导师，你是塑造学生灵魂的。习主席讲什么叫教师工作，那就是“三塑造”，即教师的工作就是塑造学生灵魂，塑造生命，塑造新人的工作。因此，你必须引导学生奏好人生的乐曲。而每一个人，每一个孩子，他的人生都是单程票。因此，人生的单程票里头的每一阶段的孩子，他都必须碰到优秀的老师。初中、高中，各门学科都要碰到优秀的老师，因为他的人生是单程票，过了这一段就没有了，就被耽误了，他的生命的成长跟老师的教育教学是紧密连在一起的。习主席讲，每个教师的教学可以有各种各样不同的风格，但是所有老师都应具有“四有”特质。第一必须有理想有信念。走过改革开放40年风风雨雨的路，我们对这一条就更加坚信。现在改革开放再出发，新长征途中，这一条是最重要的。习主席和大学中学小学的思政老师讲，第一条是你自己要有真信仰，你才能够教出有真信仰的学生。这就是理想信念。如果自己不信仰中国特色社会主义，那么你怎么教孩子能够将来为国服务？

这个道理，不仅是中国人过去讲，中国人现在讲，外国也这样讲。外国的有识之士，他认为不管你怎样，你心中要有盏明灯。英国非常有名的小说家毛姆，他有一篇非常有名的小说《月亮与六便士》，便士是英国货币的最小单位，相当于我们的“分”。小说主人公为了追求他的理想离开优越的生活，他为他的理想而奋斗，为什么？因为他心中有月亮。所以这本书推荐的经典语言是：“满地都是便士，他却抬头看见了月亮。”如果一个人被满地的便士所淹没了，他心中就没有月亮，就没有明灯。月亮实际上就是我们心中的明灯。

一个人有了脊梁骨才能直立行走，脱离动物的爬行状态。一个人有了理想，心中有一盏明灯，他就有了精神的脊梁，脊梁骨就是硬的。我已经 90 多岁了，不知道什么时候就一命呜呼，但是人只要活一天，就要有壮志豪情，我们这样一个伟大时代，不靠任何人，只能靠自己，业务上也是这样，不能够靠任何人。我们中国是一个有着 13 多亿人口的国家，不能靠别人，只能靠自己有志气，有自尊。所以，新时代，作为新长征的生力军、主力军，最重要的是心中要有一盏明灯，引导自己走好教育生涯的人生路。

第二，我们既然是骨干教师、优秀教师，一定要在学术素养上下功夫。要有真才实学。

我们现在炒作很多，这是不行的。改革不是什么都改，要举旗定向，播种未来，我们改革是改掉不适应的、阻碍我们前进的，改掉不适应人民利益的，不适应我们教育规律的，不适应孩子的成长的。但是有些东西是不能改的，坚如磐石，一动也不能动。国家如此，教育也是。所以要举旗定向就是这个道理。比如习主席讲的，我们是不会走邪路的，要我们改弦更张不可能的，我们是一定走中国特色的社会主义道路。比如说我们的“四个自信”是坚如磐石的，道路自信、理论自信、制度自信、文化自信，这些是生命线，不能动，也是不能改的。所以不是改这些。教育也是如此，我们的培养目标是绝对不能动的，我们是培养为社会主义建设服务的建设者和接班人，要德智体美劳全面发展。我们所有的学科要传授知识，但是它必须为育人的总目标服务，这个是不能动的。教师队伍的建设不能动。当人们还没有认识到教师队伍建设的时候，我自己作为一个教师知道学校教育质量说到底就是教师质量。学校有优秀的教师，学校的四梁八柱就全部立起来了，不是靠校长一个人，校长的第一责任就是培养教师，要把教师培养得优秀。教学活动一定是由教师、学生和教材组成，同样的教材，不同教师教，可以教出完全不同的效果，这就看教师的学术素养。因此，我们一定要清楚，改革继续深化，哪些要改，哪些不要改，一定要分清楚。因为我们现在很容易被风向标带乱，什么是教育时尚我们就跟着什么跑，今天这个风明天那个风，到最后你就没了自己。

教育的本质是育人，在任何情况下这一点是不能改的。我们的教育方法和具体做法可以吸收国外的优秀经验，但是我们培养的人和国外的人是不一样的。我们要培养的孩子，必须是有家国情怀的。没有国，哪里来的家？从小要教育他们有集体观念，爱家庭，爱父母，爱同学，这些都要在我们的学科教学中渗透进去。

育人是教师最大的基本功。

首先，教师要了解孩子，这是教学当中的唯物观点。知心才能教心，我们绝大多数老师讲的话全是正确的，但学生能听进去多少需要打问号，有时候学生认为你讲的是老古董，那些概念术语他不要听，这就需要我们变换方法。

教育的本质就是培养人，所有的学科都是为培养人服务的。中国的教育就是培养有中国心的现代文明人。因为我看到不少没有中国心的现象，所以我提出要有中国心，否则我们基础教育的老师从早到晚那么辛苦，为谁辛苦为谁忙呢？基础教育阶段的孩子正是价值观和人生观形成的关键时期，因此基础教育的老师是非常辛苦的，从早到晚地为了学生忙，那么我们就要忙得有价值。

教育最最核心的问题是价值观。培养什么价值观？我们面临着如此纷繁复杂的社会环境，现在的老师比我们年轻的时候难做得多，我们年轻的时候学校的价值观跟社会价值观一样，学雷锋从学校学到社会。“我为人人，人人为我。”首先是我为人人，然后才是人人为我；现在是我不为人人，人人要为我。这样的情况下，教育就非常困难了。我们现在的社会是多元价值并存，多样文化激荡，面对这样的情况，怎么教育我们不懂事的孩子是我们面临的难题。他们没有文化积淀，没有生活的经历，好的坏的都照单全收。所以，育人是一篇大文章，在现时代纷繁复杂的环境下面，怎样育我们的中学生是世界难题。

中国人对“人”的界定是一撇一捺，互相支撑。我们中国文化的基本精神是儒道释的结合。儒家的最高境界是“仁”，“仁”——人字旁一个“二”，你要做人，心中要有别人。季羡林先生曾经讲过什么是好人，他说，如果一个人，碰到事情60%想到别人，就是好人，而教师70%或80%乃至90%都在想学生，当然是好人。因此我们的最高境界是“仁而爱人”。《礼记·礼运》篇里讲到“世界大同”：“人不独亲其亲，不独子其子，使老有所终，壮有所用，幼有所长，矜寡孤独废疾者皆有所养。”我们现在一带一路的战略方针就是在做这样的事情，我好还要大家好。西方不一样，17世纪西方哲学家对人的界定是：人是用理性思考获取最大利益的动物。因此他们要不断扩张自己的知识和能力以取得最大的利益。我们现在有些孩子的一些细小的事情真要我们很好地去注意。那天和一位同志外出，他说以前师傅带徒弟是一帮一、一对红，大家都有进步，但现在有的孩子是我好，我就不许你好，我一定要超过你，这怎么行。所以，孩子的一举一动实际上都是他价值取向的反映。人一辈子都处在价值取向中，到超市去买东西，例如买牙膏，为什么买这个牙膏，而不买那个牙膏，这就是一种选择。人生道路也是一种选择。所以，育人是篇大文章，一定要放在特定的时代背景下全面育人，你才能够用鲜活的正面的真善美的东西来不断地滋养他的心灵。

教学改革正在路上

当时我们开始改革的时候，有人要把语文和英语等同起来，英语是听说领先，因此我们语文也应该听说领先。我是反对的。母语教学和外语教学是不一样的。各个学科有各个学科特定的学习规律，别人怎样，我们就一窝蜂，这怎么行？但是我们的学科教学改革一直是正在路上。

粉碎“四人帮”的时候，语文教学当时强调的是“双基”：基础知识、基本能力。一直到现在，我们的考试基本还是这个框架。但是在这个过程中，我们也改了很多，比如说在20世纪80年代中期有人提出加强基础，培养能力，发展智力。那时我正带教青年教师，每两个礼拜用一个下午给他们做一次有关智力发展的专题报告，专门讲什么叫观察力，什么叫思维力，什么叫想象力，什么叫创新力，以及如何去做。现在看来这还是比较领先的。

不能否认，现在有些知识确实是比较陈旧的，比如我们现在讲小说基本上还是三要素：情节、人物、环境，这是多少年以前现实主义文学为主流时的提法。这三个要素当然有特定的价值，但是我们往往把它僵化成一套放之四海而皆准的法则。在 90 年代，我意识到单是这三个要素还不行，因为当时我们已经引进了很多理论，比如说阐释学、叙事学理论的介入。现在文学研究不断发展，小说的内涵就丰富得多了。这些年下来，叙事学在小说教学中好像已经成为重要内容了，包括叙事者、叙事视角、叙事节奏、真实与虚构等，还有细节等等。

作为老师，我们面对的学习世界永远是新的，因为教学内容本身就在不断发展。再比如，关于课堂教学的生成，其实教师的教课不完全是输出，在输出的过程中，学生会有自己的想法生成，深入学习教学生成理论，我们对课堂教学就有了新的认识。学习了有关教学反思的理论以后，我们就会认识到，原来我们在教课的时候，学生是可以评价的，学生的言行、眼神对我们都是评价，这便给我们教师以反思。我当时教了很多课，觉得自己不能够自圆其说。比如诗歌教学，说老实话是我们语文教学当中的短板，基本上讲不出多少道理。其实诗是最能直接叩击心灵的，最能叩击心灵的往往是诗。我记得冯骥才打过一个很有趣的比方，他说什么叫散文？一个人平平常常走路就是散文；你突然被人踢了一脚掉到水里去了，这就是小说；这个人被大地弹到月亮上了，便是诗歌，它浪漫、变形，是生活的变形。诗歌教学，如古诗词，《诗经》和《离骚》它是不一样的。我们现在教诗很多都教成一个样子，讲“意境”“意象”时，讲来讲去还是那些名词术语，并没有触及学生的心灵。

我举这些例子意在说明，我确实是看到了许许多多的问题。我们这条路走过来，从“双基”到“三维目标”是一个进步。“双基”本质上是工具论，主要对象是知识，而到“三维目标”则关注人本身了。21 世纪课改最了不起的就是揭示了教育的本质。从过去研究知识体系为本，以知识为本，转换成以人为本。教育就是以人为本，所以 21 世纪的课改是以学生发展为本，这是回归到教育的本质。回归到教育的本质，在课堂里怎么体现？因此，“三个维度”就被提出来。

这对我们教师来讲，“知识和能力”驾轻就熟。第二个就是过程与方法。我们东方的教育比较重视结论而轻视过程，西方的教育重视过程，结论有时候不重视，那好，我们补短板！还有就是“方法”，以前上课，关键词就是上课要让学生懂，接下来要让学生会，于是就有了训练，把知识转化为能力，要通过训练，当然有的知识可以转化，有的不能转化。现在就不仅是会了，不是学会某个知识，而是要会学。这是一个质的变化。以前都是学的什么专业就从事什么专业，读数学的去研究数学，现在不是，现在学的跟用的区别很大。因此要会学，所以就有“方法”。第三，情感态度价值观，这是人独有的，动物没有。“情感”，人有情感世界。但是我们现在上课要上到孩子感动非常难，小学一年级还感动，五年级就不感动了，高中的课更难教，课上学生基本上是冷眼旁观，跟我们那时候很不一样，我那时候二十几岁，比学生大几岁，可以教得十八九岁的孩子很感动。但是，现在要教到学生感动真的很难。因为当时没有这么多的信息工具，老师掌握的比学生多。还有，现在学生听到的负面东西太多，人还没有进入社会，好像已经对社会的弊病了如指掌了，因此，学生很难被感动。所以，我们首先要让孩子有丰富的情感。冷眼看世界怎么行？小孩子时就没有热情和冲动，将来如何工作？因此，我们上课要不断地把他们情感世界上的盐碱冲掉，要教会学生两个眼睛看世界——辩证的、历史的，要教孩子去追求真善美，要给他指一条路。现在有些年轻人要做“佛系”，其实不是真去做和尚，而是想逃避却逃避不了。

我们现在一提到“态度”，就想到学习态度，其实应该是求真的科学态度、乐观的生活态度，学习态度只是其中一种。不能一碰挫折就跳楼，脆弱得如同玻璃娃娃一样。挫折是常态，没有什么都是顺风顺水的，所以一定要让孩子有乐观的生活态度，每一天都是新的。还要有宽容的人生态度，做人是做社会人，自己好也要允许人家更好，这样自己的心里就很快乐。我有一次听一个家长讲，一个孩子考了

150分回家哭了，满分为什么还要哭呢？她说本来班上只有她一个人150分，今天有第二个人了。不允许人家好，这怎么可以呢？"态度"是靠我们在教课过程中点点滴滴渗透的，而不是靠老师讲大道理。孩子很厌烦大道理，老师可以用讲故事、用幽默的语言影响孩子，他们慢慢就能听进去，慢慢地人就变得成熟。

"价值观"就是培养学生把个人价值与社会价值和谐统一，把科学素养与人文素养和谐统一，把自然价值和人类价值和谐统一。三维目标是一个整体，以知识能力为核心的育人的整体。我们需要传授知识，训练能力，但是要将情感态度价值观融合进去。

"核心素养"是在三个维度的基础上又发展了一步。核心素养把价值性和知识性统一起来。语文是以语言的建构与运用为核心，还有思维、审美、文化，但是无论如何不能够把它们分开来，它是一个整体。

现在中学语文深化改革，老师都会碰到许许多多新的问题，应该做好思想准备。初中语文六年级的新教材和原先的上海版教材有很多不一样。有的老师讲这是落后的，恐怕不是这样。这里育人的价值更显性，这些课怎么教？新教材古诗词比较多，这么多古诗词，究竟该怎么教？这对我们上海的老师来讲全是新的课题。新教材对教师的基本功要求更高，如果对每篇文章的来龙去脉都能了解，视野就不一样了。比如说老舍的《北京的春节》就不好教，因为上海的孩子没办法体会这篇文章京味儿的语言特点。现在教材的特点是几乎每一篇文章里都有写作方法，阅读里有写作方法，读写结合，过去的教材没那么明显，现在很显性。针对这样的特点，教师如何引导学生从"读"移植到"写"？这也是一个新的课题，读写应该结合，但这是不是一定非常科学？也很难说，因为语文教学不可能是线性的，也不是树状的，它一定是块茎式的，课改过程中有人讲语文知识是一棵树，每个枝丫就是知识点。其实语文学科是综合性非常强的，实践性和综合性这两点无论如何不能忘记。综合性是什么意思呢？就好像马铃薯一样，它是块茎植物，是向每个方面去延伸的，这对我们的思维习惯、思维领域有很大的挑战。

狠下功夫把课上好

我们要有学术素养，特别要有基本功。课改不管怎样改，有些基本内容是不能够动的。比如积累性，语文是一定要积累的，词语的积累，句子的积累，对人物形象的一些积累，这是不能动的。小说有各种各样的讲法，但不管怎么变，积累是不会动的；再比如细节描写是绝对不会动的，人物的分析，肖像描写、心理描写、动作描写、语言描写，这些基本的东西是不能动的。这些教得怎么样就考验教师的基本功；第二个就是理解性，不管怎么改，理解是最根本的。因为你要认识一样东西，一定要理解它。所以，积累性和理解性，这是不能动的。作为教师，基本功确实要扎实，现在对识字的要求更高了，因此我们要去读一读《说文解字》，有一些基本的东西在心里你就不怕，哪怕你觉得《说文解字》看不懂，可以买趣味的汉语学、汉字学的书。看完后，心中就有底了。关于文章的评论，你去看看中国古代的一些文论著作，例如刘熙载《艺概》，看完以后，你就会觉得古时候人们对文章的一些看法真是了不起；国外有些好的东西也是要看的。我一直认为我们要“立足中国，放眼世界”。中国的根本的东西不能动，但是我们一定要广泛吸收，否则不知道这些东西怎么来的，你就无法判断它的正误，而且你不知道拿什么来为我所用。

所以说读书是非常重要的。我自己一辈子有个座右铭，就是刘向的一句话：“书犹药也，善读之可以医愚。”书就好像药一样，善于读它，可以医治我的愚笨、愚蠢、愚昧。我教了一辈子的语文，至今没有脱愚，很多东西若明若暗，说不清楚。举个例子来说，比如诗歌，怎么教才能够打动孩子？我大概教得最成功的就是教《周总理，你在哪里》，教完后学生一直记得，多年后还和我讲，这是因为打动了学生的心灵，是以情激情的结果，因为我充分利用了诗歌的特点呼唤“周总理你在哪里”。所以，很多文体的教学究竟怎么打动孩子的心，在今天还是需要深入思考的。因为我们有的时候被知识点所俘虏，丢掉了魂。把文章教得失魂落魄是没有办法感动学生的，我不可能把文章的所有的妙处教给学生，因为教学不是一次完成的，它是不断地完成的。但是它一定是思想内容和语言文字的统一体。在教语言文字的时候不能把魂丢掉，动人心者莫过于魂。

我一直梦想的课，不只教师是一个发光体，而是人人都是发光体，每个学生都是发光体，这才叫教学。教师是拉小提琴的首席。“教”要作用于所有的学生，所有的学生又反馈过来给老师；学生跟学生之间也要互相作用。“独学而无友，则孤陋而寡闻”，班级教学一定要充分运用孩子当中的优点，孩子当中的思想，这样，就会互相碰撞，孩子的积极性就会高。拨亮一盏灯，就能照得通屋明。当学生能够全力以赴、全神贯注听课、思考的时候，他就能够超水平发挥。什么叫上课？上课真的是生命在歌唱。因为你的每一节课的质量会影响孩子生命的质量。学生就是在一节节课当中度过的。有个老师讲，他的孩子进入高一后，老师叫他抄书，回家作业就是抄文言文，这是干什么呢？教师是指导，是启发，是引领，引领学生如在绍兴那么漂亮的山阴道上行走，引领着他们并告诉他们这是什么花，这是什么果，美景应接不暇。课必须是立体的，有知识的理解、积累，有能力的提高，有思想情操的熏陶、提升，这样孩子就成长了。

我觉得课堂教学是教师安身立命之本。什么是好课？课一定要上得让孩子觉得学有兴趣，学有收获，上课跟不上课不一样。语文课很难上，难就难在很多学生始终感到又懂又不懂，它不像数学，懂就懂，不懂就不懂。因此你要把学生的似懂非懂教成真懂，懂得很浅的地方，要让学生懂得很深。不仅要让学生学有收获，还要让他学有追求，不是今天上完课就结束了，明天还要上。我的课从来没有句号，而是省略号。我今天讲到这里，下面还有精彩的，欲知后事如何，且听下回分解，不断激发学生的求知欲，这是非常重要的。其次，就是学有方向。要让学生有一个价值取向，我为谁学习？我学了干什么？语文跟数学、物理等其他学科不一样，数学是讲数字的规则和空间关系，物理是讲物质，这些学科都是指向客观世界。而语文是独一无二的，语文直接指向人，指向人的思维、情感、能力、品质、气质。因此它不是象牙塔里的，语文就是人生，不管你将来做什么事情，语文都要伴随人一辈子。我过去的学生和我讲，语文好了，到农村劳动都有优势，因为别人要挑大田，我去广播，去写稿子。“腹有诗书气自华”，腹有诗书，一个人的气质都改变了，这就叫语文。

新时代做语文老师有很多很多要求，我想一个就是“心中要有月亮”。心中有“月亮”，就能看透“六个便士”，看透物质的诱惑、琐碎的分数。心中一定要有盏明灯——理想信念，还要有扎扎实实的学识。什么叫“学识”？就是不仅要有学问，还要有见解，教师的脑子里要不断地有问题，有思考的风暴。在教学中发现很多问题，然后想办法一个一个地来解决，你就前进了，提高了。

九十多岁的古诗词大家叶嘉莹先生写了很多文章怀念她的老师顾随先生的课，她说：“先生之讲课，真可说是飞扬变化，一片神行。”课上到“飞扬变化，一片神行”的境界，左右逢源，这样的课本身就是一个磁场了。顾随培养了多少大家！欧阳中石、周汝昌等全是他的学生，真的是了不起！顾随先生把自己讲古诗词比作谈禅。禅就是佛教禅宗的“禅”。他说自己上课是“禅机说到无言处，空里游丝百尺长”。讲到诗词的奥妙，尽管无法用语言表达了，但是那种意味就好像一根百尺长的游丝在空中缭绕，这是一种什么样的美丽风景呢！这不禁让我们联想到孔子所讲的听了《韶》乐以后的体会——“三月不知肉味”。顾随的课为什么会上到这样的程度？因为他把他的专业当“禅”一样来敬畏，因为对专业心怀敬畏，因此狠下功夫把课上好。

我们从事基础教育的老师，既要敬畏自己的专业，更要敬畏我们的孩子，因为每个学生都是国家的宝贝，都是家庭的宝贝，耽误不起！他遇到一位好老师是此生有幸。所以我们要怀着一颗敬畏之心，在新时代立志做教改的生力军和主力军，创造我们浦东教育的辉煌！

求教两个问题

这些年来，我们教师培训做了大量的工作，取得了显著的成绩。我作为第一线的老师，心里由衷感谢。但是，我有两个问题一直没有想得很清楚，提出来请教各位专家。

第一个问题：我们教师成长最重要的精神密码是什么？又怎样才能落实到位？

我们教师队伍的成长、教师队伍的培养总是在一定的坐标里。我在想，它一定有纵向的继承发展和横向的比较参照。

从纵向看，对教师的成长必须有历史性的认识。中国有五千年的文明，因此有一个大传统的文化。文化经历沧桑绵延不断，教育在当中是起很大作用的，教师的作用也不可小视。光绪二十九年（1903）的癸卯学制始，我们把洋学堂的一套搬到中国来，开始有了现代教育。一百多年来，在教育的传统中，我们教师是怎样成长的？新中国成立后，特别是改革开放以后，我们有小传统。我们对外开放，对内改革，教育与其他各行各业一样，积累了十分丰富的经验。教师在这样伟大的时代环境中是怎样成长的？贯通古今，这样积累起来的教师成长的经验有无规律可寻？规律是怎样的？对此须认真思考，有清晰的认识。

从横向看，改革开放以后，西方的、东方的、各种各样的教育理念、教育原则、教育方法，包括评价的标准都涌进来了。我们中国人做学生做得很认真，是认认真真学的。从方向性的到细微末节，一丝不苟。共识性的东西我们也学得很多。我常想：在专业领域，纵向继

本文是作者在 2020 年 8 月中国教育学会教师培训者联盟年会上的讲话，发表于《上海师资培训》2020 年第 10 期。

承发展和横向比较参照，它的聚焦点应该在哪里？中国的教育，应该有自己很大的特色，因为，我们有一千三百万的基础教育的老师，有一亿几千万的中小学生。在中国广袤的土地上，从事如此大体量的基础教育，并获得成效，教师必须心明眼亮，全面提升自己的德、才、识、能，要有教书育人的真本领。因为我们要坚持社会主义办学方向，我们要走中国特色社会主义教育发展道路，我们要培养素质很好的社会主义建设者和接班人。

习近平总书记曾讲，教师要有理想信念，有道德情操，有扎实学识，有仁爱之心。这样的"四有"好老师，才能自觉地担当起立德树人的重任，培养出报效国家的人才。为此，我常想如何把国外教育先进的、有益的因素吸收进来，融化到中国教育的里面呢？"融合"非常重要，而不是移植，更不是改造，中国的教育要有中国的立场、中国的特色、中国的语言，我们中国人是很能够把理论中国化的。马克思主义是外来的，毛泽东、邓小平等几代党和国家领导人胸怀远大的目标，从中国的具体国情出发，把它中国化，从毛泽东思想一直到当今的新时代中国特色社会主义，这种巨大的勇气、非凡的智慧，能给我们以无尽的启示。在这样的时代洪流中，教师队伍建设当然不能只局囿于一般的教学技能技巧，寻准教师成长最重要的精神密码，切实推进，师德师风就会大幅度提升。

新时代的教师面对国内外纷繁复杂形势的种种挑战，对教育面临的诸多侵蚀和干扰，一定要头脑清醒，脚跟站稳，要有自我成长、发展的强劲的内驱动力。内驱动力来自精神成长的密码。有了它，才会努力地自我修为，才会在专业发展上勤勤恳恳，孜孜矻矻，才能够有扎实的学识，有超群的教学本领，我想这个精神密码，大概是信仰，西方的老师，很多人也有信仰，包括对宗教。我们可作一些比较参照。中国教师从事教育教学，相同相似点有哪些，差别、不同点在哪里。参照，也可使人往深处想，往广处看。中国教师身上必须具备最重要的精神密码，因为我们要做的是世界大同的事情，我们不仅是人人为我，更要我为人人；要命运共同体。大家要过好日子，中国人要过好日子，推而广之，世界人民要过好日子。对此，基础教育就要发挥作用。今天的教育质量，就是明天的国民素质，来不得半点含糊。这个问题由于自己水平有限，想得欠周全、深邃，更不能说得通透，打动老师的心，故而求教。

第二个问题：究竟怎样才能真正做到以学生为本？

在教师培训过程中，我们不知讲过多少次的以学生为本，但在碰到具体的课程、教材、教法、考试、测评时，学生又隐退了，往往虚幻一个具有某些共性的概念。学生究竟应放在什么位置上，是抓住教育的本质，还是打外围战、疲劳战？我们对教育对象——中国学生的研究比较浅表，不够深入，长期停留在总体印象，缺乏一个个生命体的生动鲜活的特征。上海是个国际大都市，上海接受基础教育的学生实际上是全国中小学生的浓缩版。且不说学生的禀赋、智力、情商、性格、脾气、兴趣、爱好等一个人一个样，就是家庭成长的环境也大相径庭。有的可能是亿万富翁，有的家长还要租一间小房子带着孩子学习；有的是双博士，双博士后，但是还有些家长是小学文化程度，差别很大。我们对学生的关心和了解比较多的是他们的知识世界。尽管现在育分不育人的状况正在逐步扭转，但总体上说，对学生的全面了解、深入研究远远不够。

学生有许许多多的类型，早在两千五百年前孔子就讲过，既要有教无类，又要因材施教。学生的知识世界、生活世界、心灵世界类型不同，个性迥异，而我们施教时往往是一把尺子，一张考试卷子定乾坤。培育学生成长绝非工业机器大生产，贴标准化的标签，而是要根据每个学生的心理诉求、个性特点、智力能力、兴趣爱好，施以有针对性的教育，引领他们在求知的道路上发挥自己的潜能，获得成长，获得快乐。这一点国外教育的有些做法是值得借鉴的。须知，春天美，是因为万紫千红，生机蓬勃。学生的世界是万紫千红的，生命力旺盛，不断拔节成长，是难以用一个抽象的概念、某些共性标志涵盖的。

当前，阻碍以学生为本、以学生发展为本在教育全过程中落实到位的还有两个顽疾。一是超前，二是拔高。二者紧密相连，受考试观、人才观的制约和指挥。例如，幼儿园教的 STEM 课程，美其名曰培养科学素养，这个课程的性质、目的、功能、结构、价值等未必弄清楚，也无法确定这个课程的实施是否走了样。但因为时尚，抢路道，要绕道超车。至于小学教初中的，初中学高中的现象，已屡见不鲜。有的刚进高中名校，三年高中课程基本已撸了一遍，岂非咄咄怪事！学习负担过重也就不足为奇了。基础教育是打基础，教的是知识的“核”，不管是文还是理的课程，都是最最基本的，往往伴随人一辈子，而且是最不易老化的。“深教”的风一刮，教学内容“拔高”又成为时尚，认为教得“深”就是有水平，有学问。其实“深”和质量好是两个概念，适合才是最好的。每个学生的成长都有其自身的规律，任何人都无法替代。超前、拔高，违背学生成长的规律，滋生学生对学习的厌倦和焦虑。

心理学家霍华德·加德纳提出并阐释人的多元智能，我们的教育“因材施教”是有科学依据的。教基础教育是最最基础的，根据班级不同学生需求加大选择性，形成一定梯度，让各类型、各层次的学生，各得其所，均有获得感、学习成就感。当然，这样做难度很大，既是科学，又是艺术。教育本身就是创造，如若仅用一把尺子衡量，课程教学一套模式定下来，学生的灵性、积极性、主动性、潜能等就被压抑，难以充分发挥。

对学生深入研究，德育、心理教育做了许多工作，但对所有从教者而言，这恐怕是必修课，也是应练就的育人基本功。

两个问题的破解，还是要解放思想，实事求是，以中国的国情、中国基本教育为出发点，要树立精神密码，深入研究学生，充分发挥广大教师的聪明才智，遵循学生成长的规律，创造新时代的教育精彩。

用《上海教师》讲好中国故事

《上海教师》集刊诞生了。我作为一名老教师，特致以衷心的祝贺。这份集刊的诞生倾注了很多人的心血，从领导到策划者到执行者。我想，办这样一个有品牌的刊物，对我们教师来说，是一个福音。有了它的滋养，我们可以更好地思考怎么成长。有了这个平台，我们可以讲好自己的故事，又能够广泛地学习国外的先进经验。

关于这本刊物的价值与意义，市教委李永智副主任在卷首里头已经讲得非常清楚，我就不赘言了。我主要谈谈读了第一辑后的体会。

第一个特点是对大中小学的贯通。这在专业杂志里还是很少见的。我们常见的往往是给大学的学术刊物，或是给中学的经验刊物，或是给小学的普及读物，等等。而这本刊物能够从整体上思考大中小学的教师，难能可贵。我们今天的教育确实要用一些系统论的观念来思考，在这个杂志的办刊做法中已经有所体现。

第二个特点是贯通古今。它关注历史、关注现状，还展望未来，我觉得这也是一种系统思考。有文章关注历史，如孔子“成己说”对教师的启发，还有文章聚焦现代，还有文章面向未来。我觉得有这样一个视野的话，我们思考问题就不会割断历史，或者只看到眼前而忘记未来。教育本来就是未来的事业，它是创造未来的。

第三个特点是兼顾文理。我觉得这本集刊，既有人文的又有科学的内容。教师群体本身就应该星汉灿烂，其成长的营养来自方方面面。这本杂志中特别提到科学教育的内容，我觉得非常重要。在当今

本文是作者在 2020 年 12 月 3 日《上海教师》集刊首发式上的致辞。

的时代，我们要迎接未来，哪怕是文科教师都必须提升自己的科学素养。所以我觉得很好。

将来最好还要有些美育的内容。这期已经有关于美育的文章了，以后可以更多。我想美是所有人都追求的，但是品味会不同。大自然的美大美无言，我们追求美好，就会逐步地脱离低级趣味。我们教育人的队伍追求真善美，我们的基础教育也追求真善美，这是一致的。

第四个特点是面向世界。当今我们办杂志，绝对不能故步自封，而是要以开放的视野面向世界。这里，我看到有介绍日本的、德国的文章，对我们扩大世界视野很有作用。作为一名老师，当今从事教育工作，必须有坚定的中国立场，又必须有广阔的世界视野。因为教师的视野决定了其认识世界和从事工作的厚度、宽度。

因此，我觉得这本杂志很有创新的意义。为此，我向策划这本杂志以及实践很多具体工作的同志表示衷心的感谢。

我特别想讲的一点就是要讲好中国故事。有了这样一个开放的平台，不仅要借鉴国外的优秀经验，还要讲好中国故事。多年以前我看过一本书《学习的革命》。当时，许多人认为这本书了不得。我读了以后，觉得里面的许多经验，中国基础教育的老师都有。只是我们没有平台，没有地方来讲自己的故事，也没有话语权。

现在，我们的国家实力跟几十年前已经不一样了。话语权是跟国家实力紧密联系的。如今教育取得了很大成绩，我们就有资格来讲述我们中国的故事。讲中国故事的时候，特别要注意亲和力。我们不是唱高调，讲原则，一定要讲我们中国热土上发生的故事，讲我们以心换心地教育孩子的精彩不凡的故事，让世界了解我们的中国教师。

在党的教育下，我们修身自为，锻炼育人的本领。讲好中国故事的平台，我们是不多的。我们希望这本《上海教师》在这方面能够办出特色，并成为我们基础教育老师吐露心声的知心朋友。

不忘初心
牢记育人使命

我这名鲐背之年的校友应邀向母校党员同志交流一点从教体会，感到十分亲切与温暖。我的认识与做法比较肤浅，不当之处请批评指正。

我做了一辈子教师，最为自豪的就是我是一名光荣的中国共产党党员。数十年来，党教育我，培养我，引领我爱岗敬业，修己立公，使我原本狭小的心有一个大宇宙，装国情国运，装民族兴衰，装人民安危，装我国光辉灿烂的未来。胸中升腾着为共产主义奋斗终生的崇高理想，我觉得人清醒起来，有无穷的力量，有用不完的劲。祖国伟大壮丽的事业提供了建设者奋斗的广阔天地，赋予了我平凡的生命以意义与价值，我在实践中不断奋斗，深深感受到也享受着人间特有的幸福。

我在中学教育教学几十年，培养青少年学生成长成人，日复一日，年复一年，细水长流，没什么波澜壮阔，工作普通、平凡，乃至有没完没了的琐碎。但我认为平凡中寓含着极不平凡，教育学生成长成人是了不起的大事，重于泰山。基础教育是给人打基础的教育，从事的是人的基本建设。我是在为每个学生宝贵的生命奠基，给他的思想道德，行为习惯，科学文化打基础。根子扎得正，扎得实，懂得做人的准则，日后在社会风雨中锻炼，就能枝繁叶茂，果实累累，发展就有后劲，对社会就能多做贡献。我不仅是为每名学生的健康成长与长足发展奠基，也是为培养有中国特色社会主义建设者和接班人奠基，为党和国家人才发展战略奠基，为未来良好的国民素质奠基。基础教育从事的是人的扎根工作，学生求学时代一定要打好立德做人的扎实基础，基础不牢，地动山摇，为此，我不敢有丝毫的马虎和懈怠。

基础教育非英才教育，它的数量是以“亿”来计算的，它的质量为何关系到亿万孩子成长的质量，其战略意义非凡、深远，关系到国家民族发展的面貌、成色、安危。以中国立场、世界视野、时代命题来思考认识，就深刻领悟到肩负的历史使命是多么重要。我总觉得自己身上挑着千钧重担，一个肩膀挑着学生的现在，一个肩膀挑着国家的未来，今日的教育质量就是明日的国民素质，明日建设者的精神面貌。我必须全力以赴，让生命与肩挑的使命融合在一起，共同前进。

我是教师，与古往今来世界各国教师在教育专业方面有不少相似、相近乃至相同的要求。但我是新中国的教师，我特别看重“新中国”三个字，特别重视“新中国”。她是无数革命先烈用鲜血浇注而成，无数革命前辈舍弃私利无私奉献建设而成。因而，一想到他们，我的血就往上涌，“新中国”是我为师职业操守的标尺，职业操守的灵魂。新中国的教育不仅在体量、发展规模、发展速度等方面世界上绝无仅有，更在于追求的理想境界、高远目标、培养什么人、为谁培养人与欧美、日本等国的教育有本质的不同。不说教育的名词术语，高深的理念理论，就是对“人”的界定就有极大的区别。我们对人的界定是，“人”，一撇一捺互相支持，掉下一笔，就不成为“人”了。儒家追求的最高境界是“仁”，人字边旁是“二”，做人，心中要有别人。有父母，亲情，有师生情，乡情，赤子情，心中只有自己，没有别人，怎能成为真正的人呢？陶行知先生要求我们教师“爱满天下”，东方文化学者羡林先生说，遇到事情，有百分之六十想到别人，就是好人。归总一点，要做人，心中就要有别人。十七世纪西方哲学家对“人”的界定是：人是获取利益的动物，扩充知识能力，用理性思考获取最大利益的动物。因而，经济扩张攫取，军事殖民就不足为怪了。当今霸权、霸凌国家一切以我为先，以我第一，你的就是我的，你们的都是我的，正是殖民思想的延续，丑恶行径的写照。登上高处审视，在培养什么人、为谁培养人这个关系国计民生的根本问题上，泾渭分明，本质不同。教育绝对不是使受教育者只顾个人生存发展，把人人为我、一己私利无限扩大，而是要让受教育者懂得“我为人人”的本真。“我为人人”是责任，是义务。把“小我”融入“大我”之中，“我为人人，人人为我”，家庭才得安宁，社会才能和谐发展。

这也是中国教育的最难之处。在纷繁复杂的国内外环境下，林林总总的物质产品，常以诗意的光辉向人们微笑，召唤、诱惑得人私欲膨胀，欲壑难填。教育的干扰因素很多，除上述外，功利思想、虚幻目标、乱七八糟的攀比、莫名其妙的竞争、一日暴富的发财梦等，均来自社会、家庭乃至学校本身。我读到一篇文章，一个女孩子成绩很好，考第一名母亲就表扬，考第三名就不给饭吃，还说，“我为你好，我爱你”，女孩说：“妈妈的爱里是有刀有剑的。”可见莫名其妙的竞争给孩子带来了多么大的伤害。因此，要排除种种干扰，让学生健康成长，难度极大。我们教育学生，并不高要求“去私”，而是教育他们从小就要懂得摆正个人的位置，心中要有他人，要有集体，要有国家民族，要感受“人人为我”的恩情，培养“我为人人”的责任与习惯，不能自我中心，自我放纵。自己好，推己及人，别人也要好，还要能帮助别人好。尽管教育难度大，要坚持再坚持，不让私利第一的病毒侵蚀学生的灵魂。这是培养什么人的根本问题。

由此，我联想到几件事，有的是刻骨铭心，经久难忘。

1. 六十九年前上海大学毕业生集中在交通大学学习，接受服从国家统一分配教育。有次形势报告中引述了美国国务卿杜勒斯临死前都把希望寄托在中国第三代第四代身上，要使国家变颜色。那时正是抗美援朝极其困难的时期，我们的志愿军战士以血肉之躯抗击武装到牙齿的美国侵略军，粉碎他们扼杀我们新生共和国的美梦。那时困难到什么程度？一穷二白，穷啊，有的志愿军战士被冻死，饿死，国家已用了百分之六十的经济来支援。侵略者既搞武的扼杀，想扼杀新生的共和国于摇篮里，又搞文的演变，不让中国人民站立起来，当家做主。这种险恶用心从反面给我以深刻教育。半殖民地半封建社会时的水深火热，民不聊生，侵略者亡我之心不死的历史事实，一定要让我们的学生牢记心中，一定要把我们的后代教育好，在任何情况下，都维护国家的独立自主，人民当家作主的权利。

2. 二十世纪八十年代初香港中国语言文学会国际研讨会上，我应邀讲述我们的语文教学，那时香港还未回归，有位老先生说，香港中文水平与大陆无法比，因为英语是第一语言，教中文、讲普通话很艰难，有个教授突然上台挑战说："讲什么普通话？香港有自己的国语。"当时，我听了很震惊。语言问题是国家统一的问题，语言是民族文化的根，是文化认同的问题，百年来的殖民教育的影响，使我深深感受到语言教育非比寻常，教育安全是国家的安全，对学生的教育丝毫不能含糊。

3. 八十年代引进标准化试题，一下子风行全国，文章"肢解"，选择题 ABCD，是非题 1234，学生在题海中浮沉，对"分数"顶礼膜拜。考试原本是检测与选拔的手段，而今错把手段当成目标，育分不育人，教育准星偏离，价值取向扭曲。有次我到某省开会，有位教研员焦急地对我说，且不讲学生对文字的归纳能力差，概括能力差，高考作文竟然出现学做小偷等乌七八糟内容，是非标准错乱，价值取向扭曲。教育应在青少年身上立民族精神之根，树爱国主义之魂，只为应试功利，丢失育人的根本，对学生的健康成长，正确的人生观、价值观的确立伤害极大，为此，我不断呼吁，要还教育育人树人的核心价值。

4. 2018 年上海书展期间，在市图书馆举办推荐郦波教授的有关国学读本的活动。会上，有位知名大学的年轻女教员提出一个问题，希望帮助她解答。她是教外语的，但喜欢国学，喜欢中华文化。有些学生很不以为然，认为"学外语赚钱，国学无用""我们崇尚西方文化"。这位老师说，自己难以说服他们，故求教专家。我们弘扬中华优秀文化，并非故步自封，我们一直是持开放的态度，学人之长。正如费孝通先生所说，"各美其美，美人之美，美美与共"。学生对自己的文化的鄙薄，缺乏自信，我们是有责任的。学生无知，既不懂得西方文化，也不知晓中国文化，这是育分不育人，求学不读书的结果。一个国家、民族的进步发展，必然要靠两个基因传承。一个是生理基因，代代相传；一个是文化基因，优秀传统文化、革命文化、先进文化，是要靠教育撒播传承的。只顾眼前分，不顾文化根，必然只能与无知、浅薄为伴，连方向都不能辨别。明代哲学家王阳明早就深刻指出："抛却自家无尽藏，沿门持钵效贫儿。"中国数千年文化积淀是文化富家，其中优秀的结晶可转化为巨大的物质财富和精神财富，不能甘为文化贫户，向外乞讨。我们社会主义核心价值观均可以从中华优秀传统文化中找到源头，我们是创造性地转化，创新性地发展。

凡此种种，皆有个价值取向的问题。学生究竟应树立怎样的价值观，追求什么，向往什么，人生的道路该往何处走？不少严峻的事实给我以极其深刻的教育，我们一定要把立德树人的根本任务落实到教育全过程。教育是一场争夺下一代的无硝烟战争，用什么文化什么价值取向浸染熏陶就会成为怎么样的人。复旦大学出版的《当代西方最新文论教程》中指出：早在 20 世纪末美国国家安全委员会就这样说，"一个国家有计划地运用宣传和其他非战斗活动传播思想和信息，以影响其他国家人民的观点、态度、情绪和行动，使之有利于本国目标的实现"。他们的专家说得更直白："让被宣传的对象沿着你所希望的方向行进，而他们却认为是自己在选择方向。"霸权主义如此宣传的目的是让第三世界人崇美忘本，其重要如他们所说，"与空军一样不可或缺"。他们不仅这样说，而且通过各种渠道，以各种新名义新手段扎实地做，我们不得不保持清醒与警惕。我们培养的建设者应是现代文明人，但必须有中国心、中国情，这是新中国教育的本质特征，是我们伟大事业不断取得胜利的根本保证。教育是输不起的，输，就会全盘皆输，港台教育中的"去中国化"的做法就是殖民文化、分裂文化侵蚀的反映，我们不能掉以轻心，要有危机感。

我是一线教师，我深深体会到立德树人不仅对于思政课是标杆，也应该在所有课程、学科教学中落到实处。课程、学科是落实的主渠道，课堂教学是落实的主阵地。学生大部分时间是在课堂里度过的，课的质量影响到学生生命的质量，不能有丝毫的马虎和闪失。

多少年来，我在两个方面做了很大努力。

一是对语文学科的性质、任务、功能等作了认真的审视与推敲，一百多年来除了极“左”思潮的干扰，语文教学中的工具训练与实用功能几乎全覆盖，育人的内涵弱化，乃至丢失。语文独立建科始于光绪二十九年，即 1903 年。该年 11 月清政府终于批准并颁发了崭新的学制，后世称之为癸卯学制。当时新学堂的学制、课程以至教材，大都从西方先进国家和日本引进，语言文学独立设科，由我们自己探索建设。当时这个学科的定位是这样的，《学务纲要》中载明：“并宜随时试课论说文字，及教以浅显书信、记事、文法以资官私实用，但取理明词达而止。”又断言：“中小学堂于中文辞，止贵明通。”从中，我们可发现它注重实用与训练，根据文辞的训练，达到实用的目的。语文具有工具性无可非议，但是，它是什么工具呢？中学各学科，均有其各自研究的对象，唯独语文是直接指向人的，和人的思维、情感、品质、能力密切相关。语文是研究人的，研究人对语言文字的理解与运用，语文就是人生，伴随人一辈子，这个工具与人是一体的。在中国古人看来，“人之所以为人者，言也。”（《春秋穀梁传》）“不知言，无以知人也。”（《论语·尧曰》）革命导师马克思、恩格斯在《德意志意识形态》中说：“语言是思想的直接现实。”显然，语言是表达思想进行交流的工具，是思维的物质外壳，信息的载体，是只有人类才拥有的符号。符号因意义而存在，离开意义，符号就不成其为符号。这就是说，语言不但有自然代码性质，而且有文化代码性质，不但有鲜明的工具属性，而且有鲜明的人文属性。西方学者，无论是意大利维科、德国洪堡特、美国萨丕尔等，都把语言看作开启人类社会文化起源和发展的奥秘的钥匙，中国现代学者对于汉语的人文性，也多有创见。汉语言文学不是单纯的符号系统，它与思维、情感同时发生，它有深厚的文化历史积淀和文化的心理特征。它的工具性与人文性是一个统一体的两个侧面。没有人文，就没有语言这个工具。舍弃人文，就无法掌握语言这个工具。语文学科作为一门人文应用学科，应该是语言的工具训练与人文教育的综合，工具性与人文性的统一性是基本特点。也就是说，语文学科的教学，不仅要让学生获得语用的能力，而且要让他们获得语言文字织锦成文后所承载的精神养料的哺育与熏陶，塑造正确的价值取向，人生追求。

教学行为受教育观念支配，在语文教育观念体系中最核心的是性质观，它统率语文教育的全局，决定语文教育的发展方向。准确定位，回归到这个学科的本原，立德树人的根本任务就能在这个学科的主渠道落到实处，而不是剥去精魂只在形式的排列组合上翻腾。而今，新世纪教育改革的语文课程标准已将这一点吸纳其中。

二是进行课堂教学改革。就教学内容而言，着力德智融合，滴灌生命之魂；就课堂教学结构而言，追求网络式、辐射式。

德性与智性是生命之魂。德性是人生之本，即道德、情操、理想、信念，学生时代就要通过课内外的学习、实践，打好扎实的基础。智性是文化科学素养，即掌握知识，锻炼能力，有生存和发展的本领。德智融合不是在传授知识、培养能力时，加点做人的名词术语，而是要慧眼挖掘课程、学科本身蕴含的育人价值。所有教学都有教育性。千金之珠，是在九重之渊的骊龙颌下。所有课程、学科都有其固有的价值取向，备课时要深入钻研，觅宝、探宝，掌握其中精要，教学时要从文本实际出发，从学生的实际出发，彰显教学的价值。语文课程教学绝不只是实用工具的训练，三尺讲台演绎的都是古今中外经典中的历史风云、社会更替、世事人情、人生感悟，其中的思想、情怀、道德、操守、人格、品质、意志、韧劲，对心灵正在发育的学生而言，是滋养心灵的养料，是琼浆、是醍醐，明灯一盏，点亮他们的人生道路。而把学科这些魂教出来，是通过语文读写听说活动，通过语言文字表现力、生命力的推敲、咀嚼，让学生思考、实践、体悟获得的，而不是说大话，说空话。德性和智性相互支撑，相互渗透，相互融合。可不能失魂落魄，体要有魂，魂要附体。我体会到：什么叫上课？上课就是生命在歌唱。

教学要面向全体学生，因而课堂教学结构需转型。从教师讲学生听的满堂灌或偶尔学生向教师答的线性结构转换为网络式、辐射型。即教师的“教”作用于全体学生的“学”。各个层面学生的“学”反馈到教师，学生与学生之间相互作用，教与学、学与教、学与学之间的构成网络，使信息交流畅通。教师与学生中语言的正误、认识的高低、情感的丰盛贫瘠辐射到所有学生的耳中、心中。改变课堂上部分学生做旁听者、旁观者的情况，激发每个学生生命的涌动，充分发挥学生内在的聪明才智。经过十分艰苦细致的工作，学生真切体会到自己是学习的主人，课堂是自己积极思考、认真进行语文实践的场所，上课绝不只是教师发光，少数语文尖子发光，而是每个学生都是发光体，只要专心致志，努力发挥潜能，调动主动性积极性，课堂就形成求知的磁场，常有"一语惊人"的神来之笔赢得大家的首肯与惊异，学习的兴奋在欢乐中流淌。

德智融合，教育功能多维，不仅语言文学理解与运用获得培养，而且促进思维的发展与提升、审美的辨别与鉴赏、文化的传承与创新，全方位育人。课堂教育结构转型，立体化施教与教学内容的完善结合，引领学生形成良好的语文素养。

改革只是起步，要真正达到优质，道路还很长，还需坚持不懈的奋斗。党员在岗位上，应是学科专业的标杆，教育改革的一面旗帜，由此我联想到作家汪曾祺说的一段话："人总要把自己生命的精华都调动出来，倾力一搏，像干将、莫邪一样，把自己炼进自己的剑里，这，才叫活着。"我这名党员教师活着的生命意义，就是把自己炼进伟大的有中国特色的社会主义教育事业之中，淬火，锤炼，修身立功，积极进取，为培养青少年学生成长、成人的优质教育奉献所有智慧与力量。

2020 年 11 月

一些根本问题的根本性思考

经过上海市教育委员会人事处、杨浦区教育人事科、杨浦区教育学院培训中心的共同努力，迎来了首届于漪教育教学思想研讨的开班喜庆。开班不易，是在对新冠病毒防控的条件下进行的；各位老师来参加，也十分不易，这种渴求成长的热情十分可贵，值得称赞。举办高级研修班只是给大家搭建一个线上线下学习与展示的平台，目的在培养党和国家期盼的优秀教师，能不断涌现人民满意的好老师。

当前，我们正进行“双新”“双减”的工作，这是教育高质量发展、教育治理的重要举措，教师是教育工作的中坚力量，强化学校主阵地的作用，重任在肩。而教师队伍行进中尤其需要排头兵，尤其需要意气风发的中青年教师，志存高远，攻坚克难，追求育人真谛，创造立德树人的佳绩。

习近平总书记对教师队伍的成长与发展寄托了无限的期望，他多次强调：有高质量的教师，才有高质量的教育。没有高水平的师资队伍，就很难培养出高水平的创新人才，也很难产生高水平的创新成果。习近平总书记要求教师有理想信念、有道德情操、有扎实学识、有仁爱之心，还殷切期望“教师要成为大先生，做学生为学、为事、为人的示范，促进学生成长为全面发展的人”。

学习这些教导，联系自己的教育实践和成长经历，就可体会到“四有教师”“大先生”都是要求有正确的教育理念、精湛的教育才能，有大胸怀、大担当。而要进入这样的境界，须不断努力学习，自

本文是 2021 年 9 月 7 日作者在于漪教育教学思想高级研修班上的讲话。

我修为，一步步攀登。

这次高研班研讨的主题是课堂教学中的德智融合，具体内容我不作阐述，我以为这个主题要研讨得有质量，首先是对教育的一些根本问题作根本性的思考，才能方向明，目标清晰，有内在动力。有三个问题须作根本性思考。

第一个问题是我们从事的是什么性质的教育。

我们从事的是中国特色的社会主义教育，这一点一定要想明白。

一谈到教育，我们往往想到的就是培养下一代，想到课程、教材、教法，想到要热爱学生，促进他们成长。这都是对的，但这些想法比较“泛”，放到哪个国家、哪个地区去讨论都可以。须知：教育从来是国家、民族的大事，培养下一代无不寄寓国家、民族的要求，无不烙上国家、民族的印记。

我们是有中国特色的社会主义国家，我们从事的教育必然也必须是中国特色社会主义性质的教育。中国特色社会主义教育发展道路是中国特色社会主义道路的有机组成部分，是中国共产党百年教育事业即历经新民主主义革命时期、社会主义革命和建设时期、改革开放和社会主义现代化建设新时期以及中国特色社会主义进入新时代的智慧结晶，遵循中国特色社会主义道路的根本要求。我们讲教育现代化，不是什么西方的教育现代化，而是中国特色社会主义教育现代化，它具有鲜明的历史逻辑和强大的内生动力。中国特色社会主义教育纵向溯源，我们有数千年从未割断的中华优秀文化传统，培养了一代代为国为民作奉献的志士仁人，其中涌现的不少教育名家的教育理念、教育策略、教育方法等经过时间的淘洗，至今仍闪发育人的光彩。如大家熟知的有教无类、因材施教、学思结合规律等等。中国教育是构建在中华优秀文化丰厚的沃土上，今日的有中国特色的社会主义教育就是从这些历史财富中取其精华，创造性转化，创造性发展。从横向看，中国的教育的特大体量，世界上绝无仅有。而且中国幅员辽阔，各个地区的经济、文化，以及风俗习惯，均有差异，乃至明显的差异，单是实施基础教育就极其不易。放眼世界，没有现成的模板可以照搬照用，靠我们自己在党的领导下根据国情、教情、学情制定教育方针、政策，保障教育顺利发展，不断取得育人成效。

中西教育进行比较，有很多相近相似之处，包括某些规律性的认识与做法，因而，我们引进、对比、借鉴。借鉴他人是为了提高自己，健壮自己。中西教育有本质的不同，必须站在战略高度，认真深入思考。我们不是培养学而优则“钱”的利己主义者，我们的中国特色社会主义教育是要从党和国家事业发展全局的高度，为党育人，为国育才，把青少年学生培养成为德智体美劳全面发展的社会主义建设者和接班人。也就是说，我们要培养的人是要以中华民族伟大复兴为己任，以人类命运共同体为追求的有远大理想、宏伟抱负的，真干实干、红色事业代代相传的人。为此，我们把立德树人作为教育的根本任务，要融入教育全过程，培根铸魂。这是传统教育的创造性转化，创造性发展，具有中国特色社会主义性质。

而今，教育进入高质量发展的新阶段，这就意味着在“质”与“量”两个维度上达到优质状态。我们的教育以人民为中心，为人民服务，为此教育公平水平要不断提高；发展重心由普及转向高质量追求，育人质量要努力稳步提升。我们从事的是什么性质的教育，切实想清楚，就会心中有准绳，方向明，干劲足。

第二个问题是衡量我们教育质量的根本标准是什么。

较长时间以来，我们习惯于以考试分数来评价学生，来衡量教育质量。无可讳言，考试分数是衡量教育质量的一个手段、一个标准，但绝不是唯一，绝不是全部。将它无限夸大，错把手段当目标，教育教学行为就会出现偏差，损害教育效果。

教育质量说到底就是人的质量，就是我们培养的学生质量，学生的质量就是衡量教育质量的根本标准。党的教育方针是我们从事教育的总纲领、总指针，它制定的培养目标是我们为之奋斗而千方百计要实现的目标，也是衡量学生质量、学校教育质量的根本标准。

学生是成长中的完整的人，任何一个局部的发展都代替不了人的整体。试卷、分数能反映学生在某个学习阶段、某个学科的某个部分的理解水平、应用能力，但不可能反映出这个学生的综合素质，更何况任何一张考卷都考不出人的综合素质。再说，这张考卷的科学性如何、适切性如何，也是颇值得研究。

考试、分数是智育的组成部分，检查和衡量某个学业局部的学习质量，以改进与提升教与学的策略与方法，取得更好的教育效果。对学生进行智育，有极其丰富又极其重要的内容。比如，学习动机的培养、学习方法的指导、良好学习习惯的养成、学习兴趣与好奇心的激发、阅读期望的引领、手脑并用与动手实践的尝试、各领域杰出榜样学习上攻坚克难精神的弘扬、学习伙伴中进步经验与事迹的交流等等，无不是智育的内容。学生是学习的主体，这些方面的培养是在学生成长的内在动力上下功夫。学生懂得为谁学习，养成良好的学习习惯，掌握符合自己个性特点的学习方法，就受益终生，质量就不断提升。为考而教，为考而学，违背了教学的本质，学生厌倦学习，好奇心、求知欲望稀释，乃至丢失，真是祸莫大矣！

德智体美劳全面发展是学生成长的权利，这是人自身成长、发展的需求，也是人自身成长追求的境界，马克思对此早有论述。人的全面发展是教育深层次价值的体现，也是现代社会高速发展对人综合素质优良的需要。教师应该持有这样全面的教育质量观。现状是我们常受到片面质量观的干扰，对学生成长中的短板乃至缺失常视而不见，不以为意，更别说花时间花精力去引导、弥补、强化。基础教育是给人打基础的工作，使受教育者成为有理想有道德、有生存本领的全面发展的人。德性是做人的方向、统率，从小就要教育他们明大德、守公德、严私德，心中要有别人，要有集体，要有国家，要学会助人，学会感恩，学会自省自律，不能自我中心，不能只想到自己，只为自己打算。在当今社会多元价值激荡、多样文化翻腾的情况下，要未成年人有识别能力、判断能力，选择正确的人生价值，懂得做人的道理是极其不易的。要针对他们身心发展的规律，用易理解、体验、领悟的方式方法，细水长流、持之以恒地渗透、激励、唤醒，贯串在一切教育活动中，特别在课堂教学中。教师在传授知识的同时，撒播做人的良种，德智融合，培养学生健康成长。德性如残缺，轻则害自己，重则危害他人危害社会。我们强调德育为先、立德树人是寓含着极其深刻的道理的。美育引导学生认识美、崇尚美、追求美，向上向善，情操长时间受美的思想、美的事物、美的行为的熏陶感染，就会提高识别假恶丑的能力。拒绝假恶丑，有助于提高做人的道德品质。

身体是做人的本钱，不锻炼，不经风吹日晒雨淋，怎能健壮？劳动基本是缺失的，家长以长臂管理的方法，对子女的生活包办代替，子女往往连生活自理的能力都没有，处处依赖，怎可能有生存发展的本领？更不用说树立劳动观念，在工农业体力劳动中体验艰辛，养成劳动习惯。凡此种种，都说明要提高学生质量，教师重任在肩。

人的质量是学校教育的生命线，也是衡量教育质量的根本标准。

把握住这一点，就会大大提高贯彻党的教育方针的积极性、自觉性，千方百计促进学生德智体美劳全面发展。

第三个问题是教师专业发展最重要的内在需求是什么。

习近平总书记说："教师是人类灵魂的工程师，是人类文明的传承者，承载着传播知识、传播思想、传播真理，塑造灵魂、塑造生命、塑造新人的时代重任。"要担当起如此的重任，教师自身就须努力进步，专业就须持续发展。因而，教师专业发展是教育永恒的主题。

教师专业发展不能只依赖于外在力量"要我发展"，关键在内在动力、内在需求。教师在教育教学实践中会遇到多种多样的困难，会有各种各样的困惑，认知的、情感的、方法的，功底的、视野的等等，要努力破解，攻坚克难，须不断提升专业水平、事业追求、职业技能。专业发展也就是要持续提升对学科专业内容、功能的深刻认识，持续尝试对学科教学形式的改革创新，持续播撒对学生成长的关爱。这种对扎实学识、仁爱之心的追求，源于对祖国伟大事业的理想信念的树立，对育人事业的广阔情怀。而这些均聚焦在精神的成长。教师的专业发展着力于精神的成长，有了成长的内在需求，外在的要求，包括种种的培训，就会内化为自己专业发展的资源、要素，增添专业攀登的力量。

当前，在第一线从教的教师的专业发展，有三个方面须有所突破。

一是“思”。人独立思考，是为了得到正确的思想；只有正确的思想才能带出正确的行为。教学领域各种说法、各种做法琳琅满目，众说纷纭，尤其是引进的这个西方某某教育家的论断，那个西方国家某某心理学家的圣言，某些专家、一些教师以自己的认识与实践构建教例作为论据以证明这些理论的有效与伟大。由于媒体的载文宣传与竞赛课获奖的助推，有的就形成了教育时尚，形成了乱花，已经迷人眼。面对现实情况，是跟风追风，人云亦云，还是独立思考，慎加甄别？年轻教师最缺的大概不是教学的技能技巧，年轻人极聪敏，只要认真学，较快就能掌握，缺的是独立的思想、自主的精神。面对正误交错的复杂现象，如何拨开迷雾把握正确的方向，作出正确的价值判断？课堂教学是教师安身立命之本，我从教的学科究竟要引领学生学什么？达到怎样的目标？怎样才能使他们学有所得、学有所能、学有兴趣、学有方向？我现在是怎样做的？我应该怎样做？怎样改进？这些问题要反反复复想清楚，切不可懒于思索，或做思想的矮子，听凭教学参考资料、电脑下载教案、教育时尚说短长。借鉴别人、借鉴国外的某些做法，关键在“化”，以我为主，取其有益养料，健壮自己，丰富自己，而不是生搬硬套，以洋为荣。比如，语文教学是母语教学，运用外来的东西不是结合中国语文的实际，有中国语言的表述，而是把教学实践纳入某个论述的窠臼，以表示“先进”“前沿”“科学”。这不由得使我想起20世纪80年代初刚开放之时，说“饼干”是落后，应该说“克力架”，不仅新鲜，而且有水平。四十年了，应该说我们的教育思想、教学策略、教学方法有不少先进的精彩创造，但由于缺乏主体意识、教育自信，专业领域失语状况还有待大大改进。为师者思想须有高度，脊梁骨须有硬度，因为你肩挑的是立德树人的刚性责任。

二是“学”。思考，不只是向外追求，向外学习知识，学习他人；思考一个更重要的领域和功能，就是认识自己。教师是传授知识的人，要把人类创造的精神财富通过自己创造性的劳动转换为学生成长的内在要素。而知识世界没有终极，对我们而言，许多是封闭的、黑暗的。人的认识能力有局限，眼睛、思维，不可能全知全觉，故而始终在摸索中。就这一点而言，教师的“学”尤为重要。更何况当今科技飞速发展，新知识、新信息、新理念层出不穷，不学习，教学中就没有时代活水流淌，就难以与当代学生心灵沟通。学习应成为习惯，成为教师生存与生活的需要。

读书，是学习的极其重要的内容。然而，从一些调研的情况来看，教师离读书的理想状态还有相当距离，这直接影响到教师专业扎扎实实提升的质量。教师，不管教什么学科，应该是文化人，身上有点文化人的气质。“腹有诗书气自华”，文化不是外在的资料任你调动调动，而是附着在你的身上，是你精神成长之基。读什么书，怎么读，苏轼早就说过：“博观而约取，厚积而薄发。”杂观、博览，拓展视野与思路，融会贯通使不同领域的知识不各行其是，而是以整体统摄碎片。要读点磨脑子的理论经典，学习提出问题、分析问题、解决问题的立场、观点、方法，坚物唯物观点，有点历史的、辩证的眼光，思维的品质就会明显提升。学科专业书要深入读，对其性质、功能、目的、任务、来龙去脉、发展动向，反复琢磨，力求成为行家里手，并有创新发现。根据不同需求，可阅读文学、历史、哲学、科学、社会、生活等各类书籍。

读书不在多，更不在装门面，夸夸其谈，而在真正读进去，入脑入心，成为自我修为、头脑清醒的良好基因。哲学家冯友兰先生说：读书要精其选，解其言，知其意，明其理。真正读懂，不仅“明其意”，还有我读者自己的意，自己的心得、体会、发现、判断，二者互相比较、互相补充，乃至互相纠正，这就书为我用，活学活用了。

要关心国家大事，关心时代奔腾发展的潮流，跟上时代前进的步伐，才能积极适应教育事业发展的时代要求。

学，要虚心，耐心，锲而不舍，持之以恒。学习是一辈子的事，要一辈子成长，须久久为功，无捷径可走。

三是“做”。教育事业是实践的事业，教学质量、育人质量是做出来的，而不是靠嘴上说说就能成功。要把正确的教育理念转化为育人的良好效果，必须认认真真、实实在在把一件件教育学生的事做好。教师加强学习，提高修养的目的也是为了把事情做好。《大学》开宗明义就指出："大学之道，在明明德，在亲民，在止于至善。知止而后有定，定而后能静，静而后能安，安而后能虑，虑而后能得。物有本末，事有终始，知所先后，则近道矣。"学习的目的在于彰显内心美善的德性，使人自新，使人进入最美善的道德境界。知道应当处于怎样的美善境界，接下来就是怎样做了。"定""静""安""虑"。志有定向，有定力，始终如一做一件事；静下心来，面对外部的诱惑，要抵御内心的躁动；安下心来，踏踏实实做事；处事精详，要有长远的考虑。四者做到，则有所"得"，即做事得体，做人得体。两千多年前的古训至今仍散发智慧的光芒。

教师认准做的一件事就是立德树人，培养学生成为有爱国情怀、社会责任感、创新精神和实践能力的时代新人。教育工作平凡琐细，千件万件，把它穿在育人这根线上，就会不厌其烦，就会体会到忙得应该，忙得其所。重要的是学会把教育行为从习惯性的无意识操作转换为有意识的行为。教育是有计划有目的地培养人，寓教育意义于平凡的小事中，增添了教育行为的意义和价值，学生耳濡目染，既受到良好熏陶，又锻炼做事的能力。

进行教学改革，提升课堂教学质量，也是从一件件具体的教学行为做起。再好的设计，哪怕写得十分漂亮，也必须以教学实践来检验，否则，便是空想，便是一纸空文。实践出真知，实践是检验真理的标准。优秀教师是在教学实践熔炉里千锤百炼炼出来的。以教学理论指导教学实践，再对教学实践进行反思，总结经验与教训，进行理性思考，提升到理论上认识，不断由表及里，由此及彼，去粗取精，去伪存真，逐步地接近学科专业规律与学生认知规律，切实提高教学质量。离开了大量有目的有计划的课堂教学实践，离开了持续不断反思、自省、总结经验教训、努力改进、破解困惑，就难以使教学质量有质的飞跃。

行是知之始，知是行之成。当前，面对新的课程教材改革，面对"双减"任务的要求，更要用心用情用力进行教育实践，弄清是非正误、利弊得失，实践、认识，再实践、再认识……在循环往复中，教师专业全面发展，欣然进入自胜者强的佳境。

所谓“根本问题”是指对事物发展牵一发而动全身的问题，对教育的一些根本问题作根本性的思考，能使人心明眼亮，奋斗激情倍增。

成为新时代的大先生需要思想自信、实践自觉

习近平总书记强调："有高质量的教师，才会有高质量的教育。教师是教育工作中的中坚力量，没有高水平的师资队伍，就很难培养出高水平的创新人才，也很难产生高水平的创新成果。"

习近平总书记还说："教师要成为大先生，做学生为学、为事、为人的示范，促进学生成长为全面发展的人。"

这些年来，我们教师队伍的建设有了显著的进步，涌现出了许多爱岗敬业、对学生充满仁爱之心、勇于改革创新的优秀教师和卓越校长，为教育的高质量发展作出了贡献。但是，教师要成为新时代的大先生，还得要自我修炼，努力攀登。

我们中国的文字非常美妙。"大"，就是一个人顶天立地，张开了双臂，来拥抱祖国，拥抱世界。这意味着我们做新时代的大先生，必须要有大的视野、大的胸怀、大的格局、大的担当、大的气象，需要我们不断自我修炼。

我是一名在基础教育第一线的老师，比较熟悉基础教育的状况，接触比较多的也是基础教育的老师。要成为新时代的大先生，我们基础教育教师有 8 个字非常重要，那就是"思想自信、实践自觉"。

首先是思想自信。我们要清醒而深刻地认识和理解我们从事的是有中国特色社会主义的教育，社会主义是我们的本质特征。这个教育前无古人，是创造性地传承和发展了我们几千年的文明和教育的文

本文发表于《光明日报》2021 年 9 月 14 日。

化。从横向看我们没有现成的模式可以照搬照抄，当然我们今天办教育，要有开放的心态，要面向世界，海纳百川，择善而从。

更为重要的是，要有舍我其谁的高远志向和教育教学思想的原创。而这种原创的思想根植在我们中国教育历史土壤、现实土壤以及未来的召唤中，是马克思主义和中国教育国情紧密结合而产生的。

这些年来，有很多原创的思想显示出我们中国特色社会主义教育水平。比如教育公平，我们强调的是政治性、社会性、基础性，是以人民为中心，是为人民服务的立场。又比如，教育的根本任务是立德树人，这是跟我们的社会主义教育特色是紧密相连的；还有学科德育，使德育和智育在课堂教学里融合，滴灌孩子的生命之魂，不能够只强调工具理性而忽略了价值理性，这些都是我们引以为傲的有原创精神的思想和做法。没有思想自信，就只能听从别人论短长。

我们的思想正确与否要靠实践来检验，但是这个实践必须要有自觉性，而不是用别人的框框、别人的标准来衡量。要根据我们自己的需要，来解决我们培养时代新人的问题。必须很好地思考，为什么这样做？做的目的是什么？还有什么途径、什么方法？其中有怎样的经验教训？

教育教学的做法都有着强烈的时代和地域的特征，不能盲目地搬来就用，而是要鉴别、消化，择其精华，才能拿来为我所用，来提升我们自己的教育质量，而不是去做人家理论的依据。因为我们所有的实践聚焦在培养全面发展的人，这是最根本的。什么叫教育质量？教育质量说到底就是人的质量，就是我们培养的人是怎样的质量。是不是时代新人、全面发展的人，能够传承红色基因，一棒一棒接下去，不断去发展和创造的人。

理想信念是大先生的灵魂。过去有蔡元培、陶行知、陈鹤琴等大先生，他们留学回来以后，能够在教育上有所建树，因为他们有中国魂。新时代的大先生要怎样，才能够仰望星空奏神曲？

我觉得心中要燃烧起实现中华民族伟大复兴的生命之火。高远的理想使我们生命有无穷无尽的动力，有克服困难、排除万难的毅力。

另外，还要脚踏实地。实现理想，是要一步一步走的，因此要刻苦钻研，努力学习，不断丰富自己的学识，锤炼好立德树人的基本功，要具有为祖国服务、为人民造福的真本领。用原创的思想和方法指导实践，同时吸取世界教育的文明成果，我们就能够在祖国肥沃的教育土地上，创造出中国教育的精彩。

教师发展的若干现实问题及其破解之道

——专访人民教育家于漪先生

李瑾瑜

尊敬的于漪先生您好！您是我们敬仰的人民教育家，能有机会向您请教是我们的荣幸，也感谢您的支持。因为新冠肺炎疫情的影响，我们只能以在线的方式进行这次访谈，对由此给您带来的不便表示歉意。为了使这次访谈收获更好的学术价值与现实意义，我之前做了一些功课，认真研读了您的书籍、文章和关于您的新闻报道，今天就“教师专业发展”这个主题向您请教十个问题，这些问题也是当下我国基础教育和教师发展面临的重要现实问题。我们就这些问题向您“荒原问道”，衷心期望您为全国的教师指点迷津，启智明思。

于漪

感谢你们百忙之中对我进行采访。你们对教师教育事业的挚爱深情及对建设高素质、专业化教师队伍的责任担当令我感动！我这名老教师特表深深的敬意。

本文是 2022 年 11 月 14 日西北师范大学教育科学学院教授李瑾瑜对作者进行的在线访谈，原载《教师发展研究》2022 年第 4 期。

李瑾瑜

1947 年您考入复旦大学教育系，大学四年教育专业的学习受到了曹孚、周予同等教授严谨治学品格和精神的影响。在学习您的教学实践与教育思想成果的过程中，我们能够清晰地感受到您教育理念和相关概念、话语的深刻与专业。您认为教育专业学习的经历对您的教育教学实践和研究具体有什么样的影响？您认为教育教学理论对教师学习与发展有怎样的作用？现在师范院校对教育专业的课程与教学重视程度不高，许多师范生也不愿意学习教育专业课程，因此职后教师培训常常是在补救职前教育专业上的“先天不足”，对此您有什么看法和建议？

于漪

学习教育教学理论对教师的专业发展究竟起怎样的作用？我根据自己的切身体会，认为学习教育专业特别是教育教学理论，对教师的发展成长起着基础性、引领性的重要作用，能够受益终身。教师从事的是教育工作，对于教育工作的性质、目的、任务、对象、功能、原理、原则以及方式方法，需要上升到理论高度做理性的思考。如果教师对自己所从事的工作在理论上不甚了解，怎么可能将其作为安身立命的专业并得到充分发展呢？因为理论上的模糊，一定会导致实践中的盲目。回想一下自己的经历，教育教学理论起码在以下三个方面对我起了很大作用。第一，教育教学理论帮助我清醒地识别教育现象，坚持正确的教育方向。如我看到应试教育甚嚣尘上、题海题库机械操练泛滥成灾、把分数看成像原始社会图腾一样膜拜甚至分分计较等现象时，用教育教学理论分析就会十分清楚这是违背教育规律的做法。因为教育本身是培养人。我们古代《大学》开宗明义地指出：“大学之道，在明明德，在亲民，在止于至善。”教育归根到底是要彰显人内心的美德，要促使教育对象不断地自我提升，达到至善的境界。德国教育家第斯多惠也曾讲过，“任何真正的教学不仅是提供知识，而且是予学生以教育。”因此我就鲜明地提出，教育的目的是“育人”而不是“育分”，“育分”是违背了人全面发展的过程与规律的。由此看来是教育理论指引我清醒地识别并坚持正确的教育方向。第二，教育教学理论使我少犯低级错误。记得有一年，语文高考题型中有改错题，分值大概是五六分，于是开始有了铺天盖地的练习。我当时教高三，学校发给我们300道改错练习题，但我没有给学生做。因为我思考，这违背了教育原则。教育应是正面教育，要让学生“饮琼浆”，要给他们“灌醍醐”；在学生对语法、修辞、逻辑知识还没有十分熟练掌握的情况下，要让他们做300道改错题，让他们脑子里犹如马蹄杂沓，这显然有违教育规律，也不符合教育常识，所以我是不会让学生机械练习的。第三，教育教学理论给了我一辈子坚持教学改革的动力和标尺。教育教学理论给我们展现的是理想状态，作为老师我们要不断地追求这种教育理想状态，因为教育本身就是信仰，没有理想就没有好教育。在教学过程中是理论指导我思考与发现很多问题，并不断地加以改正。比如，我开始做老师的时候认为只要课教得一清如水，学生就一定都能够学得很好。但现实是，不管讲得怎样好，学生学习的状况都是不一样的，是我的想法违背了教育教学理论。因为学生是学习的主体，任何一个教师都是无法替代学生学习的。如果学生不是学习的主人而只是听众、观众，那么他是没有办法学好的。正是得益于教育教学理论的指导，我逐渐把“以教为主”转换为“以学为主”，让学生真正成为学习的主体。再比如，早年我们的班级规模比较大，高中每个班50~60个学生，两个班级就100多人，学生个性差异很大。因此，我在班级教学时就考虑怎样因材施教，根据不同情况的学生设计不同的问题，让每个学生都能够有获得知识的满足感和成就感，这也是教育理论告诉我的。我一辈子所开展的大大小小的教学改革都是以教育教学理论为指导的，它作为一种标尺，让我能够量一量自己的实践有没有违背教育教学理论原则和方法。所以，教育教学理论对我来讲，不仅有基础性的作用，而且有引领性的作用，使我受益终身。

当前师范院校对教育专业课程与教学普遍缺乏重视，我觉得这个要放在特定社会背景下来认识，很难说应由谁来负责任。根据我的观察，这种现象既有历史根源，也有现实原因。一是市场经济大潮对教育的冲击。教育从来就没有立竿见影的效果。市场经济的开放性使教师的地位和工资待遇都不理想，教师流失一度很严重。在这样的情况下，师范院校要生存发展就要争取资源，不得不向综合性大学靠拢，有的师范大学甚至想把“师范”两个字挖掉。可见，师范院校对教育专业课程与教学不重视是受历史影响的，要下功夫慢慢消减这种消极影响。二是社会普遍存在对“教育”的一种偏见。现在我们可以理直气壮地讲，教育是国之大计、党之大计，但在几十年之前人们不是这样认识的；甚至有人认为只要有一点文化和知识就可以做老师，老师是没有专业的，教育是没有科学理论依据的；更有甚者还认为教育是“伪科学”，没什么可学；等等。我觉得存在这种偏见的人，究其原因是没入教育的门，处在无知的状态。教育是太阳底下最光辉的职业，是人类所特有的社会现象，只要人类社会存在，教育就永恒存在。文明社会的传承与发展，离不开教育的支撑。教育教学理论是把培养人成长成才的复杂教育现象上升到理性层面，寻求人全面发展的规律所形成的思想体系。教育是系统的长线工程，育人的艰巨性复杂性是难以言表的；教育本身就是十分科学的，是需要用科学的理想、思想、概念和精神来研究的。教育也必须要与时俱进，时代飞速发展，我们的教育理论还需要进一步完善和发展。

对于师范生不喜欢甚至不愿意学习教育专业课程的现象，拿教育理论来分析，我觉得是两个“缺乏”所致。一是师范生对教育专业课程重要性和价值意义缺乏足够的认识。二是师范生对教育专业课程缺乏端正的学习态度。师范生缺乏做教师的实践体验，很难一下子就能把握教育教学理论所概括的丰富内涵，所以在学习过程中，基本上理论是脱离实际的，从概念到概念，从术语到术语，因此就会视之无用，进而产生不端正的学习态度。要想解决这些问题，我有三点建议。因为理论是行动的指导，所有的教育行为、教育活动一定要有正确的教育教学理论指导，才不会事倍而功半。所以，第一条建议是，师范院校首先要提高认知，对教育的科学意义和战略意义要有深刻认知，对教育专业课程的价值要有深刻认知。这样的认识达到什么程度，行动步伐就会跟到什么程度。第二条建议是，齐心协力让“强师计划”落地生根。今年教育部等八部门印发的《新时代基础教育强师计划》提出要加强高等师范院校建设，加大对其支持力度。如果社会都能充分认识到师范教育的重要性，那么师范生对教育专业的认识和渴求就会大不一样。第三条建议是，高等师范院校的教育专业课程要深化改革。面对缺乏教育教学实际经验的师范生，教师教育在教理论的时候一定要面向实际、面向学生，使教育专业课程教学生动、鲜活、丰富多彩。而且要有开放性，让教学不仅发生在课堂、校园，还要发生在社会、中小学一线教育教学的实践中，这样教育教学理论精彩丰富的生命活力才能够被发掘出来，对师范生也才有感染力和吸引力。

李瑾瑜

您 1951 年从复旦大学教育系毕业后，在中学教了八年历史课程，后改行转教语文课程。按照您的谦虚说法，自己是“三无”教师（一是非中文系科班出身，二是未经过职后培训，三是无听老教师课的福分），为此坚持自学自修，用了三年的时间，把大学中文系的全部课程学完。这为您后来六十余年语文教学和专业发展奠定了坚实的基础，也助力您开启了“语文教学的大门”。从无学科到有学科，从历史到语文，这两个转折其实是您职业发展的两个重要节点，您最大的体会是什么？现在的城市和乡村学校普遍存在着“教非所学”问题，许多教师需要兼自己学科外的其他课程，或者根据工作需要担任与自己所学学科不一致的课程。全国师范院校每年也有相当一部分教育专业的本科生通过教师资格考试成为教师，这些新教师的教学也面临着“学科知识欠缺”的困扰。基于您的体会，您对这些老师的教学和专业发展有什么建议？

于漪

对于“教非所学”和“学科知识欠缺”给老师造成的困扰，我的经验体会是，学科转行看似有不可逾越的鸿沟，其实不然。学科之间从来都是互通的，比如说我教语文，跟历史、哲学是完全相通的；

数理化也是相通的，教物理的老师如果数学底子不好是根本教不好的。我学教育，它的原则原理、方式方法对我后来教语文也有很多指导意义；我教过历史，再教语文我就不会犯历史知识方面的低级错误，比如讲与先秦时代相关的学科知识，就不会说哪个国家的最高统治者是皇帝。再如，讲到“安史之乱”，我绝对不局限于语文文本的那一点，我会把“安史之乱”的历史背景融入语文教学中，这个时候语言就活起来了。所以教师的“学科转行”并不存在不可逾越的鸿沟，实际上它能让你的视野更广，思考问题的角度更多，而且立足点更高。其实我们也都知道，古今中外有很多人都是通才，能够很好地融合各个学科和领域的知识。而随着工业革命的到来，社会分工越来越细，反映到教育上也就是分科知识越来越细。它的优点是便于对某一个领域精深探究下去，但反过来也可能阻碍生产的发展，影响社会的进步。因此从上个世纪下半叶开始，人们就强调学科之间要整合，跨学科、综合学科、交叉学科等新兴学科门类层出不穷。从传统教育的惯性看，由于我们过去是学什么教什么，许多老师确实存在着“一学定终身”的情况，专业对口、所教即所学是顺理成章的事。如果我是数学专业毕业的，那么可能一辈子当数学老师。今天，随着科技的飞速发展，新事物新需求如雨后春笋般涌现，许多大学数学专业毕业生虽专攻数学，但他们也可能转行到大企业里搞信息、搞统计。我们一直强调教育要有前瞻性，学校开设课程也要适应社会发展的多变性和不确定性，但即使这样，也很难跟上时代的步伐。因此“教非所学”本身即时代发展的必然，而且将来会成为一种常态。这些年我们为什么越来越强调要不断地提高教师的学历，因为学历高了，教师所接触到的课程门类就多了，视野就广阔了，文化底蕴就厚了，自学的能力就强了，转教学科也就比较容易，就能够把所做的工作与原来学习的学科门类融会贯通。

当然，我们要理解现实中的青年教师特别是刚入职的新教师，他们容易被“教非所学”和“学科知识欠缺”的问题所困扰。那么，怎样破解新教师面临的“学科知识欠缺”的困扰呢？第一，要有良好的心态。每位老师都生活在特定的时代发展之中，一定要认清历史发展的必然，以自己的身体力行来回答时代之问。“教非所学”是新时代新事物的新要求，所以不能以一种委屈的心态面对，而应该看到这是时代发展的必然，是一种常态。第二，要认识到本科毕业、研究生毕业并不是学习的结束，踏上教师工作岗位是新学习的开始。所以要清醒地认识自己角色的转换，从大学生、研究生转换成为教学生的教师，会碰到许多做学生时从来没有遇到的问题，这就需要教师结合工作学习，不断获得新的启示、新的领悟、新的快乐。我们还可以冷静下来想一想，即使一个老师所教就是所学，难道就没有“学科知识欠缺”的困扰吗？我认为，一个老师即使所教与所学对口，仍然会有“学科知识欠缺”的困扰。因为任何一个独立的学科，内涵都是极其丰富的，也是处在不断发展中的，学习者在几年学习中不可能什么都掌握，更不可能把学科的宝藏尽收囊中，做到运筹帷幄。从我自己的体会来讲，学科的困惑会跟随教师一辈子，不过时起时落、时大时小而已。如果一个教师对自己“学科知识欠缺”缺乏正确的认识，又没有很好的学习追求，也就难以有好的专业发展。第三，要锤炼扎扎实实的自学能力。教师对所教学科的性质、目的、任务、功能、特点等要有总体的了解和把握，也要善于运用自己原本所学的专业来比较，系统梳理：学科自身体系是怎样的？要培养的能力体系是什么？能够给学生怎样的核心素养？如何在学科的“知识仓库”中检视自己的短板？这些都需要教师有不断学习和解决问题的钻劲和恒心。我一辈子的教学，都在不断地排查自己“学科知识欠缺”的问题。记得为了培养青年骨干教师，我从高中转到初中教课，当时没有想到我在课上就被初中的娃娃给“将”住了，回答不出问题。范文澜先生曾讲过，乐府有双璧，一个是《孔雀东南飞》，写刘兰芝和焦仲卿的爱情悲剧；一个是《木兰诗》，写木兰女扮男装，代父从军，征战沙场的故事。我在教《木兰诗》的时候，要求学生认真阅读理解，有一学生扑哧一笑很不以为然。我问她为什么？她说《木兰诗》的故事不可能——同行十二年，竟不知木兰是女郎，这个军队里的人全是傻瓜吗？于是学生们哄笑起来，我再跟他们解释，又有一个学生站起来说，古代女子是要裹小脚的，十二年里战争间歇一定会洗脚，鞋子一脱洋相就出来了。当时已下课，我随口回了一句，说那时候女子还没有裹小脚，结果学生不罢休，就问我："于老师，中国古代女子是从什么时候开始裹小脚的啊？"我从来没有研究过这个问题，备课时没有这样发散性的思维——从《木兰诗》追溯中国古代女子裹小脚的起源。回答不出学生的问题，我就"挂黑板"了，我告诉他们马上去查。结果正史上查不到，我就查风俗史、野史，最后在清朝史学家赵翼的《陔余丛考》中找到了，其中《弓足》一篇记载：南唐后主令宫嫔窅娘，以帛绕脚，作新月状，后人皆效之。教海无涯，学无止境。学生问到你的问题，你自己能够知道在什么地方就很不错了。所以，我一辈子都有"学科知识欠缺"的困惑。比如说教到"红杏枝头春意闹"，这个"闹"字了不得，是诗眼，但就一个"闹"字已经争论了上千年，我怎么能够全部了解呢？所以新教师有"学科知识欠缺"不可怕，它是一种内驱的动力，关键是要扎扎实实地学习，缩小欠缺的差距，逐步地成熟起来、优秀起来。

李瑾瑜

在分科教学制度中，每个教师其实都是"学科教师"，教师对所教学科的认同、理解非常重要。您作为我国第一批从讲台上成长起来的语文特级教师，特别强调语文学科的特性是始终指向人，与人的思维、情感、品质和能力密切相关；语文学科被冠以"语文"二字，其本质就是引领学生学习母语，理解与运用祖国语言文字，热爱中华传统优秀文化；语文教学要带有浓厚的文学色彩，语文教师应是对中国语言最有感情、传统文化底蕴丰厚的人，是"腹有诗书气自华"的人。为此您对语法、修辞、逻辑以及中外文学史，甚至哲学、天文、地理、航海等所有与语文教学相关的知识都学习。而且您以充满激情的表达、逻辑缜密的讲解、工整飘逸的书写、思想深刻的写作诠释和展示着一个语文教师的基本功。从您喜欢语文、理解语文、修炼语文素养，成为名副其实的"语文教师"的职业生活中，您体会到一名教师与所教学科之间应有什么样的关系？一个老师如何涵养鲜明的学科气质？教师对所教的学科教材与所教学科的整体知识体系之间的关系应该怎样处理？现实中有一种较为普遍的情况，就是大部分教师仅仅“教教材”，学科知识非常有限；还有一些教师对所教学科缺乏认同，也不善修炼学科的必备素养与关键能力，对此您有什么建议？

于漪

现实中教师“教教材”一定要融入整个的学科体系中去思考。只教教材而对学科知识体系不重视，对所教学科缺乏认同，本质上还是对教师职业不认同的问题。我一直认为，选择教师职业就是选择了高尚，就是选择了与国家命运、民族命运、人民生活幸福血肉相连的事业。一个老师如果对自己所从事的职业没有发自内心的深度觉醒，就难以成为合格的教师。这种人生观、价值观的确立，要求教师在师范院校求学时就扎扎实实地打好基础。这个问题解决好了，教师的思想、感情、知识、能力、智慧、潜能就会被充分地调动起来，也就不会是“学校要我做什么，别人要我做什么”才去做，而是自己主动积极地思考，为教育这个伟大事业奉献青春、贡献智慧，推动社会更加进步、人民更加幸福、国家更加繁盛。这样，教师就一定会想到自己教什么学科，担当怎样的学科责任，进而努力使学生学到真正的本领，提高综合素养。当教师把职业认同这个根本性的问题解决好了，他就会在所教的学科宝库里主动探宝，脑子里就会涌现出许许多多的问题，并且想方设法带领学生、激励学生主动取宝。也只有这样，教师对自己所教的学科才能有挚爱深情，教育生命才能有依托，教育激情、热情和学科专业的追求才能有坚实的基础。也就是说，教师只有对党和国家的教育事业有感情，对学生有仁爱之心，才会在实践中不断锤炼自己的教育教学能力，才会对学科有满腔热情满腔爱，从而产生巨大的教育智慧和力量。

教材与学科之间有密切关系。教材是体现国家意志、培养学生核心素养的依据。怎么样用好教材，同样是一个需要深入研讨的问题。教书育人、立德树人，体现着任教老师的必备素养和关键能力。所以，教师不能只看到教材，只围着教材转，最为重要的是要对任教的学科有整体认识，脑子里要有知识体系的框架。比如说我转行教语文，就一定要对语文在高中这个阶段的知识框架建立点、线、面、体的整体观念，我教的课文是一个点，这个点在线上是什么位置？我教记叙文、说明文等，这个点在线上是什么样的位置？在整个文体教学的面上是怎样的？在什么阶段学习、教到什么程度？要对这一系列问题有清晰的规划。以语文教学为例，语文学科是一个庞大的家族，字、词、句、篇、语、修、逻、文、听、读、说、写，一条一条线索教师都要梳理清楚，整个知识体系和语法、修辞学到什么程度，高中阶段教到什么程度，要搞清楚。所以，建立点、线、面、体的观念，脑子里有知识框架，把具体的知识点放在哪一条线上，这几条线构成怎样的面，这几个面如何构成了语文核心素养的整体，一定要十分清楚。尤其是语文学科的社会关系极其复杂，我们通常讲文史哲，其实语文的社会关系上至天文下至地理无所不包，人类创造的所有精神文明，都可以用语言文字表达出来。因此，语文教师对学科的认同，体现在不断学习，不断提高学养。

教材又是学科的精华。所以，在教师的学科素养里，读懂教材是教师最起码的能力。平常教师总是习惯于看教学参考书，甚至使用现成的教学资源。我们年轻时没有教学参考书，开学了教务处就给你一本教材，让你自己上，没有任何其他东西可参考。这虽然很困难，但是也很好啊！教学需要教师对教材独立阅读、分析和理解，如果没有一定的文化底蕴做支撑，教材是很难读懂的。什么叫备课？备课不仅备文字的表象，更要深入思考：作者为什么要用这样一个词？为什么要用这样的句子？为什么这样组织段落、结构篇章？文章不只是字句堆砌，更要有内在的思维逻辑，真正的备课就是要把这些搞清楚。我转行的时候，把读懂教材作为基本功锤炼，更作为我教语文的必备素养和关键能力，通过对上百篇文章的独立阅读思考，才领会了“庖丁解牛”的意味。所以，教师要尊重教材，把握教材体现的国家意志，又要切实用教材来教，用教材培养学生核心素养。这又需要教师本身具备学科教学的核心素养。比如说我教语文，必须要有语言文字的运用能力。语言是人独有的，语文教学是培养学生理解、运用语言文字的能力，因此作为语文教师，我给自己树立了一个目标，就是“出口成章，下笔成文”：我一出口一动笔就可以成为文章，语言规范、条理清晰、逻辑严密，可以成为学生的榜样。为此我就苦练，练自己的口头表达，练自己的文字功夫。朱自清先生讲“经典训练的价值不在实用，而在文化”，同理，学科教学的功夫就看教师本人的素养。我教语文，我身上就有语言文字的气质；语文就在我身上，是跟我血肉相连，有骨肉亲情的。这些关键能力是需要教师不断锤炼的。

说到关键能力的锤炼，教师一定要关注提问的能力。教师的提问如果不痛不痒，学生怎么会动脑筋呢？我在备课时，除了备教材、备学生，还要备提问。有时候为一个问题我会一而再再而三地推敲甚至推翻重来。我认为提出的问题，一定要支持学生思考，活跃他们的思维，让他们的心灵起波澜，这样才能使他们主动学习并有所受益。举个例子，我教初中的《七根火柴》时，课文中无名战士牺牲的场景非常感人。我开始这样设计问题：这个场景作者做了怎样的语言描写和细节描写？我写了这个问题又马上划掉了，这样苍白无力的问题怎么能够搅动学生的心潮呢？于是，我一而再再而三地更换，最后我把问题改成了：无名战士留给人间最后的话语是什么？留给人间最后的动作是什么？这些话语和动作表现了他怎样的心灵？对我们又有怎样的启示？这样的问题就能直击学生的心灵。教学不仅是科学，而且是艺术。有了好问题，学生学起来就非常专注也非常激动。由于有直击学生心灵的提问，当学生学到课文的最后，对无名战士牺牲的场景就有了立体化的感觉，就不仅仅停留在茫茫草原，而是通过对无名战士关键话语和动作反复体验的辨析，对无名战士心灵的理解与反复体验，课文中由衷赞颂的无私忘我的高尚灵魂就植入到了学生心中，让他们经久难忘。对于语言的敏感以及判断正误的能力，是要不断地修炼的，这也是一种生活的修炼、思维的修炼、人生价值取向的修炼。现在有那么多的培训帮助教师发展，当代教师在这些方面完全有足够的条件，可以闯出一条新时代教师成长、成熟进而成为优秀教师、卓越教师的康庄大道。

我已经是90多岁的人了，但至今写文章不要打草稿，发表的所有文章是没有草稿的。当然，这与我所接受的良好基础教育和高等教育有关，但更多的是我在工作实践中持续锻炼的结果。在我评上特级教师后，每次考试后学校都要分析教育质量，我仍然像初任教师一样，认认真真地分析自己的教学质量，把每一项工作都作为提升自己专业素养的机会。如果每一项工作都能够向前进一步，你就会觉得每天的生活非常充实，学科素养和专业素养再也不是空洞的概念，而是鲜活的，充满了生活的真善美，你就会越来越热爱教师这个工作。

李瑾瑜

您认为教育本质是“育人”而不是“育分”，教师发展的目的就是增强教书育人能力。您教育生涯里是把更多的精力放在了“学科育人”中，并形成了鲜明独特的教学风格。“胸中有书，目中有人”“弘扬人文”“德智融合”“既教文，又育人”“树魂立根”，把学生培养成堂堂正正、表里如一、言行一致的，具有中国心、中国情的中国人，是您“学科育人”的坚定信念；“语文教育的基本特征是工具性与人文性的统一”，更是您旗帜鲜明的教学主张。为此，您在实践中充分依据语文学科特性，挖掘语文学科内在的育人价值，立体化施教、全方位育人，真正将立德树人根本任务落实到学科主渠道、课堂主阵地，把语文教学与情操熏陶、知识传授、智力开发融为一体，让每堂课的每一个教学环节都具有育人的功能价值，为学生培植爱国主义、民族精神、理想志向、道德情操、健康人格的根。尤其是您认为随着各种文化思想相互激荡及信息技术的发展，学生获取文化信息的渠道已经远非仅限于书本和课堂，而是随时面临着多元价值的影响，这就更需要教师结合学科教学努力培养学生的文化判断力。您的“学科育人”思想智慧与实践财富，具有重要的方法论意义。当下我国课程改革深化的重要使命，是如何贯彻落实立德树人根本任务、如何在核心素养视野下充分挖掘各类课程的学科育人价值。许多老师存在“学科核心素养如何落地”的策略困惑，也存在着“学科育人不得要领”的问题，对于提升教师们的学科（课程）育人能力，您有什么建议？

于漪

学科育人和学生核心素养如何落地，我觉得需要对两个问题进行深入思考。首先，教师一定要思考清楚教育本原的问题：我们究竟培养什么样的人，怎样培养人？思考这个问题一定要以历史唯物主义和唯物辩证法为指导。我们老师习惯于对教育教学某一个问题作技术层面的思考，但是我们必须要搞清楚，教育就是培养人，我们的教育要培养的是有中国心的现代文明人，要把自己的教育责任放在中国历史的纵轴和世界历史的横轴所构成的广阔背景下来掂量。我们党经历百年奋斗，艰苦卓绝，才取得今天这样来之不易的成就。我们从事教育的人，一定要让红色血脉代代相传，后继有人，要培养学生成为全心全意为人民服务、为中华民族伟大复兴贡献才智的有理想、有本领、有担当的时代新人。但实现这个教育目标又是极其不容易的。为什么？因为我们所处的世界越来越开放，西方价值观的侵蚀是很严重的，在部分人群中自我中心、享乐人生、国家意识淡薄等问题已显现出来。我们所处的世界，随时都在进行争夺下一代的无硝烟战争。西方总是以各种手段传播他们的价值观，以影响其他国家人民的观点、态度、情绪和行为。这样的文化侵略和颜色革命，就好像是温水煮青蛙，其危险性是不易察觉的。美国电影《功夫熊猫》，用的是中国熊猫形象，宣传的却是美国价值观。我们的孩子本身就缺少文化积淀，缺少生活经验，因此这种思想会对孩子产生很大影响。曾经有家长告诉我，小学生毕业互写的祝福语是祝你成为总裁、祝你成为富婆、祝你成为百万富翁，“学而优则钱”已经深入到某些人的毛孔，一夜暴富的梦想不断侵蚀我们孩子的纯洁心灵。所以，老师一定不能忘掉我们教育的根本，要恪守我们教育的初心。要真正做到“学科育人”，必须首先深入思考“培养什么人，怎样培养人”的问题，提高教育的责任心和自觉性。其次，就是要攻坚克难，立德树人。怎样培养人？党的十七大提出了“育人为本”“德育为先”，党的十八大提出“立德树人”作为我们教育的根本任务，这是我们党的教育理论的创新。而落实立德树人根本任务必须是全方位全过程的，学科是主渠道，课堂是主阵地。我们讲了多年的德育，往往得不到预期的良好效果。我结合自己的教学反复思考，认为德育的堡垒在课堂、在学科里，这个堡垒不攻破，立德树人不可能取得令人满意的成就。学生到学校求学，绝大部分时间是在课堂里度过的，主要在课堂上接受学科的教育，因此，学科教育立德树人一定要全方位全过程。而我们在这方面受到工具理性的很大干扰。德国著名社会学家马克斯·韦伯讲，理性有两种，一种是价值理性，一种是工具理性；价值理性关怀人性的世界，讲究良好的动机，求得最好的目的，而工具理性只讲究效果，功利第一，这才是促使资本主义经济发展的关键。1903 年我国新学制建立，几乎全部课程都是引进的，包括语文，它的指导思想是工具理性的，就是“实用”两个字。为了“实用”，甚至于有些人提出要全部推翻我们的语文传统，重起炉灶。这就造成各个学科的教学总是被工具理性的实用主义倾向牵着鼻子走，而缺失价值理性，这是历史形成的原因。为了突破学科与课堂上的德育堡垒，我很早就提出了“学科育人”，提出了语文教学要“既教文，又育人”，将“教”和“育”、“文”与“人”融合为一个整体的观点。

就我的实践、认识和体会，想要攻坚克难实现“学科育人”目标，第一要提高认识。学生发展核心素养的确立抓住了教育的本质，抓住了教育之魂。新世纪的课程改革也使我们从多年来的知识教学为本转换到学生发展为本，是极大的进步。这不仅是教育理念上的突破，更是教育本质的回归，凸显了学科教学蕴含的育人价值。西方教育界讲过教学的教育性，陶行知先生也曾经讲过，“学习知识与修养品行是受同一学习心理定律之支配的，我们如果强为分家，必致自相矛盾，必致教知识的不管品行，管品行的不学无术”，不能人为地把学习知识跟修养品行割裂开来。我也一直认为德行和智性同为学生生命成长之魂，德行是做人的方向，智性是人生存发展的保障，二者互相渗透互相融合互相制约，共同构成一个人的综合素质。所以教师首先在认识上要真正从以“知识为本”转移到以“学生发展为本”，改变“教书”与“育人”割裂的现状。第二，要转换思维方式。我们通常习惯于线性思维，但如果用历史唯物主义和唯物辩证法看问题，任何学科的教学都需要用系统论的思维方式来思考。比如语文教学，本身就是一个完整的、多元的系统工程，高中语文的核心素养包括四点：语言建构与运用、思维发展与提升、审美鉴赏与创造、文化传承与理解，这本身是一个综合性的统一体。但它又是多元的，是由多个要素构成的，除了语言文字，还涉及德育、美育的范畴，比如，审美鉴赏与创造是美育的，文化传承与理解是德育的。语言文字是跟思维紧密结合的，语言文字为表，思维内容为里。我们机械操练犯的一个错误，就是把语文要素与人文内涵割裂开来。判断一个语句或文字用得精不精当，一定是看它能不能表情达意，“表”是语句文字，“情”是意蕴内涵，二者是“一而二，二而一”的关系，是一个问题的两个方面，相互塑造不可分离。我曾经以洋葱打比方，洋葱剥了皮就剥了肉，剥了肉皮也剥掉了，说明语言文字为体，人文内涵是魂，上课魂要附体、体要有魂。这些年来受工具理性的影响，我们的课程只重视了实用功能，而忽略了它的思维功能、发展功能、熏陶功能、感染功能和教育功能。所以核心素养的落地生根，就是强调学科教学要回归其本体价值，这个价值取向是完整的，给学生的培养教育也是整体的。也正是因为多个要素构成了语文学科系统，其中任何一个要素对于系统而言都不具有整体性，只有当系统中的诸要素共同发展、和谐发展的时候，各个要素之间才相互作用，实现整体发展，教学质量才能整体提高。这样的系统思考也是课标精神的综合性体现。我们对核心素养的理解常常是不得要领，往往习惯于用二元对立的思维或一加一加一的线性思维，将学科和育人人为地割裂开来，其实“学科育人”是不可分割的、相互融合的整体。语文就是语文，语言建构与运用是其基础，在这个基础上根据文本单元的特征，融合审美鉴赏与创造和文化传承与理解。所以，思维方式的转换，最关键在一个“融”字，融合不是简单相加，或是在学科之外刻意地穿靴戴帽或讲大道理，而是在备课和教学的时候深入挖掘文本原有的内在教学价值。

在“融”上下功夫，有多种多样的方法，我举两个例子。有一个青年教师教《老人与海》，他并没有给学生讲多少大道理，而是给他们发了一篇海明威写的短篇小说《一个干净明亮的地方》，让学生将其与《老人与海》共同阅读，然后问学生一个问题：这两篇小说你们看哪个写在前面，哪个写在后面？这个问题学生没有想到，一下子兴趣就调动起来了。学生们满怀自信地讲，当然是《老人与海》写在前，《一个干净明亮的地方》写在后。理由是什么呢？学生说《老人与海》里面的老人是充满了斗志的，而《一个干净明亮的地方》中的老人又丧又颓废，所以是《老人与海》写在前面。但当老师告诉学生其实《老人与海》写在后，而《一个干净明亮的地方》写在前时，学生非常吃惊，整堂课学生的思维就活跃起来了。这位青年教师为什么要这样设计教学？因为他看到了社会上有些人要“躺平”、要“佛系”等现象对学生产生的影响，因此他要用这样对比的方式引发学生对人生价值的思考。学生也马上领悟到，由拼搏到平静再到颓唐这是常态，但由平静、颓丧到拼搏这才是海明威的深刻之处。这对学生学习小说要素、发展探究意识、熏陶感染其精神成长起了很重要的作用。所以学生的思考深度如何，在于教师的思考与引领是不是得法。又比如，我们教杜甫的诗《茅屋为秋风所破歌》，读到“安得广厦千万间，大庇天下寒士俱欢颜！风雨不动安如山”的美好愿望时，已经被杜甫对寒士的同情之心、恻隐之心感动了，但如果再深入下去看，最后面还有一句是“吾庐独破受冻死亦足”。可见杜甫的草房不仅屋破雨漏，而且还有断炊之危，他表达的不仅是同情之心，能够使“天下寒士俱欢颜”，而且是“吾庐独破受冻死亦足”，这个“足”字是最后的主旨，有千钧之力：大家有好房子住，即使我的茅屋被秋风吹破毁坏，即使自己冻死、饿死也足够了值得了！我们都知道，人生最艰难的莫过于战胜自己的私欲。杜甫在自己如此艰难的情况下所袒露的恻隐之心、仁爱之心是光照人寰的。当你把人放进去思考比照，让学生受到精神养料的滋润，他们做人的境界就会不断地提升，不断地远离享乐人生和娱乐至死等颓废的人生追求。所以一个“融”字，给老师很大的施展才能的空间。如果每一堂的课都能够用正确的人生观价值观和高尚品德去熏陶一代一代学生的心灵，使学生得到健康成长，民族素质的提升就有了非常坚实的基础。

李瑾瑜

与您“学科育人”思想一脉相承的是，您相信“学生就是教师的天下”，教师的生命是通过学生来延续的，教师的价值是在学生身上体现的。为此您从自己七十余年奋斗不息的“做”与“学”的历程中，总结出了教师的“青春密码”——学生至上。您相信“每个学生都是‘发光体’”，“以生为本”是一切教育行为的出发点，教师第一本领是要发现学生身上的优点。基于这样的信念，您从教学方法的改进入手，在课堂上注意启发引导，将“我讲你听”式的线性教学改为网络式、辐射性的师生、生生互动教学，放手把时间还给学生，更把学习权利还给学生，从根本上改变了课堂中一部分学生是旁观者的现象，教师与学生在课堂共建“一幢立意高远的精神大厦”。课堂教学的这种改进，其实就是重构了教师与学生的角色和地位，重建教师与学生的教学关系。这样的重构与重建，不仅是对学生的“解放”，让学生受益无穷，并且学生因为角色地位的变化，不再只是教师教学的对象，也成为促进教师发展的资源和力量。就您几十年基于“学生至上”理念的课堂教学改革经历和体会，您觉得学生一旦获得自主学习与自主发展机会，对教师发展的推动和促进作用表现在哪些方面?

于漪

关于学生学习主动性、积极性调动起来以后，教师专业发展受到怎样的影响，这个问题其实古今中外早有回答。《学记》当中早就讲了，“学然后知不足，教然后知困。知不足，然后能自反也；知困，然后能自强也”，所以说“教学相长”，也就是古人所说的“教学半”。教别人能促进自己知识的增长，这早已被实践证明。学生学习主动性、积极性的发挥，对于我的专业发展产生极大的促进和推动作用。简单地说，明显体现在以下几个方面：第一，促进我对学生生命世界的深入了解和研究。我们都知道，眼里有人，教育才有温度。我的教学不能眼里只有书而没有人。但是这个“人”是一个具体的，而不是抽象的概念，因此，要对学生生命世界深入了解研究，不仅仅了解他的认知世界，还有他的情感世界、生活世界、心灵世界；他不仅与别人有共性而且有个性，还体现着鲜明的时代特征。我教过 50 年代的学生、60 年代的学生、70 年代的学生，他们跟现代学生有极大的不一样，每个生命都是独特的。我们古人把生命视为“天地之大德”，认为生命是宇宙的精华、万物的灵长，人是高于一切的。这些使我认识到做教师一定要尊重学生生命，敬畏学生的生命。什么叫真正好的教育？好的教育就是使每个学生的生命都获得健康成长和良好发展。我不是只教几个尖子生，或者只教少数人，我要让每个学生的生命都能够健康成长，都能够有良好的发展。这也促使我持续地研究学生实际。第二，不断地修正教育理念。学生的状态不是静止的、凝固的，你不能用静止的、凝固的观点看待学生。学生是动态成长的，始终处在发展变化之中。也就是说，一定要把学生学习当中一些看似不可能改变的事情，经过你的教育引导、感化，让它产生变化的可能。学生的发展变化，有的非常细微，是微澜，但也有的会给你突然的、巨大的惊喜。我在上课的时候，经常会碰到这样的情形，如在高中教《过秦论》，教到最后，有学生讲他不同意秦灭亡的原因是“仁义不施而攻守之势异也”这个观点，为什么？他的理由是，某月某日《人民日报》发表的郭沫若文章持有另外的观点，但这篇文章我根本就没有看到。学生的这种探求给我极大的教育，他们不断地提出问题，使我非常惊喜，有时候也使我甘拜下风。记得有一次突然有 100 多人来听我的课，我在教《变色龙》。契诃夫的《变色龙》学生都非常喜欢，讲变色龙变来变去，但是万变不离其宗，它的本质是什么，学生易忽视。因此我上课就设计了两条线，一是多变的现象，二是不变的本质。就在我的课快要结束时，一个女生举手站起来说：“于老师您教错了。”我吓了一跳，听课的人也都愣住了。这个女同学初来时语文考试是不及格的，但她胆子大，课堂上随便什么问题，有道理没有道理她都敢问。当她说我教错了时，我真的没有反应过来到底错在什么地方，我就请她上台来讲。她说，当奥楚蔑洛夫知道小狗是将军哥哥家狗的时候，他溜须拍马的愿望就更强烈了，您怎么还用跟原来一样的方式表达？您这样表达没有能够完全表达出当时的状态。她的理解是有深度的，我是单向思维，只是从一个角度去思考，而她是多向思维；我是着眼于现象与本质的关系，而她还看到现象本身在变化。学生是非常可爱的，不能以成绩高低、家庭背景论高下，每个学生的学习积极性都要受到爱护。第三，要锤炼激发学生求知欲、点燃学生生命灯火的本领。学生学习主动性、积极性的形成，不是一蹴而就的，其中必定充满艰难，工作要做到每个人的身上，关键在于慧眼识宝，倾心爱护。教师要有发现每个孩子优点、特长的本领，哪怕是学习很困难、成绩不理想的同学，他也有优点，也有特长。因为你不能代替他成长，所以教师要长善救失，充分发挥他的长处和优势，这样他就会在成长过程中愿意努力克服他的不足。在这里，十分重要的是要建设与学生思想交流、情感交流、生活交流和智慧交流的通道，要因势利导。当然对学生除了扬长，还要弥补短板和不足，但许多老师非常习惯于补课、补知识，而我认为学生有的要补知识，有的要补学习态度，有的要补学习方法，有的要补学习兴趣，有的要补思维的弱点，每个学生所需补的是不一样的，关键看是哪一环断裂而造成整个学习发展链条的断裂。这就要建立一个知识、思想、情感、智慧交流的通道，让学生品尝到学习和成长的快乐。当有学生偷偷告诉我她的秘密并要我保密时，我就感到非常荣幸，那种信任感，就是我们建立情感、智慧、思想交流通道的结果。教师只有把所有孩子的积极性都调动起来以后，才会品尝到这种快乐。什么叫好老师？好老师就是把学生越教越聪明，越教越有求知欲，越教越能“将”老师的“军”并逼着老师去学，这就是教师的成功。我曾有一个从农村转来的学生，思维非常迟钝，我在请他做教科书上非常简单的填反义词的书面练习时，他其他都填对了，但有一个“骄傲”的反义词不填。我问他为什么不填？他说这里的“骄傲”没有反义词。这道题是《谁是最可爱的人》课文后的练习，这位同学说，“骄傲”的反义词一般是“虚心”，我们这里志愿军的骄傲不是“骄傲”，而是“自豪”的意思。可见学生是有极大潜力的，对此老师往往是估计不到。我认同这个学生的理解，也给人教社建议把教科书上这道练习题修改了。第四，坚持不懈地学做老师。我提出“学做老师”绝对不是口号，是因为我一辈子都觉得学科知识欠缺，因此我就要不断地学习。学生什么问题都会问，所以我体会到教师的字典里没有“够”字。如果有教师觉得业务专长已经“够”了，那就得反思：你的文化积淀、学科素养、科学素养、艺术品位等能够支撑你回答学生的全部问题吗？学生什么问题都问得出来，我的口袋里经常装着记录学生提出的不能立即回答的问题的小本。因此教师应不断努力丰富自己的知识并提升智力水平，让开阔眼界、厚实底蕴、提升气质伴随着教师整个的教育生涯，让坚持不懈的学习成为教师的一种生活方式，教育的人生就是学习的人生。所以说，学生积极性调动起来以后，才有真正的“教学半”，不仅是教师教学生学习，学生也推动着教师进步，如此，教师才能真正尝到与学生共成长的甜头，也才能品尝到教育学生的幸福。

李瑾瑜

美国心理学家波斯纳提出过教师成长公式：教师成长 = 经验+反思。反思就是反求诸己，其作用是定位现状、发现意义、建立联系，让教育不断回归教师本身，进而寻求改进的策略。综观您教育教学思想发展轨迹和实践探索之路，我们会发现一条非常清晰的专业发展演进路线，其背后的重要推动力，就是您对教育教学的不断反思。在您的师者生涯中，反思是您学习与发展的内在方式。您说自己有两把“尺”，一把是量别人长处，一把是量自己不足，只有看到自己的不足或缺点，自身发展才有驱动力；您也不断地追问自己：我上的课，有多少是写在黑板上的，有多少是教到学生心中的，孩子的精神生命是不是成长了；您坚持每一次课下来都有“教后记”，一是记学生的闪光点，二是记自己的不足；您给自己立下规矩：“不抄教学参考书，不吃别人嚼过的馍”，既“照镜子”，又独立思考，寻求教与学的规律。尤其是时代在发展，教学理念、课程标准、教学内容、学生学情也在不断地变化，您就更加强调反思对促进教师与时俱进的作用。在当今的教育现实中，反思对教师发展具有重要作用也渐渐成为教育人士的普遍共识，各地各校也都积极推动教师反思，“写反思”成为许多专家为教师发展给出的有效策略。但存在的普遍问题是，许多学校和老师把反思简单地理解成回头看、找问题和自我批判，再“表决心”；虽然在教案设计、教研活动、培训学习中写了不少“反思”，但“反思”的意蕴与效果欠佳。对此，您认为教师进行怎样的反思才有利于专业发展？反思的有效方式有哪些？

于漪

反思是教师应有的一种思考问题的能力。现实中许多教师通过反思，明确学习与实践中哪些是对的，还有哪些不足甚至是错误的，不断回顾梳理加以改进，取得了很好的实效。但是，我觉得更应该将反思看成有效担当教学使命的一种内心的渴望。教师有了这样一个主心骨，反思就会焕发潜能，从而形成一种精神的力量，推动教师更好地完成立德树人的根本任务。

怎样来反思才能取得更加实际的效果，对教师成长更有帮助呢？第一，要面对教学现场。反思不是上完了课自己简单回忆一下，而是一定要面对教学现场，发现或者查找倾向性的问题，及时抓住影响自己教育教学质量的真问题，寻找自己专业发展中的盲点和弱点，所以，反思首先要直面真实的教育教学，在真实的教育教学场景中找到真实的问题。我们教师总是习惯于检视自己的一些细节问题，这也无可厚非，因为教学中许多细微问题也是需要改进的。但是更要有整体思维，对发现的问题有整体性的思考，也就是要“聚其纲、抓其要”，精准抓住倾向性的问题或者本质性的问题，如此就能够破解一连串的细微问题。那种只看到小问题，然后自我检讨一下，简单表个后续行动的决心，是不能真正解决问题的。第二，要真诚对待，深入剖析。发现或找到了自己存在的“真问题”，教师就要在行动中认真对待，而不只是在纸面上“写明白”。我从来都认为“说在口上、写在纸上”虽然对教师也是重要的，但它不能真正解决问题，一定要通过实践来解决问题。真诚对待又深入剖析，才能够抓住问题的症结所在，不会隔靴搔痒。所以，反思是要对某些教学行为不断追问，为什么会有这样一种教学行为？为什么会这样来处理？当时是怎么想的？为什么这样想？这些追问实际上就是对教师心灵深处的叩问，乃至是对灵魂的拷问，这不仅牵扯到教师的教育教学思想、观念和方式方法，更是教师对自己教育人生的反思，是对肩负教师育人使命的深层次回应。只有这样，反思才不会浪费时间和精力，也能够更加凸显它应有的价值。第三，促进思想改变，努力见诸行动。反思的目的是改进，是提升。教师为什么要反思？是要促进教师思想的变革，通过反思促进教师教育教学思想的觉醒，获得专业上的指路明灯，反思可以使行动的改进有明确的目标和方向。举个例子，在我刚改教语文时，学校举办报告会，会后我问一个同学主讲人讲了什么内容，他说什么内容我没听到，但我已经给他统计“这个这个”讲了 158 次。我突然意识到，如果我的教学语言也不纯净，不能给学生做榜样，我怎么做语文老师？因此我下决心改造自己的教学语言。开始用“以死求活”的办法，把自己所要说的每一句话都写出来，然后修改，把可有可无的字词句和不符合逻辑的话语去掉，然后把它背出来，再把它口语化，用比较规范的书面语言来改造自己不规范的口头语言。就这样花近两年的时间，去掉了语言的杂质，丰富了自己的词汇，也让语言表达更有力量，更有文化的含量。所以，反思不仅要意识到真问题，更要拿出真行动，下深功夫，不断自我否定、自我改进、自我超越，千锤百炼，方可炼出对党的教育事业的无比忠诚，炼出学术专业的无比精湛，真正使得我们的头脑散发灵光，思维更加活跃，专业能力更加完善。

李瑾瑜

您认为上好课是一个老师最重要的本分。您的教育生涯是教育思想和教学实践同步创新的过程。从评上特级教师后，您几乎每节课都是公开课，少则二三十人听，多则三四百人听，而且是随堂听，没有任何预演。哪怕是讲同一课也都有创新。有人估计，近七十年的教学历程中，您主讲过 2 000 多节省市级以上探索性、示范性的公开课，其中50多节被公认为是语文教改标志性课例。这也要求您的公开课不能出现一丝一毫的失误，既要体现“教文育人”新理念，也要内容精练、互动活跃、方法新颖，这就需要课下付出诸多努力才能达成。您的这些公开课对我国中学语文教学改革和教师学习起到了重要的引领和示范作用。时下的教学实践中，举行各种公开课已成为促进教师改进教学的常态，如示范课、观摩课、研讨课、汇报课、过关课、教改课等等名目繁多，层出不穷；围绕着各种“课”的教研活动，如观课议课、同课异构、集体备课、磨课赛课等也令人应接不暇。但是，老师们普遍感觉这些公开课的活动效果不佳，尤其普遍反感许多公开课的做假作秀和表演性质，呼唤真实自然的常态课。针对这些问题，您有什么建议？您认为公开课对构建教师专业发展机制的具体意义体现在哪些方面？如何开展公开课活动和课例研究才能对教师发展产生效果？

于漪

老师们呼唤自然的常态课，反感作秀、做假和表演的课，我觉得这种崇真向善的专业态度，表达了他们对专业发展的渴求和提高课堂教学质量的真诚，不仅可以理解，而且值得称赞。现实中确实有各种名目繁多的“课”，有一些公开课和示范课磨了几次乃至几十次，力求尽善尽美，最后和原本的面貌已经完全两样了，已经不是他本人的课，别人也高不可攀。但尽管出现了这样那样的情况和问题，我认为课例的交流研讨形式还是有借鉴意义的。尤其在深化课程与教学改革，使用新课标、新教材的过程中，我们会碰到前所未有的难题与困惑，乃至陷入迷茫和困境，从学科整个价值理念到学科内容的重构，以及整个教学方式方法的改变，都出现了许许多多的新情况。因此，进行教学研究，上好具有探究性的各种“课”，是必要的，也是应该的。

要使公开课对教师发展产生意义，我觉得关键在这几个方面。第一，要明确为什么举办这样的课，目的何在？公开课、示范课的目的是要提升广大教师的教学能力，而不是培养几个第一名或优胜者。现实中大量的公开课、示范课乃至各种赛课，常常具有功利目的，就是凸显出几个教师，广大教师基本是观众和听众，少有参与权和发言权，他们的积极性无从发挥。所以，举办各种各样“课”的活动要去功利化，没有功利不可能，但必须防止被功利目的引导与裹挟，要强调其公益性目的，以促进教师专业发展为初衷，从理论和实践结合的高度进行学科教学规律和学生认知规律的探讨，集思广益、共同提高。从关注教师“个体优秀”走向强调教师“全体提高”，这样才能促进教育质量的整体提升。为此，这类活动要少而精，要明确解决什么问题，更要考虑对广大教师的作用。第二，强调示范，但定为样板要慎重。我们举办公开课、示范课，总是要找到别人示范的样板，因为我们习惯于标准化和一刀切。但教学不仅是科学，而且是艺术。各个地区、各个学校是不一样的，不同地域也有不同的历史文化，师资队伍差异也很大，如果都要照着一个样板去做，许多教师只能望而生畏、退避三舍。正因为这样，我们常会看到公开课的最终效果：你表演你的，我做我的。事实上，任何一堂课都难以成为标准的样板，更不可能完美无缺。我教了一辈子课，每次下课后想一想都有遗憾，不是这里有毛病就是那里有缺点，每节课都有改进和提升的空间，更何况教师之间的差异是那么大。所以公开课、示范课的活动一定要让大家感觉到，这样的课跟我是贴近的，我是有可能把它学会的，千万不能成为只可远观的课，你教你的我教我的，甚至最后只剩“表演专业户”。第三，要善于倾听，走好群众路线。组织和参与公开课、示范课等活动，一定要善于倾听，调动各个层面教师的积极性。有的时候高手就在民间。就如同教师所面对的学生，每个学生都是一本丰富的书，有的是打开的，有的是半开的，有的是关闭的，教师要善于倾听学生的心声。同样，教师公开课、示范课的组织必须坚持群众路线，倾听教师的内心愿望，尤其要了解他们教学中的沟沟坎坎到底在哪里？他们对课堂教学的期望是什么？他们面临的问题和想解决的问题是什么？这样的倾听就会使各种课的活动有层次有角度，所有老师的积极性都能被调动起来。第四，要化繁为简，抓课堂教学质量的基础性建设。许多时候，各式各样的“课”的活动，都是展示技能、技巧和技法，而对课堂教学的基础性建设关注不够。比如仅展示使用技能怎么教，但对为什么教、为什么这样教等问题重视不够，而这是课堂教学的基础性问题、根本性问题。课堂教学改革应体现“大道至简”的智慧，千万不能把简单问题复杂化。在学校中，一线教师是最辛苦的，尤其不能再用烦琐的复杂的教学给他们加重负担。而要抓课堂教学的基础性建设，就要读懂教材，对许多教师来说，要读懂教材尤其是高中教材很不容易，但这决定着学习任务群、大单元教学等能否顺利开展。我了解到有一些大单元教学的四五节课，涉及中外古今、名人名言文章不少，虽然现在有网络技术查阅起来很简单，但教师必须要深入阅读理解。因为学生是十六七岁的未成年人，教学是教知识的核，要训练学生最基本的自学本领。如果教师像拉洋片一样去教，那怎么行？因此，抓课堂教学质量先要把基础性建设搞好，围绕着教材阅读，老师们多一些相互交流学习，少一点上课展示；对课标的学习有什么认识、对教材有怎样的理解，要将这些最基础的活动开展起来，避免照搬照抄。如果展示课是把简单问题复杂化，名词术语大会串，那老师要把它们背出来都不容易，更不要说融会贯通。所以，教师自己多一点扎扎实实的业务学习，有了这个基础，再与课例的交流展示结合起来，才会对教师专业发展产生良好影响。广大教师是教改的主人，只靠占有资源的少数人，是难以完成深化课程改革大事业的。

李瑾瑜

您认为教育不是牺牲，而是享受；不是重复，而是创造。有人评论您既是“脚踏实地的实干家”，又是“仰望星空的探路者”。这也准确地表达了您作为人民教育家兼具理论性、实践性、经验性、方法性、思想性的专业特征。您的教育生涯既是守正创新的过程，也是积极反思学习的过程，更是勤奋研究的过程。您写下的600多万字的论文、专著，已成为中国基础教育的精神财富，也成为源于现实思考凝练而成的理论资源和实践智慧。您的研究是在实践中发现问题，再上升到理性层面来探讨，进而辨别正误，实现理论认识与实践探索的共同推进和相互印证。这样的研究和思想既体现了理论的实践自觉，也体现了实践的理论自觉，让您始终站在教育教学改革的最前沿。当前，基础教育实践中也积极倡导“教师即研究者”的理念，对研究型教师、教育家型教师、卓越教师、领军教师等高层次教师人才的培育成为我国教师队伍建设的重要举措，各地“三名工程”（名师、名校长、名班主任）和骨干教师的评审与管理也成为常规工作。这些举措与工作共同要求教师必须积极开展教育教学研究，有高质量的研究成果。但是许多教师在开展研究上面临着重重困难，既有理论与方法储备的不足，也有工作负担重、时间不足的制约，尤其不能很好地平衡和处理教学实践与教学研究的关系，研究与实践“两张皮”、为研究而研究的问题明显存在。对此您给老师有什么好的建议？

于漪

要解决研究与实践两张皮、为研究而研究的问题，第一，要扫除心理障碍。一线教师普遍认为，教学研究和教学实践是两回事，教学研究高不可攀。其实教学实践与教学研究的关系十分密切，难解难分。因为教师在教学实践中总会出现这样那样的问题，发现了问题就想找到解决的办法，于是要寻找原因，寻找方法，以对症下药去解决，这就必须要提升到理性层面来探讨，从更高的维度去剖析、挖掘深层次的原因，揭示其本质与规律，寻求攻坚克难的路径与策略。当思想观念、方法方式有所改变，上了新的台阶，转而再用于指导教学实践，就可以取得改进教学的效果。所以，教学研究和教学实践二者是相互印证、共同推进的，那种认为是两回事、教学研究高不可攀的心理障碍要克服。比如我曾经在20世纪80年代就提出，必须要把思维训练与语言训练放在同等重要的位置。思维是对外界事物的概括的、间接的反映，思维是借助于语言来实现的。语言是思维的工具，没有语言的思维是不存在的；思维是语言的内容，没有思维就不可能有语言。学生要学好语文，提高语文能力，取得综合效应，思维方面应进行扎扎实实的训练。如果忽略这一点，学生不认真进行思维训练，读，就有口无心；看，就浮光掠影；说，就不得要领；写，就内容干瘪，词不达意。之所以有这样的认识，是因为我教学生写作文，在技术层面对学生运用语言做了大量的训练，有的学生作文写得文从字顺，但是文章内容却平淡如水，一点价值都没有，我就想为什么学生作文能力总是提不高？因为他的思维问题没有解决。语言为表，思维为里。思维有条理有深度，语言才不会杂乱无章，内容才会有新意。有的学生总是句子纠缠不清，实际上是思维不清，只有抓思维训练，才能促进语言表达能力的提升。我曾经有一个女学生，她的思维始终是慢半拍，反应比较迟钝，课堂发言时我以为她口吃，语言表达有问题，但深入了解后发现，是她的思维反应比较慢。因此，我就给她单独布置个性化作业，让她每天来学校时，注意看路旁有什么树，有什么花，校园荷花池里的荷花是怎么开的，看到什么反映什么，如此训练了半年，结果这个女生的思维慢慢就跟上来了。持续抓思维训练，促语言表达，结果到初三年级的时候，她的思维就比较灵敏了，在全国作文比赛中可以拿到三等奖。因此，教学中发现的问题，和对这个问题的思考研究是紧密结合的，并不是两回事情，应在研究中解决问题。第二，研究自己真想解决的问题。教学研究从问题开始。所以，教师到底想解决什么问题，一定要搞清楚，要研究自己真想解决的问题，而不是先搭个理论框架，或者搬用国内外某个理论框架，然后再找一些材料来论证，为别人的理论做论据，这并不能解决自己的问题。我们搞教学研究，一定要有开放的视野，接纳人类文明的多样智慧。但是不能以单向迎合西方思想的倾向，把我们自己具体的教学实践简单地用西方某一个概念、某一个理论来统摄。举个例子，有一次评特级教师，某位申报者说他的科研是强项。我就问他，你的这个科研项目是怎么来的？他说是从学校到区级到市级再到教育部层层申报审批的。我又说，请问你解决了你自己的什么问题？他沉默而思，讲不出来。他有一整套的名词术语，但是并没有解决他所要解决的问题，这就是典型的为研究而研究。教师的研究是要解决自己实践中的问题，提高教学质量。教师只有根植于自己的教学实践，解决我们中国的教育教学中的具体问题，这样的研究，才具有中国土壤的气息，才具有中国文化的精神，也才能建构属于中国自己独特的教育思想体系。第三，研究要紧密结合教学实际，并要坚持“在实践中检验，又指导实践”。教师的教学研究要紧密结合教学实际，并在实践中要检验这个研究到底符不符合规律，以此来引领实践质量的提升。老师们的教研花了不少时间和精力，而且做课题会有许许多多奖励，最后还有报告、论文的发表与评奖，这好像就告一段落了。这样的教研成果不会有实效，更不会成为大家的精神财富。研究教学不外乎三个层面：上位是教学思想、教学理念，中位是教学方式、教学策略，下位是教学手段、教学方法。不管从什么角度切入，这三者的研究总是相互联系，一脉相承，而且一时一刻也离不开教学实践。所以真正的教学研究，就体现在深入备课、踏实教学、增强育人本领的过程中。而教学实践的备课，本身又是在研究，是在研究教学对象，研究文本，研究教师自己。教学研究与教学实践二者难舍难分，共同推进，两全其美。第四，要学一些教育科学研究的理论与方法。学习永远是教师成长的第一要务。教得好，首先是学得好；学不好，没有办法教得好。同样，教研要有成果，要能促进教师教学水平的提升，学习仍是第一位的。教师教学研究要取得实效，需要借助相关的理论与方法。所以，围绕着教学实践中的问题，不断学习一些教育理论，积累一些基本的方法，对提升研究能力很重要。

李瑾瑜

您曾经比喻自己是青年教师的“垫脚石”。您认为青年教师处在思维最活跃的时期，对生命的追求也最有动力，不但是学校的宝藏和未来，而且能够“以青春之自我来创建国家的青春教育”，是祖国教育的未来。为此，带动和帮助青年教师成长成为您职业生涯中最重要的责任之一。您首创“师徒带教”模式，亲自带教全国各地青年教师，带出了三代特级教师，形成了全国罕见的“特级教师”团队。而且退休后不仅为青年教师写书寄语，还一直担任上海市语文学科德育实训基地的主持人，倾力培养远郊区的年轻教师。这一切都源于您朴素的情怀：“现在的年轻人想要成长、要出头，真是不容易啊，我们要拉他们一把”；也源于您让自己的经验“在别人身上开花结果”

的幸福追求。根据您在培养青年教师成长过程中的观察，您认为青年教师在专业发展中面临的最主要问题是什么？他们最需要学习和发展的关键能力有哪些？现在各地都有许多名师、骨干教师带教的“青蓝工程”，您对名师、骨干教师带动、示范、引领、培养青年教师有什么建议？

于漪

青年教师的培养，一个时代有一个时代的要求，也有不同时代的特征。当今我们提出要加快建设教育强国，党的二十大报告还把科技、教育、创新专列出来，这是对教育战略性的重新调整和定位，是前所未有的。青年教师是建设教育强国的生力军，对他们精心培养，充分挖掘他们教育生命中蕴含的巨大能量，更是我们的时代责任。

培养青年教师，我有四点建议。第一，青年教师队伍建设，要有大视野、大情怀、大格局。在基层学校工作的教师，大多满足于种好自己的一亩三分地。重视岗位职责本无可非议，但时代在进步，社会在发展，教师必须要抬头看路，思考你是在什么样的国际国内环境下教学，思考你“种出什么样质量的地”才符合时代的要求、国家的需要和人民的期盼。西方式现代化进程由生产资料私有制所决定，教育、科技、人才的发展成为资本追逐剩余价值的力量，于是引发大规模的扩张、殖民、掠夺、战争。而在中国式现代化进程中，科技是第一生产力，创新是引领发展的第一动力，体现的是社会主义国家的独立自主和实现人民对美好生活向往的价值追求，以及为广大人民谋幸福的壮丽事业。青年教师的成长，就要站在这个时代制高点上来思考，如此就会有内心的激情，并生发出舍我其谁的壮志与豪情，就会在“一亩三分地”的岗位上深化改革、守正创新，努力培养有理想、有本领、有担当的时代新人，也使自己的教育生命获得升华，焕发光彩。第二，要尊重专业发展的多层次、多样性，不能用标准化的做法一刀切。青年教师的培养要有针对性，不能让他们陷入标准化的束缚中。龚自珍讲过：“我劝天公重抖擞，不拘一格降人才。”人才培养要不拘一格。苏东坡也说“天下未尝无才”，意思是天下不是没有人才，但“患所以求才之道不至”，毛病出在求才工作做得还不周到。当今的青年教师有许多优势，他们的学历优势是过去几十年想都不敢想的；他们视野广阔，尤其在互联网、人工智能、元宇宙的科技时代更有优势；他们的思维广阔度、敏捷度，以及学科素养、科学素养和文化追求等，都与我们那个时代不可同日而语。所以，青年教师的培养者要慧眼识宝，因材引领，扬长补短，尊重他们的多样性和层次性，使得其优势更优，兼具特色，形成独有的个性风格。对青年教师的带教培养，也重在引领，借力指导。我从 20 世纪 80 年代开始就带青年教师，培养了许许多多教研员、骨干教师和特级教师。我一直主张，仿我者死，创新者生。我会和青年教师互补互学，共同提高。“仿我”为什么一定死？因为一个模式是一定要退化的，只有教学风格迥异，师徒才能各显特色。因此，培养青年教师，就跟我们培养学生一样，他是一块什么材料，是黄杨？是玉石？是象牙？要根据不同情况因材引导。有一名语文教师，硬笔书法很好并将其作为业余爱好。我建议他将自己书法的技法总结出一套硬笔书法教程。他后来成了书法家，也产出了训练学生书写的系列成果，成为上海唯一的书法特级教师。所以，一定要发挥青年教师的优势特长，使他们优势更优，特长更长。青年教师有的具有美育特长，有的善于做学生的思想工作，有的擅写作，有的擅外语，一定要充分发挥他们的优势并精心培养，这不仅关系到青年教师个人的幸福、家庭的幸福，更关系到我们教育事业的希望。第三，要解放思想，放手培养，让青年教师在工作实践中锻炼。许多时候，我们总觉得青年教师缺这缺那，这也不行那也不行，其实青年教师处在思维最活跃的时期，对事业的追求充满生命活力，是学校的宝贵财富。因此要从理解、关怀的角度出发，满腔热情地激发青年教师内在的主动性和积极性，为他们搭建多种多样的平台，让他们在工作实践中锻炼摔打，协助中年骨干教师做事育人，增强主人翁的意识，以青春的自我创建高质量的教育。比如有个青年教师语言较好，但不重视这方面经验的总结。我研究“教师修养”的课题时，就专门请这个青年教师来写其中“教师的语言修养”分册，我的目的是激发他去研究，通过这样的锻炼，他成长起来了。

"教师素养系列丛书"共出版 11 本，基本上是青年教师研究的专著，专著出来了，他在这个方面就有发言权了，也渐渐成了行家里手。给青年教师搭平台派任务，让他们学习真本领，在这个过程中，家校关系、爱生情结、专业能力等就一点一点磨出来了。我经常听到一些资深教师抱怨青年教师写的稿子文不对题、思维混乱，似乎是他们的语文问题，其实不然，究其根本是实践的问题。如果实践很深入，即使没有成功经验，也有失败教训，总有东西可写而且能写出来。没有内容写，是因为实践不深入，没有认真思考。文章是实践思考的产物，坐而论道容易空谈，所以要鼓励青年教师深入实践，同时把自己的做法和思想表达出来，这也是磨炼他们的基本功。我们常常把评优竞赛作为促进青年教师发展的平台，但这很容易流于形式。我始终认为学校对教师的评优绝不是评个一等奖、二等奖，而是要通过具体的听课活动，用教育教学理论和学科理论分析他们的课，好在哪里，为什么？不足在哪里，又是为什么？一定要提高到理论的认识上，对青年教师才有帮助。我在学校时对青年教师的培养，首先是发现他们在教育教学实践中的优势、长处和特色，然后找出他们的不足，有针对性地支持和帮助。有时青年教师自己也想不到自己为什么好，有什么不足，这就要通过听课（起码要听两三节课）让大家发表意见，从教育教学、学生认知、学科本质、风格特色等方面仔细分析，让青年教师知其然又知其所以然，他们就会提高一个台阶。我们的特级教师就是这样通过一堂一堂课培养出来的。第四，对青年教师要在政治上、生活上全面关心。人的成器成才，是靠全方位的培养。青年教师有很多优势优点，但他们毕竟是青年，没有经历过太多人生苦难和坎坷，又面临着许多生活中的现实问题。因此，学校以及其他教研组织，除了在专业上鼓励支持他们，也要在政治上、生活上全方位关心帮助他们，让他们有温暖如春的感觉，这也有助于青年教师聪明才智的充分发挥。脑科学研究证实，人的大脑有 860 亿个神经元，每个神经元平均有 3 000 个连接。青年教师的聪明才智有无穷的潜力，全方位关心他们的成长，会激发其专业发展的内在动力，这也能促进学校的发展。当年的青年教师有的今天已是 50 多岁了，还感谢我当时帮助他解决生活上的困难。人心是肉长的，人是共情的动物。引领和培养青年教师，只要措施落在“点子”上和“关键”处，就能够促使他们快速成长。

李瑾瑜

教师教育也是您教育生涯的重要组成部分。您曾有十多年师范教育的经历，为上海基础教育培养了一批优秀教师。您在中学语文教学中通过多种方式带教培训青年教师。在您的观念中，“教书育人不是技术问题，让一代一代教师带着理想、情怀和责任担当授课，这是中国特色教育学应该研究的问题”。所以，您认为教师队伍建设是一项专门的学问。早在 1986 年，您就创立了上海市教师学研究会；1999 年您主编了我国第一部教师学论著《现代教师学概论》；您退休以后主要的精力专注于教师教育，担任了上海市普教系统“双名”培养基地、语文学科德育实训基地主持人，同时担任几所大学的兼职教授，担当起国家级骨干教师培训的重任。您也多次语重心长地说自己有一个梦想，就是要“创建中国的现代教师学，创建我们中国本土的教育学”，为此您提出了“教育自信”的命题：中国教育要有自己的特色优势和话语体系，中国教师要“培养有中国心的现代文明人”。党的二十大报告中提出了“中国式现代化”的目标，提出要加快建设高质量的教育体系。请就中国式现代化教育、现代化教师教育以及扎根中国大地探索教育教学原创思想问题，谈谈您的见解和建议。

于漪

我们国家在教师职前培养和在职培训方面做了大量卓有成效的工作，培养了众多忠于职守的教师，也培养了很多优秀教师、卓越教师。我们的基础教育不断获得突破性的发展，取得了世界瞩目的巨大成就，其中师资队伍的培养与建设，是最重要的支撑。如今，我们迈入第二个百年奋斗的新征程，教师队伍建设更要增速提质，步入新赛道，创造高质量。今年 4 月，教育部等八个部门制定的《新时代基础教育强师计划》，对高素质、专业化、创新型的基础教育教师队伍建设做出了全面部署。党的二十大报告也对加快建设高质量教育体系和创新人才培养提出了新要求。只要结合具体实际，把任务和使命切实落到实处，我国教师队伍定会展现新思想新风貌，创造立德树人和全面提升教育质量的新业绩。对中国教育现代化、教师教育以及中国教育教学思想独立自信等问题，我有这样一些基本的认识和大家交流。

我认为，师资培养和培训要十分注重引导教师对中国教育根本性问题做根本性的思考，要牢牢抓住中国特色社会主义教育的本质特征，坚定中国式现代化教育的宏伟志向，要增强自信，身体力行，以出色的教学实践，回答好“培养什么人，怎样培养人”的问题。我一直坚信，教师“一肩担着学生的现在，一肩担着祖国的未来”，教师把培养学生与国家兴旺关联起来，也就担负起了民族复兴的伟大使命。“为谁培养人”是中国教师的时代之问、国家之问、人民之问。有人认为这是大道理，是空泛的。我却认为，“大道理”从来都是“小道理”的导航，是指导行动的。对“大道理”不悟透，“小道理”就会出现“公说公有理、婆说婆有理”的问题，行动的方向就会迷乱。当今世界正在经历百年未有之大变局，不同价值观念相互碰撞，未成年人成长环境发生了深刻的变化，这些都对我们的教育如何培养人提出了严峻的挑战。我们党的教育方针政策紧扣中国特色教育本质特征，对“为谁培养人”的根本问题做了积极回答，容不得半点含糊。我们培养学生成长成才的崇高目的，就是为中国人民谋幸福，实现中华民族伟大复兴，就是让红色血脉代代相传、红色江山永固不衰。我一直认为理想就在岗位上，信仰就在行动中。我们的教育思想、教育内容、教育教学行为，一切教育活动，不论是显性的还是隐性的，都与教育的根本问题紧密相连。因此，要牢牢掌握中国特色社会主义教育的本质属性，以此作为一切教育活动、教育行为的指南。心中有准绳，专业才有根和魂，教学的步履才会坚定，教学动力不足的问题才会迎刃而解。

我还认为，我们的师资培养培训要注重中国式现代化教育的特色性。坚持马克思主义基本原理与中国具体实际相结合，与中华民族优秀传统相结合，是中国革命获得成功、民族复兴伟业获得发展的奥秘和根本，也是党带领全国人民向“两个一百年”目标奋进的指路明灯。中国基础教育是社会主义现代化的有机组成部分，就应该以这两个结合为指导思想，为建设新时代高质量教育体系做出巨大贡献。中华优秀传统文化是中华民族的根和魂。中国优秀传统教育是对中华数千年文化的继承，没有中华优秀传统文化就没有中华文明几千年的传承发展。然而，由于政治、社会、文化、学术等种种复杂因素的影响，我们许多教师对中国教育的传统知之甚少，甚至一谈传统就认为是落后，一谈民族就认为是保守，这是一种教育不自信的表现。教书育人从来不是技术操作问题，而是关系国家、民族未来的事业，丢失传统就意味着割断了民族的精神命脉，中国特色的教育必须把传统思想和文化精华的传承这块短板补上。我们只要到知网上查找一下，就知道研究我国古代优秀教育思想的著作和论文，相对于洋洋洒洒的国外教育论著的翻译介绍，完全不成比例。由此可知，我们本土的教育理论、教育文化对教师专业成长能有怎样的影响。比如有老师对《学记》一无所知，对我国古代典章制度听都没听说过，对历史上教育名家的教育思想也知之甚少，甚至都搞不清楚王阳明和王船山是两个人还是一个人。至于什么是超越时空的教学原理、什么是贵在至德的为学之道等等，更无从知晓。中国教师不知道中国教育的优秀传统和文化思想，是其专业发展中的缺憾与缺陷。2021 年 3 月，习近平总书记赴福建调研时在武夷山九曲溪畔的朱熹园武夷精舍指出：“如果没有中华五千年文明，哪里有什么中国特色？如果不是中国特色，哪有我们今天这么成功的中国特色社会主义道路？我们要特别重视挖掘中华五千年文明中的精华，把弘扬优秀传统文化同马克思主义立场观点方法结合起来，坚定不移走中国特色社会主义道路。”我想这些至理名言，是我们办好人民满意教育的指针，是建设专业化、高质量教师队伍的不竭动力。

中国式现代化，是党领导的社会主义现代化，是物质文明和精神文明相协调的现代化，是坚持以人民为中心促进共同富裕的现代化，是立足国情又借鉴国际先进经验的现代化。中国教育的现代化，要实践与理论双推进，就是要用中国教育理论来阐述中国教育实践，用中国教育实践升华我们自己的教育理论。回顾以往，在发展科学和搞工业建设方面，一百多年来我们多迎合西方的思想，在教育上也是如此，我们自己的教育思想、话语总是立不起来。我们进行了很多富有成效的教学实践，却依然缺少我们自己的、系统的教育研究和教育思想的提炼总结。我一直认为，拒绝学习外国，不是无知就是白痴，但是我们喝牛奶绝对不是要变成牛，而是汲取营养滋养自己。今天中国的教育，理应树立自信，拥有自己的理论体系并在世界教育发展中享有一定的话语权。我们党的教育方针政策有一系列原创的、创新的理论，但是我们在国际教育学科专业方面的话语权明显不足。跟在别人后面走，永远不能超越，更何况别人的理论是否具有普适性是要打问号的。任何教育理论都是在特定的历史环境、特定的地域、特定的文化需求中诞生的。教师虽然不是直接的理论建设者，但是在教育实践中必须建立批判性的思维，从不同的角度，用不同的方式独立思考、对照判断，在实践中不断进行理论转化。中国教育的伟大力量，潜藏在广大教师的实践与研究中，潜藏在每个教师自觉自信的教育生命中。每个教师所彰显出来的中国人的骨气、底气、才气、勇气、锐气，是创建“中国本土教育学”的巨大能量，也是中国教育鼎立于世界之林的坚实基础。

李瑾瑜

谢谢于先生。先生三个小时没有停歇，对十个问题的解答一气呵成，令人感佩。今天与其说是在线访谈，不如说是先生给我们提供了一场思想盛宴，让我们接受了一次教师思想、教育情怀、教育精神和教育使命的洗礼。今天的访谈，与其说是为中国教师的专业发展“荒原问道”，不如说是先生给我们展现了教师专业发展的生动示范：90 多岁的高寿，身心健康，思维活跃，对教育依然充满着感情、热情和激情，更有基于丰富经验的独立、独到和独特的思想，这就是教师发展的真实典范。从访谈前期对您的教育实践与教育思想的学习，到这次基于问题的访谈现场，我更加深刻地感受到，您基于“一辈子”的“学”与“做”所形成的丰富的职业情感、价值与信念，不仅表现为语文教学高度的专业品质，更清晰地体现出了非常鲜明的人民立场、深厚的家国情怀、崇高的民族意识以及自觉自信的“大先生”风范。尤其是您认为教师职业的神圣在于“一肩担着学生的现在，一肩担着祖国的未来”，教师把学生与国家、现在与未来关联起来，也就担负起了民族复兴的伟大使命。您基于自己“一辈子”的探索提出“教育自信”的命题，不仅践行和倡导中国教育要依据自己文化传统和特色优势培养“有中国心的现代文明人”，而且积极呼吁中国教育必须要有自己的话语体系，必须要“创建中国的现代教师学，创建我们中国本土的教育学”，而这样的教育和教育学，不在书斋式的纸上谈兵里，而是蕴含在每个教师的巨大实践能量中。您基于自己的经验和思想智慧对每一个问题的传道解惑，观点鲜明、思路清晰、逻辑缜密、有理有据，一定对广大教师的发展大有裨益。再次感谢于先生。

图书在版编目（CIP）数据

于漪全集. 10, 教师成长 / 于漪著. —修订本. —上海：上海教育出版社，2023.8
ISBN 978-7-5720-2212-8

Ⅰ. ①于… Ⅱ. ①于… Ⅲ. ①师资培养 - 文集 Ⅳ. ①G4-53

中国国家版本馆CIP数据核字(2023)第149191号

上海教育出版社
官方微信平台

官方网站：
www.seph.com.cn

总 策 划 缪宏才
执行策划 何 勇
统　　筹 易英华
责任编辑 付 寓
书籍设计 张国樑 董 伟

YUYI QUANJI
于漪全集 10 教师成长（修订版）
于 漪 著

出版发行 上海教育出版社有限公司
官　　网 www.seph.com.cn
地　　址 上海市闵行区号景路159弄C座
邮　　编 201101
印　　刷 上海雅昌艺术印刷有限公司
开　　本 640×965 1/16 印张 45 插页 4
字　　数 648 千字
版　　次 2023年8月第1版
印　　次 2023年8月第1次印刷
书　　号 ISBN 978-7-5720-2212-8/G·1971
定　　价 190.00 元

如发现质量问题，读者可向本社调换 电话：021-64373213